南开哲学教材系列

欧洲哲学通史

上卷

冒从虎　王勤田　张庆荣　编著

南开大学出版社
天津

本 书 荣 获
国家教委优秀教材二等奖

图书在版编目(CIP)数据

欧洲哲学通史：全2册／冒从虎,王勤田,张庆荣编著．—天津：南开大学出版社,2012.10(2022.8重印)
南开哲学教材系列
ISBN 978-7-310-04032-2

Ⅰ.①欧… Ⅱ.①冒… ②王… ③张… Ⅲ.①哲学史—欧洲—高等学校—教材　Ⅳ.①B5

中国版本图书馆 CIP 数据核字(2012)第 217287 号

版权所有　侵权必究

欧洲哲学通史
OUZHOU ZHEXUE TONGSHI

南开大学出版社出版发行
出版人：陈　敬
地址：天津市南开区卫津路 94 号　　邮政编码：300071
营销部电话：(022)23508339　营销部传真：(022)23508542
https://nkup.nankai.edu.cn

天津泰宇印务有限公司印刷　全国各地新华书店经销
2012 年 10 月第 1 版　2022 年 8 月第 5 次印刷
210×148 毫米　32 开本　30 印张　745 千字
定价：75.00 元(上下卷)

如遇图书印装质量问题,请与本社营销部联系调换,电话：(022)23508339

目 录

导 言 ………………………………………………………… (1)
第一章 古希腊罗马哲学 ………………………………… (12)
引 言 ………………………………………………………… (12)
第一节 古希腊哲学的前史：神话中的哲理……………… (14)
　一、关于本体的思想 ……………………………………… (15)
　二、对世界的普遍原则的一些认识……………………… (16)
　三、关于社会不断进化的思想…………………………… (17)
　四、人本主义思想………………………………………… (19)
　五、最原始的自然哲学思想……………………………… (21)
　六、酒神和奥尔佛斯教派的神秘主义特征……………… (23)
第二节 古希腊自然哲学的兴起…………………………… (26)
　一、伊奥尼亚的唯物主义哲学思潮……………………… (28)
　二、南意大利的唯心主义哲学思潮……………………… (44)
　三、原子论唯物主义哲学的创立………………………… (64)
第三节 雅典哲学的繁荣…………………………………… (85)
　一、智者学派的兴盛……………………………………… (88)
　二、苏格拉底的目的论哲学……………………………… (95)
　三、柏拉图的理念论哲学………………………………… (103)
　四、亚里士多德的实体论哲学…………………………… (130)
第四节 希腊晚期的道德哲学……………………………… (164)
　一、伊壁鸠鲁的原子论和道德哲学……………………… (166)
　二、斯多葛派的道德哲学………………………………… (173)

1

三、怀疑主义……………………………………………（178）
　第五节　古罗马的哲学神学思想………………………（181）
　　一、古罗马的唯物主义哲学思潮……………………（182）
　　二、古罗马唯心主义和神秘主义哲学思潮…………（189）
　　三、基督教教父学和奥古斯丁的宗教哲学…………（199）

第二章　中世纪的经院哲学………………………………（209）
　引　言………………………………………………………（209）
　第一节　经院哲学的先声………………………………（212）
　　一、波爱修的理性神学哲学…………………………（213）
　　二、爱留根纳的泛神论哲学…………………………（218）
　第二节　经院哲学的形成；唯名论与实在论的斗争…（223）
　　一、经院哲学的形成…………………………………（224）
　　二、唯名论和实在论的斗争…………………………（225）
　第三节　经院哲学的系统化；异端异教运动的兴起…（231）
　　一、托马斯·阿奎那的神学哲学体系………………（233）
　　二、反正统神学的异端、异教哲学思想……………（245）
　第四节　经院哲学的解体；唯名论的兴盛……………（254）
　　一、罗吉尔·培根……………………………………（254）
　　二、邓斯·司各脱……………………………………（258）
　　三、威廉·奥康………………………………………（262）

第三章　十五—十六世纪人文主义和自然哲学思潮的兴
　　　　起……………………………………………………（267）
　引　言………………………………………………………（267）
　第一节　人文主义文化运动中的抽象人性论…………（270）
　　一、人的本质：感性欲望……………………………（271）
　　二、人的本质：理性…………………………………（275）
　　三、人的本质：自由、平等和博爱…………………（278）
　第二节　宗教改革运动中的宗教个人主义思想………（284）

一、路德的"因信得救"的宗教哲学 …………………（285）
　　二、加尔文的"预定论"的宗教哲学 …………………（289）
　第三节　自然哲学中的唯物主义思想………………………（293）
　　一、库萨的尼古拉的泛神论 ……………………………（295）
　　二、达·芬奇的科学方法论 ……………………………（296）
　　三、特莱肖自然哲学的唯物主义倾向 …………………（298）
　　四、布鲁诺泛神论的唯物主义 …………………………（299）

第四章　十七—十八世纪西欧各国的经验论和唯理论……（311）
　引　言 …………………………………………………………（311）
　第一节　十七世纪英国唯物主义经验论……………………（316）
　　一、培根 …………………………………………………（318）
　　二、霍布斯 ………………………………………………（342）
　　三、洛克 …………………………………………………（368）
　第二节　十七世纪大陆唯理论………………………………（392）
　　一、笛卡尔 ………………………………………………（392）
　　二、斯宾诺莎 ……………………………………………（412）
　　三、莱布尼茨 ……………………………………………（434）
　第三节　十八世纪英国唯心主义经验论……………………（451）
　　一、贝克莱 ………………………………………………（452）
　　二、休谟 …………………………………………………（466）

导　言

　　正像东方各国的哲学史一样，欧洲哲学史也是人类知识宝库中的一份珍贵的文化遗产。

　　欧洲哲学史从世界观方面反映了欧洲奴隶占有制社会、封建主义社会和近代资本主义社会的产生和发展，反映了欧洲近代实验自然科学的产生和发展，提供了历史上哲学发展的较为完整、系统、典型的材料和线索，是马克思主义辩证唯物论和历史唯物论创立的理论前提，也是现代西方哲学的理论渊源。因此，研究欧洲哲学史对于我们概括和总结人类认识发展的一般规律，锻炼理论思维能力，加深对马克思主义哲学的理解，分析考察现代西方哲学都具有重要的意义。

　　欧洲哲学的发展，从一个方面反映了人类对于思维和存在的关系，对于自然界、人类社会和人类思维发展的一般规律的认识的逐步丰富和深化的过程。①欧洲哲学史作为一门科学，它的主要任务就是结合欧洲哲学思想发展的实际进程，探索和揭示这种认识逐步丰富和深化的规律性。

　　依照这样的观点，就应当把历史上曾经产生过重大影响的各种哲学流派和哲学思潮，看作是人类认识这棵活生生的长青之树上的各种花朵，看作是人类认识发展过程的不同环节或阶段。由

---

① 哲学史同各门自然科学史、社会科学史以及精神科学史一起构成了人类的整个认识史。作为整个认识史的一个部分的哲学史，着重探讨的是人类对于思维和存在的关系，对于宇宙一般法则的认识发展的规律。

于它们在人类认识发展史上产生过这样或那样的影响,科学地评价它们的历史地位,就成为哲学史研究的一项重要任务。

列宁说:"人的认识不是直线(也就是说,不是沿着直线进行的),而是无限地近似于一串圆圈、近似于螺旋的曲线。"① 欧洲哲学的发展所反映的人类认识发展,也不是直线上升、径情直遂的,而是由曲折和反复、肯定和否定构成的一条近似于螺旋式的曲线。尽管如此,历史上新旧哲学的更替,毕竟是从不同侧面和不同程度上展现了人类认识的深化、前进。一般地说,在历史上后起的哲学家总要提出某些新的原则,力图克服以往的哲学家所具有的偏颇和不足;但是,无数事实又表明,每一时代的哲学家囿于历史的局限性,往往赋予自己提出的新原则以最大的普遍性,使之绝对化,从而造成新的片面性和缺陷。这种局面的反复出现,不可避免地造成一种假象:哲学史似乎是一座谬误陈列馆。但是,人们倘若不是拘泥于被哲学家们绝对化了的具体的哲学命题或结论,而是能够透过这些命题或结论去寻求、发掘它们所体现的新的原则,那么,就不难发现,正是哲学家们相继提出的这些新的原则,构成了一幅幅绚丽多彩的画面,标志着人类的认识逐步深化和丰富。因此,要科学地评价一种哲学思想,就不应该仅只是孤立地考察它得出的具体结论是什么,尤为重要的是应当深入探究它在人类认识发展的一定阶段上提出了什么新的问题,对推动人类认识发展起了什么作用。例如,十七世纪法国哲学家笛卡尔在批判经院哲学的信仰主义的过程中提出了"我思故我在"的著名命题。这个命题刚一问世,便受到同时代的哲学家们的责难和非议,而且未过很久就被人们抛弃了。但是,笛卡尔的这一命题所体现的一种新的精神、新的原则,即推崇理性、主张以理性为尺度去审查、改造人类知识的原则,却启迪了整个欧洲近代哲学。

---

① 列宁:《谈谈辩证法问题》,《列宁选集》第 2 卷,第 715 页。

由此看来，哲学发展的历史就是人类不断克服认识中的片面性，逐步接近真理的历史。

从欧洲哲学史上看，哲学和人类认识的发展，是通过哲学中的各种不同的倾向的矛盾和斗争而展开的。在处理思维和存在的关系问题上，欧洲哲学史曾出现过非常众多的哲学流派：朴素唯物论、形而上学唯物论、主观唯心论、客观唯心论、二元论、泛神论以及不可知论，等等。欧洲哲学史的实际过程就是由各个时代的不同哲学派别之间的彼此斗争、相互渗透和错综交织所组成的，而唯物主义和唯心主义两大哲学派别的矛盾和斗争则是贯穿整个欧洲哲学发展过程的一条主线。

在欧洲，长达数千年的哲学发展的历史长河，虽然始终存在着唯物主义和唯心主义两大阵营的对峙，但是哲学家们对于分歧的焦点或关键却是逐步明确的，就是说，在历史上，哲学家们对于思维和存在的关系问题的理解有一个逐步深化的过程。欧洲古代哲学虽已出现了具有明显的唯物主义倾向和唯心主义倾向的彼此对立的哲学派别，但是对于思维和存在的关系问题的认识还是直观的、朴素的，并不十分明确清楚。譬如，古代的一些朴素唯物主义者就主张"万物有灵论"，或者把精神现象归结为某种精细的、圆滑的物质颗粒。只是在欧洲人从中世纪基督教统治的漫漫长夜中走了出来以后，思维和存在的关系问题才被近代欧洲的哲学家们"十分清楚地提了出来，才获得了它的完全的意义"[1] 黑格尔把这个问题看成是"哲学的起点"，认为它"构成哲学的全部意义"[2]。费尔巴哈也直率地指出，全部哲学史就是在思维和存在关系问题的周围兜圈子。[3] 恩格斯总结了近代欧洲的哲学发展成果，

---

[1] 恩格斯：《路德维希·费尔巴哈和德国古典哲学的终结》，《马克思恩格斯选集》第4卷，第220页。
[2] 参见黑格尔《哲学史讲演录》（第3卷），第292页。
[3] 参见费尔巴哈：《宗教本质讲演录》。

进一步作出更明确的概括:思维和存在何者为第一性的问题,是"哲学的重大的基本问题"①,"全部哲学的最高问题"②,任何一个较为彻底的哲学家总要回答这样一个问题。凡是断言物质是第一性的、意识是第二性的哲学家,便组成唯物主义阵营;凡是认为意识是第一性的、物质是第二性的哲学家,则属于唯心主义的各种流派。恩格斯关于哲学基本问题的论述,系统地阐释了哲学认识的本质特征,揭示了哲学认识的丰富而复杂的内容,为真正科学的哲学史观奠定了理论基础,为哲学史研究工作指出了一条基本的线索。

当然,在历史上,不论是唯物主义哲学,还是唯心主义哲学,都有一个自身的发展过程,都有种种不同的表现,决不是千人一面,同唱一曲。因此,哲学史的研究工作就不应当仅仅满足于判别一个哲学体系在处理思维和存在的关系问题上所采取的原则立场,而应当深入地分析不同社会历史时代的不同哲学派别在坚持一定的哲学路线的基础上是如何具体地处理思维和存在的关系问题的。只有这样,才能对哲学和人类认识的历史有真切的了解。同时,也要看到,历史上各派唯物主义哲学坚持物质是第一性的、意识是第二性的根本原则,贯彻的是一条人类认识真理的正确路线,但是由于社会历史条件和科学发展水平的限制,他们在处理思维和存在的关系问题时,又存在着这样或那样的片面性或缺陷。历史上各派唯心主义哲学坚持意识是第一性的、物质是第二性的根本原则,在人类认识真理的过程中贯彻的是一条错误的路线。但是,各派唯心主义哲学也是人类认识真理过程中的中介或环节,它们不仅为人类认识真理提供了某些失足的教训,而且在某些唯心主义哲学中也包含着某些合理的成份或真理的颗粒。上述错综复

---

①② 恩格斯:《路德维希·费尔巴哈和德国古典哲学的终结》,《马克思恩格斯选集》第4卷,第219、220页。

杂的情况表明,唯物主义和唯心主义两大哲学派别既是对立的,又是统一的。欧洲哲学发展的历史,主要就是唯物主义和唯心主义两大哲学派别相互斗争、彼此贯通的历史。因此,把哲学史看作是人类认识发展史,把哲学史看作是唯物主义和唯心主义的矛盾的发展史,这是从不同方面对同一事物作出的概括,两者是并行不悖的。事实上,只有深入剖析历史上各派哲学,特别是唯物主义和唯心主义两大派别的矛盾发展过程,才可能深刻揭示人类认识的发展规律。总之,哲学史是人类认识发展的历史,是唯物主义和唯心主义两大哲学派别又斗争、又统一的矛盾发展的历史。

思维和存在的关系问题还有另一个方面:"我们关于我们周围世界的思想对这个世界本身的关系是怎样的?我们的思维能不能认识现实世界?我们能不能在我们关于现实世界的表象和概念中正确地反映现实?"[①] 对于哲学的基本问题或最高问题的第二方面的不同回答,形成可知论和不可知论的对立,这是属于认识方面的问题。在欧洲哲学史上,可知论和不可知论的对立问题存在着复杂的情况:不仅存在着唯物主义的可知论,而且还存在着唯心主义的可知论;不仅有唯心主义的不可知论,而且在某些唯物主义哲学派别中也包含有不可知论的因素或倾向。从历史发展的全过程来说,可知论明确肯定认识世界的可能性,毫无疑问,这应算做是一种正确的认识论路线。但是,有的可知论是以唯心主义为基础的,有的可知论具有绝对主义、独断论的性质,这就程度不同地影响到它们对于可知论的认识论路线的贯彻。不可知论否定认识世界的可能性,本质上是一种错误的认识论路线,但是在欧洲哲学史上确有一部分不可知论者较为深入地探索了认识的主观性和相对性的方面,对于克服认识论中的绝对主义、独断论,也

---

① 恩格斯:《路德维希·费尔巴哈和德国古典哲学的终结》,《马克思恩格斯选集》第4卷,第221页。

是有一定的意义的。从这个方面上说,不可知论对于人类的认识发展并不是完全消极的东西,而是具有一定的启发意义的探索。因此,研究可知论和不可知论之间的矛盾发展,也是欧洲哲学史科学的一个重要课题。

在欧洲哲学史上,围绕着唯物主义和唯心主义在思维和存在的关系问题上的矛盾和斗争,还交织着辩证法和形而上学两种发展观的矛盾和斗争。辩证法本质上是一种正确的思维方法,形而上学的孤立、静止和片面的观点本质上是错误的。但是,形而上学思维方法也是人类认识发展过程中的一个重要环节,在一定的历史发展阶段上,对人类认识的发展也曾起过重大的推动作用。欧洲哲学史上不仅有同自发的辩证法相结合的朴素的唯物论,而且还有形而上学的唯物论;不仅有形而上学唯心论,而且还有辩证的唯心论。在欧洲哲学的发展中,辩证法与形而上学的矛盾斗争也经历了曲折复杂的过程。古代自发的辩证法被十七、十八世纪的形而上学的思维方式所否定;尔后,形而上学的思维方式又为德国古典哲学中自觉的辩证思维方式所否定。发展观方面的这种否定之否定,反映了人类思维方式的不断进步。同时也必须看到,唯物论不与自觉的辩证法相结合,固然不能把唯物主义哲学路线贯彻到底,而自觉的辩证法一旦被唯心主义缠身,最终也势必要堕入形而上学的泥潭。因此,自觉的辩证法和唯物主义相结合,乃是人类思维方式发展的历史必然。

哲学是时代精神的精华,它不能游离于社会物质生活之外。哲学的存在和发展,依存于社会矛盾运动,并给予社会生活的各方面以重大的影响。欧洲哲学的发展,植根于欧洲社会物质生活条件的变化。古代希腊、罗马的奴隶占有制的产生和发展,提供了古代欧洲哲学产生和发展的土壤。欧洲封建主义社会创造了经院哲学这个独特的哲学形态。欧洲近代资本主义的产生和发展,又把欧洲哲学推进到了一个崭新的发展阶段。欧洲哲学发展的各个阶段，都是它们赖以产生的一定历史时代的经济、政治关系的升华。反过来，哲学也给予一定历史时代的经济、政治和文化的发展以促进或阻碍的反作用。在欧洲历史上，一些哲学思潮曾经成为维护腐朽的社会秩序的精神支柱，而另一些哲学也曾充当了社会变革的先导，奏出过时代的强音。

　　阶级分析的方法是研究哲学史的基本方法。列宁指出，要认清包括哲学和宗教在内的一切异常繁杂的社会问题，"就必须牢牢把握住社会阶级划分的事实，阶级统治形式改变的事实，把它作为基本的指导线索，并用这个观点去分析一切社会问题，即经济、政治、精神和宗教等等问题"。① 在欧洲，哲学是伴随着阶级社会的出现而产生的。欧洲哲学史上出现的任何一种哲学学说，都是由隶属于一定的阶级的人们创造的，都反映着一定阶级的要求，服务于一定阶级利益。譬如，欧洲十五、十六世纪出现的人文主义思潮，实质上就是当时新兴的市民——资产阶级在意识形态领域掀起的一股反对封建主义的文化——哲学思潮。如果撇开这个时期资本主义经济关系的萌芽和市民——资产阶级兴起等历史现象，人们将不可能认清人文主义思想运动的本质，无法正确地评价它的历史作用。列宁说："马克思主义给我们指出了一条指导性的线索，使我们能在这种看来迷离混沌的状态中发现规律性。这条线索就是阶级斗争的理论。"② 把马克思主义的阶级斗争理论作为解剖刀，用于观察和分析阶级社会的各种社会现象，其中包括各种哲学思潮，就是马克思主义的阶级分析方法。它是科学的认识方法，是学习和研究哲学史的一个基本方法。

　　但是，哲学作为一种独特的意识形态，它与经济基础的关系、与现实的政治斗争的关系，在历史的前进过程中往往呈现为十分

---

① 列宁：《论国家》，《列宁选集》第4卷，第47页。
② 列宁：《卡尔·马克思》，《列宁选集》第2卷，第587页。

复杂的情况,不能把它简单地归结为经济基础的直接反映和现实政治斗争的直接体现。就欧洲哲学史而论,确实有不少进步哲学家由于自己的哲学思想具有鲜明的政治倾向而遭到敌对阶级的打击和迫害,但是从整个历史发展过程来看,哲学和现实政治斗争的联系并不始终都是直接的、明显的,而是时隐时显的。这是因为,哲学是世界观的理论体系,是最抽象化、理论化的社会意识形式,它研究宇宙的最一般规律,并从最一般原则的高度指导人们的思想和行动。因此,它具有相对独立的学术意义。如果把历史上提出的任何哲学命题,或者把一切哲学理论的探讨都同当时的政治斗争简单地、直接地挂起钩来,就会造成混乱,不能真实地揭示哲学发展的本来面目。就一个哲学家而言,他的哲学倾向和政治立场的关系,也是很复杂的,往往不是绝对一致的。当一个哲学家创立一种哲学体系时,除了受到当时政治斗争的左右外,还会受到他所接受的传统观念和当时科学文化的影响。任何一个哲学体系都不会纯而又纯,实际上都包含有各种矛盾的倾向。如此等等,都会使哲学倾向同政治倾向之间出现程度不同的背离或摆动。至于一个哲学家在自己的一生中。他的政治立场和哲学倾向在不同时期发生这样或那样的变化,就更为普遍。我们还看到,社会阶级同哲学的关系也有复杂的情况。不同的阶级通常都有不同的、甚至截然对立的哲学倾向。但是,在一定的历史时期,不同的阶级也可以利用同一种哲学思想来论证和宣传本阶级的利益,通过同一种哲学形态表现各自不同的、甚至根本对立的阶级要求。同一个阶级在自己的不同发展阶段上,往往会采取不同的,有时甚至是对立的哲学倾向。即使是同一个阶级在同一个历史时期,由于内部存在着不同的等级、阶层和社会集团,它们各自的哲学倾向也常常有显著的差别,甚至表现为尖锐的对立。此外,哲学上唯物主义和唯心主义两大派别的斗争,有时反映着革命阶级和反动阶级、新兴力量和腐朽力量的矛盾斗争,有时则反映同一阶级内部各个不同社会集团、阶层之间激进和保守的矛盾，有时也反映着同一阶级在不同历史阶段上出现的哲学倾向变化。

由上述可见，对错综复杂的哲学发展过程进行阶级分析，必须严格遵循具体情况具体分析的原则。到处乱贴标签，用某一个僵死的模式到处乱套，就会陷进简单化、庸俗化的泥潭，不可能客观地说明哲学发展的实际过程。因此，在哲学史的研究工作中，必须坚持马克思主义的阶级分析，但必须是实事求是的、科学的，而不应当是简单化的、庸俗的。

哲学是一个特殊的知识部门。任何时代的哲学思想都是自己时代的自然知识和社会知识的概括和总结。在欧洲哲学史上，古代希腊哲学最初的历史形式是自然哲学，它的任务是揭示形形色色的自然现象的起源。后来，数学、天文学和医学等相继从笼统的理论知识中分化出去，成为独立的知识部门。从"文艺复兴"时期开始，尤其是在十七、十八世纪，力学、物理学、化学、生物学、法学、政治经济学又相继成为独立的知识部门。在上述过程中，哲学不仅要以各门知识作为理论概括的基础，而且还从中直接袭用某些方法去构造哲学体系。例如，运用数学的公理化方法建立哲学体系，用古典力学的定律去解释自然界和社会的发展过程。事实表明，哲学为着从总体上揭示人与自然、人与社会以及社会与自然的关系，就必须从自然知识和社会知识中汲取养料，丰富和充实自己，进而作出理论概括，不断改变自己的形态。如果哲学离开了各门知识，就会成为无源之水，无本之木。欧洲哲学史表明，正是人类关于自然和社会知识的不断丰富，不断更新，推动了哲学家们对于思维和存在的关系、对于宇宙发展的最一般规律的认识的不断加深。

但是，哲学对于各门知识的发展也有重要的影响。因为知识的积累和更新工作都是由人去做的，而一定时代的人们总是在该时代的普遍的思维方式指导下去积累和更新知识的。所谓普遍的思维方式,就是在这个时代占主导地位的哲学思想。例如,十六、十七世纪培根、笛卡尔的哲学对近代自然科学的发展,就起了重要的促进作用。另一方面,某些唯心主义哲学体系如欧洲中世纪的经院哲学,也曾对自然科学和社会科学的发展起过阻碍作用。不难看出,研究哲学史,研究作为世界观理论体系的哲学思想的发展规律,必须研究哲学与其他各门知识的相互关系。如果忽视对历史上科学和文化的研究,就不可能对哲学发展的规律性作出科学的阐释。

历史的发展具有连贯性,人们不能随意割断历史。哲学作为社会意识形态的重要形式之一,它的发展具有历史继承性。恩格斯说:"每一个时代的哲学作为分工的一个特定的领域,都具有由它的先驱者传给它而它便由以出发的特定的思想资料作为前提。"[①] 任何一种哲学思想体系都不是凭空产生的,一个哲学体系的创立,按其本质说,是一定时代的政治、经济关系的反映;但在思想材料上,它又都是从历史提供的思想材料出发的。不同历史时期的哲学,在思想材料上的这种连续和影响的关系,表现了哲学思想发展的相对独立性和继承性。

在历史上,哲学思想的继承过程,同时也是一个批判的过程。哲学思想之间的继承关系是相对的,哲学受当时政治、经济关系的决定则是绝对的。在历史上,任何阶级对历史文化的继承总是按照自己的阶级要求确立对历史文化思想资料的取舍标准,通过对历史文化思想资料的批判、改造而达到的。正是这种继承和批判的矛盾,推动着哲学和人类认识的发展。因此,通过哲学发展的继承和批判关系的研究,可以揭示哲学思想发展的规律性,学习人类认识史。

---

① 恩格斯:《致康·施米特(1890年10月27日)》,《马克思恩格斯选集》第4卷,第485页。

同时，还应注意到，哲学发展的这种历史继承性在不同时代、不同国度、不同民族由于条件不同而形成不同的特点，即传统的风格上的差异。法国启蒙思想家的哲学思想和德国古典哲学的差别，除了社会历史条件的差异，也和民族的传统、民族的风格的不同有密切的关系。

哲学史作为一门独立的学科，是在近代出现的事。在欧洲，近代资产阶级哲学在反对封建神学的斗争中，使哲学从神学附庸一跃而成为独立的学科，并由此开始了欧洲哲学史的研究。经过几代人的不断努力，到了黑格尔那里才实现了一部系统而完整的欧洲哲学史。黑格尔从唯心主义立场出发，对于哲学史观及有关的方法论原则作了探讨，其中有许多意见是值得重视的，能够给人们以启发。但他毕竟是唯心主义者，他的辩证法思想在哲学史的研究中，也不能贯彻到底。近百年来，欧洲出版了不少哲学史著作，其中有些著作是有一定的科学价值的，可供研究参考。但是，由于囿于旧的哲学史观，这些著作终不能科学地阐明欧洲哲学发展的规律。真正科学的哲学史观是从马克思主义开始的。以历史唯物论为基础的马克思主义哲学史观为欧洲哲学史的科学研究开辟了广阔的道路。

马克思主义者是历史主义者，历来十分珍惜古典哲学遗产，反对历史虚无主义；马克思主义者又是阶级论者，对历史遗产始终坚持革命的批判的态度，反对无批判的兼收并蓄。站在新时代的高度，运用辩证唯物主义和历史唯物主义去整理和分析各个历史时代的哲学思想，科学地阐明哲学思想发展的规律，总结人类认识发展过程中的经验和教训，批判地继承历史上的优秀哲学遗产，以丰富和发展社会主义精神文明——这就是我们学习和研究哲学史所面临的课题，也是我们学习和研究欧洲哲学史的根本目的。

第一章 古希腊罗马哲学

引　言

古希腊罗马哲学是欧洲哲学史的开端。

古希腊是欧洲文明的发祥地。古代希腊世界的疆域广阔，除希腊半岛外，东至爱琴海诸岛以及小亚细亚沿海地区，西至西西里、意大利南部以及地中海沿岸的法兰西、西班牙。大约在公元前十一世纪至公元前九世纪，亦即所谓"荷马时代"，古希腊开始了从原始氏族社会向奴隶占有制社会的过渡。公元前八世纪至公元前六世纪，古希腊奴隶占有制逐步形成。古希腊的奴隶制是城邦奴隶制。在奴隶占有制形成时期，先后出现了二百多个奴隶主阶级统治的城邦，每个城邦都是以一个城市为中心，包括附近一些村镇的独立国家。公元前五世纪，特别是希波战争（公元前499—前449年）后，以雅典为代表的古希腊城邦奴隶制处于极盛时期。在伯罗奔尼撒战争（公元前431—前404年）后，古希腊城邦奴隶制开始走向衰落。公元前338年，北方的马其顿王国征服了希腊各城邦，并向东方扩张，建立了地域广大的亚里山大帝国。公元前二世纪中叶，意大利半岛的罗马先后打败了马其顿、叙利亚，建立了地跨欧亚非的幅员广大的奴隶占有制国家，整个希腊被并入罗马的版图。公元395年，罗马帝国分裂为东西两部分。公元476年，西罗马帝国灭亡。从此欧洲结束了奴隶占有制的历史阶段，进入了封建主义社会。

古希腊奴隶占有制的产生是人类历史发展的必然趋向，是历史上的一个重大进步,从此开始了欧洲的文明史。正如恩格斯所说:"只有奴隶制才使农业和工业之间的更大规模的分工成为可能,从而为古代文化的繁荣,即为希腊文化创造了条件。没有奴隶制,就没有希腊国家,就没有希腊的艺术和科学;没有奴隶制,就没有罗马帝国。"① 古希腊罗马哲学也是古希腊罗马奴隶占有制社会的产物,是古希腊罗马奴隶占有制社会经济、政治、科学和文化等方面的成就的最高概括。随着古希腊罗马奴隶占有制的没落,古希腊罗马哲学也走向衰落。

古希腊罗马奴隶占有制社会充满各种尖锐复杂的矛盾。奴隶和奴隶主阶级的矛盾是当时的最基本的社会矛盾。正是奴隶群众的劳动和斗争推动着社会的前进,并最后埋葬了奴隶占有制。此外,还存在着自由民和奴隶主之间的矛盾,奴隶主阶级内部不同集团、阶层之间的矛盾,希腊各城邦之间的矛盾以及希腊与波斯、马其顿之间的民族矛盾等等。这些矛盾往往错综交织在一起,斗争也是十分激烈的。古希腊罗马哲学在不同程度上反映了这个时期各种社会矛盾的发展状况。

古希腊罗马哲学是人类认识发展史的最初阶段,概括起来,具有以下几个特点:

古代哲学中不同派别的斗争,反映了奴隶主阶级内部不同集团、不同阶层之间的矛盾和斗争。这是因为,历史上保留下来的有关古希腊罗马哲学的文献资料,全部是奴隶主阶级思想家们的著述,它们不可能不维护奴隶主阶级的利益。哲学中的不同倾向的斗争,基本上反映了奴隶主阶级内部不同集团、阶层之间的矛盾。当然这种斗争也或多或少地、间接地反映了当时社会中其他矛盾的发展状况。

---

① 恩格斯:《反杜林论》,《马克思恩格斯选集》第3卷,人民出版社1972年版,第220页。

古代哲学是一个无所不包的统一的知识部门，最早的哲学家也是自然科学家或社会科学家。

古代哲学主要是讲的本体论问题，着重从本体论的角度探索思维和存在的关系。古代哲学家们最为关心的是从杂多的现象中寻求万物统一的根源，也即所谓"本原"或"实体"的问题。

古代哲学家观察事物和思考问题还是停留在感性直观的水平上。但是在这种朴素的直观中，他们力图从总体上去把握世界，把它看作是一个万物相互联系、彼此相互转化的整体，往往表现出自发的辩证法倾向。

古代哲学发展的基本线索和基本内容，是以德谟克利特为代表的唯物主义路线同以柏拉图为代表的唯心主义路线之间的对立和斗争。

古代哲学中学说繁多，学派林立，一度出现了"百家争鸣"的生动局面。古希腊哲学的多种多样的形式孕育着欧洲后来各种哲学观点的胚芽。

根据古希腊罗马奴隶制社会的发展和哲学思想发展的特点，古希腊罗马哲学的发展，可分为五个时期：第一时期为古希腊哲学的前史——神话哲理时期，第二时期为早期自然哲学时期，第三时期为雅典哲学的繁荣时期，第四时期为晚期希腊的道德哲学时期，第五时期为罗马哲学、神学时期。

第一节 古希腊哲学的前史：
神话中的哲理

古希腊哲学的思想渊源主要有两大源流。一是来自古代东方各国文化对古希腊的影响。古希腊早期乃至后来的许多重要的哲学家都曾到过埃及、印度、波斯等东方国家进行考察、学习，使东方各国的科学、文化、宗教传入古代希腊,从而促进了古希腊哲学的产生和发展。二是古希腊神话。古希腊神话中的哲理,是古希腊哲学的重要的思想渊源,是古希腊罗马哲学的前史。

希腊神话源远流长,主要流传在从古希腊文明初期到公元前七世纪这一漫长的时期。这时的哲学、科学、宗教、文学艺术还没有正式产生和分离,只有神话这种意识形态。它以口头文学形式在民间流传,记载于荷马史诗、赫西俄德神谱以及希腊古典时期的文学、哲学和历史等著作中。神话是人类在远古时代,由于生产力的低下,人们在与自然的斗争中软弱无力,对各种自然现象迷惑不解而产生的对自然和社会现象的虚幻的歪曲的反映。同时,其中也凝结着人们长期积累下来的自然斗争和社会斗争的经验,表现了人类对未来的美好希望。希腊神话是个伟大的宝库,是古代思想文化的土壤,①它反映了古代人对自然和社会生活的最原始的看法,其中包含了许多原始的哲理。

一、关于本体的思想

希腊神话有一个基本倾向,即认为在人和世界之外有一个巨大的普遍的本质和力量在起作用。它虽然不被人们的感觉所把握,却决定着事物的变幻,世界的生灭,人事的祸福和民族的兴亡,成为一切事物的主宰和原因。这个本质和力量在神话中,就是神和神所规定的必然性。这里实际上反映了人对于在人之外的客观的本质和原因的一种认识,是对于世界的本体和规律性的一种最初步的关注和揣摩。

古希腊神话,把对本体的了解归之于超自然的神,这表现了在本体问题上的原始的唯心主义倾向。同时,希腊神话关于本体的问题还有另外一种倾向,即力图寻找万物的物质始基。例如在

---

① 参看马克思《〈政治经济学批判〉导言》,《马克思恩格斯选集》第2卷,第113页。

《皮拉和丢卡利翁》的神话中,说宙斯在盛怒之下,用洪水淹没了地上的一切,万籁俱寂。普罗米修斯的儿子丢卡利翁和他的妻子皮拉(都是作为人类的代表)祈祷神灵,希冀再造人类和重建世界。于是出现了一个伟大的声音指示他们:"把你母亲的骨骸,掷在你们后面的地上。"丢卡利翁突然觉悟了:母亲就是土地,骨骸就是石头。于是他们俩不回头地把石头丢在地上,那石头就像被雕刻的大理石一样,很快显出了人的纹理,接着就变成了清晰的活生生的男人和女人,这样逐渐又重新创造了人类和世界上的一切。故事最后说:人类并不曾否定他们的起源,这是一种勤劳刻苦的人民,他们永远不会忘记创造他们的物质。我们看到,在这则神话里,虽然没有摆脱神造世界的传统观念,但是在具体解决万物的本源问题的时候,还是用土、石头这样的物质原因来说明的。在其它的神话故事里,还认为万物的本原为土、火以及土和火的混合物。因此可以说,古希腊神话关于世界本体的原始哲理,在总体上是唯神史观,同时又具有二元论和物质始基多元论的特征。

二、对世界的普遍原则的一些认识

希腊神话中反映出对世界的普遍原则的一些看法。这些原则中,首先是关于普遍对立的思想。整个希腊神话可以说旨在揭示神与人的对立。在这个对立中,又有善与恶、光明与黑暗的对立。这种对立被描写成神的世界和人的世界的内在的本质和普遍原则。人与神或人与人之间正是以这个对立为中心,才导致各式各样的升沉祸福,生灭变幻,造就了千差万别的形象和性格,形成许多曲折生动的故事,展现了一个丰富多彩的波澜壮阔的世界。

关于这种对立,从神话中反映出来的倾向看,并不认作是什么坏事,相反,正是由于对立,才带来了人类的进步和世界的发展。例如在《人类的世纪》中说,人类从其产生起经过了四个时代,即黄金时代、白银时代、青铜时代和黑铁时代。黄金时代是人类天真无邪的幼年时代。接着是白银和青铜时代,这时人类社会逐渐出现了对立,习于战争。后来又进入黑铁时代,对立日趋严重,战争更为频繁。这种对立和战争,一方面使世界失去了人类之初的天然的道德品质,染上了不敬神的恶习,另一方面又通过战争,造就了一代英雄,促成了社会的进步。在神话《卡德斯摩》中进一步指明,由于对立和战争,形成了民族,建立了城市,创造了国家。由于国家的建立,结束了人类无穷无尽的仇杀,从战争状态进入和平时期。神话指明,和平的出现是战争的结果。从对立和斗争中去了解自然和社会事变的原因,这是很有哲理性的。

神话在指明世界的普遍关系和原则中,还有一个重要方面,那就是火和智慧的关系。在《普罗米修斯》中,描写了智慧和火在人类发展中所起的不同的作用。神用火和土的混合的材料把人类创造出来之后,就统统交给普罗米修斯和爱庇米修斯两兄弟,让他们分配各人以不同的能力。爱庇米修斯没有远见,竟把全部能力分给了动物,以致使人裸着身体,也没有武器。在此紧要关头,普罗米修斯赶来帮助人类,从赫斐斯和雅典娜那里偷来了火和智慧给人类(赫斐斯是火神,雅典娜是智慧神),由于有了智慧和火,从此才有了人类的生存条件,进而有了世界的一切。在这里标志物质的火和标志精神的智慧,被写成是人类所必须的两个最基本的要素,是社会发展的基础和前提。对于人类来说,火和智慧一方面是不可分离的,只有两者共同起作用,才可能不断满足人类生产和生活的需要。同时,火又是智慧的基础,人类在使用火的过程中,逐渐发展起来了智慧,又把智慧进一步用于火。这里潜在于神话里的关于精神和物质的关系,以及物质是精神的基础的思想,还是相当深刻的。

三、关于社会不断进化的思想

根据神话的描述,社会是从落后到进步而不断发展的。社会的这个进化过程,是通过旧神和新神谱系的繁衍更迭表现出来的。

在希腊神话里有新旧两个神祇体系。旧神体系中的神都是些丑陋、庞大、无形体的怪物，如有五十个头和一百只手等等，这种神被称为巨灵神族。这些原始的奇怪的不可捉摸的特征，正是代表了一种极其可怕的自然力，表明了人类之初还没有从自然中独立出来，完全为自然的必然性所左右，过着和动物差不多的生活，巨灵神族反映了人类社会这种原始和落后的状况。

人类社会总是要不断前进的，人类在前进中独立的要求越来越多，不断开辟了新的认识领域和实践领域。这个变化反映在神谱上，就出现了旧神体系向新神体系的发展和过渡。代表这个过渡的，是出现了普罗米修斯和谷神德米特。普罗米修斯的主要功绩是把火带给人类。火成了人类文明的杠杆，有了火，也就随之有了与火有关的各种材料加工的技艺。技艺的产品不再属于单纯的自然物，它标志了生产力发展的新水平和社会发展的一定高度。这个阶段大致相当于古希腊社会发展的铁器时代。谷神德米特也有类似的情形。普罗米修斯和谷神虽也属于巨灵神族，但在其作用和形体上，已不同于那种不可理解的庞然大物，它们对人类有着更多的实际的关注，成为人类认识自然和征服自然的一种新的象征。

希腊神话神谱的进一步发展，是旧神体系被彻底挫伤和新神体系的正式出现。新神和旧神在属性上有着明显的区别，其中最重要之一，就是旧神代表奴役人类的纯自然的力量，而新神不但代表了自然的力量，也代表了人类对这种力量的利用。还有，新神除具有自然属性外，也增加了一定的社会属性，如正义、法律、廉耻等等都有专神管理。以宙斯为代表的新神体系，同时又是一个有等级、尊卑、刑罚、战争的社会体系。这种新神体系对旧神体系的否定和发展，新神体系不断完善，以及神的属性不断完善和个性化的过程，象征了古希腊社会不断发展的过程，说明古代人类不断从作为自然的奴隶发展到对自然的一定的认识和利用，并且不断增加着政治、法律、道德等等的精神内容和范畴。

四、人本主义思想

神话中的世界，一方面是力量无比的神所统治的世界，另一方面又是人类进行着有声有色的活动和斗争的世界。人与神的对立和斗争，构成了神话的一个内在的根本矛盾，大力描写人的生活、斗争、品德、智慧、功业，成为希腊神话的一个中心题材。这种人本主义精神，在希腊神话里有着极其突出的地位。

希腊神话中的人本主义精神主要是通过英雄来表现的。英雄主义的核心是人类对神的反叛精神。希腊神话中的英雄非常多，形成了不同的英雄体系，如赫剌克勒斯的十二件功勋，忒修斯为民除害，伊阿宋寻找金羊毛和特洛伊战争中的英雄们。这里有征服自然的英雄、民族英雄和战争中的英雄，其中最杰出的是战胜凶险的自然力的英雄赫剌克勒斯。赫剌克勒斯是神话传说中希腊最有名的智勇双全和德才兼备的英雄，他的主要功绩就是为民除害。他以极大的勇敢、顽强和机智，消灭了巨人的家族、九头的水蛇许杜拉、阴界的冥王哈德斯、贪色的河神，还有赤鹿、野猪、怪鸟、疯牛、暴风、巨龙以及各式各样的强盗和暴君。赫剌克勒斯不但有极大的力量，也有极其可贵的品质。他铲除了那么多的可恶而凶险的怪物和神祇，只有一个目的，就是为人民造福。他英勇善良和正直，一方面为民除害，另一方面又救死扶伤。他从海里捞出大工艺美术家的儿子卡洛斯的尸体，在高加索山谷救出英勇不屈的普罗米修斯，又救过美丽而贤淑的阿尔刻提斯。他勇于打破主奴、尊卑和等级等传统观念，把战俘当人看待，给予怜悯和优待。他善良而无私；奇功卓著而毫不骄矜，艺术家为他建造了雕像以资纪念，赫剌克勒斯发现后，他一方面惊奇其逼真，另一方面又感到这个人造的英姿，就是威胁他进一步从事英雄事业的大敌，于是他动手打倒了它。神话中的英雄传说，是人的力量、品德、智慧和理性的赞歌。

希腊神话对祭祀方式和神祇形象的描述表现出对人的地位的重视,这是人本主义精神的另一表现。在古希腊神话里,古代人类的祭神仪式原来是极其隆重的,用作牺牲的动物要统统烧掉。这对神来说当然是至尊极敬,而对物质生活极为落后的人类来说,实在是一个特大的浪费。为此,普罗米修斯代表人类向神灵请求,必须改变这种祭神方式,于是经过协商达成了协议:只用动物的骨骼象征全部牺牲的祭品,而把肉剥下来留给人类吃掉。这种祭神方式的改变,实际上就是要使敬神的形式服从人类对物质生活的需要。

希腊神话的神祇所体现的人本主义精神更为明显。神话中的神祇的形象和属性是不断变化和发展的。这个发展可以归纳为四个阶段。第一是动物崇拜。这时的神祇多是象征动物,例如女神赫拉是母牛的象征。并且每个神祇都有飞禽同伴或作为标志,如天神宙斯有鹰鹫,天后赫拉有孔雀,智慧神雅典娜有枭,爱神阿弗洛狄特有鸽子等等,这些动物代表了神祇的品质和职司。第二是人神同形。这时的神祇的观念开始超出了动物崇拜的界限,取得了人的形象,逐渐朝着人性过渡。第三,神不但具有人的外形,进一步表现出具有人的生活、习惯、道德。例如希腊众神虽然居住在奥林匹斯圣山上,但他们同人的联系非常密切,并且也具有人的任性、享受、虚荣、嫉妒、复仇、好斗、偷情等性格。像作为众神之王的宙斯,他同女神赫拉正式结为夫妻,但他贪色无度,同时又鉴于赫拉的监视,只得背着赫拉下凡偷情。神话中对众神的种种坏品质往往有意渲染,嘲笑其邪恶,指责其不公,说明其在道德上并不高于人类,更无绝对的性质。第四,在神的观念中进一步反映出一定的社会关系。随着社会的发展,奴隶劳动、私有制、等级等等的出现,神祇也由其自然属性向社会属性过渡。宙斯的形象就是一个荒淫、乖张、随心所欲、无法无天的最大的独裁者和暴君。

由此可见，祭祀形式的变化和神祇观念的发展，完全体现了人的要求和利益，神的形象的不同脸谱和属性，成为衡量社会发展和人的思想发展的尺度。神在人的意识中是一个变量，人类根据自己的亲仇去决定对神的褒和贬，并且不断打倒旧神和创造新神，这一切无疑都体现着以人为本的主题。

希腊神话中的乐生主义是人本主义精神的又一表现。根据希腊不少神话的记载，当时希腊人的一个普遍观念，是把生、生命当成快乐、幸神和美德，而把死当成一种不祥和玷污，并以此设想出生命之神和死神。这两个对立的神祇，代表着善和恶的对立。希腊神话的乐生主义，反映了古代人类的积极向上，豁达乐观，生生不息，奋斗不止的精神状态，成为西方人本主义传统的一个重要来源。

五、最原始的自然哲学思想

希腊神话中的故事都是神灵和鬼怪，就其内容和形式说是虚无飘渺的，然而它又同人类的生产、生活密切相关，因此就其实质说又是非常现实的。这个现实性的一个重要之点，是其中包含着一些最原始的科学思想，成为我们追溯自然哲学和科学发轫轨迹的最初线索。

首先，神谱发展体系具有宇宙生成论的萌芽。据赫西俄德所总结的希腊神谱，宇宙最初出现的神是卡俄斯，也叫混沌，它代表无限空间的一种浑噩而零乱的状态。混沌生该亚，该亚是地母，地母生乌剌诺斯，即天神，天神妻之母该亚，生提靼族神。提靼族有十二神位（也叫巨灵神族）。巨灵神是些大、笨、无定形的东西，代表了具有无限威力而又落后的自然力。巨灵神族的最后一位克洛诺斯同其妻子瑞亚生众神。众神比巨灵神族具有确定性，代表了一些具体的自然事物，如日、月、星系、河海等众神。在众神中又出现了宙斯神，宙斯是新神的代表，这是更高阶段的神系。它不只代表自然力，也具有了精神属性，例如在此神系里出现了命运女神、正义之神、善恶神、战神等等。这些谱系的发展过程，当然是纯粹的神话，但是这些神话说明了宇宙从浑沌到清楚，从简单到复杂的历史过程，是最原始的宇宙论的萌芽。

在神谱里还设有标志自然界的基本元素的神位。如考里邦特、特尔钦、帕塔肯、普罗米修斯等分别以开矿、持火、呼风唤雨以及各种技术的神出现，代表了自然中的火、土、水、气、金属等基本的物质元素或物质单位的威力，并且在此基础上把自然分成可朽的东西和不可朽的东西两个部类，具体万物都是变化的和可朽的，而水、火、土、气、金属等则被认为是常住的、基本的和永恒的。神话中的人虽是神所造的，但细究其成因，则仍归之于水、火、土、气等基本物质的混合。同时神话中还涉及宇宙、神与神、神与人、人与人乃至万物之间的结合力的问题。这个力量被叫做厄洛斯神，它代表了一种爱情的力量，这个力量遍及人和神等一切事物和范围，成为一种普遍的亲和力或结合力，是宇宙间最原初的力量源泉。这个处于神人万物中间，并使其纷纭复杂、交织错综、普遍联系和运动发展的厄洛斯，具有着自然界的存在、运动、发展的动力和规律的意思。

在希腊神话中，诸神分别代表了一种自然力量，这表现了古代人类对宇宙的种种自然属性的注视。例如海神波塞冬代表了大海和水，太阳神阿波罗代表了太阳和光，谷神德米特代表了自然生殖力，宙斯神代表了雷雨，天后赫拉代表了天空大气层和银河系。同时由诸神所代表的种种自然属性，又演化为古代知识的出发点，从而构成了最古老的知识门类。波塞冬不只代表海和水，也兼管航行和商业。阿波罗是光的象征，这个光又包括了自然之光和知识之光，兼有知识、智慧、理性和精神的内容。爱神阿弗洛狄特首先表现了自然界中有关生长、结果、繁衍的性质，同时又具有秀美和爱情的精神特征，与美学和文学知识部门有着密切的联系。谷神德米特除管生殖外，又具有农业、财产的概念。诗神缪斯以响泉作为他的自然基础,而诗歌又是他的精神本能。表现在神话中的这些各种知识的原初分类,奠定了古希腊文化繁荣时代从天文学到生理学,从智术到诗学等各种知识学科的原始基础。

六、酒神和奥尔弗斯教派的神秘主义特征

酒神神话源远流长。关于酒神狄奥尼索斯,曾有多种多样的传说,最早可以追溯为神祇潘(Pan),后来又形成有很大势力和影响的奥尔弗斯教派,它被认为是一个前后相继的早于宙斯神系的重要的希腊神祇体系。酒神神话的神秘主义大抵包含这样一些方面:

(一)追求沉醉和热烈的精神意境

所谓酒神,当然同酒有着密切的联系,传说酒神狄奥尼索斯就是为传播种植葡萄和造酒方法而四处飘游,这自然少不得饮酒。又说酒神为希腊农业丰收之神,酒神崇拜在于庆祝一年一度的生死循环,唤醒沉睡的生产精灵,祈求保护农业的丰收。其实,酒神崇拜主要还是以酒来象征一种精神的沉醉。据古希腊悲剧作家欧里彼得斯在《酒神》里的描写,这个沉醉有两方面的表现:一是沉睡,酒神及其追随者成群地懒洋洋地睡在荒草野坡上,在沉睡中忘掉一生的忧虑和痛苦,使精神陷入一种无思无虑、无求无怨的极度轻松的境地;二是沉醉后的癫狂,酒神及其徒众手执大茴香秆做成的神仗,头缠长春藤,在荒郊野外歌舞狂欢[①]。透过这些感情形式,可以看到它表现出来的精神特征:一是超脱。酒神飘游于山林之间,与羊鹿为伍,以此表现其远离尘世、追求超现实的精神生活的意向。二是沉思。酒神的沉睡就是象征沉思,在沉思中排除感性生活和物质现实,使意识陷入种种幻想和精神创造之中。三是直觉。这是神秘的精神生活的最高形式,酒神神话

---

① 参看欧里彼得斯:《欧里彼得斯悲剧集》第3卷,人民出版社1962年版。

中的幻想和沉思都在追求一种神秘的洞见和直觉,一种在虚无中存在的境界:它高深莫测,又作为客体而存在,既是精神理想,又像在眼前浮现,既是信仰的目标,又是可感觉的对象。四是主观亢进精神。对物质现实的鄙弃,对沉思的热爱,对神秘的直觉、洞见的追求,必然使精神处于一种纯粹的热烈的高度激发的状态,酒神神话就表现了这种精神狂热和主观意志自由。它充满了神秘的幻觉,并在幻觉中祈求着人和神的统一。正如著名的英国学者狄更斯在《希腊人的生活观》中所说,酒神仪式表现着一种"心灵的疯狂"。

(二) 心智本源论的萌芽

继承和发展了酒神传统的古希腊的奥尔弗斯教派有一种万物发端于爱或心智的观念,这个观念主要表现在以神话故事所描写的天体演化的学说中。神话说,在宇宙未被开辟之前,曾是一个混沌的长夜,有一个世界之卵从这个长夜出现,并分为天和地,代表生命的父和母。在天地之间,有一个有翅的"光明神"在飞动,光明神又叫"爱"(Eros)或"心智"。由于这个心智的活动,使天地缔婚,生天神之子狄奥尼索斯或宙斯(又说生潘或宙斯)。这个光明神(心智)被认为是诸神世系的始祖,正如奥尔弗索斯教派所说,他是"开始,中间和终结",一切都来源于他。[①]

从酒神神系奥尔弗斯教派关于宇宙的传说,可以明显地看到一个重要思想,即把宇宙赋于心智,并以它为本源。在奥尔弗斯教派看来,心智在万物中是一个创造的力量,它使不同质料的东西趋于结合,使散乱趋于统一,使一切趋于完满。它具有一种生命力,在其无限的发展的过程中,战胜同心智不一致的东西,使一切服从于它,使万物都成为它的表现,从而使万物保持着一种

---

① 参看丹皮尔:《科学史》,商务印书馆1979年版,第44页;罗班:《希腊思想和科学精神的起源》,商务印书馆1965年版,第49页。

心智的统一性,并且由心智不断地创造着新的事物和世界。[①]奥尔弗斯教派的心智本源论,涉及到这样的思想原则:第一,世界理性的观念。第二,万物有灵的观念。第三,目的论的观念。

(三) 信奉灵魂不死

关于灵魂的观念,在古希腊神话中基本上有两种说法:一种是所谓肉体灵魂或呼吸灵魂。这种说法认为灵魂与物质身体共始终,在人体存在时,灵魂表现为感觉和思维,身体灭亡,灵魂也随之消散;另一种是所谓阴影灵魂或独立灵魂。这种说法认为灵魂可以离开肉体而独立存在,在活人身上,灵魂附于其中,在死后或梦境,它可以离开肉体而独立飘游。酒神神话体系发展了独立灵魂的传统,并且采取了同乐生主义相反的处世态度,从而构成了酒神意识的重要特征。酒神神话体系对灵魂的看法,细加分析,还可以归结为:灵魂崇拜、灵肉对立、灵魂永恒、灵魂轮回几个方面,而灵魂不死则成为酒神神系关于灵魂学说的主要支柱和整个酒神神话哲理的中心内容。

以上是对古希腊神话中的哲理的一些简要概括。从中可以看到,希腊神话及其哲理为人类认识的无限发展提供了土壤。这里包含了各种思想萌芽,唯物主义倾向、唯心主义倾向、科学因素、宗教迷信、人本主义、命运定数等等,无所不有。同时各种思想又相互混合,参差交错,幻想中包含了认识,敬畏中体现着理解,聪颖的智慧表现为对神祇的感情冲动,原始的科学又披上宗教的外衣。这种丰富而又浑沌的特点,导致了哲学产生和发展中的各种不同的倾向和发展道路。

但是,古希腊神话中所包含的哲理还不是确定意义上的哲学。神话及其哲理是用感性表象和拟人化的幻想方式来表现对象,而哲学则要求以概念、范畴等理性思维的形式去把握对象。因此哲

[①] 参看汤姆逊:《古代哲学家》,三联书店1963年版,第267页。

学是一种崭新的意识形态。哲学的产生从理论上讲，是对神话的革命。从社会意义上讲，则是奴隶占有制社会的产物。奴隶占有制的出现，大大地促进了社会生产力和科学的发展，为哲学的产生提供了丰富的自然知识和社会知识。由于体力劳动和脑力劳动的分离，社会上出现了一批专门从事精神生产的知识分子，促进了理论思维能力的提高。特别是奴隶占有制带来的阶级分化和对立，使得社会各阶级、集团力图从自身利益出发去批判地改造历史上的思想资料，概括新的自然知识和社会知识，从而把自己的阶级、集团的要求理论化，形成系统的哲学世界观。正是在社会历史的前进中，在克服传统神话的思维方式的斗争中，新时代的思想家们创立了形形色色的哲学学说和派别。各种学说和派别在古希腊罗马奴隶占有制社会里，随着社会的发展，社会矛盾的不断展开而竞相发展，展现了丰富多采、波澜起伏的哲学发展的历史。

第二节 古希腊自然哲学的兴起

古希腊刚产生的哲学主要以自然界为研究对象，所以被称作自然哲学。自然哲学从其产生之日起，便出现了两种对立的倾向：一方面在小亚细亚沿海的伊奥尼亚地区产生了具有唯物主义倾向的米利都学派和爱菲索学派；另一方面，在南意大利出现了具有唯心主义倾向的毕泰戈拉学派和爱利亚学派。自然哲学的最高成果，是在希腊北方的阿布德拉产生的原子论唯物主义学派。

古希腊自然哲学思潮的兴起，是和这个时期科学技术的发展密切相关的。古希腊的科学技术是随着新时期的农业、手工业、航海和战争的需要而发展起来的。最先发展的是与实用有着最直接关系的技术部门，如航海术、造船术、灌溉方法、历法等等，这些在公元前七世纪都达到了较高的水平。当时希腊已由青铜时代进入铁器时代，这时的冶炼技术已经相当高明了，如对金属加工的温度、冷却的速度、冶炼的时间等都有了严格的规定和相应操作方法。在科学技术的发展中，也逐渐产生了古希腊最古老的科学理论。例如，数学中的公理、公式出现了，天文学中的星象知识和测量的学问产生了，应用力学的知识产生了，等等。古希腊的生产发展、社会进步和科学技术的发展，为东方科学技术的引进敞开了大门。埃及的医学、历法、度量衡，巴比伦的算术、天文学、岩石矿物标本和度量衡，甚至包括印度河流域的古代文明等都相继传入希腊，促进了古希腊科学的发展。随着古代自然科学的产生，人类就开始从对自然必然性的盲目敬畏和迷信中挣脱出来，逐步显示出对自然和社会的认识和改造的能动性。这种能动性的一个重要之点，就是初步具有了对自然界的理论思维，正是在这个时候，作为思维的理论和方法的哲学也就正式产生了。

早期自然哲学的产生和内部不同倾向的出现，也反映了这个时期的社会进步和社会矛盾的发展状况。公元前八世纪至公元前六世纪，是古希腊奴隶占有制的形成时期。在这个时期，奴隶和奴隶主的矛盾尚未激化。在当时的各种社会矛盾中，主要的矛盾是"贵族和平民之间的对立"。[①]氏族贵族奴隶主利用旧日氏族制度的特权，垄断森林、水利等资源，霸占土地，侵犯平民的利益，造成了广大自由民的破产，从而使这些人成为氏族贵族的债务人和奴隶。和氏族贵族奴隶主相对立的，是以工商业奴隶主为首的平民集团。工商业奴隶主主张发展工商业，反对封闭自守的政策，抵制贵族特权，支持解放债务奴隶。他们来往于希腊本土和殖民地之间，熟悉经济、地理和自然知识，是个有经验、有知识、有

---

① 恩格斯：《家庭、私有制和国家的起源》，《马克思恩格斯选集》第4卷，第115页。

本领的新的奴隶主社会集团。工商业奴隶主也剥削奴隶、小农和手工业者，但在反对贵族奴隶主方面，他们往往同自由民结成联盟，并且成为反贵族斗争的领导力量。工商业奴隶主为反对债务奴隶制，促成了一系列的社会经济和政治的改革，如梭伦改革和克里斯梯尼的改革等等。这些改革在当时都是有进步意义的，推动了古希腊城邦奴隶制的形成和发展。平民、工商业奴隶主反对氏族贵族奴隶主的斗争，给予这个时期的哲学的形成和发展以深刻的影响。

一、伊奥尼亚的唯物主义哲学思潮

伊奥尼亚在小亚细亚的西岸，地处欧亚非的交通要道，最先接受了东方文明古国的影响，是古希腊最早发达起来的地区。公元前八世纪至公元前六世纪，伊奥尼亚地区的手工业如冶金、纺织、陶瓷、制革等都已经相当发达，走在希腊其他地区的前列。这里，工商业奴隶主的势力很大，他们与平民联合起来，进行反对贵族奴隶主的斗争，并且不断取得胜利。

米利都和爱菲索是伊奥尼亚的两个重要城邦，在这里产生了古希腊最早的两个具有唯物主义倾向的哲学学派。

（一）米利都学派

米利都学派是公元前七世纪出现在米利都城邦的哲学学派。这是古希腊哲学史上第一个哲学学派。其代表人物有泰利士、阿那克西曼德和阿那克西美尼。

泰利士（约公元前 624－前 547）是米利都人。他是古希腊的第一个哲学家。相传他是一个经营工商业的富人。他曾经根据自己的推算，预言来年要有一场橄榄的大丰收，于是他以低价租赁了一批榨油器，在丰收真的到来的季节，他又把它们高价租出，由此赚了一大笔钱。泰利士积极向上，热心城邦的事务，出游过埃及，沟通了东西方经济文化的交流。他还是一个自然科学家，曾发现和测量过小熊星的星座，预言过日蚀、冬至和夏至；还向埃及人学习过几何学，用此来测量金字塔的高度、船只在海上的位置；他还用使河水改道的办法，使克娄苏的军队渡过哈吕斯河。泰利士被称为"七贤"之一。

关于泰利士的哲学思想，亚里士多德在《形而上学》中记载说：

> 那些最早的哲学研究者们，大都仅仅把物质性的本原当作万物的本原。因为在他们看来，一样东西，万物都是由它构成的，都是首先从它产生，最后又化为它的（实体始终不变，只是变换它的形态），那就是万物的元素、万物的本原了。因此他们认为，既然那样一种本体是常存的，也就没有什么东西产生和消灭了……这一派哲学的创始人泰利士就把水看成本原。①

可以看出，泰利士哲学的基本命题是：水是世界的本原。在他看来，水是万物统一的基础和原因；万物从水产生，又还原为水；世界万物形形色色、千变万化，唯有水是不生不灭的。

泰利士是怎样得出水是世界的本原的看法的呢？我们知道，在古希腊以及东方的神话中，都有关于水神和海洋之神是创造万物的祖先的神话故事。这是泰利士形成水是万物本原的观点的思想前提。但是，泰利士的观点的形成，更主要的是来自对现实生活的观察。据亚里士多德分析，泰利士"得到这个看法，也许是由于观察到万物都以湿的东西为养料，热本身就是从湿气产生、靠湿气维持的（万物从而产生的东西，就是万物的本原）。他得到这个看法可能是以此为依据，也可能是由于万物的种子都有潮湿的

---

① 《西方哲学原著选读》上卷，商务印书馆1981年版，第15—16页。

本性,而水则是潮湿本性的来源"。①

泰利士还用水是世界的本原的观点来说明宇宙的形成。他认为,世界开始为一片汪洋,后来从水中产生了陆地,进而形成了世界上的一切,世界以水为本,地浮在水上。他在这里提出了最早的宇宙生成论。他还认为,水是世界一切东西的生命,由于水的原因,才使得整个世界活动起来,并呈现出有条不紊的秩序。

以上是哲学史上记载下来的有关泰利士哲学思想的大致面貌。泰利士关于水是世界的本原的论断,是古希腊哲学史上的第一个哲学命题。这个命题体现了一种崭新的精神,即排除了那种借助于拟人化、幻想的方式去说明自然现象的传统的神话形式,力图以理性思维对宇宙万物的根源作出理论上的概括。这就意味着一种新的意识形态——哲学的诞生。自此以后,古希腊的哲学家们沿着泰利士所提示的这条道路提出了各色各样的本原论,一步一步地加深人们对宇宙本原以及思维与存在关系的认识。

泰利士的水是万物的本原的论断,不仅是古希腊哲学史上第一个哲学命题,而且是古希腊哲学史上第一个唯物主义的哲学命题。这个命题的一个鲜明特点,就在于否定用超自然原因去解释自然,坚持从自然本身去说明自然,用物质性的水来表达万物统一的根源。

但是,泰利士的这种唯物主义观点还是很原始的、朴素的。首先,泰利士在寻找万物本原的时候,却把这种本原归结为某种特殊的、具有一定感性形态的东西。正如恩格斯所说:"在这里早已完全是一种原始的、自发的唯物主义了,它在自己的萌芽时期就十分自然地把自然现象的无限多样性的统一看作不言而喻的,并且在某种具有固定形体的东西中,在某种特殊的东西中去寻找这

---

① 《西方哲学原著选读》上卷,第16页。

个统一，比如泰利士就在水里去寻找。"① 这表明在哲学刚刚产生的时候，人们的理论思维还没有得到充分的发展。尽管泰利士力图对万物的根源作出抽象的、一般的概括，但是当他把万物的根源归结为水这种特殊的物质形态的时候，他实际上是在用一种特殊的东西去说明其他特殊的东西。可见他的这种理论概括还没有摆脱感性形态。其次，泰利士关于"水是世界的本原"的命题，还只是对思维和存在的关系问题的最原始的唯物主义表述。在泰利士那里，对于思维和存在关系问题的理解还不是自觉的、明确的。比如，泰利士一方面把万物的根源归结为物质性的水，另一方面他又主张"物活论"，认为"万物都充满着神灵"，②磁石所以能够吸动铁块，是因为"磁石有灵魂"。③这表明在人类认识史上，人们对思维和存在的关系的认识，是一个逐步深化的过程。一般说来，在早期哲学里，哲学家们对这个问题的理解，虽然已经自发地表现出这种或那种的倾向，但总的说，认识还是混沌的，不自觉的。随着哲学的发展，哲学家们对这个问题的认识逐渐明朗，直到中世纪后期，思维和存在何者为第一性这个问题"才被十分清楚地提了出来"。①

阿那克西曼德（约公元前611—前546）也是米利都人。他是泰利士的学生。在科学技术上也是一个发明家。他制造过日晷和计时器，第一个描绘过海洋和陆地的轮廓的地图。关于世界的本原问题，他同泰利士一样，力图寻找一种统一的和不变的物质始基。但他不满足于泰利士水是本原的观点，提出了"无限者"是世界的本原的新命题。亚里士多德在其《物理学》中介绍过阿那克西曼德的这个主张：

---

① 恩格斯：《自然辩证法》，人民出版社1984年版，第35页。
②③ 《古希腊罗马哲学》，商务印书馆1962年版，第5—6页。
① 恩格斯：《路德维希·费尔巴哈和德国古典哲学的终结》，《马克思恩格斯选集》第4卷，第220页。

> 任何东西，如果不是本原，就是来自本原的；然而无限者没有本原，因为说无限者有本原就等于说它有限。它作为本原，是不生不灭的。凡是产生出来的东西，都要达到一个终点，然而有终点就是有限。所以说，无限者没有本原，它本身就是别的东西的本原，包罗一切，支配一切——那些不在无限者以外设定其原因如"心"和"爱"的人就是这样讲的，他们还说这就是神，因为据阿那克西曼德和多数自然哲学家说，它是不死的、不灭的。①

阿那克西曼德的本原论的重要意义在于，从此开始了运用"有限"、"无限"这样的范畴来处理万物和它的本原的关系。他所说的"无限者"，似乎主要不是指数量上的无限，而是指无定形、无规定或不生不灭。在阿那克西曼德看来，不应当把万物本原归结为某种具体的物质形态，如泰利士的水。因为任何一种具体的物质形态都是有限的。而一个有限定的东西就不能作为别的有限事物的本原。这表明阿那克西曼德力图对宇宙万物的本原作出较之泰利士更为一般的哲学概括。

阿那克西曼德的"无限者"，既不是"心"、"爱"之类的精神性的东西，也不是某种具体物质形态，如水、土、气等，而是指万物彼此转化的共同的物质基础，因而具有明显的唯物主义倾向。

阿那克西曼德还猜到了世界万物具有必然性，他说：

> 万物由之产生的东西，万物又消灭而复归于它，这是命运规定了的。因为万物在时间的秩序中不公正，所

---

① 《西方哲学原著选读》上卷，第17页。

以受到惩罚，并且彼此互相补足。①

阿那克西曼德在这里所讲的命运、不公平、惩罚等，具有比喻的意义，他所要说明的是世界的变化在相互消长中，趋向平衡和统一，这是一种必然性。阿那克西曼德的这个思想是对自然界变化规律的最早的猜测。

阿那克西曼德力图用"无限者"的变化，描述宇宙的生成。他指出，从"无限者"中分离出热和冷，热包围着冷，热使冷变成湿气和空气。空气遇热，冲出热的包围，在天空中旋转，形成太阳、月亮等天体。湿气干燥而成地球，过多的湿气，就成了海。水中产生的第一批生物像鱼一样，然后又转变为两栖动物，最后变化成人。人是从鱼中变来的。"无限者"在其无限的变化中，可以产生另外一些天空和世界，它们在数目上是无限的。这就是阿那克西曼德用"无限者"的物质变化，所论证的早期的宇宙生成论、进化论，其中渗透着自发的辩证法精神。

阿那克西美尼（约公元前585—前525）是米利都学派的最后一位代表。他是阿那克西曼德的学生。阿那克西美尼把"气"当作万物的本原。关于他的思想，历史上是这样记载的：

> 据说阿那克西美尼认为空气是宇宙的始基。这空气在种类上是不定的，但因其所具有的性质而定，一切存在物都由空气的浓厚化或稀薄化而产生。②当它很稀薄的时候，便形成火；当它浓厚的时候，则形成风，然后形成云，而当它更浓厚的时候，便形成水、土和石头；别的东西都是从这些东西产生出来的。他也主张永恒的运

---

① 《古希腊罗马哲学》，第7页。
② 《古希腊罗马哲学》，第12页。

动使这些变化产生。[①]

阿那克西美尼的"气"本原论的特色,在于通过"气"所具有的两种对立的势力的彼此转化来说明万物的生成。阿那克西美尼提出了两个重要概念,即稀薄和凝聚。他认为,稀薄和凝聚是冷、热两种势力对立和交互变化的结果。由于冷热两种势力的变化,"气"发生了稀薄和凝聚,于是出现了水、火、土、气四元素。这四种元素成了构成世界万物的物质单元。他的这个思想为以后的恩培多克勒的"四根说"提供了理论准备。

其次,阿那克西美尼对灵魂的看法也是值得注意的。他说:

> 我们的灵魂是气,这气使我们结成整体,整个世界也是一样,由气息和气包围着。[②]

按照这种观点,灵魂不是别的,也是由"气"组成的,灵魂的本性和结构服从"气"本原的规定。这就是说,灵魂是物质性的。阿那克西美尼的灵魂学说表现了唯物主义的倾向。但是这种观点的原始性和朴素性也是很明显的,他没有把灵魂这种精神现象同物质区分开来。阿那克西美尼还认为,"气"和生命有联系,生命有一种自己运动的能力,因此"气"不但是万物的本原,并且是运动的原因。这样他就把本原和动因,物质和运动联系起来了。可见,阿那克西美尼的"气"本原论,不但坚持米利都学派的唯物论,而且也提出了一些朴素的辩证法观点。

公元前496年,米利都城在希波战争中被波斯军队烧毁,米利都学派也因此中断。米利都学派的哲学思想在伊奥尼亚的另一

[①] 《古希腊罗马哲学》,第11—12页。
[②] 《西方哲学原著选读》上卷,第18页。

个城邦——爱菲索得到继续和发展。

（二）爱菲索学派

爱菲索学派的代表人物是赫拉克利特（约公元前540—前480）。他生活在古希腊早期社会急剧变动的年代，希腊民族反波斯入侵的战争正在紧张地进行。随着奴隶占有制的确立，奴隶和奴隶主的矛盾逐渐尖锐，公元前494年雅各斯城邦曾发生了希腊历史上最早的一次奴隶起义，并一度建立了自己的政权。与此同时，贵族奴隶主和以工商业奴隶主为首的平民集团的矛盾日趋激烈，不少城邦推翻了贵族奴隶主的统治，代之以代表平民利益的所谓僭主政治或奴隶主民主政治。我们看到，对于当时这种急剧的社会动荡，在赫拉克利特的思想中曾有所反映。他说："战争是万物之父，也是万物之王。它使一些人成为神，使一些人成为人，使一些人成为奴隶，使一些人成为自由人。"[①] 同时，古代文献还记载了赫拉克利特维护法律制度的主张。他说："扑灭放肆急于扑灭火灾"，"人民应当为法律而战斗，就像为自己的城垣而战斗一样。"[②] 相传赫拉克利特是爱菲索的贵族，并且可以获得城邦的王位，但他却拒绝了，把它让给自己的兄弟，而宁愿过隐居的生活。赫拉克利特的这些言行都在一定程度上反映了他的进步倾向。但是作为奴隶主阶级的思想家，赫拉克利特对群众抱有贵族的偏见，采取极端蔑视的态度。在他看来，多数人是坏的，只有少数人是好的。他还说："一个人如果是最优秀的人，在我看来就抵得上一万人。"[③]

在哲学上，赫拉克利特继承了米利都学派的唯物主义传统，较为系统地发挥了自发辩证法思想，是欧洲哲学史上"辩证法的奠

---

① 《西方哲学原著选读》上卷，第27页。
②③ 《古希腊罗马哲学》，第23页。

基人之一"。①

【世界是一团永恒的活火】

同米利都学派一样,赫拉克利特也把寻找万物的本原作为哲学研究的中心问题,同时,也把世界的本原归结为某种具体的物质形态。和米利都学派不同的是,他认为世界的本原是"火"。他说:

> 这个世界,对于一切存在物都是一样的,它不是任何神所创造的,也不是任何人所创造的;它过去、现在、未来永远是一团永恒的活火,在一定的分寸上燃烧,在一定的分寸上熄灭。②

在赫拉克利特看来,"火"是世界万物的始基;万物从火变化而来,又复归为火;整个世界就是火按照一定的规律升沉消长、周而复始的无限的变化过程。

赫拉克利特特别强调火的动变性质。他认为,火是唯一的、能动的、最富有变易性的。它没有形体,最生动活跃;它变化急剧,没有固定的边界。赫拉克利特描述了以火为基础的宇宙的变化过程,火浓缩而变成气,气浓缩而变成水,水浓缩而变成土;土融解产生水,水蒸发产生气,气又回到火。火变换为四种元素,从变化的四元素产生出万物。这个变化过程都归结为火的变动性,"一切都是火的转换"。③他说:

---

① 列宁:《拉萨尔"爱非斯的晦涩哲人赫拉克利特的哲学"一书摘要》,《列宁全集》第38卷,人民出版社1959年版,第390页。
② 《西方哲学原著选读》上卷,第21页。
③ 《古希腊罗马哲学》,第17页。

> 一切转为火,火又转为一切,有如黄金换成货物,货物又换成黄金。①

赫拉克利特在这里不仅说明了世界的物质的统一性,而且说明了世界是以火为基础的物质的变化过程。这就使他的这种原始的唯物主义的世界观和朴素的辩证发展观点自发地结合在一起,因此,赫拉克利特的这种观点被列宁赞誉为"这是对辩证唯物主义原则的绝妙的说明"。②

和米利都学派相似,赫拉克利特也把精神现象归结为某种物质性的东西。他反对灵魂不死、灵魂轮回的宗教迷信学说,认为灵魂生于火,"死就是变成水"。③赫拉克利特也反对希腊的多神教和偶像崇拜。他嘲笑人们向神像祷告,就像同房子说话一样愚蠢。还说,"他们向听不见的神像祈祷,好像它们听得见似的;它们是不会回报,而且也不能提出任何要求的。"④赫拉克利特本人也讲神,并且称颂神的智慧和力量,但是,他所说的神实际上是火和万物运动变化的规律,或自然界中存在的对立统一现象。比如他说:

> 神是昼又是夜,是冬又是夏,是战又是和,是盈又是亏。⑤

由此看来,在思维和存在、物质和精神的关系的问题上,赫拉克利特的观点具有明显的唯物主义倾向,但还是非常朴素的、幼稚

---

① 《西方哲学原著选读》上卷,第 21 页。
② 列宁:《拉萨尔"爱非斯的晦涩哲人赫拉克利特的哲学"一书摘要》,《列宁全集》第 38 卷,第 395 页。
③④ 《古希腊罗马哲学》,第 22、31 页。
⑤ 《西方哲学原著选读》上卷,第 21 页。

的。

【一切皆流,无物常住】

在赫拉克利特看来,既然作为本原的火是永恒流转的,那么由火所生成的世界万物也处在不停的运动变化之中。他指出,"一切皆流,无物常住"。他常用一些生动的事例来说明万物这种永恒变动的性质。他说:

> 我们踏进又踏不进同一条河,我们存在又不存在。①

这是赫拉克利特关于万物流变的哲学思想的名言。他在这里指明,一切既存在,又不存在,这是因为一切都在流动,都在不断地变化,不断地产生和消灭。呈现在我们面前的这个世界,不是静止的事物的总和,而是一个不断运动、变化的过程。恩格斯把赫拉克利特的这个观点称之为"原始的、朴素的但实质上正确的世界观。"②

赫拉克利特关于"一切皆流"的辩证发展观,实际上是针对当时流行的绝对不变的观点而发的。因此他强调了运动变化的绝对性的方面。后来,他的学生克拉底鲁却把他关于运动变化的绝对性的思想加以绝对化,以致完全否定事物的相对稳定和静止的方面。赫拉克利特说过,没有人能两次踏进同一条河流,克拉底鲁则进一步说,"连一次也不可能",③ 这就是说,事物没有任何相对的稳定性,一切都永远处于瞬息万变之中。按照这种方生方灭、方灭方生,以致生灭不分的观点,人们对一切事物就不能作出任

---

① 《西方哲学原著选读》上卷,第23页。
② 恩格斯:《反杜林论》,《马克思恩格斯选集》第3卷,第60页。
③ 转引自:列宁《拉萨尔"爱非斯的晦涩哲人赫拉克利特的哲学"一书摘要》,《列宁全集》第38卷,第390页。

何肯定或否定的判断了。这就陷入了相对主义的诡辩论。列宁指出,"这位克拉底鲁把赫拉克利特的辩证法弄成了诡辩","……他说：什么都不是真理的,关于任何东西都不可能说出什么来。从辩证法中得出否定的（而且仅仅是否定的）结论。"① 由此看来,"辩证法曾不止一次地作过——在希腊哲学史上就有过这种情形——通向诡辩术的桥梁"。② 这是认识史上值得注意的一条重要的经验教训。

【对立造成和谐】

赫拉克利特猜测到,万物运动变化的原因是事物中的对立面的统一。他认为,世界上的万事万物都包含有对立的倾向。他说：

> 自然也追求对立的东西,它是用对立的东西制造出和谐,而不是用相同的东西,例如将雌雄相配,而不是将雌配雌、将雄配雄；联合相反的东西而造成协调,而不是联合一致的东西。③

赫拉克利特列举了自然界、社会生活和认识活动中大量事例,诸如日与夜、冷与热、上与下、曲与直、不足与多余、始与终、纯与不纯、生与死、好与坏、善与恶、人与神、主人与奴隶、战争与和平、整体与非整体、一与一切,以及存在与不存在等等,来说明对立的普遍性。

其次,赫拉克利特还看到了对立面之间相反相成的性质。他说：

---

① 列宁《拉萨尔"爱非斯的晦涩哲人赫拉克利特的哲学"一书摘要》,《列宁全集》第38卷,第390页。
② 列宁：《论尤尼乌斯的小册子》,《列宁选集》第2卷,人民出版社1972年版,第850页。
③ 《西方哲学原著选读》上卷,第23页。

>　　疾病使健康成为愉快，坏事使好事成为愉快，饿使
> 饱成为愉快，疲劳使安息成为愉快。①
>　　如果没有不义，人们也就不知道正义的名字。②

不仅如此，在他看来，对立的双方还是能相互转化的。比如他说：

>　　我们身上的生和死、醒和梦、少和老始终是同一的。
> 前者转化，就成为后者；后者转化，就成为前者。③

这就说明了对立的双方又是统一的。

值得注意的是，赫拉克利特特别重视对立面的斗争。他在欧洲哲学史上第一次提出了"斗争"这个重要的哲学范畴，并把它看成是万物的生成、变化的力量和源泉。他说：

>　　应当知道，战争是普遍的，正义就是斗争，一切都
> 是通过斗争和必然性而产生的。④

在赫拉克利特看来，正是对立双方的斗争，才促成了矛盾双方的转化，旧的统一体的瓦解。比如战争就可以带来人们之间的关系的变化，使一些人成为主人，另一些人成为奴隶。

赫拉克利特从对立面统一的观点出发，批评了古代诗人荷马、赫西阿德和哲学家毕泰戈拉、克塞诺芬尼等否定对立和斗争，片

---

① 《西方哲学原著选读》上卷，第24页。
②③ 《西方哲学原著选读》上卷，第24、22页。
④ 《西方哲学原著选读》上卷，第27页。

面地强调统一、和谐的主张。他指出：

> 他们不了解如何相反者相成：对立的统一，如弓和竖琴。①

在赫拉克利特看来，世界上不存在绝对的和谐，万物"既是和谐的，又是不和谐的"，而和谐倒是由于对立和斗争造成的。他说：

> 相反的东西结合在一起，不同的音调造成最美的和谐，一切都是通过斗争而产生的。②

赫拉克利特从对立面统一的观点出发，还提出了真理的相对性问题。他列举了许多事例来说明这个道理。比如，对于人来说，黄金是贵重的，但"驴子宁愿要草料不要黄金"。③对于人来说，海水是脏的，不能喝的；而对于鱼来说，则是干净的，能喝的。④这就是说，真理总是相对于一定条件的，因而是具体的，按照这个观点，人们在认识过程中，就不应当把概念凝固化、绝对化，而要善于把握概念的灵活性。

【智慧在于认识"逻各斯"】

从有关赫拉克利特的著作残篇可以看出，他已经开始探索认识论的问题。赫拉克利特肯定感性认识在认识中的作用。他认为，"爱智慧的人必须熟悉很多很多东西"。⑤还说：

---

① 《西方哲学原著选读》上卷，第24页。
② 《西方哲学原著选读》上卷，第23页。
③ 《古希腊罗马哲学》第19页。
④ 《西方哲学原著选读》上卷，第24页。
⑤ 《西方哲学原著选读》上卷，第26页。

> 凡是能够看到、听到、学到的东西，都是我喜爱的。①

但是，赫拉克利特更重视思想、智慧亦即理性认识在认识中的作用。在他看来，只靠感性经验是不能得到真理的，因为"自然喜欢躲藏起来"，唯有思想、智慧才能"说出真理"，并且按照自然行事，听自然的话"。② 这个思想、智慧就是赫拉克利特反复强调的"逻各斯"。在他看来，认识的根本任务就在于把握这个"逻各斯"。

在欧洲哲学史上，赫拉克利特第一次提出了对后来欧洲哲学发展有重大影响的"逻各斯"这一哲学范畴。从各种记载来看，赫拉克利特对"逻各斯"有种种提法：支配一切的"命运"、"必然性"，"周期的尺度"；③ 指导一切的"东西"，"每天都要遇到的那些东西"；④ "神"和"循着相反的途程创生万物"的东西；⑤ "驾驭一切的思想"；⑥ "灵魂所固有"的；⑦ "人人共有的"，但多数人却不认识它⑧等等。可以看出，在赫拉克利特这里，"逻各斯"这个概念的规定是多义的、含混的。对于一个古代哲学家来说，这种情况当然是很自然的，是符合人类认识发展规律的正常现象。这也就为后人从不同角度理解和沿用这个范畴留下了余地。后来的唯心主义哲学，斯多葛派、新柏拉图派、中世纪经院哲学，直到黑格尔都把"逻各斯"说成是什么"世界理性"、"造物主"、"绝对理念"等。在我们看来，应当把"逻各斯"同赫拉克利特哲学根本命题"火是世界的本原"联系起来加以考察。从这个角度看，赫拉克利特的"逻各斯"的含义虽然有含混的方面，但它的基本

---

① 《西方哲学原著选读》上卷，第25页。
② 《古希腊罗马哲学》第17页。
③④⑤⑥⑧ 《古希腊罗马哲学》第17、26、17、22、17页。
⑦ 《西方哲学原著选读》上卷，第23页。

意思是清楚的,这就是,"逻各斯"是作为世界本原的火的运动变化的客观规律,具体地说,就是支配万物的对立统一法则。在赫拉克利特看来,智慧就在于认识"逻各斯",因为只有把握了客观事物运动变化的规律性,人们才能按照自然行事。

在认识论上,赫拉克利特意识到了感性认识和理性认识之间的区别,但他没有看到两者的联系。在赫拉克利特那里,似乎思想、智慧亦即理性认识是不依赖感性认识的,而且唯有少数优秀的、高贵的人物才具有把握"逻各斯"的智慧。这种观点出自一个贵族奴隶主的思想家之口,是不足怪的。

由上述可见,赫拉克利特不但发挥了伊奥尼亚哲学的朴素唯物论思想,而且在欧洲哲学史上第一次在原始唯物主义基础上较为系统地阐述了自发辩证法思想。赫拉克利特的自发辩证法思想深刻地反映了那个时代的特征,他提出的"一切皆流"和对立面统一的思想,是对当时希腊社会的急剧变动和对这种社会变动的必然性所作的哲学概括。赫拉克利特的自发辩证法思想对后来欧洲哲学的发展发生了深远的影响。

赫拉克利特的辩证法也有它的历史局限性。首先,他的辩证法是以感性直观为基础的,因而是朴素的、自发的。正如恩格斯指出的:"这种观点虽然正确地把握了现象的总画面的一般性质,却不足以说明构成这幅总画面的各个细节"。① 古代希腊社会生产规模狭小,科学技术水平低下,决定了人们还不可能深入把握现象的各个方面,而只能停留在对现象作总体的描述。在这种条件下产生的辩证法思想也只能是自发的、朴素的。其次,由于缺乏科学的根据,赫拉克利特对他的辩证法思想的阐述往往借助于猜测,有时甚至带有某种神秘主义色彩。比如他认为世界万物的运动变化,如同作圆周运动,周而复始,循环往复,甚至断言每隔

---

① 恩格斯:《反杜林论》,《马克思恩格斯选集》第 3 卷,第 60 页。

10800年世界便被燃烧毁灭和重新更生。这种循环论是十分荒谬的。

二、南意大利的唯心主义哲学思潮

在世界本原问题上,古希腊哲学从一产生起就有两个不同的倾向。一个是从对世界的感性直观出发,在直接现成的物质性的东西里寻找答案,从而开辟了沿着唯物主义方向认识世界的道路。上述的伊奥尼亚的哲学思潮突出地表现了这种倾向。与此不同,南意大利的哲学家们在寻求万物的本原的时候,则力图摆脱具体的感性的物质形态,把本原归结为某种超感性的抽象的东西,表现出原始的唯心主义倾向。

公元前七世纪至公元前五世纪的南意大利,也称"大希腊",原是希腊城邦开辟的殖民地。和伊奥尼亚地区相比,这里的社会经济、政治状况较为落后。奴隶占有制工商业的发展和工商业奴隶主势力的发展很不平衡,有些城邦的贵族势力很强。同时这个地区受酒神——奥尔弗斯教的影响也较大。这些经济、政治、文化的特点都直接或间接地影响了这个地区的哲学的发展。在南意大利产生了两个具有唯心主义倾向的哲学派别,即毕泰戈拉学派和爱利亚学派。

(一)毕泰戈拉学派

毕泰戈拉学派因创始人为毕泰戈拉而得名。毕泰戈拉(约公元前580—前500)是萨莫斯人,大约40岁时,迁居南意大利的克罗顿城。这里是南意大利的一个商业较为繁盛的城邦,同时古希腊著名的阿尔克迈翁的医学学派也曾产生在这里。毕泰戈拉是数学家、天文学家和哲学家,还是一位政治活动家。他所创立的毕泰戈拉学派,不单是个数学、哲学的学术团体,同时也是和宗教、政治合而为一的组织。它以克罗顿为中心,在南意大利和西西里的许多城邦都有自己的分支组织。它的政治活动在这里有相当的影响,曾一度掌握了一些城邦的政权。这个学派的人数很多,延续时间也长,从公元前六世纪开始,一直活动到公元前450年,大约存在了两个世纪。这个学派的代表人物除毕泰戈拉外,还有费罗劳(公元前五世纪)和阿启泰(公元前四世纪)。我们在这里所讲的毕泰戈拉学派的哲学思想,主要是毕泰戈拉本人的哲学思想。

毕泰戈拉学派有两条哲学格言:"什么是最智慧的?——数","什么是最美的?——和谐"。这两条格言也就构成了这个学派的最基本的观点。

【数是万物的本原】

关于毕泰戈拉学派的哲学思想,亚里士多德记述道:

> 毕泰戈拉派曾经从事数学的研究,并且第一个推进了这个知识部门。他们把全部时间用在这种研究上,进而认为数学的本原就是万物的本原。①

亚里士多德在这里讲毕泰戈拉学派的哲学思想是从他们的数学成就讲起的。毕泰戈拉和他的学派的成员是欧洲最早的一批数学家。这个学派的日常的科学活动便是进行数学研究,并且在数学上取得了很多成就。例如,他们发现了数和几何图形之间的一定关系,把一些基本的数目和固定的几何图形联系起来,并且用图形对数进行了分类。如他们把1、3、6、10叫做三角形的数,因为这些数的相应的点,都可以排列成正三角形。如图:

---

① 《西方哲学原著选读》上卷,第18页。

又如把 1、4、9、16 叫做正方形数,因为它们的相应的点,都可以排列成正方形。如图:

·   : :   ⋮⋮⋮   ⋮⋮⋮⋮

而 9 这个数字,同时又是两个等边三角形的数 3、6 之和。如图:

毕泰戈拉学派认为,这种数与数、数与形、形与形之间彼此包含的关系,具有某种普遍必然性。毕泰戈拉学派还把数与数之间的关系、比例定式化,发现了一些公理。毕泰戈拉证明了直角三角形斜边的平方等于其它两边的平方的和亦即勾股弦定理($a^2+b^2=c^2$)。三角形的内角和为 180°的定理,也是毕泰戈拉发现的。这个学派还发现了黄金分割的方法,即把一条线段分成两个部分,其中长的一段同原线段之比,等于短的一段同长的一段之比,这个比的算术值为 0.618。这个数值被认为具有审美意义,直到现在还在建筑、装潢、书刊设计中广泛运用。这个学派的数学家们不仅潜心于研究数本身的各种关系,同时还注意到自然事物中具有量的规定性,并且服从一定的数学比例关系,例如,在他们看来,音乐中的各种音度之间的关系可以归结为琴弦长短的比例关系,各种天体星球之间的关系,也遵循着一定的数学规律。由此,这些数学家们便进而作出哲学概括,认为数是先于自然中的一切事物的东西,是万物形成的"元素"和"范型",也就是说,数是万物的本原。

从人类认识的发展过程来看,毕泰戈拉学派的数的本原论,较之伊奥尼亚哲学的本原论深入了一步。他们在探求世界本原的时候,不像米利都学派那样把世界上一切特殊的感性事物归结为某种特殊的物质形态,而是力图借助思维的抽象能力寻找一切特殊的感性事物普遍共有的属性和关系,并把它看作是万物的本原。然而,毕泰戈拉学派只看到了万物共存的量的属性和关系——数,并且把这种属性和关系同万物分离开来,看作是先于万物,创造万物的非物质的实体,这就表现出了明显的唯心主义倾向。这种倾向同伊奥尼亚哲学体现的那种从自然本身说明自然的唯物主义精神正好是相反的。可以看到,把事物之中的数量属性和关系加以绝对化、客观化是毕泰戈拉学派数的世界观的唯心主义倾向的认识论根源。

毕泰戈拉学派从数是万物的本原的观点出发,力图用"数"说明世界的生成:

> 万物的本原是一。从一产生出二,二是从属于一的不定的质料,一则是原因。从完满的一与不定的二中产生出各种数目;从数产生出点;从点产生出线;从线产生出面;从面产生出体;从体产生出感觉所及的一切形体,产生出四种元素:水、火、土、气。这四种元素以各种不同的方式互相转化,于是创造出有生命的、精神的、球形的世界,以地为中心,地也是球形的,在地面上住着人。①

毕泰戈拉学派关于万物的生成和宇宙的起源的思想,同伊奥尼亚的宇宙论有某些一致的地方。但就其论证的方法讲,是后来在欧洲哲学发展的过程中有很大影响的所谓"逻辑在先论"。从逻辑上

---

① 《西方哲学原著选读》上卷,第20页。

说，体是以面为前提的，面是以线为前提的，线是以点为前提的，换句话说，没有点便没有线，没有线便没有面，没有面便没有体。但是，决不能由此就断言，在时间上或事实上，点就先于并创造了线，线就先于并创造了面，面就先于并创造了体。很显然，"逻辑上在先"和"时间上在先"是两回事，不能混为一谈。往后我们就会看到，这种"逻辑在先论"往往是唯心主义，特别是客观唯心主义的本原论的一种主要论据。

毕泰戈拉学派还提出了许多牵强附会的和神秘主义的观点。例如，他们认为，数除了表示万物的本原之外，还具有许多精神的属性。他们说，1是万物的生母；2是意见，是对立和否定的原则；3是万物的形体和形式；4是四种元素，也是正义；5是奇数和偶数的结合，也是婚姻；6是灵魂；7是智慧；8是友谊和爱情；9是理性；10是完满等等。他们特别把10这个数神秘化，说10可以构成一个正三角形，这个美妙的图形，(见46页图)是由1、2、3、4四个数构成的，其和正好等于10。因此，他们就以为，10是一个完满的、神圣的数，任何事物只有表现为10，才能称得起完满和神圣。

不仅如此，毕泰戈拉学派还从对于数的唯心主义理解而发展为对于数的崇拜。例如毕泰戈拉发明了那个有名的勾股弦定理之后，举行了一个"百牛祭"，邀全城的人举行庆祝，而学派分子希巴斯由于泄露了学派的数学秘密，以致遭到杀身之祸。他们还认为，数学不仅是解开宇宙之谜的工具，而且是崇拜的对象，同时还是净化灵魂，求得永生的手段。由此可见，"科学思维的萌芽同宗教、神话之类的幻想的一种联系"[①]是毕泰戈拉学派的一个明显的特征。

[①] 列宁：《黑格尔"哲学史讲演录"一书摘要》，《列宁全集》第38卷，第275页。

【美德在于和谐】

"和谐"是毕泰戈拉学派的另一个基本范畴。

和伊奥尼亚哲学一样,毕泰戈拉学派承认宇宙具有运动的本性。同时也认为万物和数包含着对立的原则。在他们看来,作为万物和数的基础的"1",它本身包含了奇数和偶数两种对立的性质,因为它加之偶数则为奇数,加之奇数则为偶数。他们还认为,奇数的特点是不能平分为二,所以是有限的;偶数的特点是可平分为二,所以是无限的。进而他们认为,支配整个宇宙的根本原则,就是有限和无限的根本对立。后来他们又以有限和无限的对立为纲,列举了十个对立的方面,这就是:有限与无限、奇与偶、一与多、左与右、阳与阴、静与动、直与曲、明与暗、善与恶、正方与长方。① 毕泰戈拉学派把世界万物的对立倾向正好规定为十对,这显然带有强制结构的性质。但是他们主张"对立是存在物的始基"②,把对立的原则提到世界观上来,说明他们具有一定的自发辩证法思想。

在毕泰戈拉学派的学说中,运动和对立都是为了说明和谐。他们认为,作为本原的数之间有一种关系和比例,这种关系和比例产生了和谐,和谐产生了秩序。万事万物都表现为和谐。从此出发,他们首先提出了天体和谐的思想。对此,亚里士多德记载说,毕泰戈拉学派认为:

> 整个的天是一个和谐,一个数目。……例如,因为他们认为十这个数目是完满的,包括了数目的全部本性,所以他们就认为天体的数目也应当是十个,但是只有九个看得见,于是他们就捏造出第十个天体,称之为"对

---

①② 《古希腊罗马哲学》,第39页。

地"①。

在毕泰戈拉学派看来,所谓天体的和谐,首先是因为天体满足了完满的数目的规定。他们认为十这个数字是完满的,因此天体也是十个,除太阳、地球、月亮、金、木、水、火、土和银河系九个星体外,还假设了一个"对地"来满足十所作的规定。其次,他们认为天体星球间有一种数目比例关系,这种关系造就了一种天体的和谐。这种和谐使苍穹无限的宇宙星空,处于一种纷繁而不乱、多变而有序的永恒的运动之中,它很像一支气势雄浑娓娓动听的交响乐,发出一种美妙而和谐的音响。毕泰戈拉学派甚至能证明人在静默中可以觉察到这种声音,这被叫做天体音乐②。毕泰戈拉学派的天体音乐的思想是很奇特的,但是它指出了天体运动中,各个星体在距离、速度、轨道、大小之间有一定的数学关系,这种数学关系不仅是科学的,而且具有审美意义。恩格斯对此曾做出评论说:"就像数服从于特定的规律那样,宇宙也是如此。于是宇宙的规律性第一次被说出来了。人们认为把音乐的谐音归结为数学的比例的是毕泰戈拉。"③

在运动、对立与和谐的关系问题上,毕泰戈拉学派认为,运动不是普遍的(他们只承认天体运动的永恒性),对立应服从和谐。因此,"美德就是和谐"就成为毕泰戈拉学派的一个基本命题。他说:

    美德乃是一种和谐,正如健康、全善和神一样。所

---

① 《西方哲学原著选读》上卷,第19页。
② 参看［法］罗斑:《希腊思想和科学精神的起源》,商务印书馆1965年版,第88页。
③ 《自然辩证法》,人民出版社1984年版,第37页。

以一切都是和谐的。友谊就是一种和谐的平等。①

毕泰戈拉把友谊、和谐、正义、平等等具有社会意义的概念加以数学化、永恒化，反映了他在社会问题上的理想主义。这种和谐论的唯心史观反映了反对通过斗争促使社会进步的贵族政治的要求，是同赫拉克利特关于"正义就是斗争"的观点相对立的。

【灵魂轮回说】

在古希腊哲学史上，毕泰戈拉学派第一次对灵魂问题作了较为详细的论述。亚里山大在《哲学家的启承》中记载了毕泰戈拉的观点：

> 他把人的灵魂分为三个部分：表象、心灵和生气。动物有表象和生气。只有人有心灵。灵魂的位置从心到脑。它的在心里的部分是生气，心灵和表象是在脑子里面。各种感觉就是这两个部分的点滴。灵魂的理性部分是不死的，其余的部分则会死亡。灵魂从血液取得养料，语言就是灵魂的嘘气。灵魂是形成语言的元素，是与语言不可分的。灵魂的纽带是血管、肺和神经②。

从此可以看到，毕泰戈拉把灵魂分为感觉的部分和理性的部分，感觉的部分是有死的，理性的部分是不死的。灵魂具有血液、神经等物质基础；有脑等物质器官；有用语言表现出来的形式。在这里，毕泰戈拉把灵魂看成了与物质的生理机制有关的感觉和思维的性能，表现了明显的唯物主义倾向。

但是在毕泰戈拉的灵魂学说里，也具有同唯物主义观点相反

---

① 《古希腊罗马哲学》，第36页。
② 《古希腊罗马哲学》，第35—36页。

的倾向。恩格斯在《自然辩证法》中指出:"在毕泰戈拉那里,灵魂已经是不死的和可游动的,肉体对它来说是纯粹偶然的。"① 这就是说,毕泰戈拉学派认为灵魂是不死的。他们从不死的灵魂的观点出发,又引出了灵魂轮回的主张。第欧根尼·拉尔修记载说:

> 传说还认为他是第一个发现灵魂轮回的人,他宣称灵魂依照命运的规定,从一个生物体中转移到另一个生物体中②。

据说,毕泰戈拉认为,灵魂转移的原因是因为有罪,对罪的惩罚造成了灵魂的轮回。灵魂在轮回中可以带有对前世的记忆。灵魂转世是循环往复的,结果是实现灵魂的完全的纯化,由灵魂的纯化到灵魂的得救。③毕泰戈拉灵魂学说中的这些唯心主义、神秘主义和宗教成份,对以后的唯心主义和神学发生了一定的影响。恩格斯在评论古希腊的灵魂学说时指出:"虽然总观点是朴素唯物主义的,但已经有了后来分裂的种子。"④ 在伊奥尼亚哲学里,已经具有了物质灵魂的思想,而毕泰戈拉一方面承认灵魂的物质性,另一方面又把灵魂独立化,并且提出了灵魂不死和轮回转世的思想,表现为唯心主义。可见,毕泰戈拉学派是处在这种分裂的过渡的环节上。

(二)爱利亚学派

爱利亚学派因其产生在南意大利的爱利亚城而得名。爱利亚学派的主要人物有三位:克塞诺芬尼、巴曼尼德和芝诺。其中,克塞诺芬尼是这个学派的理论先驱,巴曼尼德是学派的中心人物,芝

---

① 恩格斯:《自然辩证法》,第37页。
② 《古希腊罗马哲学》,第33页。
③ 参看[法]罗斑:《希腊思想和科学精神的起源》,第92—93页。
④ 恩格斯:《自然辩证法》,第37页。

诺发展了巴曼尼德的思想。

克塞诺芬尼（约公元前565—前473）是原属小亚细亚的克罗封人，后来定居在爱利亚。相传他写过哲理性的诗歌《论自然》。

克塞诺芬尼作为早期希腊的自然哲学家，也把某些物质元素当作万物的本原。他说过："一切都从土中生，一切最后都归于土。""一切出生和生长的东西都是土和水。"[①] "这一切（彗星、流星等）都是由火云的形成或运动造成的。"[②] 这些思想同伊奥尼亚哲学中的唯物主义自然观有一致的地方。但是从总体上看，克塞诺芬尼所着重阐述的是关于神的思想。

在克塞诺芬尼的著作残篇里，可以看到他是反对荷马和赫西阿德的神学观点的。在他看来，传统的神不是别的，实际上是人按照自己的形象幻想出来的。他说：

> 埃塞俄比亚人说他们的神皮肤是黑的，鼻子是扁的；
> 特拉基人说他们的神是蓝眼睛、红头发的。[③]

他还说：

> 假如牛、马和狮有手，并且能够像人一样用手作画和塑像的话，它们就会各自照着自己的模样，马画出、塑出马形的神像，狮子画出、塑出狮形的神像了。[①]

在这里，克塞诺芬尼在欧洲哲学史上第一次提出了人创造了神的观点。这是对传统神话的有力打击，同时对以后的反宗教神学思

[①][②]《古希腊罗马哲学》，第47、44页。
[③][①]《西方哲学原著选读》上卷，第29页。

想的发展有一定积级的影响。

但是，克塞诺芬尼并不是一位无神论者。他所反对的只是神话中的神人同形论和多神论，而不是否定神的存在。相反，他竭力肯定神。那么，他所主张的神究竟是什么呢？他说：

> 有一个唯一的神，是诸神和人类中间最伟大的；他无论在容貌上或思想上都不像凡人。①
> 神永远保持在同一个地方，根本不动，一会儿在这里一会儿在那里动来动去，他是不相宜的。②
> 神是全视、全知、全听的。神毫不费力地以他的心灵的思想力左右一切。③

在克塞诺芬尼看来，作为万物的本原的神，是超感性的、唯一的、不动的，并且是最高的智慧。他关于神的种种规定，与其是说在讲神学，不如说在讲哲学。克塞诺芬尼对神的属性的了解，同伊奥尼亚哲学家们把世界本原归结为感性事物的水、火等观点是不同的，特别同赫拉克利特的"存在又不存在"的命题是相对立的，因此受到赫拉克利特的抨击。克塞诺芬尼把伊奥尼亚哲学中的本原论和自发辩证法作为自己哲学的对立面，反其道而行之，力求在多变的感性事物之外，通过理性去寻找普遍和稳定的本原，这就在早期希腊哲学史上开辟了探求本原的新途径。他否定感性世界的真实性，否定运动的多样性，企图在物质世界之外建立他的本原论，表现了一定的唯心主义和反辩证法的倾向。克塞诺芬尼通过神的观念所论证的唯一和不动的思想，在巴曼尼德哲学里得到了进一步的发挥。

---

①② 《西方哲学原著选读》上卷，第29、29—30页。
③ 《古希腊罗马哲学》，第47页。

巴曼尼德（约公元前六世纪至公元前五世纪）是爱利亚人。他出自爱利亚的名门望族，早年积极从事城邦的政治活动。有人说他是克塞诺芬尼的学生或阿那克西曼德的学生。巴曼尼德在其著作《论自然》中，主要论述了存在与非存在、真理与意见的对立。

【存在是唯一的和不动的】

"存在"是巴曼尼德哲学的基本概念。他说：

> 我们不能不这样说和这样想：只有存在物是存在的。因为存在物的存在是可能的，非存在物的存在则不可能。①

巴曼尼德在这里要说明的是：存在就是存在，决不是非存在。这是他的哲学的一个基本命题。巴曼尼德的这个命题是针对赫拉克利特的。如前所说，赫拉克利特曾提出了"存在又不存在"的著名命题。在巴曼尼德看来，赫拉克利特的这个观点是绝对错误的。因为既说存在，又说非存在，这是不可思议的，在逻辑上是讲不通的。其次，这个命题最多只适用于变化不定的感性世界的事物，而作为万物本原的存在就只能是存在，决不可能变成非存在。巴曼尼德抨击赫拉克利特说："这些不能分辨是非的群氓，居然认为存在者和不存在者同一又不同一，一切事物都有正反两个方向。"②

巴曼尼德在《论自然》里，继承了克塞诺芬尼的"神是唯一的"思想，把神的概念改造为存在的概念，进一步规定了存在的种种属性。他说：

---

① 《古希腊罗马哲学》，第51页。
② 《西方哲学原著选读》上卷，第32页。

> 存在者存在。……存在者不是产生出来的，也不能消灭，因为它是完全的、不动的、无止境的。它既非过去存在，亦非将来存在，因为它整个在现在，是个连续的一。①

在巴曼尼德看来，存在首先是永恒的，没有产生也没有消灭。如果存在不是永恒的，那它必定是或者从存在中产生；或者从非存在中产生。如果说它是从存在中产生的，那就是说存在产生存在，这就无所谓有产生；如果说它是从非存在产生的，那就是说非存在可以成为存在，这是不可设想的。所以存在是没有产生的，同样的，它也没有消灭，因而是永恒的。

第二，存在是唯一的。存在是一个不可分的连续的唯一整体，它充满一切，遍及一切。他说："存在者也是不可分的，因为它全部都是一样的。"② 这就是说，存在是没有缺欠的，完满的，既不可能有较大较小的区别，也不可能在这里多一些，在那里少一些。

第三，存在是不动的。巴曼尼德认为，存在是充满的，没有虚空或空隙，因而也不可能有运动。他断言："存在永远是同一的，居留在自身之内，并且永远固定在同一个地方。"③

巴曼尼德还认为，存在是超感性的，唯有思想才能把握。他说：

> 可以被思想的东西和思想的目标是同一的；因为你找不到一个思想是没有它所表达的存在物的。④

---

① 《西方哲学原著选读》上卷，第32页。
② 《西方哲学原著选读》上卷，第33页。
③ 《古希腊罗马哲学》，第53页。
④ 《西方哲学原著选读》上卷，第33页。

从巴曼尼德的存在论中,我们可以看到,他强烈地感觉到从直接当下的感性事物中来寻找万物的本原是不行的,应当超出感性事物去寻找更高的更本质的东西。在他看来,感性事物是生灭不已、多种多样的,一定有其永恒的、不变的、唯一的存在;感性事物是有局限的,一定有其完满的东西存在;感性事物具有矛盾杂多的性质,一定有其不陷入矛盾,自身同一的存在。他把这种永恒、不变、唯一、完满、必然的东西,就叫做存在。从人类认识发展史看,巴曼尼德的哲学体现了一种新的思路,即表现了人类抽象思维能力的提高,体现了人类认识由个别到一般、由具体到抽象、由现象到本质的一般趋向和深化过程。

但是,巴曼尼德的存在论是以否定感性物质世界的存在为前提的。在他看来,感性物质世界所具有的运动变化、有生有灭和无限多样的性质,恰恰是它不真实的表现,真实的存在只能是那唯一的存在。巴曼尼德意识到了从杂多中寻找统一性,从运动变化中寻求稳定的东西,是人们把握事物的本质和规律的必然途径。他所谓的存在,实际上也是对事物的统一性和稳定性所做的一种概括。然而他却把事物中的统一性和稳定性绝对化了,看作是绝对的"一"和绝对的不动(绝对静止),从而把统一和稳定看作是脱离杂多和运动而独立自存的东西。这就表现出一种唯心主义倾向,在思维方法上也是反辩证法的。

同早期希腊的某些哲学家一样,巴曼尼德对思维和存在的关系也不是怎么清楚的、明确的。尽管他对存在的许多规定表现出许多明显的精神实体的品格,但是他往往又把存在说成是有形体的。巴曼尼德写道:

> 存在者有一条最后的边界,它在各方面都是完全的,

好像一个滚圆的球体,从中心到每一个方面距离都相等。①

由此可以看出,巴曼尼德的存在还没有完全摆脱感性表象的成份。这样一来,在巴曼尼德哲学中就包含了一些自相矛盾的东西。比如,在他看来,存在既然是球形的,因而就是有限的,并且似乎是可以感觉和表象的。可是,他有时又明确认为,存在是无限的和无止境的,并且只能为思想所把握。巴曼尼德把存在了解为球形这一点,除了说明古希腊人习惯于用球形或圆形来象征一个事物的唯一性和完满性之外,也表明在当时的思维发展水平上,人们对精神和物质、理性和感性之间的联系和区别,在认识上还是很模糊的、朴素的。

【真理和意见的对立】

在存在论上,巴曼尼德主张存在与非存在的对立,与此相应的,在认识论上他坚持理性和感性的对立,从而导致所谓真理和意见的对立。

和伊奥尼亚的哲学家们重视感觉经验的认识论观点不同,巴曼尼德把感觉和理性对立起来,根本否定感觉经验在认识中的地位,认为唯有理性才是真理的来源。他写道:

别让习惯用经验的力量把你逼上这条路,只是以茫然的眼睛、轰鸣的耳朵或舌头为准绳,而要用你的理智来解决纷争的辩论。②

在巴曼尼德看来,作为感觉的对象的各种自然事物,是变动不居

---

① 《西方哲学原著选读》上卷,第33页。
② 《西方哲学原著选读》上卷,第31页

的，可生可灭的，是非存在。因此，作为对非存在的认识的感觉是不可靠的，只能提供虚假的不确定的"意见"。如果以感官作为判断是非的准绳，势必陷入谬误。和感觉经验不同，理性则以唯一、不动的存在为对象。遵循认识存在的道路，就能得到认识真理的"确信的途径"。[①]

在古希腊早期哲学中，巴曼尼德第一次突出地强调了感觉和理性的区别，提出理性高于感觉，真理高于意见，不应以感官作为判断是非的准绳，真理的内容只能为理性来把握等见解，这在认识论发展史上都是有一定的启发意义的。但是他根本否定感觉经验在认识中的作用，认为单凭理性本身即可把握真理，这就表现了明显的先验主义的倾向。

从巴曼尼德的哲学中，我们还可以看到，他对现象界的知识也并不是采取完全排斥的态度。当他从"意见"的观点出发看待世界的时侯，他承认自然事物是杂多的，并且是运动变化的。在宇宙万物中，存在着诸如光明与黑暗、热与冷、轻与重、稀与浓、左与右等对立面。正是对立面的混合造成了事物的生灭变化，各种事物都有其萌发、生长、衰落的过程。

芝诺（约公元前六世纪末到公元前五世纪）是爱利亚学派的另一名主要代表。他是爱利亚人。据说他曾因参与反对城邦的僭主而身亡。芝诺的理论活动主要是论证他的老师巴曼尼德的存在的唯一性和不动性，否定"多"和"运动"。

【关于否定多的论证】

芝诺关于否定多的论证有两个。关于第一个论证，他写道：

（1）存在者如果没有大小，那就不存在了。如果它存在，它的每个部分就必须有一定的大小和一定的厚度，

[①] 《西方哲学原著选读》上卷，第31页。

而且与别的部分有一定的距离。对于处在它的前面的那个部分，也同样可以这样说。那个部分也会有大小，并且会有另外一个部分在它前面。这个道理是永远可以说下去的。因为存在者的任何一个部分都不会是最外面的边界，也不会有一个部分与其他的部分不连着。因此，如果事物是多数的，它们就必定既小又大，小到根本没有大小，大到无限。①

芝诺在这里的论证是：如果存在物是多，那么它必定是由许多部分构成的。对于这些部分，可以有两种情况，或者这些部分是有体积的，有体积就可以无限分割下去，这样存在物就成了由无限个部分构成的了，结果这个存在物就成了无限大；或者这些部分可以成为没有体积的，因为无限分割的部分，必然是趋向无限小的，小到"大小等于零的东西"。②等于零的东西加起来还是等于零，结果这个存在物就成了没有体积的无限小。可见，如果承认多，那么就必定陷入无限小和无限大的矛盾之中，这在理论上是通不过的。

芝诺否定多的第二个论证是这样的：

如果事物是多数的，那就必须同实际存在的事物数目刚好相等，不多不少。可是如果有像这么多的事物，它们在数目上就是有限的了。

如果事物是多数的，它们在数目上就会是无限的，因为在个别事物之间永远有另一些事物，而在后者之间又有另一些事物。这样，事物就在数目上是无限的了。③

---

①② 《西方哲学原著选读》上卷，第 36—37 页。
③ 《西方哲学原著选读》上卷，第 37 页。

可以看出，芝诺上述关于否定"多"的论证，主要是在有限和无限的对立上作文章。按照芝诺的思维方法，一个事物只要在逻辑上陷入矛盾，那就不可能是真实的。殊不知，事物之所以真实，就是在于它本身包含着矛盾。事实上，任何事物既不是"一"，也不是"多"，既不是无限，也不是有限，而是"一"和"多"、有限与无限的统一。相反，如果把"一"与"多"、有限与无限绝对对立起来，在它们之间设定不可逾越的鸿沟，坚持一个方面，否定另一个方面，那倒是不符合事物的本性的。芝诺的功绩在于它不自觉地揭露了事物的矛盾，但他却由此得出了消极的结论，否认了事物所固有的矛盾本性。

【关于否定运动的论证】

根据亚里士多德的记载，芝诺对运动的非难提出了四个论证：

你不能在有限的时间内越过无穷的点。在你穿过一定距离的全部之前，你必须穿过这个距离的一半。这样做下去就会陷于无止境，所以，在任何一定的空间中都有无穷个点，你不能在有限的时间中一个一个接触无穷个点。

阿基里斯永远追不上乌龟。他首先必须到达乌龟出发的地点。这时候乌龟会向前走了一段路。于是阿基里斯又必须赶上这段路，而乌龟又会向前走了一段路。他总是愈追愈近，但是始终追不上它。

飞着的箭是静止的。因为，如果每一件东西在占据一个与它自身相等的空间时是静止的，而飞着的东西在任何一定的霎时间总是占据一个与它自身相等的空间，那么它就不能动了。

一半的时间可以等作一倍的时间。我们可以假定有三列物体，其中的一列〔A〕，当其它二列〔B、C〕以相等的速度向相反的方向运动时,是静止的〔图 1〕。在它们都走过同样的一段距离的时间中,B 越过 C 列中物体的数目,要比它越过 A 列中物体的数目多一倍〔图 2〕。

〔图1〕　　　　　〔图2〕
A ·　·　·　·　　A ·　·　·　·
B ·　·　·　·　　B ·　·　·　·
C 　·　·　·　·　C ·　·　·　·

因此,它用来越过 C 的时间要比它用来越过 A 的时间长一倍。但是 B 和 C 用来走到 A 的位置的时间却是相等的。所以一倍的时间等于一半的时间。①

芝诺这四个否定运动的论证分别叫做"二分法"、"阿基里斯② 追龟"、"飞矢不动"和"运动场"。其中"二分法"和"阿基里斯追龟"说的是,某一有限的距离可以无限分割。"飞矢不动"说的是,运动中的事物在每一瞬间都处在每一静止的点上。"运动场"说的是,物体的绝对运动和相对运动的矛盾。既然运动中的事物会陷入这样的矛盾,所以运动是不真实的。芝诺的"二分法"和"飞矢不动"的论证与中国古代哲学家庄子在《天下篇》中所说的"一尺之棰,日取其半,万世不竭"和"飞鸟之景,未尝动也"的命题是一样的。

可以看出,上述芝诺的四个论证表明他看到了运动所包含的矛盾。芝诺曾说:"运动的东西既不在它所在的地方运动,又不在它所不在的地方运动。"③ 乍看起来,芝诺提出的这个思想是深刻的,是同赫拉克利特的"存在又不存在"的观点相一致的。可是,

---

① 《古希腊罗马哲学》,第 57—58 页。
② 阿基里斯是荷马史诗中跑得最快的英雄。
③ 《西方哲学原著选读》上卷,第 37 页。

芝诺却从运动中所包含的这种矛盾性，作出了否定运动的实在性的结论。在他看来，既然承认运动就必然会陷入矛盾，而矛盾是不合理的，所以运动是不真实的。芝诺不懂得，正是由于运动所具有的矛盾性，它才是真实的。正如恩格斯所说，"运动本身就是矛盾；甚至简单的机械的位移之所以能够实现，也只是因为物体在同一瞬间既在一个地方又在另一个地方，既在同一个地方又不在同一个地方。这种矛盾的连续产生和同时解决正好就是运动。"①

芝诺在思维方法上的根本缺陷，就是把概念、范畴凝固化，把一切对立的概念、范畴，如连续性和间断性、有限和无限等等，看作是绝对不相容的东西。正如列宁指出的："这点可以而且应该倒转过来：问题不在于有没有运动，而在于如何在概念的逻辑中表达它。"② 如果不把概念、范畴当作是凝固不变的，而是看作灵活的、相互连结的，能够相互转化的，那么就可以运用概念的这种灵活性来表达现实事物中的矛盾和运动。按照这种思维方法，一切对立的概念、范畴，如一与多、无限与有限、连续性与间断性、运动与静止等等都是相互连结的、相互转化的，客观事物本身也正是这种对立物的统一。这样，事物本身的辩证法，便能够通过辩证的思维得到正确的表达。

芝诺的以上六个论证，有一个共同的论证方法，即是，或者从一个既定的论题出发，推论出两个绝然相反的命题，使原来的论题发生矛盾，陷入谬误，如对"多"的驳难；或者就某一论题经过推论，得出了否定的结论，同样陷入矛盾和错误，如对运动的驳难。这个论证方法，即通过揭露矛盾来发现真理，就是古代意义上的"辩证法"。芝诺开始提出这个方法，后来被古希腊哲学

---

① 恩格斯：《反杜林论》，《马克思恩格斯选集》第3卷，第160页。
② 列宁：《黑格尔"哲学史讲演录"一书摘要》，《列宁全集》第38卷，第281页。

家们讨论问题时所崇尚和运用。还应当看到,芝诺的论证在西方辩证法史上占有一定的地位。虽然他提出这些论证的目的和最后得出的结论,在于否定矛盾和运动的实在性,但在客观上却触及到了辩证法的核心,即矛盾问题。这个问题引起了后来的哲学家们的关注,从一个方面推动了辩证思维的发展。

三、原子论唯物主义哲学的创立

在自然哲学的向前发展中,出现了原子论学派。原子论者继承了伊奥尼亚哲学的唯物主义倾向,放弃了他们把世界的本原归结为某种感性物质形态的各种具体主张;吸取了南意大利哲学,特别是爱利亚学派力图通过思想的抽象概括来寻求非感性的、统一的、稳定的本原的思想,否定了他们把存在与非存在、一与多、静与动、本质与现象绝对对立的倾向,创造了原子论的本原论。原子论是早期自然哲学发展的重要成果,是古希腊最为完备的唯物主义世界观。

原子论的提出,首先是奴隶制城邦的社会经济发展的产物。原子论学派活动的中心是阿布德拉城邦。这是希腊北方新兴的工商业城市。正当希腊的雅典和斯巴达都热衷于对波斯的战争,特别是雅典战事急迫,社会动乱之时,处在边远地方的阿布德拉却得到了发展和繁荣。从原子论的最大代表德谟克利特的一些言论和思想的政治倾向来推断,阿布德拉很可能是个工商业奴隶主所掌握的城邦。他说:"国家的利益应该放在超乎一切之上的地位上,以使国家能治理得很好。不应该让争吵过度以致失去公道,也不应该让暴力损害公共的善。因为一个治理得很好的国家是最可靠的庇护所,其中有着一切。"还说:"在一种民主制度中受贫穷,也比在专制统治下享受所谓幸福好,正如自由比受奴役好一样。"[①]同时,原子论哲学所体现和强调的关于个体能动性的倾向,也是

---

① 《古希腊罗马哲学》,第120页。

和当时趋向繁荣的奴隶主民主政治的精神相吻合的。

原子论的直接的理论准备，是恩培多克勒和阿那克萨戈拉的哲学和科学思想。德谟克利特是早期自然哲学时期原子论的完成者。

（一）恩培多克勒

恩培多克勒（约公元前495—前435）是西西里著名工商业城邦阿克拉加人。据说他是这里的工商业奴隶主民主派的领袖。他是哲学家，又是自然科学家和诗人。在科学上，他是西西里医学学派的创始人。恩培多克勒的著作有《论自然》、《论净化》。恩培多克勒在哲学上的贡献，主要是提出了"四根说"和"爱恨说"。同时在科学上也提出了一些有价值的思想。例如他所做的一个滴漏实验可以说明他在科学上的成就。这个实验说的是，有一个滴漏计时器，是由一个空心圆锥筒做成，一端是颈口，另一端有个小孔。如果用手堵住颈口，把它没在水里，水则不会从小孔进入滴漏，反之，如把盛满水的滴漏拿出水面，只要手不离开颈口，水也不会从小孔中滴出。水为什么不会流进和滴出呢？显然是由于空气的作用。恩培多克勒的实验证明了这样的道理："空气"并不像他的前人所认为的那样，与虚空没有区别，空气是一种物质，占有空间，虽不为视觉所接触，但实验证明它是一种看不见的物质存在，并且是具有一定力量的。在这里"他已经以科学的名义征服了一个超出人类知觉正常范围的世界。通过检验看不见的世界对看得见的世界所起的作用，恩培多克勒揭示出一个看不见的物质世界的存在"。① 恩培多克勒的这个实验所表现出的思想，成为原子论哲学的一种理论准备。

【四根说】

在本原问题上，恩培多克勒继承了伊奥尼亚的唯物主义传统。

---

① ［英］法灵顿：《希腊人的科学》，第4章。

他把泰利士的"水"、阿那克西美尼的"气"、赫拉克利特的"火"接受过来,再增加了"土",建立了所谓"四根说"。他说:

> 你首先要听到那化生万物的四个根:照耀的宙斯,养育的赫拉,爱多纽,以及内斯蒂,它的泪珠是凡人的生命之源。①

恩培多克勒所说的宙斯等,都是古希腊神话中的神祇,它们分别代表火、气、土、水四种物质元素。他认为,这四种物质是万物的本原,也即构成万物的四根。正是"从这些元素中生出过去、现在、未来的一切事情,生出树木和男人女人,飞禽走兽和水里的鱼,以至常生不死的尊神。"②恩培多克勒认为,四根是永恒的,既"不是产生出来的,也不消灭"。四根各自独立,既不相互产生,也不相互转化。但是四根可以结合、分离,"这四种元素,他们互相穿插,变成了形形色色的事物。"③

值得注意的是,恩培多克勒的哲学同伊奥尼亚的哲学不同,他开始对事物的变化进行量的考察。在他看来,具体事物之间的差别,是由于构成事物的四种元素的不同比例造成的。比如,肌肉是由四种等量的元素结合而成的,骨头是由两份水、两份土和四份火混合而成的,等等。同样,人们通常所说的事物的产生和消灭,并不是事物的质上的变化,而仅仅是由于构成事物的元素按一定比例的结合和分离。他说:

> 任何变灭的东西都没有真正的产生,在毁灭性的死亡中也并没有终止。有的只是混合以及混合物的交换:产

---

①② 《西方哲学原著选读》上卷,第41、44页。
③ 《西方哲学原著选读》上卷,第44页。

生只是人们给这些现象所起的一般名称。①

比如，当各种元素混合在人、动物和植物身上时，人们便说是产生了，而当各种元素彼此分离时，人们又说是消灭和死亡了。其实，人们这样说是不对的，因为所谓产生和消灭，只不过是各元素的混合和分离而已。正是这四种元素的结合和分离，使万物处于不断的运动和变化之中。恩培多克勒这种从量上来考察事物的物质结构和运动变化的观点，较之伊奥尼亚的哲学家们单纯从质上考察事物的观点是一个进步，这对原子论的形成产生了重大的影响。当然，恩培多克勒根本不讲质或质的变化，把质或质的变化简单地归结为量的观点，也是不够全面的。

【爱恨说】

既然世界万物的存在和生灭变换在于四根的结合和分离，那么永恒不变的四根何以能结合和分离呢？恩培多克勒又提出爱恨说：

> 万物的结合使一件东西产生又毁灭，刚产生出来的另一件东西当元素分散时又解体了。这经常的变迁从不停息：在一个时候一切在"爱"中结合为中体，在另一个时候，每件事物又在冲突着的"憎"中分崩离析。②

恩培多克勒认为，"爱"是结合、和谐、一致的力量；"恨"是分离、不和、斗争、冲突的力量。"爱"使四根结合而成一物，"恨"又使此物分裂。正是四根与爱恨的存在与作用，才造成了万物的产生和消灭，千差万别，色色流转，生生不息。恩培多克勒

---

① 《古希腊罗马哲学》，第81页。
② 《西方哲学原著选读》上卷，第43页。

还用四根和爱恨的结合与分离，进一步说明了宇宙的生成，生物的出现，认为现存的物种是在适者生存的不断进化中保留下来的。

四根说和爱恨说是恩培多克勒的自然哲学的两个基本观点。他在说明世界本原和万物生成的过程中，时刻把火、气、土、水当成最原始和基本的质料，肯定它们的客观性、永久性，这是一种自发的唯物主义世界观。恩培多克勒的爱恨说似乎是对毕泰戈拉的"美德是和谐"和赫拉克利特的"正义是斗争"两个对立命题的综合。他把爱和恨这两种对立的力量看作是四根的结合与分离的动力，以此来说明万物运动变化，表现了一种自发辩证法思想。但是，在恩培多克勒的爱恨说里，"和谐"和"斗争"并没有得到真正的统一。同时他把爱恨放在四根之外，也表现了他的物质本原之外寻找物质运动的原因的倾向。这种外因论，显然是与他的唯物主义观点相矛盾的。

【同类相知说】

根据恩培多克勒的理论，元素的结合或"相爱"，是一种同类趋向同类的过程。不同类者不能相合。自然之中的这种物理性质，在心理学上就表现为所谓"同类相知"。

恩培多克勒肯定，人也是四种元素的产物，因此也完全服从自然的物理过程。这种对认识主体的物质基础的确认，是同类相知的学说得以成立的前提。比如，人的眼睛里有水，也有热度（火），眼睛的水和实际存在的水相接触，形成了对水的感觉。其他也是一样，凭土而知土，凭空气而知空气。恩培多克勒关于具体认识过程的理论是流射和孔道的学说。物体或元素流出一些流射，经常与另外的物体的孔道相接。孔道是物体中接受外界影响的极小的通路，流射和孔道都各有大小的差别，流射太大或孔道太小，抑或相反，都不能产生作用。当外物的流射粒子（如水、火等）流入眼睛，同眼中的水、火相接，由于同类的物质和孔道的一致，于是就产生了视觉①。听觉是凭耳朵中的小铃或肉芽②接受外界物体对空气的振动而发生声音。他也原则上承认，思想同样是相似者与相似者的相合。思想的生理物质条件是血，血是物质元素的完美的合成，可以与客体相通，思想的器官是心脏③。

恩培多克勒对人类认识过程的描述显然是很朴素的，他把感觉和思想完全归之于火、土、水、气的物质的机械活动，这也是片面的。但是，他把认识活动看作是从外物到感觉与思想的过程，力图寻找认识的生理机制，这体现出比较明显的唯物主义精神。

（二）阿那克萨戈拉

阿那克萨戈拉（约公元前500—前428）是伊奥尼亚的克拉左美奈人。但他的主要活动是在雅典，他在雅典居住达三十年之久。当时正是雅典奴隶主民主政治的鼎盛时期。他是当时的民主政治领袖伯里克利的挚友。阿那克萨戈拉把哲学带到了雅典。可以说，他是雅典的第一个哲学家，未来哲学繁荣的开拓者。阿那克萨戈拉在哲学上的贡献是提出了"种子说"和"奴斯说"。

【种子说】

阿那克萨戈拉认为，种子是万物本原。他说：

> 结合物中包含着很多各式各样的东西，即万物的种子。④

阿那克萨戈拉所说的种子，是指与它所组成事物的性质相同的微小的物质颗粒。如肉这个东西，就是由许多微小的肉种子组成的，黄金是由许多微小的黄金的粒子组成的等等。

阿那克萨戈拉对种子做了各种规定。首先，他认为，所有种

---

①②③ 《古希腊罗马哲学》，第78、89、79页。
④ 《西方哲学原著选读》上卷，第38页。

子都是永恒存在的,没有产生,也不会消灭。各类种子各自独立,不能相互产生和转化。比如,头发的种子决不会从非头发中产生,肉的种子也不会来自非肉的种子。其次,种子不仅在数量上无限,而且在种类上也是无限的。世界上有多少种事物,就有多少种子。种子也是可以无限分割的,用他的话来说,就是"在小的东西里并没有最小的,总是还有更小的"。① 还有,种子是"微小而不被我们察觉到"的。② 比如,我们吃了面包而长出头发、肌肉、神经和骨骼等,这就表明面包中包含了这些东西的种子,但我们的感官却察觉不到它们。应当看到,肯定非感性的物质微粒的存在,是阿那克萨戈拉的哲学同伊奥尼亚哲学的一个重要区别,标志着古希腊早期唯物主义发展到一个新阶段的开端。

阿那克萨戈拉用种子来说明事物的构成和生灭转换。在他看来,尽管各类种子之间不能相互产生和转化,但是一个具体事物却往往是由不同类的种子混合而成的。而事物的性质则是由组成该事物的占优势的某类种子的性质所决定的。他说:

> 一个个别的事物包含的某种部分最多,它现在和过去就突出地显出是某种东西。③

比如,他认为,当白、冷、软的种子在一个事物中占了优势的时候,这时就显出雪这样的事物了。实际上在雪中也存在着热、硬、黑等种子,只是处于劣势,而没有显示出来。如在另一种条件下,后者取得了优势的地位,那么白雪就可以溶化为黑水。阿那克萨戈拉跟恩培多克勒一样,也主张用种子的混合和分离来说明事物

---

① 《西方哲学原著选读》上卷,第38页。
② 转引自黑格尔:《哲学史讲演录》第1卷,商务印书馆1981年版,第360页。
③ 《西方哲学原著选读》上卷,第40页。

的变化,而反对用产生和消灭这样的概念。他说:

> 希腊人说产生和消灭,是用词不当的。因为没有什么东西产生或消灭,而只是混合或与已有的东西分离。因此正确的说法是把产生说成混合,把消灭说成分离。①

列宁在评述阿那克萨戈拉的哲学思想时指出:"一些人把变化理解为具有一定质的微粒子的存在以及它们的增加(或减少)[结合和分离]。另一些人(赫拉克利特)则把它理解为一物向他物的变化"。② 可以看出,阿那克萨戈拉的这种用种子的数量的增加和减少、混合和分离来理解变化的观点,包含了机械论的因素。从一个方面说,相对于赫拉克利特把变化理解为一物向他物的转化的自发辩证法思想,这是一个退步;但从另一个方面看,阿那克萨戈拉从过去哲学家们对变化只作单纯的质的考察,讲到对事物的量进行考察,在认识发展史上则是一个进步。

综上所述,阿那克萨戈拉种子说的显著特点就是,把万物的本原归结为人们的感官所不能直接把握的无限多样的物质的种子,这表明阿那克萨戈拉在继承伊奥尼亚哲学所开创的唯物主义哲学传统的同时,纠正了他们把万物的本原归结为某种感性事物的缺陷;在克服意大利哲学唯心主义倾向的同时,吸收了他们把本原了解为具有非感性的和稳定的性质的合理思想。阿那克萨戈拉的种子说是关于物质结构的理论的萌芽,他的思想在原子论中得到进一步贯彻。

【"奴斯"说】

阿那克萨戈拉的种子说是专门讲物质始基问题的。在他的学

---

① 《西方哲学原著选读》上卷,第40页。
② 列宁:《黑格尔"哲学史讲演录"一书摘要》,《列宁全集》第38卷,第296—297页。

说中还有一个物质运动的动因问题，也即所谓"奴斯"（心灵）说。

阿那克萨戈拉的奴斯是什么？它的性质是什么？他说：

> 别的事物都具有每件事物的一部分，而心则是无限的、自主的，不与任何事物混合，是单独的、独立的。……因为它是万物中最细的，也是最纯的，它洞察每一件事物，具有最大的力量。对于一切具有灵魂的东西，不管大的或小的，它都有支配力。而且心也有力量支配整个涡旋运动，所以它是旋转的推动者。这旋转首先从某一小点开始，然后一步一步推进。凡是混合的、分开的、分离的东西，全都被心所认识。将来会存在的东西，过去存在过现已不复存在的东西，以及现存的东西，都是心所安排的。①

从阿那克萨戈拉对心灵所作的规定中知道，所谓心灵（音译为"奴斯"）是推动种子结合和分离，也即推动万物运动的东西。心灵具有以下的属性：是独立的、自主的，不与事物混合的；是永恒的、无限的、无所不在的；具有最大的力量，能支配安排一切；有最大的洞察力，能够认识一切；最纯粹和最精细的；是一切的推动者。

阿那克萨戈拉心灵说的提出，是为了说明事物的运动和宇宙的生成。在阿那克萨戈拉看来，宇宙形成之前，许多异质的种子是混合的，零乱无秩序，而且是无变化、无运动的。由于"心灵"的作用，给了一个冲力，出现了原始的旋转，混合的种子迅速分离，分离又造成了同类的结合，以至形成了各种事物。从阿那克萨戈拉对"心灵"的性质的规定和说明它在宇宙生成中的作

---

① 《西方哲学原著选读》上卷，第39页。

用来看，他肯定"心灵"是在事物之外的东西，是加给事物以运动能力的东西，因此"心灵说"具有外因论和唯心论的性质。在古希腊哲学史上，阿那克萨戈拉第一次明确地把"心灵"作为万物运动的支配力，使物质与意识对立起来，把意志、目的作为世界和历史发展中的一个要素和动力，从而开始了古希腊哲学从自然哲学向雅典的苏格拉底和柏拉图唯心主义哲学的过渡。

但是，阿那克萨戈拉对"奴斯"说的运用还不是自觉的和一贯的。在说明具体事物的运动变化的问题时，他主要是采用了种子的组合、分离等机械的物理的说明方式。正如亚里士多德所指出的，阿那克萨戈拉"运用'心灵'作为创世的机器，可是除此之外，他总是用别的原因，唯独不用'心灵'来解释问题，只是词穷语尽；无法解释某物何以必然如此时，才拖出'心灵'来"。①

【异类相知说】

阿那克萨戈拉在认识论上有一个重要思想叫做异类相知。他认为，认识是以冷而知热，从苦而知甜，从暗而知明，相同的感受使感官迟钝，不同的强烈的刺激，才使感觉敏锐而鲜明。他的这个思想与恩培多克勒的同类相知说是相反的，但两者都认为感觉是外物作用于感官的结果，并且和主体的结构的状态密切相关。阿那克萨戈拉还认为，感性认识也有真理性的方面。他指出：存在的东西是种子的堆积（即同类种子占优势的结果），而种子是存在的本质，因此感性知觉也就感知到了真理。②这个思想对德谟克利特的唯物主义认识论也有积极的影响。

(3) 德谟克利特

德谟克利特是古希腊最大的唯物主义哲学家。他创立的原子

---

① 亚里士多德：《形而上学》985a18。
② 参看黑格尔：《哲学史讲演录》第 1 卷，第 375 页。

论唯物主义哲学体系是早期自然哲学的最高成果,是古代哲学繁荣的标志之一。

德谟克利特(公元前460—前370)是阿布德拉的一个富商,但他一生酷爱科学和智慧,以至为追求知识而游历花费了他的全部家资。据说他去过埃及和巴比伦等地,也到过雅典。但他的哲学科学研究的主要活动则在阿布德拉。德谟克利特的老师留基波,生卒年不详,大致与恩培多克勒和阿那克萨戈拉是同时代人。他最早在阿布德拉提出了原子论学说,而他的学说常常同德谟克利特的学说混在一起。哲学史上所讲的原子论,包括了留基波的思想,而以德谟克利特的思想为主。德谟克利特"是经验的自然科学家和希腊人中第一个百科全书式的学者"[①]。他的学说涉及到哲学、逻辑、修辞、数学、物理、天文、医学、心理、伦理、教育、艺术等各种知识部门。可想而知,他的著作会是很多的。哲学史家曾提到,他和他的老师的著作有:《宇宙大系统》、《宇宙小系统》、《论精神》、《论自然》、《论人性》、《论形式》、《确证》等,但均已散失,留下的仅是一点残篇和古代学者对他的思想经过加工后的转述。

【原子和虚空的学说】

亚里士多德在《形而上学》中,记载了德谟克利特关于原子论的基本主张:

> 留基波和他的伙伴德谟克利特说,充满和空虚是根本元素。[②]

[①] 马克思恩格斯:《德意志意识形态》,《马克思恩格斯全集》第3卷,人民出版社1965年版,第146页。
[②] 《西方哲学原著选读》上卷,第48页。

这里所说的充满和空虚就是指的原子和虚空。"原子"一词在古希腊语中即指"不可分"。德谟克利特把不可分作为一个哲学范畴提出来，目的是要指出，作为万物的本原的物质微粒的原子的基本特性是不可分的。德谟克利特认为，原子是构成万物的不可再分的物质实体。每个原子都是绝对充实的，没有空隙，因而也是不可入的。原子在时间上是永恒的，在数量是无限的，原子有"形状、次序、位置"的区别，而所有的原子的性质都是相同的。由于原子体积的微小，因而是看不见的，不能为感官直接把握的。原子处于永恒的运动之中。

虚空是德谟克利特原子论的另一个重要概念。虚空的规定同原子的规定是相对应的。原子是实体，虚空是无实体的空，原子有形体，虚空无形体。但是，德谟克利特强调，虚空也是一种存在、实在，它的实在性并不比原子这样的实在更少什么实在性。虚空把无限多的绝对充实的原子分开，并为原子的活动提供空间场所，从而使原子的运动成为可能。德谟克利特赋予虚空以经验的物理的属性，把它看成是另一种形式的存在，即存在的条件和中介，使虚空的存在同原子的运动联系起来，从而和原子一起共同成为说明世界的本原。

德谟克利特的原子论还提出了必然性的问题。他认为没有什么东西是没有原因的，凭空产生的，一切事物都有自己的原因，这就是原子的涡旋运动。原子的涡旋运动是一切事物的成因，这是自然界的严格的必然性。历史著作记载说：

    一切都由必然性而产生，涡旋运动既然是一切事物
   形成的原因，这在他就被称为必然性。①

---

① 《古希腊罗马哲学》，第97页。

德谟克利特关于必然性的思想，是对阿那克西曼德的"命运"和赫拉克利特的"逻各斯"关于必然性、规律性思想的发展。值得注意的是，德谟克利特把自然必然性具体化为因果规律。在他看来，事物之间的必然联系，实质上就是原因和结果之间的必然联系。他十分重视对因果性的研究，强调发现事物之间因果关系的意义。他说：

> 只找到一个原因的解释，也比成为波斯人的王还好。①

德谟克利特关于因果必然性的思想，在当时的历史条件下，加深了人们对客观规律的认识，对于反对当时流行的唯心主义目的论，具有重大的意义。

德谟克利特从原子论观点出发，描述了一幅关于宇宙生成的图景。在他看来，由于无数的原子在无限的虚空作无规则的运动，原子发生冲撞，于是同类的原子结合在一起，不同类者被排斥在一旁。组合和排斥的结果，出现了轻重不同的联合体，重的下降，并聚集在中央，轻的上升，并向边界扩散。这个过程都伴随着火、土、水、气的产生，由这些元素而组成物体。有些物体由于燃烧而成星辰，组成了一个天体的涡旋运动的大系统，并且各有各的轨道。他想象的宇宙是有中心的，中心像原子核一样，有极大的引力，核外物体离核愈远，引力愈小，速度愈慢，也愈加稀薄。原子论还认为，空间是无限的，原子的涡转运动也是无限的。由此可能产生众多的世界，各个世界都有自己的中心，并且都是球形的。②

---

① 《古希腊罗马哲学》第103页。
② 参看《古希腊罗马哲学》，第92—93页；丹皮尔：《科学史》，第61页。

德谟克利特还从宇宙论讲到人的生成。他认为，生命是从湿润的泥土里产生的。而人与其他生命不同，人具有精神和灵魂。对于灵魂，德谟克利特也用原子论来解释：

> 灵魂和理性是同一样东西。灵魂是由最根本的、不可分的物体形成的，它由于它的精致和它的形状，是能动的。①

在德谟克利特看来，所谓灵魂，在人身上（他主张动物身上也有灵魂）就是人的理性部分。灵魂是由原子构成的，灵魂原子同其他原子有所区别，它是像火一样的活跃、精致和能动的物质粒子。当人的躯体形成时，灵魂也就产生了，两者一经结合，就与生命共存亡。因此他有时又把灵魂称作气，认为有气则有灵魂，生命断了气，也就没有了灵魂。生命是灵魂和躯体的结合，死是灵魂原子的分离。

德谟克利特的原子论学说，把古希腊的唯物主义物质本原说推向了一个新的阶段。首先，他始终沿着伊奥尼亚哲学的路线，着力于对万物的物质本原的探索，同时也注意到南意大利哲学思潮关于本原的非感性特征的合理思想，并以此克服伊奥尼亚哲学中物质本原说的原始性和直观性的缺陷。在德谟克利特看来，和具体的感性事物不同，作为万物的根据的本原，具有非感性的特征，它是感官所不能直接把握的，而只能由思维来把握。但是这种非感性的本原却是具有一定规定的物质性的东西，决不是什么抽象的精神实体。因此，感性事物和本原虽有区别，但不是毫不相干，绝对对立的，本原是感性事物内在的物质结构，感性事物则是本原的结合物。这样看来，和伊奥尼亚的物质概念相比较，德谟克

---

① 《古希腊罗马哲学》，第103页。

利特对物质的本原的理解显然是大大地深化了。其次，和早期哲学家们一般地、泛泛地探讨万物的本原不同，德谟克利特对本原的探讨趋向于用本原去具体阐明个别事物存在的根据，以此进一步论证世界的物质统一性。德谟克利特认为，世界万物的千差万别，就在于构成万物的原子形状，次序和位置的不同结构方式，也即在量上的区别。仅就原子的形状来说，就有圆的、凹形的、凸形的、光滑的和粗糙的等不同，如果再加上次序和位置的不同，那就可能组成千差万别的事物。万物的产生是原子以不同方式的结合，消灭则是它们的分离。德谟克利特原子论所表现的这种重视对个别事物的内在物质结构的研究和进行量的分析的倾向，是在总结恩培多克勒和阿那克萨戈拉哲学的基础上，对物质本原说的发展。这对于克服早期唯物主义的朴素性是有积极意义的。

德谟克利特的原子论也把早期唯物主义的运动观向前推进了。我们知道，米利都学派一方面认为物质世界的运动是不言而喻的，另一方面又陷入于万物有灵论。恩培多克勒和阿那克萨戈拉的爱恨说和心灵说又有外因论的倾向。与此不同，德谟克利特认为，原子本身具有振动的性质，加之虚空提供了原子运动的场所，原子就处于永恒的运动之中。在他看来，任何现象都可以用原子和虚空加以说明。例如磁石之所以能吸铁，只是因为铁原子较为密集，磁石的原子较为松散，因而有更多的空隙，所以铁就自然地向磁石移动了。这种说法自然也是很朴素的，然而他用原子自动来说明一切，反对借助于任何超自然的原因，这里体现了一种唯物主义精神。

当然，德谟克利特的原子和虚空的学说也有一定的局限性。首先，他把原子规定为不可分性、充实性和不可入性，这就把原子与虚空加以割裂了。这种割裂不但使原子失去了无限可分的可能性，而且使人看不清原子运动的源泉。其次，在他强调原子运动的因果必然性的时侯，否认了偶然性的存在。他说："人们捏造出了'碰巧'这个偶象，借以掩盖自己的轻率。"① 可以看出，德谟克利特在这里把必然性、偶然性同原因、结果这两对范畴搅混在一起了。实际上，所谓偶然性，决不是说没有原因，而只是说这种原因对于一个具体事物的发生、发展来说，不是本质的、必然的。因此，和必然性一样，偶然性也是客观存在的，不管人们认识它们的原因与否。德谟克利特用决定论否认目的论的唯心主义是有积极意义的，但是排斥偶然性的决定论包含了机械决定论的因素。还有，在灵魂问题上，当他强调灵魂现象具有一种现实的物质基础时，表明了他在形神问题上坚持了唯物主义原则，但是，他把灵魂也归结为一种精细、能动的原子，这就把精神现象物质化了，表明他对精神和物质的关系的理解还是很朴素的、幼稚的。

【影像论】

影像论是德谟克利特的认识论，是他的原子论在认识论中的运用。德谟克利特在他的影像论中，叙述了这样的原理：被感知的物体表面有一些流射物，被叫做影像。影像从物体飞出，透过空气，并促使相近的空间的空气改变其分子的排列，进而又使相邻的空间产生同样的过程，如此递进，直达感官。感官为什么可以接受物体的影像呢？他引用了恩培多克勒的同类相知说，认为人的感官具有大小不同的孔道，外物的影像若同孔道结合，则形成感觉，不合则不能接受影象，也就无从感知。视觉是影象通过空气进入眼睛的孔道。听觉是影象通过空气进入耳朵的孔道。思想是精微的原子进入人的心灵的结果。总之他认为：

> 感觉和思想是由钻进我们身体中的影像产生的；因为任何一个人，如果没有影像来接触他，是既没有感觉

---

① 《古希腊罗马哲学》，第112页。

也没有思想的。①

德谟克利特对感觉和思想的形成过程的这种描述，显然是非常朴素的，但却鲜明地体现了一条从物到感觉和思想的唯物主义反映论路线。

德谟克利特对感性认识和理性认识这两种认识形式做了区别。他说：

> 有两种认识：真实的认识和暗昧的认识。属于后者的是视觉、听觉、嗅觉、味觉和触觉。但是真实的认识与这完全不同。……当暗昧的认识在无限小的领域中再也看不到、再也听不到、再也闻不到、再也尝不到、再也摸不到，而研究又必须精确的时候，真实的认识就参加进来了，它有一种更精致的工具。②

德谟克利特所谓的暗昧的认识，是指感性认识，所谓真实的认识是指理性认识。在他看来，理性认识高于感性认识，因为只有理性认识才能把握感官觉察不到的原子和虚空。但是，他也认为，理性认识必须靠感性认识来验证。德谟克利特看到了感性认识和理性认识的区别，然而，他似乎忽略了两者之间的联系。

德谟克利特还认为，人的感性知觉具有约定的性质。他说：

> 颜色是约定的，甜是约定的，苦是约定的，实际上只有原子和虚空。③

---

① 《西方哲学原著选读》上卷，第50页。
② 《西方哲学原著选读》上卷，第51页。
③ 《西方哲学原著选读》上卷，第51页。

德谟克利特肯定认识的形成是外物的影像作用于人的感官的结果。但由于种种原因，会造成知觉印象和原物之间的某些差别与某些改变。这些原因有：影像只是事物的表面的流出物，不是事物本身；表面的原子是粗糙的、暗淡的；流出物在空气的媒介中会发生种种改变；外物进入感官的孔道是否顺畅等等。比如酸味是有棱而细致的原子顺利通过孔道的产物，涩味是同样的原子不能顺利通过的产物。可见外物并没有我们感官所感觉到的那种甜苦、颜色等性质的区别，这些性质的产生是感官同流出物之间发生的一种联系。它们不仅反映了外物的属性，而且也反映了我们感官的状况。这就是德谟克利特所说的认识中的约定的现象。根据他的约定论，人的感觉的性质是因人而异的，你觉得苦的东西，我可能觉得甜，你觉得酸的东西，我可能觉得涩。这种不同的感觉的产生，决定于人的不同感官的不同状况，而相同的感觉的产生，决定于人的共同的约定。德谟克利特的约定论表明他看到了感觉的主观性和相对性的方面，但是由于他还不能正确理解认识中的主观性和客观性、相对性和绝对性的关系，因而就把这类现象说成是主观约定的，这显然是不恰当的。

【神灵有死论】

德谟克利特用他的影像论进一步说明了关于神的观念的产生。据说，他认为宇宙间充满了"巨大而超乎寻常"的影像，它们和人接触，就使人们认为有神存在。当他说神是一些巨大的原子群流射物时，他也把神的存在归结为原子的运动和原子结合分离的必然性。除原子之外任何东西都不是永恒的，而是可生可灭的，当然神也不例外，因此神也是有死的。他说：

> 这些幽灵是巨大而且超乎寻常的，他们能抵抗死亡很久，但并非不死……并没有一个享有不死的本性的

神。①

德谟克利特的神灵有死论,就是把神看成了一个普通的自然事物,取消了它的神圣、不死、独立的性质,这就等于宣传了无神论。

德谟克利特在解释希腊人一般认为带有某些神圣性质的天体事物时,是坚决排除神的存在的。例如,他说:"星是石头构成的","太阳是白热的铁或一块燃烧着的石头","银河是无数很小而相连的星所发的光的焦点,这些星因为紧紧挤在一堆而彼此照耀着"②。在这里他是反对用宙斯、阿波罗来说明天体的。他还揭示了神的存在的认识论根源,指出古代人类由于看到打雷、闪电、日蚀、月蚀等天象,感到惊异,无法说明,就认为这是神在作怪。可见,他虽然不否定神,但在说明自然现象时,又完全否定了神的存在和作用。他甚至认为在社会和人生中,神也不能给人带来幸福,他说:"人们在祈祷中恳求神赐给他们健康,而不知道他们自己是健康的主人。"③这些思想为后来的原子论者伊壁鸠鲁和卢克莱修的反神学思想奠定了基础。

【幸福论】

德谟克利特的伦理学也植根于他的原子论的世界观,特别是他的以原子论为基础的认识论。在认识论中,德谟克利特主张构成理性的原子是圆滑和精致的,构成感性的原子是暗淡而粗糙的,两种原子形成了两种认识,也形成了两种幸福和快乐,即肉体的幸福和快乐以及心灵的幸福和快乐。上述关于快乐和幸福,以及两种快乐和幸福的思想构成了德谟克利特伦理学的中心内容。

德谟克利特不像有些希腊哲学家那样,把道德原则建立在对神的敬重和对超自然的善的乞求的基础之上,而是认为它有其现

---

①② 《古希腊罗马哲学》,第105、100页。
③ 《古希腊罗马哲学》,第118页。

实生活的基础,并同物质利益相关联。在他看来,必要的物质享乐是合理的。他说"一生没有宴饮,就像一条长路没有旅店一样。"① 他还说:

> 应该深切想到人生是变幻无常而且很短促的,它常为许多不幸和困难所烦扰,因此应该仅只安排一个中等的财富,并且把巨大的努力限制在严格的必需的东西上。②

在德谟克利特看来,这种必需的物质基础,正是幸福和快乐的现实根据。但是,德谟克利特又认为,幸福和快乐决不是纯粹的感性享乐和物质刺激,无约束的物质欲望是暗淡而粗糙的原子的刺激的结果,虽然有时是必需的,但往往又是带来与人的幸福的愿望相反的后果。为了避免这样的后果,首先,要节制欲望。他说:

> 节制使快乐增加并使享受更加强。③
> 应当拒绝一切无益的享乐。④

其次,要做到心灵的安适和宁静。他认为:

> 生活的目的是灵魂的安宁,这和某些人由于误解而与它混同起来的快乐并不是一回事。由于这种安宁,灵魂平静地、安泰地生活着,不为任何恐惧、迷信或其他情感所扰。⑤

---

① 《古希腊罗马哲学》,第118页。
② 《古希腊罗马哲学》,第124页。
③④⑤ 《古希腊罗马哲学》第116、109、97页。

德谟克利特认为，心灵的享受是圆润的和精致的原子的作用的结果，是真正的幸福和快乐。而一味追求物质享受，则是虚假的幸福和快乐，前者是崇高的和永久的，后者是低级的和短暂的。人生的目的和准则，就是求得精神的幸福和节制物欲。德谟克利特关于快乐和幸福的观点，既不同于唯神论的观点和精神就是一切的观点，也不同于庸俗的享乐主义，而是一种合理的幸福主义，在节制基础上的快乐主义。这同他的原子论的唯物主义的基本原则是相一致的，同时也是同当时的进步的工商业奴隶主的要求相适应的。

从仅存的德谟克利特的著作残篇里可以看到，他的伦理思想是很丰富的，他留给后人的大量的道德箴言，广泛地涉及到道德学说的诸多问题。例如，他讲到道德和经济条件的关系："一切亲人并不都是朋友，而只有那些有共同利害关系的才是朋友。"[①] 道德同社会环境、社会制度的关系："继续不断地处在坏人的社会中，就有助于坏的倾向。"[②]"在现行的宪章制度中，没有任何方法能使官吏避免不义，即使他们是完全廉直的人。"[③]道德同法制的关系："用鼓励和说服的言语来造就一个人的道德，显然是比用法律和约束更能成功。因为很可能那种因法律禁止而不行不义之事的人，在私下无人时就犯罪了，至于由说服而被引上尽义务的道路的人，似乎不论私下或公开都不会做什么坏事。所以照着良心行事并且能知其所以然的人，同时也是一个坚定而且正直的人。"[④]道德与智慧的关系："从智慧中引出这三种德性：很好地思想，很好地说话，很好地行动。"[⑤]同时，他还讲了有关义务、动机、良心、慎独、反省、生死、道德教育、知行统一等问题。德谟克利特的道德箴言具有深刻的哲理性，摘其要例如下："有很多人，并没有学过道理，

---

① 《古希腊罗马哲学》，第111页。
②③④⑤ 《古希腊罗马哲学》，第107—124页。

却生活得很合理。"① "身体的美，若不与聪明才智相结合，是某种动物性的东西。"② "对那些愚蠢的人加以赞颂，是大大地害了他们。"③ "忘了自己的缺点，就产生骄傲自满。"④ "言辞是行动的影子。"⑤ "一篇美好的言辞并不能抹煞一件坏的行为，而一件好的行为也不能为诽谤所玷污。"⑥ "勇气减轻了命运的打击。"⑦ "如果对财富的欲望没有餍足的限度,这就变得比极端的贫穷还更难堪。因为最强烈的欲望产生出最难当的需要。"⑧ "共同的贫穷比每个人孤立地受穷更难堪，因为这样就什么救助的希望都没有了。"⑨

德谟克利特的道德理想和学说，是古代希腊人热爱智慧和优良品德的理论表现，反映了城邦奴隶制繁荣时代希腊人的积极向上，乐观热情，追求美好事物和行为的精神面貌，也反映了工商业奴隶主和中等阶级的道德品行和要求。当然他的许多道德箴言在奴隶占有制社会是根本行不通的。有些箴言也反映了他从属的奴隶主阶级的道德的消极性。例如，他说："接受一个较低等的人的命令是很难堪的。"⑩ "优秀的人是本性命定了来发号施令的。"⑪

第三节　雅典哲学的繁荣

古希腊哲学的发展，从地域上说，表现了从小亚细亚和南意大利向希腊本土的过渡，从希腊的边远地区向希腊中心地区的过渡。从学术思想上说，表现了从侧重研究自然到侧重研究人、人的理性和人的社会的过渡。从发展程度上说，表现了从个别哲学家和学派的出现到哲学家云集和学派林立的过渡。所有这些，都引导到雅典哲学的繁荣。

---

①②③④⑤⑥⑦⑧⑨ 《古希腊罗马哲学》，第107—124页。
⑩⑪ 《古希腊罗马哲学》，第108、122页。

雅典哲学的繁荣有其深刻的社会历史根源。公元前五到四世纪，希腊的城邦奴隶占有制得到进一步发展。在希波战争中，希腊取得了对波斯战争的胜利，从而控制了整个爱琴海，为工商业和航海业的发展创造了极为有利的条件，促成了公元前五世纪希腊各城邦的强盛。而在这些城邦中最为强盛的则是雅典。雅典在希波战争后，取得了海上霸权，它以提洛同盟盟主的身份占有了巨额的财富，从而大大促进了雅典社会经济的繁荣。在雅典，奴隶劳动被大规模地采用，冶金、造船、皮革、陶器手工业都相当发达，对外贸易巨增。雅典在政治制度方面也经历了不断革新的道路，经过贵族政体、僭主政体，公元前五世纪基本实现了奴隶主的民主政治。到伯里克利（约公元前495－前429）时代，民主制度达到极盛，各项政策都限制了贵族而有力地支持工商业奴隶主。雅典成为当时整个希腊的经济政治繁荣的中心。然而，雅典的繁荣并没有存在多久，公元前五世纪末叶，城邦奴隶占有制很快走向危机。在伯罗奔尼撒战争后，雅典由于大败而一蹶不振。整个希腊的古典城邦奴隶占有制也陷入了深刻的危机，最后为希腊北方的马其顿民族所征服。

雅典城邦奴隶占有制的发展，带来了科学文化的繁荣。当时雅典的戏剧非常盛行，出现了三大悲剧作家爱斯库罗斯（公元前524－456年）、索菲克勒斯（公元前496－前406）欧里庇得斯（公元前485－406年）和喜剧作家阿里斯多芬（公元前450－385年）。他们以各种悲剧和喜剧，如《波斯人》、《普罗米修斯》等，表现了古希腊人对旧传统观念的批判，对自由的追求，以及对本民族和个人力量的信心。他们对矛盾的揭露的深刻性和艺术表现的高超，都已达到了相当高的程度。当时的雅典人拿着城邦发给的观剧津贴，围坐在巨大的半圆形的露天剧场里，台上台下回荡着热烈的气氛，生动地表现了雅典的奴隶制民主的高涨和社会的繁荣。朴实而隽美的雅典建筑艺术，表现了希腊人庄严、和谐、爽朗的性格。优美的雕塑艺术，如《掷铁饼者像》、《持矛者像》、《黑梅斯像》等，表现了希腊人对健美、力量、优越、完善和理想的追求。如果说希腊人在艺术上的成就是优美而高超的，那么他们在科学研究和技术创造上则是严肃和务实的。在历史科学方面，出现了希罗多德（约公元前484－前425）的《历史》、修昔底德（公元前460－前400）的《伯罗奔尼撒战争史》等不朽的著作。在科学技术上，出现了开俄斯岛的几何学家希波戈拉底和雅典的天文学家墨东。公元前五世纪的雅典的迅速繁荣，以及在精神领域对旧观念的批判，新文化的发展，都表明此期的希腊出现了一个启蒙时代。希腊各地的文人墨客云集雅典，例如阿那克萨戈拉就是首先把哲学从小亚细亚带到雅典并受到了伯里克利的保护。尽管这种启蒙思潮作为奴隶主阶级的思想文化运动有其不可避免的局限性，但总的说来，它适应了时代的需要和奴隶主民主派反贵族斗争的需要，基本倾向是进步的。

作为这种启蒙思潮的理论基础的哲学，也同其他意识形态一样，得到了迅速的繁荣和发展。公元前五—前四世纪，是雅典哲学硕果累累的时代。哲学家和学派之多，哲学争论和社会联系之密切，哲学直接为社会需要提供人材和普及的规模，以及哲学所获得的成就，在整个欧洲哲学史上都是罕见的。这个时期的雅典哲学具有以下特点。第一，由于雅典奴隶占有制经济政治的发展和精神生活的活跃，特别是雅典的城邦民主制的活跃，个人的人格、自由、幸福，国家的制度等社会问题突出出来，于是人和社会的问题成了哲学思考的主要对象，从而表现了古希腊哲学发展从早期自然哲学到人本主义哲学的转变。第二，由于雅典科学文化的繁荣，各门科学的独立发展，使得早期哲学和自然科学混为一体的状况有所改变，出现了哲学从自然哲学即自然科学分化出来的趋向。同时，哲学研究的内容也更为丰富了。除了世界的本原问题外，认识论、伦理学、历史观等也成了这个时期哲学所关注的问题。第三,随着哲学从研究自然到研究社会,从物理学到伦理学,从重视经验到重视理论思维等认识上一系列的转变,各个哲学家都努力在世界观和认识论上建立完整的思想体系。早期自然哲学中存在的唯物主义倾向和唯心主义倾向之间的矛盾斗争,通过这些哲学体系也表现得很明确和突出,出现了德谟克利特唯物主义世界观和柏拉图唯心主义世界观的对立。在柏拉图之后,亚里士多德对以前希腊哲学进行了比较系统的批判性的总结。亚里士多德是雅典哲学发展的集大成者。

一、智者学派的兴盛

智者学派是古希腊奴隶主民主政治的直接产物。奴隶主民主政治,为公民创造了较为生动活泼的政治局面和活跃的文化生活。公民们可以在公民大会上对城邦的大事发表演说,可以在诉讼法庭上据理力争,可以在剧院里演出自己的剧本。人们参加公共的政治文化活动不再依赖旧有的权威和习惯,而靠自己的意见的正确合理,符合逻辑和能言善辩。人们为了满足这种需要,迫切地要求提高自己的思想文化修养和善于辞令的本领。这样,一个智者运动就在希腊各地应运而生了,而雅典则成为整个希腊著名智者聚集的中心。

所谓智者,在古希腊就是指传授知识的教师。智者并不是一个统一的学派,在学术思想上,智者之间不尽一致,甚至还可能是对立的。但是,他们也有一些共同的特点。他们可以称作专职的教育家,拿取一定的报酬,向学徒传授各种知识。他们都善长逻辑学和修辞学,靠逻辑严密和词章华丽打动人心。因此往往在逻辑学和语言学方面作出不同程度的贡献。在思想方面,他们都关心社会伦理和政治问题。在讨论和辩论方法上,多采用对立和批判的态度,其学术思想和表达方式往往重破而不重立。智者有多种爱好和才能,他们熟悉天文、地理、历史、物理、算术、逻辑、修辞、法律等。他们特别能言善辩,出口成章,用漂亮动听的言辞去打动人心。智者们教授和讲演的题材非常广泛，有一般哲学和政治的内容，或者去歌颂一个城市，替一个死去的英雄辩护，在葬礼中去咏读一篇感人的悼词，甚至不惜在关于孔雀、老鼠、蚕、盐巴、水壶等一些细小的题材上施展自己的才智。智者们在雅典吸引了广大的听众，尤其是青年。无独有偶，这种局面很像我国春秋战国时代百家争鸣和文人食客四处游说的盛况。很难想象，如果没有古希腊社会经济政治的发展和社会的需要，会出现如此生动活跃的社会思潮和济济人材。就智者学派的主流看，他们在普及文化，特别在破除传统习惯和观念方面起了积极的历史作用。当时活跃在雅典的智者是很多的，普罗泰戈拉和高尔吉亚是其中最有影响的代表人物。

（一）普罗泰戈拉的人本主义哲学

普罗泰戈拉（公元前481—前411）是阿布德拉人，德谟克利特的同乡。他是古希腊奴隶主民主政治的拥护者，认为古希腊的民主制度是国家的最好制度。他一生两次到过雅典，而且大部分时间是在雅典度过的。普罗泰戈拉是智者中最有才能和影响最大的一个人。普罗泰戈拉的著作有：《论真理和反驳》、《论德性》、《论神》，但多已失传，仅留下一点残篇。

在哲学上，普罗泰戈拉基本上是个唯物主义者。和赫拉克利特一样，他也认为："万物都是运动、变化和彼此之间的混合所产生。"[1] 他更注意对认识论的研究。在认识论上，他主张，"知识就是感觉。"[2] 普罗泰戈拉强调感觉在认识中的作用，承认认识开始于感觉。在他看来，人没有天赋的道德知识，一切知识都是从感觉中获得的。他说："要想成为有教养的人，就应当应用自然的秉赋和实践；此外还宜于从少年时就开始学习。"[3] 不过，普罗泰戈

---

[1][2] 《古希腊罗马哲学》，第134、133页。
[3] 《古希腊罗马哲学》，第138页。

拉忽视理性认识在认识中的地位，把知识仅仅归之于感觉，这是片面的。

普罗泰戈拉从知识就是感觉的命题出发，引出了另一个重要的哲学命题：

> 人是万物的尺度，是存在者存在的尺度，也是不存在者不存在的尺度。①

"人是万物的尺度"，这是普罗泰戈拉的一句名言。所谓"尺度"，从客观的意思上来了解，可谓规律，从主观的意思上来了解，可谓真理。人是万物的尺度，就是说世界的存在、真理、规律，皆以人的感觉为标准。既然如此，认识也就无所谓真假了，你认为是真的，我则可以认作为假。在普罗泰戈拉看来，对事物的真假、对错的认识是不存在的，也是不必要的，当说一件事物更真一些时，不如说一件事物更好一些。例如有的食物对病人来说可能是苦的，而对健康者来说，又可能是甜的。这里关于苦甜的判断，并无真假、对错、智愚之分，但可有好坏之分，因为健康者总比病人的意见更好些。这样一来，他就把认识判断完全归结为对人是否有利的价值判断了。

从当时的思想斗争状况来说，普罗泰戈拉的"人是万物的尺度"的命题体现了一种新的反传统的思想倾向，即人本主义和相对主义。所谓人本主义，就是反传统神学。在他看来，神意不再是衡量事物的尺度，唯有人才是权衡一切的准绳。对于神，普罗泰戈拉采取不置可否的态度。他写道：

> 至于神，我既不能说他们存在，也不能说他们不存

---

① 《西方哲学原著选读》上卷，第54页。

在，因为阻碍我认识这一点的事情很多，例如问题晦涩，人寿短促。①

可以说，普罗泰戈拉对神的怀疑是很大胆的。在这里，他虽然没有直接否定神的存在，但人们可以从中觉出一些无神论的倾向。正因为持有这种反神学的主张，他曾被控告为"不敬神"，还要被判处死刑，被迫逃出雅典，他的书也被当众焚毁。普罗泰戈拉的反神学权威，树立人的权威的精神，体现了一种人本主义精神。

按照"人是万物的尺度"的命题，世界上也不存在永恒不变的绝对的衡量事物的尺度。一切都以人、人所处的环境以及人的需要的变化为转移，因而衡量事物的尺度是相对的、变化的。这种相对主义是"人是万物的尺度"的命题所体现的又一个基本精神。

普罗泰戈拉把这种反传统的人本主义和相对主义倾向贯彻于对社会历史问题的研究，便是所谓约定论。按照普罗泰戈拉的约定论的历史观，人们不应当用神意去解释国家、法律、道德的形成和发展，也不应把它们看成是永恒不变的东西，而应从"人"出发，把国家、法律、道德的产生和发展理解为人的约定的产物，因而是相对的、可变的。当人们觉得某种国家制度、法律、道德规范对人们有好处时，它们就得以存在，被认为是合理的；反之，当它们不符合人们的利益的时候，就是不合理的，人们就应当敢于废旧立新。普罗泰戈拉认为：

> 我认为不管什么只有当其为一个国家所接受的时候才对那个国家来说是对的和可取的，只有当这些东西在特殊情形下对这个国家不好了，智者才用别的好东西来

---

① 《西方哲学原著选读》上卷，第 55 页。

代替它们。①

普罗泰戈拉仅仅把人的需要、好恶看作是国家法律、道德形成和发展的根据，当成衡量国家、法律、道德的标准，这是片面的，是一种唯心史观。但是这种约定论在当时的社会条件下，又是对神意决定论的唯心史观的否定，破除了传统的政治、法律、道德思想的权威，论证了新的政治法律制度和道德精神的合理性，这在当时是有进步意义的。

从认识论方面看，普罗泰戈拉的感觉主义、相对主义是对爱利亚学派的唯理主义、绝对主义的反动。两派从不同角度突出地强调了人类认识的两个方面，这在认识史上，应该说各有其片面的真理性，但从认识的全体上看，则都是错误的。普罗泰戈拉着重强调了感觉在认识中的地位，看到了感觉的相对性、主观性方面，但却又忽视了理性在认识中的地位，忽略了认识的绝对性、客观性的方面，陷入了相对主义和主观主义。

（二）高尔吉亚的怀疑哲学

高尔吉亚（公元前483—前375）是西西里岛的里昂提利人。据说他是恩培多克勒的学生。他也是一位民主政治的拥护者，曾代表他的城邦出使到雅典。他的修辞学和讲演术在雅典享有盛名。柏拉图记载说，高尔吉亚自己讲过，他不相信医药的力量。喜剧作家阿里斯多芬讽刺高尔吉亚说："靠舌头过活"，"春种秋收植葡萄，连采果子都用舌头"。②这反映了雅典一些人对智者的反感，然而雅典城邦却在德尔斐神庙里为他立了全金的塑像，以为表彰。

高尔吉亚的著作是《论自然或不存在》。在这本书里，他提出了著名的怀疑哲学的三个命题：

---

① 引自柏拉图：《泰阿泰德》篇，167c。
② 参看阿里斯多芬：《阿里斯多芬喜剧集》，人民文学出版社1954年版，第33页。

第一，无物存在；第二，如果有某物存在，人也无法认识它；第三，即便可以认识它，也无法把它告诉别人。①

高尔吉亚对这三个命题进行了证明。证明的方法基本是反证法。关于第一个命题的证明，他首先假定有物存在，这将出现三种情形：第一，该物是不存在。但如果有"不存在"存在，那么不存在和存在就是同一个东西了，这是荒谬的；同时，说不存在存在，这也是自相矛盾的，可见该物不存在的命题是错的。②第二，该物是存在。如果说它是存在，那么它或者是永恒的，或者是派生的，或者既是永恒的又是派生的。就永恒性来说，永恒是指无限，无限就是没有处所，而说存在是无处所的，这就是说存在物不存在了，可见该物不是永恒的。如果它是派生的，那么它不从非存在派生，就是从存在中派生，这都是不可能的。因为从"非存在"即从无中不能派生存在，而说从存在中派生存在，这就等于说没有派生。可见该物也不是派生的。既然该物既不永恒又不是派生的，那么就不能肯定该物存在了。第三，该物既是存在又是不存在。上面第一个证明已知该物不存在是不成立的，第二个证明已知该物存在是不成立的，那么把这两个证明结合起来，也就可知该物既存在又不存在也是不能成立的了。可见，有物存在的命题是不真的，反之，无物存在的命题则是可信的。

对于第二个命题的证明，他这样认为："如果我们所想的东西并不因此就存在，我们就思想不到存在。"③这就是说，我们所想象的东西，不都是存在的东西，如飞行的人是可以设想的，但并不一定是存在的。既然思想不等于存在，那么就思想不到存在，或

---

① 《西方哲学原著选读》上卷，第56—57页。
②③ 《西方哲学原著选读》上卷，第57页。

者说,存在就不能被思想。

对于第三个命题的证明,他这样说:我们认识到、感觉到的东西,并不是能够向别人表达的东西。因为认识和感觉靠视、听等感官,而表达靠语言。连视觉和听觉都不能相互换算,语言就更不能向别人表达感觉了。感觉也不等于存在物,所以语言不能把存在的东西表达给别人。[①]

高尔吉亚的上述三个问题和证明方法有烦琐和诡辩的性质。它们的诡辩性在于,用思维与存在的矛盾、思维和语言的矛盾、逻辑的矛盾来否定事物的存在,否定对存在的认识,否定思维反映、表述存在的直接现实性。在哲学上,高尔吉亚的怀疑主义带有虚无主义的性质。在智者的论辩中,普罗泰戈拉是肯定一切,认为一切皆有;高尔吉亚是否定一切,认为一切皆无,把普罗泰戈拉认为对的都变成错的了。但是他同普罗泰戈拉的对立并不是绝对的。他作为一个有影响的智者,同普罗泰戈拉一样,所论证的命题同样具有一定的积极意义。首先,他的三个命题是反对爱利亚学派的,把爱利亚学派的存在、思维以及存在与思维的同一的唯心主义概念与命题引上荒谬的地步,然后加以坚决的否定。其次,他的怀疑主义表现了对旧的传统观念的破坏性。在智者面前没有什么东西是绝对的。例如说到勇敢,它可以被定义为一种拼死的精神,也可以理解为违背了保全自己的生命这个正当的义务。又如说谎,可以定义为说了不存在的东西,然而不存在的东西又是无法说出的,因此就没有人说谎。高尔吉亚的这种论辩的力量和破坏性,使一切东西都失去了它的坚固性和效准,使个人的精神得到一种满足。这同当时雅典的极端民主的气氛是非常一致的,是伯里克利的政治制度在理论上和方法上的概括和升华。

---

① 《西方哲学原著选读》上卷,第57页。

二、苏格拉底的目的论哲学

在智者运动的高潮中,出现了苏格拉底的哲学。苏格拉底所关心的问题以及研究和讨论问题的方法,与智者都有一定的联系,但他的哲学基本观点同智者具有明显的分歧和尖锐的对立。苏格拉底在批判阿那克萨戈拉和智者派的基础上,建立了以目的论为中心的哲学体系。

苏格拉底(公元前468—前400)是雅典人。他是雅典享有盛名的智者。他有一大批弟子,但没有正式的学校,他的哲学活动的场所是一个叫做吕克昂的运动场。在诸如市场、街道等他所到之处,他都随时同人们讨论各种哲学、道德、社会、艺术等问题。他的后半生是在伯罗奔尼撒战争(公元前431—前404)中渡过的。战争中他曾三次服役,还立过战功。伯罗奔尼撒战争结束,雅典的贵族在斯巴达的支持下,重新建立了贵族寡头政权,组成了三十人暴政的政府。苏格拉底是这个政治集团的重要人物。公元前403年,民主派又起,打败三十人暴政政权,重建民主政治。民主派当政之后,苏格拉底被指责为不敬神和腐蚀青年之罪,判处死刑。苏格拉底一生没有著作,关于他的哲学思想一部分来自色诺芬的《回忆录》,而主要来自柏拉图早期所写的哲学对话。

苏格拉底哲学的基本要点是,他在批判自然哲学,特别是在批判阿那克萨戈拉的哲学中得出了目的论,在批判智者学派中得出了道德上的普遍原则,而苏格拉底哲学的中心内容是关于建立道德原则的普遍方法。

(一)目的论

柏拉图在《斐多》篇里记载了苏格拉底的哲学思想发展过程。他青年时期热衷于研究自然哲学,一心追求研究事物的原因。例如,他曾向阿那克萨戈拉请教过有关事物的原因的问题。但是苏格拉底认为,自然哲学家并没有回答出事物的真正的原因,而是把条件当成了事物的原因,他们所解释的道理,都是在物质的范围内说明由什么组成了什么,而哲学所研究的应当是:为什么生成这种东西?为什么能够生成这种东西?这样,苏格拉底在反对自然哲学中提出了自己关于原因的主张。他说:

> 有人认为天是一个漩涡,绕着地转,使地固定不动;又有人认为地撑着天,是一个扁平的槽。他们从来没有想到,把这些东西安排成现在这个样子,正是一种要把它们安排得最好的力量;他们不在事物中找出一种神力,却希望另外找出一个支撑世界的阿特拉斯,[①] 比这种神力更强大、更不朽、更能包罗万象。他们丝毫不想"好"这种担当一切、包罗一切的力量。然而这正是我最乐意知道的本原。[②]

在苏格拉底看来,世界之所以如此的原因,是其中有一种支配的力量,它使万物成为如此的样子,并且是最好的,这个支配的力量就是"好"("善")。善是他的哲学思想的一个基本概念,是说明事物"为什么"的原因。在苏格拉底的哲学中,善或目的具有相同的意思。他认为万物的存在和发展都追求一种完满性原则,例如人之所以有腿用来走路,有手可以拿东西,有舌可以用来发出明晰的声音,都是由于一种目的,即趋于完善或好。他认为,整个世界,万物都具有这样的目的性。这样,苏格拉底就把目的论当成了他的世界观。

用目的论来说明世界,这是苏格拉底哲学的一个重要特征。古希腊哲学正是从苏格拉底开始,自然哲学中的决定论的宇宙观,为目的论的宇宙观所代替。目的论的提出,在于对世界的统一性,事

---

① 神话中的撑天神。
② 柏拉图:《斐多》篇,《西方哲学原著选读》上卷,第64页。

物由低级到高级的发展的进程，以及自然中的谐调的现象等，作出哲学上的解释。这种解释力图克服自然哲学中的机械决定论，宇宙运动的循环论，和把精神、意识现象统统归结为物质的组成方式不同的片面性的观点，同时也力图克服智者们不重视研究原因，把一切都看成相对的、主观的、可怀疑的错误观点，这在认识史上都具有一定的理论意义。但是，苏格拉底对世界的统一的本质和规律性的理解是错误的，具有唯心主义和神秘主义的倾向。

在苏格拉底看来，整个宇宙都服从一种目的，一个"好"的原则。那么，又是什么力量使它如此之好呢？苏格拉底认为，这就是神。他说：

> 神是有这样的权力，有这样的本性，能一下看见一切，听到一切，无处不在，并且同时照顾到一切事物。[①]

苏格拉底认为，正是由于神的存在和神的力量，才把世界万物设计得如此之好，如此完满无缺，并且追求着最好的目的，从而使世界成为一个有秩序、有意志，并且发展得愈加完好的统一的整体。从反对自然哲学的因果决定论，到主张目的论的唯心主义世界观，再到承认作为最高目的的神的存在的有神论，这是苏格拉底世界观的基本面貌。苏格拉底的神学目的论思想，直接影响了柏拉图和亚里士多德的哲学，并对中世纪的哲学和神学，乃至近代的哲学和科学都发生过不少的影响，是欧洲哲学史上一个渊远流长的重要理论。

（二）美德论

苏格拉底既然把世界归为一种善的目的，并且认为这是由神

---

① 色诺芬：《回忆录》，《古希腊罗马哲学》，第171页。

决定的，那么理所当然的结论就是，研究自然对人来说是无意义的，也不会有什么结果，而且，干涉自然的事，就是对神的不敬。这样，苏格拉底就主张从新的方向和用新的方法来研究哲学。于是，苏格拉底提出了这样的哲学口号：

> 首先并且主要地要注意到心灵的最大程度的改善。①
> 知道你自己。

"知道你自己"，这是雅典太阳神德尔斐庙门上的一句题辞，苏格拉底把它借来当作自己的哲学的格言。"知道你自己"，构成了苏格拉底的基本哲学主张，同时也标志了古希腊哲学史从自然哲学到人学的转变。在苏格拉底的思想里，所谓"知道你自己"，就是要把哲学研究的重点转向人事和自己的心灵，认识人事中的善和心灵的善，改善人的心灵，从此出发，建立了他的美德论和方法论。

在苏格拉底时代，智者运动使得传统的道德观念面临全面的崩溃。在这种情形下，苏格拉底"潜心于伦理道德问题，并且首先力求给这些东西寻找普遍定义"。②那么，苏格拉底关于道德的定义是什么呢？他说：

> 美德即知识。③

这个命题构成了苏格拉底关于道德问题的基本主张。他之所以提出这个命题，如前所说，是同他在理论上反智者的主张相联系的。

---

① 柏拉图：《申辩》篇，《古希腊罗马哲学》，第149页。
② 亚里士多德：《形而上学》1078^{b}17。
③ 参看柏拉图：《美诺》篇，《古希腊罗马哲学》，第164页。

同智者派的相对主义和个人主义的倾向相反,他把道德归结为知识。在他看来,没有知识,就会听任主观的武断,或者为道听途说、似是而非的意见所左右,当然也就做不出符合道德的行为。相反,有了知识,懂得了道德的本性,掌握了善的概念,就必然能够做出符合善的事情。

苏格拉底从"道德即知识"的命题出发,首先反对道德上的相对主义。在他看来,所谓现实的、具体的道德行为是矛盾的,具有相对性,也就是既有善也有恶。但是,道德作为知识,则是绝对的,永恒的。因为善的概念的本身,即善之为善,乃是完全的、绝对的善,也就是说,是绝不包含有任何恶的善。不知善,决不会为善。人们只有认识了道德的含意,也即真正懂了道德,才可以做出符合道德的行为。因此,苏格拉底十分重视道德教育。在他看来,道德既为知识,而知识、智慧当然是教育的结果,所以道德也是可以教育的。通过教育使人具有道德的知识,了解善与恶的区别,使心灵为智慧所武装,从而成为有道德的人。

苏格拉底道德论中还有一个重要思想,即认为人不会有意为恶。他说:

> 对善的想望是为一切人所共同的,而在这一点上,是并没有一个人比另一个人更好的。也没有人想望着恶的。[①]

在苏格拉底看来,道德既为知识,那么有知识,深明大义,自然就会有道德,而无知、愚昧也就无道德而言。但是由于愚者无知,虽做不出善事,也不知为恶,相反还会把恶看作善,所以他说,没有人有意为恶。苏格拉底所说的人不会有意为恶,主要不是从人

[①] 柏拉图:《美诺》篇,《古希腊罗马哲学》,第160页。

本性善的意义上讲的,而是进一步申述他的道德即知识的思想。他认为,那种愚昧无知,不懂善恶,做了恶事还以为自己是有道德的人,这是最不可救药的。所以他说,有意为恶的人,较无意为恶的人,还更高尚些,因为前者知道什么是善,故具有为善的条件,而后者则什么也不懂,所以是最无希望的了。

苏格拉底提出的"道德即知识"的思想,在伦理学史上具有一定的理论意义。他把道德与认识、知识与行为结合起来,这一方面把道德行为知识化和科学化,另一方面又把知识判断和价值判断相联系,这种从认识论上、从科学上来了解道德本质的做法,是积极的,有启发意义的。但是苏格拉底把道德绝对化和永恒化了,当他完全排斥了道德的具体性、历史性和现实性时,也就走向唯心主义了。

(三)方法论和概念论

苏格拉底的道德学说确定了道德就是知识的观点,那么如何达到这种知识呢?他认为,道德知识与现实无关,也不以个人的感觉和相对的意见为标准。这样,研究道德的问题,首先就必须改善人的心灵,以便应用正确的思维方法去认识真理。因此在苏格拉底那里,道德的问题就成了真理的问题,认识论的问题。苏格拉底由此引出了方法论问题。

苏格拉底的方法,主要是指讨论道德定义的方法,它有如下这样一些特点:

首先,苏格拉底的方法是一种怀疑的方法。据柏拉图记载说,苏格拉底曾到处寻找比他更有智慧的人,他去找了政治家、诗人和工匠等。经过他一一访问之后,他认识到,所有认为自己有智慧的人,其实并不智慧,反倒证明了苏格拉底是智慧的,因为他承认自己是无知的。[①] 这样,苏格拉底就确定了"知道自己无知"

---

① 参看柏拉图:《申辩》篇,《西方哲学原著选读》上卷,第65页。

的重要命题。这个命题中所包含的一个思想,即认识从怀疑开始。在苏格拉底看来,那些认为自己有智慧的人,其实都是独断论者。他认为,"人的智慧没有多少价值,或者根本没有价值",① 相反,人们只有承认自己的无知,感觉到自己的"一贫如洗",才可能从贸然的意见中解放出来,从而为接受智慧提供前提。苏格拉底的"知道自己无知"的命题,是反对智者学派的,更是反对普罗泰戈拉以个人作为真理的尺度的主观主义观点的。

其次,苏格拉底的方法是一种在讨论问题的过程中,通过各种意见的对立和冲突,从中不断揭露矛盾,克服矛盾,最后达到真理的方法。苏格拉底的这个方法包括四个环节:(1)讽刺。即从对方的意见中引出矛盾,迫使其陷入窘态,或者迫使其否定所肯定的东西。(2)助产术。即在否定已有的意见之后,不断发现新的意见,产生新的认识;这个新意见、新认识并不是外在的,而是就在人的心灵之中。它开始以潜在的方式存在于人的心灵之中,经过讨论、讽刺、启发,成为一个确定的真理。苏格拉底说这个方法的形成,是受了他的母亲的助产职业的启发,所以被叫做助产术。不过,他的母亲是帮助人们生产孩子,而他是帮助人们生产真理。(3)归纳。即通过讽刺否定了个别的、偶然的、错误的意见,通过助产术不断找到普遍的、必然的道理,也即由个别到一般的方法。(4)结论或定义。即是对找到的真理加以表述,或者加以定义。苏格拉底在这里,从无知开始,经过运用讽刺、助产术、最后归纳出定义,这个方法就是古希腊哲学史上本来意义的辩证法。这个方法的创始人是芝诺,在苏格拉底这里得到自觉的运用。

苏格拉底的方法论提出了舍个别而求一般的重要问题。当他引导人们排除所谓主观感觉的混乱、自以为是的意见和个别的偶

---

① 参看柏拉图:《申辩》篇,《西方哲学原著选读》上卷,第68页。

然的东西时，普遍的原则也就被确定了。例如，苏格拉底和美诺关于道德问题的对话，就是为了寻找这个道德的一般。在整个对话中，苏格拉底反对美诺把道德理解为男人的治理国家，女人的治理家务等具体的个别的行为准则，也反对把道德了解为勇敢、敏捷等具体的道德行为。在他看来，这些行为和准则，都是特殊的、相对的、矛盾的，既可为善，也可为恶。那么苏格拉底所认定的道德原则应是什么呢？他在同美诺的对话中提出了自己的主张：

> 美诺：勇敢、节制、智慧和豪爽都是美德；别的还有许多。
> 苏：是的，美诺：这里我们又一次陷于同样的情形：在寻求一种美德时我们找到了许多美德，虽然和以前不是同样的方式；但我们并没有能够找到贯穿一切美德之中的共同的美德。
> 美诺：是呀，苏格拉底！甚至现在我也还不能照你的意思来发现一个对于美德的共同概念，像发现对别的东西的共同概念一样。
> 苏：别惊讶；但是我将设法来接近这种概念，要是我能够的话，因为你知道一切事物都有一个共同概念。①

这个"一切事物中都有一个共同概念"，就是苏格拉底对话中所要努力寻找的东西。在他看来，所谓道德的共同概念，就是道德这个词所标志的道德的普遍性，即道德的一般或定义，或者也叫"道德本身"、"道德的本性"等。苏格拉底把道德的概念看成是永

---

① 柏拉图：《美诺》篇，《古希腊罗马哲学》，第156页。

恒不变的，排除具体规定性的东西，认为它就是道德的普遍性质或本质，这就形成了苏格拉底的概念论。寻找道德的概念，或者说寻找事物的概念，这是苏格拉底的对话和论证所要达到的目的，而他的方法论是达到概念论的手段。

从人类认识发展史上看，苏格拉底的方法已经触及到了人类认识从个别到一般的过程，成为后来的形式逻辑的归纳推论的先声。他的概念论突出地强调认识的相对稳定性和确定性的原则，对后来的形式逻辑的定义学说有一定影响。同时，他的方法论和概念论对于克服智者们中间的某些诡辩论倾向也有一定的意义。但是，苏格拉底的方法论以一般排斥个别，否定事物的相对性和矛盾变化为特征。而他的概念论则把概念所反映的事物的共性，看成是绝对的、不变的和超验的，从而否定了具体事物的真实性。苏格拉底哲学中的这种唯心主义观点和方法，为柏拉图的理念论提供了直接的理论前提。

三、柏拉图的理念论哲学

由苏格拉底所开辟的古希腊哲学研究的新方向，为他的学生柏拉图所继承和发展。然而柏拉图和苏格拉底又有不同，苏格拉底只就道德来讨论道德，而柏拉图则首先研究它们的本体论和认识论的基础。这样柏拉图就在苏格拉底的基础上，把古希腊哲学大大推进了一步，成为古希腊哲学史上最大的唯心主义哲学家。

柏拉图（公元前427－前347）生于雅典的一个贵族家庭。20岁就学于苏格拉底。他所处的时代虽然还属于希腊城邦奴隶占有制的民主政治时期，但由于伯罗奔尼撒战争和雅典内部斗争的尖锐化，民主制开始走向危机，从而造成了贵族制的短期复辟。柏拉图早在青年时代就有政治抱负，希望参与政治。雅典民主派在伯罗奔尼撒战争失败后，三十人暴政在雅典当权。据说此时柏拉图参加了适合他年龄的政府的工作。苏格拉底被雅典民主派判死刑后，柏拉图随即离开雅典，先后到麦加拉、昔勒尼和南意大利学习，接受了爱利亚学派和毕泰戈拉学派的哲学思想。同时，柏拉图还三次到西西里的叙拉古，企图按他的贵族的理想政治图式帮助该国国王建立政府。大约在 50 岁时，柏拉图在雅典阿加德谟圣殿附近的园林中建立了一个学园。在这里从事他的哲学对话的写作和教学，直到 81 岁逝世。

柏拉图哲学思想的发展大致分为三个时期，即早期、中期、晚期。早期也可以叫做苏格拉底对话时期，这个时期主要反映的是苏格拉底的思想和柏拉图的不成熟的思想。著作有《申辩》、《克里托》、《李思》等。中期反映了比较典型的柏拉图哲学思想，代表作有《美诺》、《斐多》、《会饮》、《理想国》、《斐得罗》等。后期反映了柏拉图哲学思想的变化，在一些方面修正和补充了前期的哲学思想，主要著作有《巴曼尼德》、《智者》、《蒂迈欧》、《法律》等。柏拉图的著作基本上都被保留下来了，古希腊哲学的研究从柏拉图开始，才有了大量的第一手资料。

柏拉图在古希腊哲学史上建立了一个包括本体论、认识论、自然哲学、伦理学、国家学说、美学等庞大的唯心主义体系，而他的整个学说体系的理论基础，则是理念论。

（一）理念论

柏拉图哲学的理论来源主要有四个方面。一是赫拉克利特的变的理论。据说柏拉图早年熟悉赫拉克利特的学说，还说他当过克拉底鲁的学生。赫拉克利特的万物皆变，无物常在的观点为柏拉图所接受。他不否认感性事物的运动变化，但他认为，变动不居的感性事物不能成为哲学研究的对象。二是巴曼尼德的存在论。柏拉图在出游麦加拉时，通过麦加拉学派接触了巴曼尼德的哲学，认为他的"存在"才是不变的真正的实在，是真正知识的对象。三是毕泰戈拉的数论。毕泰戈拉学派的数的哲学使他加强了对不变的本体的认识，同时，数论也似乎使他把巴曼尼德的存在的唯一性，从"多"的意义上加以了解。四是苏格拉底的概念论和寻找定义的方法。他从学苏格拉底八年之久，苏格拉底在同类事物中寻找定义的哲学研究方法对他影响最大。但是，柏拉图不满足在道德范围内发现普遍定义，而是扩大到在一切事物中来寻找普遍定义，由此建立了他的理念论哲学。

谈到理念，柏拉图在《理想国》中说：

> 一方面我们说有多个的东西存在，并且说这些东西是美的，是善的等等。……另一方面，我们又说有一个美本身，善本身等等，相应于每一组这些多个的东西，我们都假定一个单一的理念，假定它是一个统一体而称它为真正的实在。①

> 当我们给许多个别的事物加上同一的名称，我们就假定有一个理念存在。②

柏拉图所谓的理念，实际上是指一类个别事物的共同性。例如，所有的桌子都有"桌子"这样的共性，所有的个别的人，都有"人"的共性，所有的善的事物，都有"善"的共性。柏拉图把用"桌子"、"人"、"善"的名称所标识的同类个别事物的共性的东西，叫做理念，以表示他对个别事物和共性的关系具有自己的特殊的理解。

柏拉图的理念具有什么样的特征呢？可以从以下一些方面来了解。

第一，本原性。柏拉图认为，理念是万物的本原。它外在于并且先于感性的个别事物而独立存在，是个别感性事物的范型，而感性的个别事物则是它的摹本。

---

① 柏拉图：《理想国》，《古希腊罗马哲学》，第 178—179 页。
② 柏拉图：《理想国》596A。

第二，超感性。在柏拉图看来，同可感觉的具体事物不同，理念也像巴曼尼德的"存在"一样，是感官所感触不到的，只能为理性所把握。他说：

> 作为多个的东西，是我们所能看见的，而不是思想的对象，但是理念则只能是思想的对象，是不能被看见的。①

第三，不变性和永恒性。在柏拉图看来，具体的东西都是变化的，不稳定的，而理念则是不变的、永恒的。如具体存在的床是各式各样的，可新可旧的，可成可毁的，而床的理念，也即所谓"床本身"，却是始终如一，不动不变的。

第四，绝对性。柏拉图在《斐多》中讨论什么是美时，以苏格拉底的口吻说：

> 如果有人向我说，一件东西之所以美，是因为它有美丽的颜色、形状之类，我是根本不听的，因为这一切把我闹糊涂了。我只是简单、干脆、甚至愚笨地认定一点：一件东西之所以美，是由于美本身出现在它上面。②

在柏拉图看来，美的具体事物的美都是相对的、不纯粹的、不完全的，它们无论怎样美，也有不够完满的地方，即有不美的成分存在。而美的理念则不然，它是绝对的、纯粹的、完全的，决不可能既美又不美。

---

① 柏拉图：《理想国》，《古希腊罗马哲学》，第179页。
② 柏拉图：《斐多》篇，《西方哲学原著选读》上卷，第73页。

第五，客观性。柏拉图在《克拉底鲁》中说：

> 各种事物有它们自己的牢固的存在，这种存在不是相对于我们的东西，也不会由于我们的想象的力量而动摇不定，而是和各种事物自身以及它们自己固有的本性有关。[①]

柏拉图在这里所说的存在，也即是理念。他认为，理念客观地存在着，不依赖于人们的意志、想象。

第六，真实性。柏拉图认为，现象世界的各种具体事物虽然是可感知的，但却是虚幻的，不真实的；而理念虽然是不可感知的，但却同巴曼尼德的存在一样，是唯一真实的。正如柏拉图所说，美本身、善本身（理念）是真实的存在。

第七，完善性和目的性。柏拉图的理念还具有伦理价值，服从一种善或"好"的目的。他在《斐多》篇中讲过一个相等的理念，说明现实世界里所有具体事物的相等、相似，都不可能是真正的相等、相似，"它们的相等比相等本身的相等要差一些"，[②] 这些具体事物之间的相等永远把具有完善性的相等的理念作为追求的目的，但是它们又永远达不到相等的理念本身。可见，理念又是事物的目的。

第八，单一性和多数性。柏拉图认为，同类事物只有一个同名的理念，这就是说，理念是多中之一。但他又不同意巴曼尼德把世界的本体归之一种唯一的存在。在他看来，巴曼尼德的"存在"过于一般了，不便说明个别事物。因此，他肯定不同类型的

[①] 参看范明生：《论柏拉图早期的理念论》，《外国哲学研究集刊》（四），第159页。
[②] 柏拉图：《斐多》篇，《古希腊罗马哲学》，第185—186页。

事物有相应的不同类型的理念,就是说他又承认理念的多数性。这种众多的理念的思想来源,一方面是受了毕泰戈拉的影响,也有人指出是受了原子论的影响,因为原子作为万物的本原也是多数的。

第九,等级性。在柏拉图看来,众多的理念并不是杂乱的,而是有等级的。最低等级的理念是具体事物的理念(如桌子、床等),依次向上为关系的理念(如大于、小于),性质的理念(如黑白、冷热),数学理念,伦理理念,政治理念,最高的是善的理念。①

总之,柏拉图认为,和多变的、相对的、感性的事物不同,理念乃是不变的、绝对的存在。现实的具体事物是虚幻的,理念才是真实的,是世界万物的本原。但是,柏拉图又认为,理念和感性世界的具体事物又是有联系的。对此,柏拉图提出了摹仿说、分有说和工匠说。

所谓摹仿说,就是认为,理念是事物的范型,事物是理念的摹本,事物得以存在,是由于摹仿了理念。例如,桌子和床等都是同名的理念的仿造品。现存的国家也是国家的理念的仿造品。现实的国家摹仿了理念的国家的本质规定,但是它不可能完全达到理念国家的绝对要求。柏拉图的摹仿说显然是受了毕泰戈拉的影响而提出的。毕泰戈拉说万物是摹仿了"数",而柏拉图则说万物摹仿了理念。②

分有说是柏拉图的独创。它是说个别事物的存在,乃是分有了理念的存在。例如,美的花、美的画、美的人,它们之所以是美的,就是因为它们分有了美的理念。柏拉图说:

---

① 参看柏拉图:《理想国》,《古希腊罗马哲学》,第 181 页。
② 参看亚里士多德:《形而上学》987a—b。

> 一个东西之所以是美的，乃是因为美本身出现于它之上或者为它所"分有"。①

柏拉图所说的事物分有理念，不一定是事物占有理念。理念是绝对的，纯粹的，事物则具有相对性和不完满性，因此理念对于事物来说，是一个可以分有，而不可以达到的对象。

柏拉图的工匠说与摹仿说相似，是说工匠造床是以理念之床为范型的，画家画画是以理念之画为蓝图的。②工匠说和摹仿说的不同之处，在于在理念同个别事物之间增加了一个制作者。这个制作者的出现，为他的神创造世界的理论提供了根据。

理念是柏拉图哲学的最基本的概念，是他全部学说的理论基石。柏拉图理念论的提出，说明他比较明确地注意到个别与一般、个性与共性的关系问题。共性是事物的一种普遍的性质和事物之间的普遍联系，较之个别事物，它具有相对的稳定性，是事物的内在的东西，因而只能是理性所把握的对象。犬儒派的第欧根尼曾对柏拉图的理念不屑一顾，说道：我的确看见一张桌子，一个杯子，但是我没有看见"桌子性"和"杯子性"。柏拉图答道，你说得不错，因为你的确具有人们用来看桌子和杯子的眼睛，但人们用来看桌子的本质和杯子的本质的精神，你却没有。柏拉图在这里所强调的是，只有用理性才能认识的事物的共性和普遍本质。从人类认识史上看，柏拉图对人类认识的理解，较之早期哲学是深入了一步。

但是，柏拉图的理念论是一种客观唯心主义的理论。他注意到事物中的一般和共性这是对的，但他把一般绝对化、客观化、神化了，看成是一个可以离开具体事物而独立存在的实体，甚至是

---

① 柏拉图：《斐多》篇，《古希腊罗马哲学》，第177页。
② 参看柏拉图：《理想国》596A－597。

先于个别事物,并且创造个别事物的本原,这就陷入唯心主义、神秘主义。对此列宁说:"原始的唯心主义认为:一般(概念、观念)是单个的存在物。这看来是野蛮的、骇人听闻的(确切些说:幼稚的)、荒谬的。可是现代的唯心主义,康德、黑格尔以及神的观念难道不正是这样的(完全是这样的)吗?桌子、椅子和桌子观念、椅子观念;世界和世界观念(神);……人类认识的二重化和唯心主义(=宗教)的可能性已经存在于最初的、最简单的抽象中"。① 柏拉图客观唯心主义的认识论根源就在于,把事物中的共性或一般绝对化、客观化和神秘化。

(二)知识论

柏拉图的知识论和理念论是密切相关的,甚至可以说就是一回事。他的理念论的提出,就是从知识论上着眼的,理念作为世界的本体,也就是认识的对象和认识的目的。

柏拉图认识论的一个重要特点是贬抑感性在认识中的作用,这个特点比较集中地反映在《泰阿泰德》中。这篇对话是苏格拉底和泰阿泰德讨论知识问题的。在这里,柏拉图批判了赫拉克利特和智者的三个观点:(1)知识是知觉;(2)人是万物的尺度;(3)一切事物都处在流变状态。在柏拉图看来,把知识看成知觉,就是把知识建立在真假莫辨的基础上。比如,同是一阵风,一人感到寒,另一人感到不寒,同是一杯酒,一人觉得芬芳可口,另一人只觉出苦味。如此说来,知识只因感觉主体而定,没有确定的标准可言。柏拉图还指出,把知识建立在变化的事物的基础上,同样得不到确定的知识。他认为,如果承认了赫拉克利特的万物流变的观点,那么同是一物,称其大者也为小,称其重者也为轻,称其白者也为黑,如此"色色流转,永不住留"。这样,所谓知识

---

① 列宁:《亚里士多德"形而上学"一书摘要》,《列宁全集》第38卷,第420—421页。

是什么的问题，必然就成了"问知识为何，我们所答知识之为何无异于知识之非何"。① 柏拉图认为，智者的知识具有很大的主观性和矛盾性，用这种观点来认识真理，将分不出什么是醒，什么是梦？什么是病状，什么是常态？除非用"恍惚"二字，否则无法表示此种知识。

可见，柏拉图看到了感性知识的相对性和主观性，认识真理的局限性。这对于克服智者派的感觉主义的片面性是有一定的积极意义的。但是，柏拉图完全抹煞了感性认识的作用和意义，把它看成认识真理的障碍，这就使他陷入了唯心主义的先验论。

在柏拉图看来，既然单凭感性认识达不到事物的真理，那么靠什么去认识真理呢？他认为，真理的对象是理念，只有靠理性才能认识真理。柏拉图写道：

> 知识不在于对事物的感受中，却在于对所感受而起的思维中；显然，由思维能达事物之"存在"与事物之理，由感受则不能。②

思维是如何把握理念的呢？由此便引出了柏拉图所谓的回忆说。

柏拉图在《斐多》中讲他的"回忆说"时指出，我们在经验中常常看到这一些木头和那一些木头的相等，这一些石头和那一些石头的相等，其实他们只是大体的相等，决非绝对的相等。绝对的相等，也即相等的理念，既不存在于现实的事物中，也不能为感官所把握，只能为理性所思维。③ 柏拉图认为，理性所以能够把握"相等"的理念，是因为它为人们的心灵所固有。但当说心

---

① 柏拉图：《泰阿泰德智术之师》商务印书馆1963年版，第75页。
② 柏拉图：《泰阿泰德智术之师》，第81页。
③ 参看柏拉图：《斐多》篇，《西方哲学原著选读》上卷，第78—81页。

灵固有理念时,并不是说心灵一开始就明白地知道它。他认为,理念最初只是潜存于心中,借助于感觉的机缘,理性可以重新把它回忆起来,明白地知道它。比如,人们在现实的具体事物中感受到"相等"实际又不是绝对地相等的现象,从而就使理性从这个现实的不相等中回忆出潜在于心中的绝对的"相等"的理念。柏拉图写道:

> 既然我们已经发现,用视觉、听觉或者其他官能感觉到一件东西的时候,可以由这个感觉在心中唤起另一个已经忘了的、与这件东西有联系的东西,不管它们相似不相似,所以我说,要末是我们全都生下来就知道这些东西,并且终身知道,要末是那些所谓学习的人后来只不过在回忆,而学习只不过是回忆。①

在柏拉图看来,认识就是回忆,就是心灵在外物的影响下,唤醒其所固有的理念的过程。我们看到,和巴曼尼德不同,柏拉图不完全否定感性认识的作用。但他不是把感性认识看成理性认识的基础,而仅仅看作是促使心灵回忆理念的触发物。因此,柏拉图的认识论的总的倾向,仍然是否认认识来源于经验的唯心论的先验论。

柏拉图认为,回忆知识的过程是一个不断受到启发的过程。他用一个小奴隶在苏格拉底的反复启发下解答几何题的事例说明这个问题。小奴隶事先决没有解题的经验,苏格拉底也不暗示他任何答案。但在苏格拉底一味穷追之下,他竟然能够答出,比边长为 2 的正方形大一倍的面积为 $\sqrt{8^2}$,也即这个正方形对角线的平方。柏拉图认为,小奴隶的这个解题过程,说明他本来固有几何

---

① 柏拉图:《斐多》篇,《西方哲学原著选读》上卷,第81页。

学的知识，但他不能立即把它清楚地讲出来，必须经过一个由暗淡到清楚，由忘记到想起的回忆的过程。在柏拉图看来，回忆的过程既是一个发挥自己已有的知识本性的过程，又是一个受到启发和教育的过程。把认识看作是一个过程，这是柏拉图回忆说所包含的合理的成分。但是，把认识看作是对心灵固有知识的回忆，则是同德谟克利特的唯物主义反映论的思想相对立的。

柏拉图的回忆说来自他的灵魂轮回说。他继承了毕泰戈拉和苏格拉底的灵魂不死、灵魂轮回说，认为灵魂是永生的。正因如此，灵魂在人们出生以前，同理念共处于同一个世界，非常熟悉理念。而当灵魂一旦同肉体结合，就像进入坟墓一样，满足暂时的肉体感受之快，忘记了它所固有的理念，从而知识消钝，几乎泯灭殆尽。只有经过启发、提醒、才可能重新获得已有的知识。对此，柏拉图写道：

> 我们灵魂就在我们出世以前存在过。[①]
>
> 如果是我们在出世前获得了知识，出世时把它丢了，后来又通过使用各种感觉官能重新得到了原来具有的知识，那么，我们称为学习的这个过程，实际上不就是恢复我们固有的知识吗？我们把它称为回忆对不对呢？
>
> 完全对。[②]

柏拉图还认为，回忆真理的过程，是一个净化灵魂，排斥感性的过程，并且摆脱感性越远，离真理越近。他甚至认为，只有死亡，才能使灵魂彻底摆脱肉体束缚，从物欲中解放出来，从而达到真理的世界。因此，他说哲学乃是"习死之学"，是通向死亡的练习，也是使灵魂达到永恒真理的练习。这样，柏拉图的知识

---

①② 柏拉图：《斐多》篇，《西方哲学原著选读》上卷，第 82、81 页。

论就陷入了神秘主义。

柏拉图的回忆说还有一个重要内容，即所谓知识等级说。他首先把知识分为两种，一种是以生成变化的可见世界为对象的感性知识，也即"意见"；一种是以永恒不变的可知世界（理念世界）为对象的理性知识，也即"真理"。柏拉图认为，理性知识高于意见，这是因为，意见以变动不定的感性事物为对象，它的知识一定是暧昧含糊的。如果一个人仅仅把认识停留在意见上，那就好似在做梦。理性知识不以可变的感性事物为对象，而是以绝对的理念为对象，因此是可靠的，是真理。

柏拉图进而把意见分为两部分，一部分是关于实际事物的常识，一部分是摹仿实际事物的想象，如绘画、雕刻、音乐等艺术。在他看来，常识高于想象。这是因为，作为常识的对象的实际事物乃是对理念的摹仿，本来就不真实，而想象又是对理念的摹仿的事物的摹仿，就更加不真实了。同样，柏拉图也把理性知识分为两部分，一部分是数学和科学知识。这是关于可见世界实际事物的知性知识，它们是从假定出发进行研究而达到结论。一部分是哲学或辩证法。这种知识"决不引用任何感性事物，而只引用理念，从一个理念到另一个理念，并且归结到理念"。[①] 这是最高的知识。这样，柏拉图把知识从低到高分为四个等级。他说：

> 这样，我们就可以完全同意把第一部分称为知识，第二部分称为理智，第三部分称为信念，第四部分称为想象，而把后两部分合起来称为意见，把前两者合起来称为理性了。意见所处理的是生成变化，而理性所处理的是真实存在。[②]

---

① 柏拉图：《理想国》，《古希腊罗马哲学》，第 201 页。
② 柏拉图：《理想国》，《古希腊罗马哲学》，第 205—206 页。

按照柏拉图的观点,相应于想象、常识、科学和数学知识、哲学四种知识,人也具有想象、信念、知性和理性四种心理状态或认识能力。其中每一种认识能力所获得的知识的真实性程度,同它们各自对应的对象的真实性程度相一致。

柏拉图把哲学或辩证法看成是知识的最高等级。这是因为只有"辩证法"才能把握理念本身,因而具有最高的真实性。柏拉图的"辩证法"是以纯粹的精神来思考理念的方法,是从概念到概念的推论方法。这个方法完全排斥感性事物和感性认识,是一种先验主义的认识方法。但是,他在说明这一方法时,也表达了一些有意义的思想。例如,他认为,人们一旦达到了对理念的辩证法的认识,那么,"他们在小时候所学到的那些孤立的知识,现在就会彼此联系起来,并且和整个实在联系起来而形成一个包容一切的观点,因此,辩证法就是看到事物的联系的能力"。① 柏拉图关于理念相互联结、转化的辩证法思想在其后期理念论中得到进一步发展。

柏拉图的知识等级说开始对知识进行分类,把认识过程明确地分为感性和理性两个阶段,并把理性阶段又划分为知性和理性两个环节,这在认识论发展史上是有一定意义的,对后来欧洲认识论的发展也有很大影响。但是,柏拉图的知识等级说是以他的唯心主义理念论为基础的。他贬低感性认识,片面地抬高理性认识,似乎认识离开个别事物越远就越真实,这显然是错误的。

(三)宇宙生成论:神创说

在宇宙生成问题上,柏拉图是早期自然哲学中唯物主义路线的反对者。针对早期哲学中的唯物主义本原论,他写道:

> 难道这样说的人不是把火、水、土、气看成一切事

---

① 柏拉图:《理想国》537c。

物的根源吗?他们把这些东西叫做自然,认为灵魂是由这些东西来形成的。……他们的不敬神是很严重的。他们不仅是作出了一种要不得的和错误的论证,而且他们还把别人的心灵引导到错误的路上去,这就是我对于他们的意见。①

从反对自然哲学家们的唯物主义自然观出发,柏拉图以理念为中心阐述了他的宇宙生成论。

自然是什么?世界是什么?这些问题是古代哲学家们共同关心的问题,柏拉图对此也是回避不了的。他在这个问题上的基本观点是神创世界。柏拉图认为,本来存在着一种作为万物的基础和材料的东西,也即所谓物质(质料)。这种物质是可变的,无定形的,没有确定的性质和存在方式,因此又是不可感觉和不可言说的东西。在柏拉图看来,物质既是万物存在的基础,而又具有这样的不完备性,这就说明了它的不真实性,因此也可以叫做"非存在"。"非存在"是就其不具备直接现实性而言的,但就其作为万物存在的基础和非被创造的永恒性而言,也是一种"存在",并非是绝对的"非存在"。柏拉图认为,这种原始的物质只有为理念(形式)所规定才能成为具有一定形状、性质、秩序的现实存在物。物质本来是混沌杂乱的,理念使其成了可感觉的和可定义的东西。柏拉图又把物质和理念叫做可感觉的事物的两个原因,其中理念是主要的,决定着事物的本质,使其成为可被感知和可被理解的存在;物质是次等的,被动的,是事物存在的条件和手段,是为了理念的存在。理念同事物的秩序、目的、善相联系;物质是呆滞的、无理性的、必然的力量。对理念来说,它既是辅助的原因,又是被动的阻碍的力量,既是不可少的东西,又是妨碍事

---

① 柏拉图:《蒂迈欧》篇,《古希腊罗马哲学》,第211页。

物的完善性的东西。如此看来，柏拉图的宇宙本原论似乎还带有二元论的色彩，但从总的倾向看，则是坚持理念决定质料，精神决定物质的唯心主义。

那么不动的理念何以能规定物质呢？柏拉图由此引出了神创论。在他看来，宇宙的生长过程，也就是神运用理念规定物质的过程，他说：

> 这个世界的创造主用什么样的模型来创造这个世界呢？他用的是永恒不变的模型呢，还是创造出来的模型？如果这个世界是美的，而他的创造主是好的，显然创造主就得要注视着那永恒不变的东西，把这种东西当作模型。①

对于宇宙的生成，柏拉图曾作过如下描述：在世界之先存在着"创造主和父亲"，创造主为了使理性布满宇宙，或者使物质同理性结合而成为具体的东西，首先创造了宇宙灵魂。他说："当他创造世界的时候，他便把理性放到灵魂里边去，把灵魂放到身体里边去。"② 物质由于宇宙理性的作用，具有了理性和生命，于是在混沌中逐渐有了形体，分化出水、火、土、气四种元素。四元素的产生是理性整理的结果，是理性、秩序的表现，是纯粹必然性的物质的最初的形式和形象。然后又从水、火、土、气中产生出日、月、星、辰各个星体，继而产生了一切有生命和无生命的东西。柏拉图把这个神创世界的过程看作是理念规范物质和物质摹仿理念的过程，也是世界从混沌的必然性到逐渐清晰和能够被感知与理解的过程。他还认为，神所创造的宇宙，是唯一的、尽善

---

① 柏拉图：《蒂迈欧》篇，《古希腊罗马哲学》，第208页。
② 柏拉图：《蒂迈欧》篇，《古希腊罗马哲学》，第209页。

尽美的宇宙。

柏拉图的宇宙论具有不同于自然哲学家的宇宙论的几个重要原则。

第一,生命原则。柏拉图认为宇宙是有生命有灵魂的。这个观点的提出,与他寻求宇宙的运动秩序有关。在柏拉图看来,原初物质的被动性,不可能成为宇宙运动和秩序的原因,要使它能够自己运动起来,在于有灵魂的作用。灵魂的性质正是"使自己运动"。[①]由于灵魂的力量,才使原初物质在运动中发生了分化,出现了元素,元素又按一定的原则组成各种星体和物体,形成了宇宙的秩序和发展。

第二,目的论的原则。柏拉图认为,世界上的一切事物都是有目的的,都是为了达到善。例如,宇宙从混沌到清楚的形成过程,就是为了实现善,从无秩序到有秩序也是为了实现善。依据目的论的原则,柏拉图还把宇宙看作是一个按等级依次实现目的的过程。比如,草木为禽兽所设,禽兽为人所设,人和万物为神所设。其中低层次的是工具,高层次的是目的,一级高于一级,一切都倾向于一个最高的目的,即至善。很明显,柏拉图的这个思想是对苏格拉底的目的论的进一步发挥。

第三,数的原则。柏拉图还认为万物的生成和组合需有一个数的原则。如前所说,他在宇宙生成论里,认为水、火、土、气有一定的作用,但它们并不是万物的最初的元素。万物的真正元素是数和形,即是说万物的本质和始基是一种数学原则。他认为,宇宙万物最初的元素是两种图形,一种是正方形之半,一种是等边三角形之半。这两种三角形又构成四种正多面体,每个正多面体就形成了原初物质。也就是说,这几个基本的几何图形决定了物体的物理性质。他还主张,数和形既是宇宙万物的元素,又是

[①] 参看[法]罗斑:《希腊思想和科学精神的起源》,商务印书馆1965年版,第266页。

美的原因，由于数的原则，不但产生了万物的组合和运动，而且也使宇宙尽善尽美，创造了秩序和规律。柏拉图关于宇宙的数和美的原则，清楚地表明他受到毕泰戈拉学派的影响。

柏拉图的宇宙论是毕泰戈拉学派、巴曼尼德和苏格拉底的宇宙论的发展和系统化。在宇宙论问题上，柏拉图用神创说代替物质始基说，用宇宙的目的论代替宇宙的客观必然性理论，从而使他的宇宙论表现了强烈的唯心主义和神秘主义性质，同早期唯物主义哲学家关于宇宙的观点对立起来。但是，柏拉图的宇宙论也吸取了早期自然哲学家们不少思想资料，表现了一定的同唯物主义自然观调和、妥协的倾向。

（四）理想国

柏拉图哲学的一个重要特征是重视哲学理论和政治实践的结合。他的理念论和知识论的基本倾向是贬低现实事物和感性知识，追求脱离现实世界的绝对不变的本体和理念的知识体系。把这个理论应用在社会政治领域，他就提出了以反对现存国家政治为目的的理想国家的方案。这个理想国的方案主要表现在他的同名著作《理想国》里。

在柏拉图的理想国里，除奴隶外（奴隶不被当人看待，根本没有公民身份），公民被分为三个等级：最高等级是监护者，其次是辅助者，最低一级是农工商人。监护者又称为哲学王，是国家的最高统治者。辅助者又叫武士，是用武力帮助最高统治者实行统治的。这两个等级的人数只能是国家的少数，多数则是处在被统治的地位的农工商等劳动阶级。柏拉图认为，这三个等级都是按血统传下来的，其种族等级的本性是不变的。他用神话来规定了这些等级的森严的界限和天生的本性，说什么监护者和武士是神用金、银做成的，第三等级是神用铜、铁做成的。[①] 这种森严的

---

① 柏拉图：《理想国》，《古希腊罗马哲学》，第 232—233 页。

等级界限，既然是由于天性规定的，那么安于本分，忠于职守才是天经地义的。如果干涉别的等级的事，或者企图改变地位，这就成为祸乱的根源。

柏拉图从伦理观点考察国家，认为国家的根本原则是正义。他说，"我们在建立我们的国家的时候，曾经规定下一条普遍的原则。我想这条原则或者这一类的原则，就是正义。"[①] 他认为，只有实现了正义，国家才能得到和谐，各个等级的人才能各就其位，各行其事，平稳安定。因此，柏拉图的理想国就是以寻找正义为宗旨的。怎样才能实现正义呢？他由此引出了关于四德的学说。

柏拉图的所谓四德，是指智慧、勇敢、节制和正义。他认为，统治者应具有智慧这种品德，凭知识和智慧进行统治。武士应具有勇敢这种品德，以履行保卫国家的职责。节制是第三等级（劳动者）的品德。按照柏拉图的观点，只有劳动者才为感情、欲望所驱使，因此需要节制。而正义就是三种品德和三个等级的和谐。他说：

> 正义能给予那些属于国家法制的其他的美德——节制、勇敢、智慧——以及那些被统摄在这一普遍的观点之下的德性以存在和继续存在的力量。[②]

柏拉图对四德的规定，就是对理想国家各阶级的关系、地位、权利、义务的规定，只要各个等级依据各自的道德规范安分守己，就是一个平安的合理的符合正义美德的国家了。

柏拉图还从人的心理特征方面论证了三个等级的相互关系。他认为，人具有欲望、意志（激情）、理性三个功能。欲望倾向满足肉体对饥渴的需要，目的在于求快乐。人还具有倾向于理解和

---

① 柏拉图：《理想国》，《古希腊罗马哲学》，第229页。
② 转引自黑格尔：《哲学史讲演录》第2卷，三联书店1957年版，第255页。

克制欲望引诱的能力,这就是理性。在欲望和理性之间有意志或激情,它有时站在欲望一边,有时站在理性一边,同欲望作斗争。例如,为坚持合理和正义,情愿忍受饥寒,或者遇到不合理的待遇而勃然大怒,或为了服从理性而牺牲、忍耐。柏拉图把理性、意志、欲望三者的关系比作人、狮、兽三重组合的怪物。如果忠勇的狮子服从人的理性,同时又能制约其他野兽,那么人就会得到安宁。如果狮子不服从人,野兽也就任意作乱了。① 同样,人和人的灵魂的恶就在于理性、意志、欲望三者的关系失去常态。在这里,柏拉图从人的心理功能的角度同样地规定了三个阶级的等级秩序的伦理规范,以此论证理想国家的等级的合理性和永恒性。

如上所说,柏拉图理想国的最高等级是所谓谋划者和监护者,也叫做哲学王,是用智慧去进行谋划的最高统治者。柏拉图认为,只有哲学王统治的国家才能成为正义和免于动乱的国家。他说:

> 除非是哲学家们当上了王、或者是那些现今号称君主的人像真正的哲学家一样研究哲学,集权力和智慧于一身,让现在的那些只搞政治不研究哲学或者只研究哲学不搞政治的庸才统统靠边站,否则国家是永无宁日的,人类是永无宁日的。不那样,我们拟订的这套制度就永远不会实现,永远不可能实现,永远见不到天日,只能停留在口头。这话我踌躇很久不敢说出,因为我知道这样说会犯众怒;说只有那样才能使国家和个人幸福,是很难为人理解的。②

柏拉图之所以把哲学王的统治看成是国家幸福和安定的保证,在

---

① 参看柏拉图:《理想国》第九章。
② 柏拉图:《理想国》,《西方哲学原著选读》上卷,第118页。

于哲学王的公民中最有才能和经过严格训练的人,他具有最高的知识素养,通晓哲学,对事物有一种理性表现能力,他又是理智和最高道德的化身,不会只关心个人的事情和凡间琐事,而一心用理智和辩证法来规范国家。哲学王既然掌握了最高的善,那么他的意志也就是法律,"对于高尚和优秀的人物是用不着费神去给他们制定法律的"。① 柏拉图认为靠这个具有知识、道德、智慧的人来统治的国家,才能成为真正的理想国家。

在柏拉图《理想国》中,他还第一次提出了所谓"共产"和公共婚姻方面的内容。所谓"共产",就是在第一、第二等级中实行财产公有。② 柏拉图认为,财产公有的制度不适合劳动者阶级,劳动者必需在劳动中赢得自己的财产。他们只要懂得节制就行了。而在统治者当中必须实行公有制,只有这样,才可以在统治者中间铲除争端、倾轧、仇恨、贪婪和接受贿赂,以实现理想政治。

他认为在理想国里,没有私人家庭生活,青年男女在一定年龄之内集体生活在一起,男女结合有官方分配的性质(或依抽签方式结合)。结合要符合优生的原则,最好的男子与最好的女子结合,或者男人共同占有一些女人。所生子女都不认识自己的父母,父母也不认识自己的孩子,他们由集体喂养成人。对畸形和低能儿及早加以处理。孩子们必须接受各种严格的教育和训练,最优秀的培养成哲学王,其次是武士。在柏拉图所设计的理想国里,男女之间没有多少私人感情,也没有什么羞耻之感和愚蠢的嘲弄,男女平等,同校而学,同场而练,甚至赤身裸体,毫无羞色。正如柏拉图所说,他们有"美德的衣服就足够穿了"。

柏拉图的理想国是一种从原则出发来规范国家的唯心史观。在政治上则反映了他所代表的奴隶主贵族派反对奴隶主民主派的

---

① 转引自黑格尔:《哲学史讲演录》第 2 卷,第 259—260 页。
② 柏拉图:《理想国》,《古希腊罗马哲学》,第 231—232 页。

倾向和复辟要求。柏拉图理想国中的等级划分、道德规范、哲学王统治、第一等级和第二等级的"公产",都集中反映了奴隶主贵族的等级观念,是贵族城邦的斯巴达贵族政治制度的升华。

(五)后期理念论

柏拉图理念论的提出,重点在于讨论作为世界本原的理念和个别事物的关系问题。而他对这个问题的解决,却从个别事物之中分离出来一个理念,这就把问题复杂化了。与此相关,还产生一个问题,即理念与理念之间的关系问题。柏拉图后期理念论就是试图解决这个问题的。

柏拉图后期理念论的思想,主要表现于《巴曼尼德斯》和《智者》中。在《巴曼尼德斯》中,柏拉图通过"少年苏格拉底"和巴曼尼德斯的对话,说明了自己在理念问题上的思想矛盾。其中"少年苏格拉底"代表柏拉图前期的思想,巴曼尼德斯代表后期柏拉图的思想。他在这篇对话里写道:

"少年苏格拉底"无问题地承认的"相"是:

(一)属于数学方面的:类似、一、多等等;

(二)属于伦理方面的:公平、美、善等等。

他所犹疑不决的是:

(三)自然物——譬如人、火、水——的"相"。

他所不承认的是:

(四)无价值事物——譬如头发、污泥、秽物等等——的"相"。[①]

这里所谓的"相"就是指理念。从这里可以看出,柏拉图的前期理念论主张理念与价值判断相结合,即理念中体现了善和目的;同时,他对数学深信不疑,所以对数学、伦理学的理念都加以坚决的承认。而人、火、水等自然物的理念,由于体现不出明显的目

[①] 柏拉图:《巴曼尼德斯》篇,商务印书馆1982年版,第55页。

的性，所以他产生了疑惑。至于那些最低级的理念，他认为这是绝对违背目的论的，是不应予以承认的。再者，根据前期理念论，理念是事物的范型，因此，一些事物都应有同名的范型即理念。但是再根据上述的目的论的和数的原则，有些理念又没有存在的可能。对此，他感到困惑不解。柏拉图在这里披露了他的前期理念学说中的内在矛盾。

柏拉图对其前期理念论的矛盾的揭露，重点是关于分离和分有问题。例如，在《巴曼尼德斯》中指出：如果说每个个别事物分有了理念，那么他们是分有了理念的整体，还是分有了理念的部分呢？如果说分有了整体，那么有多少事物就应有多少理念，这样，同类事物的理念必然变成了"多"，而不再是"一"了，这与他的同类事物的理念的单一性的规定是矛盾的。如果说这个事物分有了同名的理念的部分，这同样破坏了理念的整体性，因为理念作为同类事物的共性，是不能划分为许多部分的。① 再者，《巴曼尼德斯》还以"大"、"小"为例，揭露了"分有"说的矛盾：大的事物是分有了"大"的理念的整体，还有部分呢？按前期理念论，好像是说大的事物应当分有"大"的理念的整体，但是大的事物既是分有了"大"的理念，又好像是只能分有了"大"的理念的部分。如此说来，理念的部分必然小于理念的整体，这样"大"的理念岂不是又成了"小"的理念吗？这显然是荒谬的。按照同样的道理，"小"的理念又可以成为"大"的理念。② 前期理念论的这些矛盾，使柏拉图产生了种种疑团。所以，他写道：

> 若有人指明那个是一者自己是多，再者多是一，这个我即将惊骇。关于一切其它的也是如此。如若有人指

---

① 参看柏拉图：《巴曼尼德斯》篇，第57—60页。
② 参看柏拉图：《巴曼尼德斯》篇，第63页。

出各相自身在它们自己以内感受这些相反的性质，那值得人惊骇。①

根据柏拉图自己设计的理念论，是决不可以在理念自身产生矛盾的。可是，在"巴曼尼德"的非难之下，居然产生了矛盾，这就使"少年苏格拉底"感到吃惊。柏拉图的后期理念论就是要解决这种矛盾。

柏拉图在《巴曼尼德斯》和《智者》中，试图证明哪些理念是可以结合的，是怎样结合的，从而形成了他的理念结合论。他在《巴曼尼德斯》的第二部分里，就"一"是"一"，还是可以是"多"的问题，提出了八个假设，构成四个对立面。例如，第一个假设说，如肯定"一"绝对就是"一"，它便不是"多"，也不是许多部分的全体，因此对它也就无从言说，可见这个假设不能成立。第二个假设是说，"一"不只是"一"，而且是存在，是同时具有统一性和存在的东西。这样就会产生许多性质，既是"一"又是"多"，是部分又是全体，是无限又是有限，是自己又不是自己，是运动又是静止。② 这样，柏拉图就说明了理念不是绝对的、孤立的，而是可以互相结合的，甚至相反的理念都可以相互结合，从而改变了前期理念论的理念的绝对纯粹性和不矛盾性的思想。这标志着柏拉图理念论的重大变化。

柏拉图关于理念之间可以结合的思想，在《智者》中更为明确了。他在这里提出了"通种论"。所谓"种"，就是指的最大的理念或范畴。他认为，有些理念是可以结合的，有些理念是不可以结合的，研究最大的理念之间的分合关系，就是所谓的"通种论"。

柏拉图讨论了存在同运动、静止的分合关系。他认为，就

---

① 柏拉图：《巴曼尼德斯》篇，第38页。
② 参看柏拉图：《巴曼尼德斯》篇，第137—142页。

"存在"既不是"动",也不是"静"而言,这三个种是相互区别的。但是"存在"不是"动"的存在,就是"静"的存在,或者是又动又静的存在。这就是说,"存在"和"运动"、"静止"又是可以结合的;而运动和静止都表现为"是"、"有",也即"存在",因此"运动"、"静止"也可以同"存在"结合。

柏拉图也指出了"运动"和"静止"的分合问题。他认为,就动不是静,静不是动而言,两者是不同的,相反的。但是,运动在作地位不变的旋转时,事物就既表现为静止,同时又确实在运动。所以"运动"和"静止"也是可以结合的。

柏拉图还讨论了"同"、"异"与"存在"、"动"、"静"之间的分合问题。他认为,"同"是与自己相同,同时,又是与其它相异。这样,"同"、"异"既是区别的,又是同中有异,异中有同,是彼此联系的。就"存在"、"运动"、"静止"而言,它们都是与自身相同,即表现为"同",又是同其它相异,又表现为异,因此这五个"种"是相互区别,又是相互联系的。

柏拉图还从存在与非存在的方面研究这些种的分合问题。他认为,从一个方面说,"非存在"是绝对的"无"。但当我们说它是"非存在"时,就等于说它又是存在了,因为这里表示了"是"、"有"、非存在的存在。这就是说,存在与非存在是可以结合的。同样,当说动是不静,同不是异时,这就说明"动"、"静"、"同"、"异"都可以与非存在结合,而它们又是存在的,所以"动"、"静"、"同"、"异"是存在,又是非存在。

柏拉图在《智者》中,通过阐明"存在"、"非存在"、"动"、"静"、"同"、"异"的分合问题,进一步指出,一切种或理念之间都存在这样的情形,有的是可以结合的,有的是不可以结合的。①

---

① 参看汪子嵩:《古希腊哲学中关于一般和个别的问题》,载《外国哲学研究集刊》(四),上海人民出版社,第30—32页。

这样,他就用"通种论",把前期理念论和后期理念论作了重要的区别。这种区别表现了柏拉图从前期的绝对孤立和静止不变的理念到后期的联系、结合和流动转换的理念的发展变化,从前期的理念之间绝对对立到后期的矛盾统一的发展变化。列宁指出:"柏拉图在'诡辩学派'篇中说:'困难的而又是合乎真理的事就在于指出:是别一个的,也就是这一个,是这一个的,也就是别一个,而且完全是处在同一关系中。'"① 同时,柏拉图的后期理念论还力图把理念世界构造成为一个由低到高的上升发展的理念体系,从而体现了理念之间的普遍联系的丰富内容和转化发展。这个思想直接影响了黑格尔。所有这些都说明,柏拉图后期理念论对前期理念论的怀疑、批评和转变,在一定程度上是从形而上学到辩证法的转变,在一定意义上,这也反映了整个人类认识发展的过程:开始人们只能认识个别的存在物,后来通过理性思维从个别中抽象出共相,这种抽象显然是个进步。但是,这种抽象又可能导致把共相和个别事物分离,或把共相看成是孤立静止的东西。因此,又必须把被分离了的共相进行结合,以便能全面地把握具体事物的本质。当然,柏拉图后期理念论的变化,对其整个理念论的唯心主义基础来说,基本上是没有变化的。因此,他的后期理念论中的辩证法思想也是不彻底的。

随着柏拉图后期在理念论方面的变化,其他学说也有了相应的变化。例如,在知识论上,他看到了日常见闻知识的作用。在道德学说方面,在道德即知识的观点之外,他同时注意到行为和效果在德性中的地位。在国家学说方面,他看到了哲学王的理论和实际的严重脱离,从而强调了法律在国家管理中的作用。前面关于宇宙论中的许多思想也是他的后期研究成果。

柏拉图作为古希腊唯心主义哲学的最大代表,在欧洲哲学史

---

① 列宁:《黑格尔"哲学史讲演录"一书摘要》,《列宁全集》第38卷,第311页。

上发生了深远的影响。柏拉图死后,他的学园依然存在。柏拉图以后的学园派分为三个发展时期。早期到公元前三世纪中,有斯彪西波(公元前347—前399)等代表人物。中期到公元前二世纪中,有阿尔凯西劳斯(公元前315—前241)等代表人物。晚期又叫新学园派,一直到公元529年被东罗马皇帝查封为止。柏拉图哲学在罗马时代的最直接的影响,是促使了新柏拉图主义的产生。新柏拉图主义的哲学思想又成为基督教神学的一个重要来源。

(六) 小苏格拉底派

苏格拉底死后,同柏拉图哲学并存的还有小苏格拉底学派。小苏格拉底派又分为麦加拉学派、犬儒学派和昔勒尼学派。同苏格拉底一样,这些学派都重视对道德问题的研究。

麦加拉学派的主要代表有欧几里德(约公元前450—前375)和欧布里德(公元前四世纪)。他们继承了苏格拉底"美德即知识"的思想,认为知识就是善,善就是唯一的存在,是事物的永恒的本质。除此之外,所有的运动,变化的事物都属于恶和"非存在"。

麦加拉学派常常提出一些诡辩的论题,通过揭露论题的矛盾,使人陷入困境。其中最典型的是欧布里德提出的"谷堆"、"撒谎者"、"有角的人"和"秃头"等。"谷堆"是说一粒谷子不能说成一堆谷子,再加一粒也不可能,这样一粒一粒加上去,也将永远不会堆成谷堆。"秃头"的论证方法与"谷堆"相反,说的是减掉一根头发不能成为秃子,再减一根也不可能,一根一根地减下去也不会成为秃子。"撒谎者"说的是,如果一个人说"我在撒谎",那么人们就无法判断这句话的真假。因为,如果他说的这句话是真的,就是说他说的是一句真话,那么,"我在撒谎"这句话就是假的。如果他说的这句话是假的,就是说他说的是一句假话,那么,"我在撒谎"这句话又是真的了。"有角者"是说,你没有失去的东西,就还在你那里,你没有失去角,因此,你就有角。麦加拉学派的这些论题是利用概念的灵活性和语言中的矛盾所进行的诡辩,但其中也有一些论题揭露了事物、认识中的一些矛盾。例如"谷堆"就涉及到量变和质变的矛盾问题。

犬儒学派的创始人是安提西尼(约公元前 400－前 325)。他不同意柏拉图的理念论,曾说,我只看见许多马,而没有看见马的理念或马本身。他赞成苏格拉底的"美德即知识"的观点,认为知识就是善,人生的目的就是达到至善,而快乐是恶。他说,"我宁可发疯而不乐意快乐"。安提西尼对财产、荣誉、家庭、政治、法律、文化和社会生活漠不关心,情愿过一种恬静寡欲的生活。

犬儒学派的重要代表是西诺布的第欧根尼(约公元前 400－前 325)。他进一步发挥了安提西尼的思想,主张人生要过简单纯朴的生活,回到所谓的"自然状态"中去,独立自主地活着,幻想离开现实社会过安贫乐道的生活。这里也体现了他们的所谓"世界公民"的主张。第欧根尼在行为中坚持他的主张,他衣服褴褛,食物粗粝,沿街乞讨,睡在一个大桶里。他的这种自弃自贱的生活态度和生活方式,被人称为"犬儒",他所代表的学派叫做犬儒学派。犬儒学派的禁欲主义思想反映了希腊城邦奴隶占有制已经开始走向衰落。犬儒学派的思想是消极的。

昔勒尼学派的创始人是里斯提普(生于约公元前 435 年)。这个学派的基本哲学主张是感觉主义。他们认为,人只知道感觉本身,对于人之外的事物的存在与否,他们并不作否定的回答。但是,他们主张人只知道自己的感受是存在于意识之中,至于事物本身如何,人们不能知道。

从感觉主义出发,昔勒尼学派认为,人生的目的是寻找快乐,故被称为"唯思乐派"。这个学派所谓的快乐包括肉体快乐和精神快乐。但他们认为,重要的快乐是身体的快乐和直接当下的快乐。快乐不是无节制的,人们应成为快乐的主宰,而不能让快乐主宰人,不然反得痛苦。用感觉主义说明快乐主义,是这个学派的一个重要特点。同时,他们又把知识、智慧仅仅归结为感觉,从而把快乐和知识相联系。对此,列宁指出:"他们把作为认识论原则的感觉和作为伦理学原则的感觉混淆起来了。"①这个学派的后期代表德奥多罗还提出了无神论思想,认为神不过是著名人物死后被神化的结果。这种思想对后期希腊和罗马的反神学观点有一定影响。

四、亚里士多德的实体论哲学

在亚里士多德步入思想史舞台之前,古希腊哲学的发展已日近中天,繁盛丰彩。德谟克利特的原子论和柏拉图的理念论分别代表了古希腊唯物主义和唯心主义的最高水平。亚里士多德正是在古希腊哲学、自然科学和社会科学繁荣的基础上,对众多知识门类进行了认真而独立的研究,建立了一个古希腊思想史上最庞大的知识理论体系,为此,他被恩格斯誉为古希腊哲学家中"最博学的人物"。②

亚里士多德(公元前384—前322)生活于希腊城邦奴隶占有制衰落,最终为马其顿帝国奴隶占有制取而代之的时代。伯罗奔尼撒战争以后,希腊各城邦内部,奴隶主和奴隶的对抗空前剧烈,各个奴隶主集团之间争权夺利的战争也十分残酷剧烈,各城邦之间混战不已。公元前338年,整个希腊被马其顿征服。

亚里士多德生于希腊北方色雷斯的斯塔吉拉城。他的父亲是马其顿王的御医。公元前367年,他来到雅典,就学于柏拉图学园,后来成为该院的教师,在那里总共度过20年。公元前343年,他受聘任马其顿王子即未来的亚里山大大帝的教师。公元前335

---

① 列宁:《黑格尔"哲学史讲演录"一书摘要》,《列宁全集》第38卷,第309页。
② 恩格斯:《反杜林论》,《马克思恩格斯选集》第3卷,第59页。

年,他又回到雅典,并创办了吕克昂学园,专心从事教学和研究活动。相传他素喜和学生在林阴道上,一边散步一边探讨学术,因此,吕克昂学园又被称作消遥学派。公元前323年,亚历山大于远征中暴卒,雅典的反马其顿斗争闻风而起,亚里士多德由于和马其顿有旧而备遭攻击,不得不出逃他地。第二年即公元前322年,他病逝于欧比亚的加尔西斯。

亚里士多德的现存著作依其研究对象不同可分为:(1)逻辑学著作,主要有《范畴篇》、《解释篇》、《分析前篇》、《分析后篇》和《主题篇》等。后人把他的逻辑学论著汇编在一起,统称为《工具论》。(2)哲学著作,主要有《形而上学》。此书是亚里士多德在不同时期写的有关宇宙本体(实体)理论的论文、讲稿和笔记的汇集,是由后人编订的。编订者在整理亚里士多德的著作时,把这一本文集排列在他的《物理学》著作的后面,故取名为《物理学之后》(Metaphysics)。后来,在欧洲哲学中,"物理学之后"一词便成了专指研究宇宙本体问题的学问的哲学术语。我国早期翻译家把它译为"形而上学"或"玄学",意指研究那些有形事物之上,即关于超感性的对象的思辨学问。(3)自然哲学及自然科学著作,主要有《物理学》、《论生灭》、《论天》、《气象学》和《动物学》等。(4)心理学和认识论著作,主要有《论灵魂》等。(5)伦理学和政治学著作,主要有《尼格马可伦理学》和《政治学》等。还有美学著作《诗学》等等。

亚里士多德对先前的希腊哲学作了概括和总结,建立了一个新的庞大的体系。

(一)"第一哲学"

亚里士多德的"形而上学"是关于宇宙本性(实体)的学说。按照他的观点,"第一哲学"也即所谓"形而上学",是全部知识体系大厦的基础。

亚里士多德之前的希腊哲学是包罗万象的,各门具体科学尚未从中分化出来。亚里士多德总结了古希腊哲学和科学成就,首次明确提出科学分类学说。他认为,各门科学依其目的不同,可分作三大类:实用的,即为了物的生产,有实用价值,如建筑学、修辞学、诗学等;实践的,即为了求得人的行为准则规范,如政治学、伦理学、经济学;理论的,即为了知识本身,为求知而求知。理论科学又依其研究对象的不同分为三种:物理学、数学和"第一哲学"也即"形而上学"。物理学研究那些独立存在且变动的东西,数学研究那些独立存在但不变动的东西,"形而上学"研究那些既独立存在又永不变动的东西,即本体。

亚里士多德在《形而上学》中把"形而上学"的研究对象,同具体科学的研究对象加以区分,从而规定了"形而上学"的研究对象。他指出:

> 有一门学问,专门研究"有"本身,以及"有"凭本性具有的各种属性。这门学问与所谓特殊科学不同,因为那些科学没有一个是一般地讨论"有"本身的。它们各自割取"有"的一部分,研究这个部分的属性;例如数理科学就是这样做的。我们现在既然是在寻求本原和最初的原因,那就很明显,一定有个东西凭本性具有那些原因……因此,我们也必须掌握"有"本身的最初原因。①

在亚里士多德看来,所有科学都是以"有"("存在"或"是")为研究对象的。但是,各门具体科学只是研究"有"的某一部分或某一部分的属性。比如,数学就只研究"有"的量和形的属性。至于以"有本身"或"作为有的有"为研究对象的则是"第一哲

---

① 亚里士多德:《形而上学》,《西方哲学原著选读》上卷,第122页。

学"或"形而上学"。而所谓"有本身"或"作为有的有"就是宇宙的本体（实体）。所以说，"形而上学"就是关于实体的学说。

那么，什么是实体呢？亚里士多德较为深入详细地评述了自泰利士以来的各派哲学的实体论，并作了概括和总结。但是，他本人的实体观并非是一贯的。大体说，亚里士多德在不同场合或不同时期对实体有三种理解：个别事物的实体论，形式实体论，理性、神实体论。

【实体：个别事物】

个别事物实体论是亚里士多德在《范畴篇》中提出来的。《范畴篇》是亚里士多德的逻辑学著作，同时也是关于宇宙本体的著作。在他看来，所谓范畴就是关于"有"的各种规定。正如他自己所说的："基本存在的类别正好是各种范畴所指示的东西，因为'存在'的意义和范畴的种数一样多。"[①]他列出的范畴有实体、数量、性质、关系、地点、时间、姿态、状况、活动、遭受等十个，其中实体是第一位的。

关于实体和其它范畴的关系，亚里士多德指出：

> 至于其他的一切之被称为"有"，是因为其中有些是这个根本意义上的"有"的量，有些是它的质，有些是它的遭受，有些是它的其他等等……这些东西没有一样是自存的、能够与实体分离的，如果有的话，那个走着、坐着或健康的东西倒是存在的东西。现在我们看到这些东西比较实在，是因为有个确定的东西在底下撑着它们（即实体和个体），这东西是蕴涵在那类谓词里面的，因为我们使用"好"、"坐"等词的时候总是包含着这个意思。所以很明显，正是靠这个范畴，其他的任何一个范

---

① 亚里士多德：《形而上学》1017^{a23-24}。

畴才"有"。因此,那根本的、非其他意义的、纯粹的"有",必定是实体。①

亚里士多德认为,能作为实体的东西的,是个别的事物,如苏格拉底或某匹马等等。因为唯有个别事物才能满足实体所具备的如下特征:

第一,"不表述主体"。这就是说,在一个判断中,实体只能作主词,而不能作为谓词去表述某个主体。和实体不同,其它九个范畴在判断中就只能作为谓词去表述实体,而不能作为被表述的主词。比如,人们可以说"苏格拉底是文明的",而不可以说"文明的是苏格拉底"。

第二,"不存在于一个主体里面"。这是说实体的独立自存性。按照亚里士多德的观点,作为实体的属性的其它九个范畴依附于实体,并且存在于作为主体的实体里面。与此相反,实体本身则是独立自存的主体,它既不能依赖其它个别事物,也不存在于其它个别事物里面。

第三,"变中的不变"。亚里士多德指出:

> 同一个实体,当它保持着自己的同一性的时候,却同时能够容受相反的性质。同一个人有的时候白,有的时候黑,有的时候热,有的时候冷,有的时候好,有的时候坏。这种性能在别的地方是找不到的。②

这里所说的实体保持着自己的同一性,是指实体的不变性。实体能够容受相反的性质,表明实体的属性是可变的,而实体本身则

---

① 亚里士多德:《形而上学》,《西方哲学原著选读》上卷,第124—125页。
② 亚里士多德:《范畴篇》,《古希腊罗马哲学》,第315页。

是"变中的不变"，表明实体具有稳定性。

亚里士多德在《范畴篇》中还区别了第一实体和第二实体。所谓第一实体，就是个别事物。所谓第二实体，是指个别事物的属和种，如苏格拉底是人，也是动物，其中，人是属，动物是种。亚里士多德写道：

> 实体，就其最真正的、第一性的、最确切的意义而言，乃是那不可以用来述说一个主体、又不存在于一个主体里面的东西，例如某一个别的人或某匹马。但是在第二性的意义之下作为"属"而包含着第一实体的那些东西，也称为实体；还有那作为"种"而包括了"属"的东西，也称为实体。例如，个别的人是包括在"人"这个"属"里面的，而这个"属"所隶属的"种"，乃是"动物"；因此这些东西，就是说，"人"这个"属"和"动物"这个"种"，都被称为第二实体。①

亚里士多德强调指出，第一实体是最根本的实体。这是因为，第一实体不仅是其它九个范畴的，同时也是第二实体的基础。他说：

> 第一实体之所以是最得当地被称为实体，乃是由于这个事实，即它们乃是其它一切东西的基础，而其他一切东西或者是被用来述说它们，或者是存在于它们里面。②

---

① 亚里士多德：《范畴篇》，《古希腊罗马哲学》，第309页。
② 亚里士多德：《范畴篇》，《古希腊罗马哲学》，第311页。

这就是说，在一个判断中，第二实体可以作为谓词来表述第一实体，而第一实体则只能作为主词出现，而不能作为谓词来表述第二实体。正像人们只能说"苏格拉底是人"，而不能说"人是苏格拉底"一样。因此，第一实体较之第二实体更具有实体性。不过，亚里士多德又指出，第二实体仍称得上是实体。这是因为，在一个判断中，第二实体也可以作为主词为其他范畴所表述；同时，在所有表述第一实体的谓词中，唯有第二实体能够揭示第一实体"是什么"。

可以看出，亚里士多德关于第一实体和其他九个范畴的关系，实际上讲的是事物和它们的属性的关系，第一实体和第二实体的关系，实际上讲的是个别和一般的关系。在处理这两方面的关系问题上，亚里士多德坚持了唯物主义立场。基于这种观点，亚里士多德批判了毕泰戈拉的数本原说和柏拉图的理念论。

亚里士多德批判了毕泰戈拉的数本原说的唯心主义和神秘主义。他写道：

> 毕泰戈拉学派看到许多可感觉事物具有数的属性，便设想实事实物均为数，不说事物可以用数来为之计算，而说事物就是由数所组成的。[①]

在亚里士多德看来，毕泰戈拉的错误就在于把数同具体事物分离开来。事实上，数乃是事物的属性，不能离开事物而独立自存。他指出：

> 数学对象显然不能离开可感觉事物而独立存在，如果它们能够独立存在，则在实体之中就看不见数的属性

---

① 亚里士多德：《形而上学》1090^{a22-24}。

了。①

不难看出，亚里士多德对毕泰戈拉的批判是正确的，表明他具有唯物主义的倾向。

亚里士多德着重批判了柏拉图的理念论，一针见血地指出，理念论的根本错误在于：

> 既将理念当作普遍的东西，同时又把它们看作是可以分离的、单独的个体。②

这就是说，理念论的实质在于，把理念（一般）看作脱离个别事物而独立存在的东西。亚里士多德认为，柏拉图的"分离说"是根本错误的，这是因为，"普遍性显然不能离个体而存在"。③ 在他看来，世界上只存在各个个别事物，而没有什么独立自存的一般事物，人们不能设想在一座座个别房子之外，还有什么一般的房子。亚里士多德还围绕着理念论的这个症结，批判了所谓"分有说"。按照柏拉图学派的观点，理念和个别事物的关系是后者"分有"或"摹仿"前者，并以此沟通理念世界和现实世界的联系，说明个别事物的生成。亚里士多德指出，这种"分有说"只不过是一种空洞的诗喻，它什么也没有说明，反而给人们增加了麻烦，带来很多矛盾和混乱。比如，一个事物具有许多属性，按照"分有论"，同一个事物就分有许多理念。拿一个人来说，他至少分有了"动物"，"两足的"和"人"三个理念，这些理念照理念说是各自独立的，但在一个人身上却统一起来了。那么，究竟是什么东西

---

① 亚里士多德：《形而上学》1090^{a21-24}。
② 亚里士多德：《形而上学》1086^{a34-35}。
③ 亚里士多德：《形而上学》1040^{b28}。

使这些各自独立的理念结合在一起的?柏拉图对此是说不清的。还有,"分有说"还会导致"第三者"论证,即若 m "分有"或"摹仿" M 而存在,但何以证明两者有此关系?于是须引进第三者 M′ 作标准,但对于 M′ 和 m、M 之间我们仍可以提出同样的问题,于是又须引进 M″,如此类推,以至无穷。亚里士多德还指出,柏拉图的理念论无法说明事物的运动变化。按照柏拉图的观点,理念是存在于个别事物之外永恒不变的东西。对此,亚里士多德指出,用永恒不变的理念是无法说明运动着的个别事物的。

列宁在《亚里士多德"形而上学"一书摘要》中指出:把一般(概念、观念)看成是单个的存在物,是唯心主义在理论上的共同特征。因此,他高度评价了亚里士多德对柏拉图理念论的批判,认为这"是对唯心义,即一般唯心主义的批判"。①

但是,应当指出,亚里士多德并没有真正解决一般和个别的关系问题,他的某些观点也不是一贯的。在他看来,虽然没有个别事物,一般就不能存在,但一般并不存在于个别事物之中。他说:

> 第二实体……不存在于一个主体里面。因为"人"被用来述说个别的人,但是并不存在于任何一个主体里面;因为"人"并不存在于个别的人里面。同样地,"动物",也被用来述说个别的人,但并不存在于他里面。②

这就令人费解了。一般既不是脱离个别而独立自存的东西,又不寓于个别之中,那么一般究竟存在于哪里呢?针对亚里士多德在一般和个别关系上这种混乱的观点,列宁指出:"妙得很!不怀疑

---

① 列宁:《黑格尔"哲学史讲演录"一书摘要》,《列宁全集》第 32 卷,第 313 页。
② 亚里士多德:《范畴篇》,《古希腊罗马哲学》,第 312 页。

外部世界的实在性。这个人就是弄不清一般和个别、概念和感觉、本质和现象等等的辩证法。"① 亚里士多德的这个观点孕育着后来中世纪经院哲学中唯名论和唯实论分裂的因素。

【实体：形式】

当亚里士多德深入探索个别事物的生成原因时,他对实体的理解发生了变化。

亚里士多德认为,任何事物的产生和存在都不过出自四个原因:质料因、形式因、动力因和目的因。质料因是指事物由什么东西形成的,即"构成了一个物体而本身继续存在着的东西";形式因是指事物根据什么而形成的,即事物的结构、比例或本质;动力因是指事物形成的动力是什么,即事物"变化或停止的来源";目的因是指事物为了什么而形成的,即"做一件事的'缘故'"。② 以房屋的形成为例:砖瓦木石是质料因,房屋的结构是形式因,建筑师是动力因,房屋的用途是目的因。显然,这四个原因是亚里士多德对前人的思想的概括和总结。质料因是对伊奥尼亚自然哲学传统的继承。形式因融汇了毕泰戈拉的数本原论和柏拉图的理念论。动力因可以追溯到恩培多克勒的"爱"和"恨"与阿那克萨戈拉的"奴斯"。目的因则是直接师承了苏格拉底和柏拉图的神学目的论。亚里士多德认为,以往各派哲学虽然从不同角度对事物的原因作了探求,但总不免失于模糊和片面。在他看来,只有四因说才能全面把握事物的原因。不过,亚里士多德本人对四因的研究,实际上是把重点放在动力因、目的因和形式因上。亚里士多德进而把四因归纳为形式与质料,而由四因说过渡到形式质料说。他认为,形式因可以代表动力因和目的因,因为目的是形

---

① 列宁:《亚里士多德"形而上学"一书摘要》,《列宁全集》第 38 卷,第 418 页。
② 参看亚里士多德:《物理学》第 2 卷,第 3 章,《西方哲学原著选读》上卷,第 133 页。

式的体现和实现，动因亦是具有形式的东西的作用。他说：

> 因为那个"是什么"和"所追求的东西"是同一个东西，而运动的来源与这些东西也是同类的。①

例如，房屋的形式既作为动力因存在于建筑师的心中，同时又是砖瓦木石之类质料所追求的目的。

亚里士多德认为，就任何具体事物而言，形式、质料、个体三者是不可分离的。在他看来：

> 所谓生成，乃是将形式摆进一个特定的质料中去，结果就成为一个具体的东西。②

首先，质料存在于个体之中。亚里士多德说："一切可变的事物都具有质料。"③ 其次，形式也存在于个体之中。亚里士多德指出，"形式是存在于个体以外的东西"这种观点是"空虚的，至少在生成问题与实体问题上是不充分的，形式不必是独立自存的实体"。④因此，共存在个体之中的形式和质料也是互不分离的，既没有脱离质料的形式，也没有脱离形式的质料。亚里士多德还认为，形式、质料和个体的关系是相对的。某个个别事物在一种关系中是质料，在另一种关系中则是形式。例如，砖相对于房屋是质料，相对于泥土则是形式。于是，世界万物便构成一条由质料到形式也即由低级到高级，由简单到复杂的等级发展系列。亚里士多德关于形式、质料、个体三者互不分离的思想，仍然讲的是一般不

---

① 亚里士多德：《物理学》，《西方哲学原著选读》上卷，第137页。
② 参看了汪子嵩：《亚里士多德关于本体的学说》，三联书店1982年版，第128页。
③④ 亚里士多德：《形而上学》1069^{b24}，1033^{b27-29}。

脱离个别、依赖个别而存在的道理，是针对柏拉图的理念论而发的，是倾向于唯物主义的。同时，形式与质料的统一性和相对性的思想，在一定程度上触及到了事物普遍联系和相互转化、发展的辩证法。

然而，亚里士多德的形式质料说，总的倾向还是唯心主义的。在他看来，在形式和质料的关系中，质料是无规定性的、消极的和被动的；形式则是积极的、能动的。只是由于积极的、能动的形式去规范质料，个别事物才得以形成。换句话说，形式是决定事物"是什么"也即本质的东西。亚里士多德由此推论，形式不仅先于质料，而且先于个别事物。他说：

> 如果认为形式先于质料更加确定，同理，形式也将先于两者组合的事物。①

在亚里士多德看来，实体除了具有主体和基础的规定外，还包含有在先和本质的规定。因此，形式较之质料和个别事物更为真实、更为根本，是第一实体。这样，亚里士多德就把《范畴篇》中的实体顺序完全颠倒了过来，重新回到了他批判过的柏拉图的理念论。

【实体：神】

当亚里士多德探讨事物的运动变化时，他对实体的理解再一次发生变化，认为神是第一实体。

按照亚里士多德的观点，从运动和变化的角度考察质料和形式，两者的关系便是所谓潜能和现实的关系。

什么是潜能和现实？他说：

---

① 亚里士多德：《形而上学》1029^{a6-7}。

> 现实之于潜能,犹如正在从事建筑的东西之于能够从事建筑的东西,醒之于睡,正在观看的东西之于闭着眼却有视力的东西,已由质料构成的东西之于质料,已经制成的东西之于尚未制成的东西。我们可以用这些对立中的一方给现实下定义,用另一方给潜能下定义。①

这就是说,潜能是尚未实现的现实,现实是实现了的潜能。质料是潜能,形式是现实,质料和形式的统一,也即潜能和现实的统一。这样,亚里士多德就不仅从物的静止结构方面,而且也从物的运动变化方面来处理形式和质料的关系了。

亚里士多德认为,运动不是别的,正是事物由潜能的存在向现实的存在的转化。他说:

> 潜在地存在的东西,就它潜在地存在而言,它的完成就是运动——即是,能改变的东西就其为能改变而言,它的完成就是改变,能增大的东西以及与它相对的能缩小的东西的完成就是增大和缩小;能产生出来和能消灭的东西的完成,就是产生和消灭;能推移的东西的完成,就是位移。②

从潜能到现实的运动过程,正是质料获得形式的过程。因为质料潜在地包含着运动的可能性,而形式则是运动的现实。运动正体现在潜能的质料向现实的形式的过渡之中,是质料和形式,潜能和现实的统一。

在欧洲哲学史上,亚里士多德第一次考察了可能性(潜能)和

---

① 亚里士多德:《形而上学》,《西方哲学原著选读》上卷,第139页。
② 亚里士多德:《物理学》,《古希腊罗马哲学》,第272页。

现实性这一对哲学范畴,并力图以运动为中介把两者联结起来,这对于欧洲辩证法的发展是一个积极的贡献。

但是,亚里士多德从贬低质料、抬高形式的观点出发,歪曲了潜能和现实的关系。若按照上述关于潜能和现实的关系的理解,不言而喻,潜能是先于现实的。可是亚里士多德却认为:"现实在这个意义上,即生成的序次上和时间上,也是先于潜能。而且,在本体上它也是存在的。"①在亚里士多德看来,从表面上看,潜能先于现实,比如,种子先于谷物,但是,从根本上看,事情恰恰相反。这是因为,作为质料的潜能,本身是消极的、被动的和待规定的;而作为形式的现实则是使质料运动的动因,把质料造成"是什么"的本质或范型,并且是质料所追求的目的。换句话说,现实是使质料变成一个现实事物的前提,因此,现实从根本上是先于潜能的。

亚里士多德从这种唯心主义观点出发,按照他的所谓形式和质料相对性的原理,进一步推论出一个绝对消极被动的纯粹质料、潜能和一个绝对积极能动的纯粹形式、现实。所谓纯粹的形式、现实,就是说它不包含任何质料、潜能,也不再作为质料、潜能再追求别的形式、现实;相反,它是万物的绝对本质或范型,万物所追求的绝对目的,万物运动的"第一原因"。亚里士多德写道:

> 必须断定:必然有一个永恒的不动实体。②

亚里士多德曾明确指出,这个本身"不动的原动者"便是神。他说:

---

① 亚里士多德:《形而上学》1050^{a1-3}
② 亚里士多德:《形而上学》,《西方哲学原著选读》上卷,第143页。

> 我们说神是一个至善而永生的实体，所以生命与无尽延续以至永恒的时空全属神，这就是神。①

按照这个观点，第一实体既不是个别事物，也不是一般的形式，而是至善尽美的神。这样，亚里士多德的实体说就完全陷入了神秘主义。

由上述可见，亚里士多德的实体学说具有调和折中的性质，其中包含了某些鲜明的唯物主义成分和深刻的辩证法思想，但总的倾向是唯心主义的，并带有浓厚的神秘主义色彩。

（二）物理学

根据亚里士多德的科学分类，物理学即自然哲学，是以客观自然界中的运动变化的事物为对象的。和"形而上学"一样，亚里士多德在自然哲学中阐发了许多深刻的见解；同时也提出了一些对后世影响很大的唯心主义错误观点。

【运动观】

亚里士多德强调物质运动的永恒性和普遍性。他说：

> 运动是永恒的，不能在一个时候曾经存在，在另一个时候不曾存在。②

亚里士多德还把物质的运动分为四种形式，即：事物本质的变化（产生和消灭），事物性质的变化（从一种状态到另一种状态），事物数量的变化（增加或减少），事物位置的变化（位移）。亚里士多德认为，在这四种运动形式中，位移是最初的和最基本的运动形式，它存在于任何其他运动形式中，但其他运动形式并

---

① 亚里士多德：《形而上学》1072^{b29-3}。
② 亚里士多德：《物理学》，《古希腊罗马哲学》，第280页。

不能归结或还原为位移运动。这种看法还是比较辩证的。

然而，当亚里士多德进一步究竟物质运动的本性和根源的问题时，就陷入唯心主义了。他指出，自然是"运动和变化的本原"，是"内在的变化的冲动力"，"凡是具有这样一种根源的东西，就是'具有一种自然'"。① 这就是说，"自然"是事物运动变化的本性和根源。但是，在亚里士多德那里，"自然"指的是形成事物的目的因。所谓合乎"自然"，就是合目的性。凡是合乎"自然"的运动，都是为了某种目的的运动。他认为凡是合目的性的运动都是必然地发生的，而不合目的性的运动则是偶然的现象。比如，人的牙齿之必然地长得门齿锐利，臼齿宽阔，就是分别为了咬开和磨碎食物；植物之必然地长出叶子，是为了遮荫果实；植物的根之必然地向下去，是为了吸取养料等等。这表明，虽然亚里士多德肯定了事物运动有其必然性，但却把必然性从属于目的因，从而把生物运动所具有的自行组织，自行调节的这种特点，比附为人的有意识的目的活动，甚至认为整个自然界的有规律的运动现象都是出自某种目的的结果，这就陷入了神秘主义的目的论。亚里士多德试图对早期自然哲学中关于必然性和目的性的争论作出概括和总结，他似乎察觉到单纯用机械的因果必然性不足以说明自然界的（尤其是生物界）运动。但是，可以看出，他的立论仍然主要是倾向于苏格拉底和柏拉图的目的论的。

从目的论出发，亚里士多德提出了所谓"自然归宿"说。他认为，按照物体运动的目的，重物总是自然向下运动，以地心为"自然归宿"；轻物总是自然向上运动，以天穹为"自然归宿"，反之，若使重物上升，轻物下降，便是违反自然的"强迫运动"。据此，他提出了所谓物体落地因其重量不同而速度各异的错误论断。同时，亚里士多德还把运动分为不完美的直线运动和完美的圆周

---

① 亚里士多德：《物理学》200^{a1}、192^{b20-33}

运动，认为地上所有的东西的"自然运动"都是作直线的运动，天上的天体的"自然运动"则是作圆周运动。由此，他断言，被抛射物的运动轨迹成一直线。亚里士多德的上述错误观点，曾经长期阻碍了欧洲自然科学的发展。

在亚里士多德关于运动的分类学说中，包含了质变和量变的思想。但是，他反对以量变说明质变的自然哲学的传统，而强调以质说明质。他认为，事物之所以成为热的，甜的或干的等等，完全决定于质，而与事物的量绝对无关。比如，水加热变成蒸气，不是由于一定的温度的量变而引起了物态的质变，而是由于水中的"冷"质被"热"质取代了。这种思想连同他的目的论，成为中世纪经院哲学关于所谓"隐蔽的质"的神秘主义学说的理论根据。

亚里士多德还用运动和时间的不可分离性来证明运动的存在。在他看来，时间是运动先和后的一种表现，是运动的度量。同时，他以时间的永恒性来证明运动的永恒性。他说：

> 如果时间是运动的数目，或者本身就是一种运动，那么，如果永远有时间，运动也就必定是永恒的。[①]

在空间的问题上，亚里士多德认为空间并非像原子论所说的是空无一物的虚空，而是围绕物体和被围绕物体之间的界限。因此空间是有限的，宇宙也是有限的。上帝是在有限宇宙之外，无所限制的。

【宇宙论】

亚里士多德的宇宙论也带有浓厚的目的论色彩。他把宇宙分作两大部分，或两个区。月球（包括月球在内）以上的天体属于"月上区"，月球以下的所有自然物属于"月下区"。他认为月下区

---

① 亚里士多德：《物理学》，《古希腊罗马哲学》，第279页。

的万物无一不是生灭成毁的,它们作的是不完美的直线运动。月上区的天体均由一种神圣的元素"以太"构成,由它构成的天体也就是永生不灭的神圣的存在。天体作的是完美的圆周运动。这样,亚里士多德就把统一的物质世界人为地分割为神圣的天上和物质的地下两个世界。

亚里士多德还详细地论证了地球中心说。在《论天》这部著作中,他指出,宇宙是呈封闭的圆周状的,而地球则是处于不动的圆心,其它天体围绕地球而运动。各个天体虽都由"以太"构成,但仍有等级之别。距离地球愈近者愈低级,愈远者愈高贵。每个天体都以较高于自己的天体为动力因和目的因,而最外层的是一个不动的推动者即神。宇宙是有限的,而神却是无限的,绝对高贵的,是全部天体、一切事物最终的动力因和目的因。可见,亚里士多德宇宙论中的神和"形而上学"中的神是一致的。他的"地心说"后来为罗马时代的天文学家托勒密所系统化,在一千多年的中世纪,成为为天主教神学服务的、占统治地位的天文学理论。

综观亚里士多德的自然哲学,可以说,这是古希腊自然科学的百科全书,它广泛涉及了物理、天文、生物等领域,提供了大量的观察和实验材料,记录了大量的科学材料,并且提出了某些有价值的思想。同时,其中也包含不少非科学的错误思想。这些错误思想在中世纪被僧侣们加以膨胀,并树立为神圣不可侵犯的绝对权威,从而成为科学发展的障碍。因此,人们可以看到,近代自然科学的每个进步,几乎都是从冲击亚里士多德自然哲学开始的。

(三)灵魂学说

亚里士多德认为,求知是人类的本性。在《论灵魂》一书中,他在论述灵魂的性质过程中阐发了他的认识论原理。

【灵魂:肉体的形式和机能】

亚里士多德以前的哲学家在灵魂问题上,有两种倾向。一是把精神现象物质化,认为灵魂是由某种物质微粒构成,从而把认识活动归结为物理运动或生理运动。二是把精神现象和物质现象截然割裂开来,主张灵魂是脱离肉体而独立自存的东西,鼓吹所谓灵魂不朽的神秘主义。

亚里士多德提出了一种新的灵魂观。他给灵魂下的定义是:灵魂是"自然有机体的最初的现实",①"灵魂是潜在地具有生命的自然物体的形式,在这种意义上,它不能不是一种实体"。②可以看出,亚里士多德是从灵魂、肉体和生命个体三者的关系中来给灵魂下定义的。肉体是构成生命个体的质料,是潜在的生命体;灵魂则是生命个体的形式,是现实的生命体。灵魂和肉体的结合便形成有机的生命个体。他以斧头与锋利、眼睛与视力的关系为例说明上述关系。如果把肉体比作斧头,则斧头的实质——锋利便是灵魂,"如果没有了锋利,斧头便不成其为斧头,空留其名而已"。如果把肉体比作眼睛,则眼睛的实质——视力便是灵魂,"如果没有了视力,眼睛就不成其为眼睛,空留其名而已,并不比石刻的或画的眼睛真实丝毫"。③"正如眼珠加上视力便构成了眼睛那样,灵魂加上肉体就构成了生物。"④由以上引述可以看到,亚里士多德从目的论的观点出发,实际上得出了灵魂是生物物质(肉体)的机能的结论。可以说,这种灵魂机能说是古希腊灵魂观的最高成果。因为它一方面把精神现象同物质现象区分开来,另一方面又指出了灵魂对肉体的依存关系。这种思想颇近似于我国古代哲学家范缜提出的"形之于神,犹利之于刃"的形神观,带有唯物主义的因素。但是,亚里士多德从形式、现实决定质料、潜能的目的论出发,认为是目的决定手段,机能决定物质及其结构,灵魂决定肉体。比如,在眼睛同视力的关系中,若依亚里士多德

---

①② 亚里士多德:《论灵魂》412^{b5}、412^{a19-20},转译自 J. A. Smith 英译本。
③④ 亚里士多德:《论灵魂》412^{b13-23}、413^{a3-4}。

的见解,不是眼睛的生理、物理结构及其与大脑相联系的视神经组织决定它有视力的功能,而是后者决定前者。与我国古代哲学家荀况和范缜的"形具而神生"的唯物主义观点相反,亚里士多德基本上仍立足于"形为神而生"的唯心主义立场。

亚里士多德根据生物的机能即灵魂的不同,把生物分为植物、动物、人类三个等级。这是一个由低级到高级的序列,每一等级的灵魂都以较低等级的灵魂为前提,同时又潜在地蕴涵着更高级的灵魂。植物灵魂具有营养和生殖的机能,它是为一切生物所共有的最低级的灵魂。动物灵魂除了含有养殖功能外,还具有感觉和运动的功能。人的灵魂除了上述两类功能外,还独具思维的功能。人的灵魂中的理性思维部分是人的本质,唯有它才能使人同其他一切生物区分开来。亚里士多德认为,人的灵魂中执行认识功能的是感觉灵魂和理性灵魂。他的认识学说主要就是关于人的感觉功能和理性功能及其相互关系的论述。

【感觉灵魂:感性认识】

在亚里士多德那里,感觉灵魂主要执行着感觉、记忆、想象等功能,大致相当于我们讲的感性认识。

亚里士多德指出,感觉灵魂是肉体感官的功能,感觉机能不可能脱离感官而存在,理由之一是:

> 在一种感官受到了强烈的刺激以后,我们就不大能像以前那样运用这个感官,例如听到一个巨响之后,我们就不能立刻顺利地听别的声音,看到太明亮的颜色或闻到太浓烈的气味之后,我们就不能立刻去看或闻;……理由就在于感觉的机能是依赖于身体的。[①]

[①] 亚里士多德:《论灵魂》,《古希腊罗马哲学》,第151页。

亚里士多德认为，感觉不仅是感官的机能，而且是对外物的反映。他说："要感觉，就必须有可感觉的东西"，而"使感觉官能现实化的对象是外在的"。① 列宁在《哲学笔记》中明确指出："这里的关键是'外在'——在人之外，不以人为转移。这就是唯物主义。"② 亚里士多德还从潜能和现实的关系的角度，论证了感觉是对万物的反映的原理。他认为，人人都天生具有感觉能力，但感觉能力本身并不是感觉，而只是潜在的感觉。只有在现实的感觉对象作用于感官的情况下，才会有现实的感觉。感觉的过程就是潜在的感觉（具有感觉能力的感官）在外物的作用下，向现实的感觉转化的过程。

潜在的感觉（感官）是如何在外在个别事物的作用下，转化为现实的感觉呢？换言之，感觉是如何发生的呢？为此，亚里士多德提出著名的"蜡块说"。他说：

> "感官"是指这样一种东西，它能够撇开事物的质料而接纳其可感觉的形式。这正像一块蜡接纳图章的印迹而撇开它的铁或金子。③

这就是说，具有感觉能力的感官是一块白板，上面没有任何先天而来的痕迹，只有在外物的直接作用下，才产生而感觉。这显然是唯物主义的反映论，而与柏拉图的"回忆说"的先验化针锋相对。但是，他又认为感官只接纳外物的可感形式，而排除其质料。这就带有某种形式主义的色彩了。

亚里士多德还对感知的全部过程作了详尽的考察，这里仅作

---

① 亚里士多德：《论灵魂》418^{a25,19}。
② 列宁《黑格尔"哲学史讲演录"一书摘要》，《列宁全集》第38卷，第318页。
③ 亚里士多德：《论灵魂》，《西方哲学原著选读》上卷，第149页。

极其简要的概述。首先，各个感官分别感知事物的个别性质，如色之于视官，声之于听官，味之于嗅官等等。与此同时或于其后，有所谓"公共感觉"发挥作用。"公共感觉"不是什么处于五官之外的"第六感官"的功能，而是内在于五官之中的共通的作用。"公共感觉"的作用主要有：（1）感知"公共的感性物"，如事物的运动、形状、大小、方位、数目等等。（2）感知感知活动本身，使之成为有意识的活动。（3）比较不同类的感觉，如将白的和甜的区分开来；而特殊的感官，如视官只能分辨白和黑，却无法辨别白和甜。"公共感觉"大体上起着分析和综合个别感觉的作用。最后，当直接被感知的对象消失了以后，在人的意识中仍留有感觉印象，即所谓表象。表象可以说是感觉或综合的感觉在意识中的再现。一旦表象在意识中固定下来，便形成所谓记忆。亚里士多德如上的感知过程学说，对近、现代心理学把人的感知过程划分为感觉、知觉和表象三阶段是不无影响的。

亚里士多德在他的认识论学说中，看到了感性认识的局限性，指出感觉的对象只可能是个别事物。他说：

> 人们无论如何必须实际知觉到某一"这个某物"，而且它的出现是某一明确的地点和时间。但人们对那共同、普遍而且在一切情况下都真实的东西是不可能知觉的……知觉必定是属于特殊的，而科学知识包含着对共同、普遍的认识。①

在亚里士多德看来，感觉只提供关于个别事物的认识，不能告诉我们"任何事物所以然之故"。要了解事物的"所以然"，就须把握事物的内在的、一般的本质，而这正是理性灵魂的功能。

---

① 亚里士多德：《分析后篇》82^{b20-40}。

【理性灵魂：理性认识】

在亚里士多德看来，理性思维同感觉有本质的不同。

亚里士多德指出，感觉依赖于感官的存在状况，但思维则不像感觉那样有相应的物质器官，它是脱离肉体而存在的，他说：

> 把它（指理性灵魂——引者）看成与身体混在一起是不合理的：因为如果是这样，那它就会获得某种性质，例如暖或冷，甚至会像感觉机能一样有一个自己的器官；但是事实上它并没有。①

这种把人的思维机能视作能脱离物质而发生的东西的观点，显然是唯心主义的。

亚里士多德还认为，感性的对象是个别，而理性的对象则是一般；感性认识的方式是外在的，直接的和非自主的，而理性认识的方式则是内在的，间接的和自主的。他说感觉和思维的区别在于：

> 那使感觉官能现实化的对象即所见物、所闻物等等，是外在的。其原因是：感觉的活动是针对个别的东西的，相反地，认识则是针对普遍的东西的，而这普遍的东西在某种意义上是存在于灵魂之中的。因此，每个人只要愿意，他自己就能思想，而感觉则是不由它作主的——要感觉，就必须有可感觉的东西。②

---

① 亚里士多德：《论灵魂》，《西方哲学原著选读》上卷，第151页。
② 亚里士多德：《论灵魂》，参看列宁：《黑格尔"哲学史讲演录"一书摘要》，《列宁选集》第38卷，第318页。

对于理性,亚里士多德又分为被动理性和能动理性两个部分。被动理性是与感性知觉相关联的理性,它赋有处理感性材料的职能。能动理性则是和感性知觉、肉体无关的理性。

亚里士多德认为被动理性依赖于感性,理性认识来自感性认识。他说:

> 根据通常的见解,没有任何事物脱离和外在于可感的有形物体而存在,因此,思维的对象是在可感形式之中的……所以,没有感觉,就不能认知或理解任何东西。①

从感性认识到理性认识的过程,是从对个别的认识到对一般的认识的过程;在实在中一般不能脱离个别而存在,所以在认识上理性认识有赖于感性认识。这种从个别到一般的认识过程,在逻辑上就是归纳的过程;"除了借归纳法外、我们不可能进一步掌握普遍,而那些没有感官知觉的人是不可能运用归纳法的。"② 显然,这些思想是亚里士多德《范畴篇》中的个别事物是第一实体的观点在认识论中的贯彻。

在亚里士多德看来,理性认识对感性认识的依赖,还表现为思维的直接对象是表象。他说:

> 当理智认知事物时,必然伴随着表象。没有表象灵魂就无法思维。③

---

① 亚里士多德:《论灵魂》432^{a3-4}。
② 亚里士多德:《分析后篇》$8^{b\ 57}$。
③ 亚里士多德:《论灵魂》432^{a8},431^{a17}。

正因为思维的直接对象是表象,而表象是以往知觉在心灵中的沉淀,所以思维可以无需外物的直接刺激,而以表象为材料,内在而自主地在心灵中进行。这就是前面所提到的思维的内在性和自主性。可见,思维的内在性和自主性并不能取消它对感性认识的依赖。思维以表象为直接对象的思想,还表明亚里士多德注意到思维这种方式具有间接性,即认识客观事物的本质,必须经过想象的中介。亚里士多德以前的唯物主义者,往往把思维看作由最精细的物质构成的灵魂与最精细的外在物质之间的直接相互作用(如原子论的"影像说");唯心主义者则又往往把思维想象为神秘的理性直观(如柏拉图的"回忆说")。亚里士多德关于思维具有间接性的观点,在一定程度上,克服了把思维活动感性化和神秘化这两种片面的倾向,较之前人的认识显然大有进步。

亚里士多德曾把感觉灵魂比作蜡块,同样,他也把心灵即理性灵魂比作蜡块:

> 心灵在一种意义下,潜在地是任何可思维的东西,虽然实际上在已经思维之前它什么也不是……心灵所思维的东西,必须在心灵中,正如文字可以说是在一块还没写什么东西的蜡板上一样:灵魂的情形完完全全就是这样。①

正像感官天生潜在地与万物的外在形式同一(即具有认识外在形式的能力)一样,心灵也天生潜在地与万物的本质形式同一(即具有认识本质形式的能力)。但就内容而言,心灵生来只是块白板,没有任何天赋观念可言。因此,思维过程和感觉过程一样,也有一个从潜能到现实转化的过程,只不过是由潜在地认识一般到现

---

① 亚里士多德:《论灵魂》,《西方哲学原著选读》上卷,第152—153页。

实地认识一般的转化过程罢了。

从亚里士多德的被动理性学说可以看出,他对思维的本质和过程的观点,同他的感性学说是一致的,包含了一定的唯物主义和辩证法因素。但是,亚里士多德关于灵魂的论述是很矛盾的。他认为人的灵魂有的部分是与肉体不可分的,即有其物质基础;有的部分是与肉体可分的,即是无需物质基础的纯精神。灵魂的机能有时是被决定的,有时则是决定者。这些矛盾和混乱特别表现在他的能动理性的学说里。那么,所谓能动理性是怎么回事呢?他说:

> 既然在整个自然界的每一种事物中,都包含着两类因素:其一是潜在地是某类事物的所有个体的质料,其二是制作所有个体的创造性的原因,两者的关系就像技艺对于原料那样。所以,在灵魂中也必须有这两类不同的因素。因此,如前所述的理性(指被动理性——引者)实际上是能做成一切的东西,而另有一种理性是能制作一切的东西:它具有一种如光一般的积极的性状;因为在某种意义上,是光使潜在的颜色成为现实的颜色。①

在亚里士多德那里,所谓能动理性,是一种积极的和创造性的思维活动。它和被动理性的关系是形式与质料、现实与潜能的关系,潜在的思维之转化为现实的思维的根本原因,不是客观事物及对它的感性认识,而是能动理性对被动理性的作用,就像光线使潜在的颜色变成现实的颜色一样。能动理性使潜在于客观现象中的本质成为现实的,即为人们认识到的本质。亚里士多德认为,能

---

① 亚里士多德:《论灵魂》430^{a10-17}。

动理性是一种以自身为对象的认识活动。这就意味着，思维可以不反映存在，精神能够脱离物质了。因此，他认为，在严格的意义上，同感性知觉打交道的被动理性尚是可灭的，而唯有能动理性是不朽的。在亚里士多德那里，这种理性的最高发挥，就是神的思维。"既然在没有质料的事物条件下，思想与思想的对象不是不同的，神的思想及其对象就将是同一的。"① 显然，这已是以另一种形式宣扬毕泰戈拉和柏拉图的灵魂不朽的天赋知识论了。

亚里士多德认识论在理论上的症结，仍在于他不了解一般和个别的辩证法。正如列宁所说，亚里士多德"对于认识的客观性没有怀疑。对于理性的力量，对于认识的力量、能力和客观真理性抱着天真的信仰。并且在一般与个别的辩证法，即概念与感觉得到的个别对象、事物、现象的实在性的辩证法上陷入稚气的混乱状态，陷入毫无办法的困窘的混乱状态"。② 亚里士多德的能动理性，从内容上说，实际上就是绝对真理的知识体系；从认识原理上看，就是理性思维的能动性和反作用。但是，他夸大了这种能动性，进而把理性知识体系看作独立的精神世界，而同他的理性——神是第一实体学说相一致。这样，他就从反映论走上了先验论。亚里士多德还赋予知识以伦理的意义，认为能动理性的纯粹思维是最高尚和最神圣的。正像主人比奴隶高贵得多一样，纯粹思维也比感性知识高贵得多。因为它的目的不是为了实用，而是为了求知。由此也可以看出，他的唯心论的先验论的社会根源的真正所在。

（四）逻辑学

亚里士多德是公认的欧洲形式逻辑的奠基者。他首次把人的思维方式形式化和系统化。现行的形式逻辑各个主要部分，他几

---

① 亚里士多德：《形而上学》1075^{3a-5}。
② 列宁：《亚里士多德"形而上学"一书摘要》，《列宁全集》第38卷，第116页。

乎都讨论过了。他在《工具论》一书中,以《范畴篇》讨论范畴、名词和谓词的分类;以《解释篇》讨论命题;而《分析前篇》则在以上两篇的基础上,讨论了推理的法则——三段论式;《分析后篇》讨论如何运用逻辑方法去认识科学真理,即证明的方法;《主题篇》则讨论论辩的方法。另外,在《形而上学》中,还讨论了思维规律问题等等。

下面,我们扼要地评述一下亚里士多德逻辑学的主要内容:

第一,范畴学说。在欧洲哲学史上,亚里士多德第一个提出"范畴"这一思维形式,并且制定了一个范畴系统。他认为,范畴是命题的主项和谓项,并把范畴分作十类:①实体,如人、马;②数量,如2尺长;③性质,如你的,通晓语法的;④关系,如2倍,大于;⑤地点,如在市场上;⑥时间,如昨天;⑦姿态,如躺着;⑧状况,如穿鞋的;⑨活动,如思考,说话;⑩遭受,如被打等。亚里士多德认为,范畴是存在物的最基本和最普遍的存在形式,其中实体是范畴的重点和中心,其他范畴均是对它的性质的表述。在他看来,人的语言千变万化,但从逻辑上看,都越不出以上十个范畴。

第二,命题学说。在亚里士多德那里,命题就是判断。他认为,只有或真或假的句子才是判断,不具备此条件的,如祈使句,便不是判断。命题之所以或真或假,是因为它对某一事物的存在状况有所肯定或否定。亚里士多德还研究了命题的各种形式。

第三,推理学说。亚里士多德的主要贡献是三段论的演绎推理。现行形式逻辑中直言三段论的几个主要的格,基本上都是他确定下来的。他也研究了归纳推理,不过,他只谈到简单枚举法和完全归纳法。

第四,证明学说。亚里士多德明确提出了公理系统的证明方法。他指出,证明是一种科学的三段论推理,与一般的三段论不同,它的前提必须是真的,从而它的结论也必然是真的。因此,证明的始初即一级前提必然是一种不证自明的真命题，否则就不能避免对始初前提的无限证明或循环证明。这样的命题便是公理。科学证明就是以公理为逻辑起点，按照正确的三段论规则组织起来的演绎序列。亚里士多德的公理系统证明方法主要是对古希腊数学方法的逻辑概括和总结。稍晚于亚里士多德的欧几里德的《几何原本》，就是公理系统证明的典范。

第五，思维规律学说。亚里士多德明确提出并详细论证了矛盾律和排中律。至于同一律和充足理由律，他没有做过明确的论述。

亚里士多德逻辑学有如下一些重要特征：

第一，逻辑规律和存在规律是一致的，而且后者是前者的基础。范畴既是最普遍的主谓项，又是事物最普遍的存在形式。命题的主项和谓项的关系，就是客观现实中个别和一般的关系。矛盾律和排中律不仅是思维的基本规律，而且也是存在的基本规律。对于这些思想，列宁曾赞赏道："亚里士多德处处都把客观逻辑和主观逻辑混合起来，而且混合得处处都显出客观逻辑来。"[①]

第二，逻辑学和认识论的一致。例如，命题的真假取决于它正确反映客观实际与否等等。

第三，亚里士多德逻辑学，尤其是他的范畴学说，还具有一定的辩证法因素。在十范畴中，尤其是前四个范畴的排列，在一定程度上体现了人们认识事物的发展和深化。因此，恩格斯曾称亚里士多德属于"带有流动范畴的辩证法派"。[②]

当然，亚里士多德逻辑学也有不少缺陷。例如，他把形式逻辑的矛盾律扩大为宇宙的普遍规律，由此反对赫拉克利特的矛盾学说。他以为十范畴可以穷尽一切存在形式，这无异于削足适履，

---

① 列宁：《亚里士多德"形而上学"一书摘要》，《列宁全集》第38卷，第416页。
② 恩格斯：《自然辩证法》，《马克思恩格斯选集》第3卷，第531页。

要无限多样的客观联系去适应他的有限的范畴。再如,他的逻辑学还存在着三段论万能和重演绎、轻归纳等等片面倾向。这些形而上学的思想方法,都同他的实体论和认识论中的唯心主义因素有关。

(五)伦理学和政治学

根据亚里士多德的科学分类,伦理学和政治学是关于人的行为的实践的科学。

【伦理学】

亚里士多德认为,伦理学研究的是个人的善。但是,人是天生的政治动物,个人不能脱离国家和社会而存在。脱离社会的个人,不是野兽便是神,无所谓道德可言。显然,这个思想是针对消极出世、禁欲排他的犬儒主义人生观而发的。亚里士多德也反对柏拉图的脱离个别行为的"善"理念的说法,认为即便有这么一个独立自存之善,亦非人力所能达,从而无补于人生。这里似乎透露出一种在社会关系中去规定人的善,即道德关系的合理思想。

但是,在对道德问题的具体研究和分析中,亚里士多德仍然限于对人的灵魂的功能即人性作抽象分析。他说:

> 需要清楚解释的是,幸福的真正性质是什么?我们以为要答复此问题,最好首先研究人的功能是什么?[①]

人的灵魂有两个部分即理性和非理性部分。理性功能是人独有的,是人的本性所在。非理性功能则是人同动物共有的,它又包括两个部分,即生殖功能和感官功能。前者与人的品德完全无关,后

---

① 亚里士多德:《尼各马可伦理学》,《西方伦理学名著选辑》上卷,商务印书馆1964年版,第286页。

者指的是伴有愉快和痛苦的各种感觉，诸如欲望、恐惧、愤怒、爱和恨等等。感官就其自身而言，本无所谓善恶，但就其服从抑或反抗理性而言则有善恶之分。道德的问题主要就是理性如何控制和指导感官的问题。

亚里士多德强调个人的道德责任。他说，"德性依乎我们自己，过恶也是依乎我们自己。因为我们有权力去作的事，也有权力不去作。"① 这种"权力"就是"选择的权力"，而"选择可以说是一种具有欲望的理智，或者说一种具有理智能力的欲望。作为行为的发动者的人，他使这两种要素结合在一起。"②

理性如何控制和指导感官呢？换言之，人应当怎样选择，才能作出有道德的行为呢？亚里士多德的回答是，应当选择一条中庸之道。他说：

> 美德是牵涉到选择时的一种性格状况，一种适中，就是说，一种相对于我们而言的适中，它为一种合理原则所规定，这就是那具有实践智慧的人用来规定美德的原则。③

例如，勇敢是鲁莽和怯懦的中道，节制是放纵和禁欲的中道等等。亚里士多德还认为，人的行为上的中道并不像6是10与2的算术中项那样简单、机械、绝对，而是"在适当的时候、对适当的事物、对适当的人、由适当的动机和适当的方式来感受这些感觉，就既是中间的，又是最好的"。④ 这就是说，中道具有相对性。

那么，中庸之道这种实践的智慧是如何形成的呢？亚里士多

---

①② 亚里士多德：《尼各马可伦理学》，《西方伦理学名著选辑》上卷，第306、312页。
③ 亚里士多德：《尼各马可伦理学》，《西方哲学原著选读》上卷，第156页。
④ 亚里士多德：《尼各马可伦理学》，《古希腊罗马哲学》，第321页。

德认为，没有天生的美德。自然只赋予人获得美德的可能，但它只有在社会实际生活中才能成为现实。他说：

> 在美德方面，我们由于首先运用才获得它们，正如在技艺方面的情形一样……例如，人们由于从事建筑而成为建筑家……同样地，我们也是由于行为公正而成为公正的。①

这就是说，人正是从一个个具体的行为中逐渐求得行为的中道，并且由习惯成自然，形成了比较稳定恒常的道德性格和品质。显然，在有关实践美德的道德观念的形成问题上，亚里士多德执持的是一种行先知后的正确观点。

正如在认识论中亚里士多德认为既有与感性发生关系的被动理性，又有与其毫不相关的能动理性一样；在伦理学方面，他也认为既有涉及感觉欲望的实践美德，又有毫不涉及理智的美德。由于理性是人的本质所在，所以纯粹的理性生活才是真正的人的甚至近似于神的生活。实践美德培育善民，理智美德则造就完人，后者才是人生追求的最高目的。亚里士多德说：

> 理性的沉思的活动则好像既有较高的严肃的价值，又不以本身之外的任何目的为目标，并且具有它自己本身所特有的愉快……而且自足性、优闲自适、持久不倦……其他被赋予于最幸福的人的——属性，都显然是与这种活动相联系着的——如果是这样，这就是人的最完满的幸福。②

---

① 亚里士多德：《尼各马可伦理学》，《古希腊罗马哲学》，第 323 页。
② 亚里士多德：《尼各马可伦理学》，《古希腊罗马哲学》，第 327 页。

看来,理智美德的生活实际不过是一种为求知而求知的理论生活。但是,这种以知代行,足不出户,似乎可以与社会生活绝缘的道德和理论生活,显然只能是一种无法实现的臆想。

【政治学】

亚里士多德政治学研究的主要问题是国家的起源、本质和形式等问题。

亚里士多德首先探讨国家的起源问题。他认为,人类自诞生之初,便有家庭这种社会团体。家庭的产生系由于人的两种本能:生殖的本能使男女结合,共同保全的本能使主奴结合。"由于男女同主奴这两种关系的结合,首先就组成'家庭'。"尔后,由若干家庭又结合成村社,最后,由村社组成城邦,即国家。但是,亚里士多德认为,人是天生的政治动物,而政治生活无非就是在城邦里生活;那么,国家就应当与人类俱生而来,而不是晚于家庭和村社这些社会团体了。他是用自然目的论来解决这个问题的。他认为,国家是社会发展的自然目的,因此,国家虽然在时间上晚于家庭和村社,但在目的和本质上却高于和先于后二者,它们可以说是潜在的国家。把国家的起源归结为人的自然本能和目的,显然是一种历史唯心主义。

为奴隶制度辩护是亚里士多德国家观的实质。他认为,国家是行业和职能各异的分子的结合,但最基本的成分是统治者和被统治者,而"奴隶是本于自然而成为奴隶的"。其论据主要有:第一,自然目的论的论证、优劣高下及其统治与被统治的关系,乃是自然的关系;如灵魂与肉体、理智与情欲、人类和动物、男人和女人等等,无不如是。主人高于并统治奴隶只是其中一例。第二,灵魂论的证论。理性是人之为人的东西,但奴隶没有理性,仅有情欲等非理性的东西,故奴隶不是人;但奴隶能感应主人的理智而区别于兽,所以,奴隶应听命于主人。第三,社会分工的论证。在一个社会里,体力劳动和脑力劳动的分工是必然的,并且总是劳心者治人，劳力者治于人。亚里士多德说："倘使每一无生命工具都能按照人的意志或命令而自动进行工作……倘使每一个梭都能不假手于人力而自动地织布，每一个琴都能自动地弹弦……匠师才用不到从属，奴隶主才可放弃奴隶。"① 亚里士多德把奴隶定义为"一宗有生命的财产"，"这笔财产在生活行为上被当作一件工具"。② 亚里士多德对奴隶制度的辩护，鲜明地表现了他的奴隶主阶级的立场。

如果说，亚里士多德在维护奴隶制这个根本问题上和柏拉图毫无两样的话，那么，在奴隶制国家采取何种形式的问题上则不一样了。他坚决反对统治者内部共产共妻的"理想国"，主张财产私有是人的自爱自保的本性的自然延伸。私有制非但不是产生欺诈、盗劫、战争、革命等社会弊端的根源，反而是消灭它们的必要条件，甚至还是形成宽宏博济等美德的必要的物质前提。但是，这并不意味着占有财产最多的人最善。亚里士多德根据占有财产的多寡，把公民分作三等：十分富有的阶层，十分贫穷的阶层，属于前两者之间的阶层。他根据中庸之道的伦理原则，认为居中者最善，应由他执政。他说：

> 既然已经认为居中适度是最好的，所以很显然，拥有适度的财产是最好的；因为，在那种生活状况中，人们最容易遵循合理的原则。所以很显然，最好的政治社会是由中等阶级的公民组成的。③

在他看来，太富的人专横狂暴，没有"服从的习惯"；太穷的人无耻下贱，"必须像奴隶一样受统治"。如果前者当权，必有寡头政

---

①② 参看亚里士多德：《政治学》，商务印书馆1965年版，第11—12、13页。
③ 亚里士多德：《政治学》，《西方哲学原著选读》上卷，第157—158页。

体；如果后者得势，则有民主政体；两者都是不好的。富人和穷人的互相敌视，互相攻击是使国家动荡不安的根源。但只要由中等阶级执政，由于它是"一个国家中最安稳的公民阶级"，而且"人数又很多"，所以能够成为贫富两个阶级之间的"仲裁者"，从而保持国家的平衡安定。在亚里士多德看来，这应是一个小国寡民，自给自足，公民非希腊人莫属的城邦国家。

亚里士多德推崇的政制也许比柏拉图的理想国要公允一些。但是，他所赞美的中等阶层，在当时实际上是一个急剧分化的阶层，其中少数上升为富有阶层，多数下降为贫民阶层乃至沦为奴隶，设想以一个本身尚不稳定的阶层来稳定不稳定的国家政权，是根本行不通的。当时，马其顿人已建立了一个横跨欧、亚、非的亚历山大帝国，希腊各城邦的独立已名存实亡。曾担任亚历山大大帝的老师的亚里士多德，却无视这些事实，依然抱残守缺，自居为大。这表明，他的政治学说中的许多内容已远远落在时代的后面了。

亚里士多德的思想对西方哲学史和思想史的发展产生了巨大的影响。他给后人留下了一个庞大的、复杂的、具有内在矛盾的思想体系，致使历史上的各种甚至对立的哲学或思想派别，都能从这个思想宝库中找到于己有用的武器。

第四节 希腊晚期的道德哲学

自亚里士多德以后，古希腊哲学重点转向伦理问题的研究，形成了各种道德哲学流派。

公元前338年马其顿占领希腊以后，古希腊的城邦奴隶占有制开始向大奴隶制过渡。亚里山大帝国的建立，冲破了欧、亚、非三大洲的闭塞状态，扩大了奴隶市场，促进了手工业、商业和科学技术的发展。这种情况在东方尤其表现突出。新建的亚里山大里亚城迅速繁荣起来，成为工商业和科学技术的中心。欧几里德（约公元前330—前260）用严格的逻辑方法把几何知识系统化，编成了《几何学原理》，制定了初等几何学的基本原理。阿基米德（公元前387—前212）奠定了静力学的基本原理，并作出许多重大的技术发明。萨莫斯岛的亚里斯达克（公元前310—前230）提出了太阳中心说的假想，认为地球每天在自己轴上运转，每年沿圆周轨道绕太阳运行一周。恩格斯对当时的科学研究给予了很高的评价，指出："精确的自然研究只是在亚历山大里亚时期的希腊人那里才开始"。[①] 在希腊本土，随着马其顿的入侵，城邦奴隶制的衰落，各城邦内部的贫富分化和阶级斗争的尖锐，以及各城邦反马其顿入侵的斗争的失败，使得城邦危机进一步加深。城邦的工商业、民主政治和科学文化都失去了过去繁荣时代的活力，呈现出不景气的状况。希腊社会历史的这种变化，使得这个时期的哲学也出现了不同以前的新的特点。

希腊晚期的哲学从总的方面说，失去了繁荣时代的朝气蓬勃和全面发展的生命力，同城邦奴隶制的衰落相适应，转向侧重研究人生哲学和社会伦理。希腊晚期最主要的哲学学派是伊壁鸠鲁派和斯多葛派。这两派都把道德问题作为研究的中心，企图在社会危机和动乱中寻求安身立命的行为准则。但是，两派在处理伦理道德问题上的观点是很不相同的，存在着唯物主义基础与唯心主义基础、快乐主义与禁欲主义、无神论与有神论的斗争。这种斗争与晚期希腊社会各阶层的不同地位和不同精神状态、各社会集团对马其顿的不同态度有关，同时也与所接受的社会思想和学术思想的影响有关。

---

① 恩格斯：《反杜林论》，《马克思恩格斯选集》第3卷，第60页。

一、伊壁鸠鲁的原子论和道德哲学

伊壁鸠鲁（公元前341—前270）是晚期希腊重要的哲学家。他生于萨莫斯岛，父母是雅典人。36岁时，他在雅典的一个花园里建立了学园，专门研究和讲授哲学。伊壁鸠鲁学园是继柏拉图学园和吕克昂学园之后，在雅典出现的另一个影响很大的学园。这个学园是反马其顿的宣传中心。据说伊壁鸠鲁一生写了许多著作，但留下来的只有一点残篇和三封书信。

快乐主义伦理学是伊壁鸠鲁研究的中心问题，其理论基础是他的原子论和感觉主义学说。

（一）对德谟克利特原子论的发展

伊壁鸠鲁继承了原子论唯物主义的基本观点，认为"无不能变有，有也不能变无"。万物的本原是原子和虚空。原子是不可分的有形体的存在物，虚空是不可触的，是原子"运动的场所"。原子和虚空是永恒的，原子的运动也是永恒的，世界万物是原子运动的结果。原子的数目是无限的，宇宙也是无限的。这些思想同德谟克利特的原子论都是一致的。伊壁鸠鲁在古代原子论中的地位，主要是改正了德谟克利特原子论的某些缺点，进一步丰富和发展了原子唯物主义。这主要表现在以下三个方面。

第一，伊壁鸠鲁看到了德谟克利特原子论中的一个矛盾，即既肯定原子是不可见的不可分的物质微粒，同时又说原子具有大小，甚至有无限大的原子存在。在伊壁鸠鲁看来，原子既然是不可分的物质微粒，那就不能成为可以看得见的原子。他说：

> 并不需要存在着各种各样大小的原子，因为这样就一定会有某些原子进到我们眼界之内，成为看得见的，但是从来没有见过这样的事，也不能想象一个原子如何能

够变成可见的。①

这样，伊壁鸠鲁就改正了德谟克利特把原子想象为可以是无限大的局限性，从而坚持了原子是不可分的物质微粒的基本观点。

第二，伊壁鸠鲁提出了原子重量的规定。他说：

> 我们要认定原子除了形状、重量、大小以及必然伴随着形状的一切以外，并没有属于可知觉的东西的任何性质。②

我们知道，德谟克利特只提出了原子具有形状、次序和位置的差别，并没有涉及重量问题。伊壁鸠鲁对原子具有重量的明确规定，是对原子属性的一个重要补充。恩格斯在讲到伊壁鸠鲁的关于原子的重量性质的思想时说："伊壁鸠鲁已经认为各种原子不仅在大小上和形态上各不相同，而且在重量上也各不相同，就是说，他已经按照自己的方式知道原子量和原子体积了。"③从原子论哲学的理论意义上看，伊壁鸠鲁关于原子重量的概念的提出，为原子运动提供了根据。

第三，伊壁鸠鲁提出了原子运动中的偏斜学说。他认为，原子重量是原子运动的内在原因。由于重量引起原子在虚空中作等速下落的运动，这是原子运动的主要形式。同时原子还有一种偏斜运动，即原子在垂直下降运动中，有的原子由于内部的原因，可能离开原来的直线轨道，向旁边偏斜出去。偏斜造成同其他原子的碰撞，使一些原子结合在一起，于是形成各种具体事物①。伊壁

---

① 伊壁鸠鲁：《致赫罗多德的信》，《西方哲学原著选读》上卷，第165页。
② 伊壁鸠鲁：《致赫罗多德的信》，《古希腊罗马哲学》，第354页。
③ 恩格斯：《反杜林论》，《马克思恩格斯选集》第3卷，第466—467页。
④ 参看伊壁鸠鲁：《致赫罗多德的信》，《古希腊罗马哲学》，第351—357页。

鸠鲁的这一思想，纠正了德谟克利特把原子运动中的必然性绝对化，否认偶然性的存在的缺点，确立了偶然性在事物运动中的地位。这是一种朴素的辩证法思想。伊壁鸠鲁的偏斜学说的提出，为他的伦理学上反对宿命论提出了理论依据。

（二）感觉主义

在认识论方面，伊壁鸠鲁继承了德谟克利特的唯物主义反映论原理。他认为，认识是由于事物发出的"影像"造成的。事物的表面发出一些流射物，它们带着事物本身的位置、次序、性质，以很快的速度，给感觉造成各种各样的形象，就形成了认识。感觉是影像进入感官的结果；思想是影像流入心灵的结果。他说：

> 我们由于心灵或感官的认识活动而得到的每个影像，不拘是关于形状还是性质的影像，都是具体对象的形式或性质。[①]

伊壁鸠鲁的这种思想具有朴素的反映论性质。

伊壁鸠鲁在一定程度上纠正了德谟克利特的约定论中的主观主义的缺陷。我们知道，德谟克利特认为对事物的冷热、苦甜和颜色等感觉是主观约定的。伊壁鸠鲁则认为"永远要以感觉以及感触作根据，因为这样你将会获得最可靠的确信的根据"。[②] 而那种所谓具有约定性质的认识，也离不开外物和感觉的根据。他说：我们形成的印象与外物之所以那么像，那么好，乃是因为：

> 与外物在颜色与形状上相似，离开对象，按照它们各自的大小，或者进入我们的视觉，或者进入我们的心

[①] 伊壁鸠鲁：《致赫罗多德的信》，《古希腊罗马哲学》，第353页。
[②] 伊壁鸠鲁：《致赫罗多德的信》，《古希腊罗马哲学》，第358页。

中,迅速地运动着,并且以这种方式重新产生一个个别的联续物的形像,而且与原来的对象保持相应的性质与运动的次序。①

这就是说,德谟克利特所说的约定的认识,在伊壁鸠鲁看来,也离不开反映论的认识路线。这样,伊壁鸠鲁就纠正了德谟克利特在反映论上的不彻底性,发展了影像说的反映论原理。

伊壁鸠鲁认识论的一个重要特点,是强调感觉在认识中的作用。他认为,感觉是认识的起源和基础,理性建立在感觉之上。概念是感觉经过多次重复而在记忆中保留下来的结果,而检验认识的结果的也是感觉。他说:

> 如果你排斥一切感觉,你就连你所能指称的标准也不会剩下,这样,你就会没有可以用来判定你所责斥的错误判断的东西了。②

伊壁鸠鲁针对当时流行的贬低感性、抬高理性的唯心主义思潮,强调感觉在认识中的作用,这体现了唯物主义的精神,为他的幸福主义伦理学奠定了认识论的基础。但是,他片面夸大感觉的作用,把人类认识活动仅仅归结为感觉,并且把感觉当成真理的标准,这显然是不正确的。

(三)快乐主义

在伊壁鸠鲁那里,全部哲学和科学都是为了论证道德问题。根据伊壁鸠鲁的原子论,既然任何事物都是由原子构成的,那么人也不能例外。因此,由原子组成的人和人的灵魂也是会分化和毁

---

① 伊壁鸠鲁:《致赫罗多德的信》,《古希腊罗马哲学》,第352—353页。
② 伊壁鸠鲁:《著作残篇》,《古希腊罗马哲学》,第345—346页。

灭的，个人的毁灭并不是人的灾难和不幸。在他看来，认识人生，就是要克服对死亡的恐惧，以求得幸福。根据伊壁鸠鲁的感觉主义的认识论，人的本性就是追求快乐和避免痛苦。在谈到快乐主义时，他说：

> 我们说快乐是幸福生活的开始和目的。因为我们认为幸福生活是我们天生的最高的善，我们的一切取舍都从快乐出发；我们的最终目的乃是得到快乐，而以感触（π′αθοS）为标准来判断一切的善。①

在伊壁鸠鲁看来，人生的快乐、幸福，是人们生活的出发点和目的，是评判一切的标准，是人生的基本原则。当人们有了快乐和幸福，便拥有了一切，当失去快乐和幸福，便努力去谋求它。快乐和幸福是一切道德的基础。

伊壁鸠鲁所说的快乐、幸福，首先是以一定的物质欲望的满足为条件的。但是在他看来，寻求快乐并不要求满足一切欲望，只是要求满足保持生命和健康的必要的欲望。事实上，有些欲望是虚浮的，虽然它能带来一时的快乐，但最终又会转为更大的痛苦。他说：

> 我们并不选取所有的快乐，当某些快乐会给我们带来更大的痛苦时，我们每每放过这许多快乐；如果我们一时忍受痛苦而可以有更大的快乐随之而来，我们就认为有许多种痛苦比快乐还好。②

---

① 伊壁鸠鲁：《致美诺寇的信》，《古希腊罗马哲学》，第367页。
② 伊壁鸠鲁：《致美诺寇的信》，《古希腊罗马哲学》，第368页。

伊壁鸠鲁还认为，除物质的快乐外，还应有精神的快乐，在一定意义上讲，这是更大的快乐。可见，伊壁鸠鲁的快乐主义，既反对了禁欲主义，又不同于无休止地追求感官享受的纵欲主义，而是要求保持身体的健康和灵魂的宁静。这种快乐是最高的理想的生活境界，也是道德的表现。他说：

> 肉体的健康和灵魂的平静乃是幸福生活的目的。就是为了达到这个目的，我们才竭力以求避免痛苦和恐惧。我们一旦达到了这种境地，灵魂的骚动就消散了。①

伊壁鸠鲁还从他的偏斜学说中引出了自由的观念。他肯定原子运动中偶然性的存在，其意义就在于阐明伦理学中的自由的原则。他针对当时的伦理学中的宿命论思潮，指出一个有好的信念和秉赋的人应当：

> 他不信有些人拿来当作万物之主的那个命运，他认为我们拥有决定事变的主要力量，他把一些事物归因为必然，一些事物归因于机遇，一些事物归因于我们自己，因为必然取消了责任，机遇是不经常的，而我们的行动是自由的，这种自由就形成了使我们承受褒贬的责任。②

伊壁鸠鲁在这里提出了必然、机遇、自由、责任等概念。在他看来，人既不能完全违背必然，但只讲必然就会把一切都归结为命运，从而取消了道德责任。事实上，一些事物取决于我们自己，取决于我们的自由的抉择。只有承认人的这种自由，才谈得上人的

---

①② 伊壁鸠鲁：《致美诺寇的信》，《古希腊罗马哲学》，第367、369页。

责任。伊壁鸠鲁在肯定必然性的同时,强调了人的自由,也即人的能动性作用,这就从理论上克服了宿命论。他对必然性和自由的关系的这种理解,表现了希腊人反对马其顿人奴役的积极态度。

伊壁鸠鲁认为,人要求得幸福和快乐,就必须克服对神和死亡的恐惧,为要克服这种恐惧,就要进行知识的探求。把快乐主义同对知识的探求相结合是他的伦理学的一个特点。他说:

> 如果一个人不知道什么是宇宙的性质,而是生活在对那些关于宇宙的寓言所说的事恐惧之中,对于这个人来说,排除对所谓最主要的事物的畏惧,就是不可能的,所以一个人没有自然科学的知识就不能享受无疵的快乐。[①]

伊壁鸠鲁认为,恐惧是迷信和宗教流行的产物,也是愚昧和危害人生幸福的东西。同其他事物一样,神也是由原子构成的,根本不是敬畏和崇拜的对象。神在人世之外,无忧无虑地过着和平幸福的生活,并不干涉人世的事情,对人间的困难、罪恶并不发生什么影响。伊壁鸠鲁虽不是一个无神论者,但他的这些观点却有助于人们从传统的迷信中解放出来。谈到死亡问题,伊壁鸠鲁认为,对死亡的恐惧也是不必要的,这是因为灵魂也是由原子组成的,它同身体共始终。所谓死亡,不过是聚集于人身的灵魂的原子的飘散和感觉的丧失,所以是不值得可怕的。他指出,人们把死亡看成是最大的灾难,或者盼望死亡,以摆脱人生的灾难,这都是不正确的观点,是不合道德的选择。他还说,在生死问题上有贤愚的不同,"贤者既不厌恶生存,也不畏惧死亡,既不把生存

[①] 伊壁鸠鲁:《著作残篇》,《古希腊罗马哲学》,第344页。

看成坏事,也不把死亡看成灾难。"① 在生死的关键时刻,何贤何愚是明显不同的,贤者往往取其最光辉的一点,而愚者则选了最卑微的一点。总之,他认为,只有研究自然,掌握知识,才能克服对神和死亡的恐惧,从而使人们得到身心的快乐和幸福。

伊壁鸠鲁从他的伦理观出发,在政治学方面第一次提出了社会契约论思想。他认为,所谓社会的正义,并不是永恒的、自然的和适合一切民族的,也不是本来就是好的和坏的。社会、国家乃是人们相互约定的产物,即是说,人们为了"避免彼此伤害和受害",共同加以约定,才组成了社会和国家。他说:"公正没有独立存在的,而是由相互约定而来。"② 约定的原则是互利,是对人有用。约定也是可以变的,当人们认为对人不利时,就失去了公正,就是约定被解除的时候了。这个主张是社会契约论思想的萌芽。在当时的希腊社会历史条件下,这个思想同他的伦理思想一样,体现了一种自由的精神,反映了中小奴隶主反对大奴隶主和马其顿入侵的愿望。但是,他的契约论的理论基础却是唯心史观。

二、斯多葛派的道德哲学

斯多葛派是晚期希腊一个影响较大的哲学学派。这个学派的代表人物的学术思想之间并不完全一致,但关心人生和道德问题则是共同的。斯多葛派在伦理学方面同伊壁鸠鲁主义是对立的,这反映了奴隶主阶级内部不同社会集团之间的矛盾。

斯多葛派的创始人是塞浦路斯岛的芝诺。芝诺(约公元前336—前264)出身于一个富人家庭。后来定居雅典。大约36岁时,开始当哲学教师,在一个画廊叫做斯多葛的地方讲学,因而得名为斯多葛派。芝诺之后,在斯多葛学派中起过重要作用的有克吕西

---

① 伊壁鸠鲁:《致美诺寇的信》,《古希腊罗马哲学》,第366页。
② 伊壁鸠鲁:《著作残篇》,《古希腊罗马哲学》,第347页。

普(约公元前281—前205)。

斯多葛派的学说体系分为逻辑学、物理学和伦理学三个部分。其中伦理学是核心,逻辑学和物理学是为伦理学服务的。[①]

逻辑学是斯多葛派学说体系的最外层部分。斯多葛派在逻辑学方面研究了思维的形式,提出了选言判断、假言判断等问题,对形式逻辑作出了一定的贡献。他们把认识论作为逻辑学的一个重要内容,在这方面继承了古希腊哲学的某些唯物论传统,表达了不少合理的思想。如在认识来源问题上,他们接受了亚里士多德的实体是个体的思想,认为只有个别的"某个事物"才是真实存在的,一切知识都来源于对个别事物的感觉。斯多葛派认为:

> 知觉是在心上产生的印象,这名称是很恰当地从印章在蜡上所作的印迹借来的。他们把知觉分为有说服力的知觉和缺乏说服力的知觉。有说服力的知觉——这个他们称为事实的标准——是由真实的对象所产生的,所以同时是符合于那个对象的。缺乏说服力的知觉与任何实在对象无关。[②]

又如,关于真理标准的问题,他们主张:

> 真理的正当标准是具有说服力的印象,那就是说,这个印象是来自真实的对象。[③]

斯多葛派把客观外物作为真理的对象和检验认识正确与否的标准,无疑有一定的合理性。这同他们的感觉主义原则一样,表现了一定的唯物主义精神。但是,在斯多葛派的认识论中,也有许

---

①②③ 参看《古希腊罗马哲学》,第371、372、373页。

多似是而非的东西。他们时而说,感性认识是来自对外物的感知;时而又说有些感觉是发自思想的①,是以理性为对象的;时而说,印象的说服力来自与对象的符合;时而又说,从知觉中产生一种信念,相信印象、表象的确定性,从而成为把握住了的印象或概念的表象。同样,在谈到真理标准时,克吕西普认为:"感觉与预想是仅有的标准。""所谓预想是得自自然秉赋的一般的观念(对于共相或一般概念的先天的了解)。"② 斯多葛派在这些问题上陷入了唯心主义。

斯多葛派的物理学是关于自然的学说。他们根据亚里士多德实体是个体的观点,宣称一切都是物体,都是有形体的。这里似乎是坚持一切存在都是个别事物的唯物主义的基本观点。但他们又认为,不但个别事物是有形体的,就是神和灵魂也是有形体的物体,这又表现了唯心主义的性质。他们在宇宙生成问题上,同样表现了在唯物主义和唯心主义之间摇摆、含混的特征。他们利用了赫拉克利特的"火"的思想,认为"火"是世界产生的原动力和世界的根本原则。他们这样描述万物从"火"中的产生过程:

> 从火,通过空气,转变为湿润。物质中的重浊部分凝聚起来便成为土;清轻的部分成为空气,空气再经过稀薄化就成为火。由于这些元素的混合就产生了植物、动物和别的族类。③

整个世界就是从这个火中产生,经过火、土、水、气四元素,变化出活生生的世界万物。然后一切消散,又回到了火。但是斯多

---

① 参看《古希腊罗马哲学》,第373页。
② 《古希腊罗马哲学》,第373页。
③ 转引自黑格尔:《哲学史讲演录》第3卷,第17页。

葛派在引证赫拉克利特的"火"的学说时,又把"火"改造为叫做"普纽玛"的东西,认为这个"普纽玛"可以与事物分开而居住于世界某一个特别神圣的地方。同时他们还利用亚里士多德的形式与质料学说中的唯心主义成份,把"普纽玛"了解为能动的原则,把它之外的存在了解为不确定的、混沌的、消极被动的东西,只是在"普纽玛"的作用下,方可以变成有确定性的个别事物。他们又把"普纽玛"叫做"能思想的火气"、"有着匠心的智慧的火"、"最圆满的理性",也就是神。他们所说的火、逻各斯、理性、神、普纽玛等等是一回事,都是所谓的世界灵魂。它既是自然的合理的活动和秩序,又是必然性和命运。整个世界就是从这种火中产生,按照神所规定的命运,经过一次世界大火(大年),旧世界毁灭,新世界产生,新世界又按旧世界的发展过程重新出现,甚至经历世界变化中的每一个细节。从斯多葛的自然观中可以看到,它兼收并蓄了以往哲学中没能讲清的和彼此矛盾的学说和概念,按照自己的需要,把它们加以揉合,改造和发展。斯多葛派的学说表现了唯物主义和唯心主义的混杂,但就其主导倾向看,则是唯心主义的。这些思想成为斯多葛派禁欲主义的伦理学的哲学基础。

伦理学是斯多葛派学说体系的核心。首先,斯多葛派的伦理学具有宿命论倾向。根据他们的自然观,世界是一个有理性有秩序的整体,一切都围绕着整体有目的地活动着,造成了统一与和谐。人是宇宙的一个部分,或一个小宇宙,人的本性应同世界的本性相一致。人只能在服从世界理性和秩序中尽自己的本分,达到自我的完善。克吕西普说:

> 因为我们个人的本性都是普通本性的一部分,因此,主要的善就是以一种顺从自然的方式生活,这意思就是顺从一个人自己的本性和顺从普通人的本性;不作人类

的共同法律惯常禁止的事情,那共同法律与普及万物的正确理性是同一的,而这正确理性也就是宙斯,万物的主宰与主管。①

不难看出,斯多葛派的这个观点同伊壁鸠鲁强调人的自由和能动性的观点是相对立的,具有明显的宿命论倾向。

其次,斯多葛派伦理学还具有禁欲主义倾向。他们认为,人具有自我保存的本性,但是,这个本性对人来说只是附属性,而不是目的。人的真正的本性是具有理性。人的幸福是理性的完善,实现了理性的完善才是真正的满足,并从中产生最大的快乐。德性的目标就是服从世界理性,而服从世界理性就是自我完善。斯多葛派认为,除掉理性的完善之外,都是恶,都是不道德的。什么健康、生命、荣誉、财产、权力、地位、友谊、成功等,它们本身并不一定是善;死亡、疾病、耻辱、贫困、卑贱等也不一定是恶。快乐、幸福也不一定是善,它们本身并无多大价值,只有德性才是有价值的,令人幸福的。斯多葛派在道德问题上,同伊壁鸠鲁重视生命、健康、安全、快乐、适度的利益等观点相反,认为德性应摒弃一切享受、爱好、兴趣、激情,对一切都应采取漠然、无动于衷的态度。在他们看来,"一切有道德的人都是严肃的,因为他们从来不谈论愉快的事情,也不听别人谈论愉快的事情。"②

斯多葛派还提出道德的"世界主义"思想。他们认为,人都遵从同一的自然或世界理性,大家都是世界公民,不是某一城邦或国家的公民,而应是具有理性、德性的公民。这样,人人都是至爱亲朋和同胞兄弟,大家都按同一的理性和道德而生活,好像

---

① 克吕西普:《论主要的善》,《古希腊罗马哲学》,第375页。
② 《古希腊罗马哲学》,第376页。

整个世界就是一个具有完善德性的大家庭,每一个人都无一例外地具有完善的德性。斯多葛派的道德世界主义理论,把道德加以永恒化和绝对化,是一种十足的唯心史观。同时,这种理论在客观上同马其顿的扩张主义政策也有某些相适应的方面,从而具有相当的吸引力。

三、怀疑主义

晚期希腊还出现了怀疑主义思潮。当然,具有怀疑主义性质的哲学思想在古希腊哲学的形成时期就有表现,但是正式作为怀疑主义学派而出现的,则是这个时期的事情。怀疑主义哲学由皮浪提出,他的学说被蒂孟(公元前320—前230)所继承。皮浪和蒂孟等人的怀疑主义又称皮浪主义。蒂孟之后,怀疑主义学派并入学园派。晚期希腊的怀疑主义哲学被罗马的怀疑主义的最大代表塞克斯都·恩披克里所发挥。

皮浪(约公元前360—前270)是古希腊怀疑主义的始祖。他是爱利斯人,大约与亚里士多德同属一时代。相传他是德谟克利特的学生的学生。但是他没有坚持原子论唯物主义那种积极的哲学,而是宣传不可知主义。皮浪否定知识的可能性。他说:

> 我既不能从我们的感觉也不能从我们的意见来说事物是真的或假的。所以我们不应当相信它们,而应当毫不动摇地坚持不发表任何意见,不作任何判断,对任何一件事物都说,它既不不存在,又不存在,或者说,它既不存在而也存在,或者说,它既不存在,也不不存在。①

在皮浪看来,伊壁鸠鲁和斯多葛派所承认的感觉知识,只是事物

---

① 《西方哲学原著选读》上卷,第177页。

显示出来的形象,它只是与感觉相符合,并不是与作为外物的对象相符合,所以,关于事物的知识是不可能的。不但感觉与知识是矛盾的,而且对事物的判断也不可能有确定的标准,对任何事物的判断,既能够加以肯定,也能够加以否定。这就是说,感性知识、理性知识都是值得怀疑的。塞克斯都·恩披克里在《皮浪学说概要》中,提出了皮浪主义怀疑论的要旨:"怀疑论体系的主要基本原则,是每一个命题都有一个相等的命题与它对立这个原则;因为我们相信只要停止独断,我们就会得到这个结论。"① 按照皮浪的观点,肯定某种知识就是独断论,正确的态度似乎应当是怀疑和否定一切知识。对任何东西都不置可否,不下判断,这就构成了皮浪怀疑论的基本精神。

皮浪同希腊晚期的其他哲学家一样,把哲学服务于其伦理学。在皮浪主义看来,哲学上的怀疑并不是目的,怀疑的结果和真正的目的,是为了达到一种道德修养,形成一种道德训条。塞克斯都·恩披克里在同一本书中指出:

> 怀疑论的起因,我们说是希望获得安宁。有一些有才能的人,为事物中的各种矛盾所困惑,在就二者中选择一件加以接受时发生怀疑,于是进而研究事物中间什么是真的,什么是假的,希望通过这个问题的解决得到安宁。②

怀疑论者认为,在事物之间寻找真假、对错,是灵魂的纷扰和烦闷的根源。判断不一定是对的,追求不一定是理想的,选择不一定是合理的,因为任何理由都是值得怀疑的,只有不下判断,不怀追求,不加以选择,才不至引起困惑。思想没有矛盾,清心寡

---

①② 《西方哲学原著选读》上卷,第176页。

欲、灵魂安宁、无所事事，是怀疑主义所要达到的目的，也是他们的道德理想和行动哲学。皮浪说：

> 最高的善就是不作任何判断，随着这种态度而来的就是灵魂的安宁，就像影子随着形体一样。①

说明皮浪的这种灵魂的安宁的道德训条的，有一则生动的故事：有一次皮浪坐在船上，一阵风浪使同船的人惊慌失措，而一只猪却漠然不动，安安稳稳地仍旧在那里继续吃东西，于是他便指着猪说："哲人也应当像这样不动心。"②

皮浪的怀疑主义在理论上是作为反对伊壁鸠鲁和斯多葛派的哲学而出现的。皮浪认为，斯多葛派和伊壁鸠鲁都是独断论。应当看到，伊壁鸠鲁和斯多葛派肯定感觉知识的时候，有正确的一面，同时也有其片面性，指出其片面性，并在理论上加以补充、丰富和完善化，这是发展哲学认识所必须的。因此，在哲学史上不能一般地反对怀疑论，合理的怀疑、否定是认识发展的一个环节。但是皮浪的怀疑论，就其基本倾向说，是消极的，他的怀疑不是为了正确地认识事物，发展真理，而是从根本上否定哲学认识。正如列宁在《黑格尔"哲学史讲演录"一书摘要》中引证黑格尔的话所说："〈实际上，如果一个人决心做怀疑论者，那就不能说服他，或使他接受实证哲学，——这正如不能使一个全身瘫痪的人站起来一样。〉""〈实证哲学关于它〉（有思想的怀疑论）〈能够有这样的认识：实证哲学内部包含着怀疑论的否定因素，怀疑论同实证哲学并不是对立的，不是在它之外的，而是作为一个因素包含在它里面的，但实证哲学所包含的否定是具有真理性的，而怀

---

① 《西方哲学原著选读》上卷，第 177 页。
② 转引自黑格尔：《哲学史演讲录》第 3 卷，第 119 页。

疑论则没有这样的否定。〉"① 这里所说的实证哲学,是指正确的哲学理论。真正的哲学不否定怀疑的积极意义,但皮浪的怀疑主义是通过怀疑一切,从根本上否定一切知识的可能性,否定认识本身。皮浪的怀疑主义典型地反映了希腊晚期大奴隶主在城邦危机中的心理特征:无所事事、无可奈何,精神颓废,充满了没落和腐败的习气。他们对一切正常的东西都加以怀疑,只求得毫不动心的灵魂的安宁。

第五节 古罗马的哲学神学思想

古罗马哲学在理论上是古希腊哲学的继续。同时,它也深刻地反映了古罗马奴隶占有制社会现实的矛盾,以及科学、宗教和道德风貌的状况。

古罗马奴隶占有制早期的社会历史,基本经历了同古希腊奴隶占有制相似的发展道路。罗马也曾是一个城邦国家,到公元前五世纪和四世纪中叶才逐渐强盛起来。公元前二世纪,罗马征服了希腊,代替了马其顿在欧洲、西亚、非洲的霸主地位。古罗马的政治发展,经历了两个时期,即从公元前六世纪末到公元前一世纪末的共和时期,从公元前一世纪末到公元五世纪的帝国时期。帝国初期,罗马社会的生产力有了相当的发展,科学技术也比希腊有了不小的进步和突破。科学家普林尼写的《博物志》,记载了包括植物学、动物学、农业栽培、手工业加工技术和绘画雕刻技术等诸多部门的发展情况。斯特拉波的《地理学》、维特鲁维乌斯的《论建筑》、采尔苏斯的《论医学》、格米努斯的《天文学入门》等都是这个时期的科学著作。同时,这个时期还出现了数学

---

① 列宁:《黑格尔"哲学史讲演录"一书摘要》,《列宁全集》第38卷,第331页。

家兼天文学家托勒密、解剖生理学家盖伦等著名科学家。另一方面,帝国时期奴隶占有制社会也开始走向危机,阶级矛盾日渐激化。继公元前一世纪罗马历史上最大的斯巴达克奴隶起义之后,直到罗马帝国灭亡,在长达五个世纪中,奴隶、平民的反抗斗争时有发生。在统治阶级内部,则有元老贵族和骑士、外地行省的奴隶主之间的矛盾。罗马统治者虽然也采取了一些改革和变通的措施,但是,以不损伤奴隶主专制为限度的这些改革办法,对于奴隶占有制所面临的各种不可克服的矛盾已经是无所补益了。公元三世纪,罗马帝国陷入全面危机,农村和城市凋敝,矿山作坊停工,政治腐败到极点,罗马宫庭竟一年之内更换了四个皇帝。公元395年罗马帝国分裂为西罗马和东罗马两个部分。公元476年在日耳曼人大迁移运动和奴隶的反抗斗争中,西罗马帝国复亡。西罗马帝国的消灭,标志着欧洲奴隶占有制社会的终结和封建社会的开始。

罗马奴隶占有制社会的动乱、危机和没落在罗马人的心理上引起了普遍的震动,特别在罗马统治者中间笼罩着一种恐惧和无可奈何的情绪,徘徊、怀疑、听天由命,左右了他们的心理世界。在罗马时代,在意识形态领域内,唯心论、宿命论、宗教神学占据统治地位。同时,哲学和神学合于一流,基督教成了罗马帝国独尊至圣的意识形态。当然,古罗马哲学作为古希腊哲学的继续和发展,作为反映罗马现实斗争的产物,也表现了两种世界观的对立倾向,站在这个对立的一方的是卢克莱修的唯物主义哲学。

一、古罗马的唯物主义哲学思潮

古罗马的唯物主义代表是卢克莱修,他继承和发展了古希腊的唯物主义传统。

卢克莱修(约公元前98—前53)的生平事迹,后人知道得很少。但他为后人保留了一部《物性论》的哲学著作。这是一部哲理诗的力著,它系统地说明了古代原子论唯物主义的基本主张,在唯物主义发展史上具有特别重要的意义。古希腊罗马唯物主义发展的一个重要特点，就是以原子论的发展为基本线索。伊奥尼亚学派提出了原始的物质本原论，为原子论的产生开辟了道路。德谟克利特创立了原子唯物主义的完整体系。伊壁鸠鲁对原子论作了重要的补充和发展。继伊壁鸠鲁之后，卢克莱修将原子论唯物主义进一步丰富和系统化了。卢克莱修对原子论的发展，特别明显地表现了他所处的时代的思想斗争的特点。针对罗马时代广为流传的唯心主义和神秘主义思潮，卢克莱修把原子论唯物主义自然观同反宗教的斗争紧密结合起来。可以说，原子论唯物主义是卢克莱修哲学的理论基础，反宗教是卢克莱修哲学研究的中心和目的。

（一）对原子论的阐述和发展

卢克莱修继承了古希腊唯物主义哲学的基本观点，认为"无不能生有，有也不能变无"。他认为，万物有生灭变化，但作为万物的始基的物质则是永恒的。所以他指出，世界上有两种物体，"一种是事物的始基，一种是始基结合而成的东西"①。始基又叫"种子"、"原初物体"等，也就是原子。原子是构成世界万物的基础或物质担当者，它就像字母是不同词语的共同承担者一样。正是由于原子的存在，才有了由原子结合而成的物体的存在。他认为，原子是绝对坚固的，"始基没有什么能加以毁灭"。②原子的形状是有限的，而每一种形状的原子的数目却是无限的。原子是极小的物质微粒，小到看不见的程度，但它却是客观存在的。在《物性论》中，卢克莱修用许多生动的事例来证明原子的实在性和力量：

  大风狂暴地鞭打我们的脸孔和身体，把巨大的船只翻沉，云块撕开……必定有不可见的风的物体，既然它

---

①② 卢克莱修：《物性论》，商务印书馆1981年版，第26页。

们的行径完全比得上那些巨大的河流,其形可见的东西。还有,我们认识许多不同的物味,但却从未看见它们走向我们的鼻孔。用眼睛我们看不见炎热和寒冷,人们的声音我们也老是看不见。然而这些东西根本上必定是物体……自然就这样永远用不可见的物体来工作。①

卢克莱修对原子的实在性的证明是朴素的,但却是有力的。他为了说明原子的存在,还指出原子具有一种可触性。他把触觉看作是感知外物的最重要的来源,比视、味、听觉更可靠。当说到原子小到超越视觉时,原子所具有的可触性则可以证明它的实在性。这种观点当然也是朴素的,但却足以说明他对原子的存在的深信不疑。

卢克莱修还肯定了作为万物另一种本原的虚空的存在。虚空是"一种其中无物而不可触的空间"②,是原子运动的场所和条件,同时也是使坚实的东西具有可透性,以及体积相等的东西而重量不同的原因。可见,在原子和虚空问题上,卢克莱修对古代原子论都有补充和发展。

卢克莱修特别强调指出:"除了虚空和物体之外,在一切东西中找不到第三种的自然——这种第三者在任何时候也不出现在我们的感觉范围中,也不被任何人由心智推理所把握。在所有的创造物中,不管你提起什么,你将发现它不过是前面两种东西的特质。"③卢克莱修在这里肯定了原子和虚空作为万物的始基的物质性、唯一性和永恒性,从而否定了宇宙万物的心智和神秘的本原。在他看来,世界万物都是原子在虚空中运动的结果,是原子和虚空的特殊表现的偶然性。德谟克利特曾说颜色、冷热、气味是约

---

① 卢克莱修:《物性论》,第 15—18 页。
②③ 卢克莱修:《物性论》,第 18、24 页。

定的。卢克莱修则指出,原子虽然没有颜色,也没有感觉,但由于原子的形状是不同的,这就决定了不同的颜色。[①]卢克莱修在这里是谈颜色的物质性的原因,实际上指出了一切特殊的存在物的原因,包括感觉和灵魂现象,也包括德谟克利特的约定论所指的声音、气味等。所以这一切都一律决取于原子的不同结构和姿态。这又是对原子论的一个发展。

卢克莱修的认识同以往的原子论一样,也主张认识是外物的影像作用的结果。他指出,事物的表面抛出一些流出物,作用于感官,于是产生了影像。但是并不是任何影像都能产生认识,只有外物的影像反复不断地作用,才能产生感觉。他还主张思想是由比感觉影像更精细的影像作用心灵的结果。卢克莱修的认识论表达了朴素的反映论的原理。但是他往往夸大感觉在认识中的作用,把理性认识也归结为感性认识。他还认为,感觉是不会发生错误的,错误都是由推理造成的。[②]

(二) 对宗教迷信的批判

卢克莱修从原子论出发,针对当时罗马现实思想斗争的特点,展开了对宗教迷信的批判。

卢克莱修在《物性论》的开头就指出,"宗教更常地孵育了人们的罪恶亵渎的行为",使人被"吓人的鬼话所迫",或"害怕死后永恒的痛苦"而离开了真理,相信梦兆,破坏了他们生活的计划,骚乱了人们幸福的生活。卢克莱修给自己规定的目标,就是要"能用一些方法坚强不屈地抵抗各种宗教和预言者的威胁"。[③]可以说,反对宗教迷信,是卢克莱修为自己规定的研究哲学的中心任务,批判罗马时代流行的各种有神论和唯心论,构成了《物性论》的主旨和基本内容。

---

① 参看卢克莱修:《物性论》,第 105—106。
②③ 卢克莱修:《物性论》,第 216、6—7 页。

卢克莱修对各种宗教唯心论所宣传的各种神威和神力，给予了大胆的坚决的否定。他指出，自然本来就是这个样子，没有奇异的力量，没有神灵的干预，只有自己的升沉变化。各种事物不断地诞生出来，也不免于一死，①这是自然界的一切事物所服从的必然的规律。所以，他说："万物绝不是神力为我们而创造的——它是如此充满着巨大的缺点。"②

卢克莱修特别指出，宗教和唯心论宣传的对死亡的恐惧，是造成种种罪恶的一个重要根源，而对灵魂不死的迷信又是关键之所在。因此，他在《物性论》中，以原子论为武器，集中论证了灵魂的物质性，批判灵魂不死说。他认为：

> 心灵和灵魂的本性是物质的：因为既然我们看到它能驱策四肢，能从睡眠夺回身体，能使脸色改变，能统治和左右整个人的状态，——而如果没有接触这是永不可能的，如果没有物体则不会有接触——难道我们还能不承认心灵和灵魂乃是由物质的自然所构成？……我断言，它是特别精巧的，是由极小的粒子所构成。③

卢克莱修把灵魂归结为物质，旨在反对将精神现象神秘化的唯心论、有神论观点，在当时的历史条件下，这无疑是有积极意义的。但是，这种观点本身却是不正确的，表明他还不理解精神现象的特殊本质。

卢克莱修在说明灵魂的物质性时，还阐述了灵魂和肉体的相互关系。他指出，灵魂不能单独存在，必须依赖肉体器官；肉体也必须以灵魂作为自己的纽带和中心。身体没有灵魂，不能灵活

---

① 卢克莱修：《物性论》，第 124 页。
②③ 卢克莱修：《物性论》，第 272—273、139 页。

运用自己的器官；灵魂没有身体，也不能产生生命的运动。[1] 灵魂将随着肉体的死亡而一起消灭，决没有不朽的灵魂。灵魂不死说是一种荒诞的理论和愚蠢的表现。他在《物性论》中用了 28 个例证来说明灵魂的物质性和具有死亡的性质。在这些论证里，他总结和发展了古希腊罗马的唯物主义者和自然科学家关于身心关系的合理思想。

卢克莱修对苏格拉底、柏拉图、亚里士多德和神学家们所宣扬的目的论思想也进行了批判。他说：

> 并不是由预谋而安置自己，不是由于什么心灵的聪明作为，而各各落在自己的适当的地位上；……而是因为有极多始基以许多不同的方式移动在宇宙中。[2]

这就是说，世界的复杂、美妙、力量、和谐、规律等现象并不是出于神的匠心和自然的目的，一切都应以物质始基的存在和运动来说明。始基排列的复杂性，运动方式的多样性，是宇宙生存和变化的原因，也是宇宙秩序如此美妙的原因；因此，不但世界的目的是不存在的，而且任何神意也是不存在的。

卢克莱修以炽热的激情和无比的愤怒揭露了宗教的黑暗，指出宗教并不能给人带来实际的安慰和幸福，相反，它是不幸的渊薮。他说：

> 啊，不幸的人类！——当他们赋给神灵以这样可畏的作为，并且又加上暴怒的威力的时候！他们为自己造成多少的呻吟，为我们造成多少的创伤，为我们的子孙

---

[1] 卢克莱修：《物性论》，第 157 页。
[2] 卢克莱修：《物性论》，第 55 页。

造成多少眼泪！①

卢克莱修把人间的不幸、罪恶、黑暗、恐怖、愚昧都归结为宗教迷信的束缚，并且由于人们人为的夸张、渲染宗教的威力，使这种束缚带给人的灾难更为深重。因此他认为，人类文明的发展，除依靠技术进步的推动之外，要特别加强对宗教的批判。卢克莱修把这种批判当成自己学术研究的基本任务。他说："我所教导的是极重要的东西，并且是急切地去从人的心灵解开那束缚着它的可怕的宗教的锁链。"②卢克莱修指出，人们之所以陷入宗教造成的黑暗和恐怖之中，在于不明白自然之中的道理，不懂事物的规律。因此，克服宗教迷信，关键在于"能够静心观看万物"，③以求得对自然奥秘的认识。卢克莱修在他的《物性论》中，从头到尾反复申明的一句名言是：

> 能驱散这个恐惧、这心灵的黑暗的，不是初升太阳眩目的光芒，也不是早晨闪亮的箭头，而是自然的面貌及其规律。④

这种科学和明确的唯物主义精神，是卢克莱修全部哲学思想的基本精神。

但是，卢克莱修并不是像我们今天所认为的那种无神论者。和伊壁鸠鲁一样，他在批判宗教迷信时，并不从根本上否认神的存在，只是认为神不像宗教迷信所说的那样具有人格的特征。在他看来，神不主宰一切，对人不实行报复。同时，卢克莱修只是从认识根源上批判宗教，根本没有触及神学、唯心主义盛行的社会

---

① 卢克莱修：《物性论》，第335页。
②③④ 卢克莱修：《物性论》第50、336、134—135页。

原因。在他看来，批判宗教的目的，只是为了求得"以健全的推理作为生活的指导"，"知足地过淡薄的生活"，这样，在精神上就不会感到自己缺乏什么，相反，就好像"拥有大量的财富"。① 这种思想又反映了他的一定的消极态度，可以说，这是罗马奴隶占有制行将走向没落的一种反映。

二、古罗马唯心主义和神秘主义哲学思潮

（一）西塞罗的折衷主义

西塞罗（公元前106－前43）是罗马共和末期的一位演说家和拉丁语著作家。公元前63年曾被选为罗马的执政官。在哲学上，他继承了古希腊的毕泰戈拉主义、柏拉图主义和斯多葛主义的唯心主义观点，并把它们加以混合，因此，他被称为罗马时代折衷主义哲学的代表。

西塞罗在哲学上是原子论的批判者。他反对用原子和虚空来说明世界，认为世界上"根本不能有什么虚空，也没有什么看不见的形体"。② 相反，他坚持神、灵魂等精神实体的存在。他说：

> 我同意神灵存在。③
>
> 灵魂是"普遍神心"所分出来的……灵魂既是如此迅急活泼的东西，能记忆过去，能推测未来，能通解艺术科学，能有如许之发明，既如此之广大无边，其本质一定是不死的了。④

不难看出，西塞罗的这些观点，基本上是对毕泰戈拉和柏拉图的唯心主义观点的综合。

---

① 卢克莱修：《物性论》，第330—331页。
②③ 西塞罗：《论神性》，《西方哲学原著选读》上卷，第185页。
④ 西塞罗：《论老年》，《西方哲学原著选读》上卷，第187页。

在伦理学上,西塞罗继承了古希腊斯多葛派的禁欲主义和宿命论思想,反对伊壁鸠鲁的快乐主义。西塞罗把伊壁鸠鲁的快乐主义加以庸俗化,认为快乐主义是单纯追求肉体快乐,这就无异于禽兽。在他看来,道德与物质享受是毫不相容的,道德只讲灵魂的高尚和德性的完善。西塞罗离开人们的物质生活,把道德原则当成独立不依,自己决定自己的东西,显然是一种唯心主义的道德观。进而,他把这种道德原则说成是一种天赋观念,并为天命所决定,非人力可以强求,这就完全把道德律神秘化了。

西塞罗在《论国家》一书里,提出了他的理想国的方案。主张国家应是君主、贵族和民主派三种势力联合的政权,只有这样才能保证国家的公正和稳定。西塞罗所说的这种联合政府,实际上就是当时的罗马的贵族共和制。

(二)新斯多葛主义

新斯多葛派是罗马帝国初期影响较大的唯心主义流派。主要代表有塞内卡、爱比克泰德、奥勒留。这三个人的出身和经历是极不相同的。塞内卡是罗马皇帝尼录宫廷的朝臣,爱比克泰德曾是个奴隶,奥勒留是罗马帝国的皇帝。但是他们三人的哲学倾向是一致的,都是罗马奴隶主阶级的思想家,都宣传唯心论和宿命论。

塞内卡(公元2—65)伪善地宣传奴隶和奴隶主的平等关系,说什么奴隶和主人都是自然所生,主人对奴隶要和善些,而奴隶对主人则要"超出日常的服务,例如牺牲自己的生命和所有的一切来拯救需要帮助和陷入危机的主人。在这种时机,人的本性就在奴隶身上觉醒了"。他鼓励顺从、责任,并把它提到维护宇宙的统一、和谐、秩序和发挥人性的高度。显然,这种所谓平等观,实际是维持奴隶主奴役奴隶的哲学。

塞内卡发挥了斯多葛派鄙弃物质欲求,追求心灵安宁的道德教条。他说:

> 要知道，肉体上的快乐是不足道的，短暂的，而且是非常有害的，不要这些东西，就得到一种有力的、愉快的提高，不可动摇，始终如一，安宁和睦，伟大与宽容相结合。①

塞内卡的这种道德说教，实际上是奴隶主阶级对奴隶、平民所作的行为准则的规定。而当他教训别人要遵从道德、鄙视物质利益和快乐生活时，他本人却利欲熏心地争得了尼录宫庭的高官厚禄，过着奢侈腐化的生活。他说："有人向我说，我的生活不符合我的学说……要知道，如果我的生活完全符合我的学说，谁还会比我更幸福呢？现在就没有理由责备我只是说好话、存好心了。"②这就充分暴露塞内卡宣扬禁欲主义的虚伪性和欺骗性。

爱比克泰德（约50—138）同其他斯多葛主义者一样，把伦理问题作为研究的中心课题。他说，世界究竟是以原子构成，还是由火和土的无限部分构成，这是没什么关系的，只要知道善的真正性质就够了。他认为，分别善恶，掌握和达到至善，是最应关心的东西。什么是至善呢？他说：

> 神是有益的，善也是有益的。那么，似乎神的本质在哪里，善的本质也就在哪里了。那么，神的本质是什么呢？——肉体？决不是。土地？名誉？决不是。智慧？知识？健全的理性？当然是的。那么，在这里找到善的本质就没有什么困难了。③

爱比克泰德称之为道德的本质的智慧、知识、理性，就是对他所

---

①② 塞内卡：《论幸福的生活》，《西方哲学原著选读》上卷，第190页。
③ 阿里安：《爱比克泰德谈论集》，《西方哲学原著选读》上卷，第192页。

谓的"宇宙理性"的把握和顺从。在他看来,宇宙理性是宇宙的稳定的法则,宇宙活动的目的,世界趋于最好的结果的原因,也即宇宙中的神。人分为神圣的和肉体的两部分,其中神圣的部分是宇宙理性的一个部分,也即神的一部分。人的理性应服从神或宇宙理性,只要服从了,就实现了至善和美德。可见,爱比克泰德所谓的道德即理性、知识和智慧的观点,就是教导人们服从不可抗拒的神意和天命。这就是爱比克泰德宿命论的道德观。

爱比克泰德还提出了世界主义。他认为,人与人之间没有任何差别,大家都在"神的儿子"的关照之下,在神的面前,大家都是安全的、平等的、自由的。因此,人人都是同胞,应当相互亲爱,包括自己的仇敌。他写道:在死亡的那一刹那,没有什么得到补偿,因为死亡从有的多的人那里拿走的多,从有的少的人那里拿走的少。在这里,他告诉人们,现实社会的不平等是虚假的,穷人的痛苦是暂时的,在死亡面前大家都是平等的,富人不因其富而多得一点财富。显然,这种思想决不会使现实中的富人损伤一根毫毛,相反,倒使奴隶们以空洞的平等来听任现实的摆布。爱比克泰德的伦理思想为基督教道德提供了理论来源。

奥勒留(120—180)是罗马"宝座上的哲学家"。他在伦理学方面继承了爱比克泰德的宇宙理性论、宇宙整体论、人服从宇宙理性等思想,提出了以忍耐和顺从整体利益为中心的道德观。他说道:

> 不管宇宙是原子的集合,还是自然界是一个体系,我们首先要肯定,我是自然所统治的整体的一部分;其次,我是在一种方式下和与我自己同种的其他部分密切关联着。因为要记住,由于我是一个部分,对于一切出于整体而分配给我的事物,我都将满意,因为如果凡是为了整体的利益而存在的,对于部分就不会有害……一个公

民,经常所做的事情都是对其他的公民有利的,并且满足于国家指派给他的一切,这样他的生活都是愉快的。①

奥勒留认为,人之为人,是由于他是宇宙的一部分,是宇宙理性的表现,因此,人的责任就是满足宇宙理性,即神给予的命运的安排,这是义务,是善,当然也是愉快的。除此之外,人不应该有自己的要求、希望,不应该有其他好与坏的评判。健康、疾病、快乐、痛苦、财富、贫困都是无意义的,并且是有害的,只有对它们彻底地冷漠,对自己彻底地冷漠,才有可能使人彻底解放出来,以便一心一意去关心自己的心灵和好的品性。不要畏惧死亡,因为那是必然的。不要关心自己的命运,只去关心自己的责任,责任就是对整体的忍受和服从。他还认为,大家的命运都是一样的,不管身在高位,还是身在下层,都是严正的宇宙下不可避免的傀儡,因此,大家都应互相依存和互相交换,对朋友要正义,对自己要冷漠,这就是最高的善。

奥勒留对宇宙理性、神、善推崇备至,论证不遗余力,说教的中心也十分明确和突出,即禁欲、宿命、服从。奥勒留的这些伦理信条,也就是作为皇帝对他的臣民的绝对要求和命令。

（三）新怀疑主义

塞克斯都·恩披克里是二世纪的人,他对晚期希腊怀疑者皮浪的思想进行了总结。他的主要著作有:《皮浪学说要旨》、《反数学家》。

塞克斯都·恩披克里指出,怀疑论者并不否定实在的对象显现出来的现象,如蜜对我们说来是甜的,这种现象是显然的。但当对这件事情进行估量和判断时,即说到蜜的本质是否甜的时候,

---

① 奥勒留:《沉思录》,《西方哲学原著选读》上卷,第 193—194 页。

这就成为一件可怀疑的事了。因为事物是变化的，感觉也因人而异。因此，他说：

> 我们必须对那种是独立的、本来（实体）的东西保留判断，不加同意。必须指出，我们在这里用了"是"字，但是意思只是指"显得"。①

这就是说，在他看来，感性认识具有相对性，只能确认直接当下呈现出来的样子，无法判断其真假。理性认识也同样可以产生正、反矛盾的两个判断。由此看来，塞克斯都·恩披克里看到了认识的相对性、矛盾性，这在一定意义上说是合理的。但是，他的怀疑论不是在这个意义上提出问题的。他认为，事物和认识本身就应当是彻底怀疑的，因为它们所带来的种种矛盾妨碍了自我意识的安宁。塞克斯都·恩披克里说：

> 怀疑论者也是在各种存在物和各种思想的混合里面找到自我意识的自我同一、安宁、真实、不动心的。②

"自我意识的安宁"或"不动心"，是怀疑论者所追求的最高道德境界，这反映了罗马奴隶主阶级的消极颓废的精神状态。

（四）新柏拉图主义

新柏拉图主义是罗马的一个唯心主义学派。这个学派的基本特征，是使柏拉图的理念论同神学相结合。这个学派也接受了毕泰戈拉学派、亚里士多德、斯多葛派的思想，在罗马后期有广泛的影响。新柏拉图主义的主要代表是柏罗丁。

---

① 转引自黑格尔：《哲学史讲演录》第 3 卷，第 130 页。
② 转引自黑格尔：《哲学史讲演录》第 3 卷，第 119 页。

柏罗丁（205—270）是当时属于罗马帝国版图的埃及人。他24岁时定居罗马，在罗马开办学校，研究哲学。他在罗马的哲学活动曾得到罗马皇帝的重视，皇帝准许为他在罗马附近建造一个柏拉图式的"理想国"，这当然是不可能实现的。他的著作有《九章集》。

柏罗丁在哲学上发挥了柏拉图关于理念和理念世界是唯一真实的学说，并在此基础上创立了一个独特的哲学体系。这个体系由"太一"、"心智"、灵魂、物质等环节组成。他们强调的基本思想是，所有精神的和物质的存在，都是从最高的精神实体"太一"流溢出来的。

【"太一"、"心智"、灵魂、物质的学说】

"太一"是柏罗丁哲学体系的最高概念。他说：

> "太一"本身并不是万物中的一物。所以它既不是一个东西，也不是性质，也不是数量，也不是心智，也不是灵魂，也不运动，也不静止，也不在空间中，也不在时间中，而是绝对只有一个形式的东西，或者无形式的东西，先于一切形式，先于运动，先于静止。因为这些东西都属于存在，存在创造了这些繁多的东西。[①]

柏罗丁认为，"太一"是产生一切，又超越一切的存在。它既然超越一切，就不是现实的物质和精神的存在，也不具有任何性质。在柏罗丁那里，这个至高无上不可言说的"太一"，也就是神。

柏罗丁认为，"太一"包含一切，也产生一切。一切都从"太一"不断地流溢出来，而最先流溢出来的是"心智"。柏罗丁所谓"心智"，是指"太一"的精神、思想、原则、理智。"太一"本来

---

① 柏罗丁：《九章集》，《西方哲学原著选读》上卷，第214页。

是绝对的、充满的、不动的,是不能用一般的理智所把握的,但"太一"又要看见自己,把其潜在性质发挥出来,于是就流出了"心智"。正如太阳通过光来看见和表现自己一样,"太一"也通过"心智"来表现和认识自己。柏罗丁认为,"心智"既为绝对精神的"太一"的表现,那么"心智"也是绝对的、超验的。[①] 但是"心智"同"太一"又不相同,"太一"是"一",而"心智"是"多"。柏罗丁认为,"心智"的存在和意义,在于表现"太一",认识"太一"。从柏罗丁对"心智"的本性的种种规定中可以看到,"心智"同柏拉图的理念与理念世界是极为相像的。它们与感性事物相隔绝,是超验、纯粹的精神体系。但是,柏罗丁不把相当于柏拉图的理念的"心智"看成是自我满足的理性实体,而在他之上又增加了一个神,即"太一",这正是柏罗丁比柏拉图"新颖"之所在。

柏罗丁还认为,"心智"对位于其上的"太一"来说,是被表现出来的精神,而对位于其下的现象世界,又是模型,是产生万物的原因和动力。不过,联系"心智"和现象世界的还有一个中间环节,这就是从"心智"流溢出的次等的存在——灵魂。柏罗丁认为,作为"心智"的产物和摹本的灵魂,它不如心智完备,它的活动方式不是直觉,而是概念、判断和推理。它的活动的真正目的,是趋向心智和纯精神,但这仅是灵魂活动的一个方面,即向内的方面;另一方面,它还具有向外的倾向,即趋向现实世界,与物结合,形成自然,作为物和自然中的灵魂。

在柏罗丁看来,灵魂趋向自然、同物结合,成为物质质料的形式。灵魂和物质的结合,虽是一种堕落,然而也是一种必然。灵魂也像"太一"、"心智"一样,有一个表现和施展自己的过程,施展就要有对象,于是产生了事物。他还说,物质是相继地接受形

---

① 柏罗丁:《九章集》,《西方哲学原著选读》上卷,第214页。

式，这样就表现为时间，表现为自然和宇宙的生成过程。由于自然、宇宙的生成是灵魂流溢的过程，所以自然是有开始的，但却是无终结的，是永恒的。

柏罗丁从灵魂学说中进一步引申出关于人的灵魂的学说。他认为灵魂在没有同肉体结合之前是自由的，超感觉的，只是沉思心智，向善。而灵魂具有一种塑造物体的欲望，具有这种欲望的灵魂叫个别灵魂或灵魂中的物的部分。这个灵魂部分与物质身体结合，成为人。人的这个灵魂无理性和真理，感性欲望和冲动才是它活动的中心。这是一种动物性，因此是一种恶。恶成了灵魂轮回的根源。在轮回过程中，有的个别灵魂可能转向善、"心智"，归为"太一"，而这是极罕见的。多数灵魂是与肉体结合，构成了肉体的本质。

"太一"、"心智"、灵魂、物质是构成柏罗丁哲学体系的四个基本概念和环节，而贯穿这四个环节的是"流溢"。流溢说是柏罗丁哲学中最有特色的部分。柏罗丁认为，全部理性、物质自然界和人都是从"太一"流溢出来的。"太一"流溢出"心智"、"心智"流溢出灵魂，灵魂流溢出自然和人。[①]之所以发生流溢，乃是由于完满的东西一定要流溢出来，潜在的东西一定要表现出来。在柏罗丁看来，流溢的过程是一个从统一到杂多，从完满到不完满，从超时空到时空，从最高精神实体到精神和物质的过程，也是宇宙和人依次被创造的过程。他把这个过程看成是必然的，也是值得赞美的。但他有时又说，从最高存在到次等存在的过程是个堕落的过程，是精神不断丧失，而变化的物质和感性不断增加的过程。物质、感性是理性和纯粹精神的缺乏，当然就是一种对善的缺乏，所以叫做恶。正因为这种堕落或罪恶的存在，才使柏罗丁的认识论成为必要。

---

① 柏罗丁：《九章集》，《西方哲学原著选读》上卷，第 216 页。

【对"太一"的反顾的认识】

柏罗丁主张,认识是向"太一"的复归,复归走了同流溢完全相反的道路,即表现为从物质到灵魂到"心智",最后到"太一"的过程。柏罗丁把这个认识"太一"的过程区分为三个阶段:第一是净化灵魂的阶段,即灵魂摆脱物欲的束缚,指向纯粹的心智,达到灵魂同心智的合一;第二是理性沉思阶段,这个阶段上表现为纯粹的概念活动;第三是出神或直觉的阶段,在这里达到对最高的实体"太一"的认识,这种认识是"心智"和"太一"的合一,是灵魂和神的合一,因此不需要推理和叙述,更不需要借物质的对象和其他认识条件,只凭直觉、顿悟、狂迷、出神、然后达到认识的高峰和绝对。他说:

> 我们必须变成心智,必须把我们的灵魂信托给我们的心智,在心智中建立起我们的灵魂,这样我们才能意识到心智所观看的东西,并且通过心智享受对"太一"的观照。我们不可以加进任何感性经验,也不可以在思想中接受任何来自感觉的东西,只能用纯粹的心智,用心智的原始部分去观看那最纯粹的东西。①

柏罗丁认为,认识"太一"或神,是认识的最高境界,认识的目的。认识的基本方法是"出神"或直觉。"出神"排斥了任何感性因素和理性判断成份,在"出神"中达到同神合一。柏罗丁所说的这种"出神"状态是不存在的。但他却胡说自己曾亲临过几次。

柏罗丁还主张,灵魂摆脱肉体,认识"心智"和"太一"的过程,不但是实现最高真理的过程,也是一个从恶到善的过程,是一个体现道德的过程、实现美的过程。只有从事纯粹的理智的活

---

① 柏罗丁:《九章集》,《西方哲学原著选读》上卷,第213页。

动,又能具有认真摆脱物欲罪恶的德行的人,才能达到这种光辉的顶点。

可以看出,柏罗丁的本体论和认识论体系的唯心主义性质是十分明显的。当他认为在物质自然界之外有所谓灵魂、"心智"、"太一"存在时,他就把物质的自然界当成了第二性的派生的东西了。柏罗丁所说的"出神"状态,就是直觉。直觉、顿悟是主体结构中的一种非逻辑、非理性成份,是人类认识的一个环节。但是,柏罗丁把这种直觉绝对化,看成是把握绝对的唯一的认识形式,这就陷入了直觉主义、反理性主义和神秘主义。

柏罗丁哲学的基本特征就是把哲学和神学结合起来,用唯心主义哲学论证神学。他的"太一"流溢说和"出神"的认识论都为了证明上帝的存在。他把人生道德同敬神相结合,提出了罪恶的观念,认为看重感性事物就是罪恶,因为感性的东西是不完满的,是善的对立面。柏罗丁哲学的神学性质,使新柏拉图主义成为古希腊罗马哲学向基督教神学转变的中间环节。

柏罗丁哲学的出现,最主要的原因是罗马帝国的没落。柏罗丁所处的三世纪的罗马帝国,是奴隶制全面衰竭和危机的时代。在这个时代里,人们的总的精神是,"现状不堪忍受,未来也许更加可怕。没有任何出路。悲观绝望"。[①] 人们既然对现实世界感到万念俱焚,就必然对超然的世界充满了希望。于是,真实的存在和真理也就自然存在于彼岸和纯粹的理性之中了。柏罗丁的哲学思想的形成,同当时宗教的流行也不无关系。

三、基督教教父学和奥古斯丁的宗教哲学

公元后的罗马帝国在意识形态方面的一件大事,就是基督教的产生。基督教产生在东方巴勒斯坦一带。罗马帝国的残酷压迫

[①] 恩格斯:《布鲁诺·鲍威尔和早期基督教》,《马克思恩格斯全集》第15卷,第333卷。

和霸权主义政策，使得下层人民处于极端痛苦的境地，特别是边远省份的民族受苦更甚。受罗马征服的犹太人不甘心被压迫的地位，曾举行了多次起义，但都失败了。人们失去了物质解放的条件，便转向寻求精神解放和安慰。这种情绪反映在宗教意识上，便促成了基督教的产生。

基督教的前身是犹太教。犹太教是犹太人的宗教。犹太人信奉的最高的神是耶和华与救世主弥赛亚，并且有相应的宗教律法和仪式。犹太人由于长期历经战乱、被蹂躏、被屠杀、被虏等民族灾害，弱小民族无力战胜强敌，于是，就用宗教来保持其民族意识和民族统一。犹太教在发展中，逐渐把耶和华的权威无限扩大，奉为一种世界神，并且盼望救世主到来，拯救犹太民族。犹太人把他们的神抬高成世界神，把本民族抬高成神的选民，看成最优越的人，并且用种种神的法律和禁忌来限制犹太教思想的传播和组织的扩大，这些都成为教会进一步发展中的阻碍。公元一世纪，在罗马的高压政策下，犹太人反抗罗马的斗争失败，罗马统治者血洗耶路撒冷，以色列国家灭亡。相传在这个时候，由耶稣谪传的一个犹太教支派，宣传天国将近，人们可望得到拯救。这一派不坚持犹太教的种种禁忌和宗教仪式的繁文缛节，于是得到了大批的追随者。后来，耶稣被罗马人处死，但由于耶稣的传教活动赢得了相当的群众，人们把耶稣作为救世主，相信耶稣牺牲是为所有的人赎了罪，因而可以得救。这对处在失败、失望中的人民是一种特大的精神安慰，再加上这一派只讲因信耶稣而得救，此外没有什么入教条件，于是，这个支派就逐渐发展为基督教。

刚产生的基督教也称原始基督教。正如恩格斯所说："在早期基督教的历史里，有些值得注意的与现代工人运动相同之点。基督教和后者一样，在其产生时也是被压迫者的运动：它最初是奴隶和被释放的奴隶、穷人和无权者、被罗马征服或驱散的人们的宗教。"① 在原始基督教的文献里可以看到，原始基督教徒对罗马统治者有一定的反抗意识，盼望救世主的来临，以惩罚罗马统治者那样的恶人。同时，他们还以公餐的仪式，表现对平等的要求和财产公有的某些主张。由于原始基督教具有一定的反抗精神和战斗性，不断受到罗马统治者的镇压；但是，基督教作为具有广泛的群众基础和影响的群众运动，不仅没有被镇压下去，相反更为迅速地发展起来。从一世纪到二世纪，基督教从西亚发展到爱琴海地区，从农村发展到城市，教徒队伍越来越大。然而，基督教在进一步发展中，教徒的成份越来越复杂，教会的派系增多，内部斗争也尖锐起来。各地教会的权力逐步被富人所把持，于是，基督教的性质开始发生变化。随之，教义的内容也发生了变化，由盼望救世主快来拯救受苦的教徒，变为盼望死后升天求得幸福，神也不是原来的偿善罚恶的神，而是对好人和坏人都一视同仁的神了。教义的这种变化，为罗马统治者利用基督教提供了可能。公元313年，罗马皇帝君士坦丁颁布"米兰敕令"，承认基督教的合法地位。公元325年，尼西亚宗教会议统一了基督教的教义、教规和组织。公元392年，罗马皇帝狄奥多西一世正式把基督教定为罗马国教。从此，基督教便由早期劳动人民的宗教变成了罗马奴隶主阶级的意识形态。

谈到基督教的思想来源时，恩格斯指出："基督教起源于通俗化了的斐洛派的观念，而不直接产生于斐洛的著作"②。斐洛是亚里山大里亚的犹太人哲学家。他利用斯多葛派的思想解释当时流行的犹太教教义，把斯多葛派的神同犹太教的神（耶和华）结合起来，为基督教的产生奠定了思想基础。

---

① 恩格斯：《论早期基督教的历史》，《马克思恩格斯全集》第22卷，第525页。
② 恩格斯：《布鲁诺·鲍威尔和早期基督教》，《马克思恩格斯全集》第19卷，第330页。

随着基督教的发展，在信徒中出现了一些护教人物，他们不但宣传基督教信仰，制定教义，还努力为信仰作论证。后来称这些解说信仰的权威为"教父"。他们的神学学说被称为"教父学"。在这个时期，教父们制定的神学信条有：

（1）三位一体说。基督教反对多神教，信仰唯一的神。同时又主张圣父、圣子、圣灵三位一体，即把上帝、耶稣和教会联为一体。

（2）创世说。基督教认为，自然、生物和人类都是上帝从虚无中创造出来的。

（3）原罪说。基督教认为，上帝最早创造了亚当和夏娃这两个人类的祖先。他们由于受了邪恶的引诱，违抗神命，吃了分别善恶的果子，对神犯了罪。这种罪恶由他们传给了自己的后裔，于是人人有罪，无一例外。

（4）救赎论。基督教指出，人既有了原罪，上帝对人一要惩罚，二要解救，于是出现了救世主耶稣替人赎罪的事。由于耶稣的受苦而替人类赎了罪，因此人应当把自己无限地奉献给上帝和基督。

（5）天国报应说。基督教的宗旨是信奉上帝和基督，为此要蔑视物质享受，过禁欲的生活，以求升入天堂，实现永恒的幸福生活。

这些神学信条无疑是一种精神鸦片，是推行愚民政策的得力工具，把教权和反动统治永恒化，为奴隶制度进行辩护。但从宗教发展史上看，它们是基督教战胜异教的武器，巩固了基督教在奴隶占有制社会的地位。

"教父学"的最早代表之一是弗拉威·尤斯丁。他把斐洛和斯多葛派的思想同基督教教义结合起来，认为基督就是上帝的思想——"逻各斯"的体现。二世纪最有影响的教父德尔图良（约160—230)反对一切非基督教学说,主张基督教教义应以信仰为基础。

他奠定了三位一体的神学信条。"教父学"最大的代表是北非的希坡主教奥古斯丁。

奥古斯丁(350—430)是当时罗马帝国统治的北非塔迦斯特人。他曾是摩尼教的信徒,后来改信基督教。他曾在罗马、米兰等地研究和讲习神学。大约在40岁时(396年),做了北非希坡教区的主教,一直到死。他的著作很多,主要有《忏悔录》、《上帝之城》、《教义手册》等。奥古斯丁在神学上的主要贡献是阐发和论证神学,使基督教神学趋于完善和系统化,以巩固教会在奴隶社会唯一独尊的地位。

【理性神学】

奥古斯丁的神学世界观涉及到上帝创世、三位一体、原罪、救赎等基本的神学理论。上帝创世说是他首先着重说明的神学信条。世界是从哪里来的?古希腊的一个传统思想是"无不能生有"。奥古斯丁则引证圣经,相信上帝在六天之中完成了从无到有的创造。① 但他又力求对上帝的创造作出理论的论证。他利用新柏拉图主义关于"从神流溢一切"的观点论证创世说,认为神包含一切,也产生一切,从神中首先流出的是万物的原型(理念),在时间的历程里,理念便实在化为万物。奥古斯丁还认为,时间并不是永恒的,而是有开始的。上帝在创造世界之前并没有时间,上帝创造世界时也创造了时间。时间和被创造的物质是同在的,既然时间是有开端的,那么物质世界就是有开端的。在物质和时间之前是无,所以上帝在无中创造了世界。并且,由于时间和物质是有开端的,因此,它们就是有限的,那么在有限之外的上帝,必定是无限的,永恒的。这里的时间有开端的思想,是柏罗丁的思想,奥古斯丁试图用柏罗丁的哲学来证明神学教条,这是他的一个基本论证方法。奥古斯丁在这里假定了上帝的存在,上帝的超时间

---

① 参看奥古斯丁:《教义手册》,《西方哲学原著选读》上卷,第219页。

性和创造力，这个前提本身恰恰是不能成立的，荒谬的。然而，奥古斯丁在关于时间的论述里，提出了时间的相对性、时间和物质相联系等思想，这是具有一定的启发意义的。

奥古斯丁还具体地论述了三位一体学说。他说："父、子、圣灵，各位都是完全的，所以它是三位一体，而不是三重。"奥古斯丁特别强调，这种神性的三位一体与感性事物是截然不同的。在现实事物中，一件事物并不像三件事物一样多，而二件事物比一件事物多；但在至高的三位一体中，一位等于三位，而且它们本身是无限的。因此，各位在各位里面，大家在各位里面，各位在大家里面，大家在大家里面，并且大家合而为一。这样，奥古斯丁就论证了所谓三位的合一性和平等性。合一性和平等性说明了神的唯一性，同时又是无所不在的。三位一体是基督教的根本教义之一，其中包含了明显的自相矛盾。对此他说，三位一体"这若不能由理解把握着，就要用信仰怀抱着。"

罪恶问题也是奥古斯丁神学理论的一个重点问题。他认为，人类原初就具有一种罪恶的本性。在《忏悔录》中，他用自己的经验证明了这种罪恶本性的必然性和普遍性。他举例说，有一次，他同伙伴偷了邻居的梨子，他追忆这次偷窃的动机，他家里本来有梨，而且更好吃；他偷来的梨不是要吃它，而是拿去喂了猪。这说明偷窃不是为了一种需要和享受，而是出于纯粹的堕落和罪恶。他说：

> 罪恶是丑陋的，我却爱它，我爱堕落，我爱我的缺点，不是爱缺点的根源，而是爱缺点本身。[①]

奥古斯丁竭力证明人具有犯罪的本性，目的在于贬低人和抬高神。

---

① 奥古斯丁：《忏悔录》，商务印书馆1981年版，第30页。

奥古斯丁还从人的本性有罪出发,论述了他的神学自由观。他认为人是自由的,但人的自由具有二重性,人可以向善,也可以向恶。人类之初本来可以选择永恒的、神圣的自由,但他们没有选择,而是自由地选择了犯罪。自由被罪恶所胜,人成了自由的奴隶,这不是真正的自由。真正的自由是神的自由。这种自由是舍感性而向善,趋向至善和神,这是快乐的。这种自由也受制于上帝对克服物欲的要求,但受制也是快乐。① 用追求上帝的善良愿望,克服人的自由意志,用崇敬上帝的约制,克服人的物质欲望,并达到自觉,这就是他的神学自由观。

奥古斯丁的原罪理论是其论证救赎的出发点。他认为,人既然有了罪,才使救赎成为可能。上帝具有善的本性,希望一切都善,所以上帝给人恩典,使人受神恩而得救。然而,人的得救有个条件,就是要完全克服肉欲,一心向善。奥古斯丁认为,救赎的过程,是精神克服物欲,把它升华而神化的过程,精神的神化不是由于人的主动性,而是神的感召。这样,奥古斯丁就把上帝的"道成肉身",派基督来救人类的宗教说教,代之以精神克服物质、神性克服人性的理论,把宗教教义变成了神学思辩。

奥古斯丁还提出了预定论和命定论。预定论是说,谁可以得福,谁可以得祸,谁可以得救,谁可以毁灭,都是上帝预先安排的,是永恒的决定。预定论说明了上帝的先见之明。人本来是可以选择善的,但他在没有任何强迫的条件下,作了恶的选择,因此他的被罚是必定的。上帝的预定,决定了尘世的命定。人要安心从命,这是神意,不会有差错,也不可违抗。

奥古斯丁关于创世、三位一体、原罪、自由、救赎、预定、命定等观点是一套完整的宗教哲学理论。其中,三位一体是关于神的理论,创世说是关于神和世界关系的理论,原罪、自由、救赎、

---

① 参看奥古斯丁:《教义手册》,《西方哲学原著选读》上卷,第 221 页。

预定、命定是关于人的学说。他的神学理论的基本精神是,人应"爱上帝,鄙视自己"。这样他就给带着地上王国的锁链的奴隶们的脖子又加上了一条天上王国的锁链。

【信仰高于理性】

奥古斯丁从维护信仰出发,提出不但要诉诸权威,还要理解我们所相信的东西,这就提出了对神的存在的认识问题。在《忏悔录》中,他讲了达到认识"存在的本体"的认识过程:

> 从肉体到达凭借肉体而感觉的灵魂,进而是灵魂接受器官传递外来印象的内在力量,也是禽兽所具有的最高感性。更进一步,便是辨别器官所获得印象的判断力;但这判断力也自认变易不定。因此即达到理性本身,理性提掣我们的思想清除积习的牵缠,摆脱了彼此矛盾的种种想像,找寻到理性所以能毫不迟疑肯定不变优于可变,是受那一种光明的照耀……最后在惊心动魄的一瞥中,得见"存在本体"。这时我才懂得"你形而上的神性,如何能凭所造之物而辨认洞见"。[①]

奥古斯丁对认识过程所作的上述描写,实际上就是柏罗丁的净化灵魂、理性沉思和"出神"的认识理论,只不过奥古斯丁更强调"神性"在认识中的作用,具有更多的宗教味道罢了。

奥古斯丁竭力用哲学、理性来证明信仰的合理性,而当信仰和理性发生矛盾时,他宁肯抬高信仰而贬斥理性。在他看来,要认识首先就必须信仰,不信仰就不能理解,信仰高于理性,理性只在于加强信仰。他说,"我们当以信仰来开始我们所愿意了解的重要神学问题"。把信仰当成知识、行动的出发点和归宿,把《圣

---

① 奥古斯丁:《忏悔录》,第131页。

经》当成真理的标准,用对上帝的"信、望、爱"来反对对神的怀疑,这是以奥古斯丁为代表的神学家关于认识论问题的最终归宿。

【唯神史观】

奥古斯丁的神学理论用来说明社会历史的发展,形成了他的神学历史哲学。奥古斯丁在《上帝之城》一书里,把社会成员分为两个部分,一部分是上帝的信徒,要建立一个上帝之城;一部分是魔鬼的信徒,建立的是世上之城。神和魔鬼要进行一场激烈的斗争,神战胜魔鬼,基督二次降临,建立起上帝的国度。奥古斯丁在这里把这社会现实的矛盾,归结为人和神的矛盾,认为人不能自己解决自己的问题,人的问题的解决,只能靠神的力量来完成。因此,宣扬人的渺小和神的伟大、永恒、无限权力,是奥古斯丁神学历史观的核心。《上帝之城》中的唯神史观是极其荒谬的,但出现在当时的罗马帝国又是很现实的。公元四世纪末和五世纪初的罗马帝国,奴隶起义风起云涌,日耳曼民族大迁移势不可挡,罗马城曾被抢劫一空。正当罗马帝国奄奄一息之际,奥古斯丁写了《上帝之城》。他的唯神主义历史观,既表现了神学家们想用教会来延缓奴隶制的覆灭的幻想,又表现了想用宗教来统治世界的野心。

奥古斯丁在《上帝之城》中还认为,上帝建立天城是一个过程,并不是说可以立即实现。在还没有建立之前,世界仍然属于世俗历史的发展时期。在这个时期,上帝对人类的罪恶实行惩罚,奴隶被奴役就是上帝的旨意。他说:

> 罪是奴役制度之母,是人服从人的最初原因。它的出现不是越过最高的上帝的指导,而是依照最高的上帝的指导……因此,使徒警告奴仆要顺从他们的主人,并且要愉快地、善意地服侍主人;以此为目的,如果他们

>不能从他们的主人那里得到自由,那他们就把他们的奴役作为自己的一种自由,不用虚惊而用忠诚的爱来服侍主人,直至不公道消失,这样,一切人的暴力和国家被废除,就只有上帝是一切了。①

在奥古斯丁看来,奴隶制度对神来说不一定是很合适的,但对奴隶进行奴役是十分必要的。奴隶被奴役是出于罪的本性。主人奴役仆人可能不公道,但作为神对人的惩罚又是公道的。现实的被奴役是为了将来的自由,现实的被剥夺是为了取得"不能被剥夺的东西",取得神圣的通天的证书。可见,"上帝之城"存在的必要性,是为了证明奴隶制度存在的必要性与合理性。

奥古斯丁的神学哲学广泛涉及到神学世界观、神学历史观、真理、道德等问题,是教父学理论的系统化。他的神学思想在基督教发展史上占有十分重要的地位。奥古斯丁死后,在行将到来的欧洲封建社会里,这些理论立即被封建主阶级所接受,成为他们的思想统治工具。

罗马时代的基督"教父学",是中世纪神学和经院哲学的前驱。

---

① 奥古斯丁:《上帝之城》,《西方哲学原著选读》上卷,第222—223页。

第二章 中世纪的经院哲学

引 言

经院哲学是中世纪的基本的哲学形态。它继承和发展了古代的哲学和基督教神学，成为中世纪占统治地位的哲学，是联结欧洲古代哲学和近代哲学的中间环节。经院哲学深深地植根于中世纪封建制度的社会生活的土壤之中。

公元 476 年，西罗马帝国在奴隶起义和日耳曼人入侵的打击下灭亡，日耳曼人在罗马帝国的废墟上建立了大大小小的封建王国。这些王国后来又几经相互的征战和兼并，形成了像法兰克那样幅员广大的封建王国。法兰克王国从公元五世纪开始，经历了数百年的封建化过程，到九世纪基本上确立了封建制度。封建主义的生产关系代替古代的奴隶占有制，这在历史上是一个进步。

欧洲封建社会的基本阶级是封建主和农奴。世俗封建主和教会封建主是封建社会的统治阶级。他们利用所占有的土地和种种特权，对农奴进行经济和超经济的剥削，利用封建的国家机器，对农奴进行压迫。教会僧侣还以教会所掌握的神权，对农奴进行经济的、政治的、精神的残酷统治。广大农奴和其他劳动人民为反抗封建主的种种剥削和压迫，进行了长期的多种形式的斗争，农民起义连绵于整个中世纪。农民反对封建主的斗争，是封建社会发展的动力。

十一世纪，由于手工业和商业的发展，城市和市民等级开始出现。城市的市民和平民是欧洲封建社会中的进步因素。他们为求得工商业的发展和城市的自治,向封建主和贵族展开了斗争。市民和平民反对封建势力和教会势力的斗争(这个斗争有时同农民的反封建斗争相结合),也是推动欧洲封建社会前进的一个重要力量。

在封建地主阶级内部,还有教会地主和世俗地主之间的矛盾,这种矛盾在政治上往往表现为教权和王权的矛盾。当时,罗马天主教会占有西欧各国的约三分之一的土地,拥有大量的农奴,是欧洲最大的封建领主。它鼓吹君权神授论,实行世界霸权主义,竭力控制、削弱甚至扼杀世俗政权的统治,阻碍民族国家的形成。在欧洲封建社会出现的分裂和混乱局面中,王权是秩序的象征,反对封建割据和教会特权,反映了当时欧洲民族国家形成的趋向。因此它不仅代表了世俗封建主的利益,而且在客观上比较符合市民等级的要求。一般说来,在西欧的特定的历史条件下,王权是有利于社会进步的。十五至十六世纪,由于生产力的发展和科学技术的进步,出现了新的资本主义的生产关系,在封建社会的旧有阶级中,逐渐分化出了市民资产阶级和雇佣劳动阶级。这些新阶级的出现,以及他们同农民、城市平民结成联盟而开展的反封建的斗争,终于使封建社会最后趋于解体。

欧洲封建社会的发展分为三个阶段:第一阶段(五至十世纪)是封建制度的形成阶段;第二阶段(十一至十四世纪)是封建社会的繁荣阶段;第三阶段(十五至十六世纪)是封建制度的衰落阶段。本章着重论述前两个阶段,即所谓"中世纪"时期的哲学。关于第三个阶段,也即所谓"文艺复兴"时期的哲学,将于下章专论。

欧洲封建社会占统治地位的意识形态是基督教神学。恩格斯指出:"中世纪只知道一种意识形态,即宗教和神学。"[1] 基督教通

---

[1] 恩格斯:《路德维希·费尔巴哈和德国古典哲学的终结》,《马克思恩格斯选集》第4卷,人民出版社1972年版,第231页。

过层层教会机构，严密地控制着人民的思想。社会的全部上层建筑，政治、法律、道德、哲学、文学等以至整个社会生活，全都浸透了神学精神，甚至中世纪所发生的一切社会运动和政治运动，都不得不采取神学的方式，披上神学的外衣，包括"一切革命的社会政治理论大体上必然同时就是神学异端"。[①] 这是中世纪的意识形态和思想斗争的特点。基督教作为历史的产物，它本身也有一个兴衰的历史过程。基督教由奴隶主的宗教转变为封建地主阶级的宗教，经历了长期的斗争，它曾经帮助了封建制度的建立，起了一定的历史促进作用。欧洲封建制度巩固之后，基督教便成了封建社会反动势力的工具。它通过压迫和残害异教和异端，来扼杀反封建的进步的政治运动和思想运动。在欧洲封建社会后期，随着资本主义生产关系的萌芽、自然科学的发展以及宗教改革运动的兴起，封建教会也逐渐趋于没落了。

中世纪哲学的基本形态是经院哲学。经院哲学是为神学作论证的，本质上是唯心主义的世界观。同基督教一样，经院哲学也有其产生、发展和衰败的历史。它形成于十一世纪，繁荣于十三世纪，十四世纪开始解体。中世纪经院哲学内部始终存在着正统派和各种异端的矛盾，其中唯名论和实在论的斗争具有重大的哲学意义。列宁指出："中世纪唯名论者同实在论者的斗争和唯物主义者同唯心主义者的斗争具有相似之处。"[②] 尽管唯名论和实在论在总体上都属于神学唯心主义世界观，但唯名论含有某种唯物主义倾向，因此唯名论和实在论的斗争，实质上是唯物主义和唯心主义两条哲学路线在中世纪的特殊表现。中世纪后期的唯名论的兴盛，促成了经院哲学的瓦解，为"文艺复兴"时期的哲学和自然科学中唯物主义的兴起提供了理论准备。

---

① 恩格斯：《德国农民战争》，《马克思恩格斯全集》第7卷，第401页。
② 列宁：《又一次消灭社会主义》，《列宁全集》第20卷，第185页。

第一节　经院哲学的先声

西欧封建社会初期，势力最大和存在时间最长的国家是法兰克王国。王国经过墨洛温王朝（485—751）、加洛林王朝（751—987）。查理曼（768—814）于800年建立了"神圣罗马帝国"，也即查理曼大帝国。帝国疆域东抵易北河，西连西班牙，南部包括意大利大部分，基本上统一了原西罗马帝国的疆域。查理曼死后，他的三个儿子争夺王位，帝国分裂为西法兰克、东法兰克和意大利三部分，奠定了现今的法国、德国和意大利三国的基础。查理曼时代是法兰克的全盛时代，建立了封建的中央集权制，实现了西欧早期封建社会的统一，奠定了后来的民族国家的基础。查理曼帝国在西欧早期封建社会的发展中起了重大的作用。

这个时期的西欧社会经历了封建化过程。这个过程既是封建贵族和教会兼并土地的过程，又是自由民丧失土地，依附教会地主和世俗地主，从而成为农奴的过程。西欧封建制度比古代奴隶制度，社会生产力有了新的发展。

西欧封建社会从罗马帝国继承了基督教神学，并对它进行了封建主义的改造。封建地主阶级对罗马基督教神学的继承和改造的工作，主要是搜集基督教的历史文献，注解《圣经》和其他基督教经典，删节认为不合时宜的内容和增补新的条文和理论。其目的，一方面为了使基督教教义系统化、理论化，克服其中的矛盾和混乱，保持和加强教义的神圣性；另一方面更重要的则是为了把基督教上帝神圣的观念同封建皇帝至上的观念结合起来，把基督教的宗教统一的观念和封建主义的国家统一的观念结合起来，把基督教保留古代文化和建立封建文化的要求结合起来，为论证封建制度的合理性提供理论根据。因此在西欧封建社会初期，对基督教和基督教神学进行封建主义的改造,就成了封建主阶级在思想文化建设中的一项重要任务。当时,在哲学领域体现这一过程的,是出现了波爱修的理性神学和爱留根纳的泛神论。这些理论在宗教上表现了与罗马教会传统神学意识的对抗,并且在一定程度上反映了新兴地主阶级要求发展生产和科学文化,主张社会进步的进取精神。

一、波爱修的理性神学哲学

波爱修(约480—525)是欧洲中世纪哲学史上的杰出人物,既是神学家和哲学家,又是雄心勃勃的政治活动家,曾经担任罗马执政官之职。他的著作有《哲学的慰藉》和为波尔费留《亚里士多德〈范畴篇〉引论》一书所做的注解。

(一)人在理智上类似上帝

作为神学家,波爱修宣称:"万物的根源是上帝。"[①] 他认为上帝以神圣的理性统治着宇宙,使宇宙有其常型,使一切变化有条不紊,因而上帝是最高的善。但是他也十分重视人的地位,认为人也有神性。他说:

> 人们得到神性,他们可成为神。每一个有福的人都是神,而且没有什么可以防止许多人成为神。[②]

在波爱修看来,人之所以能成为神,在于人有理性,在于人"以理性为本质"[③]。由于人有理性,使得人类超乎万物之上,使得人在理智上类似上帝。波爱修重视人的理性和智慧,从而使他的神学思想具有理性主义和人本主义的显著特点。

波爱修从人在理智上类似上帝的观点出发,进一步指出人不

[①][②][③] 《基督教历代名著集成》第1部第14卷,金陵神学院托事部基督教辅侨出版社版,第23、77、42页。

应当在自己身外寻找上帝的存在、全善和全美，而应当从人的本性中，从人的内心中去寻求。他从事物和概念的相反相成上推论上帝的存在。按照他的观点，不完全与完全、不完善与完善、不完美与完美都是相比较而存在的，既然人们承认有不完全的东西的存在，那就必须承认有绝对完全的东西的存在，这种存在就是上帝，它是最高的最完全的善。他又认为，一切完全都比不完全在先，因此上帝先于一切，是最本源的存在。这里表现了他的神学的、客观唯心主义立场。他把上帝说成观念中的存在，是人们在理智中寻求的绝对的东西，这就为中世纪神学利用理性来证明上帝存在开了先河。

波爱修从理性是人的本质的观点出发，还论述了必然与偶然、必然与自由的关系。他首先承认必然性的存在，他把神支配一切的智慧叫做天命，认为天命就是必然性。① 同时，他也认为，除上帝支配一切的必然性外，还存在偶然性。他说：

若是一个人为了一个目的而做成一桩事，而所发生的不是由于目的，却是由于其他某种原因，这就叫做"偶然"。②

波爱修把必然性理解为上帝的意志，这反映了他的神学唯心论立场。但是他肯定人的活动的存在和意义，把它叫做偶然性，认为偶然性和必然性是共存的，两者在现实中是相互联系的，这就通过理性思辨进一步论证了他的人本主义的基本原则。

那么，人有自由意志吗？波爱修同样给予了肯定的回答。他说：

---

① ② 参看《基督教历代名著集成》第 1 部第 14 卷，第 110、123 页。

有自由的意志,凡一切有理性的,都有判断的自由。①

这是因为"凡有理智的人,就能够有欲求和拒绝的自由"。②但是他又认为:"人的心灵若与上帝的心灵相感应,就必更加自由。"③波爱修肯定人的自主性和思想自由,这体现了他的理性主义和人本主义精神。然而他把个人的自由和神联系起来,则是神秘主义的。

(二)知识是人心固有的形式与外部印象的结合

波爱修强调人们凭借自己的自然的能力可以得到正确的认识。他把认识分为感觉、想象、理性和智慧四种形式。他认为知识有两个来源,一是外在的,一是内部的,二者结合起来形成知识。在他看来,知识的形成过程是被动在先,外部事物作用于人的感官,"激起内心的灵源",然后心"凭其内在的固有型式把外部的印象加以调摄,使其与固有型式相嵌合"④。这就是说,感觉印象是外来的,而整理这些感觉印象的形式则是内在的,心中固有的,它是知识的一个来源。波爱修承认知识有其外部的来源,是唯物主义的因素,但他同时主张人心先天具有一种认识的形式,则是唯心主义的观点。波爱修的认识论具有二元论的调合倾向。波爱修强调内心的认识形式在认识形成中的作用,认为:

凡被认识的,其领悟不是按照外物自身的性质,而是按照认识者主观的性质。⑤

认识一切事物,是凭主观的认识者自己的能力,而不是以被认识的事物为标准。⑥

---

①②③ 《基督教历代名著集成》第1部第14卷,第123、125页。
④ 《基督教历代名著集成》第1部第14卷,第135—136页。
⑤⑥ 《基督教历代名著集成》第1部第14卷,第139、134页。

波爱修在这里看到了人的主观认识能力在认识过程中的能动作用,但是他把理性认识的创造性片面夸大了,从而导致了唯心主义的结论。

(三)共相是个别事物之间的相似点的抽象

波爱修把个别与一般的关系问题作为自己的哲学研究的一个根本问题。在这个问题上,他成为后来的唯名论的先驱。

波爱修摘录了新柏拉图主义者波尔费留(233—304)写的关于亚里士多德《范畴篇》的《引论》中的话:"我现在不谈'种'和'属'的问题,不谈它们是否独立存在,是否仅仅寓于单纯的理智之中,如果存在,它们究竟是有形体的还是无形体的,以及它们究竟是与感性事物分离,还是寓于感性事物之中,与感性事物一致。这类问题是最高级的问题,需要下很大的工夫研究的。"[①] 对于这些问题,波爱修作了倾向于亚里士多德的解释。首先他否认本体论意义上的,即作为独立于具体事物的实体的"种"或"属",也即"一般"的存在。但是他把本体论意义上的"一般"与认识论意义上的"一般"区别开来,认为在认识论意义上的"种"、"属"、"普遍性"并不是人凭空虚构出来的,它们作为思维的抽象物或概念,只要不是虚假的和凭主观想象组合起来的,像所谓半人半马的怪物的观念那样,那它就不仅存在于理智中,而且也存在于感性事物之中。换句话说,它们是一存在的实在,但不是脱离感性事物而独立存在的实体。

波爱修认为,"普遍性"、"一般"作为思想或观念,不是某种实体的反映,而是同一类事物共有的相似性的反映,是借助思维分析和抽象所获得的。他说:

> 既然"种"和"属"都是思想,因此它们的相似性

---

① 《西方哲学原著选读》上卷,第227页。

是从它们存在于其中的诸个体中收集起来的,比如人类的相似性是从彼此不同的个人中收集起来的,这个相似性被心灵思索并真正地知觉到,从而就造成了"属";进而当思考这些不同的"属"的相似性(它不能在这些"属"之外或者在这些个别的"属"之外存在)时,就形成了"种"。所以,"种"和"属"是在个体之中,但它们都被思考为共相,并且,"属"必须被看作不外是把个体中的众多的实质上相似性集合起来的思想,而"种"则是集合"属"的相似性的思想。[1]

波爱修认为,建立在事物的相似性基础上的"种"和"属"的观念不是虚假的,而是真实的。只有那些凭借个人想象、用组合方法连接起来的东西,如半人半马的怪物才是虚假的。波爱修在这里区分了假观念和真观念,认为"用区分、抽象、假设从存在的事物所得出的观念,不仅不是虚假的,而且只有这种观念才能发现事物的真正特征"。[2] 这种用是否具有抽象性和共相来区别真假观念的看法,指出了抽象在概念的形成过程中的作用,以及抽象与事物本质特性之间的关系。显然,这种看法是有重要启发意义的。

波爱修还认为,观念上的"种"或"一般",与实际存在的相似性,在存在的形式上是不同的。"一般"作为观念,它似乎在个别之外,但就其所反映的相似性,却不在个别之外。比如我思考"线条",事物中都有"线条",但观念上的"线条",抽象的"线条"似乎在个别事物之外,但线条本身却不能在事物之外。[3]

因此,他指出,"一般"要从两个方面去看,即:"这种相似

---

[1] 《西方哲学原著选读》上卷,第232—233页。
[2] 《西方哲学原著选读》上卷,第232页。
[3] 参看《西方哲学原著选读》上卷,第232页。

性，当它是在个别事物中时，它是可感觉的，当它是在共相中时，它是可以认知的；同样地，当它被感知时，它是留在个体中，当它被理解时，它就成为共相。"① 波爱修从共相的客观存在和观念的存在两个方面，从感性和理性两个方面，来考察共性及人对共性的认识，包含着唯物主义和辩证法的因素，是对中世纪哲学的一个贡献。在这个问题上，他反对柏拉图而推进了亚里士多德的观点。他说："然而，柏拉图却认为'种'、'属'等观念不仅被理解为共相，而且是离开形体也存在着和自存着；至于亚里士多德，则认为它们虽然当做无形的和普遍的东西来理解，但是它们却潜存于可感知的事物之中。"② 波爱修声称，"我们竭力贯彻亚里士多德的意见"。③ 可见，他受亚里士多德的影响是很大的。这种观点对后来的唯名论有直接的影响。

二、爱留根纳的泛神论哲学

爱留根纳（800—877）是爱尔兰人，是中世纪早期著名的哲学家和翻译家。约845年到巴黎，与查理曼帝国皇帝查理二世是朋友，在查理创办的拉昂宫廷学校任首席教授达25年之久。他被称为"中世纪哲学之父"、"中世纪哲学的查理大帝"。主要著作有《论神的预定》、《论自然的区分》等。爱留根纳曾两次受到宗教会议的谴责，但却受到皇帝的支持和保护。1225年教皇霍诺雷斯三世下令禁止阅读和焚毁他的全部著作。爱留根纳崇尚实际，有丰富的自然和社会知识，他的哲学虽然没有超出神学的藩篱，具有客观唯心主义特点，但实际上具有在泛神论中阐述唯物主义的明显倾向，成为中世纪早期一种最激进的意识形态。

（一）泛神论：神在一切之中

爱留根纳同波爱修一样，把上帝当成最高的存在和万物的根本原因。他说：

---

①②③《西方哲学原著选读》上卷，第233页。

> 创造的智慧，即上帝的道，在万物未造之前，乃观察万物，而它那在万物未造之前对万物的观察，正是万物的真实、不变和永恒的本质。①

在上帝与自然的关系问题上，爱留根纳既肯定上帝，又肯定自然。他说："神就是全体，全体就是神。"一切都包括在神之中，神创造一切，又最终都回到神那里去。这种以神为中心的统一的整体就是"自然"。谈到自然，爱留根纳说："自然乃是指示包括存在与不存在的全体的一般名称"，是"心灵所能了解的或者超越心灵力量所能及的全部事物"。可见，他所说的自然，不只是物质世界，而是物质与精神、存在与非存在、神与神造的万物的统一体。他把这种"自然"区分为四种不同的形式：（1）自身非被创造但却创造他物的存在，指作为一切存在的源泉的创造者的神；（2）自身被创造又能创造他物的存在，指神的理念，万物的形式或本质；（3）自身被创造却不能创造他物的存在，指按理念而实在化的自然界的万物；（4）自身非被创造也绝不能创造他物的存在，指作为一切事物的归宿和包含一切整体的神。依据爱留根纳的观点，神是从来就有的绝对存在，一切都是神创造的，神创造的一切，本来就包含在神之中，最终又都复归于神，形成一个永恒的、超时间的由神到神的过程。

可以看出，爱留根纳关于神和自然的观点，以及自然四种存在形式的思想，深受柏拉图主义的影响，不同于信奉亚里士多德主义的波爱修。他关于理念与事物的关系的观点，显然源自柏拉图的理念论，他的四种存在形式的思想，也有新柏拉图主义柏罗丁哲学的影子。这种观点成为后来的经院哲学中的实在论的先声。

---

① 《基督教历代名著集成》第1部第4卷，第16页。

但是爱留根纳关于神和自然的理论又是早期泛神论的重要理论。神和创造物的同一,是爱留根纳坚持的一个基本原理。他认为,不应该把神和它的创造物当作不同的事物,而应该把它们当作一个唯一的和同一的事物。神是万物的本质和共同原则,万物必然是"神的显现";普遍先于个别而存在,也存在于个别之中,并通过个别显现出来。所以"神总是在一切之中","一个神将显现自己于一切之中","在我的肉体中我看到了神"。① 爱留根纳的这个原理具有明显的泛神论性质,他要把神实现出来,实在化,使每个事物都具有神圣性和永恒性,这是后来进步思想家在神的掩护下宣传唯物主义的方便的武器。这个思想在政治上反映了新兴的封建势力重视现实的要求。

爱留根纳在肯定上帝的同时,也肯定的了人的意义和地位。他从创造万物的本质的观点出发,认为人也是一种"永远在神意中存在着的观念"。② 不过,他认为人是一种特殊的存在物。因为上帝特别器重人,上帝不但把它自己的形象寄托给人,而且把一切事物的观点也安放在人的心中。从观念在事物之先的观点来说,上帝就使一切有形和无形的被造物,使整个被创造的大自然,都包括在人里面,即如他所说:

> 宇宙间一切,不论是物质的或非物质的任何部分,无不存在、知觉、活着及概括在人里面。甚至天使所禀赋的本性,也无不存在于人的里面。③

按照爱留根纳的这种观点,除上帝外,人就是最神圣的了。他把人放在一神之下和万物之上的地位,对人的存在和意义的估计是

---

① 《世界文明史》第12卷,台北1975年版,第88页。
②③ 《中世纪哲学家著述选编》第1—2册,伦敦1928年版,第154、147页。

很高的了。他如此突出人的作用,还在于他认为上帝之所以把万物的观念统统放在人里面,目的是"要在人里面创造一切",① 他的这个关于万物包含在人里面和人创造一切的原理,是以唯心主义和神秘主义的形式,强调了人的神圣性、丰富性和创造性,表达了一种人本主义的精神。

爱留根纳关于一切来自神,体现神,又复归于神的原理的意义,还在于从根本上否定了基督教的原罪、永罪和赎罪的说教。在当时所争论的预定和自由意志的问题上,爱留根纳赞同自由意志论。他认为,罪恶的根源不在神之中,人最初并没有罪,罪恶的原因在于自由意志,在于人们只是转向自己而不是转向神,人由于犯了罪,就丧失了自己的存在。但罪恶又是可以改的,人们可以恢复其先前的存在状态,由不存在变成存在。因此惩罚也不是永恒的。既然一切都吸收到神之中去,一切事物都要被神化,那么魔鬼最后也将得救,只不过比别的东西较晚而已。所以爱留根纳反对基督教所倡导的无休止的乞求赎救的消极的祷告。恩格斯在论及爱留根纳的哲学时说:"他的学说在当时来说是特别大胆的;他否定'永恒的诅咒',甚至对于魔鬼也如此主张,因而十分接近于泛神论;因此,当时正统思想的代表人物对他就不乏恶意的攻击。"②

(二) 理性主义:理性高于权威

爱留根纳的认识论观点同他的哲学的神学的基本倾向有密切的联系。他充分肯定人的现实的认识能力,认为人自身就是一个小世界,人的灵魂就是神本身。灵魂的生命和运动包括三种:感觉、智慧和理性,这是三位一体在人里面的反射。人是神圣的,人

---

① 《中世纪哲学家著述选编》第 1—2 册,第 147 页。
② 恩格斯:《爱尔兰史——古代的爱尔兰》,《马克思恩格斯全集》第 16 卷,第 563 页。

的认识也是神圣的,只要感觉、智慧和理性三者协调地活动起来,就体现了神的本质。爱留根纳把人的认识同神联系起来,正像他把自然同神的创造联系起来一样,是不可能正确说明认识的作用与实质的。

但是爱留根纳的认识论也有独到的见解。信仰与理性的统一、神学和哲学的统一、思维与存在的统一,是爱留根纳认识论的一个重要原则。他认为,神不是哲学的禁区,它不只是宗教信仰的对象,也是哲学研究的对象,宗教崇拜和理论思维具有同等的权利。他不但认为启示和理性都是真理的来源,宗教和哲学具有同等的权利,甚至还认为在理性和启示权威发生矛盾时,应采取理性,这实际上就是主张理性高于信仰,高于权威。他在《论自然的区分》中写道:

> 权威产生于真正的理性,不是理性产生于权威,没有被理性确证的权威是软弱的。相反,真正的理性,以其自身的威力为基础,不需要以同权威妥协来确证自己。①

爱留根纳崇尚真理,贬斥迷信,崇尚知识,贬斥盲从权威的观点,是他的理性主义体现,从中表现了一种积极的进取精神。这种精神无疑同中世纪早期的封建主阶级谋求社会进步的要求,是相一致的。

爱留根纳还吸取了新柏拉图主义关于"否定神学"的观点。他认为,人可以从创造物中推出上帝的存在,就这一点而论,上帝是可能认识的。这种认识只是推论性的认识,而关于神自身、神的认识中的观念、神创造一切的活动,人是无法理解的。脱离了

---

① 《世界文明史》第12卷,第87页。

宇宙万物的纯粹的神，是不能加以限定的，说它是善、真理、永久、生命、光明等都不对，脱离具体事物的神无语言能够形容，神没有自己的对立物，从人到天使都无法理解神的存在。从这个意义上说，神是"绝对的虚无"、"永久的奥秘"。他说：

> 上帝自身也不知道他是什么，因为他不是一个什么；在某种意义上来讲他对于他自己和对于每一个智者都是不可理解的。①

爱留根纳的这个原理，强调脱离个别的一般是不可理解的，实质上否定了神的具体存在的性质。这个思想对后来的唯名论发生了很大的影响。

爱留根纳的哲学思想对后来中世纪哲学的影响是复杂的。他的关于理念先于事物，理念是本质的观点，成为经院哲学中的实在论的理论先驱；他的泛神论和理性主义也为反正统经院哲学的异端等各种进步思想所发挥。总的说来，爱留根纳的哲学思想在欧洲封建社会哲学史上起了一定的积极作用。

第二节　经院哲学的形成；唯名论与实在论的斗争

随着西欧封建制度的确立，作为中世纪典型的意识形态的经院哲学也逐渐形成。从经院哲学产生之日起，其内部就表现出两种对立倾向的斗争，即唯名论和实在论的斗争。

在封建制度确立和巩固的同时，统治阶级内部也逐渐发生分

---

① 转引自罗素：《西方哲学史》上卷，第495页。

化。这种分化的主要表现,是所谓教权和王权的斗争。由于基督教的势力越来越大,教会和罗马教皇力图控制世俗政权,公开鼓吹教权高于王权的教权至上主义。教皇莫诺森曾说:"教权是太阳,君权是月亮。君王统治其各自的王国,但彼得统治全世界。教权来自神的创造,君权来自神的狡诈。"十一世纪末到十二世纪末,在教权和王权的斗争中,胜利者往往在教权一边。

欧洲封建制度的繁荣,是建立在对农民和广大劳动人民惨重剥削和压迫的基础上的。随着封建制度的巩固和对农民统治的加强,地主同农民的矛盾也逐渐激化。农民为了生存,不得不到处同他们的精神的和尘世的封建主进行斗争。同时,市民等级也在封建社会内部逐渐发展起来。破产的农民逃入城市,成为城市平民,不断壮大着市民等级的队伍。欧洲中世纪在经济上是乡村统治城市,城市市民受到封建贵族的严密控制。因此市民和封建主之间存在着尖锐的矛盾,市民反对封建主的斗争也时有发生。这种斗争往往得到平民集团和下层僧侣的同情和支持。

天主教会为了反对各种异端和异教,反对国王派的势力,巩固自己的统治,实现其世界霸权的野心,加强了对神学理论的研究和教育,竭力建立一种为基督教教义作论证的哲学体系。这样经院哲学便应运而生了。

一、经院哲学的形成

经院哲学是在中世纪的教会学校中发展起来的基督教哲学。中世纪的教会学校是研究神学和哲学的中心,任教的教师和学者被称为经院学者。他们所研究的基督教神学被称为经院神学和经院哲学。

经院哲学是罗马帝国时期的教父哲学的继续和发展,在研究内容和方法上,与教父哲学有许多共同的地方。但是它作为中世纪的典型的意识形态,具有自己的特点。概括地说,经院哲学的一般特点有以下几个方面:

第一,经院哲学是一种宗教哲学,它的任务是论证基督教教义,因此被称作"神学的婢女"。

第二,盲目崇拜权威,蔑视实际经验知识。经院哲学家们把《圣经》、柏拉图或亚里士多德的著作奉为至高无上的权威和绝对真理,盲目崇拜。他们研究和论证问题的出发点,不是客观实际,而是《圣经》和权威的言词,当它们同客观事物发生矛盾时,经院哲学家宁肯不顾事实而维护神学权威。

第三,经院哲学的基本方法是搞形式主义和烦琐论证。无论是口头辩论还是撰文著述,都大量摘引《圣经》和教父哲学的著作的字句,以此作为真理的标准。论证方法主要是亚里士多德的三段论。在论述问题时,经院哲学把关于问题的肯定方面和否定方面都陈述出来,然后借助一连串的三段论形式和抽象概念的分析,来反驳所否定的观点,引出神学的结论。

中世纪的经院哲学大致有三种形态,一是渗透着柏拉图主义的经院哲学系统,一是奉行亚里士多德的绝对权威的经院哲学系统,还有是以神秘主义为特征的宗教哲学。

中世纪的经院哲学具有一千多年的漫长历史,但它始终与基督教神学结合在一起,从这个意义上说,一千多年的经院哲学并没有实质性的变化。但是经院哲学并不是毫无意义的东西,也不是铁板一块,停滞不前的。社会的发展变化和斗争,也以不同的形式反映在经院哲学内部。一代一代的经院哲学家不断提出新问题和新观点。在经院哲学内部也不断地产生各种对立的派别,它们彼此进行着激烈的斗争。经院哲学是从古代哲学过渡到近代哲学的桥梁,其中所包含的积极成分为近代资产阶级反封建的思想文化运动和哲学思想的发展提供了历史资料。

二、唯名论和实在论的斗争

随着经院哲学的形成,经院哲学内部产生了唯名论和实在论的分歧。唯名论和实在论的对立和斗争贯串于整个经院哲学发展的始终。

一般和个别的关系问题,明确地说,一般和个别哪一个更实在的问题,是哲学基本问题在中世纪的特殊表现,也是唯名论和实在论两派争论的焦点。在古希腊罗马哲学中,苏格拉底、柏拉图、亚里士多德、柏罗丁等人已经尖锐地提出和研究过这个问题。波爱修通过注释波尔费留的著作,把这个古代遗留的问题介绍到中世纪,从而引起了中世纪神学家和哲学家们的研究和热烈讨论,并且结合中世纪特定的政治、经济和宗教等历史条件,把对这个问题的研究推向了新的发展阶段。

如前所说,唯名论和实在论都是从"一般"与"个别"哪个更实在的问题上提出问题的。主张一般先于"个别"而存在,"一般"是唯一的实在,"个别"或"特殊"只是幻影的,被称为实在论(或译为"唯实论")。与此相反,唯名论的基本观点则认为,"个别"是唯一的实在,"一般"或"共相"只是名称。概括说来,"一般"是实在,还是名称,是实在论和唯名论的根本分歧之所在。

从形式上看,唯名论和实在论的争论具有经院哲学的脱离实际,咬文嚼字,玩弄概念的特点,但从实质上看,他们的争论涉及到许多重大的哲学、神学和政治问题,是当时的社会现实的反映。一般说来,实在论有利于教权至上主义和正统神学的统治,往往为教皇派所支持,而唯名论则往往得到世俗地主、王权派和市民等级的赞同。实在论往往以正统自居,把唯名论视为离经叛道的"异端"。天主教会和宗教裁判所以严酷的手段迫害唯名论者,禁止他们的思想宣传,烧毁他们的著作,将之开除教门,甚至投入教会监狱或活活烧死。尽管正统教会如此镇压唯名论者,但是由于它有强大的世俗地主阶级、王权派和市民等级作为后盾,因此唯名论的思潮并没有被扼杀,反而在中世纪后期更加繁荣兴盛起来。

公元十一、十二世纪,唯名论和实在论进行了初次的交锋。实在论的代表是安瑟尔谟,唯名论的代表是洛色林和阿伯拉尔。

(一)安瑟尔谟的极端实在论

安瑟尔谟(1033—1109)是意大利人,英国著名的坎特伯雷大主教,实在论最早的重要代表。著作有《独立》、《宣讲》、《斥愚人书》等。

安瑟尔谟在自己的著作中,结合关于上帝存在的证明,论述了他的实在论观点。在欧洲哲学史上,安瑟尔谟第一个提出了著名的关于上帝存在的所谓"本体论的证明"。他断言,人心中先天地有一个上帝的观念,即"无与伦比的伟大的东西"[①]的观念。既然人心已经确认没有一个东西比上帝更伟大、更完善,那么,它就不仅仅存在于人心中,而且存在于现实中,否则人心就能设想在人心之外还存在着比上帝更伟大、更完善的东西,而这是绝对不可能的。所以,上帝这个无与伦比的伟大、完善的东西就"既存在于心中,也存在于现实中"。[②]安瑟尔谟的这个证明,简要说来就是:上帝的观念本身就包含了上帝的存在,因此,上帝是存在的。显然,这是一条从观念中引出存在的唯心主义哲学路线。

按照"本体论的证明","共相"、"一般"不仅存在于人心中,而且存在于现实中,是先于个别,在个别之外独立存在的真实的实体。安瑟尔谟的这个观点,被称为"极端的"实在论。

安瑟尔谟的极端实在论和关于上帝存在的本体论证明,是为神学创世说和教会专制主义服务的。在他看来,上帝是实在,一切都是上帝创造的,信仰上帝就是信仰最实在的东西,而教皇是上帝在地上的代表,教会就是地上的王国,它们同样是最实在的。实在论者由此宣扬教皇的权力绝对高于国王的权力,教会的权力绝对高于国家的权力,它应占有一切,统治一切。这正是教会兼并政策和霸权主义的理论。安瑟尔谟曾被驱逐出法国,却在罗马

[①][②] 《西方哲学原著选读》上卷,第241、241—242页。

受到教皇乌尔班二世的热情接待。他被教会称为"中世纪的奥古斯丁","最高极的神学家",正是以这种宗教政治为背景的。

(二)洛色林的极端唯名论

洛色林(1050—1114)是法国人,曾在布列塔尼的罗什讲授神学。洛色林曾同安瑟尔谟论战,反对其实在论观点。但历史上没有留下他的著作,这可能和正统教会对他的迫害有关。

洛色林是法国著名的经院哲学家和中世纪早期的唯名论者。他坚持只有个别事物才具有实在性,而"一般"、"共相"只是名称甚至只是声音或空气的振动,没有任何实在性。这种只承认个别事物的实在性,把"共相"仅仅归结为名称的观点,在哲学史上被称作为极端唯名论。洛色林同安瑟尔谟进行了针锋相对的斗争。他从整体和部分的关系问题上,驳斥了安瑟尔谟先有整体观念而后有具体事物的谬论。他指出,"部分必须先于整体","整体必须有部分为条件"。洛色林把整体和部分的相互包含的关系解释为谁先谁后的问题,这是不正确的,但他反对"一般"的概念决定个别事物的观点,则是有积极意义的,表现出某种唯物主义的倾向。

洛色林从唯名论观点出发,对教会和宗教教条进行了猛烈的抨击。在他看来,既然"一般"只是嗓子的"响声",那么教会、教义都不过是这类"响声"或"名字",不是真实的存在。他特别指出,神学教条"三位一体"也只是个"名字",三位是"三",不可能是一体的,只有圣父、圣子、圣灵的个别的存在才是实在的。洛色林的这个被称为"三神论"的观点,实质上是否定了基督教的一神论和上帝绝对性。在当时的历史条件下,能够提出这样的见解,应该说是很大胆的行动,对基督教是一个有力的冲击。洛色林的观点在1092年索松宗教会议上被列为"异端"。他一度逃往英国,后来才又返回法国,从事讲学活动。洛色林肯定具体事物的客观实在性,否定观念的实体性,具有唯物主义倾向,为后来的唯名论的发展奠定了理论基础。但是他根本否定"共相"的存在和意义,则是片面的。

(三) 阿伯拉尔的温和唯名论

阿伯拉尔(1079—1142)是法国人,曾在巴黎的天主教会学校学习,是洛色林的学生。他的思想深受亚里士多德、波尔费留和波爱修的影响。他以唯名论的观点研究逻辑,着重从个别与一般的关系上发挥唯名论观点,驳斥实在论。他是一位有威望的经院哲学家和早期唯名论的重要代表,在中世纪哲学史上占有重要的地位。

阿伯拉尔继承和发展了洛色林的唯名论观点。首先,他认为,思维与物质,概念与事物分属于不同的领域,物质、事物属于物理的领域、思维和概念则属于精神和心理的领域。实在论把两者混为一谈,把概念视为客观存在的实体,这是错误的。阿伯拉尔借助于逻辑学的概念分类和语言学的名词分类,来说明共相的性质。同洛色林共相是名词的观点相一致,阿伯拉尔认为,共相不是独立自存的实体,而是名词。名词分为两类,一类是共名词,它是用以规定许多个别事物的"一",如"人"这一共相,是一个共名词,它可用于所有个别的人。另一类是单数名词,它只用于一个单个的事物,如"苏格拉底"是个单数名词,只能用于苏格拉底这个人。但是,阿伯拉尔不同意洛色林把共相视为没有任何客观意义的"声息"的极端唯名论观点。他认为一般或共相,不单是词,而且是有一定含意的词,它是符号,但却是具有一定含意的符号。换句话说,共相是指意词。他说:

> "种"和"属"是否存在?也就是说,它们是表示某些真实存在的东西还是只属于理解之中?……对此,必须回答说,实际上它们是用命名来指出真实存在的事物,这和单数名词所指示的事物是相同的,这绝非是空洞的

意见。①

那么,共相或词的含意是什么呢?阿伯拉尔对此提出了自己独到的意见。他认为,只有个别事物是实在的,因此,共相所指示的决不是一种实体性的或有形体的事物,而是"无形的事物"。这个无形的事物就是个别事物之间的"相似性"。他强调,这种"相似性"只是个别事物的状态,是和个别事物完全同一的,它不是和个别事物不同的另一种事物,也不是个别事物的共同本质。因为个别事物各不相同,不仅在于它们有不同的偶性,而且也在于它们有不同的本质。可见,阿伯拉尔既不同意共相是唯一的实在的极端实在论,也不同意共相是毫无意义的名词或"声息"的极端唯名论,他试图以唯名论为基础,克服极端实在论和极端唯名论的片面性,视共相为有含意的概念。哲学史上称阿伯拉尔的这种观点为"概念论"。可以看出,阿伯拉尔的"概念论"并没有从根本上克服唯名论的局限性,只不过是唯名论的一种较为温和的表现形式。

阿伯拉尔同洛色林一样,强调个别事物的实在性,认为共相不是实体性的事物,这个思想具有唯物主义倾向。在中世纪,这是一种引导人们面向实际的有意义的思想,对欧洲近代哲学的发展也有重大影响。他承认共相是关于个别事物的相似性的抽象,不同意把它仅仅了解为空洞的名称,这在共相问题的研究中,比洛色林前进了一步。但是他否定事物的共同本质的客观实在性,用"相似性"取而代之,这种观点是表面的、不深刻的,无助于人们对事物的共同本质的认识。

阿伯拉尔作为经院哲学家,他认为"共相"、"一般"、"相似性"归根到底来源于上帝的理念。但是它们又存在于个别事物之

---

① 阿伯拉尔:《对波尔费留的解释》,《西方哲学原著选读》上卷,第252页。

中，只有个别才是实存的事物，这样，上帝也就不是什么神圣的和不可超越的东西了；"一般"在个别之外只是思想、概念，它也就不是客观实在的了。阿伯拉尔的这种思想具有泛神论性质，否定了上帝的唯一性和绝对性，这同正统教义是根本对立的。1121年的索松宗教会议判决焚毁他的《论神性的统一性和三位一体》著作，并被监禁一年。1140年在森斯举行的宗教会议上，列举阿伯拉尔16条议论为"异端"，本人被判终身监禁，禁止发表任何言论。阿伯拉尔的这种遭遇，说明他的唯名论思想在反对正统基督教神学中的进步作用。

第三节　经院哲学的系统化；异端异教运动的兴起

十三世纪是欧洲中世纪哲学的繁荣时代，正统经院哲学进一步系统化；经院哲学内部的对立也越加尖锐，同时各种异端、异教也进一步发展起来。

十三世纪，欧洲的封建社会进入鼎盛时期。随着工商业的发展，欧洲的城市和科学文化也迅速发展起来。这时的欧洲封建社会呈现了一种繁荣景象。在封建社会的发展过程中，首先得到利益的是天主教会。教会除兼并土地外，也直接经商。教会财富巨增，罗马教廷每年的收入比欧洲各国国王的宫廷收入的总和还要多。教会所发动的十字军东征，使罗马教廷和各国教会从东方掠夺了大量财富。宗教税收和高利贷频频增加，宗教裁判所森严密布，宗教反动组织越来越多。在十三世纪，罗马教廷成了"封建制度的巨大的国际中心"，并且企图在更大范围内建立它的霸权统治。然而基督教的统治越是加强，也就越加引起劳动人民和其他进步势力的反抗。参加这个反抗行列的除农民外，还有随着城市和工商业发展而成长起来的市民队伍。农民、平民、市民以及各种形式的异教、异端开展了反封建反正统教会的斗争。

在封建阶级内部，王权和教权的斗争异常剧烈。王权在此时不但代表世俗政权的利益，在客观上也反映了市民、平民的要求。各国国王希望实现民族国家的统一和加强中央集权的统治，这与市民对发展工商业和实现统一的国内市场的要求是相吻合的，这两者则与教会的兼并、割据和分裂的政策相矛盾。因此世俗王权往往同市民结合起来，反对教会势力。十三世纪教会势力发展到顶点，在同王权斗争中，往往占优势，但不久王权势力加强，教会势力也随之由盛到衰了。

十三世纪的欧洲哲学也有了新的发展。此时的学者们获得了大量的从未见过的思想资料。我们知道，在中世纪初期，由于日耳曼人进入罗马帝国，使得古希腊罗马的文化，包括哲学典籍几乎被涤荡一空，而这些文化遗产却被东方阿拉伯人所保存。阿拉伯人对古希腊罗马著作家的著作进行了大量的翻译、整理和注释的工作。西欧中世纪的学者们过去只读过柏拉图、亚里士多德的著作的少量篇章，现在他们通过阿拉伯人才接触到了更多的古代思想文化资料。从哲学方面讲，在十三世纪，亚里士多德的主要著作都先后从阿拉伯文字译成了拉丁文。当时的西方人看到了亚里士多德的形而上学、逻辑学、自然哲学和伦理学等著作，引起了极大的震动。最初，亚里士多德的形而上学和自然哲学是禁止在大学里讲授的，但到十三世纪后期，这些禁令大都被取消了。亚里士多德代替柏拉图，成了中世纪经院哲学的权威。亚里士多德哲学的传播，促成了经院哲学的系统化。但是人们对这位权威的哲学思想却有不同的，甚至对立的理解。正统经院哲学系统化的代表是亚里士多德主义者托马斯的神学哲学体系。同时，正统经院哲学的反对派也利用亚里士多德主义论证、阐述各种异端思想。

一、托马斯·阿奎那的神学哲学体系

托马斯·阿奎那（1225—1274）出生于意大利。青年时代在意大利的修道院和大学学习神学。后又到巴黎随享有盛名的神学家大阿尔贝特学习神学。1256年成为神学师傅，在巴黎获得了主教和在大学独立讲授的资格。1260年以后，绝大部分时间在意大利教授神学。他曾受到教皇亚里山大四世、乌尔班四世、克雷门四世和哥利高里十世的器重，并在教皇宫廷从事神学的研究和著述。同时，还同当时流行的阿威洛伊主义进行论战。托马斯的神学哲学著作主要有《神学大全》、《反异教大全》等。

托马斯的时代是基督教神学和经院哲学受到多方面冲击的时代。亚里士多德的著作、阿拉伯哲学和犹太哲学著作大量介绍到基督教世界，阿威洛伊主义在西欧的兴起，使得传统的基督教神学遇到了严重的危机。托马斯适应新的形势的要求，表现了改良基督教神学的新倾向。他反对弗兰西斯派坚持的保守的奥古斯丁主义，也反对具有明显的异端色彩的阿威洛依主义，采取了似乎是中间派的路线。他以神学为基础，修改和利用亚里士多德哲学，特别是利用它的唯心主义方面，论证基督教信条，形成了一个相当系统的神学哲学体系。这个体系被称为基督教的亚里士多德主义或托马斯主义。托马斯是一位知识渊博的神学家和哲学家，为了不使神学信条与人们的常识相矛盾，他博采众说，调和信仰与知识、感性与理性、经验论与先验论，这就使得他的神学哲学具有混乱庞杂的折衷主义特点。

托马斯的宗教哲学主要是利用了亚里士多德的形式和质料的学说，特别是亚里士多德关于"纯形式"的思想。按照这个学说，一切具体事物都由形式和质料（物质）结合而成，其中质料是消极和被动的，形式则是某种能动的精神性的东西。事物的产生是能动的形式把消极的、被规定的，也即处于可能性状态的质料变成现实的过程；而事物的消灭，就是形式与质料的分离。除同质

料结合的形式外,还有一种所谓的"纯形式",或者说"无质料的形式"。而存在于具体事物中的形式就是从这种"纯形式"中产生的。这种"纯形式"不是别的,就是万物的根源即上帝。托马斯的整个宗教哲学体系可以说都是以这个唯心主义的形式与质料的观点为理论基础的。

(一)关于上帝存在和创世的证明

托马斯首先就上帝的存在这个神学的根本信条作了系统论证。他不同意安瑟尔谟的本体论证明,认为人没有天赋的上帝观念,因此不能从关于上帝的观念中推论出上帝的存在。而只能从上帝的创造物中来推断上帝的存在。他依照亚里士多德推演"纯形式"、"第一因"的方法和原理,提出了五种证明上帝存在的方法。

(1)由事物的运动或变化证明上帝的存在。他是这样证明的:人可以确切地感觉到,事物可以被运动。而任何被运动的事物,是由自身之外的某种事物推动的;另外,使事物运动,就是使事物从潜在到现实,而使事物从潜在到现实的东西自身必是现实的东西。一个推动者又可以被自身之外的其他事物推动,如此下去,一个被另一个推动。但这种推动的系列不能无限地进行,否则任何事物同时是推动者又是被推动者,同时是潜在的又是现实的了,这是不可能的。因此必有一个最终的不动的推动者,即第一推动者。第一推动者就是上帝。①

(2)从原因与结果的关系论证上帝的存在。在托马斯看来,在感性世界中可以看到有一个动力因的秩序或因果的系列。一个事物不可能成为自身的原因,而它必定以自身之外的另一个存在物为原因,而另一个存在物又必然以另一个存在物为原因。但是,这个系列不可能推溯到无限。必然存在着一个第一原因,否则就不

---

① 参阅托马斯:《神学大全》,《西方哲学原著选读》上卷,第 251—262 页。

会有中间的原因和最后的结果了，也就不会有任何事物的存在了。这个最初的原因，就是上帝。[1]

(3) 从偶然或可能性与必然性的关系来证明上帝的存在。托马斯认为，现存的事物都只是可能的事物，是可以存在也可以不存在的事物。它们不断地产生着和消灭着，就是说存在着非存在，存在着无。假如无不能变为有，世界上最后就会变成空无。而非存在或无只能借助于存在或有，才能变成存在或有，若没有存在的东西，任何事物都不可能存在，若一切都只是可能的或偶然的，就不可能有任何存在。实际上事物产生着和消灭着，存在着存在和非存在，因此必有一个必然的存在，使一切可能的存在和非存在成为存在。这一自身是必然的、并使其他的事物成为存在的存在，就是上帝。[2]

(4) 从事物中具有的真实性的等级论证上帝的存在。托马斯认为，在任何一类现实的事物中，都存在着一个等级系列，如真、善、美等，有多一些的真，有少一点的真；有大一点的善，有小一点的善；有的很美，有的不大美。总之，有的具有较多，有的具有较少。既然有一个相比较的等级，必然存在最高的等级，例如必然有最美的、最善的和最真的东西。这个等级阶梯中最高的等级，是所有等级的规定者，是世界上一切事物得以存在和具有善良以及其他完善性的原因。这个最高等级，就是上帝。[3]

(5) 从世界的秩序或目的性论证上帝的存在。托马斯认为，一切事物都向着一个目标运动着，可见它们的活动是有目的的。而有目的活动必有一个有理性的存在的指导才是可能的，正如一支箭，必有一个射手它才能达到他的目标。所以，必定有一个智慧的存在者，一切自然事物都靠它指向着它们的目的。这个万物的

---

[1][2][3] 参阅托马斯：《神学大全》，《西方哲学原著选读》上卷，第263、263—264页。

指导者就是上帝。①

托马斯提出的这五种证明的前三种被称为宇宙论的证明，其方法是从相对的东西推出一个脱离了相对的东西的绝对的存在。后两种叫做目的论的证明，是对自苏格拉底以来的唯心主义目的论的发挥。托马斯证明的结果，上帝只是一种推论的存在。这种证明无法摆脱基督教神学中的一个根本的难题，即这种信仰是无法验证的。上帝的存在只在信仰者的想象和思维之中，并没有客观的实在性。因此这种证明充分暴露了他的神学世界观的唯心主义和形而上学的本质。安瑟尔谟提出的关于上帝存在的本体论证明和托马斯提出的宇宙论和目的论的证明，对欧洲后来的哲学和神学的发展有深远的影响，直到十八世纪才为法国唯物论者休谟和康德所推翻。

托马斯从上帝的存在进一步提出了上帝创造世界的问题。他指出：

> 天主教主张上帝不是从他的实体创造世间万物，而是从无创造万物。②

托马斯的这个观点是针对当时的泛神论的。十三世纪比利时的泛神论者狄南的大卫主张，上帝与原初的物质是同一的东西。而在托马斯看来，任何具体事物都是形式和质料的结合体，这个结合体的任何部分，不论是形式，还是质料，都不可能成为事物的绝对最初的原因，两者只能作为最初的动力因即上帝从无中创造出来。上帝乃是纯粹的活动，最初的动力因，绝对的现实存在，而质料则仅仅是潜能、可能的存在、被动的东西，因此决不可将两

---

① 参阅托马斯：《神学大全》，《西方哲学原著选读》上卷，第263、263—264页。
② 托马斯：《反异教大全》，《西方哲学原著选读》上卷，第265页。

者混为一谈。针对狄南的大卫的观点，托马斯写道：

> 这主张显然是不真实的，说上帝参入任何事物的结合体，不论是作为形式的原理或物质的原理，都是不可能的。[①] 上帝与原初物质是有区别的，一个是纯粹的活动，一个是纯粹的潜能，它们之间毫无共同之处。[②]

托马斯还反对阿威洛依关于世界是上帝所创造的永恒存在的观点，认为世界并不是永恒存在的，世界的创造有时间的开端，时间是从世界的被创造开始的。

托马斯还认为，上帝创造的宇宙是分等级的。这个等级体系的顶峰是天使，是非物质的存在；天使之下是人类，是物质和精神的结合物；人类之下是动物；动物之下是植物；最低级的是物质四元素火、气、水、土。在这个等级系列中，上一等最低级的存在和下一等中最高级的存在之间是相联系着的，最高级的植物和最低级的动物相类似。宇宙万物在这个等级体系中，形成了永恒不变的和谐统一体。从托马斯的宇宙等级论中，仍然可以看到他所受到的亚里士多德的宇宙由低级到高级的无限发展的思想的影响，但是它已经失去了亚里士多德重在研究自然哲学的性质，而是利用他的宇宙论为神学服务，论证封建等级制度和天主教教阶制的合理性。

托马斯还把当时的天文学中的亚里士多德——托勒密的"地球中心说"加以神秘化，断言上帝的最高的创造物——人应当位于宇宙的中心，人所居住的地球便是上帝所选择的宇宙的不动的中心，太阳、月亮和其他行星都围绕地球这个中心转动。这样，

[①] 托马斯：《神学大全》，《西方哲学原著选读》上卷，第264页。
[②] 托马斯：《反异教大全》，《西方哲学原著选读》上卷，第266页。

"地球中心说"就不再是一个可以进一步研究的天文科学的问题,而是成了一个神圣不可侵犯的教条,从而严重地阻碍了科学的发展。直到哥白尼冲破这个禁区,创立"太阳中心说",才第一次把自然科学从神学中解放出来。

(二)温和实在论

在"一般"和"个别"的关系的问题上,托马斯总结了早期实在论反对唯名论的经验教训,提出了自己的独特的观点。他认为,"一般"有三种存在方式:(1)"一般"作为上帝创造万物的原型的理念或原始的形式,存在于被创造物之前;(2)"一般"作为上帝创造的个别事物的形式、本质,存在于个别事物之中;(3)"一般"作为人对个别事物的认识而形成的概念或思想的"共相",存在于人的理智中。托马斯强调指出,"一般"无论是作为理念、形式或概念,都是最根本的、最实在的存在,"个别"不过是"一般"的创造物。可见,托马斯的观点仍然是实在论的观点,只是比安瑟尔谟的极端实在论较为温和,故被称为"温和实在论"。托马斯认为,所有这些"一般"或形式,都是上帝给予的,"神是事物的第一因,是它们的形式"。因此托马斯的温和实在论的观点是服务于神学的,是为教会和教皇压制世俗政权的教权至上主义服务的。

托马斯还认为,"一般"作为存在于个别事物之中的形式,并不是同个别事物真正结合着的,而是标志事物的本质和特性的特殊实体。比如一个物体之所以能燃烧,是因为其中潜藏着燃烧这种"实体形式"或"隐蔽的质",黄金之所以能够延展,是因为其中潜藏着压迫性这种"实体形式"。因此他认为,有多少种物体,就有多少种实体,物体有多少种特性,就有多少种"隐蔽的质"。显然,这种以"隐蔽的质"来说明事物的本性的方式,只不过是同语反复,并不能真正解释任何现象。这个思想是亚里士多德的形式论在中世纪的恶性膨胀,从而严重地限制了中世纪自然科学的发展。近代经验论者和自然科学家正是在反对亚里士多德和托马斯的这种唯质主义的斗争中,才重新开始了对物质结构问题的研究,重视对事物的量的方面的考察。

(三)灵魂不朽论和神学先验唯心论

灵魂和认识问题是托马斯宗教哲学体系的一个重要内容。托马斯首先从形式和质料的学说出发,论证了灵魂不朽的神学观点。他认为人也是质料和形式的构成物,即是由肉体和灵魂构成的。在这个肉体和灵魂的统一体中,灵魂占据支配的地位。他说:

> 灵魂对肉体的作用也表现在两个方面。首先,使肉体赋有形式的是灵魂;其次,肉体是为灵魂所控制和推动的。①

在托马斯看来,灵魂不但具有精神性,而且具有实体性,它不能被另外的事物所破坏,也不能由自身而消灭。因此灵魂是不朽的。托马斯的这种观点,为基督教关于彼岸生活的说教提供了理论依据。

托马斯依据人是肉体和灵魂的结合物和基督教的天启学说,建立了他的神学先验主义的认识论。首先,他提出了理性和信仰可以并存、一致,并且信仰高于理性的原则。托马斯认为,理性能够认识感性世界的事物,甚至可以把握诸如关于上帝存在等超感性世界的真理。但是另有一些超感性世界的真理,如"三位一体"、"原罪"等,则是理性所不能把握的,只能通过神的启示和信仰才能获得。因此,托马斯认为,作为启示真理的神学的确实性不是来源于理性,而是来源于上帝的光照,这是绝对不会错误的。神学所探究的不是人的理性所能把握的东西,而是超越人的理性的至高无上的东西。神学的目的在于达到永恒的幸福。在托

---

① 《阿奎那政治著作选》,商务印书馆1963年版,第81页。

马斯看来,神学可以借助哲学和其他科学来把自己的义理发挥得更加清楚一些,但决不是依赖于它们。他说:

> 因为神学的原理不是从其他科学来的,而是凭启示直接从上帝来的。所以,它不是把其他科学作为它的上级长官而依赖,而是把它们看成它的下级和奴仆来使用。①

依照托马斯的观点,信仰高于理性,知识是为信仰服务的,是为神学和教会服务的。一切知识包括哲学知识,都只能作为神学的婢女才有存在的必要。可见,托马斯是一位信仰主义者。

关于感性认识和理性认识的关系问题,托马斯主张,"我们的知识开始于感觉"。理智是一种认识能力,像一块白板,上边"没有写上东西"。它只有靠感性知识为它提供质料才能形成知识。所以,理智的知识依赖于感性知识,感性知识先于理智的知识。他说:

> 理智的知识在某一阶段上是来源于感性的知识。由于感性是以单个的和个体的事物作为它的对象,理智则以共相(普遍的事物)作为自己的对象。因此,感性的认识先于理智的认识。②

他认为,对我们人的认识来讲,关于个别事物的知识,先于共相或普遍的知识。关于个别感性事物的知识还不是认识的目的,认识的目的在于达到普遍的、必然的知识。这种知识是人的理智的

---

① 托马斯:《神学大全》,《西方哲学原著选读》上卷,第261页。
② 托马斯:《神学大全》,《西方哲学原著选读》上卷,第271页。

认识能力从感觉经验中抽象出来的。但是感性知识是个别的知识，理智的知识是共相，怎么能够从个别的知识抽象出普遍的或一般的知识呢？他认为，具有抽象能力的理智，是所谓能动的理智，是上帝在我们的心灵中创造的"理智之光"，人的心灵中的这种"理智之光"，在上帝的理智之光的"光照"下，就能从个别的知识抽象出共相的知识。因此托马斯认为，理性知识开始于感性知识，但不能认为感性知识是理性知识的全部原因。他说：

> 理智的知识是由感觉引起的，但幻象不能凭自己使可能的理智有变化，它还必须依靠主动的理智来使自己变为现实上可理解的。所以，决不能说感性认识是理智认识的总原因或全部原因，它只是在一个方面可作为原因看待。①

可以看出，托马斯在这里企图揭示理性认识的能动性，但当他把这种能动性归之于"上帝在我们灵魂中的创造的理智之光"时，就表现为先验主义和神秘主义了。

托马斯给真理下了一个定义，认为真理是"理智和事物的符合"，"认识这种符合就是认识真理"。真理的"符合说"，既可以是唯物主义的，也可以是唯心主义的。我们看到，托马斯的"符合说"是建立在神学基础之上的。他说：

> 严格讲，真理只在理智之中。一切事物被称为真实的，都和某一理智中的真理有关系。②

托马斯所说的理智，实质上是指上帝的理念，或上帝所创造的理

---

①② 托马斯：《神学大全》、《西方哲学原著选读》上卷，第 271、275 页。

念,这就是说,真理只能存在于上帝的理智之中。他说:"上帝的理智就是这种理智。……一切物质事物所赖以称为真实的真理,都是上帝的理智中的真理。"[①] 在这里,上帝的理智成了区别真理和谬误的标准,这显然是一种神学先验主义的真理观。

(四)唯神史观

托马斯的社会伦理、历史和政治学说渗透着以上帝为中心的唯神史观。

依据托马斯的观点,道德的基础在于人性之中。他认为人有三种自然的"倾向",即人同自然物一样,有自然的欲求;人同动物一样,有感性的欲望,有爱、愉快等倾向感性对象的活动;人有理智和意志,他们所欲求的是普遍的和最高的善,也即上帝。由此,托马斯断言:

> 万事万物的最后目的就是上帝。我们已在前面证明。因此,我们必须把那些特别使人接近上帝的东西作为人的最后目的。上述快乐阻碍了人接近上帝;接近上帝是要通过深思熟虑,上述快乐对于这种接近是很大的阻碍。……它使人脱离理性的事物。[②]

所以托马斯关于道德的一般定义是:道德是理性创造物向着上帝的运动。这就是说,上帝为人规定了道德活动的方向、内容、规范和标准,人的道德生活就是面向上帝,一切为了上帝。托马斯的伦理学是一种以神为中心的神学道德论。

托马斯强调理性在道德生活中的指导作用,同时又认为人有自由意志,有选择的自由。不过这种自由的根据应是理性,只有符合理性的选择,才是善的选择,违反理性则是恶。在自由、快

---

①② 托马斯:《反异教大全》,《西方哲学原著选读》上卷,第276、278页。

乐和理性的关系的问题上,他反对伊壁鸠鲁主义,而坚持斯多葛主义。托马斯的伦理学本质上是禁欲主义的。

托马斯还认为,道德活动和人类美德的中心内容是博爱,就是基督教强调的对上帝和对邻居的爱。由于人们在现世不能面对面地见到上帝,不能完全认识上帝的本质和活动,因此,他认为爱上帝比知上帝更为重要,人的爱胜过人的知识,爱上帝引导着人的道德活动,使人接近上帝。爱上帝和人的美德、幸福是联系在一起的,这只能在来世才能达到,因此,人的真正幸福是在来世。可见,托马斯的伦理学具有神秘主义的性质。

托马斯断言人类社会也是上帝创造的。正像上帝创造的自然事物具有等级一样,人类社会也存在着不变的严格的等级秩序。其中高一等级的人必然统治低一等级的人,而低一等级的人必须服从高一等级的人。他说:

> 才智杰出的人,自然享有支配权,而智力较差但体力较强的人则看来是天使其充当奴仆。[①] 像在上帝所建立的自然秩序中,低级的东西必须服从高级的东西的指示一样,在人类事物中,低级的人也必须按照自然法和神法所建立的秩序,服从地位比他们高的人。[②]

托马斯的这种观点显然是为封建等级制度和教阶制度以及教皇的至高权力进行辩护的。

托马斯从神和人两个方面解释人的社会性以及政权的起源、本质、目的和形式。托马斯认为,自我保存、自我再生产和在集体中生活,是人的本性的要求,是人类生活的自然律。人要生活,必须与他人共处,这种"自然的需要",是家庭、社会和国家产生

---

①② 《阿奎那政治著作选》第97、98页。

的根源和基础。人需要共同的生活，就必须有一个共同的原则，需要有实行统一原则的机构和领导统一机构的社会权威，这就是国家机构和国家的首领。他对历史上曾经存在的国家政权的形式作了概括和分析。像亚里士多德一样，他把政府分为正义和非正义两类。正义的政府又分为民主制、贵族制和君主制三种类型。非正义的政府也分为僭主制、寡头制和民主制三种类型。托马斯认为君主专制是最好的政府形式。他说："人类社会中最好的政体，就是由一人所掌握的政体。"① 因为这符合统一的原则，可以把公民的意志和行动统一起来，维持国家的安定与和平。托马斯还从神的立场出发，认为人和社会的神圣目的，是在天国享受上帝的永恒幸福。因此，国家的最高最后的目的不只是现实个人的美德的生活，而是最终达到上帝的天国。引导人们达到这个目的的，不是国王，而是教会和教皇。因此，他说：

> 宗教权力和世俗权力都是从神权得来的，因此世俗权力要受宗教权力的支配，②教皇的权力在世俗问题和宗教问题上都是至高无上的。③

由此可以看出，托马斯是典型的教权派的代表。这样，托马斯从人的本性，引出了社会和国家的必要性，又从社会和国家的神圣目的，引出了教会至上和教皇至上的结论，赋予教会专制主义以系统的理论形态。

托马斯的宗教哲学是具有典型意义的中世纪的经院哲学。他的庞大的哲学体系，主要是利用了亚里士多德的哲学和社会政治理论，总结和概括了中世纪可能占有的各方面的思想资料，反映了中世纪现实生活的一般状况，调合了封建社会和基督教内部的

---

①②③ 《阿奎那政治著作选》，第49、152、153页。

各种意识形态的矛盾和冲突。托马斯的哲学是为教会专制主义,实质是为封建主义服务的意识形态。托马斯的哲学和神学对中世纪意识形态的发展,以及近代、现代的宗教意识都有深远的影响。

二、反正统神学的异端、异教哲学思想

当正统经院哲学发展和完善化的同时,反对正统经院哲学的各种哲学思想也迅速发展起来。向正统经院哲学进行抨击的除晚期唯名论外,还有各种异端。恩格斯说:中世纪"一切革命的社会政治理论大体上必然同时就是神学异端"。[①] 所谓异端和异教,就是指不同于正统经院哲学和正统基督教会的思想和教派。各种形式的异教和异端活跃于整个中世纪。西欧中世纪的各种异端、异教活动同农民、市民的各种反封建斗争有一定的联系,共同成为反封建反正统教会的反对派。恩格斯指出:"革命反对派随时代条件之不同,或者是以神秘主义的形式出现,或者是以公开的异教的形式出现,或者是以武装起义的形式出现。"[②]十一、十二世纪具有广泛规模的异端运动迅速兴起,十三、十四世纪的异端异教运动达到高潮。根据异端运动的思想来源、理论特点和活动方式,中世纪的异端异教大致说来有以下四个方面。

(一)拉丁阿维洛伊主义

十一至十四世纪西欧哲学史上的一件大事是大量的阿拉伯著作被翻译成拉丁文。这些思想传到西方世界对基督教神学和哲学发生了重大的影响,从而推动了异端运动的发展。阿拉伯人对西欧哲学的影响,首先是介绍了亚里士多德的著作。他们曾在日耳曼人涤荡古罗马时,保存了古希腊罗马的文化典籍,其中包括大量的亚里士多德的著作。这些著作又被介绍到西方世界,使西欧思想界为之一新,大大震动了基督教会和经院哲学。其次是阿拉伯哲学和犹太哲学的传入。十一至十四世纪影响欧洲基督教神学

[①②] 恩格斯:《德国农民战争》,《马克思恩格斯全集》第7卷,第401页。

和哲学的阿拉伯犹太哲学家有阿维森那（伊本·西那 980－1037）、阿维洛伊（伊本·鲁士德）和阿维采布隆（伊本·加毕罗 1021－1071），其中对基督教神学哲学，特别是对异端影响最大的是阿维洛伊。

阿维洛伊（1126－1198）是亚里士多德的崇拜者，特别注意发挥亚里士多德著作中的积极的和唯物主义的内容。作为中世纪的哲学家，他并不排除神的作用，但他认为世界是永恒的，神并不在时间上先于世界。在哲学上他主张有两类存在，一类是实体，这是一种非物质的形式和纯粹的活动，它与物质相结合，存在于物质之中；另一类存在是偶性，它是感性的、物质的存在。在实体和偶性之外，就没有什么东西能被称为存在了。可以看出，阿维洛伊坚持物质和精神的统一、质料和形式的统一，是对亚里士多德哲学中的积极成分的发挥，而他把形式看成实体，主张形式、精神决定物质，这正是亚里士多德哲学中的唯心主义的观点。在灵魂和肉体的关系问题上，阿维洛伊认为，灵魂不是精神实体，而是同肉体联在一起的形式，每个人都有自己的灵魂，但没有统一的灵魂。人的灵魂也不是不朽的，在人死后它也就不存在了。这种观点曾遭到伊斯兰教和基督教的反对。

阿维洛伊提出了两重真理的主张，即哲学真理和宗教真理的并存。同时，他又认为，两种真理在看待具体问题上可能是矛盾的，宗教真理在哲学看来是荒谬的，而哲学真理又不为神学所承认。他依照信仰和知识的标准把人分为三类：多数是靠想像和信仰而生活的人，用理性说明神学的神学家，认识确实可靠的纯粹真理的哲学家。他认为信仰和神学对提高人的道德水平有作用，但不及哲学能够掌握真理。因此哲学家高于神学家，哲学高于神学。这是阿维洛伊的不容于基督教神学的一个基本观点。阿维洛伊的哲学等于向基督教神学死潭里掷去一块巨石，在经院哲学中激起了拉丁阿维洛伊主义思想运动的波涛。这个具有唯物主义倾向的异端运动,在拉丁语世界的重要代表是西格尔。

西格尔(1235—1282)是巴黎大学有影响的人文学教授,还当过该校校长。著作有《论理性的灵魂》,这是一部在和托马斯主义论战中写成的著作。

西格尔坚持阿维洛伊的观点,成为拉丁阿维洛伊主义的重要代表。他肯定世界的永恒性,认为物质、运动和天然物种都是永恒的,世界也是永恒的。他指出生物的繁衍就是因为生物物种孕育着此生物的许多个体,而人也是一代个体由前代个体产生,持续不断。西格尔在这里并没有把物质永恒和物质不变加以科学的区别,但他强调物质无始无终的思想是合理的,是对上帝造人和末日审判等正统神学观点的批驳。在物质和形式的问题上,他采取了亚里士多德的观点,认为形式同物质是结合在一起的,形式不在物质之外,只有在概念的意义上才可能加以分别,在现实中决不能分离而独立存在。西格尔坚持自然神论的主张,认为世界为必然性所决定,不是上帝的自由创造,上帝也不愿意经常驾驭宇宙的一切。这显然是有意反对上帝万能论的很激进的观点。

西格尔继承了亚里士多德的灵魂学说,对植物灵魂、感觉灵魂和理性灵魂进行了严格的区别。植物灵魂表现为生命的运动,感觉灵魂同肉体共存亡,理性灵魂是人的精神实质。个别的人是有死的,理性灵魂是不朽的、唯一的和统一的,它所代表的人类理性是不灭的。西格尔承认有不朽的人类理性的观点,这是唯心主义的观点。他还指出,个别的灵魂是物质的,是生灭的,整个人类的理性是伟大的。这里似乎涉及到对个别认识的有限性与人类认识的无限性的问题的猜测。西格尔还认为,个人理性无法与神的理性相匹敌,只有人类理性才可以与神的理性相匹敌。西格尔在这里把人类理性与神的理性等量齐观,抬高了人类理性和人的作用与地位。这是一种反正统神学观念的思想,具有人本主义的倾向。

西格尔同样赞同阿维洛伊两重真理的主张,认为亚里士多德和阿维洛伊的一些命题是符合理性的,是真理,因而是驳不倒的;而神学真理是符合信仰的,因而也是真的。西格尔的两重真理的观点具有调和主义性质,但在正统神学唯我独尊的时代,这是为理性和科学争取生存权利,反对神学束缚的进步主张。西格尔的思想就其实质而言,是反对所谓神学真理的。在他的《论理性的灵魂》的著作里,字里行间可以看出他的激烈的情绪和大胆的主张。他宣称:"现在我们与上帝的奇迹已没有关系,因为我们用自然的方法探索自然的事物。"这种思想显然是同正统神学尖锐对立的。

西格尔的异端思想曾经受到正统经院哲学权威托马斯的攻击,污蔑他为"伪善的博士"、"伪善的预言家"。教会和教皇对他也大力迫害。他曾两次受到教会的谴责,被宗教裁判所审判,革除教籍,以至迫害致死。但是西格尔和拉丁阿维洛伊主义的思想却在长期的反正统经院哲学的斗争中发生了积极的影响。英国著名的唯名论者威廉·奥康很好地发挥了他们的思想。拉丁阿维洛伊主义也和当时的市民反封建反宗教的斗争相结合。在意大利,由于阿维洛伊主义的影响,爆发了阿尔诺德为首的市民反对教皇的斗争;在法国,西格尔的学生比埃尔·杜布阿站在国王一边反对教皇;在英国,这个异端思潮则同威克利夫的市民异端和宗教改革相结合。

(二)泛神论神秘主义

中世纪的神秘主义是在基督教神学发展中出现的一个派别。神秘主义有正统派和异端之分。正统派神秘主义往往宣传反理性主义和追求狂热的信仰。而在十一至十四世纪,随着市民、农民运动的发展,逐渐出现了异端的神秘主义。神秘主义者的矛头所向是正统神学和教会的统治。中世纪神秘主义异端的思想是多种多样的:有来源于犹太教的伊本·加毕罗异端,主张世界是从上帝流溢出来的，为宣传上帝同万物是同一个东西的泛神论。还有阿尔摩利教派创始人阿摩利·德·贝恩的神秘主义，主张上帝在万物之中，万物皆有神性，上帝也在每个人的心中，人人都是神圣的。此派的另一个代表大卫·迪南则认为上帝、万物、灵魂有共同的本质，即物质，这就等于说上帝就是物质。泛神论神秘主义的重要代表是艾克哈特。

艾克哈特（1260—1327）生于德国的一个骑士家庭。青年时代进多明尼克修道院，曾任修道院的主持和副主教，后到巴黎大学任教。由于他的异端神秘主义思想为教会所不容，1327年被罗马教廷法院审讯，同年死去。

艾克哈特借助于柏罗丁的神秘主义哲学，用否定上帝具有任何属性的办法，来说明上帝的空无性。他认为，上帝是超越一切差别的，即自身不包含任何"多"的普遍的"一"，对于这个"一"，人们就不能具有任何知识。他说：

> 上帝是难以名状的，因为关于他，人既不能说什么，也不能理解什么。……他是超越的存在和超本质的无。①

既然如此，上帝也就可以被叫做"神圣的黑暗"、"空白"等。上帝是"无"的观点，是艾克哈特神秘主义的一个基本观点。他把上帝首先放在一个最高级的地位，但同时又剥除了他的任何实在的规定性。他虽然没有否认上帝的存在，却在实际上论证了上帝的不存在性和否定性。这同传统的基督教精神是相矛盾的，体现了他以神秘主义方式反对正统经院哲学的异端精神。

艾克哈特依据他的上帝创造万物、万物又在上帝之中的神学

---

① 《中世纪德国神秘主义选编》，伦敦1935年版，第1页。

原理，强调了上帝与万物、上帝与人的统一，表现出了明显的泛神论色彩。他认为，上帝是至善至美的，他就必然要通过自己的创造物来表露自己，或使自己客观化。他说：

> 上帝即万物，万物即上帝。圣父生我，即为其子，永不止息。我再说明：他与我同在，我与他同在，我看上帝那只眼亦即他看我的那只眼，……我的眼和上帝的眼乃是同一只眼。①

艾克哈特的这个思想，被教会斥责为"恶毒的泛神论"。教会之所以痛恨艾克哈特的泛神论，就在于它否定了上帝的超越性，贬低了上帝的地位。

在人与上帝的关系的问题上，艾克哈特主张人可以与上帝直接相通。他认为，"上帝是灵魂的生命"，所以在每个人之中，人都分有上帝的某种单纯的本性，都有上帝的部分。人不需要上帝的帮助，也不需要奉行教会的仪式，甚至不需要诵读《圣经》，就可以通过自己的灵魂直接与上帝合一。他把人的灵魂直接与上帝接触总称为"火花"，这是个人沉思上帝达到最纯净的出神状态时出现的灵魂的"闪光"，或迸发出的"火星"，使人在灵魂的闪光中，直接看到上帝，倾听和领略上帝的垂训。艾克哈特所说的个人灵魂的出神状态，是指一种不掺杂任何俗念的单纯的信神和爱神的精神状态、神秘的幻境，显然，这是一种宗教唯心主义的世界观。但是他的这种泛神论的神秘主义，在当时历史条件下，具有否定基督教教会、教会仪式和神职人员的权威，突出信徒个人的独立地位的积极意义。

艾克哈特十分重视对认识问题的研究。他认为，存在先于理

---

① 《世界文明史》，中译本台北1975年版，第230页。

性,存在是认识的对象,"如果抛开了存在,什么也就没有了,因此存在是理智的对象"。在艾克哈特看来,在现实的认识中,认识同亚里士多德所讲的蜡块的原理是相仿的,头脑好似蜡块,现实把自己的印迹印在上面。同时,艾克哈特要求把事物本身和反映事物的概念区别开来。他把"类"区别为存在的"类"和意识的"类"。前者是物质存在的本质属性,后者是通过认识产生的,不具有独立的存在性。他说:"作为认识本身的原则的概念,无论如何不是存在的。"又说:"普遍的东西不是存在,普遍的东西是在认识的过程中获得的,普遍的东西是借助于认识建立的。因此,认识将不是存在。"可以看出,艾克哈特是反对实在论的。但是他也不懂得个别与一般、特殊与普遍的关系,在认识论上往往陷入混乱,并且导致神秘主义。

以艾克哈特为代表的异端——泛神论神秘主义,以神学的方式,反映了某些社会发展的进步要求,活跃了人们的思想,为反封建、反正统教会的革命反对派提供了比较容易接受的思想方式。神秘主义在中世纪末期,为市民——资产阶级的宗教改革运动提供了理论武器。恩格斯说:"说到神秘主义,那么大家知道,16世纪的宗教改革和它就有多么密切的关系"。[①]

(三) 以公开形式出现的市民异教和异端

关于西欧中世纪市民异教和异端的特征,恩格斯曾指出:"城市异教——这才是中世纪真正的公开的异教——主要是反对僧侣,攻击他们的富有和他们的政治地位。"[②]这派异教和异端的出现,是与中世纪中后期社会经济的发展,城市的兴起,市民队伍的扩大,市民反封建主教会势力的迅速发展相联系的,是中世纪反僧侣、反封建的最激烈和规模最大的斗争。市民异教、异端的活动和派别很多,有法国西南部的阿尔比派,意大利的阿诺德派,

---

[①][②] 恩格斯:《德国农民战争》,《马克思恩格斯全集》第7卷,第401、402页。

在德、法、意均有很大影响的阿莫里派和英国的威克利夫派。其中威克利夫派是具有典型意义的市民异端。

威克利夫（1320—1384）是英国的神学教授。英国国王曾派他作为代表同教皇谈判。他站在王权派立场上，同教皇的教会专制主义和绝对神权统治进行了有力的斗争。威克利夫的异端思想同整个市民异端一样，主要是从政治上和思想上揭露教皇和教会的反动，宣传市民阶级的进步要求。

威克利夫公开反对教会统治的理论。这种理论认为，无论精神上的或世俗的统治权都是必须通过中间人从上帝那里取来的，天恩是必须通过教皇和教会的特权阶级而给予人的。这种"中间人"的理论是为教会特权辩护的理论。与此相反，威克利夫提出了"天恩统治论"，认为每个人都是上帝的直接的"佃户"，个人与上帝直接相关，不要任何中介，无需教会和神职人员。他声称人的现实统治直接来自上帝，不要"中间人"，只有这种直接的、公开的统治，才是人们公认的统治、真正的统治。威克利夫否认教会统治的合理性和真实性，否定教会存在的必要性，宣传人人都有统治权，实质上是把人间的统治权从神的手中夺回到人的手中。这是在宗教的外衣下，宣扬了后来资产阶级以更尖锐、更集中的形式提出来的"人民主权"即资产阶级主权的政治理论，是资产阶级民主理论的早期表现。

威克利夫依据他的"天恩统治论"，反对信仰教会和教会的活动。他提出相信"看不见"的教会比相信"可见的"（即有组织、有机构的）罗马教会更好。他诉诸《圣经》，认为《圣经》是信仰的唯一教条，每个人只要相信《圣经》，按其行事就行，根本不需要专门的教会和神职人员来教训人。

威克利夫宣扬的市民阶级的民主、自由的思想，是同正统教会格格不入的。教皇哥利高里十一世曾连发五道训谕，谴责他的政治——基督教理论，并想审判他。但这并没能阻止威克利夫的思想的传播。1381年英国的农民运动就与他的思想影响有关。这次农民运动失败后,威克利夫的书被查禁,追随者被捕,并受到残酷迫害。

(四) 以武装起义形式出现的农民平民异教

恩格斯说:"另一种异教则有完全不同的性质,这种异教乃是农民和平民的要求之直接表现,并且几乎总是和起义结合着的。"① 英国瓦特·泰勒起义的宣教者约翰·博尔的思想就属于这种异教。

约翰·博尔(?—1381)原是牧师,因宣传异教思想被开除教籍,后成为农民起义的鼓动家。他用生动的事例和通俗的语言,来宣传他的观点。他说:"我们都是同一祖先——亚当和夏娃——的后代,他们(按:指封建统治者)除了会支使我们去替他们劳动,给他们挣钱花以外,从哪里能说和证明他们比我们高贵呢?他们穿着天鹅绒和驼毛镶边的皮衣,而我们只能用破布片来蔽体!他们有美酒香料和上等面包,而我们只有糠秕、烂草和清水!他们起居在精致的厅房里,而我们则栉风沐雨,终年在旷野里劳动,可是我们劳动的果实却反而被他们拿走了,收藏起来,供他们庄园的消费。"②博尔在这里猛烈抨击封建等级制和封建财产私有制,揭露了贫富悬殊和对立。这些思想为当时的农民运动提供了理论基础。起义失败后,博尔被判处死刑,为农民起义而牺牲。

以上四种异端和异教在实际的活动中并不是如此界限分明,常常是相互联系和相互为用的。这些异端异教结合在一起,汇成反对正统神学、经院哲学、教会,甚至包括整个封建制度的革命洪流,成为在政治上思想上推动封建社会发展的巨大力量。从理论上讲,唯名论和实在论的斗争,仍是经院哲学内部的斗争,而

---

① 恩格斯:《德国农民战争》,《马克思恩格斯全集》第7卷,第403页。
② 《世界通史资料选辑》(中古部分),商务印书馆1974年版,第186—187页。

异端异教的斗争矛头则直接指向经院哲学和教会本身,虽然它们也披上种种神学外衣,但它们的理论的革命性质和社会进步意义是很鲜明的。

第四节　经院哲学的解体；唯名论的兴盛

十三、十四世纪,正当西欧大陆各种异端兴起,同正统经院哲学进行着尖锐的斗争之时,在海峡对岸的英国兴起了新的唯名论思潮。英国唯名论者在与托马斯的实在论的斗争中,进一步发展了唯名论理论。经院哲学中的唯名论的复兴,标志着经院哲学的解体和衰亡。

十三、十四世纪,英国的手工业和商业比大陆有了更快的发展,工商业城市迅速增加,市民力量得到壮大。十四世纪在教权和王权的斗争中,教会的优势被同市民联合的王权的优势所代替。随着社会经济和政治的进步,英国的科学文化也很快发展起来,出现了实验科学的萌芽。英国唯名论对这种新进展进行了哲学的概括,并且在新的基础上开展了反对正统经院哲学的斗争。罗吉尔·培根、邓斯·司各脱和威廉·奥康是当时英国的著名的三大唯名论者。同早期唯名论者不同,新唯名论者在政治上表现了鲜明的反对教权、支持王权的倾向,而在哲学上则具有较多的唯物主义、经验主义和个人主义的倾向。

一、罗吉尔·培根

罗吉尔·培根(1214—1294)是十三世纪英国著名的神学家、哲学家和实验自然科学家。曾在牛津大学学习和工作十五年之久,后到巴黎学医。由于他不满那里的经院哲学的无聊的争论习气,愤然离去,又回到牛津教授物理学和数学。培根热衷于研究自然科学，崇尚科学实验。他论述过火药及其在军事上的应用，研究过眼镜、望远镜、显微镜的结构，甚至幻想过自动船和飞行器等。培根曾无情地揭露封建主的腐败堕落，攻击僧侣和经院哲学家的不学无术。由于他鼓吹进步思想而遭到教会的迫害，曾先后两次被监禁。他的著作有：《大著作》、《小著作》和《第三著作》等。作为中世纪的思想家的培根，还不可能完全摆脱神学的影响。在他看来，神学和哲学是统一的，研究哲学和科学的目的仍在于经过认识创造物而认识创造主。但是培根哲学中所渗透的精神却是崭新的，具有鲜明的唯物主义和经验主义的倾向。

作为实验自然科学家，培根认为科学的对象决不能是什么抽象的"实体"、"本质"，而是个别的具体事物。正因为这样，在个别与一般的问题上，他反对托马斯的实在论，而主张唯名论的观点。培根的唯名论的特点是，虽不否认共相存在，但与实在论者不同，他认为只有个别事物才是真实的存在。他说，自然界不是产生一般的动物，而是产生个别的马。宇宙也是由千差万别的个别事物组成的。个别的存在是绝对的、无条件的，不需要附加什么共相、实体或形式，个别比一般在认识中具有更大的意义。对于共相问题，培根主张相似说，认为"共相只不过是几个殊相的相似之点"。所谓相似之点是指一类事物与另一类事物相区别的东西，如所有的人都有某种相似，而与驴子相区别。培根并不否认共相作为相似性而存在于事物之中，但他认为，它并不比个别事物更真实。显然，这里表现了唯名论的基本倾向。

罗吉尔·培根无论在思想上，还是在实践上，都充满了反对正统基督教的战争精神。他猛烈抨击教会神学的虚伪、陈腐和愚昧，斥责宗教神学的传播严重地扼杀了人们的精神，给人类在掌握真理的道路上设置了层层障碍。他指出有四种障碍，即"屈从于谬误甚多、毫无价值的权威；习惯的影响；流行的偏见；以及由于我们认识的骄妄虚夸而来的我们自己的潜在的无知"。①培根认为，在日常生活中流行着这样一种思维方式："因为这是引证我们前辈的权威，这是习惯，这是一般的信念，所以是正确的。"他指出没有比这种思维方式更糟糕的了。实际上人们从这些前提中完全可以得出一个相反的，而且更好的结论来。培根号召人们要断然谴责这四种错误。因为这些东西的流行所造成的后果是："没有理性的影响，没有正直的判断，没有法律的束缚，宗教没有地位了，自然的命令失效了，事物的面貌改变了，它们的秩序混乱了，罪恶流行，道德匿迹，虚伪统治，真理则被嘘下了台。"②可以看出，培根在这里所揭露的正是正统经院哲学的主观、武断、愚昧、荒谬。这种对黑暗的基督教神学的有力的揭露和批判，具有极大的启蒙意义。

那么人们获得真理的正确道路是什么呢？在认识论上，罗吉尔·培根发挥了经验主义的思想，认为"人类认识的自然途径是从感官知识到理性知识"。培根特别强调认识开始于经验的原则。他说：

> 没有经验，任何东西都不可能充分被认识。③

培根认为，必须把感性经验提高到理性知识。但他又强调指出，理性知识依赖于感性知识，并且要通过经验来证实。他说：

> 推理作出一个结论，并使我们承认这个结论，但并没有像这个结论确实可靠。它也没有消除怀疑，使心灵可以安于对真理的直观，除非心灵通过经验的方法发现

---

① ② ③　罗吉尔·培根：《大著作》，《西方哲学原著选读》上卷，第285、286、287页。

了它；人们对于能被认识的东西有许多论证，但是因为他们缺乏经验，便忽视这些论证，因此既不知道避害也不知道就利。……所以只有推理是不够的，还要有经验才充分。①

培根在这里所说的经验，不仅是指感官知觉，更重要的是指科学实验。他把前者称为"自然的经验"，是自发地消极地获得的，而后者则是用仪器、工具的参与而获得的。他认为科学实验高于自然经验，也高于思辨的知识。因此，他强调：

> 凡是希望对于在现象背后的真理得到毫无怀疑的欢乐的人，就必须知道如何使自己献身于实验。②

培根认为，许多为经院哲学家争论不休的问题，一旦放到科学实验之中便迎刃而解了。比如经院哲学家们硬说只有用山羊血才能切开钻石，但这种说法从未通过实验。科学实验表明，能切开钻石的不是什么羊血，而是钻石的碎片。在中世纪神学统治的条件下，培根的这种推崇科学实验的思想无疑是极其宝贵的闪光，对后来的实验自然科学和唯物主义经验主义哲学的形成具有重大的影响。

当然，培根对经验的理解，还不可避免地保留有神学唯心论的影响。例如他认为经验有两种，"一种是由外部的感官获得的"，一种是"内在的启发"或"神圣的启示"，而后者是"更好的方法"。这里无疑表现了他的神学唯心主义立场。他还主张内部知识有七个等级，即纯科学的启发、德行、圣灵的七种礼物、上帝规

---

①② 罗吉尔·培根：《大著作》，《西方哲学原著选读》上卷，第287、288页。

定的至福、精神的感官、上帝的和平、极乐。① 他说:"凡是在这些经验方面或在其中的一些方面有过刻苦训练的人,就不仅能使自己和别人弄明白精神的事物,而且也弄明白一切人类的科学。"② 培根在这里把认识同神秘的启示、信仰的德行联系在一起,表现了经院哲学的色彩,这说明他作为中世纪的思想家,不可能完全摆脱当时中世纪社会意识形态的一般特点。

二、邓斯·司各脱

邓斯·司各脱(1270—1308)生于苏格兰,就学于牛津大学,并在牛津大学任神学教授,后到巴黎大学任教。在巴黎大学时,曾公开同托马斯、大阿尔贝特等神学博士们辩论。司各脱是弗兰西斯派的神学家,经院哲学家中最精深的思想家,被称誉为"精敏博士",著作有《牛津论著》等。

作为经院哲学家,司各脱并不否定上帝和神学。他认为神学以上帝为对象,属于信仰的范围,高于哲学和科学。哲学和科学则以实物世界为对象,属于理性范围。神的存在、神的特性和各种神学教条都不能通过理性得到证明,因为上帝和它的创造物在性质上完全不同,人们不可能通过它们来把握上帝。这就是说,合理的神学,哲学化的宗教体系是不存在的。哲学和神学、理性和信仰没有冲突,但应当将两者分开。可以看出,司各脱的这种观点是对托马斯关于哲学是神学的婢女的观点的否定,以便在肯定神学的前提下为科学的独立发展争取地盘。

司各脱反对托马斯的神学决定论观点,认为作为上帝创造物的人,不是消极的和惰性的东西,也应有意志的自由,这个自由是通过爱上帝的活动,来追求最高的幸福。司各税在这里所说的自由,虽然还没有摆脱神学的束缚,但他的用意却是要在上帝的

---

① 参看罗吉尔·培根:《大著作》,《西方哲学原著选读》上卷,第91页。
② 《中世纪哲学家著述选编》第2册,伦敦1928年版,第77—78页。

帮助下，宣传人的历史主动性。司各脱甚至利用神学来宣传唯物主义。他在《论灵魂》中说："也许可以说，在灵魂中有物质。"按司各脱的看法，由于上帝的万能，只要它愿意，就完全可能赋予物质以思维的能力。应当说，司各脱的这种观点是属于神学范畴的，当然也是没有科学根据的，但却是一种极其大胆的、合理的猜测。恩格斯说："唯物主义是大不列颠的天生的产儿，英国经院哲学家邓斯·司各脱就曾问过自己：'物质是否不能思维？'""为了使这种奇迹能够实现，他求助于上帝的万能，即迫使神学来宣扬唯物主义。"①

司各脱的唯名论思想比早期唯名论前进了一大步，具有明显的唯物主义倾向。他认为世界的本质是物质，物质是无所不包的，是世界统一的基础，甚至精神性的东西也不例外。他认为，物质和形式相比较，物质是在先的，是独立的实体，从这方面说，没有形式也是可能存在的。承认物质的独立性和优先存在，这是就万物的存在基础而言的，至于谈到具体事物，他同意亚里士多德的观点，即万物都是由质料和形式构成的，物质是存在的基础，形式使其成为现实性和个性。个别事物按其本质来说是最高的、最后的实在，只有它才是独立于理智之外的最真实的现实；而一般或共性在理智之外并不存在。谈到形式，司各脱认为，形式的存在方式是有区别的，有一般的形式和单一的形式。使物质成为所以是此物的形式叫个性，即单一的形式。而一般的形式是同类事物之间的共同性和同一性。一般性形式和个性的形式的区别，不是两种不同实体的区别，而是"形式的区别"，但也不是想象中的区别。这就是司各脱所谓的"形式区别说"。他试图用这种形式的区别来进一步说明一般与个别的关系，克服早期唯名论的缺点，反

---

① 恩格斯：《社会主义从空想到科学的发展》，《马克思恩格斯选集》第3卷，第382页。

对实在论。但是他的论证极为烦琐,有许多说不清的地方。

司各脱同样把认识论问题提到了重要的地位。他承认知识开始于感觉,在正常的情况下,通过感觉完全可以得到正确的知识。他说:

> 如果感觉的官能没有妨碍,那么,感觉的表象所描写的事物不会错误。①

司各脱承认,人们接触到的事物诚然是有限的,有些感觉也可能是错误的,但这并不影响我们对其原理的认识。他说:

> 经验虽不是由一切事物,而只是由许多事物得来的,虽不是恒常的有,而只是多次有的,然而一个人仍然由经验可以确定地了解,事实是如此,永远如此,而且在一切情形中也是如此。②

此外,他认为,事物是变化的,是个别的,但人们可以由具体的变化的事物获得原理性的知识。这是因为变化中包含着不变的因素,有限的事物中包含着无限的因素。他说:

> 一个可变的事物也可以表现出一个不变的事物,比方说,上帝的本体虽是不变的,却可以由完全可变的事物而被表现,不论那可变的事物是表象或是行动。同样,"无限"的事物可以为"有限"的事物所表现。③

司各脱在这里以神学的方式,表述了变与不变、有限与无限的一

---

①②③ 《基督教历代名著集成》第1部第14卷,第387、270、375页。

般的辩证关系。

司各脱认识到感官与理智,感觉认识和原理性认识是不同的。感官直接经验外部事物,感觉经验是混乱的,简单的和表面的,理智则形成关于外部事物的概念,而概念则是对事物的抽象。理智之高于感性,不在于用一个自己创造的抽象来代替感官感受到的事物,而是比感官更能深入到事物的本性之中。而真理是由认识本质而生的,比如"每一个整体大于它的部分"的命题,不是指具体的石头、木材等等,它是一种抽象。他认为人们可以获得这种抽象的真理。当然在实际上,能够获得它的只是少数人。"但不是说这少数人因特殊的启发,而与众不同,乃是因为他们有更好的自然能力,他们的理解力更抽象和更精明,或者,因他们有更彻底的研究,由研究而能认识本体,而那些不肯研究的人,虽有同样的机智,也无法认识本体。"[1] 司各脱在这里指出,认识能力特别是理性认识能力在于锻炼,真理性的认识在于刻苦研究,这种观点是正确的。司各脱在认识论上的贡献还在于他开始意识到人的行动在认识中的积极作用,他说:

> 我们应当注意以下所述关于有三种知识可以自然地得到可靠的确知。那即是:第一,从自明的原则和由之而得的结论,第二,从经验所认识事物,第三,从我们的行动。[2]

司各脱这里所说的行动,当然不可能是我们今天所理解的"实践"概念,但毕竟指的是思想之外的行动。把行动作为获得知识的一个途径和方式,这就突破了经验论哲学的框子。司各脱的认

---

[1] 《基督教历代名著集成》集1部第14卷,第384页。
[2] 《基督教历代名著集成》第1部第14卷,第367—368页。

识论具有鲜明的唯物主义色彩，预示了近代哲学的萌芽。

同唯名论的观点相呼应，司各脱在伦理学上强调个人的自由和能动性。他认为，作为上帝的创造物的人，也同上帝一样，意志高于理性，并且是自由的，具有抉择的能力。个人是行动和道德的主体。他反对正统经院哲学家把神的恩赐看成是道德行为的基本前提，否认有所谓永恒不变的道德规律，如《圣经》中规定的"勿杀人"、"勿盗窃"等戒律。他反对把人看成消极被动的东西，人不是容纳上帝恩赐的"空罐子"，而是自由能动的主体。在行动中，人的意志能够决定取舍，按自己的意志去追求最高的幸福。司各脱的这种观点具有唯意志主义性质，但其中包含了与神抗争的个人主义倾向，反映了市民等级追求个性解放的愿望。

司各脱的唯物主义、经验主义和个人主义的唯名论理论为威廉·奥康所发展。

三、威廉·奥康

威廉·奥康（1300—1349）是十四世纪英国最彻底的唯名论者。他曾在牛津大学学习，由于参加反对教皇的法兰西斯科教团，曾被指控为异端而被囚禁于阿维农教廷。后来他逃出监狱，受到与教皇作斗争的德意志皇帝路德维希的保护。据称他曾对国王说，"你若用剑来保护我，我就用笔来保护你。"表现了他维护王权，反对教权的坚定的立场和态度。

作为教权主义的反对者，奥康认为教皇并不是基督的全权代表，他也是可能犯错误的，他的权力不是绝对的，而是暂时的。奥康对教会和国家的权力作了区分，主张教权与王权分离，两者互相平行、各自独立。教会的权力是拯救灵魂，只能有精神武器，不能有物质武器，无权拥有法庭、监狱和宗教裁判所，无权干预世俗国家的事务；全部世俗权力都属于国家，国家有权管教会，教皇如有错误，不但应受到教会的审判，也应受到国家的审判。可见，他的拥护王权、反对教会的立场是非常鲜明的。

奥康在社会政治问题上提出了契约论的主张。他认为，世俗权力虽然来源于上帝，但却是按人类社会的共同契约建立的，这就是说，统治者和法律是由人民决定和选择的。在他看来，人类最初是按"自然法"而活动的"自然人"。按照自然法，一切人都是平等的，并没有私有财产，人不须听从别人，只须听从上帝。他认为，财产公有和平等的要求是人的天性，是人类共同的福利，也是人类社会和国家的原则与目的。人类根据这个共同的福利，订立契约，建立社会、国家和法律。国家和法律必须符合人的天性。如果共同福利要求取消私有财产，这也是合理的。在按共同福利建立的社会里，掌握国家权力的是皇帝，他仅仅是人民的代表。人民有权选择自己的领袖，有权管理国家大事。皇帝一旦超越自己的权利，侮辱人格，人民就可以用剑来反对他。奥康的社会政治思想具有以后完备起来的人性论的雏型，在当时反映了王权的势力反对教皇势力的客观要求，表现了他的市民倾向。他的财产公有的主张与近代社会契约论的基本精神是相违的，也不符合资本主义社会的需要，而在当时却成了王权派反教会的口号，国王以共同福利和铲除私有财产的名义，大量没收教会土地和财物，巩固了王权的统治。

奥康的唯名论思想是相当明快和彻底的。他明确肯定个别事物的客观实在性，认为"存在就是个别的存在"，"心外的一切事物都是个别的"，只有个别事物才是实在的。由此，他又进一步肯定了物质实体的永恒性、无限性和先于形式的性质。这都表明了他的唯名论具有更为鲜明的唯物主义倾向。关于"共相"，他继承发展了司各脱的观点，提出了所谓"符合"说，其独到之处在于，对共相进行了逻辑的和语言的分析。奥康认为，共相不是实体，而是人们关于事物的知识，因此无所谓存在于事物之先或事物之中的问题。共相在逻辑上表现为概念，在语言上表现为"术语"。他把概念称作"自然符号"，在不同的语言中它所表示的逻辑涵义是相同的。术语是约定俗成的,也叫作"约定符号",术语对概念的表述,因语言不同而不同。共相作为概念和术语,都是存在于人心之中的东西。这样奥康就否定了实在论关于"共相"是独立的客观的精神实体的观点。但是奥康又认为,标志"共相"的"符号",虽然只存在于心中,但仍有其客观基础,它所反映的是事物间的相似的特征,而这种相似的特征则存在于事物之中。我们看到,奥康关于共相的观点,虽然不同于早期的极端唯名论,但由于他同样不能正确了解一般与个别的关系,在概念、符号、共相同事物的关系问题上发生了混乱,但其基本倾向仍然是唯名论的。

奥康在认识论上,肯定认识主体的作用和意义,对人的认识能力充满了信心,反对神学靠"启示"获得知识的神秘说教。他承认个别事物是知识的第一对象,他说:

> 首先被获得的关于个别事物的这种单纯的特有的认识,我认为是直观的认识。这种认识是第一位的,这是很清楚的。①

奥康反对亚里士多德和托马斯在认识论上关于现实先于潜能,形式先于质料的观点。他说:

> 对象先于它所特有的活动,从起因上看,它也是在先的;而且只有个别事物才先于这种活动。②

同时,奥康肯定抽象在形成概念和科学知识过程的意义。他说:

> 一个单纯的抽象认识并不是关于个别事物的真正的认识,而合成的认识才是对于一个个体事物的真正的认

---

①② 《西方哲学原著选读》上卷,第 292—293、292 页。

识。① 一个"种概念"是决不能仅仅从一个个体中抽象出来。②

而这种抽象必须以个别事物的存在和对它的知觉为前提，然后借助于"符号"才能从感性知觉中抽象出一般的知识，也即科学的知识来。这就是说，他肯定了逻辑、思维、语言在形成科学真理中的作用和意义。

奥康在唯名论和认识论中的合理的进步的思想，是同他的反正统经院哲学的坚定的立场相联系的。他主张应把信仰和理性、神学和哲学分开。神学只能信仰，它不能通过理解而成为知识。而且信仰和理性是矛盾的，理性可以证明神学信条的荒诞性。在理性和信仰、哲学和神学的关系问题上，他推崇理性，伸张哲学和科学的地位的思想是十分明确的。

奥康从唯名论立场出发，认为经院哲学家们所说的"形式"、"本质"、"隐蔽的质"、"实体的形式"等，所有这些对于人的认识都是不必要的，是多余的赘物。鉴于经院哲学家们热衷于虚构，并且使这类虚构的东西越来越多，他提出了著名的"经济原则"，指出："没有必要，就不应增加本质"，"少做能达到的事，多做则无益"，对那些无用的东西，应像用快刀子剃头发那样，统统剃掉。这就是哲学史上所谓的"奥康剃刀"。"奥康剃刀"所表现的对封建神学、正统经院哲学嫉恶如仇的大无畏的批判精神，是十分可贵的。

但是必须看到，奥康的哲学虽然比其他的唯名论者彻底，然而仍然属于经院哲学的一个流派，从总体上说，还是神学唯心主义世界观。这是因为，他还承认神学的大前提，肯定上帝的存在。在哲学上，他也没有能科学地解决一般与个别的关系问题。实在

---

①② 《西方哲学原著选读》上卷，第295、296页。

论者的根本错误不在于肯定一般的客观性,而在于把一般看作是脱离个别事物的精神实体。唯名论者坚决地否定了这个精神实体,但同时也否定了一般的客观性。从这方面说,包括奥康在内的中世纪唯名论者和实在论者一样,都不懂个别一定与一般相联系而存在,"一般只能在个别中存在,只能通过个别而存在"①的道理。

十四世纪的英国唯名论,是中世纪唯名论思想发展的高峰,它沉重地打击了神学的哲学基础的实在论,促使了经院哲学的解体。唯名论者所坚持的个别事物第一性,自然的永恒性,认识开始于经验等思想,都具有明显的唯物主义色彩;他们开始把经验主义同实验科学联系起来,把反对神学,崇尚理性同初步的科学观察、实验和预见相结合;他们的反神学反教会的理论中,开始出现了个人主义、平等自由、人民主权等新口号。所有这些,都是同神学、经院哲学、封建等级秩序不相容的,是经院哲学解体的一些明显的标志。因此,当奥康大胆地提出用剃刀铲除那些神学理论的废物时,这实际上就是表示唯名论决心同经院哲学决裂,而向新的市民资产阶级哲学迈步了。马克思恩格斯指出:"唯名论是英国唯物主义者理论的主要成分之一,而且一般说来它是唯物主义的最初表现。"②然而,尽管经院哲学日趋衰落,但它在后来的几个世纪里仍然被封建势力和教会奉为应该拼力死守的官方讲坛的宝座,妄图以没落的意识维护没落的制度。而近代资产阶级随着资本主义的发展,资产阶级队伍的壮大,在更猛烈地批判经院哲学的斗争中,迎来了新哲学的诞生。

---

① 列宁:《谈谈辩证法问题》,《列宁全集》第38卷,第409页。
② 马克思恩格斯:《神圣家族》,《马克思恩格斯全集》第2卷,第163页。

第三章 十五—十六世纪人文主义和自然哲学思潮的兴起

引 言

十五——十六世纪，欧洲哲学的发展出现重要的转折，哲学研究的对象从面向神转变为面向人和自然，在批判神学和经院哲学的斗争中，以人和自然为中心的人文主义、自然哲学思潮蓬勃兴起，开辟了欧洲哲学发展的一个新的历史阶段。

在这个时期里，思想文化领域表现出一个明显的特点：先进思想家们在从事新的文化的研究和创作中，广泛地利用古代希腊罗马的思想资料。在中世纪，古代的这些文化成果遭到了严重的摧残，十二、十三世纪后，古代典籍才陆续从阿拉伯重新传入欧洲。在反对中世纪神学世界观的斗争中，先进思想家们对非基督教的古代世俗文化发生了兴趣，怀着极大的热情搜集、整理古代文化典籍，发掘古代文化遗产，研究古代语言、历史、文艺、科学和哲学，仿照古典作品进行创作。古典文化的研究，蔚然成风。这就是所谓"文艺复兴"。但是，应当看到，这个时期的新文化决不是古代文化的简单复现，无论在形式还是在内容方面，都不同于并且远远超过了古代奴隶主阶级的文化。先进思想家们不过是借助于古人的语言、服装和口号，以演出欧洲历史的新戏剧。所谓"文艺复兴"的时代，实际上是欧洲新兴的资本主义关系的形成的时代。正如恩格斯所说："从十五世纪中叶起的整个文艺复兴时代,在本质上是城市的从而是市民阶级的产物,同样,从那时起重新觉醒的哲学也是如此。哲学的内容本质上仅仅是那些和中小市民阶级发展为大资产阶级的过程相适应的思想的哲学表现。"①

十五、十六世纪,欧洲资本主义关系逐渐形成,封建制度日趋瓦解,是欧洲从封建主义向资本主义的过渡时期。这个时期的社会经济状况发生了巨大的变化。随着生产力的发展,近代资本主义生产关系在封建社会内部萌芽和发展了起来。在纺织、冶金、采矿、造船等重要工业部门生产技术不断革新,社会劳动分工不断扩大,手工业和农业进一步分离,商品生产的增长和国内外市场的形成,都加速了封建生产方式的衰落和解体,给资本主义生产方式的产生和发展创造了条件。这个时期,印刷术、指南针、火药普遍采用,航海事业更出现了新的纪元。意大利人哥伦布(1446—1506)于1492—1493年完成了到达美洲的航行;1498年葡萄牙人达·马加(1469—1524)率领船队绕过好望角到达了印度;1522年葡萄牙人麦哲伦(1480—1521)第一次环球旅行成功,这都给欧洲资本主义的发展带来了新的刺激。为了满足新扩大的世界市场的需要,为获得更大的利润,工场手工业迅速代替了小手工业的生产,社会上逐渐形成了包括商人、工业家、银行家的新兴资产阶级和没有生产资料,因而不得不靠出卖劳动力来维持生活的工业"无产者"。资本主义生产方式比封建生产方式有更大的历史优越性,封建生产方式到处遭到破坏。资本主义进一步发展,就不可避免地导致同封建制度进行你死我活的斗争。不甘心退出历史舞台封建统治阶级,极力维护旧的生产关系,成了新生产力发展的桎梏。在这一斗争中,从中世纪"市民等级中发展出最初的

---

① 恩格斯:《路德维希·费尔巴哈和德国古典哲学的终结》,《马克思恩格斯选集》第4卷,第249—250页。

资产阶级分子"①，他们是同封建势力相抗衡的新的资本主义生产方式的代表，成了推翻封建制度的社会革命力量的领导阶级。恩格斯说："当欧洲脱离中世纪的时候，新兴的城市中等阶级是欧洲的革命因素。它在中世纪的封建组织内已经赢得了公认的地位，但是这个地位对它的扩张能力来说，也已经变得太狭小了。中等阶级，即资产阶级的发展，同封建制度的继续存在已经不相容了，因此，封建制度必定要覆灭。"② 但是刚刚产生的市民资产阶级，力量还很薄弱，夺取政权的问题还没有提到议事日程，它只有靠支持王权来建立统一的民族国家，反对罗马教廷的霸权主义和封建国家的分裂割据，以此来开辟国内市场和扩张海外殖民地。同时，还应看到，作为反封建斗争的领导阶级的资产阶级本身仍然是一个剥削阶级。资本主义关系的形成过程也是资本的原始积累过程。新的市民资产阶级不仅在国内残酷剥削广大劳动人民，迫使千百万农民和手工业者破产而沦为资本的雇佣奴隶，而且对殖民地进行血腥的征服和掠夺。正如马克思所说：资产阶级"是用血和火的文字载入人类编年史的"。③ 资产阶级的这种两面性格，在反封建的斗争中得到了充分的表现，一方面它不得不利用农民、工人去进行反对封建主和教会的斗争；另一方面当斗争达到尖锐化和超出资产阶级的利益范围时，它又极力阻碍革命的深入发展，甚至调转头来，把矛头对向劳动人民，而向封建势力妥协。

在意识形态方面，市民资产阶级的这种两面性得到了明显的表现。资产阶级的人文主义、自然哲学思想连同宗教改革，就其主导的方面看，具有鲜明的反封建神学的性质，同时在某些方面又不时保留了神学杂质和种种不彻底性，具有向封建意识妥协的

---

① 马克思恩格斯：《共产党宣言》，《马克思恩格斯选集》第1卷，第252页。
② 恩格斯：《社会主义从空想到科学的发展》，《马克思恩格斯选集》第3卷，第389页。
③ 马克思：《所谓原始积累》，《马克思恩格斯选集》第2卷，第221页。

一面。

在这个时期,广大的农民、平民等劳动群众是反对封建、推动历史前进的主要力量。他们不仅积极参加了资产阶级领导的反封建和反教会的斗争,而且又进行了反映本阶级要求的独立的阶级斗争。因此在意识形态上,他们也通过一些特殊的形式表达了自己的特殊的要求。德国农民战争领袖闵采尔(约1490—1524)的神学哲学理论接近于无神论,政治纲领接近于共产主义。英国的空想社会主义者莫尔(1478—1535)和意大利的康帕内拉(1568—1639)以幻想小说的形式揭露了资本原始积累的掠夺本质,初步提出了财产公有的空想共产主义思想。这些思想都突破了资产阶级的思想范畴。

文艺复兴作为一场资产阶级反封建反神学的思想文化运动,它孕育了一大批宣传进步思想的先锋和文化巨匠,促进了欧洲文化、科学和哲学的空前繁荣,为近代西方资本主义的文学艺术、自然科学和哲学的形成和发展开辟了道路,为十七、十八世纪行将到来的欧洲资产阶级革命的高涨作了思想准备。

第一节 人文主义文化运动中的抽象人性论

人文主义是欧洲最早的资产阶级思潮。

欧洲中世纪末期,随着新兴的资本主义关系的逐渐形成,学校教育发生了新的变化。在原有的教会学校之外,社会上出现了一批世俗学校,在神学学科之外,出现了"人文科学";在原来的经院学者之外,出现了一批专门从事"人文科学"的教学和研究的学者,这些人被称为人文主义者。

人文主义运动最早发源于意大利,十五——十六世纪则发展为遍及全欧的文化思潮。意大利最早的人文主义者有但丁（1265—1321）、佩脱拉克（1304—1374）、薄伽丘（1313—1375）。十五—十六世纪又出现了瓦拉（1407—1457）、达·芬奇（1452—1519）、彭波那齐（1462—1525）等著名的人文主义者。此外，荷兰的爱拉斯谟（1469—1536），西班牙的微未斯（1429—1540），法国的拉伯雷（1495—1553）、蒙台涅（1553—1592），英国的莎士比亚（1564—1616）等，也是很有影响的人文主义者。人文主义者打着复兴古代文化的旗帜，反对中世纪神学，在欧洲造成了一个宣传新文化、新思想、新道德的空前繁荣的局面。

人文主义的基本精神是抬高人的地位，贬抑神的地位。人文主义者认为，天主教的全部罪恶就在于鄙视人的存在，扼杀人的本性。他们在反神学的斗争中发现了"人"，并且用人去对抗神。天主教神学坚持神是一切的出发点和归宿，一切为了神。与此相反，人文主义者则竭力鼓吹，人是一切的出发点和归宿，一切为了人，为了人的幸福，宣称，"我是人，人的一切特性，我无所不有"。针对封建神学，人文主义者称颂人的价值、尊严和伟大，反对对人的蔑视；赞美人的世俗生活，反对禁欲主义；重视理性和知识，反对盲目信仰；提倡个性解放，反对宗教桎梏和封建等级制度。尽管人文主义者们的政治观点、学术观点不尽一致，但是，以人为中心这个基本精神却都贯穿于人文主义者们的各种著述之中，渗透于各个学科领域，特别是文学、艺术。

人文主义文化运动的哲学基础是抽象人性论。人文主义者冲破神学的迷雾，离开人的社会性、历史性去探寻纯粹的、抽象的人的本性、人的本质。他们把这种抽象的人性看作是权衡历史是非的准绳，以此揭露天主教和封建制度的不合理性。概括说来，人文主义者关于人性的观点大致有以下几个方面。

一、人的本质：感性欲望

人文主义者认为，人的本质不应从神的本质来了解，而应从人的自身来确定。人的本质就是人的天性和本来的存在。在他们看来,人所以为人,不像一块平常的石头,而首先是一个活生生的血肉之躯,是具有感性欲望的。人文主义者承认人的肉体的存在与感性欲望的合理性,主张人应当享受天然的愉快,过世俗的生活,满足物质方面的要求。针对宗教的禁欲主义,法国人文主义者蒙台涅说:

> 一个能够正确而真正地享受自己的生存之乐的人,是绝对的并且几乎是神圣的完美的人。①

荷兰人文主义者爱拉斯谟在其《疯狂颂》中,用拟人化的手法,借像征人的快乐和幸福的"疯狂"之口,表示了对人的生活权利和生存快乐的强烈要求:

> 的确,如果你把生活中的快乐去掉,那么生活成了什么?它还配得上称作生活吗?……如果没有快乐,也就是说没有疯狂来调剂,生活中哪时哪刻不是悲哀的,烦闷的,不愉快的,无聊的,不可忍受的?……你们先看看大自然,人类的这位慈母,如何有远见地想到在各处撒下疯狂这调味剂!因为按照斯多葛派哲学家的说法,明智,那就是以理性为指导;疯狂,那就是任凭情欲摆布。但朱匹特②大神,为了减轻一点生活中的辛酸和悲伤,赋予人类的情欲不是多过理性么?③

---

① 《蒙台涅文选》,纽约1946年版,第988页。
② 古代罗马人信奉的最高的神——编者。
③ 爱拉斯谟:《疯狂颂》,《从文艺复兴到十九世纪资产阶级文学家艺术家有关人道主义人性论言论选辑》,第29—30页。

看来爱拉斯谟把人对快乐的追求了解得过于片面,好像感情不必由理智控制,人的快乐是肆无忌惮的,人的行为是任性无束的。但是只要看到中世纪教会和神学对人的合理生活要求的束缚和扼杀,就不难理解这种主张的意义了。这是对长期统治的宗教禁欲主义的抗争。佩脱拉克大声疾呼:

> 我不想变成上帝,或者居住在永恒中,或者把天地抱在怀抱里。属于人的那种光荣对我就够了。这是我所祈求的一切,我自己是凡人,我只要求凡人的幸福。①

享受现实的幸福,追求肉体的快乐,满足尘世的生活,是人文主义者所了解的人的本性的重要内容。此外,还有一个方面,就是所谓性爱。薄伽丘说:

> 在所有的自然的力量中,爱情的力量是不受约束和阻拦。②

他们所以认为爱情是不被约束的,也在于它是人的本性的要求和天然的感情。既为本能,就不应人为地加以限制,而且也是压制不住的。薄伽丘在《十日谈》中讲了一个故事,说有一个一心想让自己的儿子侍奉神的老头,从小禁止儿子接触世俗生活。待儿子长大成人,老头领儿子第一次进城,当青年看见一群美丽的姑娘时,问老头这是什么,老头生怕引起儿子邪恶的肉欲,告诉他那是一群绿鹅。儿子说,他还从来没有看过这么美丽可爱的东西,

---

① 佩脱拉克:《秘密》,《从文艺复兴到十九世纪资产阶级文学家艺术家有关人道主义人性论言论选辑》,商务印书馆1971年版,第11页。
② 薄伽丘:《十日谈》,《从文艺复兴到十九世纪资产阶级文学家艺术家有关人道主义人性论言论选辑》,第15页。

这比平时经常看到的天使的画像要好看得多。他求爸爸说："要是你疼我的话,让我们带一头绿鹅回去吧。"故事最后说:谁要想阻遏人类的天性,不但是枉费心机,还会头破血流,"让我也利用这短促的人生,追求我的乐趣吧"。[1]

人文主义者所讲的人的快乐、幸福、爱情等人性,就是指的人的自然本性或本能的要求。在他们看来,人是自然的一个部分,与自然事物一样,也具有现实的物质的属性。人有血肉的机体,有物质欲求和趋乐避苦的本能。实现了人的这种本能,也就是实现了人的本性,即人性,就是实现了人的生活。爱拉斯谟针对不理解人性的人说:

> 我实在看不出你们为什么把一个按照自己的身份、教育、本性而生活的人称之为不幸。这不就是一切生存的东西的命运么?凡是停留在自己的自然状态中的东西都不至于不幸;否则我们可以说人很可怜。[2]

人文主义者认为,人的自然本性,是人性的基本内容,并且是区分真假、善恶、贤愚的标准。神学认为,要求实现人的肉体的幸福,这是短暂的、虚假的,是恶行和愚昧的表现;人文主义则认为,人的生存和意义就在于这种本性的满足,这是完全正当的,而且是世界存在的前提。爱拉斯谟说,如果把人的自然本性叫做愚行,这正是宗教的罪恶和骗局。他说,人若没有情欲,没有对异性的追求,也就不会有男女的结合,也就不会有人类的繁衍。而神学家喋喋不休说的神创世界、原罪、圣餐等等,才是虚幻的、荒

---

[1] 薄伽丘:《十日谈》,《从文艺复兴到十九世纪资产阶级文学家艺术家有关人道主义人性论言论选辑》,第15—17页。
[2] 爱拉斯谟:《疯狂颂》,《从文艺复兴到十九世纪资产阶级文学家艺术家有关人道主义人性论言论选辑》,第30页。

谬的、无耻的事情,不过是一些骗人的诡计,对人的实际生活没有什么好处,才是真正的愚行。由此可见,人文主义者对人的自然本性的确认,是出自反神的坚定立场。他们所伸张的人对现实的具体的生活要求,是为了反对冷漠虚幻的来世生活;所追求的感性的快乐和幸福,是为了反对苦行修炼的禁欲主义;对人的丰富多姿的异性之爱,是为了反对对森严可怖的神的爱。这就是人文主义者关于人的本质的学说的实质、意义和历史作用。

二、人的本质:理性

人文主义者对人的理性本质的探求,也是从反对中世纪神学出发的。基督教在人的现实生活方面宣传禁欲主义,而在思想文化领域则宣传蒙昧主义。封建统治者和基督教会把神学和经院哲学当成人们不能违犯的唯一的思想原则,把圣经和经院哲学作为人们必须遵从的精神楷模,把亚里士多德的三段论作为人们唯一的思考方式和论证方法。这就必然严重地束缚了人们的自由思想,造成中世纪的文化凋零,科学落后,思想沉寂,精神呆滞,从而形成了整个中世纪社会生活领域和精神文化领域的愚昧无知。爱拉斯谟在《疯狂颂》中无情地鞭笞了宗教所造成的愚昧。他说:

> 整个说来,基督教似乎是和某种愚蠢同类的,和智慧没有任何渊源。[①]

爱拉斯谟在同一篇著作里揭露了基督教有助于社会和人民的愚昧的罪行:它反对用知识武装人们,却用宗教狂热去毒害人们,使人施舍钱财,宽恕罪过,不分敌我,弃绝快乐,倍尝饥饿,恶生恋死,对普通的感受麻木不仁,为信仰上帝而精神错乱。[②]对知识的愚昧和对宗教的狂热是落后的中世纪意识形态在社会思想文化

[①][②] 爱拉斯谟:《疯狂颂》,《西方哲学原著选读》上卷,第316页。

和人的精神生活上造成的两个恶果，它们相反相成，毒害日甚。

人文主义者坚决反对宗教迷信、神学教条和权威主义对人的精神的愚弄，主张人应当服从自然，尊重个人的感知和思维，相信自己的认识能力，由此提出了人具有理性本质的问题。西班牙人文主义者微末斯（1492—1540）认为，与动物不同，人不仅具有美好、和谐的仪表，更重要的是具有理性本质。他说：

> 〔人〕确有那么一个充满了智慧、精明、知识和理性的心灵，它足智多谋，单靠自身便创造出来许多了不起的东西。①

微末斯认为，人的理性包括人对自然的观察，实验和思考，也包括发明文学，著书立说等心灵的活动。在他看来，理性能力是人的本质特征，这同认为人仅有动物性的观点区别开来，是对人具有感性和本能的自然本质的学说的补充和发展。这种观点同神学认为的人是听凭上帝摆布的消极被动的观点相对立，进一步论证了人文主义者反宗教神学的主张。

人文主义者还从人的天赋本性和自由判断的能力来论证人的理性本质。但丁认为人的本性是自由的，但人类"生来不是像兽一般地生活，而是为了追求美德和知识"。② 这就是说，人的自由本性从本质上说是理性的自由判断能力。他还说：

> 自由的第一原则就是意志的自由；……意志的自由

---

① 微末斯：《关于人的寓言》，《从文艺复兴到十九世纪资产阶级哲学家政治思想家有关人道主义人性论言论选辑》，商务印书馆1966年版，第68页。
② 参看《欧洲文学史》上卷，人民文学出版社1997年版，第115页。

就是关于意志的自由判断。①

> 人类的本分工作，就整个来讲，乃在能完全实行其理解力的范围与发展；首先能实行思想，以辨别是非，其次，则能将其所认定之是非悬为目的，而以行动达此目的。简单说，就是先思而后行。……人类的本分工作为何？根据"你必须使自己仅次于天使"一语，可知人类的本分工作，在求神圣的幸福。②

但丁自然不懂得人类理性形成的历史性和社会实践的本质，不懂得理性自由同客观必然性之间的关系，从而把理性看成是先验的，并且把理性自由绝对化了。但是他提出的理性判断，自由意志，正如前面所说，是以反神为宗旨的。同把人看成是神的意志的体现、基督的羔羊与奴隶的神学观点相反，他主张人应当按自己的意志来判断是非、真假，用人们自己的理性、意志去指导行动，确立行为的目的。人的行为和目的不是为了侍奉神，而是为了人的实实在在的幸福。这种观点的提出，对新兴的资产阶级来说，是一次新的精神解放。

在文艺复兴时代，怀疑主义是人文主义的一个重要内容，其思想代表是蒙台涅。蒙台涅深受苏格拉底、希腊后期和古罗马的怀疑派的影响。他以"认识自己"和"我知道什么"作为认识论的指导原则，认为感觉不是绝对可靠的，事物是运动变化的，知识是相对的，任何自诩为达到绝对不变的知识的人，是一种无知和傲慢。蒙台涅关于知识的相对性和怀疑主义的思想，其目的不是宣扬单纯、消极的怀疑，不是抽象地否定一切知识，不是鼓吹基督教那样的蒙昧主义，而是以怀疑和知识的相对性的思想为出

---

① ② 《从文艺复兴到十九世纪资产阶级哲学家政治思想家有关人道主义人性论言论选辑》，第19页。

发点：由强调人的无知，以促进人去求知；由强调知识的相对性，以破除人们对绝对真理，特别是神学真理的迷信；由强调知识的变化性，使人不自满，无止境地去探索新知识。对此，他说：

> 真正有学问的人就像麦穗一样：只要它们是空的，它们就茁长挺立，昂首睥视；但当它们臻于成熟，饱含鼓胀的麦粒时，它们便谦逊地低垂着头，不露锋芒。同样，人类经过了一切的尝试和探索，在这纷纭复杂的知识和各种各类的事物之中，除了空虚之外，找不到任何坚实可靠的东西，因此就抛弃了自命不凡的心理，承认了自己本来的地位。①

蒙台涅所说的人的本来的地位，从根本上讲，就是人类永不停息的追求、探索、发展理性，积累知识的要求，也即通过怀疑而实现的人类理性的本质。蒙台涅的怀疑主义从根本上讲，是对神学、权威、教条的怀疑和批判，对自满、懒堕、迷信、盲从的卑视和鞭笞，同人文主义者所主张的理性主义一样，充满了积极进取的精神。

人文主义者对人的本质——理性本质的探求，是新兴资产阶级从人的感性特点到人的理性本质的认识的深化，它丰富了人性论和人道主义的内容，进一步揭露了神学造成的愚昧、黑暗、没落，为发展资产阶级所需要的科学、文化、教育，发展资产阶级意识形态提供了理论基础。

三、人的本质：自由、平等和博爱

人文主义者针对基督教对人性的束缚和扼杀，程度不同地都

---

① 蒙台涅：《散文集》，《从文艺复兴到十九世纪资产阶级文学家艺术家有关人道主义人性论言论选辑》，第47页。

提出了人性自由的主张。但丁在《神曲》中说，人具有天生的自由意志，这是上帝给人的最大的礼物，上帝的杰作。如果说但丁还不得不用神的招牌来迫使神学宣传资产阶级的自由观的话，那么薄伽丘则公然抛去了神的外衣，直接宣传自由的观点了。他指出，自由意志是纯粹的人的道德和善，它作为人的本性，比理智和哲学更为重要。薄伽丘以他的意志自由的观念尖锐地批判了封建主义意识的假仁假义，神就是最高的善的道德观和真理观，把自由提到了资产阶级道德和整个资产阶级意识形态的中心的地位。拉伯雷一方面从理论上提出，自由是人类的天性，人不应"屈辱于压迫和束缚之下"，而应自由自在地生活，另一方面又设计了"德廉美修道院"，作为实践他的自由理论的学校。

关于平等的观念。薄伽丘在《十日谈》中有集中的论述。他说：

> 先来谈一个根本的道理。你应该知道，我们人类的骨肉都是用同样的物质造成的，我们的灵魂都是天主赐给的，具备着同等的机能和一样的效用。我们人类是天生一律平等的，只有品德才是区分人类的标准，那发挥天才大德的人才当得起一个"贵"；否则就只能算是"贱"，这条最基本的法律被世俗的谬见所掩盖了。①

在这里，薄伽丘以人的自身的存在和品质来作为评价人的标准，不把地位、财富、出身作为标准，提出了人的天生的平等是一条基本的法律，以此来反对封建主义的谬见。甚至他还提出"卑贱者有高贵的品质"，"贫穷不能磨灭一个人的品德"的思想，这都体现了他的人道主义的基本主张。他在《十日谈》里，描写了一个王爷的女儿爱上了一个侍从，以此来证明他的关于平等的主张。当

---

① 薄伽丘：《十日谈》，新文艺出版社1958年版，第357页。

然，薄伽丘所宣传的卑贱者高贵，贫富、贵贱在实践上可以平等、溶合的观点，在当时的社会条件下是根本不现实的。但是可以看出，以他为代表的人文主义者主张用人的本性平等的观念来反对教会的教阶制和封建的等级制则具有现实的积极意义。

关于博爱的观念，但丁认为，人的现实生活和相互间的关系本质是"爱"，他说："我看见宇宙纷散的纸张，都被爱合订为一册。"人文主义者认为爱是人与人之间的关系的本质，那么，爱就是与人类共存亡，是永恒的，普遍的，是人性的根本标志之一。爱拉斯谟肯定爱是人类的自然感情。他说：

> 有一些中间类型的感情，可以说只是自然的感情，如孝父母、爱子女、爱亲友，对这些感情多数人还是给予相当的尊重的。①

然而，教士们把人的这种天然的感情从人的心灵里剔除出去，认为父母、子女、亲朋只是肉体之躯，是微不足道的；心灵才是值得珍重的，而心灵是属于天父的，因此人类最高的爱是对上帝的爱。爱拉斯谟把教士们编造的这种对神的爱叫做真正的疯狂，在其《疯狂颂》中，给予了辛辣的揭露和抨击。

人文主义者还提出了个性解放的基本主张。他们所以用人性反对神性，一个重要的理由，是因为神性束缚了人的个性的施展。为此，他们反对教会为人们规定的禁欲主义原则和种种清规戒律，提出人应按照自己的天性、需求、爱好而自由自在地生活，不必受任何约束。拉伯雷在表现其社会理想的"德廉美修道院"的社会原则里，提出了与神学原则根本对立的种种规定。例如，基督教的修道院规定修士要讲贞节不淫，贫穷自安，遵守教规，他却

---

① 爱拉斯谟：《疯狂颂》，《西方哲学原著选读》上卷，第218页。

提出:"这里规定,男女修士可以光明正大地结婚,人人都可富有钱财,自由自在地生活。"① 拉伯雷主张,自由是人们行为的基本原则,自由也是各种美好的德行的前提,在他的"德廉美修道院"里,人人都是自由的,人人都是高度的热情,争做自己喜爱的事情,形成竞赛或竞争;人人具有理性和智慧,男人气宇轩昂,体格魁伟,秉性温良,女人容貌端丽,手腕灵巧,温良而自由;大家都受到良好的教育,能读能写能弹能唱,能讲五六种语言,活跃而体面。总之,在这里人人都是自由不拘的,个性解放的。拉伯雷为他们确立的原则是:

> 他们的规则只有一条:想做什么便做什么。②

"想做什么便做什么"是一个个性解放的典型的口号,这是对封建主义和教会神学扼杀个性的批判,也是资产阶级要求自由发展、自由竞争、发财致富的意志的体现。

人文主义者还表达了某些关于民主的思想。例如莎士比亚在名剧《亨利五世》中,借亨利之口说出了国王与平民同样是人的主张:

> 因为我认为——虽则我这句话是对你们说——国王就跟我一样,也是一个人罢了。一朵紫罗兰花,他闻起来,跟我闻起来还不是一样;他头上和我头上合顶着一方天;他也不过用眼睛来看,耳朵来听。他把一切荣衔丢开,还他一个赤裸裸的本相,那么他只是一个人罢了。③

莎士比亚在这里以人性论为武器,剥掉了封建主义的君贵民贱的

---

①② 拉伯雷:《巨人传》,《从文艺复兴到十九世纪资产阶级文学家艺术家有关人道主义人性论言论选集》,第34、35页。
③ 莎士比亚:《亨利五世》,人民文学出版社1958年版,第86页。

等级观念和君权神授的神秘外衣，论证了资产阶级的平等和民主主义的主张。

此外，人文主义者还从人性论出发，提出了私有财产不可侵犯、自由竞争、自由性爱、发展教育、尊重科学等口号，建立了以人道主义为基础，以自由、民主、博爱为中心的早期资产阶级的社会意识形态体系。

恩格斯在论证和发挥黑格尔的历史观时指出："每一种新的进步都必然表现为对某一神圣事物的亵渎，表现为对陈旧的、日渐衰亡的、但为习惯所崇奉的秩序的叛逆"。[①] 人文主义思潮以快乐主义反对禁欲主义，以经验科学和理性反对愚民政策，以民主、自由和平等反对宗法特权，以人类之爱反对对神的迷信，总之，以新的进步的资产阶级世界观反对旧的落后的封建主义的意识形态。人文主义思潮集中体现了这种对旧文化、旧意识、旧传统的叛逆精神。

人文主义思潮的重大社会意义在于，以人性论为基础建立了为新兴资产阶级所需要的包括自由、民主、平等、博爱、幸福、科学等一整套理论、观点、方法的体系。这个体系进而作为舆论工具，在政治、经济、法律、道德、宗教、哲学、文艺以至普遍的社会生活领域开展了反封建反宗教的斗争，解放了人们的思想，为生产力的发展，为资产阶级取得政治统治权的斗争扫清了道路。十五、十六世纪的人文主义思潮对近代资产阶级意识形态发展来说，还属于一个启蒙阶段，但它以席卷欧洲的规模和力量，对十七至十九世纪的欧洲资本主义的发展和社会思想的发展发生了直接的重大影响。

人文主义思潮的理论意义在于，它总结了唯名论思潮和宗教

---

① 恩格斯：《路德维希·费尔巴哈和德国古典哲学的终结》，《马克思恩格斯选集》第4卷，第233页。

改革运动中进步思想家的研究成果,十分尖锐和明确地提出了全新的人文主义的理论,从而同宗教神学的传统思想对立起来,为反封建反宗教提供了有力的理论武器。人文主义思潮对封建主义和信仰主义的规模巨大和卓有成效的批判,促进了资本主义发展的过程,在人类历史和意识形态发展史上,提供了进行经济政治变革必须首先做积极的舆论准备,在精神领域进行破旧立新的一般经验。人文主义思潮宣扬的人道主义作为伦理道德范畴、道德理想,其中的某些合理原则,为实现更高形态的人道主义原则提供了必要的资料准备和正反两个方面的历史的借鉴。

人文主义思潮中的抽象人性论尽管是和神学唯心主义相对立的。但本质上也是一种唯心主义学说,人文主义者不是从人们的物质和生活中,从社会历史的发展中研究人性,相反地,他们却企图撇开人的社会性、历史性去寻求某种永恒不变的纯粹的人性,并以此评断历史的是非。按照这个观点,封建制度的腐朽不在于它不符合历史发展的要求而只是由于它违背了"人性"。显然,这是不能科学地说明封建主义必然为资本主义代替的历史过程的。

事实上,人文主义思潮中的人性论,是资本主义生产方式的理论表现。人文主义者所讲的人性,本质上是资产阶级的本性。关于这一点,在意大利的人文主义者卡尔丹(1501—1575)对自己的性格的描述中得到生动的反映:

> 我本性上具备一个哲学的、宜于从事科学的头脑;我是机智的,文雅的,有教养的,放纵的,快乐的,虔敬的,忠诚的;我是智慧的爱好者,是内省的,有进取心的,勤勉好学的,乐于帮助他人的,充满竞争心的,有创造性的,自学成功的;我热望作出奇迹,这是奸诈的,狡猾的,辛辣的,蓄满密谋的,清醒的,用功的,小心翼翼的,多口舌的;我是宗教的鄙夷者,我热中于报复,

妒忌他人，忧郁，恶毒，阴险；我是一个巫师，一个术士；我是不幸的，对待家人凶暴的，禁欲的，难对付的，严酷的；我是占卦者，是妒忌成性的，说淫秽话的，诽谤他人的，顺从人意的，变化无定的；——在我身上有着这种本性和举止的矛盾。①

卡尔丹对这个"人"进行了淋漓尽致的剖析：他一方面是感性的，放纵的，竞争的，有创造性，另一方面又是奸诈的，耍阴谋的，极其鄙怯的，他是反封建反宗教的，但对其下人又是恶毒的，禁欲的，凶暴的；他是暴露的，大胆的，进取的，又是矛盾的，多变的。在这个"人"身上体现了极其明显的两面性，即反封建的进步性和资产阶级作为剥削阶级的本质。人文主义作为剥削阶级的意识形态，在历史上还具有反劳动人民的性质，往往在美妙的词句的背后，掩盖着奴役、掠夺和残忍的本质，具有伪善和欺骗的一面。资产阶级人文主义思潮所表现的庸俗的享乐主义、极端的个人主义、无政府主义、绝对自由、爱情至上等错误思想，在历史上产生了种种有害的影响，这一点是不容忽视的。

第二节 宗教改革运动中的宗教个人主义思想

在十五、十六世纪，同世俗的人文主义思潮同时兴起的，还有在宗教内部进行改革的社会思潮和社会运动，即宗教改革运动。宗教改革是市民资产阶级反封建、反正统宗教神学的另一种主要斗争形式。宗教改革虽然是在神学范围内进行的，但就其实质来

---

① 转引自黑格尔：《哲学史讲演录》第3卷，商务印书馆1959年版，第345—346页。

说，它同文艺复兴时代的其他的资产阶级思潮一样，同样渗透着资产阶级人本主义和个人主义精神。宗教改革运动远远超出了少数文人、学者的范围，具有更广泛的群众基础。文艺复兴时代的宗教改革运动，出现了欧洲近代资产阶级宗教的两个主要教派——路德教派和加尔文教派。它们不但为后来资产阶级的政治革命做了思想上的准备，而且本身就是资产阶级革命的一个组成部分。恩格斯说："宗教改革——路德的和加尔文的宗教改革——这是包括农民战争这一危机事件在内的第一号资产阶级革命。"① 宗教改革运动中所阐述的新的神学哲学理论，贯穿着一个基本精神：个人信仰高于一切的宗教个人主义。这对近代资产阶级哲学的形成和发展，具有一定的影响。

宗教改革运动可以追溯到十四世纪英国威克利夫所代表的市民阶级的宗教改革。然后有十五世纪捷克胡斯（1369—1415）所领导的捷克的宗教改革，这个时期最著名的是路德和加尔文领导的两个宗教改革运动。这里，我们着重考察他们的新神学哲学思想。

一、路德的"因信得救"的宗教哲学

十六世纪，马丁·路德发动的宗教改革运动，是欧洲近代史上的资产阶级反封建的第一次大起义，是德国资产阶级对封建神学展开的第一次有力的冲击，它对后来德国资产阶级哲学的发展有着很大的影响。

十五—十六世纪，罗马天主教会是欧洲反动封建势力的总代表。它不仅是欧洲封建势力最高的精神支柱，而且是欧洲政治上最野蛮的压迫者，经济上最残酷的剥削者。罗马教会据有欧洲三分之一的土地，不仅对农民进行敲骨吸髓的剥削，而且还通过各种封建义务、苛捐杂税（如"免罪符"等）大量搜刮民财。它不仅严密控制各国的教会，而且打着"天主教大家庭"的幌子，鼓

---

① 恩格斯：《关于"农民战争"》，《马克思恩格斯全集》第21卷，第459页。

吹"教会高于世俗政权"的反动理论,践踏欧洲各民族国家的主权,干涉各国的内政,派遣"十字军"疯狂镇压各国的人民革命运动,妄图阻碍欧洲各地统一的民族国家的形成和资本主义的发展,以维护垂死的封建制度。罗马教廷和各国的教皇派,是当时最反动的封建势力。

在这个时期,反封建的阶级斗争,反映在思想战线上,集中地表现为批判天主教神学的斗争。恩格斯指出:"为要触犯当时的社会制度,就必须从制度身上剥去那一层神圣外衣。"[①] 市民、农民和世俗地主都从各自不同的阶级要求出发,向着天主教神学发动进攻。但是,在欧洲整个中世纪,由于神学在知识领域内占据绝对的统治地位,流毒极深,因此,革命派的反对封建神学的思想,在一段时期内不得不掩盖在基督教的外衣之下,以神学异端的形式出现,同正统的封建神学相对立。

马丁·路德(1483—1546)是德国萨克森的艾斯勒本人,出身于农民家庭,自称"农民的儿子"。曾就读爱尔福特大学,获神学博士学位。历任修道院的副主持、区监督等神职。32岁担任威登堡大学神学教授。

1517年1月30日,马丁·路德在威登堡教堂的正门上张贴了《九十五条论纲》,揭露罗马教会强行推销"免罪符"的欺骗行径。出乎路德的意料,他点燃的这一火把,竟引起了燎原的烈火,整个德意志都行动起来了。市民、平民、农民、低级贵族、诸侯都抱着不同的目的投入了运动。特别是农民、平民到处暴动,驱逐僧侣,捣毁寺院,打击富豪,动摇着以罗马教会为首的整个封建制度。

路德是德国市民的代言人。他的政治目标就是摆脱罗马教会的羁绊,建立一个在世俗政权领导下的适合市民口味的"廉价的

---

① 恩格斯:《德国农民战争》,《马克思恩格斯全集》第7卷,第401页。

教会",以利于资本主义的发展。

在思想上,路德对抗天主教神学的神学哲学理论是"因信得救"。他激烈反对理性神学,断言理性同信仰是敌对的。理性可以帮助人们的日常生活,而领会上帝的旨意决不能依靠理性,因为上帝的旨意是超越理性的,只能信仰,而无法加以理解。更为重要的是,路德把个人信仰抬高到第一位,反对教会对个人信仰的干预。天主教会认为,教徒或教会是上帝在地上的代表,神职人员高于俗人,普通的教徒只有通过教会或神职人员,遵守教会规定的规章,履行教会规定的各种义务,也即所谓"事功",才能同上帝打交道,得到上帝的恩惠。比如,教徒必须购买教会出售的"免罪符",才能免于上帝的惩罚。路德继承了中世纪神秘主义的异端思想,认为个人同上帝之间的关系无须以教会为中介,每一个教徒只要对上帝抱有虔诚的信仰,通过研读圣经,领会教义,自我忏悔,就可以同上帝直接打交道。在这方面,一切教徒都是平等的。路德说:

> 首先需记住我已说过的话:无需"事功",单有信仰就能释罪、给人自由和拯救。①
>
> 凡是感觉自己是真正做了忏悔的基督徒,甚至不用免罪符,他就有权利得到对于他的罪过和惩罚的完全赦免。②
>
> 所谓教士们,无论是传教士、神父,或是教皇和其他基督徒并无不同之处,并非自成团体,或是高于其他基督徒之上的。③

---

① 《西方伦理学名著选辑》上卷,商务印书馆1964年版,第444页。
② 《中世纪晚期的西欧》,商务印书馆1962年版,第143页。
③ 《中世纪晚期的西欧》,商务印书馆1962年版,第152页。

路德这种否定天主教会的权威,抬高个人精神生活的地位的思想,同当时欧洲各国流行的鼓吹个性解放的资产阶级及个人主义思潮的基本精神是一致的,具有反封建的进步意义。

但是,路德鼓吹的这种个人主义,他所说的自由、平等,仅仅局限于个人信仰、个人精神生活领域之内。我们看到,这位在宗教信仰领域内捍卫自由平等权利的勇士,恰恰正是在现实生活中实行自由平等权利的激烈反对派。路德声言:

> 在一个世俗的王国中是不可能人人平等的。有些人应当自由,有些人不应当自由。有些人应当统治别人,有些人应当被别人统治着。①

在路德看来,在信仰上,人人应当平等,在实际生活中,则人人应当不平等。这就是说,他在打倒罗马教会统治的不平等的同时,还要维护封建诸侯统治的不平等。这就充分暴露了路德的自由、平等的口号的怯弱性和虚伪性。

路德在宗教改革中对封建神学的批判,是十分不彻底的。马克思指出:"路德战胜了信神的奴役制,只是因为他用信仰的奴役制代替了它。他破除了对权威的信仰,却恢复了信仰的权威。他把僧侣变成了俗人,但又把俗人变成了僧侣。把他人从外在宗教解放出来,但又把宗教变成了人的内在世界。他把肉体从锁链中解放出来,但又给人的心灵套上了锁链。"② 路德依然是一个虔诚的基督教徒。他所倡导的新教很快便成了一些地方封建诸侯手中的统治工具。正如恩格斯指出的:"路德的宗教改革确实建立了新

---

① 《中世纪晚期的西欧》,商务印书馆1962年版,第176页。
② 马克思:《〈黑格尔法哲学批判〉导言》,《马克思恩格斯选集》第1卷,第9页。

的信条,即适合君主专制的宗教。"①

路德片面地追求个人精神生活的自由解放的思想,对后来德国资产阶级哲学的发展有很大的影响。

二、加尔文的"预定论"的宗教哲学

加尔文(1509—1564)出生在法国诺恩城,曾在法国巴黎和奥尔良学习法律和文学。1532年出版了他的第一部著作《论仁慈》,在这本书里可以看到他受到罗马斯多葛派哲学家塞涅卡和近代人文主义思潮的影响。1533年,加尔文公开宣布与天主教脱离关系,并且开始了宗教改革运动。由于天主教的迫害,他于1536年离开法国,到了当时欧洲宗教改革的中心瑞士,研究《圣经》和教父著作,并出版了《基督教要义》和《信仰指南》。在这些著作中,加尔文系统地叙述了他的宗教改革思想,提出和论证了新神学教义。他的思想被称为加尔文主义,他建立的新教派被称为加尔文教。加尔文以瑞士的日内瓦为中心,并在法国、德国和意大利积极推动宗教改革。他是当时欧洲宗教改革的最重要的领袖之一。

加尔文在宗教改革中,极为重视对哲学和神学的研究。在神学哲学上,他提出了"预定论"和"因信称义"的思想。

加尔文改造了路德的"因信得救,不靠事功"的理论,进一步强调这一理论的宿命论的方面。加尔文认为,一切都归之于上帝,即一切都是上帝的安排和命令,这是加尔文预定论的出发点。在加尔文那里,上帝不但是万物的创造者,而且是万物的直接的管理者。上帝不是懒惰的、沉沉欲睡的,而是一个不务空名的、积极活动着的、勤恳而不好逸偷闲的典范。因此,一切"都在上帝

---

① 恩格斯:《社会主义从空想到科学的发展》,《马克思恩格斯选集》第3卷,第391页。

的掌握之中",①"世界所发生的一切都是出于上帝无可测度的旨意"。②而上帝的旨意不是随遇而生的,是预定的。他说:

> 宇宙无一事不是上帝所预定的。③上帝以自己的智慧,早在太初就已决定了它所要做的事,现在又以它自己的权能,执行它所预定的一切。④

不但如此,上帝的预定是上帝的永恒的旨意,是绝对不再改变的。一切都是上帝必然预定的、永久而不改变的安排,人绝对不能离开上帝而独立有所作为,这是加尔文的预定论的基本观点。依据加尔文的观点,既然一切都是上帝预先安排好了的,那么一切都是绝对必然的,没有任何偶然性。他说:"上帝从事统治一切特殊的事,而一切都是出自上帝一定的旨意,因此,没有什么事是出于偶然的。"⑤加尔文把必然性绝对化了,认为"没有一滴雨不是奉上帝的命而降的",⑥没有上帝的旨意,我们的头发一根也不会失落。从表面上看,加尔文在这里抬高了必然性,而实际上他倒是把必然性降低为偶然性了,或者说,是把偶然性提升为必然性了。应当说,离开了偶然性的赤裸裸的必然性是空洞的,不存在的。坚持这种观点,势必陷入机械决定论或宿命论。

加尔文的预定论是反对罗马天主教的理论基础。依据预定论,加尔文否定罗马教皇和罗马教会的权威,否定那些教父、牧师和所谓先知的权威,认为上帝和《圣经》是唯一的权威,人只受制于神的权威,而不能受制于人的权威。加尔文指出,罗马教皇诡称自己是基督的代表,要人盲从教皇和教会的权威,目的就是要人们只服从教会,而不服从上帝。教皇和教会以"神迹"来证明

---

①②③④ 《基督教历代名著集成》第2部第4卷,第119、131、127、25页。
⑤⑥ 《基督教历代名著集成》第2部第4卷,第121—122、122页。

信仰,实际上,他们所说的"神迹""经不起事实的证明,都是无价值的,可笑的,或者是虚空的和不实在的"。① 罗马教会的僧侣只不过是一些"神迹贩子",目的是欺骗人民,掠夺人民的财富,以便他们穷奢极欲。其实他们并不信上帝,"口腹就是他们的上帝,厨房就是他们的宗教"。加尔文痛斥罗马天主教"是基督的主要仇敌",②"教会中那可咒诅和可憎恶的头,乃是教皇"。③

加尔文依据他的预定论,进一步论证了他的"因信称义"的教理。加尔文认为,人是"因信称义"的,要把自己的"良心"呈在神的审判台前,做到内心只驯服于基督。人不是靠自己的行为,不是靠自己的善功与功德,而是靠神的白白的怜悯与施恩。只有这样的"义",才不是人自己的"义",而是神的恩典。按照他的观点,上帝早已按照自己的旨意,决定了要将谁接收入它的救恩中,给他以永恒的生命;决定了将谁贬入灭亡,给他以永恒的惩罚。人的不同的命运,是上帝的拣选,这种拣选不依个人的善恶功罪为转移。上帝的恩典也不依任何条件为转移,而是"白白拣选","白白赐予"。按照这种理论,人的现世生活对于人的来世的生活和命运,没有什么影响。这样,人们就没有必要在现世追求来世的目的,顾虑来生是没有意义的。同时,天主教的一切圣事与事功,以及把人引向得救之路的僧侣阶级和教会制度,也就统统是不必要的了。因此,加尔文猛烈攻击罗马天主教的救赎理论。天主教鼓吹,靠个人的所谓功德、忏悔、禁食、苦修、慈善行为、购买赎罪券等等,就可以得到上帝的赦罪,就是说只拘守外表的仪式,不管生命的真正改造和内心的再生,就可以补罪、赎罪而升天得救。加尔文认为,把赦免得救建立在神甫的人事上,由神甫向认罪者宣布赦罪,是一种完全错误的理论和活动。

----

① 《基督教历代名著集成》(献词)。
②③ 《基督教历代名著集成》第2部第6卷,第31、33页。

罗马天主教指责加尔文的"预定论"和"因信称义",是把一切归于上帝,使个人对一切不负责任,从而可以把暗杀、奸淫、不养父母等一切恶行都归之为上帝所预定的,都是奉行神意,这是否定人的善行,纵恿人作恶。加尔文驳斥了这种指责,申明他的"预定论"和"因信称义"的学说,目的是反对罗马教会假借神的名义神化自己,以虚伪的善行和金钱,代替内心的真诚信仰,以偶然的所谓神迹,代替神圣的必然的规律。总之,目的是反对教会的腐朽败坏,决不是要人恣意妄为,不要美德,也不是要人听天由命,怠惰无为。加尔文在理论上,试图说明作为"预定"的必然性和个人主动性的关系。他认为,虽然一切由神而定,但人不能完全依赖神,应勤奋工作。成事在天,行事在人,有了罪过在自己身上找根源,有了成功,不夸大个人的力量,这是上帝所喜欢的。他说:"上帝自永恒所命定的,并不妨碍我们照上帝的旨意为自己筹划办事",[①]"我们否认善工在称义上有什么地位,但我们主张善工在义人的生命中十分有地位。"[②]因此,人应当内心正直,做事公义,积极活动,目的不在救赎,而在现实的生活与成功。加尔文的"预定论"和"因信称义"的理论,否定封建贵族的寄生生活,强调人必须积极从事实际的社会活动,不管来世如何,争取现实的成功,这在客观上为被封建贵族所贬斥的世俗生活,特别是资产阶级的工商业活动的合理性制造了理论根据。

加尔文根据他的"预定论"和"因信称义"的神学哲学理论提出了他的宗教改革方案。他反对天主教会的形式主义,主张简化宗教仪式;反对天主教的神职人员委任制,主张神职人员均应由信徒投票选举;反对天主教的教阶制和罗马教会的专制主义统治,主张教会之间、神职人员和信徒之间一律平等。恩格斯指出,加尔文的宗教改革"以真正法国式的尖锐性突出了宗教改革的资

[①][②] 《基督教历代名著集成》第2部第4卷,第6卷288页。

产阶级性质,使教会共和化和民主化"。①

加尔文的宗教哲学,还没有超出宗教唯心主义的藩篱,在一些现实的社会政治问题上,加尔文也曾作出了一些保守主义的结论。但是加尔文的宗教改革和新宗教教义的进步性质则是主要的。加尔文主义对瑞士、荷兰和法国的资产阶级宗教改革的影响很大,并且成为十七世纪英国资产阶级革命的旗帜。

第三节 自然哲学中的唯物主义思想

在文艺复兴时期,新思潮所关心和着重研究的问题,一个是人,另一个就是自然。如果说人文主义专注于人的研究,那么自然哲学思潮则把对自然的研究放在第一位。

和古代自然哲学不同,"文艺复兴"时代自然哲学的兴起,是与当时的自然科学的发展密切联系在一起的。欧洲近代自然科学是十五世纪后半期伴随着资本主义生产的萌芽和发展而形成和发展起来的。十五世纪以来的地理大发现,开阔了人们的眼界,天文学、气象学、地理学、植物学、动物学的知识大大地丰富了。纺织、钟表、水磨、镜片、冶金、染料等工业的进步,还推动了力学、物理学和化学等自然科学部门的形成。同时,望远镜、显微镜的制造成功,为科学实验和观察提供了新的手段。所有这些都成为自然哲学发展的基础和前提。新兴的资产阶级不但需要用科学来促进资本主义的生产,而且要利用自然科学来进行反对宗教唯心主义的斗争。正如恩格斯所说:"在此以前,[2] 科学只是教会的

---

① 恩格斯:《路德维希·费尔巴哈和德国古典哲学的终结》,《马克思恩格斯选集》第4卷,第252页。
② 指在中世纪——引者。

恭顺的婢女，它不得超越宗教信仰所规定的界限，因此根本不是科学。现在科学起来反叛教会了；资产阶级没有科学是不行的，所以也不得不参加这一反叛。"① 自然科学家起来反对教会，是这个时期新兴资产阶级反封建反神学斗争的一股重要的力量。我们可以看到，这个时期的自然科学家无一不是反宗教神学的先锋战士，以日心说反对地心说的斗争，以及围绕这一斗争而出现的自然科学家和科学上的重大突破，都是反宗教的产物。哥白尼、布鲁诺、伽利略等自然哲学家，他们不但为自然科学和自然哲学的发展作出了重大贡献，而且为反宗教献出了自己宝贵的生命。这个时期先进的自然科学家和思想家，一方面在自然科学的研究中有所建树，同时，他们也进行哲学的探索和论证，创立了"文艺复兴"时代的自然哲学的唯物主义思想。

这个时期自然哲学具有以下特点：第一，具有鲜明的反对天主教神学和经院哲学的倾向。这突出地表现在自然哲学家们几乎都全力攻击中世纪的亚里士多德主义，通过这种批判，来反对中世纪的神学和经院哲学的黑暗和腐朽。在这一点上，自然哲学家们与人文主义者、宗教改革家都是很一致的。第二，在很大程度上克服了古代自然哲学的直观性和猜测性，力图用新的自然科学成果来加深和丰富他们的哲学认识。但是由于这个时期的自然科学刚刚形成，主要研究的是与生产实践相联系的技术问题，还未形成严密的科学体系，因此自然哲学家们所作的某些概括还不免带有思辨性质，同时也包含有丰富的自发辩证法思想。第三，以柏拉图主义批判中世纪的亚里士多德主义，通过泛神论的形式宣传唯物主义的世界观。这是此时自然哲学唯物主义世界观的不成熟表现。尽管如此，它仍不失为近代唯物主义的先驱。

---

① 恩格斯：《社会主义从空想到科学的发展》，《马克思恩格斯选集》第3卷，第390页。

十五、十六世纪涌现出来的自然哲学家多数是意大利人,其中比较著名的有:库萨的尼古拉、达·芬奇、倍尔那狄诺·特莱肖和布鲁诺。在这里我们着重评述布鲁诺的哲学观点,对其他自然哲学家的思想只做简单的评介。

一、库萨的尼古拉的泛神论

库萨的尼古拉(1401—1464)是文艺复兴时代较早的一位自然哲学家。在哲学上他是一位新柏拉图主义者,主张万物为上帝所创造,创造万物的过程就是从上帝自身流溢出万物的过程。但他着重宣传的是泛神论。他认为,上帝是万物的本质,万物在上帝之中,上帝又展现为万物,上帝也在万物当中。他说:

> 上帝创造万物,和说上帝是万物,乃是一回事。

库萨的尼古拉在这里通过泛神论表达了具有唯物主义性质的自然哲学思想。他认为,上帝是一种绝对的、不动不变的无限性,各个具体事物则是有限的。万物的总和即为宇宙的无限性,但是这种无限性同绝对无差别的上帝的无限性不同,是一种有差别的、对立的和具体的无限性,是有运动变化的无限性。尼古拉从宇宙的这种具体的无限性出发,先于哥白尼提出了反对地球中心说的思想。他指出宇宙既为无限的,就是无边缘无中心的,因此地球不是宇宙的中心。地球也是运动的,它每天都在其轴上作不停顿的自转。

尼古拉的自然哲学还具有一定的辩证法思想。这集中表现在他提出了宇宙的极大和极小是一致的观点。[①]他认为,因为每一个大的东西,它的外边还有更大的东西存在,每一个小的东西,他的里边也有更小的东西存在,因此极大和极小是统一的。尼古拉

---

① 参看库萨的尼古拉:《有学问的无知》,《西方哲学原著选读》上卷,第303—304页。

的学说在欧洲哲学史上第一次涉及到"对立面一致"的思想,他用许多事例来说明这种一致,例如,他说最长的直线和曲度最小的弧是一致的。

尼古拉在研究人类认识问题时,提出了认识过程四个阶段的思想:①感觉提供混乱的现象;②知性经过分析把对立物区别开来;③理性发现对立面的一致;④神秘的直觉把灵魂与上帝联系起来,使一切对立物在无限的统一中和解。尼古拉把认识过程分成阶段,特别把知性和理性区别开来,这在认识论上是有启发意义的。但他把神秘的直觉引入认识论,并且把它看成是最高和最后的认识,说明他的思想还没有完全摆脱经院哲学的影响。尼古拉的泛神论的自然哲学和认识论中的神秘主义因素,表现了他的自然哲学思想的神学影响,这是文艺复兴时期自然哲学的一个普遍特点。

二、达·芬奇的科学方法论

达·芬奇(1452—1519)是文艺复兴时代意大利的一位博学多才的学者。他"不仅是大画家,而且也是大数学家、力学家和工程师,他在物理学的各种不同部门中都有重要的发现"。[①] 他还是一位哲学家和激进的人文主义者。作为哲学家,他坚决反对经院哲学,反对盲从权威、迷信教条和亚里士多德纯思辩的方法。达·芬奇认为自然是客观存在的,是认识的对象;认识来源于对自然界的感性经验,认识的目的是把握自然界的客观必然性;真理只有一个,以自然界的因果必然性为内容的认识,才是科学的真理。这些思想都表现了他的世界观的唯物主义倾向。达·芬奇在哲学和科学上的一个重要贡献是,他在概括当时自然科学和技术成果的基础上,提出了具有唯物主义倾向的科学方法论。

达·芬奇的科学方法论主要有以下内容:第一,观察与实验

---

① 恩格斯:《自然辩证法》,《马克思恩格斯选集》第3卷,第445页。

的方法。达·芬奇特别强调感知能力和经验观察在知识形成中的作用。他说："我们的一切知识，全都来自我们的感觉能力。"[①]"经验是一切可靠知识的母亲"，[②]"智慧是经验的产儿。"[③]达·芬奇还特别强调实验的重要。他说：

> 科学如果不是从实验中产生并以一种清晰实验结束，便是毫无用处的，充满谬误的，因为实验乃是确实性之母。[④]

达·芬奇把观察与实验看成是认识自然和科学研究的基本方法。对此他本人除积极倡导外，还身体力行，作出了自己的独特的贡献。第二，理性方法。达·芬奇特别看到理性方法在认识、科学实验和科学发现中的意义。他说："经验这一沟通大自然与人类的译员告诉我们：大自然在受制于必然性的凡人身上所做出的一切，都只能以理性这一舵手教它做的那种方式起作用。"[⑤]在科学研究中，他主张经验方法同理性方法的结合。即从经验开始，用理性的引导，寻找经验事实的原因，排除偶然性，揭示因果必然联系，形成规则，从而指导科学的研究与发现。他主张分析与综合的结合，即是说首先对整个事物进行分析，以便"对结合起来组成那个事物整体的那些部分全都有充分的认识"，从中找出最基本的东西，作为研究的出发点。然后再根据建立起来的精确的基本原理，做到从整体上确定地认识一个事物，也就是从分析到综合。第三，数学方法。达·芬奇作为实验科学家、工程师和数学家，特别注重在科学研究中，对数量关系、数学原则的掌握和运用。他说：

[①②③⑤] 达·芬奇：《笔者》，《西方哲学原著选读》上卷，第 308、309、308、311 页。
[④] 转引自丹皮尔：《科学史》，商务印书馆 1979 年版，第 165—166 页。

"人类的任何探讨,如果不是通过数学的证明进行的,就不能说是真正的科学。"① 反之"凡是数学用不上去,和数学有关的科学也用不上去的那些领域,都没有确实的知识。"在他看来,整个世界和事物的各个方面都体现了一种量的比例和数的原则,发现这种关系和规律,对自然的认识建立在量的精确的把握之中,才算真正认识了事物,才能真正有助于技术上的发明和成功。例如他发现的杠杆原理,重新验证的阿基米德的流体力学概念。以及在建筑学上提出的载重力与支柱的直径成正比,而与其横梁的长度成反比的原理等,都是运用数学方法取得的成果。

达·芬奇是"文艺复兴"这个产生巨人时代的优秀代表,他多才多艺,贡献颇多,并且提出了不少具有普遍方法论意义的论断。例如他说:"科学是将帅,实践是士兵。"② "最大的不幸是理论脱离实践。"③ "热衷于实践而不要理论的人好像一个水手上了一只没有舵和罗盘的船,拿不稳该往哪里航行。实践永远应当建立在正确的理论上,透视学就是正确理论的向导和门径,没有它,在绘画上就一事无成。"④当然他所说的实践,多指科学家、艺术家的实验活动和艺术活动。同时,在哲学上他也没有摆脱宗教唯心主义的影响,他还承认上帝,承认灵魂是和肉体不同的精神实体。

三、特莱肖自然哲学的唯物主义倾向

倍尔那狄诺·特莱肖(1509—1588)在批判中世纪的亚里士多德主义的过程中提出了他的具有强烈的唯物主义倾向的哲学。特莱肖认为,自然界统一于物质,天和地都同属于一个物质世界,决不像亚里士多德所说的那样,天体是受某种精灵支配的存在物。物质世界是永恒的,不生不灭的,按照自身的自然规律而运动变化,而不是追求什么神的目的。他从世界的物质统一性出发,认

---

① 达·芬奇:《笔记》,《西方哲学原著选读》上卷,第310—311页。
②③④ 达·芬奇:《笔记》,《西方哲学原著选集》上卷,第311页。

为灵魂也是一种物质,是由热元素组成的精细的质料构成,位于脑的凹部,通过神经而布满全身。特莱肖反对亚里士多德主义关于神秘的"形式"支配和促使万物变动的唯心主义学说,主张物质运动有其内在的源泉,即自身的能动性。这种能动性表现为冷与热两种对立的力量的斗争。冷和热本身是没有形体的,但它们是客观存在的。热表现为扩张、冷表现为收缩,热的扩张和稀疏是一切生命和运动的源泉,冷的收缩和凝聚是一切固定和静止的原因。这两种本原的对立产生了宇宙的万物的变化,两种本原不同程度的结合,组成了各种形态的物体,如太阳是热的中心,地球是冷的中心。特莱肖还认为宇宙万物都按照自身的必然性而活动,万物的本性是自我保存,在自我保存中又构成了同其它事物的联系,由此形成了宇宙万物普遍联系的整体。在这个整体中,各个事物处于和谐的有机的关系之中。他还从物的本性引伸出人的本性,认为人的本性也是自我保存,同时又与其他人和谐相处。

在认识论上,他特别强调感觉在认识过程中的作用,认为一切经验都从感觉中来,理性思维也以感觉为依据,甚至逻辑和数学也以感觉为标准。例如,感觉可以证明逻辑学上的同一律和数学上的整体大于部分的道理。特莱肖把理性归为感觉,不了解感性和理性的质的差别,这是不正确的。但他的认识论思想,的确同中世纪的认识论中的神秘主义和抽象的三段论是对立的。特莱肖的认识论思想同新兴的自然科学和自然科学方法相联系,同经验观察和科学实验的方法相一致。当然,特莱肖的自然观和认识论中还有不同程度的神学不彻底性,例如,他承认神的存在,神的智慧赋予万物以自然本性和规律,还认为人的灵魂有两部分,其中的高级灵魂为神所创造,是不朽的。

四、布鲁诺泛神论的唯物主义

文艺复兴时代自然哲学唯物主义思想,集中反映在布鲁诺的哲学里。

布鲁诺（1548—1600）是文艺复兴时代最卓越的思想家和自然哲学家。他生于意大利的诺拉城，青年时代入修道院，在那里接受普通的文化教育。由于受人文主义的影响，以及他热衷于学习古代哲学和中世纪的异端思想，很快同教会发生了冲突，被教会以异端的罪名革除教籍，被迫漂流到异国。他在瑞士、法国、德国、英国流浪达 15 年之久。晚年回国，被宗教裁判所投入监狱，备受折磨。1600 年教会以"不流血的任意处理"，在罗马的鲜花广场把他活活烧死。布鲁诺在临刑前高喊："火并不能把我征服，未来的世界会了解我，知道我的价值的。"刽子手畏惧他的言论，用钳子剪掉他的舌头。可见，在历史上神学与科学、唯心主义与唯物主义的斗争有时是相当尖锐的。布鲁诺的主要著作有《论原因、本原和一》、《论无限性、宇宙和诸多世界》、《论单子、数和形式》、《论三种极小的限度》和《论英雄精神》等。

（一）泛神论的唯物主义自然观

布鲁诺哲学思想的发展是从怀疑论开始，通过泛神论，来论证唯物主义自然观的。他认为，哲学研究的第一步应当是怀疑。他说："谁想研究哲学，谁就应当首先全面怀疑。"布鲁诺所说的全面怀疑，首先的和主要的是怀疑传统的宗教教条和社会流行的偏见。怀疑的目的是扫除哲学研究的道路上的思想障碍。布鲁诺质疑"三位一体"的信条，否定作为人格神的上帝，反对经院哲学家们的研究方法。他说，经院哲学家们的那些抽象的论证，就像一头驴子在想证明人变成驴子好，还是驴子变成人好，这种研究是多么荒诞可笑。布鲁诺认为，真正的哲学研究，必须按照自然本身的原理研究自然，从教条、抽象的三段论和僵死的书本回到真正的认识源泉，即感觉和理性中去，促进知识的进步，获得新的真理。

布鲁诺的哲学思想同这个时代的其他先进的思想家一样，也是以泛神论的形式出现的。但是，和尼古拉的泛神论不同，布鲁诺明白地肯定上帝和自然界的同一。他说:"要知道,那自然界不是别的,就是事物中的神。"在布鲁诺看来,自然即神,神即自然,它们两者是等同的,在自然之外不存在一个超自然的人格神。在布鲁诺这里,神只不过是外衣,首要的任务是面向自然,研究和揭示自然的本质,为人造福。布鲁诺的泛神论,实际上是宣传唯物主义自然观的方便手段。

布鲁诺的唯物主义自然观的基本问题,是关于万物的本原、无限性以及关于万物产生的原因的问题。布鲁诺认为,所谓本原,就是在内部促进物的构成,在物构成后仍然存在的东西。他在《论原因、本原和一》的著作中说明了他的本原论。他说:

> 譬如,木头的形式,先是树干的形式,而后是圆木的形式,而后是木板的形式,于是桌子,于是凳子,于是框子,于是梳子,等等,等等,但木头仍然是木头。就自然而论,情形也是这样,尽管各种形式变化无穷、更迭不已,但物质仍然是那个物质。①

这个万物中的统一的本性,即物质,就是布鲁诺所说的本原。这个物质本原不同于各个特殊的物体,它可以表现为一切具体的物质形态,但并不专有某一种具体形态,它作为本原是唯一的,永恒的,不生不灭的。一切生灭变化的纷纭多样的事物,都是这种物质本原的"流逝的、运动的,变易的外观"。布鲁诺把这个唯一的物质本原,又叫做实体,认为物质实体是一切事物的统一的基础,存在的本质。它的存在是不可能用感觉把握的,但可以被理性所认识。布鲁诺指出,整个世界就是这个物质实体的表现,物质实体把无限多样的世界统一起来。他说,种子变成茎,茎生出

---

① 《西方哲学原著选读》上卷,第329页。

穗，穗生出谷物，谷物生出胃液，胃液生出血液，血液生出精子，精子生出胚胎，胚胎生出人，人生出死尸，死尸生出土、石头或其他东西，以至导出所有的自然形式，自然形式又可以导出各种技艺的形式。在这些具体的形式里，只有物质实体是它们之中"同一的东西"，它可以取得各种形式而存在，又不固定为某种具体的存在。这样，布鲁诺就通过世界万物的流转变化，论证了世界的物质统一性。可以看出，布鲁诺的这种唯物主义世界观比古代朴素唯物主义哲学是大大前进了一步。

布鲁诺从宇宙的物质性出发，进而论证了宇宙的无限性和统一性。他说：

> 宇宙无论如何不能被包含，因此是不可计量的和无边际的，因而是无限的和无尽的，因而是不动的。它在空间中不动，因为在它自身之外没有什么可容它移动的地方，因为它是一切。它不生，因为没有别的存在是它能够希望和期待的，因为它占有全部存在。它不灭，因为没有别的事物是它能够变成的，因为它是任何事物。它不能缩小或扩大，因为它是无限的。①

可以看出，布鲁诺所谓的宇宙的无限性，是指它在时间上的无始无终，在空间上的无边无际。这种无限性的主张，更进一步证明了宇宙的永恒性。在这里，当他用不动性来说明宇宙的无限性时，是不确切、不正确的，其实，他的意思是想说明宇宙的不生不灭的绝对存在的性质。布鲁诺在说明宇宙的无限性时，特别强调它的无中心和无边界的性质。他说：

---

① 《西方哲学原著选读》上卷，第 331—332 页。

> 我们可以十分有把握地断言:整个宇宙完全是中心,或者,宇宙的中心处处在,任何部分上都没有圆周,因为它是不同于中心的,或者说,圆周处处在,但任何地方都没有圆心,因为它是不同于圆周的。因此,最好、最大、不可包含者是一切,是处处在,是在一切之中,——这不仅不是不可能的,而且是必然的。①

布鲁诺的这个主张,既是对哥白尼日心说的支持,同时又是对哥白尼学说的发展,因为当哥白尼说太阳是宇宙的中心时,这还是一种宇宙有限论。在布鲁诺看来,整个宇宙是无中心的,宇宙是无限大的,其中有无限个世界,太阳只是宇宙一个极小的部分,而且太阳和其它恒星本身也是运动的。布鲁诺关于宇宙无限论的思想,推进了哥白尼的天文学理论,提出了一幅比较完整的关于宇宙结构的图像。同时,它作为自然哲学理论,进一步论证了宇宙和无数世界的统一,宇宙和宇宙运动的统一,以及整个宇宙的统一。而统一的基础,正是在于宇宙的物质性。

研究自然的原因,是布鲁诺自然哲学另一个重要内容。那么,什么是宇宙的原因呢?布鲁诺曾说,原因应是在外部促进事物构成的东西,但是,由于宇宙的无限性和统一性,就不可能在宇宙之外另有原因。因此,他说:

> 由于它在自己的存在中,包含着处于统一和一致的全部对立面,和不可能具有成为另一个新存在甚或仅只取得一种存在方式的任何倾向,所以它不可能在某一属性上经受变化,而且不可能具有任何相反的或迥异的东西作为自身变化的原因,因为在它之中任何事物都是一

---

① 布鲁诺:《论原因、本原和一》,《西方哲学原著先读》上卷,第332—333页。

致的。①

这就是说,宇宙之外没有什么超自然的、异己的力量和原因,宇宙的原因在宇宙自身之中,在自己的全部对立面中。为了说明宇宙自因的思想,他沿用了中世纪经院哲学中的概念,提出什么有"产生宇宙的自然",这个自然是世界和万物的原因,还有"被自然产生的自然",这个自然是自然世界和万物的存在。前者被叫做宇宙,后者被叫做无数世界。在他看来,"产生自然的自然"和"被自然产生的自然",宇宙和无数的世界都是统一的,统一的基础是物质实体。这样,布鲁诺就把宇宙的原因和宇宙自身放在了同等的地位之上,在宇宙原因的问题上坚持了唯物论,否定了正统经院哲学的创世说。

布鲁诺也反对亚里士多德的唯心主义的形式质料说。亚里士多德把形式和质料看成两个各自独立的实体,而且认为只有形式才是积极主动的,形式的形式,即精神实体则是创造的本原和最高原因。布鲁诺认为,宇宙首先具有物质实体,它是万物的产生者,是宇宙统一和无限性的基础和原因。布鲁诺把这个物质实体又叫做自然物质(或宇宙物质),这种自然物质,"就其本身和就其本质说,也是没有任何天然的形式的,但是能够借助于自然的积极本原的活动而取得任何一种形式"。②当自然物质,也就是我们所说的物质一般,在自然中被赋予各种形式时,就形成了各种各样的具体事物。具体事物可以是很多的,有无穷的变化,但不管在什么形式下都"保持着同一种物质"。③这样,布鲁诺就在反对亚里士多德的唯心主义的形式质料说中,提出了唯物主义形式质料说,认为形式和质料在具体事物中是统一的,形式离不开质

---

①② 布鲁诺:《论原因、本原和一》,《西方哲学原著选读》上卷,第332、323页。
③ 布鲁诺:《论原因、本原和一》,《西方哲学原著选读》上卷,第329页。

料，没有空洞的形式，而质料的现实性要有形式；质料和形式的统一，又是以物质实体为前提的，物质实体是万物统一的原因，它作为万物的产生者，既是赋予万物以质料的原因，又是赋予质料以形式的原因。

布鲁诺为了解决原因问题，提出了宇宙具有一种原初的、能动性的活动能力的思想。他认为，这种能力使万物被赋予各种形式，产生出生动丰富的自然界，以及自然界的秩序和规律。他把这种力量叫做世界灵魂的普遍理智。他说：

> 普遍理智是世界灵魂内部最实在的、特有的能力，是世界灵魂的起作用的部分。它是单一的同一，充满一切，照耀宇宙，并指导自然产生万物，各从其类。因之，它之产生自然万物，犹如我们的理智相应地产生各种观念事物那样。——这个理智，从自身将某种东西传递和转移给物质，便产生万物，而它自身仍停留于静止和不动状态。……它使物质承受了所有的形式，是它根据形式的意义和条件，赋予物质以形状，塑造并形成万物，使万物处于这么一种惊人的秩序中。①

世界灵魂作为宇宙的原因，它是内因，还是外因呢？布鲁诺采取了两者都对的回答。他说：

> 我称它为外因，是因为它作为作用因，不是复合的、被产生的事物的一部分。它所以是内因，是因为它不是加作用于物质之上，也不是在物质之外起作用，而是像

---

① 布鲁诺：《论原因、本原和一》，《西方哲学原著选读》上卷，第321—322页。

刚才所说的那样起作用。①

布鲁诺在这里解释说,世界灵魂作为具体事物产生的原因而言,是外因,而作为在万物之中存在、活动、起作用而言,则是内因。布鲁诺承认宇宙内部有一种能动的力量和原则,是对物质自身运动的一种猜测。但就他把这种积极能动的原则称之为灵魂、理性、精神的因素而言,这就使得他的哲学具有明显的物活论和万物有灵论的特征。他说:"一个东西,不管怎样小,怎样微不足道,其中总有精神实体的部分,这种精神实体,只要找到合适的主体,便力图成为植物,成为动物,并接受任何一个物体的肢体,这就是通常所说的有了生机。"②布鲁诺看到了无机物同有机物之间的联系和过渡,但不懂得它们之间的质的区别和界限,还不能科学地说明意识、精神的起源,因而,就赋予宇宙万物以意识、精神的因素,这就同唯心主义世界观划不清界限了。

我们从布鲁诺关于世界本原、无限性和原因的学说中,可以明显看到他的哲学思想的过渡性质。他立足于人文主义立场,吸收新发展起来的自然科学成果,反对封建神学和经院哲学,这都促进了他的唯物主义自然观的形成。但他毕竟还是处在从中世纪神学向近代哲学的过渡的时期,因此,他的思想中不可能没有神学和传统的思维方法的影响。布鲁诺往往使用经院哲学的概念,如使用"产生自然的自然","被自然产生的自然",来表达新的哲学思想。而这些概念本身,就把统一的自然分割了,好像在自然之外还另有原因。其次,他还不能正确说明意识的产生问题,以致把精神、灵魂看成万物所具有的普遍特性,把物质的能动性原则归结为某种精神实体。这正是经院哲学和亚里士多德主义的残余影响。再次,在思想方法上,布鲁诺多受形而上学外因论的影响。

---

①② 布鲁诺:《论原因、本原和一》,《西方哲学原著选读》上卷,第 323、325 页。

他的原初动力的观点的思想根源，就是亚里士多德唯心主义动力因和目的因的学说。因此，尽管布鲁诺尽力把物质和精神统一起来，但他始终未能彻底摆脱精神、灵魂、理智积极能动和物质本身消极被动的传统观念，因而不能正确解决思维和存在的关系问题。

布鲁诺还提出了关于物质单位和物质结构的单子学说。在这里，他恢复和发挥了古代德谟克利特的原子论。布鲁诺在其《论无限、宇宙和众多世界》的著作中，论述了他的单子说。他认为，事物构成的最普遍的、最基本的因素、基原或实体必然是一种不可分的"单子"。宇宙中的一切都是由这种"单子"构成的。具体事物总是可以分割的，但在自然界中也存在着分割的界线——某种不可分的东西，即不能再分为其它部分的东西。不过，现实的分割达不到不可分的"单元"。我们的感觉不能直接感觉到这些单子，是因为我们的工具和感官还不完善。感官感知到的最小，不是"单元"，换句话说，不是实际的最小。虽然人不能感知"单子"，但却不能否定这种最小的不可分的"单子"的存在。布鲁诺还认为，物体分解为"单子"，就失去了自己的形状，比如石头的分解就不再是石头了。单子的结合与分解，形成现实的多种多样的事物。

布鲁诺继承和发展了原子论的运动观。他认为运动是物质自身内在固有的属性。因而也是构成物质的最小物质微粒即"单子"的内在固有属性。所以每一个物质微粒都具有内在的必然的运动能力，就是说"单子"的运动不是外加的，不是偶然的。布鲁诺还特别指出，单子在量上是最小的，但在其内部能力上则是最大的，就像一个火星包括了一切火的可能性一样，在最小的物质单子中包含着物质的全部力量。"单子"是物质和运动、最小和最大、个别和整体、自然和神的统一，一个单子反映着整个宇宙的内在的性质和能力。可以看出，布鲁诺的单子学说比德谟克利特的原子学说更为丰富了。但是，布鲁诺同样把单子的能动性归之于单子本身具有的精神的本性。布鲁诺还指出，原子是物理学的单位，点是数学的单位，而单子是哲学上的单位。所谓哲学上的单位，就是说，单子说提出了最小和最大的统一，有限和无限的统一，物质的内在能动原则等重要思想，这都是在哲学史上反复出现的理论问题，单纯从物理学上是无法解决的。

布鲁诺的自然观包含了丰富的辩证法思想，特别是关于"对立面一致"的思想。在他稍前，库萨的尼古拉就论述了所谓"对立面一致"的观点，布鲁诺将这一思想结合他的宇宙无限性和统一性的原理，进行了论证和发挥。他认为，对立面吻合于"一"是普遍现象。他举例说，偶数与奇数、有限数与无限数，总之，所有的数，都可以化为个数，个数重复了无限的次数，便否定了数。再以图形为例，圆周和直线、曲线和直线是对立的，然而在本原和最小中它们又是一致的，最小的弧和最小的弦是没有区别的，无限的圆周和直线是没有区别的，无限大的圆周就成了无限长的直线。布鲁由此得出结论：

> 不仅最大和最小吻合于一个存在中，而且在最大和最小中对立面也是归于一，归于无区别的东西。[①]

布鲁诺批评亚里士多德只承认对立统一的可能性，而不承认它的现实性。他认为这种观点是贫乏的，因为可能和现实性是同时存在的、统一的。

布鲁诺还详细论述了对立面统一的基础和根源。他认为，万物的统一性是矛盾统一的基础。就对立面的根源或本原而言，它们的本原是一个，即"一个对立面是另一个对立面的本原"，"两极的吻合"是两极的本原，比如最小的热和最小的冷是同一个东

---

① 布鲁诺：《论原因、本原和一》，《西方哲学原著选读》上卷，第334页。

西,消灭的最后界限就是产生的本原。对立面在本原上是统一的,对立的双方各自是对立的本原。①这些思想都是很深刻的。布鲁诺同时指出,对立的东西"吻合为一"或"汇合为一"不是无条件的,也不是直接的,而是"在一定的场合汇合为一",是"由于辗转变化汇合为一"。②布鲁诺认为,善于看到一种可能性包含在两个相反的对立面中。相反的对立面可以互相转化,可以使人具有远见,勤于思索,容易获得事业的成功。医生在最好的情况下担心有坏的结果,有远见的人在最幸福的时刻感到特别畏缩,这样才能更顺利地实现自己的愿望。布鲁诺对他的辩证法思想作了如下的总结:

> 谁要认识自然的最大秘密,那就请他去研究和观察矛盾和对立面的最大和最小吧。深奥的魔法就在于,能够先找出结合点,再引出对立。③

把矛盾视为世界中最根本的东西和原因,视为人类认识的最重要的对象,这是布鲁诺哲学思想的最重大的成果。布鲁诺的对立面统一的学说,是古代辩证法思想到近代辩证法思想相连接和过渡的重要一环,在哲学史上具有承前启后的重要地位。

(二)认识过程和认识形式的学说

布鲁诺的认识论思想同他的唯物主义自然观是相一致的。他主张,自然界是唯一的认识对象,认识就是人类用理性去把握唯一的自然真理。

布鲁诺认为,认识自然真理的道路同宇宙生成的过程是相反的,前者是从事物的多样性到把握它们的统一性,后者则从统一

---

① ② ③ 参看布鲁诺:《论原因、本原和一》,《西方哲学原著选读》上卷,第333、334、335页。

的宇宙产生众多的世界万物。布鲁诺接受了尼古拉关于认识阶段的思想，他把认识的过程描述为由感觉上升到想象，想象上升到理性，理性上升到理智，理智上升到思想。他认为，"想象"是感觉的一种形式，并且把"思想"称为"智慧"。因此布鲁诺实际上把认识分为四个阶段或四种认识形式，即感觉、理性、理智和智慧。布鲁诺认为，感觉提供事物的感性形象；理性是抽象概括和推理的能力，提供概念和推论的知识；理智是人的"内部直观"，是一种通过主动的思考反映事物的能力，它的目的是探讨事物的实体、本质、原型和真理；"智慧"是人类最高的认识能力，是对原初的普遍实体的直观。在"智慧"中，直观到神，认识到自然及其普遍的规律。在这个阶段，一切都被视为统一的或同一的，即认识到一切存在的共同本质，达到对统一的、无限的宇宙的最高的认识。"智慧"是一切知识的最高的统一和完成。布鲁诺比较轻视感性认识，认为感觉的最大缺陷是不能认识无限性，不能认识真理，只能认识对象的存在，只能获得关于对象的极少的知识。在整个认识的理论中，他与库萨的尼古拉一样，更倾向于唯理论。他看到了感性认识和经验在把握真理过程中的片面性，主张按知识的抽象程度，按照认识由浅入深、由个别到一般、由现象到本质的原则，区分认识的阶段和知识的形式，加深了对认识职能和认识过程的研究。所有这些都是不无道理的。但他贬低感性认识，推崇理性认识，暴露了他的认识论的唯理性主义的片面性。

第四章 十七—十八世纪西欧各国的经验论和唯理论

引 言

十七世纪，欧洲哲学发展到了一个崭新的阶段。在"文艺复兴"新思潮哺育下成长起来的新兴资产阶级哲学家们，高举人类理性的旗帜，以更为系统的、各具特色的哲学世界观向着封建神学、经院哲学发动了猛烈的冲击。欧洲哲学史上出现了唯物主义的第二个形态——形而上学唯物主义。这时，认识论的探讨成为哲学研究的中心课题，形成了经验论和唯理论两大派别。和中世纪唯神史观相对立的人本主义历史观，在人文主义的基础上进一步系统化了。欧洲哲学呈现出一种新的繁荣局面。

促成这个时期哲学繁荣的一个根本原因，是资本主义经济关系的急剧发展。十六世纪以后，西欧各国，特别是尼德兰和英国的资本主义关系得到了迅猛的发展，资本主义经济成份在国民经济中占有了重要的地位。十七世纪初，尼德兰的呢绒、造船、航海各业居欧洲各国的首位。英国的海外贸易，城市工商业都急剧地发展着，从十六世纪开始的农村"圈地运动"加紧进行，促进了农业的资本主义化。

随着资本主义关系在工、农、商各业的迅速发展，资产阶级作为一支独立的政治力量迅速成长壮大起来，资产阶级的反封建的斗争进入了一个新阶段——实行反封建的政治革命。早在十六世纪六十年代，尼德兰就发生了资产阶级革命，推翻了西班牙封建贵族的外来统治，建立了资产阶级的共和国。十七世纪四十年代，英国又爆发了资产阶级革命。这次革命经过近半个世纪的曲折斗争，终于推翻了封建王朝，确立了资产阶级的统治。马克思在谈到英国革命的意义时指出，它"并不是英国的革命"，而"是欧洲范围的革命"，是"资产阶级所有制对封建所有制的胜利"，它"宣告了欧洲新社会的政治制度"①。因此，英国资产阶级革命的胜利标志着封建制度的结束和近代历史的开端。但是，欧洲资本主义的发展是不平衡的。同英国和荷兰相比，法国和德国等欧洲大陆的其它国家，资本主义的关系发展较为迟缓，资产阶级的力量较为软弱，资产阶级革命还尚未提到日程上来。不过这些国家的经济、政治结构也发生着巨大的变化，资产阶级反封建的斗争也得到了进一步的发展。

　　十七世纪哲学战线上的斗争，是这个时期社会阶级斗争或强或弱的表现。新哲学本质上是资产阶级的世界观。它同天主教神学、经院哲学的斗争，是这个时期哲学斗争中的主要矛盾。欧洲各国的哲学家们在批判封建神学、经院哲学的过程中，基于本国的社会条件，利用各自的思想资料，提出了各具特色的哲学体系，使哲学战线呈现出复杂的情况。它们之间存在着唯物论与唯心论、经验论与唯理论、形而上学和辩证法的斗争。

　　资本主义关系的大发展，也大大推进了近代自然科学的形成和发展，而这对于当时的哲学的发展也有深刻的影响。这个时期，各个自然科学部门，如力学、数学、物理学、化学、生理学和生物学等部门，都开始形成并取得了许多重要成果。伽利略的学生托里切利（1608—1647）第一个研究了液体运动，发现了水流定律，奠定了水力动力学的基础。英国物理学家和化学家波义耳

---

① 马克思：《资产阶级和反革命》，《马克思恩格斯选集》第1卷，第321页。

(1627—1691)发现了气体的压强和体积成反比的定律,创立了化学分析实验方法,确定了化学元素概念,把化学确立为科学。荷兰科学家斯涅留斯(1591—1626)和笛卡尔分别发现了光的折射定律。英国科学家希尔伯特(1540—1603)发现了电磁的两极。英国生物学家虎克(1675—1763)用显微镜发现了细胞。英国动物学家约·莱伊(1623—1705)作了较详细的动物分类。英国医生哈维(1578—1657)发现了人体的血液循环,把生理学确立为科学。十七世纪自然科学所取得的最大成就,是力学和数学。航海事业的发展推动了天文学、天体力学的研究。手工工场在生产中也提出了许多力学问题。十七世纪,机器的采用在实践上支持并刺激了当时的伟大数学家创立现代力学。决定力学在当时自然科学中占据首位的,还有其认识论上的因素。正如恩格斯指出的,"研究运动的性质,当然应当从这种运动的最低级、最简单的形式开始;先理解了这些最低级的最简单的形式,然后才能对更高级的和更复杂的形式有所阐明。所以,我们看到:在自然科学的历史发展中最先发展起来的是关于简单的位置移动的理论,即天体的和地球上物体的力学。"①

十七世纪力学的巨大成就是和伽里略、刻卜勒、牛顿三个伟大的名字分不开的。意大利物理学家伽里略(1564—1642)在力学方面发现了惯性定律、落体定律,提出了力学的相对性原理等等,给经典力学奠定了基础。德国天文学家刻卜勒(1571—1630)在他的老师第谷观测的基础上,提出了行星运动三定律,给万有引力定律的提出打下了基础。英国物理学家牛顿(1642—1727)总结了前人的成果,提出了力学运动的三大定律和万有引力定律,从而把天体力学和地球物体力学统一起来,完成了经典力学的科学体系。

---

①② 恩格斯:《自然辩证法》,《马克思恩格斯选集》第3卷,第491页。

与力学发展的同时，数学也取得了辉煌的成果。耐普尔（1550—1617）发明了对数，笛卡尔创立了解析几何，牛顿和莱布尼茨几乎同时制定了微积分。当时，人们已经能够准确地用数学形式描述机械运动的一般规律。

十七世纪自然科学的发展状况深刻地影响了这个时期的哲学发展。首先，十七世纪的哲学广泛地吸取了实验自然科学的成果，丰富了自己的内容，从而克服了古代哲学的朴素性，有力地打击了封建神学和经院哲学。但是，由于自然科学发展的不足，除力学外，大部分学科仍然处于搜集材料的阶段，因此，哲学上不可能完全正确解决物质和意识、物质和运动的关系等问题，加之这个时期的资产阶级的软弱性和妥协性，哲学家们往往在批判神学的同时，又对神学采取保留的态度，即便是唯物主义哲学，也带有神学的不彻底性。

其次，哲学家们把当时自然科学中流行的分析方法提升为哲学方法论，使这个时期的唯物主义哲学具有形而上学的性质。这个时期自然科学所采取的方法是：把整个的自然界分解为各个部分，把所要研究的部分或对象，从自然界的普遍联系中抽取出来，分别地、单独地加以考察。这种研究方法虽然是研究自然界必须经历的一个步骤，也是近代自然科学获得巨大进展的基本条件。但是，它也给人们留下了一种习惯，即撇开事物的广泛的、整体的联系，对自然的事物进行孤立的、片面的、静止的考察。把这种孤立的、静止的和片面的考察事物的方法提升为哲学方法论，就是所谓形而上学的思维方法。恩格斯指出："这种考察事物的方法被培根和洛克从自然科学中移到哲学中以后，就造成了最近几个世纪所特有的局限性，即形而上学的思维方式。"[①] 从人类认识发展史上看，形而上学的思维方法较之古代自发的辩证思维方法是

---

① 恩格斯：《反杜林论》，《马克思恩格斯选集》第3卷，第61页。

一个巨大的进步,对于经院哲学的思辩方法则是一个革命,因为它不再满足于对事物总体的模糊的笼统的把握,反对对现象作思辩的推测,而要求对事物的各个方面作具体的深入的分析,使认识具有明确性、坚定性。这种思维方法虽然并不符合事物本身的辩证法,但是在当时的历史条件下,它却对推进人类的认识具有积极的历史意义。

再次,十七世纪力学发展的成就使这个时期的唯物主义哲学具有机械性的特点。力学是一门关于机械运动的科学。它的巨大成就使人们深信可以运用力学原理说明一切,不仅钟表是机器,动物、人甚至国家也不过是一部机器,都可以用力学原理加以解释。把本来只适用于描述机械运动的科学提升为一种哲学观点,力图用力学观点说明一切,那便是机械论。在当时的历史条件下,机械论对于破除经院哲学的神秘主义具有积极意义,但它不可能对包含高级运动形式的事物作出科学的说明。

十七世纪自然科学对哲学发展的另一个重大影响,就是极大地促进了哲学认识论的研究。如果说古代、中古哲学侧重于本体论的探讨,那么,从十七世纪起,认识论则成了哲学研究的中心。这个时期认识论的研究,一方面是要克服经院哲学的蒙昧主义、教条主义,另一方面就是要研究如何概括自然科学成果的方法论问题。经验科学研究中的归纳法和数学研究中的演绎法,是当时自然科学研究中行之有效的两种科学方法。探讨这些方法的认识论的基础,便成了这个时期哲学家们最为关心的事情。由于哲学家们所处的社会条件、思想传统,以及对不同科学方法的理解的差异,哲学上就出现了各种各样的认识论体系,形成了经验论和唯理论两大派别。不论是经验论者,还是唯理论者都力图概括自然科学的成果,批判经院哲学,但两派之间以及两派内部都存在着各种各样矛盾和斗争,特别是唯物主义和唯心主义的斗争。经验论和唯理论对人类认识过程的两个阶段——感性认识阶段和理性认识阶段分别作了较为深入的研究，是人类认识史上的一个重要发展阶段，它们包含有片面的真理，但在认识论的全体上，两者都是错误的。造成这种错误的原因：一方面是因为他们不懂得实践是认识的基础；另一方面是因为他们不能将辩证法引入认识论，不能正确理解感性认识和理性认识的辩证关系。

人本主义的历史观是在十七世纪流行的一种社会思潮。这种历史观是自"文艺复兴"以来人文主义所主张的抽象人性论的进一步发展。如果说，人文主义者的抽象人性论主要探讨伦理问题，阐述资产阶级的道德理想，那么，十七世纪的哲学家们从抽象的人性论出发，主要阐发的则是一种历史哲学和政治哲学，论证资本主义代替封建主义、资产阶级的专政代替封建君主专制的必然性和合理性。人本主义的历史观力图从人的眼光观察社会历史的发展，是同中世纪的唯神史观相对立的。在当时的历史条件下，它具有反封建、反神学的进步意义，但毕竟没有超出唯心史观的窠臼。

第一节 十七世纪英国唯物主义经验论

从十七世纪以来，"全部现代唯物主义的发祥地正是英国"。① 十七世纪英国唯物主义者着重于认识论的研究，以唯物主义经验论为主要特点。

英国唯物主义首先是英国资本主义发展的产物。在欧洲，英国是资本主义关系形成最早的国家之一。远在十四世纪末，英国的农奴制就已经瓦解。十五世纪旧的封建诸侯在内战中自相残杀殆尽，英国城乡出现了资本主义的经济关系。十五世纪末至十六

---

① 恩格斯：《〈社会主义从空想到科学的发展〉英文版导言》，《马克思恩格斯选集》第 3 卷，第 382 页。

世纪初,由于新航路的发现,英国的海外贸易得到了迅速的发展,伦敦成为国际贸易的中心。从十六世纪开始的"圈地运动",到了十七世纪,在更大的范围内,以更快的速度向前推进,农村出现了许多资本主义性质的农场和牧场。十六世纪后期,一批新的工业部门,如造船、酿酒、玻璃、制糖、制纸和火药等,在英国出现,由于煤产量的迅速提高,炼钢、冶铁等等冶金工业也有了新的发展。十七世纪初期,随着城乡资本主义经济关系的蓬勃发展,英国内部的阶级关系发生了新的变动,一是新兴的资产阶级成长起来,成为一支独立的政治力量;二是同资本主义经济关系有密切联系的中小贵族,逐步从贵族中分化出来,按照资本主义的方式经营农业和其它事业。历史上称这部分贵族为新贵族。恩格斯指出,这些贵族"形成了一个崭新的集团,他们的习惯和倾向,与其说是封建的,倒不如说是资产阶级的。他们完全懂得金钱的价值"。[①] 由于资产阶级和新贵族有着共同的利益,他们共同结成联盟,进行反对王权的斗争,并于1640年发动了震撼世界的反封建的政治革命。

  英国资产阶级革命持续了将近半个世纪。经过两次内战,于1649年,处死了国王查理一世,宣布了资产阶级共和国的成立。1653年,资产阶级和新贵族拥立克伦威尔为"护国主"。克伦威尔实行军事独裁,继续镇压劳动人民,导致了1660年斯图亚特王朝的复辟。经过复辟与反复辟的激烈斗争,英国革命以资产阶级和贵族的妥协而告终。这便是1688年的所谓"光荣革命"。

  十七世纪英国资产阶级革命的一个显著特点是,资产阶级背弃广大城乡劳动群众,而与新贵族结成同盟,从而使革命具有很大的保守性和妥协性。英国革命另一个特点是,革命是在宗教外衣的掩饰下进行的。英国国教是王权的工具和支柱,而英国资产

---

① 恩格斯:《反杜林论》,《马克思恩格斯选集》第3卷,第393页。

阶级革命的思想旗帜则是所谓清教即加尔文教。恩格斯指出:"加尔文的信条适合当时资产阶级中最勇敢的人的要求。"英国资产阶级和新贵族"在加尔文教中给自己找到了现成的理论"。① 资产阶级的反封建斗争,是在清教反对国教的旗帜下进行的。英国资产阶级是笃信宗教的,唯物主义只是在贵族中秘传的思潮。英国资产阶级革命的上述特点,给予十七世纪英国唯物论哲学以深刻的影响。

十七世纪英国唯物主义的产生和发展,同这个时期的英国科学文化的繁荣密切相关。随着资本主义经济关系的发展,英国的科学文化也迅速发展起来。在自然科学方面,出现了希尔伯特、哈维、波义耳以及牛顿等著名科学家。在文化艺术方面,出现了莎士比亚和本·琼生等著名的剧作家。

马克思曾经指出:"唯物主义是大不列颠的天生的产儿。"② 英国有悠久的唯物主义传统,早在中世纪就出现了如罗吉尔·培根、邓司·司各脱和威廉·奥康等著名的唯名论哲学家。他们的唯名论"是英国唯物主义者理论的主要成分之一"。③

十七世纪英国唯物主义的主要代表有:弗兰西斯·培根、托马斯·霍布斯和约翰·洛克。培根奠定了唯物主义经验论的基础;霍布斯系统化了培根的唯物主义,创立了一个完整的机械唯物主义体系;洛克更为详尽地论证了培根关于认识起源于经验的原则,把唯物主义经验论系统化了。

一、培根

马克思指出,培根是"英国唯物主义和整个现代实验科学的真正始祖"。④

在批判经院哲学,特别是在批判中世纪的亚里士多德主义的

---

① 恩格斯:《反杜林论》,《马克思恩格斯选集》第3卷,第391页。
②③④ 马克思恩格斯:《神圣家族》,《马克思恩格斯全集》第2卷,第163页。

过程中，培根继承了英国唯名论的传统，从哲学上概括了当时的自然科学成果，提出了认识开始于经验的经验主义的基本原则，创立了归纳的科学方法论，奠定了英国唯物主义的基础，为实验科学的发展开辟了道路。

弗兰西斯·培根（1561—1626）出生于贵族家庭，父亲尼古拉·培根是伊丽沙白女王的掌玺大臣。培根自幼受到家庭的良好的教育，十二岁进剑桥大学学习。在校期间，他博览群书，获得大量的自然科学和社会科学方面的知识。大学毕业后，1576年到英国驻法国使馆工作，1579年回国，从事政治活动，多次被选为国会议员，担任过多种官职。1617年，被詹姆士国王任命为掌玺大臣，1618年又出任大法官，被封为维鲁拉姆男爵和圣·奥本斯子爵。1621年因被控受贿，免除一切职务，后专门从事科学实验和哲学研究活动。培根一生关心科学事业的发展，崇尚科学实验，并为此贡献了自己的生命。1626年3月，在一个风雪交加十分寒冷的日子，他亲自做冷冻防腐实验，因受寒患感冒逝世。

培根从事过多方面的著述，给后人留下了大量的著作，主要有：《学术的进步》（1605）、《新工具》（1620）、《新大西岛》（1624）等。

培根在政治派别上属于王党，但他是一位贵族革新派。在国会与国王的斗争中，他巧妙地表达了资产阶级和新贵族的意志和愿望，主张限制王权，反对君主肆意妄为，坚持君主必须遵守国会所制定的法律。在如何巩固王权的问题上，他认为必须依靠新贵族和资产阶级。

在宗教问题上，培根主张对旧的教义和教礼进行改革，简化教会仪式，宗教内部不应进行无情的斗争，应该保持和谐与统一。

培根倡导革新，但主张改良，反对激烈的革命。他说："人们在改革时最好学习时间的榜样，时间变化的确很大，但却是安安静静的，逐渐的，很少被人觉察到。"① 因此，培根对人民群众采取敌视态度，认为人民的"多贫"和"多怨"是社会动乱的根源，主张坚决镇压群众革命运动。

这位政治上的改良派，热衷于发展生产，特别是发展科学技术。在培根看来，科学技术的发明与创造，是推动历史前进的动力。他认为，印刷术、指南针和火药的发明与应用，改变了整个世界的面貌，它们给人类生活的影响，不是任何帝国或任何教派的力量所能比拟的。他提出"知识就是力量"的著名口号，反映了当时资产阶级和新贵族渴望利用科学技术发展资本主义的要求。

培根十分自觉地意识到，他所处的时代，急需一场思维方式上的彻底革命。他说：

> 如果物质世界的各个领域，也就是说地球、海洋与星体的领域，已经在我们的时代大大地打开和表露在我们的面前，而理智的世界仍然关闭在旧时发现的狭隘范围之内，那就是很可耻的事情了。②

因此，培根在哲学上着重于认识论和方法论的研究。他在批判经院哲学的过程中，依据实验自然科学，提出了唯物主义经验论的基本原则，为后来的英国唯物主义经验论的发展奠定了基础。

（一）人是自然的仆役和解释者

在和经院哲学的斗争中，培根拨开经院哲学的重重迷雾，明确指出，哲学研究的唯一对象就是客观的自然界。培根在《新工具》的第一卷开头便说：

---

① 《培根论说文集》，商务印书馆1950年版，第76页。
② 培根：《新工具》，《十六—十八世纪西欧各国哲学》，第32页。

> 人是自然的仆役和解释者,因此他所能作的和所能了解的,就是他在事实上或在思想上对于自然过程所见到的那么多,也就只是那么多。过此,他既不知道什么,也不能做什么。①

在经院哲学仍然占统治地位的时代,培根提出的这条箴言,为人类的认识开辟了一个新的方向,闪跃着鲜明的唯物主义精神。

培根深入考察了古代哲学中两条根本对立的路线。一条是以毕泰戈拉、柏拉图以及亚里士多德为代表的路线,他们把自然归结为某些超自然的抽象物,如数、理念等等。另一条是以阿那克萨戈拉、德谟克利特、伊壁鸠鲁为代表的路线,他们主张"深入到自然里面去"研究自然。培根认为,经院哲学是柏拉图路线的继承者,是不生育的修女。他把自己的哲学列入了阿那克萨戈拉和德谟克利特的路线,认为哲学的任务不是别的,就是解释自然,驾驭自然。

培根尖锐地揭露了经院哲学的神学婢女的性质。他指出,经院哲学只是"神学和哲学的混合物"。经院哲学家的任务就是把亚里士多德哲学和宗教的神学体系勉强地结合起来,"尽量把神学归结为严整的条理秩序"。他们面向神,极端蔑视自然,扼杀自然科学的真理,并且竭力把一切自然科学知识纳入神学的轨道,为论证宗教神学服务。经院哲学只"能够谈说,但它不能够生产","只富于争辩,而没有实际效果"。培根尖锐地指出:

> 就现在的情形而论,对于自然的研究也被经院哲学家的总纲和体系弄得更加困难,更加危殆了。②

---

① 培根:《新工具》,《十六—十八世纪西欧各国哲学》,第8—9页。
② 培根:《新工具》,《十六—十八世纪西欧各国哲学》,第36页。

因此，培根大声疾呼，必须给人类的理智开辟一条与经院哲学完全不同的道路。

培根的自然观表现了唯物主义精神。他继承了英国唯名论的传统，认为自然界真正存在的就是按照一定规律运动的个别物体，哲学的任务就是认识这些个别物体的运动规律。培根写道：

> 在自然中真正存在的东西，虽然除掉个别物体按照一定的规律进行纯粹个体的活动之外，没有什么别的，但是在哲学里面，就是这种规律以及对于这种规律的研究、发现和解释构成知识与活动的基础。①

培根继承了阿那克萨戈拉、德谟克利特自然哲学的唯物主义路线。马克思和恩格斯指出，"阿那克萨戈拉连同他那无限数量的原始物质和德谟克利特连同他的原子，都常常被他当做权威来引证。"② 但是培根不满足于古代唯物主义者对于自然的笼统的描述，认为应该对事物的构成进行深入的研究。在他看来，古代的原子论只注意到了原子是物质的最小单位，而忽略了原子之间的结构和性质上的差别。他说：

> 留基波和德谟克里特的学派忙于研究质点，因此注意不到结构。③

培根企图根据实验科学的成就，对万事万物的构成给予新的解释。他断言，事物的最小单位不是原子，而应该是真正的分子。所谓

---

① 培根：《新工具》，《十六—十八世纪西欧各国哲学》，第46页。
② 马克思恩格斯：《神圣家族》，《马克思恩格斯全集》第2卷，第163页。
③ 培根：《新工具》，《十六—十八世纪西欧各国哲学》，第19页。

真正的分子，是指光、重、热、冷、色、密度、体积等这些简单性质。培根认为，这些简单性质是客观存在的，不变的，其种类是有限的。真正的分子不仅有量的差别，而且有质的差别，它们是构成千差万别事物的基本元素。他把这些简单性质比做构成文字的字母，字母的数目虽然有限，但可以排列组合成无限多的文字。在他看来，种类有限的简单性质，完全可以构成性质上有区别的无限多样的事物，形成大自然的丰富多彩。

培根还不同意德谟克利特关于虚空的理论，认为不存在纯粹的空间。他指出：

> 虽无虚空的媒介，物质仍然可以在某种限度内伸卷自如。①

在他看来，物体是由物质的分子构成的，物体内部或物体之间都被物质所充塞，无物质的虚空是不存在的。

培根继承了赫拉克利特和德谟克利特关于物质能动性的观点，认为任何物体或它的最小部分都处在恒常的运动中，运动是物质所固有的最重要的特性，与物质不可分离。同时，培根还认为运动的形式是多种多样的。在《新工具》中，培根列举了十九种运动形式，如激情、欲望、抵抗、摇摆等等。在他列举的运动形式中，除了位置移动的机械运动之外，还有其它的一些运动形态。例如，当他讲到"同化作用"时，说一个物体能够强迫被同化的物体来就范于自己；在讲到"刺激作用"时，说一个物体能够运用技巧和诡计要求被刺激的物体来适合于自己的本质；在讲到"逃避运动"时，说物体由于反感性而自行逃走，或把异己的物质排挤掉等。培根的这些论述具有朴素性，但包含着物质的能动性，以及运动形式多样性的辩证法思想。因此，马克思和恩格

---

① 培根：《新工具》，商务印书馆1936年版，第281页。

斯在评述培根关于物质运动的观点时指出,在培根看来,"在物质的固有特性中,运动是第一个特性而且是最重要的特性,——这里所说的运动不仅是机械的和数学的运动,而且是趋向、生命力、紧张,或者是用雅科布、伯麦的话来说,是物质的痛苦"。[①]

在唯物主义的基础上,培根对事物的本质和规律进行了探讨。他沿用了经院哲学中"形式"这一概念,但对它加以改造,赋予新的内容。他反对神学家们把"形式"看成是脱离物质而独立存在的实体,认为"形式"是物质固有的,是和物质不能分离的。在培根看来,"形式"不是别的,而是物质运动的规律性和物质的规定性。他说:

> 当我讲到形式的时候,我所指的不是别的,正是支配和构成简单性质的那些绝对现实的规律和规定性,如各种物质中的热、光、重量和能够接受这些性质的东西。因此,热的形式或光的形式和热的规律或光的规律乃是同一个东西。[②]

在培根看来,自然界的一切事物都是按照自身固有的规律运动和变化的,科学的任务就是发现事物的规律或"形式"。发现了事物的规律,人们就可以依据这种规律性的知识,获得行动上的自由。他说:

> 由于形式的发现,我们就可以在思想上得到真理而在行动上得到自由。[③]

[①] 马克思恩格斯:《神圣家族》,《马克思恩格斯全集》第2卷,第163页。
[②][③] 培根:《新工具》,《十六—十八世纪西欧各国哲学》,第56、47页。

培根认为，事物的"形式"决定着事物的性质。事物的形式是多种多样的，因而事物也具有质的多样性。他说：

> 因为一种性质的形式就是这样：有了一定的形式，一定的性质就必然跟着出现。因此，当这个性质存在着的时候，这个形式总是存在着的……同样，这种形式也是这样：如果被取走了，这个性质也就必然跟着消失……。①

培根认为，自然的事物不仅具有机械的量的特征，而且具有感觉、生长、颜色、冷和热等等特性。这些特性是物质的基本形式，它们的不同结合，构成各种各样的生物和无生物。他写道：

> 这种形式，正如我曾经指出过的，乃是按照宇宙的普通过程而形成的简单性质的组合，如狮子、老鹰、玫瑰、黄金的形式等。②

关于培根的物质观，马克思曾经指出，在培根的哲学里，"物质的原始形式是物质内部所固有的、活生生的、本质的力量，这些力量使物质获得个性，并造成各种特殊的差异"。③综上所述，培根的物质观较之古代的物质观前进了一大步。但是，作为从古代朴素的物质观到近代机械唯物主义的物质观的过渡，培根的物质观仍然保留某种朴素性，并包含有辩证法的因素。正如马克思指出的："唯物主义在它的第一个创始人培根那里，还在朴素的形式下包含着全面发展的萌芽。物质带着诗意的感性光辉，对人的全身

---

① 培根：《新工具》，《十六—十八世纪西欧各国哲学》，第48页。
② 培根：《新工具》，《十六—十八世纪西欧各国哲学》，第55页。
③ 马克思恩格斯：《神圣家族》、《马克思恩格斯全集》，第2卷，第163页。

心发出微笑。"①

应当指出，尽管在培根的思想中包含着若干辩证法思想，但他的哲学已经具有明显的形而上学的性质。他把当时的自然科学中静止的、孤立的分析方法引进哲学领域，变成了世界观意义上的形而上学方法论。他用这种方法来解释事物，便认为一切事物都可以归结为简单的分子，归结为分子的不同结合。在他看来，经院哲学用所谓"隐蔽的质"解释事物，是神秘的、不可理解的，而按照他的方法，事物就从复杂变得简单了，从不易理解变成容易理解的了。他说：

> 愈是接近简单性质，一切事物就愈变得容易和明显。因为事情已经从复杂变成简单，从不可通约变成可以通约。从不尽根变成有理量，从无限和不清楚变成有限而确定，如同字母系统中的单个字母和音乐中的音符一样。②

可以看出，这种形而上学的分析方法是片面的，它只注意对事物的构成部分进行分离或分解，但忽略了事物的内在联系和事物的整体性。培根不懂得，尽管一首歌曲是由许多音符构成的，但是，一首歌曲的精神却不是通过分析它所构成的各个音符所能够把握的。

还应当看到，培根并不是一个彻底的唯物主义者。他公开承认上帝存在，认为上帝是宇宙的最后原因，是事物"形式"的给予者和创造者。他说：

> 对于形式的给予者和制造者上帝来说，或者也可以

---

① 马克思恩格斯：《神圣家族》，《马克思恩格斯全集》第2卷，第163页。
② 培根：《新工具》，《十六—十八世纪西欧各国哲学》，第52页。

> 对于天使和具有较高智慧的东西来说，他们在一开始思考的时候，就直接具有对于形式的肯定的知识，但是这肯定不是人所能作到的。①

因此，培根在批判经院哲学的神学倾向时，并没有一概否定神学。在他看来，人的知识有两个来源，除了来自对自然界的感觉经验，还有来自"神的启示"。他说：

> 人的知识就如同水似的，有的是从上边降落的，有的是从下边涌起的。一种是由自然的光亮所陈示的，一种是由神圣的启示所鼓舞的。②

因此，在培根看来，知识可以分为神学和哲学两类。哲学、理性在于认识自然；信仰在于显示上帝。神学和哲学可以互不相干，同时并存。这就是所谓"二重真理说"。培根提出的"二重真理说"，一方面表明培根的哲学还没有完全摆脱经院哲学的影响，"充满了神学的不彻底性"③；另一方面，也表明培根想在神学占统治地位的情况下，通过"二重真理论"限制神学的范围，为科学和哲学争取一块存在和发展的地盘。

（二）知识是存在的反映

培根从客观自然界出发，坚持一条鲜明的唯物主义反映论的路线。什么是知识呢？培根写道：

> 知识是存在底影象。④

---

① 培根：《新工具》，《十六—十八世纪西欧各国哲学》。第55页。
② 培根：《新工具》商务印书馆1936年版，第15页。
③ 马克思恩格斯：《神圣家族》，《马克思恩格斯全集》第2卷，第163页。
④ 培根：《新工具》，商务印书馆1936年版。第106页。

> 存在的真理同知识的真理是一个东西,两者的差异亦不过如同实在的光线同反射的光线的差异罢了。①

在近代哲学史上,培根最早表达了唯物主义反映论的基本观点。在他看来,真正的科学知识不是头脑里固有的,也不是从某个权威的结论中演绎出来的,而是对自然界的正确反映。科学的任务就是研究、发现事物的"形式",如果"形式"被发现,人们"就可以在思想上得到真理,而在行动上得到自由"。② 因此,为了真正把握自然界的规律性,就必须像德谟克利特学派那样,深入到自然界里面去,"在事物本身上来研究事物的性质"。

培根从唯物主义反映论出发,较为系统和深入地揭露了经院哲学的认识论根源。他认为,经院哲学的长期统治,禁锢了人们的头脑,造成了各种幻想和偏见,使人们的思想远离自然,严重地妨碍人们认识自然的真理。他把这些幻想和偏见称之为"假相",并把这些"假相"概括为四种。

第一种是"种族假相",指的是人类在认识事物时,总是以自己的主观感觉为尺度,而不是以宇宙本身为尺度,从而陷入主观主义,歪曲事物的真相。培根说:

> "种族假相"的基础就在于人的天性之中,就在于人类的种族之中。因为认为人的感觉是事物的尺度,乃是一种错误的论断,相反地,一切知觉,不论是感官的知觉或者是心灵的知觉,都是以个人的尺度为根据的,而不是以宇宙的尺度为根据的。③

---

① 培根:《崇学论》,商务印书馆1938年版,第26页。
②③ 培根:《新工具》,《十六—十八世纪西欧各国哲学》,第47、13页。

在他看来，由于"种族假相"，人在认识自然时，往往把主观的成份加到了客观事物上面去，不能客观地反映事物，从而造成错误的认识。他说：

> 人的理智好像一面不平的镜子，由于不规则地接受光线，因而把事物的性质和自己的性质搅混在一起，使事物的性质受到了歪曲，改变了颜色。①

培根指出，经院哲学家所宣扬的所谓目的论，就是这种思维方式的典型表现。他们从人的活动都是有目的的这一点出发，将自然事物拟人化，断言世界上的万事万物也都是有目的的。这样一来，他们就把本来是人类独有的特性，强加到客观事物上面去了，从而歪曲了客观事物的本来面貌。

第二种是"洞穴假相"，指的是由于个人的天性不同，每个人所受的教育不同，而形成的个人偏见。这就好像一个人站在狭小的洞穴内看事物一样。这种"坐井观天"的思维方法，是获得正确认识的极大障碍。他说：

> "洞穴假相"是个人的假相。因为每一个人（在一般人性所共有的错误之外）都有他自己的洞穴，使自然之光发生曲折和改变颜色；这是由于每个人都有他自己所特有的天性；或者是由于他所受的教育和与别人的交接；或者是由于读书和他所崇拜的那些人的权威；或者是由于印象产生于具有成见的人心中或产生于漠然无动于中的人心中而有所不同；或者是由于其他类似的原因。②

---

① 培根：《新工具》，《十六—十八世纪西欧各国哲学》，第13页。
② 培根：《新工具》，《十六—十八世纪西欧各国哲学》第13—14页。

培根以此批评了那种崇古非今、盲目崇拜权威的思想。在他看来，要正确的认识事物，就必须摆脱一切传统的偏见和个人成见，自觉地坚持从客观事物出发去认识事物。

第三种是"市场假相"，指的是人们在相互交往中，由于用词的错误和混乱而造成的假相。培根指出：

> 人们是通过言谈而结合的；而语词的意义是根据俗人的了解来确定的。因此如果语词选择得不好和不恰当，就会大大阻碍人的理解。……语词显然是强制和统治人的理智的，它使一切陷于混乱，并且使人陷于无数空洞的争辩和无聊的幻想。①

在这里，培根揭露了经院哲学家们玩弄词藻，进行诡辩的手法。他指出，经院哲学家们臆想出各种根本不存在的东西的名称，或者使用没有确定含义的术语和概念，进行无聊的争辩，从而使人们的思想陷入混乱，发生无休止的争论，妨碍人们正确地认识自然，解释自然。

第四种是"剧场假相"，指的是人们盲目崇拜各种传统的哲学体系和错误的证明法则，并将其移入人的心中而造成的偏见。培根指出：

> 最后，还有从各种哲学教条，以及从错误的证明法则移植到人心中的假相。这些假相我叫做"剧场假相"。因为照我的判断，一切流行的体系都不过是许多舞台上的戏剧，根据一种不真实的布景方式来表现它们自己所创造的世界罢了。②

---

①② 培根：《新工具》，《十六—十八世纪西欧各国哲学》，第14页。

在这里，培根谴责了经院哲学家们盲目崇拜权威的恶习。在他看来，经院哲学所崇拜的所谓具有权威性的哲学体系，不过是舞台上的戏剧，全是虚假的。可是，人们往往把它们当作某种神圣不可侵犯的权威、教条加以信奉，这样势必造成谬误，遗害无穷。

培根的"假相说"主要是针对经院哲学的。但是，他对经院哲学的谬误所作的认识论根源的分析，也具有相当普遍的意义。他看到了人类认识过程的复杂性、曲折性，指出了认识上的主观性、片面性是产生谬误的认识论根源，并且仔细分析了主观性、片面性的各种具体表现形式及其形成的条件。他在对各种"假相"的揭露中，始终贯穿着这样一个基本精神：必须在事物本身中认识事物，否则就会产生谬误。培根的这些思想从一个方面大大丰富了唯物主义的反映论，对于人们防止和克服错误认识具有启发意义。但是，他把认识中某些谬误的产生归结为人类不变的"天性"，或个人"特有的天性"，显然是错误的。这表明他不懂得认识对社会实践的依赖关系，不懂得谬误产生的更深刻的社会历史根源。因此，他对经院哲学产生和流行的社会阶级的根源和历史根源，缺乏必要的分析。

在培根看来，"假相"固然是人心固有的弱点，但不是不可克服的。揭露"假相"正是为了克服"假相"，只要我们把犯错误的原因弄清楚了，就能找到适当的补救办法，获得可靠的知识。培根明确指出，医治和补救理智使其免于陷入"假相"的适当办法，就是坚持经验主义的认识论路线，运用以经验主义为基础的归纳法。

（三）一切知识起源于经验

人的知识是从哪里开始的呢？培根明确指出，认识的全部路程应当从感官的原始知觉开始。他说：

> 人们若非发狂，一切自然的知识都应当求之于感

官。①

马克思对此评价说:"按照他的学说,感觉是完全可靠的,是一切知识的泉源。"②

培根指责亚里士多德不以事物、经验为根据,而是用"各种范畴来形成世界",把某种原则或公理当作认识的出发点。他称亚里士多德的哲学为"理性派哲学"。他对亚里士多德的批判,实际上提出了这样一个极其尖锐、极其深刻的问题:人的认识应当从经验出发,还是从原则或公理出发,这正是认识论中唯物论和唯心论斗争的焦点。培根的立场是十分鲜明的,坚持唯物论,反对唯心论。他指出:

> 全部对自然的解释由感觉开始,由感官的知觉沿着一条径直的、有规则的、谨慎的道路达到理智的知觉,即达到真正的概念和公理。③

培根提出的认识开始于经验的观点,构成了他的唯物主义反映论的核心,为十七世纪英国的经验论奠定了基础。

培根对"经验"这一概念作了有价值的分析。首先,他认为,经验作为一切科学知识的基础,它必须具有"确实性"。如果人的认识不是以确实的经验为基础,而是把"某些谣传"的东西,"粗疏模糊的观察"或"似是而非的经验"作为认识的根据,势必把人的认识引向荒谬,远离自然的真理,就好像一个国家进行决策不是根据使者的可靠报导,而是根据街谈巷议,显然,这是不可能作出正确的决策的。其次,培根认为,作为一切科学知识基础

---

① ③ 培根:《新工具》,商务印书馆1936年版,第22、236页。
② 马克思恩格斯:《神圣家族》,《马克思恩格斯全集》第2卷,第163页。

的经验，应当是丰富的，数量足够的。这是因为：

> 感觉的表象愈丰富、愈精确，那么一切事情进行起来就愈容易、愈顺利。①

培根还指出，作为科学知识基础的经验还必须是全面的，既要有正面的例证，也要有反面的例证，否则，就不可避免地会陷入片面性。

把科学实验纳入认识论是培根认识论思想的一个重要特点。培根在科学实验的实践中认识到，科学实验较之感性直观更为优越，它能够弥补感性直观的不足。在他看来，感官表象是"自发产生"的，消极被动的；科学实验则是人们"有意寻求"的能动的认识活动。感官只能感知事物的表面现象，不能直接接触事物的内在过程。同时，人的感觉要往往受到主观状况的影响，带有一定的主观性和相对性，如有的事物离感官太远，事物太大或太小，运动速度的太快或太慢，感官就不可能作出直接的确实的报导。因此，他认为，仅仅依靠感官的直接感觉，还不能完全揭露"自然的奥秘"，而要揭露自然的内在的奥秘就必须借助于实验。培根指出：

> 自然的奥秘也是在技术的干扰之下比在其自然活动时容易表现出来。②

关于感觉和实验的关系，培根这样写道：

---

① 培根：《新工具》，商务印书馆1936年版，第236页。
② 培根：《新工具》，《十六—十八世纪西欧各国哲学》，第42页。

> 一切比较真实的对于自然的解释，乃是由适当的例证和实验得到的。感觉所决定的只接触到实验，而实验所决定的则接触到自然和事物本身。①

因此，培根认为，为了获得自然的知识，必须充分估计科学实验在认识中的意义和作用。

培根在阐明经验在认识中的地位和作用时，还接触到所谓真理的保证问题。他认为，一个观念，一个思想是不是真理，不在于空谈和巧辩，而在于它的效果和实践。他说：

> 一切标记中，最确定最高贵的是由果实得来的。因为果实和工作正好像是哲学真理的保证。②
> 科学在人的心目中的价值也必须由它的实践来决定。③

培根关于果实和实践是真理的保证这一思想，主要讲的是真理的价值标准问题，即一切真理都必须能够产生实际的效益，同时在一定程度上也涉及到了实践是检验真理的标准的问题。但是，培根所理解的实践，主要是自然科学的实验活动，而不是以人民群众为主体的改造自然、改造社会的实践活动，可见，培根的实践观点还是狭隘的、片面的。

培根高度评价科学实验在认识中的地位和作用，自觉地把科学实验纳入认识论，是培根对认识论的一个重大的历史贡献，充分体现了他那个时代的时代精神和特点。

---

① 培根：《新工具》，《十六—十八世纪西欧各国哲学》，第17—18页。
② 培根：《新工具》，商务印书馆1936年版，第70页。
③ 斑加明·法灵顿：《弗兰西斯·培根》，三联书店1958年版，第55页。

培根在充分肯定感觉经验是认识的源泉的同时,也看到了理性认识在认识中的作用。他认为感性提供材料,理性的任务就是对感性材料进行"整理和消化"。培根既反对狭隘的经验主义,也反对唯理主义,认为只有将感性和理性结合起来,才能形成科学的知识。这方面,培根有一段名言:

> 历来研究科学的人或者是经验主义者,或者是独断主义者,经验主义者好像蚂蚁,他们只是收集起来使用。理性主义者好像蜘蛛,他们从他们自己把网子造出来。但是蜜蜂则采取一种中间的道路。他从花园和田野里面的花采集材料,但是用他自己的一种力量来改变和消化这种材料。真正的哲学工作也正像这样。①

但是,总的说来,培根本人还是一位重经验、轻理性的经验主义者。由于他极端厌恶经院哲学玩弄思辩的把戏,因此他时刻警惕理性离开经验去任意驰骋。他说:

> 决不能给理智加上翅膀,而毋宁给它挂上重的东西,使它不会跳跃和飞翔。②

在培根看来,唯一能够限制理智跳跃的就是经验。培根的这段话充分表现了他的认识论的鲜明的唯物主义性质,但同时也可以看到,尽管培根提出了感性认识和理性认识相结合的问题,实际上,他对理性的本质和作用是不理解的。诚然,理性认识必须以感性认识为基础,但两者在性质上又是不同的。因此,从感性认识过渡到理性认识势必要经历质的"飞跃"。如果不把理性"整理和消

---

①② 培根:《新工具》,《十六—十八世纪西欧各国哲学》,第40—41、44页。

化"经验的过程,理解为由现象到本质的飞跃过程,那么实际上这种认识还是囿于感性的范围,还是在感觉经验范围内打转转,不可能认识事物的本质和规律。

(四) 理智的新工具——归纳法

培根把制定科学的认识方法,为理智提供新的认识工具,当做自己哲学的中心任务。这个科学的方法和认识的工具,就是他在唯物主义经验论基础上创立的归纳法。

培根把他系统阐述归纳法的著作称为《新工具》,以示与亚里士多德系统论证演绎逻辑的著作《工具篇》相对立,体现了培根批判经学院哲学的战斗精神。我们知道,亚里士多德是西方形式逻辑的奠基人,在同诡辩派的斗争中,他系统阐述了演绎法,即三段论。中世纪经院哲学歪曲和利用亚里士多德的演绎法,以论证神学,成为经院哲学传播谬误、攻击真理、阻碍科学发展的工具。因此,亚里士多德的逻辑很自然地成为培根批判和揭露的主要对象。

培根指出,经院哲学的演绎法,完全脱离开经验,只是从概念到概念的纯演绎,它既不能给人们提供真理,也不能帮助人们发现新的科学知识。他说:

> 正如我们现在所有的科学并不能帮助我们发现新的工作一样,我们现在所有的逻辑也并不能帮助我们发现新的科学。[①]

在他看来,演绎法只能引起无聊的争辩,使人陷于"传统的迷雾或辩论的旋涡"。他主张抛弃演绎法,建立唯一能提供真理的归纳法。他说:

---

① 培根:《新工具》,《十六—十八世纪西欧各国哲学》,第9页。

> 我们唯一的希望就在于一种真正的归纳。①

同三段论的演绎法相对立,培根提出了归纳逻辑,旗帜鲜明地同演绎法划清界限。他指出:

> 我底逻辑学和普遍逻辑学特别有三种差异之点。第一则是企图的目的不同,第二则是解证的次序不同,第三则是研究的起点不同。②

这里所谓目的不同,是指三段论的目的是为神学作论证的,它"强人同意命题,而不能把握事物",只能使人陷入辩论的旋涡,而不能产生实际效果;与此相反,归纳法的目的不是"在争辩中克服对敌",而是帮助人们探索自然,支配自然。所谓解证的次序上的不同,是指三段论是从固定不变的一般原理出发,推出关于特殊事物的知识来,即从一般到个别;归纳法则是从经验和特殊事例出发,按照一定的规则,逐步引出一般原则和公理,即从个别到一般。所谓起点的不同,是指三段论的起点往往是未经证明的公理,或者是由一些含糊不清的语词组成的命题,因而很不可靠;归纳法则是以科学实验和经验事实作为自己扎实的基础,它的起点是可靠的。培根认为只有归纳法才是人们认识自然真理的"真正的道路",是人们探察自然的奥秘,避免和清除各种假相的唯一科学方法。

培根认为,归纳的方法应分为三步进行:

第一步,广泛搜集自然史和科学实验的材料。培根说:

---

① 培根:《新工具》,《十六—十八世纪西欧各国哲学》,第10页。
② 培根:《新工具》,商务印书馆1936年版,第19页。

> 首先我们必须准备一部充足、完善的自然和实验的历史，这是一切的基础。①

培根曾计划写一部关于自然和实验的历史，为建立新方法提供充分的材料。在他看来，归纳法必须以大量的经验和科学实验的材料为基础，否则就无法进行科学的归纳，就达不到认识自然、支配自然的目的。

第二步，整理材料，为归纳做好充分的准备，培根说：

> 自然及实验的历史是极其纷纭错综的，如果不在适当的秩序中来加以安排和考察，便会使理智混乱和迷惑。因此我们必须根据这样一种方法和秩序来作出"例证表和例证的安排"，以便使理智能够处理它们。②

为了有步骤有秩序地整理材料，培根提出了三表法。

第一是"本质和具有表"（又称"存在表"或"同一表"），它的任务是搜集和登记有关研究对象的正面例证。培根指出：

> 给定了一个性质，我们必须首先把一切已知的虽然在质料上很不相同而在这个性质上是一致的例证收集起来，摆到理智的面前。③

例如，我们要研究"热"，那就必须首先掌握能够发"热"的各种正面例证，如火焰、摩擦等等。

第二是"差异表"（或称"接近中的缺乏表"），它的任务是搜集和登记有关研究对象的反面例证。培根说：

---

①②③　培根：《新工具》，《十六—十八世纪西欧各国哲学》，第53、55页。

> 其次,我们必须给理智提供缺乏这种性质的例证;因为如像我们前面所说的,当给定的性质不在的时候,形式也应不在,正如同当给定的性质存在的时候,这个形式也应当存在。①

在他看来,研究某一性质时,不仅要收集正面的例证,而且要收集反面的例证,即当某种现象不出现时,相应的性质也不出现的例证。例如,当我们研究"摩擦生热"时,不仅要搜集摩擦生热的正面例证,而且要搜集不摩擦就不生热的例证。因为单有正面的例证,不能正确地进行归纳。

第三是"程度表"(或称"比较表"),它的任务是搜集和登记有关研究对象以不同程度出现的例证。培根说:

> 第三,我们必须给理智提供这样一些例证,在这些例证中,我们所探究的性质以多少不同的程度出现。要这样作,就要把它在同一物体中的增减加以比较,或者把它在不同的、经过互相比较的物体中的数量加以比较。②

培根认为,这三个表的功能是向理智提供例证。有了充分的例证,便可开始归纳工作。

第三步是归纳。培根认为,对三表所提供的例证要进行归纳,最要紧的是用排斥和否定的方法。他说,用排斥和否定的方法,把那些非本质的、无关紧要的东西抛弃掉,只留下那些本质的肯定的东西,这是进行归纳的关键性一环。因为在他看来,

---

① 培根:《新工具》,《十六—十八世纪西欧各国哲学》第53页。
② 培根:《新工具》,《十六—十八世纪西欧各国哲学》第54页。

> 在拒绝和排斥的工作适当完成之后，一切轻浮的意见便烟消云散，而最后余留下来的便是一个肯定的、坚固的、真实的和定义明确的形式。①

培根强调，归纳过程，也就是人的认识逐渐地从个别的经验上升为一般的原理的过程，即揭露"形式"的过程。例如，在对有关热的各种例证进行归纳之后，他断言热的"形式"是运动。总之，培根认为，依靠归纳法就能发现事物的本质和规律。马克思在评述培根的归纳法时指出，在培根那里，"科学是实验的科学，科学就在于用理性方法去整理感性材料。归纳、分析、比较、观察和实验是理性方法的主要条件"。②

培根认为，尽管由归纳法所确立的一般原则或公理具有可靠性，但是，这种以普遍性命题形式表现出来的一般原则、公理是否具有普遍的可靠性，或者说它们的可靠性的范围如何，仍然是有疑问的。因为这些一般原则或公理只是从一定数量的特殊事例归纳引出的，在这个范围内，它们是可靠的，如果超出了这个范围，就必须通过新的例证进行考查、检验，看它们"是否只是按照那些由之把它引伸出来的特殊事例的尺度形成的，抑或它比这些事例的范围还要更大和更广一些"。③ 可以看出，培根已经觉察到从经验中归纳得来的原则、公理的可靠性带有两面性，既是确定的，又是不确定的。在它由之引伸出来的特殊事例的范围内，它的可靠性是确定的；超过了这一范围，它的可靠性就是不确定的。原则、公理的普遍性形式能够帮助人们避免使知识仅仅囿于已知事物的范围，但也可能使人陷入不着实际的幻想。因此，他主张

---

① 培根：《新工具》，《十六—十八世纪西欧各国哲学》，第55页。
② 马克思、恩格斯：《神圣家族》，《马克思恩格斯全集》第2卷，第163页。
③ 培根：《新工具》，《十六—十八世纪西欧各国哲学》，第45页。

应当不断地用新的实验和例证给予检验。培根的这个思想在后来的经验主义者那里得到了进一步的发挥。

不难看出，培根的归纳法，同以唯心主义先验论为基础的经院哲学的演绎法，是根本对立的，渗透了唯物主义的精神。同时，这种以经验和科学实验为基础的归纳法，既注重正面的例证，又注重反面的例证，较之简单枚举的归纳法要丰富得多，深刻得多。培根的归纳法是欧洲归纳逻辑发展史的一个重要阶段。后来，十九世纪英国哲学家穆勒把培根的"三表法"推广为契合法、差异法和共变法，并另加一条剩余法，进一步解决了归纳推论方面的一些逻辑问题。

培根的归纳法从一个方面概括了当时自然科学中的研究方法，有力地批判了经院哲学的演绎法。但是，培根不懂得归纳和演绎的辩证关系。恩格斯说："归纳和演绎，正如分析和综合一样，是必然相互联系着的。不应当牺牲一个而把另一个捧到天上去，应当把每一个都用到该用的地方，而要做到这一点，就只有注意它们的相互联系、它们的相互补充。"① 列宁也说过："以最简单的归纳方法所得到的最简单的真理，总是不完全的，因为经验总是未完成的"。② 当然，培根还不可能懂得归纳和演绎的相互关系的道理。事实上，当时在自然科学中发展很快的一个部门——数学所运用的研究方法，主要就是演绎法。可惜，培根把演绎法和经院哲学的方法混为一谈，几乎完全忽略了这个方面。但是，被培根所忽略了的演绎法，却被欧洲大陆的唯理论哲学家们突出地加以强调和发挥。

培根的归纳法是他的唯物主义经验论的具体发挥。它不仅充分显示了这条认识论路线的巨大生命力，同时也充分暴露了这

---

① 恩格斯：《自然辩证法》，《马克思恩格斯选集》第 3 卷，第 548 页。
② 列宁：《黑格尔〈逻辑学〉一书摘要》，《列宁全集》第 38 卷，第 191 页。

条认识路线的固有缺点：片面地夸大感性认识在认识中的地位和作用，贬低甚至否定理性认识的能动作用。

二、霍布斯

霍布斯是继培根之后出现的英国著名的唯物主义者。他把培根的唯物主义系统化，创立了欧洲近代哲学史上第一个机械的唯物主义哲学体系。霍布斯继承和进一步发挥了培根的唯物主义经验论，在和唯神史观和君权神授论的斗争中，建立了人本主义的历史观和国家学说。

托马斯·霍布斯（1588—1679）出身于一个基督教牧师家庭，受教于牛津大学。毕业后，在一个贵族家庭中长期做家庭教师和旅行导师。后来他结识了培根，担任培根的秘书。他一生曾多次到欧洲大陆游历，历时七八年之久。在旅游大陆期间，霍布斯了解到大陆上科学文化的新进展，阅读了欧几里德的《几何学原理》，成为几何学方法的拥护者，他还结识了伽利略、笛卡尔和伽桑狄等各国著名学者。伽利略的力学对霍布斯有深刻影响，是他的机械唯物主义世界观形成的重要自然科学背景。在旅法期间，霍布斯曾同笛卡尔进行过论战，从唯物主义经验论立场出发，批驳了笛卡尔的天赋观念论。

霍布斯主要活动在英国资产阶级革命高潮时期，先后经历了1640年革命、克伦威尔统治以及斯图亚特王朝复辟。1640年革命爆发的前夕，霍布斯因自己曾写过一篇主张君主专制主义的短文而惧怕革命逃亡法国。他在法国居住十一年，主要从事著述，曾作过未来的英国君主查理二世的数学教师，并和王党保持联系。此时，霍布斯主要从事社会政治问题方面的著述，逐渐形成了同唯神史观、君权神授论相对立的人本主义历史观、君主专制的国家理论。1651年，霍布斯的主要代表著作《利维坦》在伦敦发表。在这部著作中，他从人本主义历史观出发，系统地论述了君主专制主义的国家学说，并为克伦威尔的统治作了辩护。翌年，霍布斯回到了克伦威尔统治的英国,受到了克伦威尔的保护和优待。回到英国后,霍布斯先后发表了《论物体》(1655)、《论人》(1658)等重要著作。斯图亚特王朝复辟后,霍布斯受到了王党和教会的攻击和迫害。

霍布斯的机械唯物主义体系,以"物体"范畴为核心,由研究自然物体的"自然哲学"和研究人以及人造物体(国家)的"公民哲学"两个部分组成。他说:

> 哲学的主要部分有两个。因为主要有两类物体,彼此很不相同,提供给探求物体的产生和特性的人们研究。其中一类是自然的作品,称为自然的物体,另一类则称为国家,是由人们的意志与契约造成的。①

"公民哲学"又可以分为伦理学和政治学两个方面。

(一) 论自然

按照霍布斯的哲学观点,自然哲学以自然物体作为研究的对象。他在《论物体》一书中,充分利用几何学、力学、物理学的材料,论述了关于自然物体的观点,系统地阐明了机械唯物论的自然观。

霍布斯指出,哲学研究的唯一对象就是物体。关于物体,他写道:

> 就是这个东西,由于它的广袤,我们一般称它为物体;由于它不依赖我们的思想,我们说它是一个自己存在的东西;……可以为感觉所知觉,并且为理性所了解。所以,物体的定义可以这样下:物体是不依赖于我们思

---

① 霍布斯:《论物体》,《十六—十八世纪西欧各国哲学》,第65页。

想的东西，与空间的某个部分相合或具有同样的广
袤。①

按照霍布斯的观点，物体就是不依赖于我们的思想而客观存在的东西；它占有空间，能够为人们的感官所感知，或被人们的理性所理解。霍布斯的物体定义概括了当时数学的力学的发展成果，克服了培根物质观的朴素性，是欧洲哲学史上第一个明确的、完整的机械唯物主义的物质概念。

霍布斯认为，物质是永恒的，既不能被创造，也不能被消灭，不能增加，也不能减少。他说：

> 物质不能因我们的任何企图而被制造或消灭，被增加或减少。②

霍布斯还认为，世界统一于物质，除了物质实体以外，世界上根本不存在任何非物质的实体。所谓世界，就是无数的物质实体的总和。他说：

> 世界（我说的不止是地球……而是说宇宙，即一切存在的东西的整体）是有形体，也即物体，具有不同种的量度，即长、宽、高，物体的每一部分，与物体一样，也具有同样多的度量。因此，宇宙的每一部分都是物体，不是物体的就不是宇宙的一部分。而因为宇宙是全体，如果不属于宇宙的一部分，那就是无，也就什么地方都不存在。③

---

① 霍布斯：《论物体》，《十六—十八世纪西欧各国哲学》，第82—83页。
② 霍布斯：《论物体》，《十六—十八世纪西欧各国哲学》，第72页。
③ 霍布斯：《利维坦》，1928年《人人丛书》英文版，第367—368页。

在这里，霍布斯从机械唯物主义立场出发，论证了世界的物质统一性。

霍布斯以机械唯物论为武器对神学唯心论进行了批判。他指出，物体的根本特性是广延，即占有空间；反之，没有广延，不占有空间的东西，就不是物体，就是不存在，或非存在。经院哲学家和神学家们所说的"无形体的实体"，"抽象的本质"或"隐秘的性质"，都是"最荒谬的梦呓之语"，完全是欺人之谈。事实上，根本不存在什么不占有空间的"无形体的实体"，如果承认有"无形体的实体"存在，就等于承认有"圆的四边形"，这无疑是十分荒谬的。霍布斯还指出，既然神学认为"灵魂"、"上帝"和"天使"等也是无形体的，没有产生和特性，那么，它们就是不可知的，不是哲学研究的对象。因为：

> 哲学的任务乃是从物体的产生求知物体的特性，或从物体的特性求知物体的产生。所以，只要没有产生或特性，就没有哲学。因此哲学排除神学……在神里面是没有东西可以分合，也不能设想有任何产生的。①

他还指出：

> 哲学排除关于天使以及一切被认为既非物体又非物体的特性的东西的学说。②

霍布斯强调一切东西都是物质实体，根本否定非物质的精神实体的存在。这样，他就从机械唯物论出发，得出了无神论的结论，从

---

①② 霍布斯：《论物体》，《十六—十八世纪西欧和国哲学》，第64页。

而"消灭了培根哲学中的有神论偏见"。①

霍布斯依据唯物主义一元论的原理,对笛卡尔的二元论进行了批判。笛卡尔认为存在着物质与精神两种实体,二者互不相干,彼此独立。物质的特性是广延,但不能思维;精神的本质是思维,而不占有空间。针对笛卡尔的二元论,霍布斯指出:

> 不能想象没有思想者的思想。因此,看来从事于思想的东西是具体的,因为一切活动的主体只能从具体的或物质的形态去了解……我们不能把思想同思想的物质分开。②

马克思指出,在霍布斯那里,"无形体的实体也像无形体的物体一样,是一个矛盾。物体、存在、实体是同一种实在的观念。决不可以把思维同那思维着的物质分开。物质是一切变化的主体。"③霍布斯力图在唯物主义一元论的基础上解决物质和意识的关系问题,但是他的机械论观点,使他不可能科学地解决这个问题。

偶性是霍布斯提出来的另一个重要的哲学范畴。这一范畴是从亚里士多德那里借用来的,但他对偶性的理解又不同于亚里士多德。他认为,偶性不是指事物可有可无的性质,而是指事物的一切性质。物体是主体,偶性则是物体的特性。他对偶性作了如下的解释:

> 一个偶性就是某个物体借以在我们心里造成它自身

---

① 马克思恩格斯:《神圣家族》,《马克思恩格斯全集》第2卷,第165页。
② 霍布斯:《对笛卡尔〈沉思集〉的诘难》,《笛卡尔哲学著作集》,1912年英文版,第2卷第62页。
③ 马克思恩格斯:《神圣家族》,《马克思恩格斯全集》第2卷,第164页。

的概念的那种能力。①

按照霍布斯的观点，偶性并非脱离开物体，在物体之外存在的东西，恰好相反，它存在于物体中，为物体自身所具有；它能作用于我们的心灵，造成观念或概念；我们认识物体，只有通过认识偶性才能达到；认识了偶性，也就认识了物体。因此，也可以把偶性看作是人们了解物体的方式。霍布斯说：

> 我给偶性下的定义是：我们认识物体的方式。②

在霍布斯看来，按照偶性和物体的关系，可以把偶性划分为两类。一类是为一切物体所固有的根本特性，如广延和形状。这类特性既没有产生，也没有消灭，它同物体一样是永恒的，不管物体发生任何变化，只要物体存在，广延和形状仍然存在。他写道：

> 没有广袤或形状，物体是不能设想的。③
> 一个物体的广袤，就是它的大小，也就是所谓真实空间。④

十分清楚，霍布斯把广延看成是同物体不可分割的特性，认为物质与空间是同一的，空间同物体一样，是真实的"存在于心灵之外的"。

与广延和形状不同，物体的另一类偶性只为某些物体所独有，是物体的非根本的特性，如颜色、声音、滋味、冷热、动静等。它的特点是既可以产生，也可以消灭。比如，一个白的东西，可以

---

① 霍布斯：《论物体》，《十六—十八世纪西欧各国哲学》，第83页。
②③④ 霍布斯：《论物体》《十六—十八世纪西欧各国哲学》，第84页。

染成黑的,其中的白色就消失了,而过去不在其中的黑色产生了。又如,运动的东西静止下来,运动消失了,则静止产生了,等等。他说:除了广延和形状之外,"其他一切不为一切物体所共有,只为某些物体所特有的偶性,像静、动、颜色、硬之类,则逐渐消灭,为别的偶性所代替"。① 霍布斯把广延和形状看做是物体本身所固有的特性,这无疑是唯物主义的观点。但是,他机械地片面地夸大了物质的这一特性,把物质所固有的性质仅仅归结为广延和形状,简单地把事物的差别都归结为量的差别,从而抛弃了培根关于事物质的多样性的辩证法思想,这就把培根的唯物主义变得片面了。马克思指出,在霍布斯那里,"唯物主义变得敌视人了。为了在自己的领域内克服敌视人的、毫无血肉的精神,唯物主义只好抑制自己的情欲,当一个禁欲主义者。"②

运动,是霍布斯在研究偶性时着重研究的一个重要范畴。他按照机械唯物主义的观点,对物体与运动,运动的形式等问题进行了阐述。

霍布斯指出,与广延不同,运动是物体可有可无的特性,它既可以产生,也可以消灭。因此,他认为:

> 任何一件静止的东西,若不是在它以外有别的物体以运动力图进入它的位置使它不再处于静止,即将永远静止。③
>
> 同样情形,任何一件运动的东西,除非在它以外有别的物体使它静止,即将永远运动。④

在这里,霍布斯把力学中的静者恒静、动者恒动的规律直接引入

---

① 霍布斯:《论物体》,《十六—十八世纪西欧各国哲学》,第84页。
② 马克思恩格斯:《神圣家族》,《马克思恩格斯全集》第2卷,第164页。
③④ 霍布斯:《论物体》,《十六—十八世纪西欧各国哲学》,第85、86页。

到哲学,抛弃了培根关于物质能动性的辩证法思想,陷入了外因论。这一点集中地反映了他的物质观和运动观的形而上学性质。不过,霍布斯仍然承认运动是一切事物变化的原因,认为"一切变化都在于运动"。

同物质惰性论相对应,在运动形式的问题上,霍布斯只看到一种运动形式,即机械的位置移动。他说:

> 运动是不断地放弃一个位置,又取得另一个位置。被放弃的那个位置一般称为起点,所取得的那个位置一般称为终点。①
>
> 我们就把运动定义为连续地离开一个位置,又获得另一个位置。②

按照霍布斯的观点,机械运动是唯一的普遍的运动形式,一切事物和现象都可以用机械运动的原理来解释。自然界是一部大机器,其中每一个物体是它的一个部件,都按照机械运动的法则不停地运动。一切科学的任务,就在于研究各种物体的位置移动。几何学所研究的是点、线、面的位置移动(点的移动成线,线的移动成面,面的移动成体);力学所研究的是物体受力后所获得的运动;物理学所研究的是物体内部物质策粒的位置移动;生物学研究的是肢体的机械运动。人也不过是一架像钟表那样的自动机,心脏是发条,神经是游丝、关节是齿轮。人们的社会生活被人的一切情欲所推动,是"正在结束或正在开始地机械运动"。③ 在霍布斯的眼中,机械运动是普遍的、绝对的,除此之外,再不可能有其它任何运动形式。

---

①② 霍布斯:《论物体》,《十六—十八世纪西欧各国哲学》,第85、76页。
③ 马克思恩格斯:《神圣家族》,《马克思恩格斯全集》第2卷,第164页。

霍布斯突出地强调用机械运动解释一切,是针对经院哲学只讲质、不讲量的"隐蔽的质"的神秘主义学说而发的,反映了当时数学、力学取得的突出成就。从人类认识发展史上看,霍布斯的机械运动观,是人类认识物质运动形式的最初阶段。恩格斯指出:"研究运动的性质,当然应当从这种运动的最低级、最简单的形式开始,先理解了这些最低级的最简单的形式然后才能对更高级的和更复杂的形式有所阐明。所以我们看到:在自然科学的历史发展中最先发展起来的是关于简单的位置移动的理论……"①恩格斯还说,"一切运动都是和某种位置移动相联系的……所以首先必须研究位置移动"。②由此看来,在十七世纪,霍布斯突出机械运动形式是有其历史的理由的。但是,霍布斯看不到运动形式的多样性,把一切运动形式仅仅归结为一种机械运动形式,这就陷入了机械论。正如马克思指出的,在霍布斯那里,"感性失去了它的鲜明的色彩而变成了几何学家的抽象的感性。物理的运动成为机械运动或数学运动的牺牲品;几何学被宣布为主要科学"。③按照霍布斯的观点,所谓运动变化,就是物体的组合与分解,只是量的增加或减少和场所的变更。

霍布斯主张机械因果决定论。他认为,哲学是关于事物因果性的科学,其任务是揭示物体偶性之间的因果制约关系。他说:

> "哲学"是关于结果或现象的知识,我们获得这种知识,是根据我们首先具有的对于结果或现象的原因或产生的知识,加以真实的推理。④

霍布斯把原因和结果的关系,理解为主动与被动的关系。他认为

---

① ② 恩格斯:《自然辩证法》,《马克思恩格斯选集》第3卷,第491、491—492页。
③ 马克思恩格斯:《神圣家族》,《马克思恩格斯全集》第2卷,第164页。
④ 霍布斯:《论物体》,《十六—十八世纪西欧各国哲学》,第60—61页。

"主动物体"在"被动物体"上所施加的作用而在"被动物体"上面产生的特性叫做结果。他指出：

> 当一个物体借推动另一个物体前进而在这另一个物体里产生了运动时，就被称为"动作者"；（里面像这样产生了运动的那个物体，就被称为"被动者"）因此，把手烤暖的火就是动作者，烤暖了的手就是被动者。在被动者里产生的偶性，就叫作结果。①

在霍布斯的心目中，结果单纯是由于外部原因造成的，并且只是一个消极被动的东西。这表明，他对因果关系的理解是机械的。

同因果性问题相联系，霍布斯还阐述了必然性和偶然性问题。在他看来，因果联系是必然的，世界就是原因和结果必然联系的锁链，世界上的一切都受因果必然性的制约。他说：

> 一切已经发生或将要发生的结果，都在其先行的事物中有其必然性。②

霍布斯据此批判了经院哲学家所宣扬的"意志自由"论。在他看来，人们所作的任何抉择（"意志"）都是有一定原因的，都是人们权衡利害得失的结果。因此，根本不存在什么超脱因果必然性制约的所谓"自由的"意志。他认为，所谓"自由"不过是遵循必然性而无阻碍地活动罢了。

但是，霍布斯在肯定必然性的客观性的同时，却否定了偶然性的客观存在。在他看来，既然世界上的所有事物都是有原因的，

---

① 霍布斯：《论物体》，《十六—十八世纪西欧各国哲学》，第86页。
② 霍布斯：《论物体》，见卡儿金斯编《霍布斯的形而上学体系》英文版，第72页。

那么，一切事物都是必然的，根本不存在所谓偶然性。人们所以谈论偶然性，是因为人们还不知道事物的原因，而一旦知道了它的原因，就又认为它是必然的了。霍布斯写道：

> 比如，明天将要下的雨，将是必然下的，就是说，将是由于必然的原因下的；但是，我们认为它是偶然下的，并且也说它是偶然下的，这是因为我们还不了解它的原因……。①

在这里，霍布斯把必然性和偶然性同原因和结果这两对范畴混为一谈了，而且把必然性等同于因果性，似乎有原因的东西，就一定是必然的，因果性排斥偶然性。毫无疑问，任何一件事情都有它的原因，但这并不意味着任何事情的发生都是必然的。对于某件具体事情来说，它的发生可能是由多方面的原因造成的，其中有的原因对它的发生具有必然性，有的原因则是偶然的。事实上，有许多事情倒是由于偶然的原因所造成的。霍布斯把因果性和偶然性对立起来，根本否认偶然性的客观存在，表明他的因果论是机械的决定论。

由上述可见，霍布斯建立的机械唯物主义世界观克服了培根哲学的朴素性，把"培根的唯物主义系统化了"②，"消灭了培根唯物主义中的有神论偏见"③，但同时也使得唯物主义"变得片面了"④，具有了明显的机械的、形而上学的性质。

（二）论人

霍布斯用机械论的观点观察一切，认为人也是自然物体，同其它的自然物体没有本质的区别。人不过是一架自动机，心脏、神

---

① 霍布斯：《论物体》，见卡儿金斯编《霍布斯的形而上学体系》英文版，第78—79页。
②③④ 马克思恩格斯：《神圣家族》，《马克思恩格斯全集》第2卷，第163—164、165、163页。

经、关节都是人这个机器上的不同部件，它们不停地做机械运动。这就是说，人也像自然物体一样服从统一的机械运动规律。

霍布斯在他的名著《利维坦》的第一部分《论人》中，研究和阐述了他的认识论和伦理观点。后来又在《论人性》中作了进一步的阐明和发挥。

【论人的认识】

在认识论上，霍布斯继承了培根的唯物主义经验论的基本原则，反对天赋观念论，主张知识和观念起源于感觉。

霍布斯同培根一样，主张认识开始于感觉。他写道：

> 一切观念最初都来自事物的本身的作用，观念就是事物的观念。当作用出现时，它所产生的观念也叫感觉，一个事物的作用产生了感觉，这个事物就叫做感觉的对象。①

霍布斯强调，只有客观事物才是引起感觉的直接对象，人的一切认识都开始于事物对感官的作用所引起的感觉，离开了外物对感官的作用，就不可能有任何认识发生。

霍布斯认为，感觉不仅是认识的开端，而且是一切知识的来源。他说：

> 如果现象是我们借以认识一切别的事物的原则，我们就必须承认感觉是我们借以认识这些原则的原则，承认我们所有一切知识都是从感觉获得的。②

---

① 霍布斯：《论人性》，《十六—十八世纪西欧各国哲学》，第92页。
② 霍布斯：《论物体》，《十六—十八世纪西欧各国哲学》，第90页。

又说：

> 人心中的观念，不论其全部或一部，都产生于感觉器官，其余都是由它发源的。①

可以看出，霍布斯坚持了由培根开创的近代唯物主义经验论的基本观点。

霍布斯以唯物主义反映论为武器，围绕着认识的源泉问题，批判了笛卡尔的天赋观念论，笛卡尔认为，在人的心灵中本来就存在着一些清楚明白的观念，比如，上帝、灵魂、道德原则以及几何学的公理等，都是天赋的，与生俱来的。针对笛卡尔的这种观点，霍布斯指出，根本没有天赋观念，一切观念都是外部事物在人心中的影像。假如观念是天赋的，那它应该永远活动、永远出现在人的心中，但是，事实并非如此。他说：

> 笛卡尔先生说关于上帝的观念和关于灵魂的观念是我们的天赋观念，可是我们却想知道：正在熟睡而且没有做梦的人们心灵是否在思想，如果不是，那么他们在这时候是没有观念的。因为天赋的东西是经常呈现的，所以没有观念是天赋的。②

霍布斯还指出，如果观念是天赋的，那么它就应该是无可怀疑的，没有矛盾的。但事实上，一些最重要的天赋观念，如上帝观念，却是人们长期争论不休、怀疑最多的。在霍布斯看来，上帝观念不是天赋的，而是人们从后天经验中获得的，是愚昧无知和恐惧感

---

① 霍布斯：《利维坦》，《人人丛书》1928年英文版，第3页。
② 转引自《笛卡尔哲学著作选集》第3卷，英文版，第72—73页。

的产物。

霍布斯从机械论的观点出发,进一步研究了事物与感觉之间的关系问题。我们知道,在培根那里,感觉是对外物的反映,和外物一致,这似乎是不成问题的。可是,伽利略根据他对数学与力学的研究提出了一个新的问题:按照他的力学观点,物体自身只具有大小、形状等机械属性,并不具有我们感官所感觉的色、声、香、味等感觉属性。这就是说,感觉这种认识形式,同客观事物所具有的属性之间是有差别的。霍布斯完全同意伽利略的这个观点。

霍布斯一方面肯定感觉是外物的影像,肯定感觉向我们报导了感觉对象的种种性质,从而使我们能够得到关于对象的本性的知识。他这样写道:

> 我们通过种种感官,对于对象的种种性质得到种种观念,通过视觉,我们得到由颜色与形状组成的观念或影像,这是对象通过眼睛给予我们的关于它的本性的全部通知与知识。通过听觉,我们得到所谓声音的观念,这是我们从耳朵得来的关于对象的性质的全部知识。而其余的感觉也是对于它们的对象的种种性质或本性的观念。[①]

另一方面,霍布斯又指出,当我们通过感官获得了关于物体的种种性质的知识时,不要以为这些性质就如同感觉直接告诉我们的那样存在于物体里,而应当把我们的感觉(如色、声、香、味等)了解为我们认识物体的性质的方式。拿颜色感觉来说,尽管我们通过它得到了关于对象的本性的知识,但是,应当看到:

---

① 霍布斯:《论人性》,《十六—十八世纪西欧各国哲学》,第 92 页。

> 在我们以外（实在地）并没有我们叫做形象或颜色的东西。①
>
> 形象或颜色只是运动、激动或变动对我们的显现。②

不难看出，霍布斯的上述观点，忽略了事物质的多样性，显然是一种机械论的观点。但是也应该看到，他在坚持感觉是外物本性的反映时，力图揭示感觉的主观性的一面，力图揭示出感觉这种主观认识形式同客观事物性质之间的差别。应当说，霍布斯的这一观点是力图克服朴素的反映论所具有的缺点，认为主观的认识形式同客观事物性质的原型不完全一样。这不能不说是认识史上的一个进步。

不过，霍布斯从机械论的观点出发，过分强调感觉的主观性方面，以致背离反映论的立场。他认为，外物与感官的关系，犹如机械运动中的作用和反作用的关系，外物的运动给感官施以"压力"，感官随之产生"抗力"，这就产生了感觉。按照霍布斯的观点，以压力打击眼睛便产生光的感觉，以压力施于耳朵便产生声音的感觉，以压力施于鼻子便产生味道的感觉，以压力施于身体的各个部分，便产生热冷、香味等感觉。按照对感觉的这种理解，感觉只是感官对外物压力所产生的抗力而引起的纯粹的主观的心理状态，而不是对外物性质的反映。霍布斯甚至说：

> 一切感觉不是别的，只是原始的幻影。③

显然，这种观点就远远离开了反映论的立场，带有主观主义和不

---

①② 霍布斯：《论人性》，《十六—十八世纪西欧各国哲学》，第93、93页。
③ 霍布斯：《利维坦》，《人人丛书》1928年英文版，第12页。

可知主义的倾向。

霍布斯关于概念的学说，具有明显的唯名论的倾向。他继承了英国唯名论的传统，反对经院哲学中的唯实论，否认"一般"或"共相"的实在性。在霍布斯看来，客观上存在的只是个别事物，概念只是一类个别事物的名称。他说：

> 世界上并没有共性，只有名称，因为名称：所指的事物，每一个都是个别和单个的。①

按照霍布斯的理解，概念是人们对同类事物所给的名称，只是帮助人们记忆的记号，而不反映寓于个别事物中的一般。这表明，霍布斯不懂得概念作为理性思维的一种形式所具有的把握事物本质的功能。马克思说："霍布斯根据培根的观点论断说，如果我们的感觉是我们的一切知识的泉源，那么观念、思想、意念等等，就不外乎是多少摆脱了感性形式的实体世界的幻影。科学只能给这些幻影冠以名称。同一个名称可以适用于许多幻影，甚至还可以有名称的名称"。②把概念仅仅看成是符号，是一种以唯名论倾向表现出来的狭隘经验论。

但是，与培根不同，霍布斯十分重视理性推理在认识中的作用，尤其重视演绎推理在认识中的作用。他认为，只有依靠推理，才能把感觉上升为理性，才能把握事物的本质，形成科学的知识。这是因为感觉只能告诉我们事物"是什么"，唯有推理才能揭示出事物的"为什么"。他说：

> 知识的开端乃是感觉和想象中的影像；这种影像的

---

① 霍布斯：《利维坦》，《人人丛书》1928年英文版，第13页。
② 马克思恩格斯：《神圣家族》，《马克思恩格斯全集》，第2卷，第164页。

存在，我们凭本能就知道得很清楚。但是认识它们为什么存在，或者根据什么原因而产生，却是推理的工作。①

霍布斯对于推理的理解则是经验主义的、机械论的。在他看来，理性推理就是对感觉材料的组合与分解，是对名称的加减计算活动。他说：

> 推理就在于组合、分开或分解。所以我们用来发现事物的原因的方法，除了组合法或分解法，或者部分组合法与部分分解法以外，没有什么别的方法。②

又说：

> 我所谓"推理"是指计算。计算或者是把要加到一起的许多东西聚成总数，或者是求知从一件事物中取去另一件事物还剩下什么。所以推理是与加和减相同的。……因此一切推理都包含在心灵的这两种活动——加与减里面。③

霍布斯举例说，如一个人看见远处有一个东西，于是在心中有了"物体"的观念；走近些时，发现这个东西能活动，就有了"活动"的观念；再走近些时，听到这个东西有声音，有理性心灵的标记，于是在他心中又有了"理性"的观念。把"物体"、"活动"、"理性"的观念加起来，便知道他看见的是"人"了。可以

---

①② 霍布斯：《论物体》，《十六—十八世纪西欧各国哲学》，第66页。
③ 霍布斯：《论物体》，《十六—十八世纪西欧各国哲学》，第61页。

看出，霍布斯并不懂得感性认识和理性认识的联系与区别。如果把理性认识仅仅理解为对经验材料、名称进行加减的计算活动,实际上就是把理性认识归结为感性认识了。

霍布斯关于理性推理的这种机械论的观点，在当时历史条件下，对于反对经院哲学家把人的理性活动神秘化，起了积极的作用。同时，也表明他看到了人类理性推理中确实存在着大量的机械运算活动。但是，霍布斯把人类理性活动，统统归结为机械性的计算。这就抹煞了人类理性活动的创造性的本质。

在认识方法上，与培根不同，霍布斯更重视几何学所运用的演绎法。他说：

> 研究自然哲学的人如果不从几何学开始，是白费气力的。自然哲学的写作者或讨论者如果不懂得几何学，那就只能让读者和听众白费时间。①

他强调，几何学是一切科学的基础，要以几何学为蓝本，从一些一般的公理出发，按照一定的规则，推演出一切知识。在这里，霍布斯过分夸大了演绎法的作用和意义，使他的经验主义认识论带上了某种程度的唯理论的色彩。

【论道德】

霍布斯的伦理思想大致包括"自然权利"说和"自然法"说两个部分。前者讲人的本性是利己主义，后者讲人的理性规定的道德律令。

霍布斯从机械论观点出发,研究人的生理活动和心理活动,解释人的感情和欲望。他指出，人同自然的其他事物一样，是一个物体。当外界物体作用于人，有助于人的生命运动时，就会引起

---

① 霍布斯：《论物体》，《十六—十九世纪西欧各国哲学》，第71页。

喜悦和快乐的感情；反之，当外界物体的作用有碍于人的生命运动时，就产生厌恶和痛苦的感情。前者被称为善，后者被称为恶。在他看来，人的本性就是自我保存，趋利避害，无休止地追求个人利益。他说：

> 在人的本性中，我们发现发生争执的三个主要原因。第一竞争，第二猜疑，第三荣誉。竞争使人求利，猜疑使人求安，荣誉使人求名。①

马克思和恩格斯在评述霍布斯的思想时指出，"把所有各式各样的人类的相互关系都归结为唯一的功利关系，看起来是很愚蠢的。这种看起来是形而上学的抽象之所以产生，是因为在现代资产阶级社会中，一切关系实际上仅仅服从于一种抽象的金钱盘剥关系。"②霍布斯的利己主义的观点真实地反映了资本主义的尔虞我诈的关系，把金钱看成是人与人之间的唯一关系。霍布斯把属于一定时代、处于一定社会关系中的人性、德道品质提升到"一般人"的高度，把利己主义说成是人类永恒不变的本性。这在理论上是完全错误的。

霍布斯认为，人们最初的生活状况是：每个人都按照自己的本性而生活。他称这种状态为"自然状态"。在这种状态中，每个人都要实现自己占有一切的"自然权利"，从而导致"一切人反对一切人的战争"状态。在这里，不存在善良与邪恶，无所谓是非曲直，唯有力量与欺诈。在"自然状态"中，人人自危，工农业无人治理，科学文化更无人过问，一切都陷于混乱之中。霍布斯认为，"自然状态"不仅是对于远古人类生活状态的一种设想，而

---

① 霍布斯：《利维坦》，1928年英文版，第75页。
② 马克思恩格斯：《德意志意识形态》，《马克思恩格斯全集》第3卷，第479页。

且凡是没有国家权力或国家权力软弱无力的地方都可能出现这种状态。换句话说,所谓"自然状态"也就是无政府状态。可以看出,霍布斯所谓的"自然状态"实际上不过是当时处于革命动荡之中的英国社会的投影。

霍布斯认为,要求保存自己和对死亡的恐惧,必然使人们产生求取和平、摆脱战争状态的愿望。于是理性便出来教导人们,不能单凭自己的情欲去生活,只有接受那些大家必须遵守的共同的生活规则,即"自然法",才能避免战争,使每个人都能达到保存自己的目的。

理性所建立的自然法是什么呢?第一条是:

> 寻求和平,信守和平。①

第二条是:

> 如果别人也愿意这样做时,一个人在为了和平与保卫自己的范围内,会想到有必要自愿放弃这种对一切事物的权利;他应该满足于相对着别人而有这么多自由,这恰如他愿意相对着自己允许给别人的自由那样多。②

自然法可以列举几条,甚至十几条,但归根结底就是一条,即"己所不欲,勿施于人"。③

霍布斯认为,"自然权利"和"自然法"之间是有矛盾的,前者要求无限制的自由,要求占有能够占有的一切,后者则具有约束性。但是,为了大家都能生存下来,过和平的生活,只好用"自然法"来约束"自然权利",否则大家都不会得到安宁,都处

---

①②③ 霍布斯:《利维坦》,《十六—十八世纪西欧各国哲学》,第95页。

于无休止的战争状态,达不到保存自己的目的。

霍布斯认为,永恒不变的"自然法"是人们行为的准则,是衡量善恶是非的标准,是人们必须遵循的道德律。因此,"自然法"的学说,是真正的道德学说。遵循"自然法"和平就有保障,有益于人们的生存和生命,就是善的,否则就是恶的。

不难看出,霍布斯的"自然权利"和"自然法"的学说已经远远离开了唯物主义。他企图离开人的社会性,离开社会实践,从人的自然本能和人的理性中寻求永恒不变的人性和道德原则,这显然是错误的。

(三) 论国家

英国国王詹姆士曾宣称:"君主制是地上的最高制度,君主是上帝的总督,他坐在神圣的王位上,上帝本人都称他为神。"[①] 这是一种典型的鼓吹"君权神授"论的唯心主义国家观。

霍布斯生活于资产阶级革命的高潮时期,十分重视对国家学说的研究。针对"君权神授"论,他提出了人造国家的观点,公开地同神学唯心主义国家观相对立。

霍布斯认为,国家不是神造的,而是一种人造物体。像人一样,国家也是一部机器,国家的主权为灵魂,官吏为骨骼,财富为体力,民怨为疾病,内乱为死亡等等。不过,霍布斯认为,国家这部机器的力量,远远超过人这部机器的力量,它是人的保卫者。

霍布斯同当时其他的进步思想家一样,用社会契约论解释国家的起源。

如前所述,在霍布斯看来,在所谓"自然状态"中始终存在着"自然权利"和"自然法"的矛盾。作为由理性颁布的道德命令"自然法"是任何一个有理性的人都会接受的,应当遵循的。

---

① 转引自刘祚昌:《英国资产阶级革命史》,第53页。

不过，它的约束力是内发的，只有当人们完全按照理性行事时，"自然法"才具有约束力。可是，人性是偏私的，总是企图无限地实现占有一切的"自然权利"。因此，如果没有一个强有力的公共权力，"自然法"就无以维护。霍布斯写道：

> 如果没有树立起权力来，或者权力之大不足以保护我们的安全，那么任何人就会并且可以合法地依仗自己的能力和技术来防御别的一切人。①

霍布斯强调，建立公共权力即国家，是人们寻求和平、保护自身安全的要求和愿望，否则"自然法"不能实施，人们的安全根本没有保障。

如何建立起公共的权力——国家呢？霍布斯指出，人们为了越出"自然状态"，摆脱战争的威协，使安全得到保证，就必须放弃企图占有一切事物的"自然权利"，通过相互契约，把大家的权利交给一个人，或者由一些人所组成的议会，把大家的意志变成一个意志。他说：

> 建立这种公共权力的唯一方法，就是把他们所有的权力与力量交付给一个人或者由一些人组成的会议，根据多数人赞成，把他们大家的意志变为一个意志。②

照霍布斯看来，被人们授予最高权力的这个人或会议就叫做国家。他给国家下定义说：

---

① 霍布斯：《利维坦》，《十六—十八世纪西欧各国哲学》，第96页。
② 霍布斯：《利维坦》，《十六—十八世纪西欧各国哲学》，第98页。

> 如此联合在一个人格里的人群就叫做"国家"①。
>
> 这个人就是国家的本质,他(下一个定义)是一个人格,一大群人通过相互约定使他们自己每一个都成为这个人格的一切行动的主人,为的是当他认为适当的时候,可以使用他们大家的力量和工具来谋求他们的和平和公共的防御。②

霍布斯把这样的国家,比做"圣经"上说的力量巨大无比的海兽"利维坦"。国家的建立,结束了"自然状态"。在他看来,每个人之上都有一个超越一切的权力——国家政权,就可以使契约获得有效性,从而使社会得到安宁,和平得到保证。

马克思曾经指出,霍布斯"已经用人的眼光来观察国家了",他"从理性和经验中而不是从神学中引出国家的自然规律"。③ 霍布斯用契约论阐明了国家的产生,公开地同"君权神授"论相对立,在当时的历史条件下,具有反封建的进步意义。但是,霍布斯从抽象的人性论出发,把国家看做是人们意志和意愿的产物,把国家理解为全民意志的代表,这就歪曲了国家产生的实际过程和国家的本质,陷入了历史唯心论。

霍布斯是君主专制的拥护者,竭力为君主专制制度进行辩护。他认为,从"自然状态"中所建立起来的国家,是君主专制的国家。在他看来,君主应当具有至高无上的绝对权力,是一切法律制定者和纠纷的仲裁者,臣民只能绝对服从君主,不能有任何的不满和反抗,否则被君主处死也是合理的。况且,君主的权力一旦被认可,那就是永远不可转让的。这就是说,臣民一旦通过契

---

① 霍布斯:《利维坦》,《十六—十八世纪西欧各国哲学》,第98页。
② 霍布斯:《利维坦》,《十六—十八世纪西欧各国哲学》第98—99页。
③ 马克思:《第179号〈科伦日报〉社论》,《马克思恩格斯全集》第1卷;第128页。

约把权力交给了君主,就再也不能收回,否则就是违反契约,违反正义。但是,对于君主来说,却不存在违反契约的问题,因为契约是臣民之间订立的,君主不是订约的一方,因此,他不受契约的任何限制。霍布斯还认为,君主的权力是不可分割的。因此,他反对分权说,主张立法、司法、行政、财政、军事、宗教等权力都应集中在君主一人手里。在霍布斯看来,权分则国分,国分则国亡,内乱必兴起,和平被破坏,人们的生命财产就失去任何保障。

霍布斯提出的君主专制,目的不是为了恢复封建国家和封建秩序,而是为了创造一个和平的环境,以避免人们之间的相互残杀,为资本主义生产的发展提供条件,保障资产阶级和新贵族的利益。因此,霍布斯强调国家元首必须履行的职责有:保卫和平,防止外敌的侵略,使公民财富不断增加,促进生产和科学技术的发展;保护公民的权利。霍布斯甚至说,如果国家元首不能保障和平与安全,就应该有新的统治者来代替他。这充分反映了英国资产阶级和新贵族要求发展资本主义的愿望。但是,霍布斯的观点也具有明显的反人民反民主的性质,正如恩格斯指出,"当君主专制在整个欧洲处于全盛时代,并在英国开始和人民进行斗争的时候,他(按:指霍布斯)是专制制度的拥护者"。[①] 又说,霍布斯"作为至高无上的王权的保卫者登上了舞台,并且号召君主专制制度镇压这个强壮而心怀恶意的小伙子。"[②] 恩格斯深刻揭露了霍布斯国家学说的反人民的倾向。

(四)论宗教

如上所述,霍布斯克服了培根的有神论偏见,从机械唯物论

---

① 恩格斯:《致康·施米特(1890年10月27日)》,《马克思恩格斯选集》第4卷,第485页。
② 恩格斯:《〈社会主义从空想到科学的发展〉英文版导言》,《马克思恩格斯选集》第4卷,第394页。

的立场出发,作出了无神论的结论。他以无神论为武器,对传统的神学进行了批判。霍布斯从多方面探讨了宗教产生的根源。首先,他认为,上帝的观念不是天赋的,而是从理性和经验中,从对事物原因的追求中获得的。他指出,好奇心和对事物原因的追求,使人们相信有某种最初的原因。他说:

> 好奇心和对认识原因的爱好,使人从考察结果到寻求的原因;又使他寻求那个原因的原因,一直到最后必然达到这种思想,认为有某种原因没有在先的原因的,是永恒的,人们称之为上帝。①

在霍布斯看来,作为最初原因的上帝是不存在的,在人们心里也"并不能有任何与上帝本性相合的上帝观念"。②

其次,霍布斯又认为,恐惧和愚昧乃是宗教产生的自然种子。他指出,有些人很少或者并不研究事物的原因,因此对许多好事或坏事就产生了恐惧,假想或虚构出各种不可见的力量。于是,人们就"对自己想象出来的东西发生敬畏,遇到苦难就向它们祈求,在一件期待的事情得到成功的时候就向它们感谢,把他们的幻想所创造的东西当作他们的神"。③霍布斯认为,"这种对不可见的东西的敬畏,乃是每个自己称为宗教的那种东西的自然种子。"④在他看来,人们曾经根据各式各样的幻想,创造出各式各样的神。

第三,霍布斯还认为,神学的传播和教育是宗教得以存在和发展的重要原因。他指出,人们并没有天生的上帝观念,群众心目中的上帝观念是自幼从父母的说教,从传道士和神父的传教中得到的。生在基督教国家中的人,信仰基督,而别国的人则信仰别的神。

---

①② 霍布斯:《利维坦》,《十六—十八世纪西欧各国哲学》,第93页。
③④ 霍布斯:《利维坦》,《十六—十八世纪西欧各国哲学》第94页。

第四，霍布斯还指出，统治者为了自身的利益，保护宗教的存在和传播。统治者对宗教的种子"加以培育，加以装饰，并把它制定成法律，再加上他们捏造的关于未来事件原因的种种意见；他们认为这样他们就足以统治别人"。① 在霍布斯看来，宗教是统治者统治群众的工具，统治者把自己打扮成上帝的代理人，把自己的所作所为说成是神的意志，把群众的苦难说成是渎神的结果，从而使群众安于统治。

霍布斯对教会进行了揭露和批判。他指出，僧侣们打着神的招牌胡作非为，干着最荒唐、最无耻的勾当，都是道德败坏、贪图钱财、无恶不作的无耻之徒。他还揭露了教会的欺骗伎俩。教会说，圣经是上帝的教谕，但是，霍布斯根据自己考证得知，圣经是从不同时期不同人的作品搜集而成的，很难说是上帝的语言。教会又说，上帝是通过先知传命于人，可是圣经上明明记载着先知中有真有假，相互欺骗，那么，人们能够相信先知吗？至于上帝对人的启示，则更不可信。霍布斯斥责教会的僧侣们是骗子集团，是用谬误来扑灭人们心灵中的光明。他还谴责了教会搞的种种欺骗勾当，如出卖"免罪券"、"圣物"和"圣像"等。霍布斯讽刺教会说，如果可以用金钱来免罪，那么，也可以用金钱来购买犯罪的自由了。

在教权与王权的关系上，霍布斯主张王权高于教权，教权应隶属于王权，教会只有得到国家权力的保护才能存在，教徒必须遵守国家的法律。他反对罗马天主教会对世俗政权的干涉，高度评价伊丽莎白女王摆脱罗马教会统治的举动。由此可以看到，霍布斯对教会的批判，是完全服从于他的资产阶级君主专制主义的思想的。

霍布斯否定封建神学关于宗教起源的神秘主义理论，揭露宗

---

① 霍布斯：《利维坦》，《十六—十八世纪西欧各国哲学》，第94页。

教的欺骗性和虚伪性,在当时是有进步意义的。但他并不是一个彻底的无神论者。在他看来,为了巩固国家政权,让人民群众保持宗教情绪、信奉宗教是必要的。当然,霍布斯实际上未能也不可能科学地说明宗教的起源。按照他的观点,宗教植根于人性之中,上帝的观念永远不能从人性中铲除掉,一种旧教被废除了,另一种宗教又会从"宗教的种子"中产生出来。这种宗教不灭论,显然是历史唯心主义的主张。

应当看到,霍布斯心目中的神,不同于传统神学的神。他断言,神不是一个超自然的实体,而是一种道德精神。所谓神的命令,即神法,也就是由人的理智建立的"自然法"。统治者所颁布的国法是依据"自然法"制定的,两者的区别仅仅在于前者具有强制性,后者是自发的,只具有道德上的约束力。因此,神法、自然法、国法之间在本质上是一致的。按照这种观点,服从国法,也就是服从自然法、服从神法。显然,霍布斯宣扬的这种道德神学或政治神学,与传统的神学是不相同的。

三、洛克

洛克是十七世纪英国唯物主义经验论哲学的系统化者。马克思说:"霍布斯把培根的学说系统化了,但他没有更详尽地论证培根关于知识和观念起源于感性世界的基本原则。""洛克在他论人类理性的起源的著作中,论证了培根和霍布斯的原则。"[①] 继霍布斯之后,洛克在他的巨著《人类理解论》(1690)中系统地,深入地发挥了培根和霍布斯的唯物主义经验论原则。

约翰·洛克(1632——1704)出身于一个乡村律师家庭。他的父亲有少量土地,当过律师,是一个清教徒,在内战时期,拥护议会,参加过克伦威尔的军队。洛克1646年入威斯敏士特学校读书,1652年入牛津大学学习。在校期间,他对经院哲学不感兴

---

① 马克思恩格斯:《神圣家族》,《马克思恩格斯全集》第2卷,第164页。

趣，大量阅读了哲学、物理、化学和医学等著作。他同著名科学家牛顿和波义耳有过密切的交往，深受他们的自然科学思想的影响。洛克曾从事自然科学的实验活动，并取得了一定的成绩。1688年他当选为英国皇家学会会员。

洛克一生主要活动于斯图亚特王朝复辟时期和所谓1688年的"光荣"革命时期。在政治上，他同代表资产阶级和新贵族利益的辉格党有密切联系，曾任辉格党领袖莎夫茨伯里的秘书和家庭教师，受到莎夫茨伯里思想的深刻影响。由于参与反对王室的活动，洛克受到王党的迫害，1684年追随莎夫茨伯里逃亡到荷兰。1688年，资产阶级和新贵族从荷兰迎来了信奉新教的奥兰治王威廉，立为国王，废黜了詹姆士二世，建立了君主立宪制度。英国资产阶级革命便以所谓"光荣革命"即资产阶级与贵族的妥协而告终。不久，洛克返回英国，曾在新政权中，担任过上诉法院院长、掌管贸易和殖民工作的大臣等要职。

洛克是君主立宪制度的热烈拥护者。他的政治论著《政府论》(1690) 系统地批判了"君权神授"论，以社会契约论为基础系统地论证了君主立宪制度的合理性。不过，和霍布斯的社会契约论不同，洛克认为自然状态是和平、自由、平等的美好状态；国家元首也是订约的一方，也要受契约的限制，当他不能履行契约，不能维护人们的自由、平等和私有财产时，人民起来举行起义推翻他，也是正义的；君主没有绝对的权力，国家的权力应分为立法权、行政权和联盟权，立法权属于国会，君主只拥有行政权和联盟权。洛克把立法权看作是高于一切的权力，认为当行政权和立法权发生矛盾时，行政权必须服从立法权。洛克说：

> 立法权不仅是国家的最高权力，而且……是神圣的和不可变更的；如果没有经公众所选举和委派的立法机关的批准，任何人的任何命令，无论采取什么形式或任

何权力作后盾，都不能具有法律效力和强制性。①

洛克是近代分权政治学说的创始人。他的分权学说，对后来资产阶级政治学说的发展有很大影响。洛克的国家学说，为1688年政变所建立的君主立宪制度做了理论上的论证，既体现了资产阶级反封建的革命精神，也反映了资产阶级和贵族妥协的特点。

洛克反对无神论，也反对天主教。洛克在《论宗教宽容的书信》（1689）中阐述了他的宗观观点。他认为新教各派都有存在的权利，主张实行宗教宽容政策。正如恩格斯所说，"洛克在宗教上就像在政治上一样是1688年阶级妥协的产儿。"②

洛克的自然观是在笛卡尔、霍布斯的机械唯物主义和牛顿力学的影响下形成的。他认为物质是"一种广延的凝固的实体"，物质的任何部分既不能使自己运动，也不能使自己静止。这种机械论的物质观使洛克不能完全跳出"神学的藩篱"。尽管洛克反对迷信和狂热，但是，和牛顿承认上帝是宇宙的"第一推动者"一样，他承认上帝是宇宙的"始因"、"创造者"。他的这种思想对十七、十八世纪的自然神论有很大的影响。同时，这种机械论也使洛克的世界观具有二元论的倾向。和笛卡尔相似，洛克认为存在着两种实体：一种是有形的但不能思想的物质实体；另一种是能思想的但没有形体的精神实体。在他看来，人的一切精神的活动都是精神实体的作用，但他有时又想借上帝之助来解决精神和物质的关系问题，说什么可以设想上帝，可以任意在物质本身赋予一种思想能力"。由此看来，洛克虽然是笛卡尔唯理论的激烈的反对者，但笛卡尔的二元论对他还是有深刻影响的。

---

① 洛克：《政府论》下篇，第81页。
② 恩格斯：《致康·施米特（1890年10月27日）》，《马克思恩格斯选集》，第4卷，第485页。

洛克哲学思想的中心问题是认识论问题。他经过近二十年的深入思索写成的《人类理解论》,是一部认识论的专著。在这部巨著中,洛克针对剑桥柏拉图派的先验论和笛卡尔的唯理论,系统地阐述了唯物主义的经验论,从而推动了欧洲唯物主义认识论的发展。

(一) 认识开始于经验。驳天赋观念论

洛克在《人类理解论》的第一卷中,首先把知识的起源问题,即人的知识是头脑固有的,还是从经验得来的,作为认识论的首要问题提出来加以研究。

培根和霍布斯都曾旗帜鲜明地批判过经院哲学所宣扬的天赋观察论。但是,随着斯图亚特王朝的复辟,英国剑桥的柏拉图学派,公开攻击培根和霍布斯的唯物主义经验论,宣扬柏拉图的回忆说,鼓吹观念是天赋的。这一学派的重要代表人物之一怀希考特曾说,当上帝在西奈山上宣示他第一次铭刻的道德真理以前,当上帝在被载入我们的圣经里面以前,上帝已经将它们赋予人们,并且印写在人们心中。与此同时,在欧洲大陆上,笛卡尔主义者到处兜售笛卡尔的天赋观念论,贬低或否定经验在认识中的作用,否定认识开始于经验。他们认为,在人的心灵中,本来就存在着某些原则和观念,如数学公理、逻辑规律、道德原则、上帝观念等。洛克认为,天赋观念论的泛滥扰乱了人们的思想,束缚了人们的头脑,阻碍了人们对自然的认识,必须加以清除和批判。

继霍布斯之后,洛克系统地批判了天赋观念论,进一步论证了培根关于知识起源于经验的唯物主义原则。

洛克指出,天赋观念论者的一个主要论据是把"普遍同意"作为天赋原则的标志,换句话说,上述那些基本原则和观念是"全人类普遍同意的",因而是天赋的。洛克从唯物主义原则出发,从事实上和理论上集中批判了天赋观念论的这个"重大论据"。

首先,洛克认为,纵然某一个观念是人类普遍同意的,也不能证明它就是天赋的。因为有些真理如"2+3=5"、"方非圆"、"黑非白"等，都是为大家普遍同意和接受的，但是天赋观念论者却否认这些真理的天赋性质。可见，即使他们所说的那些基本原则或观念是普遍同意的，也不能由此就断定它们就是天赋的。

其次，洛克又指出，天赋观念论者所说的那些天赋原则或观念，事实上并不是人们普遍同意的。比如，没有受过教育的儿童或白痴就根本不知道数学公理和逻辑规律。事实上，儿童只是在他们的认识能力发展到一定阶段，接受到一定的教育之后，才知道那些数学公理和逻辑原则的。不仅如此，道德原则也不是人们普遍同意的。洛克援引了许多生动的材料证明，不同民族，不同地区，存在着不同的甚至对立的道德原则。比如，有的民族以尊老爱幼为美德；有的民族则认为杀戮年老的父母，食用婴儿是符合道德的。再者即使在一个民族中存在着某些公认的道德原则，如"遵守契约"，但人们对它们的理解也往往是不同的。比如，基督教认为，"遵守契约"是上帝的旨意，霍布斯的信徒则认为"遵守契约"是公民的需要，否则"利维坦"就会惩治你，而一个异教哲学家则会说"遵守契约"是人性中的优点，否则不符合人的尊严。可见，天赋观念论者的"普遍同意"论是毫无根据的。

天赋观念论者的另一个重要论据是：人们可以凭借理性的运用发现这些原则，这就足以证明这些原则是天赋的。对此，洛克指出，按照这个观点来说，我们必须承认数学家的公理和由这些公理推导出来的定理间是没有任何差别的，由此也必须承认全部数学知识一律都是天赋的，因为它们全都是凭借运用理性而发现的。可是，天赋观念论者并不认为一切知识都是天赋的，在他们看来，唯有那些"天然印在心灵里面的"原则、观念，才是天赋的，这就陷入了自相矛盾。还有，天赋观念论者一方面说原则、观念天赋在人们的心中，另一方面，他们又说人们在不运用理性时便不能发现它们，这岂不是说，原则、观念虽然存在于人心中，可是人们并不知道它们，这显然是荒唐可笑的。

洛克指出，对于天赋观念论者来说，最重要的是承认上帝观念是天赋的，因为天赋的上帝观念的存在是一切其他天赋观念存在的前提。如果上帝这一天赋观念不存在，那么，由这一观念所赋予的其它观念或原则，当然也就不存在了。天赋观念论者认为，按照上帝的善意，一切人都有一个上帝观念，因此上帝这个观念是天赋的。对此，洛克反驳道：

> 上帝既然供给人以那些认知的本领，因此，他便不必再把那些天赋的观念印在他心中，正如他给了人以理性、手臂、物材以后，不必再为人建造桥梁和房屋似的。①

在洛克看来，上帝观念并非人人都有，儿童没有上帝观念，无神论者不承认上帝存在，不同的民族对上帝观念也有不同的理解，甚至有的民族根本不知道上帝。事实上，上帝这个观念是在后天的经验中，在神学的教育中得到的，决不是天赋的。

洛克在对天赋观念论作了系统的批判之后，论证了认识起源于经验的基本原则。他断言，我们的心灵是一张白纸，上面没有任何记号，没有任何观念，一切观念和记号都来自后天的经验。他说：

> 我们的全部知识是建立在经验上面的；知识归根到底都是导源于经验的。②

---

① 洛克：《人类理解论》，商务印书馆1959年版，第54页。
② 洛克：《人类理解论》，《十六—十八世纪西欧各国哲学》，第366页。

这就是欧洲哲学史上著名的白板说。一切知识都导源于经验，是洛克认识论的基本命题，也是他的认识论的基础和出发点。在洛克看来，天赋观念论者所说的那些天赋的原则和观念，实际上都是从经验中获得的，都可以从知识导源于经验这个原理中得到合理的说明。

洛克在对经验进行深入研究时，提出了"二重经验论"。他认为，根据观念的来源，可以把经验分为两大类：外部经验和内部经验。所谓外部经验，是指由客观事物作用于感官引起的感觉，如色、声、香、味、硬软等等。洛克认为，外部经验，即感觉，是人们认识的巨大源泉，换言之，我们的知识的大部分都来自外部经验。所谓内部经验，是指心灵自己反省自身内部活动时得到的各种观念，也叫反省观念，如知觉、思维、怀疑、信仰、推理、认识、意愿等等。洛克认为，感觉和反省是我们获得的全部知识的两个源泉。他说：

> 我们对于外界可感物的观察，或者对于我们自己知觉到，反省到的我们心灵的内部活动的观察，就是供给我们的理智以全部思维材料的东西。这两者乃是知识的源泉，从其中涌出我们所具有的或者能够自然地具有的全部观念。[①]

洛克在这里看到感觉和心灵反省活动的区别，这是合理的。而且，他把外部经验看作是大部分观念的巨大源泉，表明他的经验论的主导方面是唯物主义的。但是，我们也应该看到，他错误地把反省同感觉并列起来，把反省看成是知识的另一个独立源泉，甚至认为反省是与外物没有关系的纯粹的心理活动，这就不可避免地

---

① 洛克：《人类理解论》，《十六—十八世纪西欧各国哲学》，第366—367页。

陷入了"二重经验论"或"经验二元论"。洛克陷入"二重经验论",显然是和他的二元论思想密切相关的。在他看来,人们的精神活动只能是精神实体的表现,不可能是物质的产物。不过,洛克的这个观点并不是一贯的,他有时又认为反省依赖于感觉。

洛克对天赋观念论的批判,是欧洲哲学史上唯物主义反映论同唯心主义先验论的一次重大较量,沉重地打击了经院哲学,揭露了大陆唯理论的片面性,极大地推动了认识论的发展和研究。但是,洛克并没有真正克服唯理论。随着对知识起源于经验这一命题论证的逐步深入,他的形而上学的思维方法和经验主义的片面性,也就明显地暴露出来了。

(二)关于物体的两种性质和两种性质观念的学说

洛克在批判天赋观念论,阐明知识起源于经验的基本原则后,进一步阐述了他对外部经验的理解,详细论述了由感官所提供的简单观念同外界事物的性质的关系,对他的唯物主义反映论作了进一步的发挥。

洛克指出,要发现观念的本质,研究观念与事物性质的关系,必须首先从观念和物体的性质这两个方面进行探讨。在洛克看来,心中的观念是主观的;引起观念的东西,即物体的性质或能力是客观的。他说:

> 心灵在自身中知觉到的东西,或知觉、思想、理智的直接对象,我称之为观念;那种在我们心中产生任何观念的能力,我称之为具有这种能力的主体的性质。例如,一个雪球就有在我们心中产生白、冷、圆等观念的能力,这种在我们心中产生这些观念的能力,作为在雪球中的东西,我称之为性质;作为我们理智中的感觉或

知感，我就称之为观念。①

在洛克看来，一切由感官得来的简单观念，都是外物的性质或能力作用于感官的产物。

洛克首先研究了物体的性质或能力。他接受了伽利略和笛卡尔的思想影响，继承了霍布斯关于物体性质的观点，从机械论出发，提出了物体两种性质的学说。他指出，物体的性质可以分为两类，即第一性质和第二性质。

关于物体第一性质，洛克写道：

> 所谓凝性、广袤、形相、运动、静止、数目等等性质，我叫它们做物体的原始性质或第一性质。②

在洛克看来，第一性质是可以用力学和数学加以测度的性质，它们的特点是：

> 不论物体处于何种状态，它都绝对不能与物体分开；不论物体遭受什么改变或变化，受到什么力量压迫，它都仍然为物体所保持；在每一个大到足以被知觉到的物质粒子中，感官经常可以发现它；心灵也发现它与每一个虽然小到不足以单独被知觉到的物质粒子不可分。③

例如，取一粒麦子，把它分为两部分，每一部分仍然具有体积、广袤、形相、可动性等等；把它每分一次，它仍然具有这些性质；把

---

① 洛克：《人类理解论》，《十六—十八世纪西欧各国哲学》，第373页。
② 洛克：《人类理解论》，1959年商务版，第101页。
③ 洛克：《人类理解论》，《十六—十八世纪西欧各国哲学》，第373页。

它一直分到各个部分都看不出来的程度，每一部分必定仍然保持着这一切性质。分割绝不能除去任何物体的体积、广袤、形相或可动性。在洛克看来，物体的第一性质是客观存在的，是物体的最根本的、最原始的性质。自然界中发生的一切现象，都可以用物体的第一性质，即物体的体积、形相、广袤、运动、数目等等来解释。

关于物体的第二种性质，洛克写道：

> 第二（按：指第二种性质）就是任何物体中一种特殊的能力，它可以借不可觉察的第一性质，在某种特殊形式下，在我们底感官上生起作用来，并且由此使我们生起不同的各种颜色、声音、气味、滋味等等观念。①

例如，白糖能使我们产生出白和甜的观念来，那么，在糖中一定有一种能力，在我们心中产生白和甜的观念。

洛克从唯物主义立场出发，认为物体的两种性质都是客观的，是我们的感觉得以产生的客观基础。但二者也有明显的区别，第一性质是物体的原始性质，其基本特点是不论物体遭到什么打击和压迫，它始终保持不变，为物体所固有；第二性质则是附着于第一性质的，它是由感官不能觉察的物质微粒的体积、形相、组织、运动以及不同的结合形成的一种能力。这种能力作用于感官便产生色、声、香、味等观念。可以看出，洛克在这里是企图用数学、力学的观点来解释世界，认为物体的原始的基本性质就是广延、形状、大小、运动、静止等力学和数学的性质。不难看出，洛克把事物质上的差别，归结为量上的差别，忽略了事物质的多样性。显然，这是机械论的观点。

---

① 洛克：《人类理解论》，1959年商务版，第106页。

洛克在研究物体的性质的同时,研究了关于事物的性质观念。他认为,与事物的两种性质相对应,关于事物性质的观念,也可以分为第一性质的观念(体积、形相、大小、运动等)和第二性质的观念(色、声、香、味等)。

洛克认为,关于事物第一性质的观念,以及关于事物第二性质的观念,都有客观的根源,都是由物体的性质或能力作用于感官的结果,它们产生的途径或方式都是一样的。他说:

> 第二性质的观念所以能够产生,就是由于不可觉察的部分在我们感官上起了作用,这和第一性质底观念产生时所由的途径一样。①

在洛克看到,尽管两种性质的观念产生的途径和方式是相同的,但两者与外物的关系又是很不相同的。他写道:

> 物体的第一性的质的观念是和第一性的质相似的,它们的原型是确实存在于物体里面的,第二性的质在我们心中产生的观念则根本不与第二性的质相似。②

在洛克看来,第一性质的观念,是关于第一性质的肖像,即与物体的第一性质的原型是相似的,如广延、形状、运动、数目、性质、大小等观念,都是物体的第一性质的原型的反映。第二性质的观念则不同,在物体中只有产生它们并与它们"相对应""相契合"的能力,而没有与它们相似的原型。

洛克看来,关于物体的第二性质的观念具有主观性和相对性

---

① 洛克:《人类理解论》,1959年商务版,第102页。
② 洛克:《人类理解论》,《十六—十八世纪西欧各国哲学》,第375页。

方面。他认为第二性质观念的出现,不仅决定于物体对感官的作用,而且也取决于主体的状况,往往依主体状况的变化而变化着。比如,同样的火,离得比较远,就在我们心中产生一种温暖的感觉,离得比较近,则在我们心中引起一种极为不同的痛苦的感觉,那么,有什么理由说暖的观念存在于火里面,而痛苦的观念不存在于火里面呢?在这里,洛克看到了我们关于事物第二性质的观念,是同认识的主体的状况相关的,因而具有主观性的一面。

但是,洛克又认为,尽管第二性质的观念具有主观性、相对性的方面,与物体的第二性质在形态上不相似,但并不意味着第二性质的观念,就是不反映事物性质的虚幻的观念或任意的符号,相反地,它倒是与物体的第二性质相契合的实在的观念。他说:

> 因为糖既然能给我们产生出所谓白和甜等观念来,因此,我们就确乎知道,糖中一定有一种能力,来在我们心中产生那些观念。每一种感觉既然同作用于我们任何感官上的能力相照应,因此,由此所生的观念一定是一个实在的观念(它不是人心底虚构,因为人心就没有产生任何简单观念的能力),一定不能不是相称的,因为它是同那种能力相照应的。①

可以看出,洛克在这里明确意识到,感觉这种认识形式虽然具有主观性、相对性的方面,主体和客体在形式上也存在着差异,但在内容上仍然是一致的,这就坚持了唯物主义反映论的基本原则。洛克的这种观点,较之那种把感官简单地当做一面镜子的朴素的反映论前进了一步。表明他对主体和客体的关系有了进一步的理

---

① 洛克:《人类理解论》,1959年商务版,第352—353页。

解。

不过，应该指出，洛克把物体的性质区分为这两种，本身就具有机械论的性质。他在这个基础上对观念所作的区别也是不完善的。同时，洛克有时在文字表述上也存在着混乱，过分夸大第二性质观念的主观性、相对性，说什么如果没有适当的器官接受光和热的观念，则世界上就没有光和热等等。

至于关于物体的第一性质的观念是不是就完全没有主观性、相对性的方面？洛克未作回答，后来贝克莱进一步探讨了这个问题。

（三）简单观念和复杂观念

洛克在阐明观念的起源之后，又把观念分为简单观念和复杂观念，并研究了二者之间的关系。

洛克认为，由感觉和反省两种途径得来的观念都是简单观念。所谓简单观念，就是在内容上不能再分的单纯而非混杂的观念。例如红、白、冷、硬、软等都是简单观念。简单观念是一切知识的材料和元素，有了它，人的心灵就可以构造出多种多样的复杂观念。他说：

> 理智一旦储备了这些简单观念，它就能够重复它们，把它们加以比较，甚至于可以用几乎无限多的花样联结它们，因而能够任意制造新的复杂观念。[①]

所谓复杂观念，就是由简单观念复合而成的观念。他写道：

> 由若干简单观念结合而成的观念，我就称之为复杂

---

① 洛克：《人类理解论》，《十六—十八世纪西欧各国哲学》，第369页。

观念——例如美、感激、人、军队、宇宙等等。①

洛克所讲的复杂观念,相当于我们所讲的理性认识阶段上的概念这一思维形式。但他对于概念的理解有着明显的经验论、不可知论和唯名论的性质。

洛克认为,人的心灵在接受简单观念时完全是被动的,但是,当心灵使用自己的能力,将简单观念制造成复杂观念时,却表现出了能动的作用。在洛克看来,人的心灵既不能制造也不能毁灭简单观念,但能够"或者把它们结合起来,或者把它们并列起来,或者把它们分开来",②以便形成各种复杂观念,使观念种类繁多起来,从而"远远地超出感觉和反省所供给它的东西"。③这表明洛克多少看到了理性认识在改造感性材料方面的能动作用。

洛克认为,复杂观念的种类是繁多的,但主要可以归为样式(或情状)、实体、关系三种。所谓样式观念是由简单观念复合而成的,表示事物的性质、状态、数量等等的概念。实体观念是简单观念的集合体,它代表着独立存在的个别的特殊事物。在洛克看来,任何一个关于具体的特殊的物体的观念,也即实体观念,都是由许多简单观念集合而成的。那么,这些简单观念为什么能够集合在一起构成关于一个特殊事物的观念呢?这是因为人们假定有一个公共的东西在支撑着这些简单观念,并使它们联合成一体。他说:

> 我们由于不能想象这些简单观念如何能够独立存在,因而惯于假定一个基质,作为它们的寄托,作为它们产生的原因,我们也就因此称这个基质为实体。④

---

① ② ③ 洛克:《人类理解论》,《十六—十八世纪西欧各国哲学》,第381页。
④ 洛克:《人类理解论》,《十六—十八世纪西欧各国哲学》,第384页。

洛克认为，这个公共的东西就是所谓"实体"。例如，关于"马""石"的实体观念，实际上就是关于"马"和"石"的简单性质观念的集合。

但是，洛克认为，实体这一复杂观念只能揭示事物的名义本质，而不能反映事物的实在本质。所谓名义本质，就是一个名称所表示的复杂观念。比如"黄金"的名义本质就是黄金一词所表示的一个由黄色、重量、可熔性和固定性等组成的复杂观念。所谓实在本质，是指物体内部不可觉察的各个微细部分的组织和运动，比如黄金内部的分子结构。在洛克看来，实在本质是名义本质的基础，但是，人们只能把握名义本质。至于实在本质，人们只能假定它的存在，但不知其为何物。这是因为，人们借助于感官只能得到关于物体外部性质的观念，而不能把握物体内部的微细部分的组织和运动。洛克的结论是：

> 我们所有的各种实体观念，只是一些简单观念底集合体；同时，我们还假设有一种东西是这些观念所依属、所寄托的。不说对于这种假设的东西，我们是不能有明白而清晰的观念的。①

他还说：

> 除了简单的观念而外，我们概无所知——这是我们所不必惊异的。因为我们底少些虚浮的事物观念，只是由感官从外面得来的，或是由人心反省它自身中底经验得来的，而且我们除了这些虚浮的观念而外，再没有其它观念。因此，再超过这个界限，则我们便一无所知，至

---

① 洛克：《人类理解论》，1959年商务版，第289页。

于事物底内在组织和真正本质,则我们更是不知道的,因为我们根本没有达到这种知识的官能。①

我们看到,洛克在论证知识起源于经验这个命题后,转向了另一命题:知识超不出经验。在他看来,人的知识只能局限于简单观念即经验,以及它们的组合或分离,而不能透过它们去把握事物的本质。可以看出,正是经验主义的片面性,把洛克引向了不可知论。

洛克指出,关系观念是人心把一个观念和其他观念并列在一起,加以考虑和互相比较而形成的观念。比如,当我们考察一个事物的存在是由别的事物的作用而引起时,便形成所谓因果性关系观念,把起作用的东西叫做原因,把所产生的东西叫做结果。例如,木头被火烧以后,变成了灰,那么,人们便认为,火是灰的原因,灰是火的结果。

洛克从实在本质不可知的观点出发,认为人们不能把握因果之间的必然联系。他说:

> 因果底意念都是由感觉和反省所传来的那些观念来的,而且这种关系不论如何普遍,亦是要归结于这些观念的。因为我们只要知道有任何简单的观念或实体,由于别的观念(或实体)底作用,而开始存在,我们就可以得到因果底观念;并不必知道那个作用底方式如何。②

在洛克看来,尽管人们在经验中经常看到一种结果总是有规则地

---

① 洛克:《人类理解论》,1959年商务版,第286页。
② 洛克:《人类理解论》,1959年商务版,第299页。

跟着一种原因而来,但是由于人们不知道事物的实在本质,不知道物体内部的细微的组织和运动,因此也就不能发现原因和结果之间究竟存在什么必然的联系。因此,在因果性方面,我们只能凭着过去的经验,借助于类比来猜想相似的物体在别的实验中会产生相似的结果,而不可能说一定的原因会必然地、普遍地产生一定的结果。比如说,尽管我们在经验中知道人们吃了毒草会丧命,但是,经验并没有告诉我们毒草和人的死亡之间有什么必然的联系。因此,就不能断言"一切人都可以为毒草所毙命"。洛克的这种因果观对后来英国经验论的发展有很大的影响。

洛克在研究复杂观念时,还着重研究了抽象观念或一般观念的问题。他指出,人们通过心灵的分离或抽象作用,可以对具体的或特殊的观念进行概括,就是说,人们的认识从具体的特殊的事物开始,然后才上升为一般的观念或抽象的观念。所谓抽象的作用或概括的作用,就是把表示个体事物的复杂观念中的特殊成分去掉,只保留那些共同成分,形成抽象的或一般的观念。例如,抛弃了人的高、矮、驼背、肤色等特殊性,而只保留有"理性"这一共同成份,这就形成了"人"这个一般的观念。但是,洛克往往从唯名论的观点去理解一般的概念,认为现实存在的只是具体的个别的事物,没有一般;所谓一般,纯粹是思维的产物,只存在于人的抽象观念中,并不反映事物的本质。他写道:

> 总相和共相(指一般观念或抽象观念——引者)只是理解的产品……总相和共相不属于事物底实在存在,而只是理解所做的一些发明和产物,而且它所以造它们亦只是为自己底用途,只把它们作为一些标记用,——不论是字眼或观念。[①]

---

① 洛克:《人类理解论》1959年商务版,第35页。

他还说：

> 我们已经说过，字眼所以成为概括的，只是因为它们是概括观念底标记，而且可以无分别地应用在许多特殊的事物上；我们还说过，观念所以成为概括的，只是因为它们表象许多特殊的事物，不过各种事物自身并没有普遍性，而且那些字眼和观念底意义虽是概括的，可是各种事物底存在都是特殊的。①

应该看到，尽管洛克认为存在着的事物都是特殊的，但是，他并不完全否定一般观念的客观基础。在他看来，抽象的或一般的观念是以事物的相似关系作为基础。他说：

> 它们（按：指一般的观念）虽是理解的产品，可是亦以事物的相似关系做基础——人们并不要以为我忘了，自然在产生事物时，曾经使它们有些互相赘似，更不要以为我否认这一层。②

由此可以看到，洛克对抽象观念或一般观念的理解，仍然是经验主义的，并不懂得概念把握事物本质的意义。

总起来讲，在复杂观念的问题上，洛克坚持复杂观念来自简单观念，也就是坚持概念来自感觉，理性认识来自感性认识，因此，其主导的方面是唯物主义的。但是，在这个问题上，他也明显地表现了不可知论、唯名论、经验论的缺陷，其原因是多方面的。首先，传统的唯名论的影响，使他形而上学地处理一般和个别的关系问题。因此，在他否定经院哲学和唯理论的实体学说的

---

①② 洛克：《人类理解论》1959年商务版，第395、397页。

时候，也一并否定了人们把握事物实在本质的能力。其次，十七世纪自然科学发展的水平也限制了洛克的眼界。那时以牛顿为代表的自然科学，它的研究对象还局限于宏观世界，物体内部的所谓细微部分的组织和运动规律还是一个不可捉摸的领域。再次，他的经验主义的片面性使他不能真正理解理性思维的科学抽象作用，不懂得"物质的抽象，自然规律的抽象，价值的抽象及其他等等，一句话，那一切科学的（正确的、郑重的、不是荒唐的）抽象，都更深刻、更正确、更完全地反映着自然"①。最后，洛克离开人的社会性、历史性，离开人的社会实践，孤立地、静止地考察人的认识能力，这势必就要把人类的认识能力看成是凝固不变的东西，从而把人类的认识能力限制在一个不可突破的范围内。

（四）知识的性质、种类

什么是知识呢？洛克写道：

> 在我看来，知识不外是对于我们的任何两个观念之间的联系与符合、或不符合与冲突的知觉。②

在洛克看来，知识的对象是观念，一切知识都是表明两个观念之间是否契合一致的关系的知觉。

洛克指出，按照知识的不同来源和不同的"明确性和可靠性"的程度，可以把知识划分为三个等级：直觉的知识，证明（或推论的）的知识，感觉的知识。

所谓直觉知识，是指人的心灵不借助于别的观念作为媒介，无需推论证明，就能直接觉察到两个观念的契合或相违。例如心灵知觉到白不是黑，圆不是三角形，三大于二而等于一加二。他

---

① 列宁：《黑格尔〈逻辑学〉一书摘要》，《列宁全集》第38卷，第181页。
② 洛克：《人类理解论》，《十六—十八世纪西欧各国哲学》，第416页。

说:

> 像这一类的真理,心灵只要对那些在一起的观念一看,单凭直觉,不必插入任何其他的观念,就觉察到了。①

洛克认为,直觉知识是最明白、最确定的知识,并且是一切知识的确定性和明白性的基础。他写道:

> 我们全部知识的可靠性和明确性都依靠这种直觉。②

所谓证明或推论的知识,是指人的心灵借助于别的观念的媒介,来推论两个观念的契合和相违的知识。比如,"三角形三内角"同"两个直角"这两个观念之间是否存在着契合的关系,需要用另一个相关的观念作为媒介,通过推理证明"三内角"和"两内角"存在着相等的关系。洛克认为,通过推论得到的知识也具有确实性,具有普遍性、必然性,但不像直觉知识那样清晰,因为它需要一个观念作为媒介,才能知道两个观念的契合和相违。因此,推理每前进一步,都要依靠直觉来证明。

所谓感觉知识,是关于外界特殊事物的感性知识。洛克认为,这种知识不能超过感官直接所感觉到的事物存在,不能完全达到上述两种知识的确定性程度,只具有或然性。

从洛克关于知识的分类中可以看出,和霍布斯一样,他也接受了笛卡尔的唯理论的影响,重视直觉知识和推论知识在认识中的作用。但是,洛克对直觉知识和推理知识的理解,同唯理论者

---

①② 洛克:《人类理解论》,《十六—十八世纪西欧各国哲学》,第 422 页。

又是很不一样的。关于知识的问题,洛克始终坚持一条基本原则:一切知识起源于经验。这就是说,一切知识,无论是直觉的,还是解证的,都是以感觉和反省提供的简单观念为基础,换句话说,都是后天获得的。按照唯理论者的观点,不通过推论而借助于理性直觉把握的清楚明白的观念,乃是天赋的观念。与此相反,洛克则认为,直觉知识只是对两个观念的契合或相违的关系的直接把握,而观念则都是后天获得的,不是天赋的。

关于推理知识也是这样。按照唯理论者的推理学说,人心最先认识了一些最普遍的原则、公理和命题,这是一切其它知识的基础和出发点,推理就是从这些最普遍的原则、公理和命题出发,演绎出一切其它知识。洛克认为,这种推理学说的基本原则是根本错误的。首先,人们最初认识到的不是这类最普遍、最概括的观念,而是特殊的观念,并且只是在认识到各种特殊观念的基础上,人们才逐渐形成这类最普遍的原则、公理和命题。比如,人们总是先掌握了"四大于二"、"四大于三"这类数目方面的特殊知识,然后才能逐渐理解"全体大于部分"这个数学公理的。其次,这类最普遍的原则、公理和命题,也不是科学知识的基础和源泉。事实上,没有一个科学系统是建立在这类公理之上的。科学的任务在于寻找中介观念,以便把所需解证的命题中的各个观念之间的契合或相违指示出来。洛克认为,三段论只是整理、排列、证明已有知识的方法,而不是发现新知识的方法。事实上,人们必须先有知识,然后才能进行三段论的推理。可以看出,洛克力图在经验主义的基础上重建推理学说,把感性和理性、归纳和演绎统一起来,但是,在这方面,他并没有取得明显的成功。当他把推理知识规定为具有必然性的知识,把感觉知识规定为只具有或然性的知识的时候,他实际上是把感性和理性、归纳和演绎割裂开来了。

洛克在真理的标准问题上的观点也不是一以贯之的。一方面,他认为知识的真理性在于观念与客观事物相符合。他说：

> 我们的知识所以为真，只是因为在我们观念和事物的真相之间有一种契合。①

另一方面，他又认为一般的抽象知识，如数学和道德的原理，来自内部经验，与外部事物无关，它们的真理性只是对任何观念间的一致或不相一致的一种认识。在这里，洛克把真理本身（观念和事物的符合）和真理的逻辑标准（首尾一贯）混为一谈了，显然是错的。

（五）理性和信仰

洛克在《人类理解论》的最后部分，研究了理性和信仰的关系问题。

理性和信仰的关系是十七世纪哲学研究的重大问题。近代唯物主义哲学的创始人培根，主张"二重真理论"，认为理性和信仰并行不悖，为科学和哲学的发展争取了地盘。笛卡尔强调理性，限制信仰的范围，也为科学的发展争得了一定的地位。霍布斯干脆用哲学否定神学，也就是用理性代替信仰，从而大大伸张了理性的权威。洛克作为1688年阶级妥协的产儿，在理性与信仰的问题上，提出了比培根和笛卡尔激进，比霍布斯保守的观点，即在大树理性权威的同时，又肯定信仰的地位。

洛克承认上帝存在，承认上帝是世界的创造者和宇宙秩序的安排者。但是，和天赋观念论者不同，他认为上帝观念不是天赋的，而是从经验和理性中得来的。洛克也热衷于上帝存在的证明：人都明白地意识到自己是存在的；人也知道一个原则即无不能生有；因此，人可以从自己的存在推论出一个全能的创造主的存在。

---

① 洛克：《人类理解论》，《十六—十八世纪西欧各国哲学》，第437页。

同时，人还可以从自己有知识这一点，推出一个全知者的存在。这个全知全能的东西就是上帝。不难看出，洛克的这类证明并不是什么新的创造，但是对他来说，上帝的存在是十分重要的。洛克始终把上帝作为自己的护身符，一遇到麻烦的问题，比如物质能否具有思维属性的问题，他就把上帝抬出来加以搪塞。

洛克认为，理性和信仰各有自己的职能和范围，二者有清楚的界限。他说：

> 理性如果与信仰对立起来，则我的分别是这样的：就是，理性底作用是在于发现出人心由各观念所演绎出的各种命题或真理底确实性或概然性。①

又说：

> 信仰则是根据说教者底信用，而对任何命题所给予的同意；这里的命题不是由理性演绎出的，而是以特殊的传达方法由上帝来的。②

在洛克看来，理性的对象是观念，信仰的对象是上帝，理性管科学，信仰管启示，二者有着严格的界限，各在自己的领域内发挥作用。

洛克又认为，理性和信仰虽然不同，但二者却不是对立的，信仰决不能反对理性。他说：

> 任何东西都不能借启示一名摇动了明白的知识，或者在它与理解底明白证据直接冲突以后，让人来相信它

---

①② 洛克：《人类理解论》，1959年商务版，第688、689页。

是真的。①

在洛克看来，人们总是按理性的指导决定对一个事情的信仰与否，否则就是宗教狂热。信仰不能违背理性，不能使人们承认与理性相反的东西。

洛克进而指出，理性大于信仰。他写道：

> 我们对任何事物所有的这种知识是最大不过的，它正可以比得上上帝底直接启示，而且我们纵然相信这是上帝由来的启示，而这种信念亦并不能大于我们的知识。②

洛克还认为，理性高于信仰。任何事情包括信仰在内，都要由理性来判断。他明确指出：

> 在任何事情方面，我们都必须以理性为最后的判官和指导。③

但是，洛克在抬高理性的同时，也肯定信仰的地位。在他看来，《圣经》也是真理的一个标准，一个命题如果符合于《圣经》中所说的启示，则我们也应当认为它是真实的。因此，他认为，

> 任何行动或意见如果契合于理性或圣经，则我们可以看它有神圣的权威的。④

---

① 洛克：《人类理解论》，1959年商务版，第691页。
②③④ 洛克：《人类理解论》，1959年商务版，第991、705、706页。

洛克从极力伸张理性的权威,到承认理性和信仰的并行不悖,深刻暴露了他在理性和信仰、科学和宗教等问题上的动摇和妥协的立场。

第二节 十七世纪大陆唯理论

十七世纪,欧洲大陆和英国一样,也掀起了一股批判经院哲学的资产阶级哲学思潮。但是,和崇尚经验论哲学的英国不同,此时欧洲大陆盛行的哲学主要是崇尚理性思维的唯理论。

在共同批判经院哲学的战斗中,大陆唯理论和英国经验论之间不断发生矛盾和冲突,推动了欧洲近代哲学的发展。

十七世纪欧洲大陆唯理论的著名代表人物有:法国的笛卡尔、荷兰的斯宾诺莎和德国的莱布尼茨。

一、 笛卡尔

同培根一样,笛卡尔也是欧洲哲学史上的一位划时代的人物。他是欧洲近代哲学史上著名的二元论者,唯理论的奠基人。和信仰主义相对立,他倡导的理性原则,即用人类理性评判一切的原则,培育了整个欧洲近代哲学。

笛卡尔主要活动于十七世纪上半叶的法国。此时,法国封建主义生产关系趋于瓦解,资本主义关系,特别是工场手工业,以较快的速度向前发展。但是,和英国相比,法国的经济和政治都还很落后。虽然正在形成过程中的资产阶级同封建贵族的矛盾日趋明朗,但斗争的双方仍然处于势均力敌的相持状态。正如马克思指出的,"那时旧封建等级趋于衰亡,中世纪市民等级正在形成现代资产阶级,斗争的任何一方尚未压倒另一方"。①与此相适应,法国在政治上正是君主专制制度的极盛时期。专制君主一方面维护封建制度,压制资产阶级;另一方面又反对封建割据,实行某些有利于资本主义的政策,如废除部分地区私设的关卡,修筑道路,鼓励航海和殖民活动,保护工商业的发展等等。因此,正在形成中的资产阶级成了王权的支持者,希望在君主专制制度的庇护下求得自己的发展。在思想领域中,法国和英国的情况也不相同。十七世纪,加尔文教在英国的势力很强大,成了英国资产阶级革命的思想旗帜,而这时的法国,天主教在意识形态领域内仍占据绝对的统治地位。天主教中最反动的组织耶稣会把持了学校和一切官方的学术机构,压制和迫害一切进步思想和先进思想家。所有这些,对于笛卡尔哲学思想的形成和发展都有着深刻的影响。

勒内·笛卡尔(1596—1650)出生于法国土伦省莱耳市的一个贵族家庭。1604年笛卡尔进入由耶稣会经办的拉·夫列夫学院学习。他对学院讲授的经院哲学不感兴趣,而爱好数学,认为数学能够给人们提供确实性和明晰性的知识。1612年,笛卡尔入波埃顿大学学法律,四年后毕业时,以最好的成绩获博士学位。毕业后,他游历欧洲各国,去"读世界这本大书",寻求各种实际知识。他广泛地研究了数学、物理学、光学和解剖学,并达到很高的造诣。1617年,他加入了拿骚的莫理斯和提利将军的军队,同各式各样的人物进行接触。在这期间,他一直保持着强烈的求知兴趣,常常一人独自沉思,努力去寻求如何在哲学上达到像数学那样明白而确实的知识。1621年,他离开军队,继续从事旅游和研究工作。由于宗教势力还很强大,学术研究缺乏自由,1629年,笛卡尔卖掉自己贵族的世袭领地,从法国移居到当时学术研究比

---

① 马克思:《道德化的批判和批判化的道德》,《马克思恩格斯选集》,第1卷,第179页。

较自由的荷兰，从事著述，在那里居住长达二十年。他的大部分著作都是在这一期间完成的。1649年，笛卡尔应瑞典女王的邀请，迁居斯德哥尔摩，次年逝世。笛卡尔的主要哲学著作有：《方法谈》（1637）《形而上学的沉思》（1641）和《哲学原理》（1644）等。

笛卡尔对法国的现状不满，主张改革。但他反对革命，认为"要想从根本上改变一切、靠把国家推翻重建的办法来改造一个国家，确实是不可能的。"① 他给自己立下的行为规则是：

> 始终只求克服自己，不求克服命运，只求改变自己的欲望，不求改变世界的秩序。②

笛卡尔十分厌恶经院哲学，斥责它是"伪科学"、"毁坏了人们的良知"；他极力主张发展科学技术，呼吁建立为实践服务的新哲学。然而，笛卡尔并不想和传统的宗教决裂，反复表明自己"服从我国的法律和习惯，笃信上帝恩赐我从小就领受到的宗教信仰"。③ 尽管如此，笛卡尔仍然不断地受到教会的迫害，教会下令禁止讲授笛卡尔哲学。

笛卡尔是近代法国反封建思想斗争的先驱。他的哲学本质上是反对封建神学的，但具有强烈的保守性和妥协性。笛卡尔在欧洲近代哲学史上建立的最大功绩，在于他提供了一种崭新的思维方式：把一切"放在理性的尺度上校正"，即用理性作为改造一切、判断一切的准绳。在此基础上，笛卡尔建立了由"形而上学"和"物理学"两部分构成的哲学体系。所谓"形而上学"是指专门研究超感性的对象，如上帝、灵魂、意志等等的学问，而"物理

---

①② 笛卡尔：《方法谈》，《十六—十八世纪西欧各国哲学》第142、146页。
③ 笛卡尔：《方法谈》，《十六—十八世纪西欧各国哲学》第145页。

学"则是关于自然的学说。马克思曾经指出,笛卡尔"把他的物理学和他的形而上学完全分开。"① 在"形而上学"中,笛卡尔主要阐述了他的唯心主义唯理论和二元论。在"物理学"中,他着重发挥了机械唯物主义的思想。笛卡尔哲学中的"形而上学"和"物理学"的矛盾,深刻地反映了当时法国新兴的资产阶级的实际处境和矛盾态度。

(一)"形而上学"

笛卡尔把自己的哲学体系比作一棵树,其中"形而上学"是树根,"物理学"是树干,其它各门具体科学则是树上的枝叶等。在"形而上学"中,笛卡尔着重讨论了二元论的世界观,而认识论和方法论问题则是他的"形而上学"的基础。

【理性原则和普遍怀疑的方法】

笛卡尔首先提出以"理性"这个权威来同经院哲学相抗衡。经院哲学鼓吹信仰主义,宣扬盲目崇拜权威,坚持以《圣经》或权威的言词为权衡真伪的准绳。与此相反,笛卡尔则认为,唯有人类的天赋"理性"才是判别是非的标准,主张把一切事物或观念都拿到"理性"面前来进行评审,决定其真伪。他写道:

> 那种正确地作判断和辨别真假的能力,实际上也就是我们称之为良知或理性的那种东西,是人人天然地均等的。②

按照笛卡尔的观点,"理性"是人人生而具有的一种辨别真假的能力,在任何时代都是一样的。在他看来,必须反对经院哲学的蒙昧主义,凡事都得经过我们的头脑想一想,只有我们思想上认为

---

① 马克思恩格斯:《神圣家族》,《马克思恩格斯全集》第 2 卷第 160 页。
② 笛卡尔:《方法谈》,《十六—十八世纪西欧各国哲学》,第 137 页。

清楚明白的东西，才能相信它是真的，否则就是假的。当然，笛卡尔所说的这种普遍的人类理性是不存在的。毫无疑问，人们不应当盲从，凡事都应当问一个为什么。但是，生活在不同时代、不同阶级地位中的人，观察和处理问题的立场、观点和方法，也即判别是非真假的标准，是很不相同的，有时甚至是对立的。笛卡尔所崇尚的"理性"，本质上是资产阶级的立场、观点和方法。正如恩格斯所说："这个永恒的理性实际上不过是正好在那时发展成为资产者的中等市民的理想化的悟性而已。"① 笛卡尔所谓要用"理性"批判、考察一切，实际上不过是要求用资产阶级的立场、观点和方法去衡量一切。因此，笛卡尔要求树立"理性"的权威，本质上就是要求树立资产阶级权威，以代替封建主义的权威。这在当时的历史条件下，是具有反封建的进步意义的。笛卡尔确定的这个理性原则，成为近代资产阶级批判封建主义的强大思想武器，哺育了整个欧洲近代哲学。

笛卡尔认为，"理性"是人人天然地均等地具有的，但是从人们出生之日起到还不能完全运用自己的理性的时候，就已经接受了种种教育和观念，构成各种判断，形成种种成见，使理性为许多谬误和虚幻的观念所窒息。那么，如何才能清除谬误，发挥"理性"的权威呢？笛卡尔继承了法国怀疑论的传统，认为最根本的方法就是普遍怀疑。这就是说，人们必须对以往所接受的一切观念、知识来一次大扫荡，进行一次普遍的怀疑，然后才可能在"理性"的基础上重建科学的大厦。笛卡尔在《哲学原理》的第一章《人类知识原理》中，一开头就写道：

> 要想追求真理，我们必须在一生中尽可能地把所有

---

① 恩格斯：《社会主义从空想到科学的发展》，《马克思恩格斯选集》第3卷，第407页。

事物都来怀疑一次。①

笛卡尔强调指出,他的普遍怀疑方法,不同于历史上的为怀疑而怀疑的怀疑派和否定知识的不可知论者,他的整个计划"只是要为自己寻求确信的理由,把浮土和沙子排除,以便找出岩石和粘土来"。② 这就是说,怀疑只是清除成见和谬误以获得确定真理的手段和方法。在笛卡尔看来,通过普遍怀疑,人们就可以摆脱一切成见,以便运用"理性"这个自然之光发现清楚、明白的真理,为整个知识大厦奠定最可靠的基础。可以看出,笛卡尔的普遍怀疑方法,也像培根的"假相说"一样,是破除成见和思想障碍的手段,其矛头首先是针对经院哲学的。这在当时的条件下,具有反封建的启蒙意义。从人类认识过程来看,怀疑是人类认识发展过程中的一个环节,没有怀疑,就不能发现新的真理。但是,离开具体的社会实践,不对具体事物作具体分析,笼统地鼓吹"怀疑一切",在理论上是片面的、不科学的,在实践上也是有害的。

【直觉和演绎是获得科学知识的途径】

和培根一样,笛卡尔十分重视认识论、方法论的研究,也把扫除经院哲学的认识论、方法论,为科学发展提供新的认识方法作为自己的首要任务。培根提出用以代替经院哲学的方法论是经验归纳法。和培根不同,笛卡尔则把几何学方法提升为哲学的方法论,着重于理性演绎法的研究。

笛卡尔的认识论和方法论主要由理性直觉和演绎法两个阶段构成。他写道:

> 除了通过自明性的直觉和必然性的演绎以外,人类

---

① 笛卡尔:《哲学原理》,商务印书馆1958年版,第1页。
② 笛卡尔:《方法谈》,《十六—十八世纪西欧各国哲学》,第146页。

没有其他的途径来达到确实性的知识。①

在笛卡尔看来，演绎推理具有必然性，但是，演绎推理的结论是否确实可靠，取决于演绎推理得以进行的前提是否正确。那么，怎样才能获得这类正确观念呢？笛卡尔认为，获得这种正确观念的唯一途径就是理性直觉。

在笛卡尔看来，通过普遍怀疑扫除了人们思想上的一切成见之后，理性这个"自然之光"便能不借助于任何推理直接发现或把握某些不证自明的真理。比如，"自己存在"、"上帝存在"、数学公理、逻辑规律，以及道德的基本原则等等，都是通过理性直觉得到的不证自明的真理。

那么，这类不证自明的真理是从那里来的呢？笛卡尔认为，这种自明的真理只能来自理性，而不能来自感觉。这是因为感觉经验是靠不住的，甚至是骗人的，它往往把人们引向错误，比如，"塔远看像是圆的，近看却是方的，竖在这些塔顶上的巨像在底下看却像是些小雕像"。② 他还以蜡块受热而改变了性质和形状为例指出，感觉只能感知蜡块的大小、形状、颜色、软硬等，但当蜡块遇到一定的温度时，这些性质就会发生变化，甚至消灭了，因此，依靠感觉就不能告诉我们这个蜡块究竟是否是原来的蜡块，只有依靠理性才能作出它仍是原来蜡块的判断。笛卡尔片面夸大了感觉的相对性，从而否定了感觉的实在性和可靠性，并由此得出结论说：

> 各种感官有时是会犯错误的，因而要过分信赖曾经

---

① 笛卡尔：《指导我们智力的规则》，《笛卡尔哲学著作选集》，剑桥1911年英文版第1卷，第45页。
② 笛卡尔：《形而上学的沉思》，《十六—十八世纪西欧各国哲学》，第179页。

欺骗过我们的事物，也是很鲁莽的。①

在笛卡尔看来，既然感觉不能提供真理性认识，那么，不证自明的真理就只能来自理性自身。这样，笛卡尔就由理性直觉论导出了天赋观念论，断言由理性直觉获得的不证自明的真理，乃是人出世之前由上帝印入人心之中的。因此，人们一旦运用理性便能够发现这些天赋观念。笛卡尔的天赋观念论是欧洲哲学史上典型的唯心主义先验论。

按照笛卡尔的观点，以不证自明的天赋观念为逻辑前提进行演绎推理，便可以获得确实可靠的知识，建立起全部科学知识的大厦。

我们看到，笛卡尔力图克服经验主义者重经验、轻理性，重归纳、轻演绎的片面性，强调理性认识和演绎推理在认识中的作用。这在认识发展史上是有积极意义的。但是，笛卡尔由此跳向了另一个极端，只承认理性的实在性和演绎法的可靠性，贬低或否认感性认识和经验归纳法在认识中的作用，显然，这也是片面的、错误的。

【二元论】

笛卡尔按照他的唯理主义的认识论、方法论提出了二元论的世界观。

从普遍怀疑出发，笛卡尔提出了他的第一个著名的哲学命题："我思故我在"。他在《哲学原理》一书中写道：

> 我们既然这样地排斥了稍可怀疑的一切事物，甚至想象它们是虚妄的，那么我们的确很容易假设，既没有上帝，也没有苍天，也没有物体；也很容易假设我们自

---

① 笛卡尔：《哲学原理》，商务印书馆1958年版，第1页。

己甚至没有手没有脚,最后竟没有身体。不过我们在怀疑这些事物的真实性时,我们却不能同样假设我们是不存在的,因为要想象一种有思想的东西是不存在的,那是一种矛盾。因此,我思故我在的这种知识,乃是一个有条有理进行推理的人所体会到的首先的、最确定的知识。①

笛卡尔在《方法谈》一书中又写道:

"我思想,所以我在"这条真理是这样确实,这样可靠,连怀疑派的任何一种最狂妄的假定都不能使它发生动摇,于是我就立刻断定,我可以毫无疑虑地接受这条真理,把它当作我所研求的哲学的第一条原理。②

"我思故我在"不仅是笛卡尔哲学的第一条原理,也是他的哲学的基石和出发点。

应该指出,笛卡尔的"我思故我在"这一命题具有二重性。一方面,这个命题一反神学和经院哲学的旧传统,不再把上帝而是把"我"作为一切知识的出发点,换句话说,不是把封建地主阶级的立场、观点而是把资产阶级的立场、观点当作观察和处理问题的出发点,这具有反封建的进步意义。另一方面,这个命题带有明显的主观唯心主义的性质。按照笛卡尔的观点,作为一切知识的出发点的"我"乃是一个纯粹的精神实体。他说:

我是一个实体,这个实体的全部本质或本性只是思

---

① 笛卡尔:《哲学原理》,商务印书馆1958年版,第2—3页。
② 笛卡尔:《方法谈》,《十六—十八世纪西欧各国哲学》,第148页。

想,它并不需要任何地点以便存在,也不依赖任何物质性的东西;因此这个"我",亦即我赖以成为我的那个心灵,是与身体完全不同的……纵然身体并不存在,心灵也仍然不失其为心灵。①

可以看出,笛卡尔不是从客观世界中,从社会实践中引出知识,而是企图把思想当做一切知识的出发点,显然是彻头彻尾的唯心主义。

此外,笛卡尔从"我"是一个不依赖于肉体、和肉体毫无关系的独立的精神实体的观点出发,竭力论证灵魂不灭和意志的绝对自由。他说:

我们的心灵有一个完全独立于身体的本性,因此也决不会与身体同死;我们既然见不到别的毁灭心灵的原因,自然会因此断定心灵是不死的了。②

他还说:

我们还分明还具有一个自由的意志,可以任意来同意或不同意。③

笛卡尔从"我思故我在"出发,经过推论,得出了他的第二条哲学原理:上帝存在。他说,当我在怀疑时,我发现不仅"我"是存在的,而且还发现"我"是不完满的,因为怀疑就是表示知识的不足,而这正是"我"的不完满的表现。不仅如此,当"我"发现自己不完满的时候,还清楚明白地发现"我"心中有一

---

①② 笛卡尔:《方法谈》,《十六—十八世纪西欧各国哲学》,第148、155页。
③ 笛卡尔:《哲学原理》,商务印书馆1958年版,第15页。

个无限完满的观念——上帝。既然上帝观念是无限完满的,它就必然包含存在性,因而上帝是存在的。十分清楚,笛卡尔完全是按照中世纪经院哲学家安瑟伦的本体论的证明方法,来证明上帝的存在。不过,笛卡尔从"我"中引出上帝的存在显然是贬低了上帝的地位和作用。

笛卡尔从上帝存在又继续推论出他的第三条原理:物质世界的存在。他说,我们的认识能力是上帝给予的,而上帝是决不会欺骗我们的。因此,我既然清楚明白地认识到有一个物质世界,所以这个物质世界就是必定存在的。在这里,笛卡尔力图借助上帝的权威,来保证客观物质世界的存在,在肯定神学的前提下,为自然科学的发展取争地盘。

笛卡尔提出的三条哲学原理,以曲折隐晦的方式表达了资产阶级的情绪和愿望。但是他仍保留了上帝存在、意志自由、灵魂不灭等唯心主义观点,集中地暴露了"形而上学"的保守性。正因为如此,笛卡尔的"形而上学"后来就成为十八世纪法国唯物论批判的靶子。

笛卡尔经过这一番"沉思",建立了"形而上学"的体系。在这个体系中,"上帝"、"物质"、"精神"是最基本的范畴,笛卡尔把它们称为实体。那么,这三个实体是什么关系呢?他断言,上帝是绝对实体;物质和精神是相对实体,两者都是由上帝创造的。物质的本性是广延,精神的本性是思想,二者是彼此独立,互不相干的两个实体。哲学史称这种观点为"二元论"。不过,由于笛卡尔承认物质和精神都是由上帝创造的,所以,最后还是陷入了唯心主义的一元论。

笛卡尔的二元论观点,在现实中常常遇到很大困难。按照他的观点,灵魂或精神不能影响肉体,引起肉体的变化;同样,肉体也不能影响精神,引起精神的变化。这种看法显然是与事实不符的。笛卡尔为了摆脱这种困难,设想人的头脑中有一个"松果腺"，通过它，人的精神和肉体结合起来，说什么血气中可感觉的对象产生运动，运动传到"松果腺"于是便产生感觉。当然，笛卡尔的设想是毫无根据的。

笛卡尔的二元论的提出，有它的历史的理由。它一方面表现了十七世纪法国资产阶级的软弱性和妥协精神；另一方面，也反映了当时自然科学发展水平的局限。像无机物向有机物的过渡、生命的起源、生理现象和精神现象的关系等问题，还没有列入十七世纪自然科学研究的日程。因此，在十七世纪哲学家中，不仅笛卡尔，就是在唯物主义者洛克和斯宾诺莎那里，二元论的影响也是十分明显的。

（二）"物理学"

按照笛卡尔的哲学体系，"物理学"是以"形而上学"为基础的。但是，笛卡尔实际上把他的"形而上学"和"物理学"完全分开，一进入到"物理学"领域时，他在"形而上学"中精心编造的关于上帝、灵魂的那一套胡言乱语，就被抛到九霄云外去了。正如马克思所指出的："在他的物理学范围内，物质是唯一的实体，是存在和认识的唯一根据。"①

笛卡尔是欧洲近代机械唯物论的最早代表之一。不过，在他的自然观中也包含着某些可贵的辩证法思想。

笛卡尔反对神学家们关于"多重世界"的神秘主义说教，力图论证世界的物质统一性。他说：

全宇宙中只有一种物质。②
地和天是由同一物质做成的；而且纵然有无数世界，它们也都是由这种物质构成的。由此，就得出一个结论，即多重的世界是不可能的。③

---

① 马克思恩格斯：《神圣家族》，《马克思恩格斯全集》第2卷，第160页。
②③ 笛卡尔：《哲学原理》，商务印书馆1958年版，第45页。

笛卡尔认为，物质的根本特性是广延性。他说：

> 物质或物体的本性，并不在于它是硬的、重的、或者有颜色的，或以其他方法激刺我们的感官。它的本性只在于它是一个具有长、宽、高三量向的实体。①

在这里，笛卡尔把物质的特性简单的归结为数学的、力学的性质。因此，他往往只看到事物之间数量上的差别、排列组合的不同，忽略了物质的多样性，表现了机械论的特点。

笛卡尔在空间的问题上，坚持物质和空间相同一的观点，反对割裂物质和空间关系的"绝对空间"的观点。他指出：

> 要说有一个绝对无物体的虚空或空间，那是反乎理性的。②

> 哲学上所谓虚空，即无实体的空间，则这种东西显然并不存在，因为空间的或内在场所的广袤，和物体的广袤并不互相差异。③

笛卡尔认为，物质在宏观方面是无限的，在微观方面也是可以无限分割的。他说：

> 这个世界或物质实体的全部，其广袤是无有界限的，因为不论我们在什么地方立一个界限，我们不只可以想象在此界限以外还有广袤无定的许多空间……事实上正如我们所想象它们的那样。④

> 宇宙中并不能有天然不可分的原子或物质部分存

---

①②③④ 笛卡尔：《哲学原理》，商务印书馆1958年版，第35、42、42、44页。

在。因为我们不论假设这些部分如何之小。它们既然一定是有广袤的,我们就永远能在思想中把任何一部分分为两个或较多的更小部分,并可因此承认它们的可分割性。①

笛卡尔的这些思想是可贵的,包含了辩证法成分。

笛卡尔的运动观是机械论的,他只承认一种运动形式,即机械运动形式。他说:

> 所谓运动乃是指位置的运动而言,因为我想不到有别种运动,因此,我觉得我们也不应该假设自然中有别的运动。②

笛卡尔力图用机械运动规律说明一切自然现象。他提出了太阳系形成的猜想,认为太阳、行星和地球都是由物质微粒的旋涡运动逐渐形成的。整个宇宙就像一架大机器,甚至动物也是一部机器,都可以运用机械运动规律予以说明。笛卡尔曾经声称:"给我物质和运动,我将为你们构造出世界来。"马克思指出:"笛卡尔在其物理学中认为物质具有独立的创造力,并把机械运动看做是物质生命的表现"。③ 笛卡尔的机械论概括了当时数学、力学发展的新成就,沉重地打击了经院哲学的神秘主义的自然观。然而,这种机械论的自然观,不可能科学地说明丰富多彩的客观物质世界。

在笛卡尔的自然观中,也表露了某些辩证法的思想。他提出了关于天体起源的假说,认为宇宙不是现存事物的总和,而是一个物质运动、变化和发展的过程。笛卡尔把变数引进了数学,创

---

①② 笛卡尔:《哲学原理》,商务印书馆1958年版,第44、45页。
③ 马克思恩格斯:《神圣家族》,《马克思恩格斯全集》第2卷,第160页。

立了解析几何，为微积分的产生创造了条件。恩格斯指出："数学中的转折点是笛卡尔的变数。有了变数，运动进入了数学，有了变数，辩证法进入了数学，有了变数，微分和积分也就立刻成为必要的了。"① 在形而上学盛行的十七世纪，笛卡尔的这些辩证法思想无疑是很可贵的。正因为如此，恩格斯把笛卡尔和斯宾诺莎并称为近代哲学中的"辩证法的卓越代表"。②

笛卡尔不仅是一位著名的哲学家，也是一位卓越的科学家。如前所述，在数学方面，他创立了解析几何；在物理学方面，他发现了动量守恒定律；在心理学方面，提出了刺激反映的假设；在生理学方面，做了大量的解剖实验，提出了"动物是机器"的著名论断；在光学方面，研究了光学的折射定律。笛卡尔以他自然科学的巨大成就丰实了人类知识的宝库，使他在科学史中占有重要的地位。马克思说："笛卡尔的唯物主义成为真正的自然科学的财产。"③ 笛卡尔在物理学中所表述的丰富的唯物论思想，对于当时和后来的科学家和哲学家都产生了很大影响，成为十八世纪法国唯物主义的理论来源之一。

（三）笛卡尔哲学在十七世纪的影响

笛卡尔的哲学体系，由于矛盾重重，在十七世纪的欧洲产生了广泛的、多方面的影响。

首先，笛卡尔哲学遭到了来自不同方面的反对。罗马、法国和荷兰教会疯狂攻击笛卡尔对神学和经院哲学的批判，反对笛卡尔哲学中的唯物主义倾向。法国唯物主义者伽桑狄和英国唯物主义者霍布斯、洛克则激烈抨击笛卡尔哲学中的唯心主义。

与此同时，笛卡尔也获得了许多信徒，从不同方面发挥了笛

---

① 恩格斯：《自然辩证法》，《马克思恩格斯全集》第20卷，第602页。
② 参阅恩格斯：《反杜林论》，《马克思恩格斯选集》第3卷，第59页。
③ 马克思恩格斯：《神圣家族》，《马克思恩格斯全集》第2卷，第166页。

卡尔哲学。荷兰哲学家斯宾诺莎从笛卡尔的哲学出发，走向了唯物主义。以马勒伯朗士为代表的笛卡尔学派则极力发挥笛卡尔哲学中的唯心主义。

十八世纪法国唯物主义者批判了笛卡尔——马勒伯朗士的"形而上学"，同时也继承和发展了笛卡尔"物理学"中的机械唯物主义。

下面着重评述伽桑狄和马勒伯朗士的思想。

皮埃尔·伽桑狄（1592—1655）是十七世纪法国著名的哲学家和科学家。他出生于普罗旺斯省尚太西尔耶一个农民家庭，受过大学教育，得过神学博士学位，二十五岁当神甫。从1617年起，伽桑狄在艾克斯大学讲授哲学，批判亚里士多德主义，因而引起耶稣会教士们的不满。1623年他被迫辞职，次年他发表了《对亚里士多德的异议》。他讥笑经院哲学家是"集市上的丑角"，既不懂哲学，也不懂科学。由于这部著作充满了自由思想，伽桑狄不断遭到教会势力的攻击。为了给自己"寻求安全"，伽桑狄逐渐变得"小心谨慎"起来。此后，在相当长一段时间里从事自然科学的研究。他在天文学、数学、力学等科学方面都达到了很高造诣。针对笛卡尔的《形而上学的沉思》一书，1641年他发表了《对笛卡尔沉思的诘难》。1645年，伽桑狄被认命为法兰西皇家学院的教授，次年发表了《关于重物下落的加速度》和《天文学指南》，维护哥白尼和伽利略的"日心说"，反对神学唯心论的宇宙观。1647—1649年间，他深入地研究和宣传了古希腊伊壁鸠鲁的原子唯物论，发表了《关于伊壁鸠鲁的生死和快乐学说》及《伊壁鸠鲁的哲学体系》。1655年卒于巴黎。

在政治上，伽桑狄拥护当时中央集权的君主专制，但是他的态度比笛卡尔激进些。伽桑狄认为，君主专制是必要的，但君主不能滥用法律，否则人民有权撤换他。同时，他又反对出现无约束的社会变动。

在哲学上，伽桑狄继承了古代伊壁鸠鲁的原子论，认为世界上的一切物体都是由最基本的物质元素——原子所构成。世界上千差万别的事物，都是由原子按不同的方式结合而成的，就连人的灵魂，也不过由精细的原子所构成。宇宙是无限的，但具体的事物则是有限的，有生有灭的。原子的结合和分解，形成了事物的生和灭，但物质本身却是永恒不灭的，马克思在评价伽桑狄的唯物主义思想时指出，伽桑狄恢复了伊壁鸠鲁的原子学说，他"把伊壁鸠鲁从禁书里拯救出来"。①

伽桑狄认为，原子是能动的，运动是物质所固有的特性，重量则是原子自动的据本原因。依据这个观点，伽桑狄批评了笛卡尔否定物质能动的观点。他指出，按照笛卡尔的观点，只能承认物质的运动来自一个无形体的本原，如果没有这个精神的能动者，则水不能流，动物不能走，物质的一切运动都会成为不可能的。毫无疑问，这是十分荒谬的。但是，伽桑狄并不承认运动形式的多样性，认为运动只能是物体的位置变动，除此之外，再没有其它的运动形式。

伽桑狄力图用机械论的观点解释世界，认为宇宙的形成和演变，都是由于原子的位置运动。在他看来，地球是从混沌的原子团演化而来的。在原子的运动中，重的原子下降成为水和土，轻的原子则上升成为空气、行星、月亮和太阳。各个星球并不是永恒不变的，它们可以分解为原子，也可以重新结合形成新的星球。整个宇宙都处在不断地毁灭和生成的过程中。

在认识论上，伽桑狄继承了古代原子论的影象论，认为我们的认识都来自感觉，而感觉是由外部事物的影象进入感官所引起的，它是知识的唯一源泉；感觉同被感觉的对象应该是符合一致的。他又认为，理性认识是感性认识的附属物，是感觉的分离与

---

① 马克思：《博士论文》，人民出版社1962年版，第1页。

结合。感觉既是理性认识的基础，也是理性认识的标准。伽桑狄坚持唯物主义感觉论，反对笛卡尔等人的唯心主义唯理论，指责笛卡尔否定感性认识的错误。他认为，实际上是先有感性认识，后有理性认识。但是，伽桑狄片面强调感觉的实在性，断言认识中的错误不是来自感觉，而是来自理性没有充分根据而作出的结论。伽桑狄不懂得感性认识和理性认识的关系，认为理性认识是感觉的机械的组合与分离，实际上是把理性认识也归结为感性认识，否认了二者之间质的差别。

应该指出，由于时代的局限，伽桑狄公开承认，除了物质的灵魂外，还有理性的灵魂，灵魂是永存不灭的。他甚至还公开承认上帝存在，认为原子也是由上帝创造的。这表明伽桑狄的唯物主义是不彻底的。

伽桑狄从唯物主义的基本观点出发，集中判批了笛卡尔"形而上学"中的唯心主义观点。他首先揭露了笛卡尔"普遍怀疑"原则的唯心主义性质。他指责笛卡尔通过普遍怀疑而引出客观世界的观点是装腔作势，是追求那些稀奇古怪东西的态度，他要求对事物应当采取老老实实、实事求是的态度。事实上，人们无须花什么气力就会知道事物是客观存在的。

伽桑狄还驳斥了笛卡尔的哲学命题——"我思故我在"。按照笛卡尔的观点，我之所以能存在，只是由于能思想。伽桑狄指出，既然你有手、有脚、有头、有感觉和思想，你就是确实存在的，根本用不着绕那么大的弯子，费那么大的事，从思想中去追求"我"的存在。同时，他还指出，笛卡尔说的"我是一个在思想的东西"，这只是一句空话，他根本没有明确回答思维的性质到底是什么。

伽桑狄还判批和揭露了笛卡尔的二元论，指出，笛卡尔把心物看作是彼此独立、互不相干的两个实体是不对的。实际上，实体必须是有形体，必须占有空间，否则它既不能发生作用，也不能接受作用。一个没有形体的灵魂,是不能支配有形体的肉体的。在伽桑狄看来,灵魂不能脱离开身体而存在,它随人体状况的变化而变化,当人体健康时,它也健康,当人体有病时,它也有病,当人死亡时,它也就烟消云散了。灵魂乃是一种纯粹的精细的实体,它像一阵风一样,散布在全身,使人的身体有生机。但是,伽桑狄也把灵魂看作和肉体一样,是有广延性的,甚至认为灵魂和肉体一样,必须营养,以维持其自身。这种观点显然是不对的。

加桑狄进一步批判了笛卡尔关于上帝存在的证明。他指出,观念的实在性是由它所代表的事物的实在性决定的,而不是相反。但是,笛卡尔却从一个无限完满的上帝观念中,推出上帝存在的实在性,这是十分荒谬的。他认为,在人的心灵中,根本不存在与生俱来的无限完满的观念。

伽桑狄还从唯物主义经验论的立场出发,公开否定笛卡尔的天赋观念论。同笛卡尔相反,他主张一切观念都来自后天的结论。他说:

> 全部观念都是外来的,它们是由存在于理智以外的事物落于我们的某一感官之上而生起的。[1]

在他看来,一般的真理也是从个别的真理、概念或观念中抽象来的,一切知识都来自于经验。

伽桑狄与笛卡尔的斗争,在西欧近代哲学史上有着很大影响。但是由于历史条件的限制,他并没有战胜笛卡尔,这一任务是由十八世纪法国唯物主义者来完成的。

尼古拉·马勒伯朗士(1638—1715)是法国天主教会的神甫和神学家,十七世纪笛卡尔学派的代表人物。他的主要著作有:

---

[1] 伽桑狄:《对笛卡尔〈沉思〉的诘难》,商务印书馆1981年版,第25页。

《关于真理的研究》(1675),《论自然和恩赐》(1680),《论道德》(1684),《关于宗教和形而上学的探讨》(1688),以及《论对上帝的爱》(1697)等。

马勒伯朗士完全抛弃了笛卡尔"物理学"中的唯物主义,继承了他的"形而上学"中的唯心主义,并把它和宗教结合起来,建立了一种彻底的宗教哲学。

马勒伯朗士认为,神是唯一的实体,它不仅创造万物,它自身也包含着万物。神对事物的干预,是一切事物运动变化的原因,除此之外,没有其它的自然原因,可以引起事物的运动和变化。

马勒伯朗士认为,肉体和灵魂是绝对对立的。肉体是具有广延性的,它自身没有任何动力,不能成为作用因;同样,灵魂也不能成为肉体的作用因。因此,灵魂与肉体之间不可能有任何的联系和作用,肉体既不能规定灵魂的思维,灵魂也不能规定肉体的运动。

那么,灵魂与肉体之间为什么会发生相应的变化呢?马勒伯朗士断言,这是由于上帝对肉体和心灵施加作用的结果。当上帝施加作用于心灵时,引起心灵的变化,同时身体也发生相应的变化;反之亦然。他强调指出,引起身心变化的直接原因是上帝,而心灵与身体任何一方的变化,只是引起另一方变化的"偶因"或"机缘"。这就是马勒伯朗士提出的"偶因论"。

马勒伯朗士断言,灵魂的变化和活动完全是受神主宰的,而灵魂又主宰肉体的变化。当肉体唤起混乱的情绪时,神就会启示心灵,勿忘自己的职责,不要放肆;当肉体欺骗它时,神会使它醒悟;当肉体赞美它时,神给以谴责,使它清醒。神主宰着灵魂的一切。马勒伯朗士企图用神学唯心论代替笛卡尔的二元论。

在认识论上,马勒伯朗士同笛卡尔一样,主张唯理论,否认感觉经验在认识中的地位和作用,认为认识不需要感觉和经验,相信感觉就会离开真理;反之,倾听神的声音,就会获得真理,避免错误。他说：

> 一个人如果根据自己的感官判断一切……只看见自己感觉到的东西……在这种状态中，他离开真理、离开自己的幸福真是太远了。可是，一个人只根据心灵的纯粹观念判断一切，小心避开尘世的杂乱喧嚣，返回自己的内心，倾听最高主宰的声音，在感官与情欲沉寂无声的状态下，就不可能陷入错误了。①

由上述可见，马勒伯朗士把笛卡尔"形而上学"中的唯心主义进一步系统化了，具有强烈的保守性。因此，笛卡尔—马勒伯朗士"形而上学"便成了十八世纪哲学家、特别是十八世纪法国唯物主义者集中攻击的目标。

二、 斯宾诺莎

斯宾诺莎是十七世纪荷兰杰出的唯物主义哲学家，大陆唯理论派的著名代表之一。

斯宾诺莎生活在荷兰资本主义制度初步确立的时代。十六世纪至十七世纪初，荷兰通过反对西班牙外来统治的民族解放斗争，获得了独立，建立了荷兰共和国，确立了资本主义制度，为资本主义的发展开辟了广阔的道路。十七世纪中叶，荷兰已经成为欧洲最先进、最典型的资本主义国家。正如马克思所说，荷兰"是十七世纪标准的资本主义国家"②。它在工场手工业、商业、航海业、海外殖民事业等方面都得到了迅速的发展，超过了欧洲其它的国家。与此同时，科学和文化也相应地发展起来，出现了许多

---

① 马勒伯朗士：《真理的探求》，《西方哲学原著选读》上卷，商务印书馆1982年版，第475—476页。
② 马克思：《资本论》第一卷，《马克思恩格斯全集》第23卷，第280页。

杰出的科学家和艺术家。著名的物理学家、光学家惠更斯（1629—1695）提出了光的波动说。生物学家斯瓦默丹（1637—1680）研究了生命起源问题，并有许多新的发现；另一位生物学家雷汶胡克（1632—1723）第一次对微生物进行了观察，发现了用肉眼看不见的生命存在体——滴形虫。在社会科学方面，出现了自然法学派的著名代表、近代国际法的奠基者胡果·格劳修斯（1583—1645），在艺术方面则出现了以伦勃朗（1606—1669）为代表的现实主义古典画派。同时，荷兰同十七世纪欧洲的其它国家相比，有较自由的政治环境，吸引了其它国家的一些进步的思想家到荷兰居住，从事科学和文化的活动。十七世纪的荷兰成了欧洲科学和文化的中心。笛卡尔和洛克等著名的思想家都曾先后旅居过荷兰，在那里从事研究、写作、出版自己的作品。但是，在初步确立了资本主义制度的荷兰，仍然存在着复杂、尖锐的矛盾和斗争。封建贵族和教会的势力仍然很强大，神学、经院哲学还严重地束缚着人们的思想。另一方面，遭受残酷剥削和压迫的劳动人民同资产阶级的矛盾也有新的发展。因此，新兴的荷兰资产阶级仍然面临着进一步巩固资本主义制度的历史任务。斯宾诺莎的哲学从一个方面反映了荷兰这个时期的历史状况。

别涅狄克特·斯宾诺莎（1632—1677）出生于荷兰首都阿姆斯特丹的一个犹太商人家庭。他七岁时被送入犹太教的十年制学校接受教育，后来他离开学校，跟随一位进步学者恩顿学习拉丁语，同时自修哲学和自然科学，广泛阅读了希鲁诺、培根、霍布斯和笛卡尔等人的著作。这时他对神学失去了兴趣，偏爱哲学和自然科学，逐步形成了唯物主义的观点。斯宾诺莎很少参加礼拜仪式，经常宣传自由思想，反对犹太教的教义。比如，他声言上帝就是自然；灵魂就是呼吸，随肉体的死亡而死亡；天使不过是人心中的幻想。教会施用威协、利诱的种种手段，企图让斯宾诺莎放弃无神论的主张，但都遭到他的断然拒绝。1656年，教会决定革除斯宾诺莎的教籍,并要求市政当局把他驱逐出城市。从此,斯宾诺莎被迫居住乡间,以磨光学镜片为生,过着十分贫困的生活。但是,他仍然坚持不懈地从事哲学和自然科学的研究。他的哲学思想在他生前已有很大影响。他同当时著名的科学家和哲学家惠更斯、波义耳、莱布尼茨等人都有通信或直接交往。莱布尼茨曾专程拜访过斯宾诺莎,作过深入的交谈,深受他的思想影响。在他四十一岁时,普鲁士的选帝侯曾想邀他担任海得堡大学哲学教授,他因估计到这位选帝侯不会让他自由地发表自己的意见而谢绝了。

斯宾诺莎的主要著作有《笛卡尔哲学原理》(1663)、《神学政治论》(1670)、《伦理学》(1675)、《知性改进论》(1677)。生前只公开出版了前两部,《神学政治论》还是匿名出版的。1677年,他的朋友将这些著作收集到《斯宾诺莎全集》中,才得以出版。

在政治上,斯宾诺莎明显地倾向于资产阶级。他既反对神权政治,也反对君主专制。和当时许多先进的思想家一样,他也用具有人本主义性质的社会契约说论证资产阶级的民主主义。在他看来,自由是人的天赋权利,"自由比任何事物都为珍重"。但是他又认为,自由仅仅是"自由思考和判断",不能违背法律,不能有损于"统治者的权威"。

在宗教问题上,斯宾诺莎是传统神学的叛逆者。他披着泛神论的外衣,宣扬唯物主义和无神论,对传统神学进行了尖锐、深刻的批判。不过,在他看来,为了保持社会的安宁,保留宗教仍然是必要的。

在哲学上,斯宾诺莎在反对神学和唯心论的斗争中,继承了笛卡尔《物理学》中的机械唯物论和霍布斯的唯物论与无神论的思想,建立了唯物主义一元论的世界观;同时,他也继承了笛卡尔的唯理论和演绎法,阐述了自己的唯理主义的认识论。

斯宾诺莎的哲学带有明显的伦理色彩。在他看来,哲学的根本任务就在于使人达到"最高的人生圆满境界"。为此，人们就必须着力于改进人类理智，努力获得对自然的正确认识，以正确处理人和自然、理性和情感的关系。

斯宾诺莎的哲学是一个十分复杂，充满矛盾的体系。他的世界观本质上是一个形而上学的机械的唯物主义体系，但又披上了泛神论的外衣，同时其中还包含有较为丰富的辩证法思想。他的以唯物主义为基础的唯理主义认识论，实质上是一种唯心主义的先验论。斯宾诺莎是经院哲学的批判者，但他又不时沿用经院哲学的术语，用几何学的方法论述哲学观点，因而对问题的阐述表现出浓厚的抽象性和思辨性。

（一）实体是唯一的：神即自然

斯宾诺莎的世界观是披着泛神论外衣的唯物主义一元论，由"实体"、"属性"和"样式"三个基本范畴组成。

实体是斯宾诺莎世界观的基础和核心。同马勒伯朗士一样，斯宾诺莎也是从笛卡尔的"形而上学"中的实体学说出发的。不同的是，斯宾诺莎力图克服笛卡尔的实体多元论，引出实体一元论。对于实体，斯宾诺莎写道：

> 实体，我理解为在自身内并通过自身而被认识的东西。换言之，形成实体的概念可以无须借助于别的事物的概念。[①]

这就是说，实体是不依赖于他物而独立自存的东西；实体也无需借助于他物而得到说明，而是通过自身而得到种种规定。斯宾诺莎关于实体的这个定义是传统的实体定义。重要的是他从这个定义出发，演绎出了关于实体的种种特性。

---

① 斯宾诺莎：《伦理学》，《十六—十八世纪西欧各国哲学》，第243页。

首先，斯宾诺莎认为，实体是"自因"。他说：

> 实体不能为任何别的东西所产生；所以它必定是自因，换言之，它的本质必然包含存在，或者存在属于它的本性。①

所谓实体是自因，就是说实体本身就是自己存在的原因，而无须借助于他物而获得自己的存在。从实体是自因的观点出发，斯宾诺莎排除了外因论，反对用超自然的原因来解释自然，坚持从世界本身说明世界，认为世界万物都处于无穷无尽的因果联系之中，一切都可以通过因果规律得到说明，反对神学目的论。他写道：

> 自然并没有预定的目的，一切目的因都只不过是人心的虚构。②

恩格斯高度评价斯宾诺莎关于实体是自因的思想，指出："斯宾诺莎：实体是自身原因——把相互作用明显地表现出来了"，"相互作用是事物的真正的终极原因"③。

其次，斯宾诺莎认为，实体是唯一的。他说：

> 不能有多数实体，只有唯一的实体。④

在斯宾诺莎看来，如果存在着多个实体，那么势必会出现一个实体依赖于另一个实体，一个实体只能借助于另一个实体才能得到

---

① ② ④ 斯宾诺莎：《伦理学》，《十六—十八世纪西欧各国哲学》，第 247、270、246 页。
③ 恩格斯：《自然辩证法》，《马克思恩格斯选集》，第 3 卷第 552 页。

说明，而这是违背实体的定义的。因此，实体只能有一个。他写道：

> 除了神以外，不能有任何实体，也不能设想任何实体。①

在这里，斯宾诺莎否定了笛卡尔的实体多元论，坚持了实体一元论的观点。

再次，斯宾诺莎认为，实体是无限的。在他看来，如果实体是有限的，那么，实体就必须依赖别的事物，受到别的事物的限制，并通过别的事物而得到说明，这是和实体的定义相矛盾的。同时，如果实体是有限的，则又是与"存在属于实体的本性"的命题相矛盾的。因此，

> 凡是实体都必然是无限的。②

再者，斯宾诺莎认为，实体是永恒的。他写道：

> 神，或神的一切属性，都是永恒的。③

因为实体既然是独立自存的，是自因，那么它就不可能是被产生的东西，它的存在不可能有开端，也不可能有终点，因而必定是永恒的。

斯宾诺莎认为，作为"自因"、唯一、无限和永恒的实体，乃是万物的本质和万物存在的唯一的原因。他有时把实体叫做"自

---

① ② ③ 斯宾诺莎：《伦理学》，《十六—十八世纪西欧各国哲学》，第252、247、258页。

然",有时又称作"神"。这是因为,在他看来,神就是自然,自然就是神。他说:

> 万物依自然的一般法则而存在,并且为之所决定。此自然的一般法则不过是另外一个名称以名上帝的永存的天命而已。……所以,说万物遵从自然律而发生,和说万物被上帝的天命所规定是一件事情。……因为自然的力量与上帝的力量是一回事。①

我们知道,在传统的神学中,神和自然是两个绝然对立的东西,神之为神,就在于它是一个超自然的东西。现在,斯宾诺莎居然把神和自然看作同一个东西,这显然是对传统神学的极大亵渎。斯宾诺莎根本否定了传统神学意义上的神,即具有人格、意志、干预人间祸福的超自然的神的存在,认为作为万物的本原的神,就是自然,而自然本身也具有作为万物本原的神性。不难看出,斯宾诺莎的实体学说,实际上是一种特殊形式的唯物主义和无神论,即泛神论的唯物主义和泛神论的无神论。他对实体所做的界说和种种规定,深刻地体现了唯物主义和无神论的基本精神,表现了他对传统神学的叛逆。因此,尽管斯宾诺莎的学说披上了一层神学外衣,但仍然被教会作为无神论而加以谴责,甚至连他本人也被逐出了教门。

斯宾诺莎的无神论思想是欧洲无神论发展史的一个重要阶段。他从唯物主义的实体学说出发,根本否定了传统神学中的上帝存在。不仅如此,在《神学政治论》中,斯宾诺莎还从无神论出发,第一次对《圣经》进行了历史的批判性的分析和研究。在他看来,《圣经》是由不同时期,许多不同的作者所写的作品组成

---

① 斯宾诺莎:《神学政治论》,商务印书馆1963年版,第52页。

的。这就是说，必须根据《圣经》的历史，研究《圣经》。斯宾诺莎认为，要想真正把握《圣经》的本意，就必须把它的原文希伯来文和现代语言加以比较，必须研究《圣经》各篇产生的时代背景以及作者的生平和写作意图，还要了解《圣经》各篇是怎样合而为一的，如此等等。斯宾诺莎用这种历史的方法，对《圣经》进行了详细的考证，指出其中有许多年代不准确、事实不可靠、语句有矛盾，以此揭露教会对《圣经》的吹捧和歪曲，指出教会对《圣经》的许多解释都是违背原意的捏造。这就不仅沉重地打击了当时荷兰的宗教神学，而且为后来先进思想家们对《圣经》的批判开辟了道路。斯宾诺莎尖锐地揭露了宗教的反动社会作用，指出宗教是君主统治手中的欺骗人民的工具，"以便使人们为自己的奴役而战，就像为自己的幸福而战一样"。斯宾诺莎对宗教的批判和分析本质上是无神论的，这种批判不仅在当时起了破除迷信、解放思想的作用，而且对十八世纪法国无神论的产生和发展，也给予深刻的影响。但他同霍布斯一样，认为宗教起源于无知、恐惧和欺骗，为了使社会保持安宁，保留宗教是必要的。这表明斯宾诺莎的无神论思想是不彻底的。

斯宾诺莎从他的实体学说出发，进一步阐述了"属性"范畴。他写道：

> 属性，我理解为从理智看来是构成实体的本质的东西。①

在斯宾诺莎看来，属性是实体固有的本质特性。无限的实体必然具有无限多样的属性，其中每一个属性都各自表现实体永恒无限的本质。

---

① 斯宾诺莎：《伦理学》，《十六—十八世纪西欧各国哲学》，第243页。

斯宾诺莎认为，尽管实体具有无限多样的属性，但能够被我们认识的属性只有两个，即广延和思维。这两个区别的属性依附于实体，而不能离开实体独立存在。他说：

> 纵然两个属性可以设想为确实有区别……我们也不能因此便说它们是两个存在物或两个实体。①

这就是说，决不能把广延和思维看成是两个独立的实体，它们只是同一个实体的两种不同的属性，不过时而通过这个属性、时而通过那个属性去表现实体的本质罢了。不难看出，斯宾诺莎否认广延和思维是两个独立的实体，其目的就在于用唯物主义一元论，克服笛卡尔的二元论。

但是，斯宾诺莎并没有真正解决思维与存在、精神同物质的关系问题。在他看来，尽管广延和思维是同一个实体的两种属性，但二者之间是彼此独立，相互平行的，广延不能决定思维，思维也不能决定广延。他说：

> 身体不能决定心灵，使它思想，心灵也不能决定身体，使它动或静，更不能决定它使它成为任何别的东西。②

可见，斯宾诺莎的属性学说，是一种心物平行论的观点，保存着笛卡尔二元论的残余。

斯宾诺莎的样式学说，是关于个别事物的学说。他给样式下定义说：

---

①② 斯宾诺莎：《伦理学》，《十六—十八世纪西欧各国哲学》，第 248、312 页。

> 样式，我理解为实体的特殊状态，亦即别的事物内并通过别的事物而被认识的东西。①

这就是说，作为样式的个别事物都是实体也即自然的个别表现，不仅依赖于整个自然界，而且它们相互间也处于必然的因果关系之中。因此，一个个别事物只有从自然界的整体观点，从它和其它个别事物的关系中才能被认识。

斯宾诺莎认为，样式是由实体通过属性派生出来的。实体的思维属性派生出各种特殊的观念或意志，即表现为各种具体的精神活动。实体的广延属性派生出各种具体事物，即各种特殊形态的物体。我们既不能离开思维这一属性，去设想各种观念、意志、理智等；同样，也不能离开实体的广延属性，去设想各种有着具体形态的事物，以及它们的运动和静止。

斯宾诺莎在进一步阐述实体和样式的关系时，认为二者之间存在着本质与现象、原因和结果、全体与部分、一与多、无限与有限、绝对与相对以及永恒不变和运动变化等等联系和区别。他在这里触及到了哲学上的许多对立的范畴，看到了它们之间的某些联系和关系，表述了较多的辩证法思想，这对于促进辩证思维的发展有一定的启发意义。但是，由于他片面强调实体对样式的决定性的一面，因此，在具体解决这些对立范畴的相互关系时，就只看到一方决定另一方，而忽略了对立面的彼此影响、相互转化，从而实际上把对立双方绝然地割裂了开来。比如，在斯宾诺莎看来，样式是运动变化的，而实体则是永恒不变的。他说：

> 我们不难理解整个自然界是一个个体，它之各个部

---

① 斯宾诺莎：《伦理学》，《十六—十八世纪西欧各国哲学》，第244页。

分,换言之,即一切物体,虽有极其多样的变化,但整个个体可以不致有什么改变。①

斯宾诺莎的这个观点虽然包含了诸如自然作为宇宙的整体没有产生和消灭,物质或动量是守恒的等合理的猜测,但是,把自然界的个别事物看做是变化不居的,而把整个自然界看做是永恒不变的东西,这就割裂了自然和万物的关系,把自然看成是某种与万物无关的纯粹抽象的东西,这实质上是一种绝对静止的形而上学的观点。

按照实体是绝对静止的观点,斯宾诺莎无法解释不动不变的实体如何派生出运动变化的样式。为了解决这一困难,他提出了特殊样式的问题,认为运动是特殊的样式,它为一切样式所固有,是从不动不变的实体过渡到运动变化的样式的媒介或桥梁。当然,这样做实际上并没有解决问题,形而上学的斯宾诺莎陷入窘境。

在讨论样式范畴时,斯宾诺莎还着重研究了因果性问题。他指出:

> 一件特殊的东西,或者一件有限的、具有一定的存在的东西,除非有另一个也是有限的、具有一定的存在的原因决定它存在和动作,便不能存在,也不能受到决定作出动作;而这个原因又除非有另一个也是有限的、具有一定的存在的原因决定它存在和动作,便不能存在,也不能受到决定作出动作,这样一直无穷。②

在斯宾诺莎看来,因果规律是宇宙中的基本规律。自然界中,不

---

① 斯宾诺莎:《伦理学》,商务印书馆1975年版,第56页。
② 斯宾诺莎:《伦理学》,《十六—十八世纪西欧各国哲学》,第261页。

存在超脱因果关系的东西，一切个别事物都处于普遍的必然的因果锁链之中。

斯宾诺莎提出的这种因果决定论显然是针对当时的神学目的论的。他指出：

> 一切目的因都只不过是……这种关于目的的说法把自然整个颠倒过来了。①

但是，和同时代的机械唯物主义者霍布斯一样，斯宾诺莎也把因果性和必然性混为一谈，认为凡是有原因的东西都是必然，否认偶然性的存在，把偶然性说成是无知的代名词。他写道：

> 自然中没有任何偶然的东西，一切事物都受到神的本性的必然性的决定而以一定的方式存在和动作。②

他又写道：

> 其所以说一件东西是偶然的，实在没有别的原因，只不过是由于我们的知识有缺陷。③

显然，斯宾诺莎的因果性学说，也是一种机械的因果决定论。

值得注意的是，斯宾诺莎在讨论样式范畴时提出了一个著名的辩证法命题：规定即是否定。在他看来，作为样式的个别事物是有限的，当人们给一个具体事物作出某种规定，说它是什么的时候，同时就意味着把它和别的事物区别了开来，否定了它是另

---

① 斯宾诺莎：《伦理学》，《十六—十八世纪西欧各国哲学》，第270页。
②③ 斯宾诺莎：《伦理学》，《十六—十八世纪西欧各国哲学》第263、266页。

外的事物。换句话说，说某物是什么，也就是说某物不是什么。斯宾诺莎写道：

> 形状不是别的，而是规定，而规定即是否定，那末形状不能是另外的东西，而只能是否定。①

恩格斯在阐述马克思主义的辩证的否定观时，曾提到斯宾诺莎的这一思想。他说："斯宾诺莎早已说过：即任何的限制或规定同时就是否定。"②

从总体上说，斯宾诺莎的世界观是一个形而上学的、机械唯物主义的世界观。但是，其中也包含了某些辩证法的思想。因此，恩格斯把斯宾诺莎赞誉为欧洲近代辩证法的卓越代表。

（二）改进人类理智：唯理主义的认识论和方法论

同十七世纪其他先进的哲学家一样，斯宾诺莎也反对经院哲学的信仰主义、蒙昧主义，主张发扬人类理性的权威，呼吁改进人类理智，重视认识论和方法论的研究。

斯宾诺莎从他的实体、属性和样式的学说出发，以几何学的公理化和证明方法为范本，沿着笛卡尔的道路，提出了自己独特的唯理主义的认识论和方法论。

在认识论方面，斯宾诺莎提出了一个著名的命题：

> 观念的次序和联系与事物的次序和联系是相同的。③

---

① 《斯宾诺莎著作选》俄文版第 2 卷，第 568 页。
② 恩格斯：《反杜林论》，《马克思恩格斯选集》第 3 卷，第 181—182 页。
③ 斯宾诺莎：《伦理学》，《十六—十八世纪西欧各国哲学》，第 279 页。

和笛卡尔不同，斯宾诺莎从他的实体学说出发，认为认识不应当从自我（心灵）出发，而应当从自然出发。自然是认识的唯一对象；而"我们的心灵可以尽量完全地反映自然"。这就是说，人的心灵可以把握"自然的本质、秩序和联系"，达到和自然的同一。显然，斯宾诺莎的这种观点体现着鲜明的唯物主义精神。

但是，应当看到，尽管斯宾诺莎肯定心灵能"完全地反映自然"，然而他的这个观点并不是唯物主义的反映论。如前所述，斯宾诺莎认为，作为实体的两种属性思维和广延，是彼此不相干的、相互平行的。但是，在他看来，思维和广延既是同一实体的属性，因此两者的次序和联系又必定是相同的。可见，斯宾诺莎的上述命题实质上是一种心物（身心）平行论，而他对此所作的论证是十分抽象的、独断的。

从身心平行论出发，斯宾诺莎这样描述认识的发生：外物刺激人的肉体而引起肉体的变化，这种变化"必定包含有人身的性质，同时必定包含有外界物体的性质"，而"人心必然能觉察人身中的一切变化"，这样，我们的观念不仅表示了我们肉体的情况，同时也表示了外界物体的性质。因此，斯宾诺莎断言：

> 人心能够知觉许多物体的性质，以及它自己身体的性质。[①]

按照这种理解，人的认识就不仅不和人的身体无关，而且是依赖于身体的。斯宾诺莎说：

> 人心有认识许多事物的能力，如果它的身体能够适应的方面愈多，则这种能力将随着愈大。[②]

[①][②] 斯宾诺莎：《伦理学》，《十六—十八世纪西欧各国哲学》，第286、285页。

显然，这种观点是同他所主张的思维和广袤两种属性互不相干的观点相矛盾的。这表明斯宾诺莎还没有能正确处理认识和外物之间的关系。

在斯宾诺莎看来，并不是一切观念都是符合它的对象的。因此必须研究各种认识的方式，从中选出能够获得正确认识的方式。他认为，认识的方式或知识种类可以分为三种：

一、感性知识：包括从传闻间接得来的知识，以及从对个别事物的直接经验中得来的泛泛经验的知识。这种感性知识亦可称之为"意见或想象的知识"。

二、理性知识：依据正确观念进行推理而得到的知识。

三、直观知识：理智对事物的本质直接把握而得到的知识。

关于三种知识的优劣比较，斯宾诺莎写道：

> 只有第一类知识是错误的原因，第二类和第三类知识是必然真实的。①

在斯宾诺莎看来，从传闻或感觉得来的知识是混乱的、不确定的和偶然的。这种知识不是"按照自然的形象来解释自然界的事物"，而是依各人身体的情况为转移，因而具有主观性。比如，凡常常用赞美的态度来观察人们身材的人，一提到"人"字，便理解为一玉立的身材，而在一个哲学家的眼里，"人"只是一个理性的动物。所以说，感性知识是错误的来源。斯宾诺莎认为，和感性知识不同，第二种知识即理性知识则是一种把握了事物的必然性的知识。他写道：

---

① 斯宾诺莎：《伦理学》，《十六—十八世纪西欧各国哲学》，第295页。

> 理性的本性不在于认为事物是偶然的，而在于认为事物是必然的。①

在斯宾诺莎看来，理性知识是由心灵本身存在的正确的观念也即所谓真观念，通过推理得来的，因而是正确的。但是，由于推理过程可能发生错误，所以，它还不是绝对可靠的知识。和理性知识不同，直觉知识是理智不通过任何媒介而直接把握事物的本质获得的知识，因此，它不仅具有必然性，而且是绝对可靠的。我们看到，斯宾诺莎对知识所作的上述分类，包含了某些合理的成分，即揭示了感性认识的局限性，看到唯有理性认识才能把握事物的本质和规律。但是，他绝对否定感性认识，片面地抬高理性认识，否认理性认识来源于感性认识，这就从根本上颠倒了人类认识的次序，陷入了唯心主义的先验论。这样一来，可靠的理性认识倒成了无源之水、无本之木，成了主观自生、靠不住的东西了。

斯宾诺莎把由直观获得的知识叫做"真观念"。关于真观念，他写道：

> 凡具有真观念的人无不知道真观念包含最高的确定性。因为具有真观念并没有别的意思，即是最完满，最确定地认识一个对象。②

斯宾诺莎继续写道：

> 真观念与错误观念的区别仅在于真观念与它的对象相符合。③

---

① 斯宾诺莎：《伦理学》，《十六—十八世纪西欧各国哲学》，第297页。
②③ 斯宾诺莎：《伦理学》，《十六—十八世纪西欧各国哲学》，第296、296页。

可以看出，在真理问题上，斯宾诺莎坚持的是唯物主义的符合论。但是，也应当指出，斯宾诺莎的符合论的基础不是反映论，而是心物平行论，就是说，真观念不是它的对象的正确反映，而是实体的两种属性——心灵和广延的平行一致所决定的。

斯宾诺莎把"真观念和它的对象相符合"叫做真理的"外在标志"。此外，真理还有它的"内在标志"。按照他的思想，一个观念并不是因为和它的对象相符合才是真观念，而是因为它本身就是真观念，所以它才与它的对象相符合。那么，衡量真观念的标准是什么呢？他写道：

> 除了真观念外，还有什么更明白更确定的东西足以作真理的标准呢？正如光明之显示其自身并显示黑暗，所以真理即是真理自身的标准，又是错误的标准。①

斯宾诺莎所谓真理是真理自身的标准，就是指真观念乃是一种清楚、明白、恰当的观念。他把这个标准称之为真观念的"内在标志"。这样，斯宾诺莎在真理标准问题上又陷入了"自以为是"的主观主义和唯心主义。

斯宾诺莎以真观念为基础，提出了他的方法论。斯宾诺莎的方法论概括起来主要有两点。第一，

> 必须首先有一个真观念存在于心中，作为天赋的工具；心灵一旦认识了这个真观念，则我们就可以明了真观念与其他表象之间的区别。②

---

① 斯宾诺莎：《伦理学》，《十六—十八世纪西欧各国哲学》，第296页。
② 斯宾诺莎：《理智改进论》，《十六—十八世纪西欧各国哲学》，第239页。

第二,

> 必须确立规律,以便拿真观念作为规范去认识未知的事物。①

简言之,首先通过理性直观寻求真观念,然后,以真观念为前提通过演绎法推出新的知识。不难看出,斯宾诺莎的方法也就是几何学的公理化方法和证明方法。我们看到,斯宾诺莎的《伦理学》就是按照这种方法写成的。先是定义,接着是公理,然后提出命题并进行求证。应当肯定,和归纳法一样,公理化方法和演绎方法都是科学的方法,并且是相辅相成的。如果片面地否定一种方法,而把另一种方法绝对化,看作是唯一的普遍适用的方法,则是错误的。事实表明,斯宾诺莎在《伦理学》中呆板地使用几何学方法,并没有取得多大成功,反而大大地束缚了他的思想,使许多深刻而有见解的思想没有得到系统、详尽的发挥,很多地方显得矫揉造作,陷入烦琐抽象的思辨。

值得注意的是,在斯宾诺莎的认识论中渗透着一种整体的或系统的观念。在他看来,自然是一个有机的整体,世界上的任何具体事物都不能离开这个整体,都不能脱离开同其它事物的因果联系而孤立地存在着,或者被孤立地认识。用他的话来说就是:

> 事物之被我们认为是真实的,不外两个方式:或是就事物存在于一定的时间和地点的关系中去认识它,或是就事物被包含在神之内,从神圣的自然必然性去认识

---

① 斯宾诺莎:《理智改进论》,《十六—十八世纪西欧各国哲学》,第242页。

它。①

这就是说，人们要想正确地认识一个事物，就必须把它放在自然这个整体中，放在它和其他事物的具体关系中进行考察。在形而上学的孤立观点盛行的十七世纪。斯宾诺莎提出这种见解应当说是难能可贵的。

（三）伦理学：自由是对必然的认识

斯宾诺莎在谈及他的哲学的任务的时候，指出：

> 我志在使一切科学都集中于一个目的或一个理想，就是达到……最高的人生圆满境界。②

在斯宾诺莎看来，哲学的根本目的就是给人们提供一种"新的生活指导"，寻求道德上的"最高的""善"或"至善"，达到伦理上的最完满的境界。

斯宾诺莎认为，日常所谓善和恶的概念都是相对的，因为同一事物可以同时既善又恶，或不善不恶，比如音乐对于愁闷的人是善，对于哀痛的人是恶，而对于耳聋的人则是不善不恶。但是，道德上的"至善"则是永恒不变的。所谓"至善"，就是：

> 对人的心灵与整个自然相一致的认识。③

斯宾诺莎伦理学的一个明显的特色，就是把道德和知识统一起来。在他看来，至善即知识。

在伦理学的基本问题上即理性与情欲，或道德和个人幸福之

---

① 斯宾诺莎：《伦理学》，《十六—十八世纪西欧各国哲学》，第338页。
②③ 斯宾诺莎：《理智改进论》，《十六—十八世纪西欧各国哲学》，第232页。

间的关系上，斯宾诺莎提出了自己新的见解：既反对否定情欲的禁欲主义，也反对把追求私利的本身看作目的的纵欲主义，主张用理性合理地控制情欲，把对情欲的追求看作是实现至善的手段。按照禁欲主义的观点，情欲或追求私利，乃是一切"祸乱的根源而不是道德与信义的基础"。在斯宾诺莎看来，禁欲主义的上述观点"恰好与事实相反"。从抽象人性论出发，斯宾诺莎断言，人性的本质首先就是保存自己，而人的趋乐避苦的情欲，追求私利的幸福的欲望，都是为了保存自己所作的努力。在他看来，这种保存自己的努力不但不是乱祸的根源，反而是道德的基础。他说：

> 保存自我的努力乃是德性的首先的唯一的基础。①

因此，否定情欲就必然摧毁了整个道德的基础，那就无道德可言。

斯宾诺莎在为情欲的合理性作辩护的同时，也反对把情欲、追求私利本身看作目的。在他看来，人们如果被感官快乐所奴役，沉溺于资财、荣誉和肉体快乐的追求，则是有百害而无一利的。世界上因为富有资财而丧生，因放纵肉欲而加速死亡的人是不可胜数的。因此，他写道：

> 对于荣誉与资财的追求，特别是把它们自身当作目的，当作至善的所在，是最足以令人陷溺的。②

斯宾诺莎所谓情欲只是手段，不是目的的观点，是说情欲只是道德的基础，是实现道德的工具，而不是道德本身。在他看来，为

---

① 斯宾诺莎：《伦理学》，商务印书馆 1985 年版，第 173 页。
② 斯宾诺莎：《理智改进论》，《十六—十八世纪西欧各国哲学》，第 229 页。

了保持自己的存在，人们决不能对外界毫无所需，决不能与外界事物完全断绝往来而孤立自存。因此，人类保存自己，最有价值之事，莫过于寻求所有的人都和谐一致、团结一致，使人人都追求共同的利益或福利，尽可能努力去保持他们的存在。斯宾诺莎认为，情欲具有个别性，各个人的要求不同；理性则是普遍的，人人相同的。因此，凡是受理性指导的人，即善于用理性控制自己的情欲、以理性为指导寻求自己利益的人，他们所追求的东西，也即是他们为别人而追求的东西。所以他们都是道德上公正、忠诚而高尚的人。由此斯宾诺莎得出结论说：

> 绝对遵循德性而行，在我们看来，不是别的，即是在寻求自己的利益的基础上，以理性为指导，而行动、生活、保持自我的存在。[①]

在斯宾诺莎看来，道德不否定个人追求自己的利益，如果把对于资财、荣誉和快乐的追求看成手段，而不看成目的，并且加以适当的节制，这不但没有什么妨碍，而且能够促进目的的实现。可以看出，斯宾诺莎提出的这种"新的生活指针"，确实反映了新的资本主义的时代精神，具有反封建的进步意义。但是，这种"新的生活指针"却是以抽象的人性论为基础的，其核心则是个人主义。

值得注意的是，斯宾诺莎在他的伦理学中深入地探讨了自由和必然的关系。在他看来，情欲是人保存自己的努力、本能、冲动、意愿等情绪。这些情绪随着人身体状态的变化而变化。正如自然界中的其它的事物一样，一切情欲"皆出于自然的同一的必然性和力量"。斯宾诺莎指出：

---

① 斯宾诺莎：《伦理学》，商务印书馆1958年版，第175页。

> 我们所有的一切追求或欲望，都是出于我们性质的必然性。①

因此，在斯宾诺莎看来，要想杜绝人们的情欲是根本不可能的。

但是，斯宾诺莎又认为，一个完全为情欲所支配的人，必定是自然必然性的奴隶，行为便没有自主之权，只能受命运的宰割，因而不符合人的"自由的"、"主动的"本性。斯宾诺莎肯定自由的存在；但否定唯心主义的自由意志论。在他看来，根本不存在什么超脱必然性的自由意志，即使神也不是依据意志的自由而活动的。他说：

> 无论怎样理解意志，有限的也好，无限的也好，都要有一个原因来决定它的存在与动作；因此，意志不能说是自由原因，只能说是必然的或受制的原因。②

斯宾诺莎认为，真正的自由乃在于对必然性的认识。只要认识了自然的必然性，人们就能控制自己的情欲，把它纳入理性的轨道，获得自由，使人处于主动者的地位。因此，要取得自由与主动，就要求人的思想和行为严格遵循理性的指导。他说：

> 自由人，亦即纯粹依理性的指导而生活的人。③

他还说：

---

①② 斯宾诺莎：《伦理学》，商务印书馆1958年版，第211、206页。
③ 斯宾诺莎：《伦理学》，《十六—十八世纪西欧各国哲学》，第265页。

> 人们唯有遵循理性的指导而生活才可说是主动的。①

由此看来,斯宾诺莎倡导面向自然,正确认识自然,其目的就在于争取人的自由和主动的资格,达到道德上的完满境界。

十七世纪,在欧洲哲学中,以笛卡尔为代表的自由意志论,同以霍布斯为代表的机械因果决定论正在进行着激烈的争论,双方各执一端,相持不下。在这种情况下,斯宾诺莎提出自由是对必然性的认识的观点,力图把自由和必然统一起来,这在认识史上是一个重要进步,对后来欧洲辩证法思想的发展有深远的影响。

不过,斯宾诺莎的自由观点也具有明显的消极的性质。他还不懂得,真正的自由不仅在于认识了必然性,更重要的是按照必然性去改造客观世界,以便获得现实的自由。然而,我们看到,斯宾诺莎所谓的自由仅仅是停留在思想范围内的自由,有时甚至仅仅是精神上的自我满足、自我安慰。比如,也曾举过这样一个例子来说明他的自由观点:当一个失掉东西的人,认识到他所失掉的东西本来就是无法保存的,也就会减少很多痛苦,而感到心安理得。显然,这种观点是极其消极的。斯宾诺莎的这种自由观同他在政治上只要求"自由思考与判断之权",反对争取"自由行动之权"的观点是一致的。即使是"自由思考与判断之权",在他看来,也只能以不危害统治者权势为限度,也不能无限制地给予人民。可以看出,斯宾诺莎这种自由观,和正在努力巩固自己的统治的资产阶级的要求是相适应的。

三、 莱布尼茨

莱布尼茨是十七世纪德国著名的哲学家,大陆唯理论哲学的

---

① 斯宾诺莎:《伦理学》,商务印书馆1958年版,第189页。

系统化者。

莱布尼茨的哲学深刻地反映了十七世纪欧洲和德国的状况。十七世纪下半叶,德国资本主义关系有了进一步的发展,特别是有关宫廷和军队的物资供应的工商业部门发展较快。但较之同时代的英国、荷兰等先进的资本主义国家来说,德国的经济发展水平还是相当落后的,速度也很缓慢。主要是因为在德国境内进行的"三十年战争"(1618—1648)给德国的经济造成了极大的破坏,把政治上的封建割据进一步固定了下来。当时的"德意志"实际上只是一个地理名词,境内有各自独立的三百多个邦和近千个骑士领地。这种极端分散的封建割据局面严重地阻碍了资本主义的发展和统一的资产阶级的形成。如果说,十七世纪英国资产阶级已经形成,并且向封建专制制度展开了夺取政权的斗争,法国的资产阶级也正在形成,同封建专制制度的矛盾开始激化,那么,此时德国的所谓资产阶级还不过是一些分散在各邦的从事小规模的工商业的小市民,他们主要服务于宫廷和军队的物资供应。如此分散和软弱的德国市民——资产阶级虽然怀有反封建的愿望,但还不可能提出任何革命的要求,而只能把希望寄托于所谓"开明君主专制",以求得资本主义的发展。作为一个哲学家、科学家,莱布尼茨受到了十七世纪整个欧洲时代精神的熏陶,欧洲各先进国家的经济、政治、哲学、科学以及文化的发展给了他以深刻的影响。同时,莱布尼茨的思想也为落后的德国状况所局限,带有明显的德国市民——资产阶级的烙印。

歌德弗里特·威廉·莱布尼茨(1646—1716)出生于莱比锡。他的父亲是莱比锡大学的伦理学教授。这种环境为他的成长提供了良好的条件,使他从小就接触到许多哲学家的著作。1661年,他考进莱比锡大学。在大学期间,莱布尼茨接受了传统的经院哲学的训练,同时也研读了近代哲学家和科学家如培根、康帕内拉、刻卜勒、伽利略以及笛卡尔等人的著作,从而给他的科学和哲学活动奠定了牢固的基础。1663年，莱布尼茨转入耶拿大学研读数学。1666年在阿尔特多夫大学得法学博士学位。1672年，他受聘担任美因兹选帝候相国博因堡男爵儿子的家庭教师，后来被派往巴黎担任外交工作。留居巴黎达四年之久，结识了牛顿、惠更斯、马勒伯朗士等著名的科学家和哲学家。在此期间他还短期访问过英国，结识了著名的科学家波义耳，并曾想拜望霍布斯，但由于霍布斯年迈，神志不清而未能见面。1676年，莱布尼茨接受了汉诺威图书馆馆长的职务。在他离开巴黎赴汉诺威的途中，特地去荷兰访问了斯宾诺莎。1712年，莱布巴茨在维也纳结识了欧根亲王，最后当上了帝国宫廷参议。

莱布尼茨一生在宫廷任职，高官厚禄，声名显赫。但他除了执行公务外，始终坚持科学和哲学的研究。他博学多才，富于创见，在许多领域作出了卓越的贡献。1677年，他几乎和牛顿同时创立了微积分。在物理学方面，他继承和发展了由笛卡尔提出的动量守恒的思想，用 $mv^2=c$ 的公式补正了笛卡尔的 $mv=c$ 的公式，更为精确地表述了动量守恒定律。他是数理逻辑的奠基人，并提出了形式逻辑中的充足理由律。此外，在许多应用科学技术中，他也有不少发明创造，比如，他改进了巴斯噶的加法器，设计并制造了一种手摇的演算机等。莱布尼茨十分热爱科学文化事业，是一位科学研究的积极的组织者和活动家。他促成了柏林科学院的创立，并担任了该院的第一任院长，还积极建议创办维也纳、彼得堡的科学院。据说，他曾给清朝皇帝康熙写过信，建议在北京成立科学院。

在政治和宗教方面，莱布尼茨都有调和倾向。他反对专横的君主专制统治，鼓吹所谓"开明专制"，期望在"开明专制"的庇护下发展生产和科学文化。鉴于德国的长期的宗教纷争，莱布尼茨极力主张基督教各教派的联合和统一。

莱布尼茨的哲学思想的形成有一个过程。在学生时代，他接受过传统的经院哲学的训练,相信经院哲学的所谓实体学说,后来一度为霍布斯、笛卡尔的机械唯物主义和伽桑狄的原子论所吸引。但是,最后他还是放弃了唯物主义转向了唯心主义。针对机械唯物主义和经验论,莱布尼茨系统地阐述了他的客观唯心主义"单子论"世界观和唯心主义唯理论。在莱布尼茨的唯心主义哲学体系中,包含了较为丰富的辩证法因素。

莱布尼茨的主要哲学著作有:《形而上学谈话》(1686)、《人类理智新论》(1704)、《神正论》(1710)、《单子论》(1714)等。其中《人类理智新论》是针对洛克的《人类智论理》而写的,批驳了洛克的唯物主义经验论,阐发了自己唯心主义的认识论观点。在《单子论》中,他系统地表述了自己的客观唯心主义世界观。

(一) 单子论

如前所述,莱布尼茨曾一度为机械唯物主义所吸引,放弃了他早先接受的亚里士多德主义,但不久,他又觉察到机械唯物主义在理论上存在着许多缺陷和自相矛盾的地方,以及可能导致无神论的倾向,因而又回到了唯心论,提出了自己的单子论,企图在唯心主义的基础上发挥辩证法,以克服机械唯物论。

莱布尼茨对构成复合物的实体即单子作了种种规定。首先,单子是单纯的精神实体。他写道:

> 我们在这里所要讲的单子,不是别的东西,只是一种组成复合物的单纯实体,单纯,就是没有部分的意思。……在没有部分的地方,是不可能有广袤、形状、可分性的。[1]

不难看出,莱布尼茨关于单子的上述规定恰恰是同机械唯物主义

---

[1] 莱布尼茨:《单子论》,《十六—十八世纪西欧各国哲学》,第483页。

的原子论相对立的。按照机械唯物主义的观点,作为构成万物的元素的原子,是一种不可分的,但又是具有广延性的物质微粒。在莱布尼茨看来,机械唯物主义者关于原子所作的这个规定本身,就是自相矛盾的。既然原子具有广延性,那么,不论它占有的空间如何小,就不可能是不可分的。所谓"物质的(意即具有广延性)原子(意即不可分)"本来就是一个自相矛盾的概念。因此,莱布尼茨认为,作为构成复合物的单纯实体——单子,只具有不可分性,而没有广延性,如果把单子也叫做原子的话,那么,它就是没有广延性的也即非物质的原子。可以看出,莱布尼茨在这里确实看到了机械唯物主义物质观的形而上学的缺点,即寻求某种绝对不可分的物质微粒。但是,他用不可分的精神性的单子来否定唯物主义哲学路线,则是根本错误的,不仅表现了他的单子论的唯心主义性质,而且和机械唯物主义一样,也是形而上学的。

其次,莱布尼茨认为,单子由于没有部分,因此它不能借自然方式,通过组合而产生,或通过分解而消灭,它只能依靠上帝的万能来"突然产生,突然消灭,这就是说,它们只能凭借创造而产生,凭借毁灭而消灭"。[1]扼要地说,单子就是由上帝创造的,而这就进一步暴露了莱布尼茨单子论的唯心主义性质。

再次,莱布尼茨认为,单子是构成复合物的元素,而复合物只是一些单子的"堆积或聚集"。[2]既然复合物是存在的,那么,"单纯的实体是一定存在的"。[3]

再次,莱布尼茨认为,由于单子没有部分,是最小的单位,因此,单子是封闭的、孤立的,相互之间不能发生影响和作用,因为"单子没有可供出入的窗子"。[4]

莱布尼茨还针对机械唯物论只讲量、不讲质的缺点,提出单

---

[1][2][3][4] 莱布尼茨:《单子论》,《十六—十八世纪西欧各国哲学》,第483页。

子是最小单位，它没有量的规定性，但具有质的规定性。他写道：

> 单子必须有一些性质，否则它就不会是存在物了。单纯的实体之间如果没有性质上的差别，就无法觉察事物中的任何变化，因为存在于复合物中的东西，只能来自单纯的组成部分，单子如果没有性质，也就不能彼此分别，因为它们之间本来没有量的差别。①

他又写道：

> 每个单子必须与任何一个别的单子不同。因为在自然中决没有两个东西完全相似，在其中不可能找出一种内在的差别或基于一种固有特质的差别。②

在莱布尼茨看来，事物的差别，来自构成事物的元素——单子的差别。

针对机械唯物论只着眼于实体的广延性，陷入外因论的缺点，莱布尼茨强调指出，单子作为实体，本质上是能动的。他写道：

> 能动性是一般实体的本质。③

他又写道：

---

①② 莱布尼茨：《单子论》，《十六—十八世纪西欧各国哲学》，第484页。
③ 莱布尼茨：《人类理智新论》，《十六—十八世纪西欧各国哲学》，第519页。

> 在自然的情况之下,一个实体不能没有行动,甚至没有一个形体没有运动。①

莱布尼茨认为,既然单子是封闭的,那么它能够运动的原因不在外部,而在其本身,因为单子具有运动的"内在原则",也即所谓"欲求"。莱布尼茨指出:

> 那种致使一个知觉变化或过渡到另一个知觉的内在原则的活动,可以称为欲求。②

莱布尼茨认为,单子的基本属性是知觉。所谓单子的变化,就是在欲望的推动下,从一种知觉向另一种知觉的变化与过渡。这十分清楚地表明,单子是一种纯粹的精神性的实体。列宁深刻地揭露了莱布尼茨单子论哲学的唯心主义实质,他写道:"我的自由的转达:单子=特种的灵魂。莱布尼茨=唯心主义者。而物质是灵魂的异在或是一种用世俗的、肉体的联系把单子粘在一起的浆糊"。③但是,应该看到,莱布尼茨力图以单子能动性的原则去改正机械唯物论割裂物质与运动关系的缺点,显然包含着合理的方面。正如列宁指出的,"莱布尼茨通过神学而接近了物质和运动的不可分割的(并且是普遍的、绝对的)联系的原则"。④关于单子能动性的思想,是莱布尼茨哲学体系中所包含的最重要的辩证法思想。

遵循单子能动性的原则,莱布尼茨把宇宙看作一个从低级到高级的发展过程。在他看来,由于单子内在欲求的推动,单子的

---

① 莱布尼茨:《人类理智新论》,《十六—十八世纪西欧各国哲学》,第506页。
② 莱布尼茨:《单子论》,《十六—十八世纪西欧各国哲学》,第485页。
③④ 列宁:《费尔巴哈〈对莱布尼茨哲学的叙述、分析和批判〉一书摘要》,《列宁全集》第38卷,第430、427页。

知觉不断地由低级向高级发展,由这样的单子构成的事物便形成了一个不同等级的连续发展的系列。最低一级的单子只有"微知觉",无生命的东西就是由这类单子构成的;较高级的单子具有比较清晰的知觉,而且伴随着记忆,一般的动物等都是由这类单子构成的;再高一级的单子,不仅具有清晰的知觉和记忆,而且有理性或精神,能运用概念进行推理、判断等思维活动,人就是由这类单子构成的;最高级的单子是上帝,它全智、全能,一切必然真理都在它之内。莱布尼茨看到,在十七世纪机械唯物论中存在着把间断性和连续性简单地对立起来的缺点。伽桑狄强调原子是最小的"不可分的点",忽视了非连续性方面,即间断性;笛卡尔否定原子不可分的观点,强调了非连续性。双方各执一端,形成不可调和的对立和矛盾。与上述两种观点不同,莱布尼茨既肯定单子是不可分的,又肯定单子变化"都是连续的"。这一观点表明,莱布尼茨力图把间断性和连续性理解为对立的统一。但是,我们看到,他并没有很好地解决这个问题。当涉及到事物的运动变化时,他又片面地强调变化的连续性、渐进性,而否认突变或飞跃。在他看来,生和死没有严格的界限,所谓生"乃是发展与增大",所谓死"乃是隐藏和缩减"。因此,他的箴言是:

自然从来不飞跃。[①]

可见,政治上的改良主义路线,使他不可能把辩证发展的观点贯彻到底。

所谓"前定和谐",是莱布尼茨单子论体系中的又一个重要观点。他既不同意对宇宙秩序作机械论的理解,也不同意笛卡尔学派的"偶因论"。莱布尼茨认为,虽然每个单子都是孤立的,但是

---

① 莱布尼茨:《人类理智新论》,《十六—十八世纪西欧各国哲学》,第509页。

每个单子的发展，又和其它的单子的发展协调一致，形成了和谐的宇宙秩序。这是因为，上帝在创世之初，已把每个单子的全部发展过程预先安排好了。这就是所谓的"前定和谐"。莱布尼茨强调，整个宇宙都是由上帝创造和安排的，现存的秩序为什么正好是这样，而不是别的样子，其理由都在上帝那里。上帝是整个世界以及其中的一切事物存在的"充足理由"。在这里，莱布尼茨的哲学散发着强烈的僧侣主义的气息。

莱布尼茨借助于"前定和谐"说阐发了普遍联系的思想。在他看来，单子作为单纯的实体是各自孤立的，相互之间不能相互作用和影响，但是，通过上帝这个中介，单子之间又是普遍联系，相互影响的。他指出：

> 这种一切事物对每一个事物的联系或适应，以及每一事物对一切事物的联系或适应，使每一个单纯实体具有表现其他一切事物的关系，并且使它因而成为宇宙的一面永恒的活的镜子。①

他又指出：

> 既然全体是充实的，因而全部物质是连接的，既然在充实中所有的运动都按距离的比例对远处物体发生影响……因此一切物体都感受到宇宙中所发生的一切，因而观看全体的人能够在每一个物体中看到各处所发生的事，以至过去或未来所发生的事，在现在中观察到在时间上和空间上甚为遥远的事……②

---

①② 莱布尼茨：《单子论》，《十六—十八世纪西欧各国哲学》，第492、493—494页。

在这里,莱布尼茨通过唯心主义的方式,猜测到了有限与无限、个别与一般、部分与整体的相互联系。在他看来,有限中包含着无限,个别中包含着一般,多中有一,一中有多。列宁在谈到莱布尼茨的这一辩证法思想时指出:"这里是特种的辩证法,而且是非常深刻的辩证法,尽管有唯心主义和僧侣主义。"①

莱布尼茨用"前定和谐"说直接为现存的封建专制制度作辩护。在他看来,德国的君主专制制度是上帝按照充足理由选中了的现实世界,是"一切可能的世界中最好的","亦即最完善的君王统治下的尽可能最完善的国家"。这就充分地表现了莱布尼茨哲学政治上的强烈的保守性质,反映了德国市民——资产阶级的妥协性。

列宁指出,莱布尼茨的观点是用"精巧的、精神上的、用最漂亮的'思想'外衣装扮起来的神的观念"②。不过,应当看到,尽管莱布尼茨通过"前定和谐"说极力吹捧上帝的完善和万能,但他并不因此而贬低或否定单子的实际地位和自由活动的能力。在他看来,每一个单子都是一个小宇宙,而且高级的单子——精神(即人)甚至活像一个小小的神。精神为上帝所创造,但上帝的荣耀又有赖于精神对它的认识和崇拜。他说:

> 如果上帝的伟大和善不为精神所认识和崇拜,就根本没有上帝的荣耀可言。③

同时,在莱布尼茨看来,他的"前定和谐"说不同于笛卡尔派的偶因论。在"前定和谐"的体系中,上帝只是像一个立法者或建

---

① 列宁:《费尔巴哈"对莱布尼茨哲学的叙述,分析和批判"一书摘要》,《列宁全集》第38卷第431页。
② 列宁:《给阿·马·高尔基》,《列宁全集》第35卷,第106页。
③ 莱布尼茨:《单子论》,《十六—十八世纪西欧各国哲学》,第498页。

筑师一样，事先给宇宙规范出一个和谐秩序的蓝图，而不干预实际生活的进程，实际生活中和谐秩序的形成，则完全靠自然本身去解决，而不必麻烦上帝。他说：

> 作为建筑师的上帝，在一切方面都是满足作为立法者的上帝的。因此罪恶必然凭借自然的秩序，甚至凭借事物的机械结构而带来它的惩罚；同样地，善良的行为则通过形体方面的机械途径而获致它的报偿，虽然这是不能也不应当经常立刻达到的。①

可以看出，莱布尼茨的"预定和谐"说，在表面上似乎是抬高了上帝的地位，而实际上是剥夺了上帝干预世界具体进程的权力。上帝的伟大和光荣，仅只是在宇宙形成之前对宇宙秩序的规范，而不在于在宇宙形成之后对宇宙实际过程的干预。因此，单子在实际生活中仍然保持它的独立地位和自由活动的能力。莱布尼茨的这个思想隐藏着对封建神学的批判成份，同欧洲十七世纪末和十八世纪初流行的自然神论的基本精神是一致的。

不难看出，在莱布尼茨的体系中，自由活动的单子和全智全能的上帝之间是有矛盾的。然而莱布尼茨却极力掩盖并调和这个矛盾。在他看来，上帝和单子之间的关系，可以在互不损害、各得其所的原则下获得调和。莱布尼茨对他的哲学的政治背景是毫不掩饰的。他所说的单子和上帝的关系，实际上就是市民——资产阶级和专制君主之间关系的升华。他说：

> 上帝对于精神的关系，不仅是一个发明家对于他的机器的关系（如同上帝对其他创造物的关系），而且是一

---

① 莱布尼茨：《单子论》，《十六—十八世纪西欧各国哲学》，第 499 页。

位君主对他的臣民的关系,甚至是一个父亲对他的子女的关系。①

可见,莱布尼茨对上帝的颂扬,实际上是对封建专制制度的吹捧;而对单子的地位及其自由活动原则的维护,实际上也是市民——资产阶级要求发展资本主义的影射,调和封建专制制度和市民——资产阶级的矛盾,在封建专制制度下争取发展资本主义的自由,这就是莱布尼茨哲学的最终政治目的。

总之,莱布尼茨世界观中的前定和谐说和发展的渐进性的思想,反映了德国市民——资产阶级的软弱性和妥协性,是莱布尼茨单子论中的消极方面。莱布尼茨关于单子能动性等辩证法思想,反映了德国市民——资产阶级自由发展资本主义的进步要求,是莱布尼茨单子论中的积极因素,对于十八世纪法国唯物主义和德国古典哲学的形成、发展有积极的影响。综观全貌,单子论的唯心主义、僧侣主义的性质,决定了莱布尼茨哲学的妥协、保守的基本倾向。

(二)唯理主义认识论

莱布尼茨从单子论出发,把认识看作是人类心灵这种较高级的单子的"知觉",在其内在原则的推动下的发展过程。在他看来,由于单子是封闭的、孤立的,因此,人类认识本质上是心灵内在固有的,而不是外物作用于心灵的结果。这就决定了莱布尼茨认识论的先验主义的基本倾向。

在《人类理智新论》中,莱布尼茨针对洛克的《人类理解论》的观点,逐章逐节地进行了辩驳。他通过揭露洛克认识论中的经验主义的局限性,否定洛克认识论的唯物主义反映论路线,系统地阐述了自己的唯心主义的唯理论。

---

① 莱布尼茨:《单子论》,《十六—十八世纪西欧各国哲学》,第498页。

莱布尼茨强烈地意识到他和洛克的分歧,是古代柏拉图和德谟克利特、近代笛卡尔和伽桑狄的争论的继续和发展,并且明确声称自己是柏拉图、笛卡尔认识论路线的继承者。他很清楚,争论双方的分歧主要集中在物质能否思维、人们是否永远在思维以及有没有天赋观念等一系列重大哲学问题上。莱布尼茨反对洛克关于上帝可能给物质以思想的能力的观点,认为物质的本性是被动的、僵死的,不具有思想的能力,因此,上帝也决不会创造出给物质以思想能力这样的奇迹。在他看来,思想乃是非物质的心灵所固有的能力,而心灵也就永远在思想,即使在人们沉睡或昏迷时,也还有某种模糊的知觉,"即"微知觉"。不过,莱布尼茨同洛克的争论,首先和主要集中在人心是否为一块白板,有没有天赋观念这个重大问题上。

莱布尼茨旗帜鲜明地反对洛克的白板说,反对洛克关于认识开始于经验的唯物主义经验论的命题,断言人心中存在着天赋观念。他说:

> 我一向是并且现在仍然是赞成有笛卡尔先生所曾主张的对于上帝的天赋观念,并且因此也认为有其他一些不能来自感觉的天赋观念的。①

莱布尼茨从单子没有"窗户"不能从外面接受观念的观点出发,把笛卡尔的天赋观念论推到了极端。我们知道,笛卡尔主张天赋观念论,但只承认某些观念是天赋的。和笛卡尔不同,莱布尼茨认为一切观念都是天赋的。他写道:

> 我甚至认为我们灵魂的一切思想和行动都是来自它

---

① 莱布尼茨:《人类理智新论》(上册),商务印书馆1982年版,第36页。

自己内部,而不能是由感觉给与它的。①

与此同时,莱布尼茨也对笛卡尔的天赋观念论作了某些修正。在他看来,人的心灵既不像洛克所说的那样是一块没有任何记号的白板,也不像笛卡尔所说的那样,心灵中本来就存在着某些清楚明白的观念,可以像读一本打开的书一样,毫不困难地立刻"读到理性的永恒法则"。莱布尼茨认为,人的心灵"原来就包含着一些概念和学说的原则",但是,它们并非是清楚明白的,而只是作为一种自然的禀赋潜在于人的心中,只有经过感觉的唤醒,它们才逐渐清楚明白起来。他写道:

> 观念与真理是作为倾向、禀赋、习性或自然的潜在能力而天赋在我们心中,并不是作为现实作用而天赋在我们心中的。②

同时,莱布尼茨又指出:

> 但是只要凭感觉所供给的机缘,集中注意力,就足可以在我们心中发现这些法则。③

莱布尼茨把人的心灵比作一块有纹路的大理石,未来的雕像的形象,已经潜存于大理石固有的纹路之中,但只有经过雕琢才能成为雕像。可以看出,莱布尼茨的天赋观念论,不同于笛卡尔的天赋观念论,而近似于柏拉图的回忆说。

---

① 莱布尼茨:《人类理智新论》(上册),商务印书馆1982年版,第36页。
② 莱布尼茨:《人类理智新论》,《十六—十八世纪西欧各国哲学》,第505页。
③ 莱布尼茨:《人类理智新论》,《十六—十八世纪西欧各国哲学》,第503页。

按照莱布尼茨的上述观点,知识是由两方面的因素构成的,一是先天的理性因素,一是后天的感性因素。就它肯定感性因素在认识中的某种作用这方面说,表现了他对经验论的某种让步,使他的认识论具有调和唯理论和经验论的倾向。这对后来康德的认识论的形成有一定的影响。但是,由于他根本否定理性认识来自感性认识,所以他的认识论的基本倾向,还是唯心主义的先验论。

值得注意的是,莱布尼茨在探讨认识论的时候,力图把认识理解为一个发展过程。他认为,认识并非是一次完成的,而是一个由模糊逐渐变成清楚明白的过程。这种观点是和当时流行的把认识看成是一成不变的一次完成论(笛卡尔)或一次反映论(洛克)不同的。莱布尼茨认识论所渗透的这种辩证发展的观点,对后来德国古典哲学有深刻的影响。

莱布尼茨为什么要把理性认识和感性认识割裂开呢?他认为:

> 感觉对于我们的一切现实认识虽然是必要的,但是不足以向我们提供全部认识,因为感觉永远只能给我们提供一些例子,亦即特殊的或个别的真理。然而印证一个一般真理的全部例子,尽管数目很多,也不足以建立这个真理的普遍必然性,因为不能因此便说,过去发生过的事情,将来也会同样发生。①

他还指出:

> 只有理性能建立可靠的规律。②

---

①② 莱布尼茨:《人类理智新论》,《十六—十八世纪西欧各国哲学》,第 502、504 页。

在莱布尼茨看来，具有普遍性、必然性的知识是确实存在的，数学、逻辑学、伦理学、法学以及神学的基本原则都是普遍的、必然的。既然后天的感觉经验不能提供普遍性、必然性的知识，那么，它们就只能是人心先天地具有的了。可见，莱布尼茨在这里确实触及到了经验主义忽视理性的能动性的缺陷，但是，和经验主义者一样，他也不能正确处理普遍和特殊、必然和偶然的辩证关系，以致陷入先验论。他不懂得普遍性就寓于特殊性之中，必然性就隐藏于偶然性之中。事实上，反映事物的普遍性、必然性的知识就包含在带有特殊性、偶然性的感觉经验材料之中。人们只有对这些带有特殊性、偶然性的感觉经验材料进行科学的抽象，才能得到具有普遍性、必然性的理性认识。可是，莱布尼茨在这里只看到二者的差别和对立，否认了二者的联系和统一。说感性认识不具有普遍性、必然性，只有理性认识才具有普遍性、必然性，这是对的；但是否认理性认识来自感性认识，这就势必要陷入唯心论的先验论。正如莱布尼茨在单子论中，通过纠正机械唯物主义的形而上学的缺点，否定其唯物主义路线一样，在和洛克的争论中，他也企图通过揭露洛克的经验主义的局限性，以否定洛克的唯物主义反映论的路线。显然，这也是错误的。

莱克尼茨从认识的两个源泉的折衷主义观点出发，提出了两种真理的学说。他说：

> 有两种真理：推理的真理和事实的真理。推理的真理是必然的，它们的反面是不可能的；事实的真理是偶然的，它们的反面是可能的。①

莱布尼茨所谓的推理的真理，是指从一些先天的概念、原则演绎

---

① 莱布尼茨：《单子论》，《十六一十八世纪西欧各国哲学》，第488页。

出来的知识。比如，在他看来，几何学的公理是人脑先天地固有的，从公理中演绎出来的定理就是推理的真理，具有普遍性和必然性。所谓事实的真理，就是通过归纳一类事物的性质得到的结论，如经验科学中的一些命题，但是这些命题又不具有普遍必然性。莱布尼茨承认经验科学知识也是真理，反映了市民——资产阶级发展生产和自然科学的要求。但是，两种真理学说具有折衷调和的性质，反映了他反对经院哲学的不彻底性。

莱布尼茨认识论的保守性，突出地表现在他认为从认识论上可以证明上帝的存在。在他看来，上帝的存在既是推理的真理，也是事实的真理。他重复经院哲学关于上帝存在的"本体论"的证明，断言上帝存在是可以"先天地证明"的真理。同时，他还认为，认识一个具体事物就是寻求它的原因，可是，这个原因本身还会有它的原因。在他看来，在漫长的因果系列上必定有一个最后的原因，即作为世界的充足理由的上帝。这就是关于上帝存在的所谓"后天证明"。由此看来，莱布尼茨哲学尽管和经院哲学不同，包含有某些积极的批判成分，但整个说来，它还没有摆脱神学，带有强烈的僧侣主义的色彩。

（三）莱布尼茨哲学的系统化者——伏尔夫

约翰·克利斯提安·伏尔夫（1679—1754）出生于布累斯劳的一个面包师家庭。1707年，由莱布尼茨推荐担任哈勒大学的数学、哲学教授，后来还曾当过柏林大学校长。

伏尔夫继承和发展了莱布尼茨的唯心论和神学观点，丢弃了莱布尼茨哲学的辩证法因素。他把莱布尼茨的"前定和谐"说膨胀为浅薄的目的论，按照这个理论，老鼠被创造出来就是为了给猫吃掉。

伏尔夫把莱布尼茨学说系统化，构成了一个庞杂的"形而上学"体系。伏尔夫的"形而上学"包括四个方面的内容。一是本体论：抽象地静止地研究一些哲学范畴，如存在、非存在、有限、无限等等；二是理性心理学：论证灵魂不灭；三是理性宇宙论：研究世界在时空上的有限和无限、必然和自由等等问题；四是理性神学：论证上帝的存在。伏尔夫"形而上学"的基本出发点，就是经验事实必定会符合理性的演绎，因此，无需感觉经验的帮助，单凭理性本身就可以无矛盾地把握宇宙的本质，一劳永逸地解决哲学、神学上的一切问题。伏尔夫"形而上学"是唯心论的，在方法论上是孤立、静止和片面的。

伏尔夫本人在哲学上没有什么独创性，但他在德国第一次用德文撰写哲学著作，使莱布尼茨哲学得到了广泛传播。伏尔夫的著作以及论述他的"形而上学"体系的著作，不仅在德国，而且在欧洲各国大学普遍地被当作教科书使用，影响颇大。十八世纪下半叶，莱布尼茨—伏尔夫"形而上学"体系，不仅成了法国唯物主义批判的靶子，而且也成了康德所发动的德国哲学革命的革命对象。

第三节 十八世纪英国唯心主义经验论

十八世纪初，随着英国资本主义制度的确立和巩固，在洛克之后，英国的经验论由唯物论转向了唯心论。

英国的唯心主义经验论是在批判洛克的唯物主义经验论、大陆唯理论和经院哲学的过程中形成和发展起来的。

英国唯心主义经验论者把经验主义认识论路线贯彻到底，陷入狭隘的感觉主义。他们着重探求了认识的主观性和相对性方面，同时也由此否定了认识的客观性和绝对性，从而导致了主体与客体的分裂，最终陷入了不可知主义。英国唯心主义经验论是自培根以来英国经验主义认识路线发展的必然结果，更加突出地暴露了经验主义作为一种认识路线的局限性。

英国唯心主义经验论者力图在唯心主义经验论的基础上改造旧神学，建立新神学，希望在唯心主义经验论的框子内承认和发展科学。显然，这是符合十八世纪英国资产阶级巩固和发展资产阶级革命成果的要求的。

十八世纪英国唯心主义经验论的主要代表是贝克莱和休谟。贝克莱哲学具有神秘主义的倾向，休谟哲学则是一种非宗教的哲学思想的形式。

一、 贝克莱

贝克莱是欧洲近代哲学史上主观唯心主义经验论的创始人，他突出地强调了认识的相对性和主观性问题，并由此把洛克的经验主义由唯物论转向了唯心论。

贝克莱生活在英国资本主义制度初步确立时期。由资产阶级和贵族相妥协而建立起来的新政权，为资本主义的进一步发展开辟了道路。英国资产阶级在国外加紧对殖民地的掠夺，在国内更大规模地开展圈地运动，为即将到来的产业革命扩大资本积累。与此同时，新的社会矛盾也逐渐暴露出来，资产阶级和贵族的矛盾与斗争并未止息，资产阶级内部不同阶层、集团之间也开始发生各种矛盾，特别是资产阶级同广大劳动群众之间的矛盾逐渐上升为社会的主要矛盾。面对着无产者和广大劳动群众的反抗斗争，统治阶级除了采用武力镇压之外，还竭力加强思想统治，用宗教来麻痹劳动人民的斗志。恩格斯在分析这个时期的英国资产阶级状况时指出："他自己是信教的，他的宗教曾经是他用来战胜国王和贵族的旗帜；不久他就发现这同一个宗教可以用来操纵他的天然下属的灵魂，使他们服从那些由上帝安置在他们头上的主人的命令。简言之，英国资产阶级这时已经参加镇压'下层等级'、从事生产的广大人民群众，而用来达到这一目的的手段之一，就是宗教的影响。"① 从十七世纪末、十八世纪初起，英国统治阶级开始从组织上和思想上加强国教的唯我独尊的地位，一切反宗教的影响，甚至非国教的信仰，都受到排斥和打击。然而，传统神学经过唯物主义者的批判，特别是随着科学技术的发展，威信已经大降，无神论思想在社会上不断得到传播。当时，宗教还特别受到"自然神论"思潮的威胁。十七世纪末至十八世纪初，在英国出现了一批自然神论者，主要代表是约翰·托兰德（1607—1722）和安东尼·柯林斯（1676—1729）。他们主张思想自由，包括宗教信仰自由。他们继承了以洛克为代表的唯物主义路线，强调理性是判断一切的准绳，宗教也必须放到理性面前加以裁决。他们利用牛顿第一推动力的思想，认为上帝是世界的最初原因。但是，他们否认人格化的上帝，否认上帝可以任意地主宰自然和社会的万事万物。他们指出，当上帝给了世界最初的推动之后，就不再干预世事了，自然界便按照自身的规律而自行运转了。普列汉诺夫把自然神论叫做"天上的议会制"，因为在自然神论的体系中，神权在各方面都受到自然规律的限制，上帝成了"宇宙王国"中的"虚君"。马克思在评述自然神论时指出："自然神论——至少对唯物主义者来说——不过是摆脱宗教的一种简便易行的方法罢了"。② 贝克莱就是在这种情况下走上舞台的。

乔治·贝克莱（1684—1753）生于爱尔兰。1696年入吉尔肯尼学校读书，1700年入都柏林三一学院学习，1704年毕业后，在三一学院任教。1713—1720年曾到法国、意大利、西班牙等国旅行。1724年被任命为北爱尔兰的任登德里的副主教。1728年去北美洲英国殖民地进行传教活动，在罗得岛（北美独立战争以后成

---

① 恩格斯：《社会主义从空想到科学的发展》，《马克思恩格斯选集》第3卷，第393—394页。
② 马克思恩格斯：《神圣家族》，《马克思恩格斯全集》第2卷，第165页。

为英国的一个州）住了四年，于1731年返回英国。1734年贝克莱升任爱尔兰南部克罗因的主教。1753年死于牛津。主要著作有《视觉新论》(1709)、《人类知识原理》(1710)、《希勒斯和斐勒斯的三篇对话》(1713)、《阿尔西费朗》(1732)等。

贝克莱热烈拥护资本主义的生产方式，竭力鼓吹发展资本主义生产，反对专事奢侈、不务生产的旧式贵族。他甚至骂他们是社会的祸害。贝克莱注意劳动在财富生产中的作用，认为单纯的土地和矿山并不能成为财富，必须把土地、矿山同劳动生产结合起来才能成为财富。马克思在《剩余价值学说史》中把贝克莱的这些观点看作是英国古典政治经济学的先驱。

贝克莱在政治上极力维护大资产阶级和土地贵族的统治。他反对洛克的社会契约论和人民主权的思想，认为社会契约论是使公民社会联系松弛最有效的手段，是最有害于人类的。在他看来，把国家当作人民的代表，会使一切善良的人丧失对于国家法律和政府应有的敬畏和尊崇。贝克莱特别攻击了洛克关于人民可以起来摧毁暴君的思想，认为这是最有害于社会安宁的。他主张要使社会安全和幸福，必须有一个高于一切个人的最高权力，个人对它只有绝对服从的义务，而没有任何反抗的权利，这是神定的"自然法"。因此，他认为，即使处于最大最不义的遭难下，一个臣民如果举手反对最高权力，也是对于自然法的破坏。他还说，即使在无法忍受的压迫下，也不能容许造反。

为了维护现存的统治秩序，贝克莱给自己的哲学研究规定了明确的目标，这就是反对无神论，维护宗教神学。他写道：

> 在我们的研究中应占首要位置的，乃是对于上帝和我们的天职的研究；我这些辛苦的主要旨趣和目的就是

要提倡这一点。①

贝克莱明确地意识到,唯物主义的哲学乃是无神论的基础。因此,他在批判无神论的时候总是把矛头集中对准唯物论。他毫不隐晦地指出:

> 物质的实体从来就是"无神论者"的至友,这一点是无需多说的。他们的一切古怪系统,都明显地、必然地依靠它;所以一旦把这块基石去掉,整个建筑物就不能不垮台。②

为此,贝克莱构造了一个十分奇特的哲学体系:在认识论上坚持主观唯心论;在本体论上坚持客观唯心论。他用主观唯心主义反对机械唯物主义,以便否定哲学唯物主义路线;同时又借助于客观唯心论,以论证上帝的存在和万能,维护宗教神学。正如马克思指出的,贝克莱是"英国哲学中的神秘唯心主义的代表"。③

(一)存在就是被感知

在哲学上,贝克莱是从洛克的经验论出发的,认为观念即感觉经验是认识的源泉。但是,和洛克相反,他坚持一条从主观到客观、从观念到物的主观主义路线,从经验出发走向了主观唯心主义。

针对唯物论者肯定外物客观实在性的基本观点,贝克莱提出了一个著名的主观唯心主义的哲学命题:

---

① 贝克莱:《人类知识原理》,《十六—十八世纪西欧各国哲学》,第576页。
② 贝克莱:《人类知识原理》,《十六—十八世纪西欧各国哲学》第567页。
③ 马克思恩格斯:《政治经济学批判》,《马克思恩格斯全集》第13卷,第69页。

> 存在就是被感知。①

按照这个命题，根本不存在任何独立于感觉观念的事物，所谓事物无非是被"心灵"实体（精神、灵魂、自我）所感知的一组观念。比如，一个苹果的存在不是别的，只是红的颜色、甜的滋味、香的气味和圆的形状等等观念的组合；离开了这些观念，离开了心灵对这些观念的感知，苹果就无所谓存在。这就是说，事物和观念是同一个东西，它们的存在只在于被心灵所感知。总之，万物皆备于我。贝克莱写道：

> 我认为下面就是这样一个重要的真理，那就是，天上的一切星宿，地上的一切陈设，总之，构成大宇宙的一切物体，在心灵以外都没有任何存在；它们的存在就是被感知或被知道。②

列宁指出："认识论的第一个前提无疑地就是：感觉是我们知识的唯一泉源。……从感觉出发，可以遵循着主观主义的路线走向唯我论（'物体是感觉的复合或组合'），也可以遵循着客观主义的路线走向唯物主义（感觉是物体、外部世界的映象）"。③贝克莱就是从感觉出发，遵循着从感觉到物的主观主义路线走向主观唯心论的。

贝克莱从上述主观唯心主义的基本命题出发，全力攻击机械唯物主义的物质实体学说。我们知道，以洛克为代表的十七世纪的机械唯物主义者的物质观有一个明显的特点，就是把物体分为"实体"和"性质"即属性两个方面。物质实体是物体性质的"基

---

① ② 贝克莱：《人类知识原理》，《十六—十八世纪西欧各国哲学》，第540、541页。
③ 列宁：《唯物主义和经验批判主义》，《列宁选集》第2卷，第125页。

质"和"支撑物",是惰性的。人们所能认识的只是物体的性质,而物质的实体则是不可知的。贝克莱批判机械唯物主义的手法,主要是:把机械唯物论所讲的物体的性质全部化为主观的感觉观念,进而彻底固定机械唯物主义的物质实体,以此来否定唯物主义的哲学路线。

我们知道,洛克曾提出过关于物体的两种性质和两种观念的学说。他认为,第一性质的观念是和物体的第一性质(如广延、形状、动静、数目等)的原型是相似的;第二性质(色、声音、味等)的观念是和第二性质的原型不相似的。但是洛克坚持这种性质的观念都是物体性质作用于感官的结果,都是和物体的性质相契合、相应合的。换句话说,洛克坚持观念的内容是客观的。与洛克的观点相反,贝克莱则认为观念是纯粹主观的东西。

首先,贝克莱从根本上反对洛克的唯物主义反映论,认为不论是洛克所说的第二性质的观念,还是第一性质的观念,都没有与之相似的原型,观念只能是存在于心中的东西,它不可能有离开心灵而存在的客观内容。因为按照"存在就是被感知"的原理,事物就是观念或观念的集合,心灵感知事物,就是心灵感知观念,因此,只有观念与观念之间才能有一种相似的关系,洛克所讲的观念与外部事物相似的关系,从根上来讲就是不存在的。他写道:

  观念只能和观念相似,而不能与别的东西相似。①

这样一来,贝克莱就完全否定了观念是主观对客观的反映,把反映事物性质的观念化为纯主观的感觉观念,从而否定了事物性质的客观存在。

其次,贝克莱通过强调观念的统一性,否定事物性质的客观

---

① 贝克莱:《人类知识原理》,《十六—十八世纪西欧各国哲学》,第542页。

性。他认为，洛克把观念机械地分割为两种是错误的，事实上两种观念是不可分割的，它们都存在心中。
他写道：

> 广袤、形相和运动，离开了所有别的性质，都是不可想像的。因此，这些其它感性性质在甚么地方存在，第一性质也必定在甚么地方存在，也就是说，它们只存在于心中，而不能存在于别的地方。①

按照贝克莱的观点，洛克所讲的两种性质的观念都是同时被心灵所感知到的，当我们感知到第二性质的观念时，同时也就感知到第一性质的观念，两种观念是不可分割的，它们都统一地存在于我们的心中。这就是说，事物的性质不可能存在于心外，只能存在于心中。贝克莱认为，洛克把两种观念分割开来，显然是抽象学说在作祟。应该指出，贝克莱看到了洛克把观念机械地分割为两种的缺陷，他对观念的统一性作的某些论述也包含有某些合理成分，但是，贝克莱企图利用观念的统一性，即知觉表象的统一性，去否定事物性质的客观性，则是错误的，因为观念的统一性，是由事物性质的统一性决定的，而不是相反。

再次，贝克莱通过夸大感觉的相对性，进一步论证观念的主观性，否定事物性质的客观性。我们知道，洛克承认第一性质的观念是物体第一性质原型的肖像，第二性质的观念与物体第二性质的原型不相似，具有相对性和主观性。不过洛克仍然承认第二性质的观念，是由物体内部微粒组织和运动作用于感官引起的，并且是和物体的第二性质相契合的，这就是说，第二性质的观念包含有客观的内容。贝克莱抓住洛克在第一性质的观念问题上的直

---

① 贝克莱：《人类知识原理》，《十六—十八世纪西欧各国哲学》，第543页。

观反映论的缺点,认为第一性质的观念和第二性质的观念一样,也具有相对性、主观性,因而也不是物体的第一性质的肖像。他写道:

> 大小、快慢是不能外于心而存在的,它们完全是相对的,并且依感官的构造或位置的变化而变化。①

他还说:

> 同一个眼睛在不同的地位,或不同的结构的眼睛在同一个地位,其所看到的形相和广袤都是各不相同的。……同是一样的东西,而甜却可以变为苦,例如在患热症或因其它原因而败味时的情形就是这样的……②

应当承认,贝克莱否定洛克关于第一性质的观念是物体第一性质原型的肖像的思想,包含着合理因素。因为,"模写决不会和原型完全相同"③,任何感觉观念都不可能和原型绝对符合,都带有一定的相对性、主观性。但是,贝克莱却把感觉的相对性、主观性绝对化,根本否认感觉观念所包含的客观内容,根本否认感觉是对外物的反映,从而把感觉观念看作是纯粹主观的东西,并以此否定外物的客观实在性。贝克莱从夸大感觉的相对性陷入相对主义,从相对主义走向了主观主义。

贝克莱把物体的性质歪曲为感觉观念之后,便进而攻击机械唯物论的物质实体学说。我们知道,洛克曾经断言,物质是被动的、不能思想的实体,物体实体作为物体性质的支撑物或基质存

---

①② 贝克莱:《人类知识原理》,《十六一十八世纪西欧各国哲学》,第534、545页。
③ 列宁:《唯物主义和经验批判主义》,《列宁选集》第2卷,第241页。

在于物体之中,是不能被人们所认识的。贝克莱反驳说,首先物质实体既然是被动的,那么,它就不能成为作用因,即不能成为产生观念的原因,观念的原因只能是能动的精神实体;其次,物质实体不过是一个抽象观念,我们既然对物质实体一无所知,那就不能肯定它是存在的。他写道:

> 假如你愿意的话,你可以把物质一词用成和别人所用的无物一词意义一样,而这样一来,在你的文体中,这两个名词就可以互用了。①

可以看出,贝克莱的战术是利用洛克物质概念中的机械论、不可知论的缺点,攻击洛克唯物论的根本原则——肯定外物的客观实在性。但是这也恰恰暴露了机械唯物论的物质观的不严谨、不科学,它不足以抵御唯心论的进攻。

贝克莱在否定外部世界的实在性的同时,极力把自己打扮成"自然实在论者"。他反复声明,他所否定的只是"物质实体",而从不否认事物的存在。日月星辰,山川河流,以及我们周围的一切事物都是实实在在存在的,不过,它们不是独立于我们的感觉观念之外的客观实在,而只是我们的感觉观念的集合。列宁讽刺地写道:"贝克莱没有否定实物的存在!贝克莱没有违反全人类的公意!贝克莱'只是'否定哲学家们的一种学说,即否定一种认识论,这种认识论认真地坚决地以承认外部世界及其在人们意识中的反映为其一切论断的基础。"② 列宁在这里把两条相反的认识论路线鲜明地对立起来,一针见血地揭露了贝克莱的"自然实在论"的唯心主义实质。

---

① 贝克莱:《人类知识原理》,《十六一十八世纪西欧各国哲学》,第563页。
② 列宁:《唯物主义和经验批判主义》,《列宁选集》第2卷,第24页。

按照唯物主义的观点，否定了客观物质世界的实在性，人们的认识就变成的纯粹主观自生的东西了，那么，认识也就无所谓真假对错了。但是，贝克莱却硬要在感觉观念的范围内寻求一个真理的标准。在贝克莱看来，来自感官的观念与想象的观念不同，前者是清楚的、强烈的、活泼的、耐久的，因而是真实的，而认识上的错误就在于对当下的知觉作了不正确的判断和推论。他举例说，放在水中的桨，我们看到它是曲折的，这并没有错；但是如果由此推论说，把桨从水中拿出来，我们仍然可以看到一个曲折的桨，那就大错特错了。按照这种观点，感觉是绝对真实可靠的，理性只要顺从感觉就行了。这样一来，真理不是对事物的本质和规律的把握而仅仅是对主观感觉的描述，显然，这是一种主观唯心主义的真理观，不可避免地要陷入我的感觉即真理的唯我论的泥坑。对此，贝克莱补充道，我这里所说的感觉，不是某一个人的感觉，而是指大家共同的感觉。他举例说，如果大家都尝到水变成了酒，那么，水就一定变成了酒。我们知道，不论是个人的感觉，还是人类共同的感觉，都是主观意识范围之内的东西，都不能作为判别认识上真假对错的客观标准。贝克莱用集体感觉代替个人感觉，并不能使他摆脱得掉主观主义。

（二）"无限心灵"是一切观念的根据

贝克莱提出"存在就是被感知"这个命题，其矛头主要是针对机械唯物主义的物质观的，目的是否定物质实体的存在。然而，这个命题却是以"心灵"这个精神实体的存在为前提的。我们知道，按照贝克莱的观点，观念是被动的，感知观念的是一个能动的主体，即所谓"心灵"、"精神"、"灵魂"或"自我"。所谓观念的存在，正在于它被心灵或精神所感知，或者说它就存在于心灵之中。贝克莱认为，这个能动的精神实体即心灵或精神，可以分为"有限的"与"无限的"两种，前者指人的心灵或精神，后者指上帝。贝克莱公开宣称，如果我们仔细考察自然事物的恒常的秩序、规律和连贯,从较大物体的宏壮、美丽和完善,到较小物体的精巧构造,以及全部自然物体的协调一致,我们就会发现一切事物都依靠于一个"唯一的、永久的、全善的、完美的"存在,这就是上帝,它是万物存在的根据。他指出,所谓存在就是被心灵所感知,或者说事物不能离开心灵的感知而存在,决不是说事物的存在与否仅仅决定于我个人的有限的心灵是否感知它,一事物的存在,即使没有被我这个"有限的心灵"所感知,也可以被别人的有限心灵所感知,即使没有被别人的有限的心灵所感知,还可以被无限的心灵即上帝所感知。他写道:

> 虽然我们的确主张,感官的对象不是别的,只是观念,而这些观念不能不被感知而存在;但我们并不能因此就得出结论说,它们除了只被我们感知外,就不能存在;因为虽然我们没有感知它们,但是还可以有某个别的精神感知它们。当我说物体离开了心灵就不能存在时,我希望大家不要误会,以为我是指这个或那个特殊的心灵,我所指的乃是一切心灵。①

在他看来,即使没有人类,没有有限的心灵感知事物,那么事物也一定是被一个永恒的无限的精神即上帝所感知,"存在就是被感知"的命题仍然是正确的。贝克莱在这里显然是力图借上帝之助保证事物的实在性,这就充分暴露了贝克莱哲学的神秘主义的特点。同时也表明,贝克莱的主观唯心主义和客观唯心主义之间并没有不可逾越的鸿沟,二者可以互为前提,相互转化。

在贝克莱看来,"无限心灵"不仅是感知的主体,更是一切真实观念的来源。他认为,和来自"自我的"想象的观念不同,从

---

① 贝克莱:《人类知识原理》,《十六—十八世纪西欧各国哲学》,第559页。

感官上得到的观念是不依我们的意志为转移的。比如，当我们一张开眼睛，许多物象就呈现在我们面前，我们没有能力决定看还是不看它们。同时，感官的观念较之想象的观念更为强烈、活泼和清晰，而且具有稳定性和秩序性。因此，感官的观念绝不是有限心灵自己产生的，而只能是无限心灵按照一定的规则印在我们的感官上的。他写道：

> 造物主在我们"感官"上所印下的观念，叫做真实的事物。①

贝克莱还借助上帝论证自然法则的问题。贝克莱承认自然法则的存在，但是又认为，自然法则并非像机械唯物主义所主张的那样，是客观物体运动的规律。在他看来，所谓自然法则，是指存在于观念之间不依个人意志为转移的稳定的秩序和联系。人们从经验中可以观察到感官的观念具有稳定的秩序，一定的观念总是恒常地伴随着另外的一定的观念而出现，然而，观念之间的这种关系并不是必然的因果关系，只不过是标记感觉观念之间的关系的符号或记号。他写道：

> 我所看见的火，并非在我接近它时所感受的痛苦的原因，而只是警告我的标志。同样，我所听见的喧杂，亦非周围物体的这种、那种运动或撞击的结果，而只是其符号。②

按照贝克莱的观点，火是暖的记号，食物是充饥的记号等等，自

---

① 贝克莱：《人类知识原理》，《十六—十八世纪西欧各国哲学》，第553页。
② 贝克莱：《人类知识原理》，《十六—十八世纪西欧各国哲学》，第560页。

然科学的任务就是研究观念之间的关系或记号。贝克莱还认为,自然法则不是客观物质世界所固有的,而是上帝建立起来的。上帝使万物有了稳定的秩序,使它们处于"和谐的、有规律的"状态,使它们之间有着奇妙的联系。他写道,这一切都"显示了主宰精神的慈祥和睿智,而主宰的意志建立了自然的法则"。[①] 正是由于上帝为自然建立了法则,人们就能从已经发生的事情中预料未来,同时,人们又可以从自然法则中进一步推知上帝的存在。他明确地说:

> 我们视线所及的任何处所,我们却可以随时随地感知到神灵的明显标志:我们所看到、听到、触到或无论以何种方式由感官感知到的每件东西,都是上帝的权力的一个记号或结果。[②]

在这里,贝克莱完全陷入了神秘主义。

贝克莱认为自然法则对规范我们的行为是极其有利的。他写道:

> 我们所以知道,食物可以养人,睡眠可以息身,火可以暖人,在下种时下种,就能在秋收时有所收获……只是因为我们观察了自然的确定规律。[③]

在贝克莱看来,如果人们离开了自然规律,就会陷入纷乱之中,就会像新生的婴儿一样,不知道如何处理事物。

应该看到,同扼杀科学的经院哲学的神秘主义不同,贝克莱

[①②③] 贝克莱:《人类知识原理》,《十六—十八世纪西欧各国哲学》,第552、572、33页。

在唯心主义的范围内完全承认科学的有效性,因此,他提倡自然科学,鼓励人们研究自然,进行观察和实验。列宁对贝克莱的这种思想作了归纳,他写道:"让我们把外部世界、自然界看作是神在我们心中所唤起的'感觉的组合'吧!承认这一点吧!不要在意识之外,在人之外去探求这些感觉的'基础'吧!这样我将在我的唯心主义认识论的范围内承认全部自然科学,承认它的结论的全部意义和可靠性。为了我的结论有利于'和平和宗教',我需要的正是这个范围,而且只是这个范围。这就是贝克莱的思想。"[①]贝克莱的思想深刻地反映了英国资产阶级力图调和科学和宗教的愿望。

由上述可见,无限心灵或上帝是贝克莱哲学的基本命题"存在就是被感知"的前提和基础,也是贝克莱哲学的出发点和归宿。如果说,贝克莱哲学在认识论方面是主观唯心主义,那么,在本体论方面,则是一个客观唯心主义的体系。

贝克莱认为,上帝和心灵这两种实体是确实存在的,二者是一切观念的来源,但是,我们对于上帝和心灵这两种实体却不能形成任何观念,而只能有一种意会或理会。他写道:

> 我们可以说对我们自己的心灵、对精神和能动体有某种知识或理会;但在严格的意义下,我们对它们却没有观念。[②]

不难看出,贝克莱的这种"理会说"具有明显的神秘主义性质。但是,不论贝克莱怎样搞神秘主义,也掩盖不住他在理论上遇到的一个不可解决的矛盾:一方面,他否认物质实体的存在,理

---

① 列宁:《唯物主义和经验批判主义》,《列宁选集》第 2 卷,第 24 页。
② 贝克莱:《人类知识原理》,《十六—十八世纪西欧各国哲学》,第 566 页。

由是人们对物质实体没有观念；另一方面，他又认为精神实体是存在的，但人们对它同样也没有观念。这正是后来休谟所以要对他的哲学进行修正的重要原因之一。

二、休 谟

休谟沿着贝克莱的主观唯心主义经验论的路线继续发展经验论，在批判经院哲学、唯物论、笛卡尔主义和贝克莱的客观唯心主义的过程中，创立了西欧近代哲学史上的第一个不可知论的哲学体系。

大卫·休谟（1711—1776）出生于苏格兰爱丁堡的一个没落贵族的家庭，十二岁入爱丁堡大学攻读法学，后来转而研究哲学。1734—1737年，他在旅居法国期间写成了第一部、也是奠定他的哲学基础的重要著作《人性论》。该书于1740年在英国出版，但未立即引起人们的重视。后来，他当过家庭教师和辛克莱将军的秘书，出使过荷兰、奥地利、意大利等国。在这期间，他将《人性论》的第一卷和第三卷分别改写为《人类理解研究》和《道德原理研究》，先后于1748年和1751年发表，引起了较大的反响。1752—1757年，在任爱丁堡市图书馆馆长的职务期间，他博览群书，认真研究，撰写了巨著《英国史》。1763年，他又去巴黎，任英国使馆的秘书，并曾代理公使职务。在此期间，他和当时法国的许多知名人士交往，结识了卢梭、狄德罗、霍尔巴赫、杜尔阁、达朗贝等人。休谟同卢梭过从甚密，当卢梭受到法国政府的迫害而无处安身的时候，1767年他邀请卢梭到英国居住。他晚年在法国享有很高的声誉，当他最后一次去巴黎时，受到当时文化界和学术界的盛大欢迎。1769年辞去英国副国务大臣的职务，1776年卒于爱丁堡。

休谟生活在英国产业革命的时代，资本主义经济兴旺发达的景象使他兴高采烈。因此，他十分注重对经济问题的研究。他于1732年出版的《经济论文集》一书，反对重商主义，主张贸易自由。他还提出过著名的"货币数量论",成为英国古典政治经济学的先驱。他是当时著名的经济学家亚当·斯密的老师和朋友。他的遗著《我的一生》就是由斯密整理出版的。由于休谟提出的哲学、经济学和社会政治学说有利于资产阶级的统治和资本主义的发展,他晚年很受英国政府的器重。休谟后期还写了专门论述宗教问题的著作,除1757年发表的《宗教的自然史》外,晚年还写了《自然宗教对话录》,死后才出版。

在政治上,休谟拥护在英国已经确立的资本主义制度和政治统治,认为1688年后建立的君主立宪制度是最好的政治制度。休谟反对任何形式的民主,认为民众的激动,无论出于什么动机都是可怕的。

在哲学上,休谟从贝克莱出发,在主观唯心主义的基础上,进一步论证了认识开始于经验的经验主义的基本原则,深入发挥了经验主义的因果性学说,作出了不可知主义的结论。列宁说休谟是"和贝克莱走着不同道路的十八世纪大哲学家"。[①]

(一)除了知觉,一切都是不可知的

休谟经验论的根本特点,就在于坚持感觉经验不仅是认识的唯一源泉,而且是唯一的存在,除此之外,物质实体或精神实体存在与否,都是不可知的。这就是所谓的不可知论。

休谟反对天赋观念论,他从经验论的基本原则出发,坚持认识开始于经验。他写道:

> 思想中的一切材料都是由外部的或内部的感觉来的。[②]

---

① 列宁:《唯物主义和经验批判主义》,《列宁选集》第2卷,第28页。
② 休谟:《人类理解研究》,商务印书馆1957年版,第21页。

休谟把感觉经验叫做知觉,认为知觉可分为印象和观念。进入心灵时最强烈、最活泼的知觉是印象,包括感觉、情感和情绪;观念则是感觉、情感和情绪在思维和推理中的微弱的意象。两者的差别仅仅在于强烈和生动的程度各不相同。印象又可以分感觉印象和反省印象(情感、欲望和情绪)两种,而感觉是观念和反省印象的基础,观念则是感觉印象的精确的表象。休谟认为,一个印象最先刺激感官,使我们知觉种种冷、热、饥、渴、苦、乐等。这种感觉印象在心中留下的复本也即是观念。因此,印象是观念的原因,观念不是印象的原因。关于反省印象,休谟指出,当饥、渴、苦、乐等观念回复到心中时,就产生欲望、希望和恐惧等反省印象,而反省印象都是以感觉印象为基础。因此,他强调,感觉印象是观念的原因,是知识的唯一源泉。

和洛克相似,休谟认为观念可以分为复合的和简单的,复合观念则是简单观念的集合或复合。比如,苹果就是红色、圆的形状、甜味、硬度等的简单观念复合起来的一个复合观念。在休谟看来,天空中的日月星辰,地球上的山川河流,总之,宇宙中的万事万物,都是确确实实存在着的,但都不过是一束知觉之流,其中每一个知觉又都是各个特殊的,互不相关的。这是休谟哲学的最基本的观点,也是理解休谟哲学的关键所在。

休谟赞同贝克莱对洛克抽象观念学说的批判,认为"这一点是近年来学术界中最伟大、最有价值的发现之一"。[①] 在休谟看来,所谓复合观念并不是抽象的观念,而是附在一个一般名词上的特殊观念,只是由于习惯的联系它才成为一般的和概括的。和贝克莱一样,休谟也是一位根本不懂得理性、思维的极端的经验主义者。

在复合实体的问题上,休谟既反对唯物主义者洛克的物质实

---

① 休谟:《人性论》,商务印书馆1980年版,第29页。

体说，也反对贝克莱的唯心主义的精神实体说。他认为，所谓实体观念不是别的东西，仅仅是各种特殊观念的集合体，因此，没有必要假设这些特殊的观念被一个所谓的实体所支撑，无论是指物质的实体，还是指精神的实体。休谟写道：

> 除了对知觉而外，我们对任何事物都没有一个完善的观念。一个实体是和一个知觉完全差异的。因此，我们并没有一个实体观念。……当人们问：知觉还是寓存于一个物质的实体中，还是寓存于一个非物质的（精神的）实体中时，我们甚至不懂得这个问题的含义，那么如何还可能加以答复呢？①

按照休谟的观点，除了知觉，是否有物质的实体或精神的实体，这在原则上是无法知道的。

休谟是唯物论的反对者。他认为，唯物论肯定外物的独立存在，是人类的一种自然本能，在认识论上是一种先验的假设。但是，如果从经验出发，便不能证明外物的客观实在性，不能证明我们的知觉是由外在事物引起的。因为，我们从经验中只能知道知觉，即印象和观念，只能看到知觉之间的关系，而看不到知觉和异于知觉的东西，即外物的关系。因此，在休谟看来，人类的知识只能限制在知觉的范围之内，唯物主义者所说的外物，实际上不过是知觉的组合。他说：

> 心中除了知觉以外既然再也没有其他东西存在，而且一切观念又都是由心中先前存在的某种东西得来的，因此，我们根本就不可能想象或形成与观念和印象有种

---

① 休谟：《人性论》，商务印书馆 1980 年版，第 262 页。

类差别的任何事物的观念。我们纵然尽可能把注意转移到我们的身外，把我们的想象推移到天际，或是一直到宇宙的尽处，我们实际上一步也超越不出自我之外，而且我们除了出现在那个狭窄范围以内的那些知觉以外，也不能想象任何一种存在。①

可以看出，休谟所讲的这一套是在逐字逐句地重复贝克莱的"存在就是被感知"的原理，没有任何的新鲜货色。正如列宁指出："唯心主义哲学的诡辩就在于：它把感觉不是看作意识和外部世界的联系，而是看作隔离意识和外部世界的屏障、墙壁；不是看作同感觉相符合的外部现象的映象，而是看作'唯一的存在'。"②

　　唯物主义认为，客观存在的外界事物是我们的感觉产生的原因，我们的感觉是外物作用于感官的结果。休谟对唯物主义的这一观点进行了反驳。他指出，经验告诉我们，只有两个存在物恒常地结合在一起，二者才能有因果关系。但是，在我们心中除了知觉以外，不可能有任何其它存在物的观念，因此，我们只能在不同的知觉之间观察到因果关系，而永远不能在知觉和外物之间观察到因果关系。休谟的结论是：

　　　　因果关系永不能使我们由我们知觉的存在或其性质，正确地推断出外界的继续不断的对象的存在。③

休谟完全否定了客观存在的物质是感觉产生的根源，否认了感觉同外在事物的联系。

---

① 休谟：《人性论》，商务印书馆1980年版，第83—84页。
② 列宁：《唯物主义和经验批判主义》，《列宁选集》第2卷，第46页。
③ 休谟：《人性论》，商务印书馆1980年版，第244页。

休谟哲学的特点在于，它除了批判唯物主义的物质实体的学说，还批判了经院哲学、马勒伯朗士以及贝克莱关于精神实体的学说。他认为，既然物质实体的存在与否是人们的经验所不能解决的，同样，精神实体的存在与否也是人们的经验所不能解决的。休谟认为，上帝作为一种精神实体不能成为知觉的原因，人们也无法经验到上帝同人们感官之间的联系。在他看来，上帝这个观念是"由于我们反省自己的心理作用，并且毫无止境地继续增加那些善意和智慧的性质"[①]而产生出来的，从经验中产生出来的上帝观念，不可能成为感觉的原因。休谟也否定"自我"或"灵魂"这种精神实体的存在。他说：

> 任何时候，我总不能抓住一个没有知觉的我自己。[②]

他还指出：

> 关于灵魂实体的问题是绝对不可理解的。[③]

休谟还针对经院哲学家、笛卡尔主义者认为"自我"或"灵魂"是独立于肉体的精神实体，精神和肉体互不相干的观点，提出人的思想、情感是由人体的不同位置决定的。他写道：

> 物质和运动往往可以看做思想的原因。[④]

关于思想和物质的关系问题由来已久，早在十三世纪，英国

---

① 休谟：《人类理解研究》，商务印书馆1957年版，第21页。
②③④ 休谟：《人性论》，商务印书馆1980年版，第282、280页。

的经院哲学家邓司、司各脱就曾经大胆地提出过这样的问题：物质能不能思维？洛克曾试图对这个问题作出回答，但表现得十分犹豫。现在休谟明确提出，思想依赖于肉体的运动。休谟的这个观点是和同时代的法国唯物论的观点十分接近的。

休谟还批评了所谓自由意志论，阐发了自由与必然的相互关系的思想。经院哲学家、笛卡尔主义者断言，人的意志不受必然性的制约，是绝对自由的。休谟则认为，如果把必然性理解为对象的恒常会合或齐一性，那就应当肯定人的意志不是绝对自由的，而是受必然性制约的。人们普遍承认，不同国家和不同时代的人，在行动上有很大的齐一性、规则性。这就是说，相似的环境和条件必然引起相似的动机和行动。当然，这不是说，相似的环境和条件必然引起相似的动机和行动，不是说人们在同一环境、同一条件下必定会按同样的方式行事，这是因为人们之间还存在着性格、偏见等等的差异。但是，性格和行为之间也有齐一性，即相似的性格产生相似的动机和行动。因此，我们虽然想象自己的意志是自由的，但是，在一个旁观者看来，我们的意志还是为必然所制约的。他如果完全熟悉了我的环境和性情的一切情节，以及我的心向的最秘密的机簧，那他就会推断出我要采取什么行动。这正是"必然"的本质所在。我们看到，尽管休谟关于自由和必然的学说是以唯心主义的因果论为基础的，但是他对这个问题作出的基本结论却是和法国唯物论者关于自由和必然、人和环境的关系的学说的精神相近的。

经院哲学家、笛卡尔主义者以及贝克莱坚持自我、心灵或灵魂是一独立的精神实体，目的就是为了论证灵魂不朽。他们说灵魂具有所谓单纯性和同一性，因此，它是不灭的。休谟指出，心灵好似一个舞台，各种知觉在这个舞台上接连不断地出现，来回穿过，悠然逝去。恰当地说，在同一时间内，灵魂没有单纯性；在不同的时间内，灵魂没有同一性。因此，休谟断言：

> 证明灵魂的永生性的形而上学的论证……是没有决定性的。①

由上述可见，笛卡尔提出的三种实体（上帝、物体和心灵）统统被休谟在理论上否定了。正如列宁指出的："休谟所谓的怀疑论，是指不用物、精神等等的作用来说明感觉，即一方面不用外部世界的作用来说明知觉，另一方面不用神或未知的精神的作用来说明知觉。"② 按照休谟的观点，感觉是唯一的存在，它既不来自物质实体对感官的作用，也不来自精神实体对感官的作用，而是"由我们所不知的原因开始产生于心中"。③ 由此不难看出，休谟在认识论方面是一位主观唯心主义者，而在本体论上则是企图超越于唯物主义和唯心主义之上的折衷主义者、不可知主义者。

我们还可以看到，和贝克莱哲学神秘主义的倾向不同，休谟的不可知论在当时的英国是具有一定的进步意义的。

休谟的不可知论是自培根以来的英国经验论发展的必然归宿。它更加集中地暴露了那种撇开客体单纯考察主体的认识论研究方法的缺陷，表明经验论和唯理论一样，也只是一种有限的思维方式。

（二）因果联系是习惯性的联想

对主观唯心主义经验论因果学说的发挥，是休谟哲学的一个明显特色。

我们知道，十七世纪的经验论和唯理论尽管在知识的起源问题上存在着分歧，但在知识分类的问题上则逐渐接近。唯理论者

---

① 休谟：《自然宗教对话录》，商务印书馆1962年版，第97页。
② 列宁：《唯物主义和经验批判主义》，《列宁选集》第2卷，第29页。
③ 休谟：《自然宗教对话录》，商务印书馆1980年版，第19页。

斯宾诺莎和经验论者洛克都把知识分为直观的、解证的和感觉的三类。而后，德国的唯理论者莱布尼茨提出两种真理的学说：推理的真理，遵循矛盾律，具有普遍性和必然性；事实的真理，遵循充足理由律，具有概然性。

在知识的分类问题上，休谟和莱布尼茨相似。他认为，人类理性（或研究）的一切对象可以自然分为两种，就是观念的关系和实际的事情，与此相适应，知识可以分为两大类。他写道：

> 一切推论都可以分为两类，一种推论是解证的，是涉及于各观念的关系的，另一种推论是或然的，是涉及于实际的事实或存在的。①

休谟认为，第一种知识，即解证的知识具有确定性和明白性，几何、代数、三角等科学都属于这一类。如"直角三角形弦的平方等于两直角边平方之和"这个命题，乃是表示形象之间关系的一种命题。又如"三乘五等于三十的一半"这个命题，是表示数目之间关系的一种命题。他写道：

> 这类命题，我们只凭思想作用，就可以把它们发现出来，并不必依据于在宇宙中任何地方存在的任何东西。自然中纵然没有一个圆或三角形，而欧几里得所解证出的真理也会永久保持其确实性和明白性。②

十分清楚，休谟对数学一类知识的理解是先验论的。在休谟看来，第二种知识是关于实际事情的知识，这种知识只具有概然性，因为各种事实的反面总是可能的。比如，"太阳明天要出来"和"太

---

①② 休谟：《人类理解研究》，商务印书馆1957年版，第34、26页。

阳明天不出来"这两个命题,我们都不能借任何解证的推论或抽象的推论,先验地肯定这一个或否定那一个。

休谟着重探讨了关于实际事情方面的普遍命题的概然性问题。他认为:

> 关于实际事情的一切理论似乎都建立在因果关系上。①

那么,因果之间是否存在着必然联系呢?他的回答是否定的。他指出,哲学上常常说,无不能生有,凡事必有一个原因;因果之间存在着必然的联系;原因中存在着必然产生结果的能力;相似的原因必然产生相似的结果等等。可是人们在推理中对上述这些原则从不做任何证明,也不要求任何证明,通常都认为这些原则是理所当然的事情。这就把因果性看作是理性先验固有的东西了。休谟明确指出:

> 因果之被人发现不是凭借于理性,乃是凭借于经验。②

休谟把"理性"和"先验"混为一谈,在他否定因果观念的先验性的同时,也否定因果范畴是理性知识的范畴。因此,休谟坚持人们只能在经验的范围内研究因果性问题。

休谟对因果观念做了进一步的分析,他指出,在经验中,我们关于因果关系的观念是从对象间的某种关系得来的。首先,人们看到两个对象之间的接近关系,因为只有在时间上和空间上接

---

① 休谟:《人类理解研究》,商务印书馆1957年版,第27页。
② 休谟:《人类理解研究》,商务印书馆1957年版,第28页。

近的东西才能相互作用。其次，人们看到两个对象在时间上的先后关系，因先于果，果接续因，接近关系和接续关系是我们形成两个对象之间因果关系的必要条件，但还不能由此提供一个完善的因果性观念，即两个对象之间必须存在着必然的联系。这是因为，观念即对象总是特殊的、各别的。我们从经验中最多只能看到两个对象之间的接近或接续关系，但是，"我们永远看不到它们中间有任何纽带"，即必然联系，看不到原因中存在着某种必然产生结果的能力。比如，我吃了这块面包之后，我的身体得到了滋养。但是，经验没有告诉我，这块面包中是什么力量必然地使我的身体得到滋养的；即使吃了这块面包，使我获得了上述经验，但经验也没有告诉我，吃了别的面包，也必然同样地会得到滋养。因此，休谟说：

> 凡不曾呈现于我们的外部感官或内部感官的任何东西，我们对它即不能有任何观念，所以必然的结论似乎就是说：我们完全没有"联系"的观念或"能力"的观念，而且这些名词不论用于哲学推论中或用于日常推论中，都是绝对没有任何意义的。①

休谟的这种观点既是针对着经院哲学的潜能论的，也是针对唯物论关于客观必然性的思想的。休谟根本否定客观物质世界的存在，也不承认理性的抽象概括具有把握事物本质和规律的作用。他把人的认识死死地限制在感觉观念的圈子内，把感觉观念看作是各个孤立的精神原子，相互间只有时间上先后、空间上排列的关系。因此，在休谟看来，在所谓原因和结果两个观念之间，根本不存在什么必然的联系。他写道：

---

① 休谟：《人类理解研究》，商务印书馆1957年版，第68页。

> 人心纵然极其细心地考察过那个所假设的原因，它也不能在其中发现出任何结果来。因为结果和原因是完全不一样的，因此，我们也就不能在原因中发现出结果来。①

既然原因和结果是两个根本不同的东西，二者之间不可能存在什么必然的联系，那么，人们为什么总觉得因果之间一定存在着所谓的必然联系呢？休谟认为，这种观念是从对象的恒常会合中引出来的。比如，热与焰、重与硬恒常会合以后，于是人们由此一物象的出现，便期待彼一物象的出现。一般说来，人们不会在第一次碰到两个对象相互接近和前后相随的例证中引出因果必然联系的观念，而总是在看到一种现象经常伴随着另一种现象出现，这种情况反复多次之后，才会引出因果必然联系的观念。不过，休谟认为，从对象的恒常会合中实际上是不可能引出真正的必然联系的观念的。这是因为，人们既然从一次例证中看不到必然的联系，那么，这种例证无论重复多少次，人们也永远不能发现对象之间的必然联系。在休谟看来，人们在看到两个对象的恒常会合之后形成的所谓"必然联系"的观念，实质上只是对象的恒常会合在人心中形成的一种习惯。因此，休谟写道：

> 习惯就是人生的最大指导。只有这条原则可以使我们的经验有益于我们，并且使我们期待将来有类似过去的一串事情发生。②

---

① 休谟：《人类理解研究》，商务印书馆1957年版，第29页。
② 休谟：《人类理解研究》，商务印书馆1957年版，第43页。

这样，休谟就把事物的客观必然性转化成主观的习惯和信念了。

休谟确认，和日常的经验不同，在科学实验中，人们无须对象的恒常会合，有时只要根据一次实验就可以确定对象之间的因果关系。他承认的这一事实与他的唯心主义习惯论是明显矛盾的。对此，他又辩解说，如果人们已经从经验中形成了恒常会合这个总的习惯，总的原则，那么在确定任何具体对象的因果关系时，虽然只需一次实验，"恒常会合"也就自然而然地赋予对象自身了。这个辩解显然是无力的。

休谟认为，建立在主观习惯和信念之上的一切因果推论都是或然推论；由这种推论所建立的一般命题也只具有或然性，而没有解证知识的那种普遍性、必然性。这是因为，因果推论不是以客观的因果必然性为基础的。此外，他认为因果关系方面的许多复杂情况也会带来因果推论的或然性，比如，在我们不曾观察到足以产生强烈习惯的众多例子的情况下，便依据这种习惯进行推论，或者在类似关系不精确的情况下进行推论，这就不可能是确定的。

休谟关于因果推论的或然性思想，是对洛克关于实体方面的普遍性命题的、或然性思想的发挥。它进一步揭示了人类认识的主观性和相对性，对于克服经院哲学和笛卡尔主义的独断论具有积极的意义。但是，休谟根本否认客观必然性，根本否认科学上的普遍命题是对客观必然性的反映，把科学知识看作是纯粹主观的、或然性的知识，这是完全错误的。这种主观主义的因果论充分暴露了经验主义的片面性。因果性范畴本质上是一个理性认识的范畴，它不是对事物外部现象的描述，解决事物的外部"是怎样"，而是对事物内部的本质和规律的把握，解决"为什么"的问题。人们可以从太阳总是在早晨升起这一恒常现象推断说，它明天早晨还会再升起，但是，这不是什么因果推论，不具有必然性。事实上，我们今天已经知道，总会有太阳在早晨不再升起的一天。

如果人们真正把握了过去太阳每天早晨升起的内部联系和条件，那么，人们就可以确定地推断说，只要这些内部联系和条件不变，太阳在明天早晨必将再次升起。这才是真正的因果推论，其结果才具有必然性。当然，人们对因果必然性的认识不是一蹴而就的，而是一个逐渐深化的过程，是一个从相对逐步接近绝对的过程。因此，一切科学上的普遍命题都是既有它确定的方面，也有它不确定的方面。随着认识的深化，它们的适用范围会时而扩大，时而缩小。独断论者不懂得这个道理，片面夸大认识的绝对性，否定认识的相对性；休谟则跳到另一个极端，片面夸大认识的相对性，否认相对性的认识中包含绝对的成分。他不懂得，客观必然性问题并不是一个纯粹的理论问题，"必然性的证明是在人类活动中，在实验中，在劳动中"，① 人们如果在实践中达到了他所预期的结果，那么，这就证明了客观必然性的存在，以及认识是对客观必然性的正确反映。离开实践去考察人的认识能力，也是休谟认识论的基本缺陷。

休谟曾经运用他的因果论批判关于上帝存在的证明。在休谟活动的时代，英国流行着一种关于上帝存在的设计论证明。设计论者根据人工作品进行类比推理，认为我们既然能从房屋的存在推断出一个房屋建造者的存在，那么，我们也就能从宇宙的存在合理地推断出它的设计者、创造者即上帝的存在。休谟认为，这种类比是不恰当的，违背了因果律。因果推断的基础是对象之间的恒常会合，我们见到一座房屋就推断出其建造者的存在，这个推论是建立在我们在经验中常常看到房屋和建造者这两个对象的恒常会合这一点之上的。可是从宇宙的存在推及上帝的存在，这是从单一的结果推出单一的原因。因此，作为因果推断，这是不能成立的。休谟的结论是：

---

① 恩格斯：《自然辩证法》，《马克思恩格斯选集》第3卷，第550页。

> 由于人类理解力的缺陷，神的性情对于我们完全是不可了解，不可知的。①

由此看来，和贝克莱哲学不同，休谟哲学在当时的历史条件下实际上是一种非宗教的哲学思想形式。恩格斯指出，休谟的不可知论是"英国一切非宗教的哲学思想形式。这种世界观的代表者说，我们无法知道究竟有没有什么神存在；即使有的话，他也根本不可能和我们发生任何联系，因此，我们在安排自己的实践活动时就应该假定什么神也没有。我们无法知道，究竟灵魂和肉体有没有区别，究竟灵魂是不是不死的；因此，我们在生活中就假定此生是我们仅有的一生，用不着为那些我们所不能理解的事物忧虑。简单地说，这种怀疑论的实践完全重复着法国的唯物主义；但是它由于不能彻底解决问题，因而仍停留在形而上学理论的领域中"。②休谟的不可知论深刻地反映了十八世纪正在忙于产业革命的英国资产阶级的务实精神。

不过，应当看到，尽管休谟竭力攻击关于上帝存在的种种理论证明，并且在不少地方竭力揭露宗教的迷信和虚妄，但休谟本人并不是一位无神论者。在他看来，宇宙的秩序使人确信一位造物主的存在，信仰上帝是人的本性，否认关于上帝存在的理论证明正是为了使人"以极大的热心趋向天启的真理"③。

恩格斯指出，休谟是一位在欧洲近代哲学史上起过很重要作用的哲学家。④休谟哲学的历史影响是多方面的。他对宗教和十七

---

① 休谟：《自然宗教对话录》，商务印书馆1962年版，第14页。
② 恩格斯：《英国状况》，《马克思恩格斯全集》第1卷，第660页。
③ 休谟：《自然宗教对话录》，第97页。
④ 参看恩格斯：《路德维希·费尔巴哈和德国古典哲学的终结》，《马克思恩格斯选集》第4卷，第221页。

世纪"形而上学"的批判，对十八世纪法国的启蒙运动产生了积极的影响，并把康德"从独断论的迷梦中唤醒"，促进了德国的哲学革命。十九世纪，休谟的怀疑论仍然是英国的一切非宗教的哲学思想形式。休谟哲学对西方现代哲学中的各种唯心主义经验论流派也有很大的影响。

南开哲学教材系列

欧洲哲学通史

下卷

冒从虎　张庆荣　王勤田　编著

南开大学出版社
天津

本 书 荣 获

国家教委优秀教材二等奖

目 录

第五章　十八世纪法国的自然神论和机械唯物论……………（1）
引　言………………………………………………………（1）
第一节　启蒙运动的兴起：自然神论 ……………………（8）
　一、培尔…………………………………………………（9）
　二、伏尔泰………………………………………………（11）
　三、孟德斯鸠……………………………………………（21）
　四、孔狄亚克……………………………………………（28）
　五、卢梭…………………………………………………（32）
　六、梅叶…………………………………………………（46）
第二节　启蒙运动的发展：机械唯物主义和无神论………（55）
　一、狄德罗………………………………………………（57）
　二、拉美特利……………………………………………（71）
　三、爱尔维修……………………………………………（81）
　四、霍尔巴赫……………………………………………（94）

第六章　德国古典哲学………………………………………（116）
引　言………………………………………………………（116）
第一节　康德的批判哲学 …………………………………（124）
　一、对理论理性的考察…………………………………（134）
　二、对实践理性的考察…………………………………（158）
　三、对判断力的考察……………………………………（168）
第二节　费希特的"自我—非我同一"哲学和谢林的
　　　　"绝对同一"哲学………………………………（180）

1

一、费希特的"自我—非我同一"哲学 …………………(182)
　　二、谢林的"绝对同一"哲学 ……………………………(190)
第三节　黑格尔的唯心主义辩证法………………………………(202)
　　一、"绝对理念"能够实现自己，思维和存在的
　　　　同一性 …………………………………………………(213)
　　二、逻辑学 …………………………………………………(237)
　　三、自然哲学 ………………………………………………(287)
　　四、精神哲学 ………………………………………………(299)
第四节　费尔巴哈的"人本学"唯物主义…………………………(321)
　　一、人是思维和存在统一的基础和主体 ………………(333)
　　二、人是上帝的创造者 …………………………………(364)
　　三、人是道德的主体 ……………………………………(374)

第七章　十九世纪俄国哲学……………………………………(386)
引　言 ……………………………………………………………(386)
第一节　赫尔岑 …………………………………………………(390)
　　一、物质是永恒的，万物统一于物质……………………(392)
　　二、辩证法是革命的代数学 ……………………………(396)
　　三、经验和思辨是知识的两个阶段 ……………………(402)
第二节　别林斯基………………………………………………(404)
　　一、精神的东西是物理的东西的活动 …………………(406)
　　二、"生活的辩证法" ……………………………………(409)
　　三、抽象的真理是不存在的 ……………………………(411)
　　四、历史是按照自身的必然性向前发展的 ……………(412)
第三节　车尔尼雪夫斯基 ………………………………………(416)
　　一、人本学唯物主义世界观 ……………………………(419)
　　二、人本学唯物主义认识论 ……………………………(421)
　　三、人本学唯物主义中的辩证法 ………………………(426)
　　四、社会、伦理、美学思想 ………………………………(429)

第四节　杜勃罗留波夫……………………………………（436）
结束语…………………………………………………………（442）
后　记…………………………………………………………（463）

第五章　十八世纪法国的自然神论和机械唯物论

引　言

恩格斯曾经指出，法国唯物主义者"使十八世纪成为主要是法国人的世纪"。[①] 十八世纪，法国是欧洲资产阶级革命的中心，同时也是欧洲哲学发展的中心。

十八世纪，法国掀起了一场波澜壮阔的反封建的启蒙运动。这场伟大的思想解放运动所阐发的哲学思想是欧洲哲学发展史上的一个重要阶段。它把欧洲十七世纪的哲学推到了一个新的高度，提供了欧洲哲学史上最为完整的机械唯物主义体系、战斗的无神论学说以及更为系统、典型的人本主义历史观。十八世纪法国哲学思想不仅为法国资产阶级革命作了思想先导，而且对德国古典哲学和十九世纪初空想社会主义的形成都有积极的影响，为马克思主义哲学唯物论的创立提供了理论前提。

十八世纪法国哲学是文艺复兴以来法国和欧洲各国先进哲学思想的汇合和发展。由十六世纪法国哲学家蒙台涅开创的、而后为十七世纪法国哲学家笛卡尔所发展了的法国的宗教怀疑论的传统，在十八世纪法国哲学中得到了继承和进一步的发挥，为在法国摧毁经院哲学和"形而上学"，创立唯物主义和无神论打下了基础。文艺复兴以来，欧洲各国流行的以抽象人性论为基础的人本

[①] 恩格斯：《〈社会主义从空想到科学的发展〉英文版导言》，《马克思恩格斯选集》第 3 卷，第 384—385 页。

主义历史观和道德学说,在十八世纪法国哲学中得到了更为系统的阐述,并从中直接引出了自由、平等、博爱的资产阶级革命的政治纲领。十七世纪末和十八世纪初英国的自然神论思潮也在十八世纪法国得到广泛的传播。马克思恩格斯指出:"法国唯物主义有两个派别:一派起源于笛卡尔,一派起源于洛克。"① 法国唯物主义者批判了笛卡尔的"形而上学",汲取了他的物理学中的唯物主义,并把它发展成为机械唯物主义体系。十七世纪英国唯物主义经验论,特别是洛克哲学对十八世纪法国哲学的影响尤为明显。马克思恩格斯曾经指出,法国启蒙思想家在批判封建神学和"形而上学"时,"感到需要一部能够把当时的生活实践归结为一个体系并从理论上加以论证的书。这时,洛克关于人类理性的起源的著作很凑巧地在英吉利海峡那边出现了,它像一位久盼的客人一样受到了热烈的欢迎"。② 法国哲学家借助于洛克的唯物主义经验论批判了封建神学和十七世纪的"形而上学"。他们还把唯物主义经验论运用于观察社会生活,提出了一整套新颖的政治、经济、历史、法律、教育以及文学艺术等学说,并力图从中导出革命的结论。

十八世纪启蒙运动在哲学上之所以能够取得重大的突破,是和这个时期自然科学获得的新的进展密切相关的。十八世纪欧洲自然科学的发展状况,有两个重要的特点。一个特点是牛顿力学的普及。十八世纪初,一些先进思想家,如伏尔泰,把牛顿力学介绍到法国。许多法国启蒙思想家都是牛顿学说的热烈的信奉者和传播者。一些启蒙思想家从牛顿学说直接引出了自然神论的哲学结论。另一些启蒙思想家则力图对牛顿学说作出唯物主义和无神论的哲学概括。牛顿力学是当时唯一称得上具有严整的体系和精确性的科学。随着牛顿力学的普及,用数学力学的观点观察一

---

① 马克思恩格斯:《神圣家族》,《马克思恩格斯全集》第 2 卷,第 160 页。
② 马克思恩格斯:《神圣家族》,《马克思恩格斯全集》第 2 卷,第 162 页。

切的机械论的思维方法便成了统治一个时代的普遍的思维方式。因此，在这种条件下产生的法国唯物主义就不可避免地具有更典型的机械论的性质。十八世纪自然科学发展的第二个显著特点是，"实证科学脱离了形而上学，给自己划定了单独的活动范围"，①各门自然科学如天文学、物理学、化学、生物学、生理学、解剖学、医学以及地质学等都逐渐形成为独立的科学部门，对自然界进行分门别类的深入考察。法国科学家拉瓦锡（1743—1794）创立了燃烧氧化说，取代了神秘的燃素说，奠定了实验化学的基础。在物理学方面，已研究了热、电、光等运动形式。生理学、解剖学和医学等学科所取得的新成果，加深了对生命现象的认识，为从哲学上进一步解决物质和意识的关系提供了科学基础。在搜集、整理材料方面，生物学进展较快。瑞典的生物学家林耐（1707—1778）运用人为分类法，对前一时期生物学上积累的丰富材料进行了整理，详细确定了一万八千种植物。他强调生物的种类是不变的，认为上帝创造了多少物种，现在就有多少物种，并且认为生物界和非生物界的界限是不可逾越的。恩格斯指出，在十八世纪法国，"占统治地位的自然观都是：自然界是一个在狭小的循环中运动的、永远不变的整体，其中有牛顿所说的永恒的天体和林耐所说的不变的有机物种"。②以牛顿——林耐为代表的十八世纪的自然观曾给法国唯物主义以深刻的影响，使它具有形而上学的性质。值得注意的是，十八世纪的某些自然科学家已试图突破这种形而上学的自然观。十八世纪德国哲学家康德和法国天文学家拉普拉斯先后提出了著名的太阳系星云起源的假说，认为天体并不是亘古以来永恒不变的，而是有其自身演化的历史。在生物学中，法国生物学家毕丰（1707—1788）提出自然分类法，运用比

---

① 马克思恩格斯：《神圣家族》，《马克思恩格斯全集》第2卷，第161页。
② 恩格斯：《反杜林论》，《马克思恩格斯选集》第3卷，第64—65页。

较解剖学的方法，研究生物之间的亲缘关系，指出生物有自己演化的历史。他论述了地球形成和生物的产生与"变种"的历史过程，提出了环境决定变种的学说以及人与猿同源的思想。在各门科学开始形成并取得了一定的进展的情况下，十八世纪的科学家和哲学家已试图揭示各门科学的相互联系，以便形成关于自然的统一的知识体系。法国唯物主义者狄德罗主编的《百科全书》就体现了这种思想特征。恩格斯写道："百科全书思想是十八世纪的特征；这种思想的根据是认为以上所有这些科学部门都是互相联系着的，可是它还不能够使各门科学彼此沟通，而只能够把它们简单地并列起来。"① 十八世纪自然科学所透露出来的这类发展观点、普遍联系观点的萌芽思想，在十八世纪法国唯物主义中也或多或少地得到了反映，因而在它们的形而上学的机械的唯物主义体系中包含了某些辩证法成分。

对十八世纪法国哲学的形成和发展具有决定意义的，还是十八世纪法国阶级斗争的白热化。十八世纪初，法国仍然是一个封建社会。法国封建社会存在着三个等级：第一等级是天主教的僧侣，第二等级是封建贵族，第三等级包括资产阶级、农民、城市工人和平民等。在第三等级内部存在着剥削阶级和被剥削阶级的矛盾。但是，当时最主要的社会矛盾则是以资产阶级为首的第三等级同以国王为代表的僧侣、贵族封建势力之间的矛盾。进入十八世纪，这个主要的社会矛盾就逐渐激化了。如果说十七世纪的封建君主专制制度曾经为了自身的利益把自己凌驾于封建贵族和资产阶级之间的矛盾之上，实行过某些保护工商业发展的政策，从而有利于资本主义的发展，那么，到了十八世纪，它便成了资产阶级的对头，成了资本主义进一步发展的障碍。资本主义愈发展，作为建立在封建主义生产方式基础上的君主专制政治制度便愈反

---

① 恩格斯：《英国状况。十八世纪》，《马克思恩格斯全集》第 1 卷；第 657 页。

动。在法国国王路易十四统治的时期,专制政府便开始实行一系列的反资产阶级的政策,如取消资产阶级用重金买得的贵族头衔,剥夺巴黎法院对国王赦令表示异议的权利,加强天主教的统治,迫害胡格诺教（法国加尔文教）的教派,取消保护关税,增加捐税以及没收一些金融资本家的财产等等,从政治上、思想上和经济上打击资产阶级,阻碍资本主义的发展。到了路易十五统治时期,专制制度就更趋于腐朽和反动了。国王、贵族和僧侣们过着穷奢极欲、挥霍无度的放荡生活,加之连年发动对外战争,致使国库长期空虚。为了摆脱财政危机,专制政府就不断增加苛捐杂税,横征暴敛,滥发纸币,搜刮民财。封建主义生产方式和专制制度已经成为社会进一步发展的桎梏了。

当时,占全国人口百分之九十以上的农民,仍然处于半农奴的状态,所受的剥削和压迫最深。1777年因连年灾荒而沦为乞丐的农民遍及全国。生活于水深火热之中的农民群众不断掀起反剥削、反压迫的起义,严重动摇了封建统治的基础。随着资本主义的发展,工人队伍不断扩大。十八世纪中叶已经出现了一些工人团体,如兄弟会、伙伴社等,工人罢工事件频繁发生。在巴黎等城市,城市平民运动也一再兴起。

十八世纪,法国资产阶级加强了反封建的斗争,积极准备革命。新兴的资本主义关系尽管受到专制政府的压制和打击,但仍然得到了迅速的发展。此时,法国已成为欧洲大陆上工商业最发达的国家,出现了许多工商业中心,工场手工业日趋繁荣,里昂的纺织工人有六万五千余人。到十八世纪末,法国拥有三百多座高炉,年炼铁能力达十万吨左右。在经济上已经相当富有、相当强大的资产阶级,当然不会再安于政治上受压迫的地位了。十七世纪依附于专制制度的资产阶级,现在成了专制政府的公开的反对派。它加紧进行革命的准备,并于这个世纪末（1789年）联合劳动群众发动了革命,推翻了波旁王朝的统治,建立了资产阶级专政。十八世纪法国启蒙运动正是资产阶级为夺取政权所作的意识形态方面的准备。

和十七世纪英国资产阶级革命相比较,法国大革命有两个显著的特点。第一,法国大革命"第一次完全抛开了宗教外衣,并在毫不掩饰的政治战线上作战"。① 法国封建统治阶级强力推行天主教,疯狂镇压一切非天主教的教派。统治者实施的这种暴力措施,使得资产阶级只能赋予革命以非宗教的、纯粹的政治形式。第二,法国大革命较之英国革命更为彻底。在十七世纪英国革命过程中,英国资产阶级和新贵族结成同盟进行反封建的斗争,革命最后以资产阶级和贵族的妥协而告终。在法国,不存在资产阶级化了的新贵族,封建统治阶级也堵塞了资产阶级贵族化的道路。因此,资产阶级只得联合城乡广大劳动群众进行反封建的斗争。马克思指出:"在1648年,资产阶级和新贵族结成了同盟反对君主制度,反对封建贵族和反对占统治地位的教会。在1789年,资产阶级和人民结成了同盟反对君主制度、贵族和占统治地位的教会。"② 正是因为法国资产阶级和人民结成了同盟,才保证了革命的彻底性。法国革命的这些特点给法国启蒙运动打上了深深的烙印,使它具有特别鲜明的战斗性格。和十七世纪的英国哲学家不同,不少法国启蒙学者不仅是伟大的思想家,他们本人在政治上也是十分激进的革命家。恩格斯指出:"在法国为行将到来的革命启发过人们头脑的那些伟大人物,本身都是非常革命的。他们不承认任何外界的权威,不管这种权威是什么样的。宗教、自然观、社会、国家制度,一切都受到了最无情的批判;一切都必须在理性的法庭面前为自己的存在作辩护或者放弃存在的权利。"③ 他们

---

① 恩格斯:《社会主义从空想到科学的发展》,《马克思恩格斯选集》第3卷,第395页。
② 马克思:《资产阶级和反革命》,《马克思恩格斯全集》第6卷,第124页。
③ 恩格斯:《反杜林论》,《马克思恩格斯选集》第3卷,第56页。

敢于同一切官方科学,同教会,常常也同国家进行公开的斗争;他们的著作要拿到国外,拿到荷兰或英国去印刷,而他们本人则随时准备进巴士底狱。在哲学上,法国唯物主义者的一个重大成就,就是克服了十七世纪唯物主义的神学不彻底性,树起了无神论的旗帜。这就充分体现了十八世纪法国启蒙运动的战斗精神。

法国启蒙思想家们在政治上猛烈抨击专制制度的同时,在思想上便把批判的锋芒集中指向天主教神学。在十八世纪法国,天主教神学仍然是摇摇欲坠的专制制度的精神支柱。它竭力宣扬一套荒谬的的思想,如"君权神授论"、"来世生活论"等,为专制制度辩护,麻痹人民的革命意识。法国启蒙运动集中攻击天主教神学的目的,就在于砸碎专制制度的这根精神支柱,启发人民的反封建的觉悟,以便动员群众去摧毁专制制度。

法国启蒙思想家们在集中力量批判天主教神学的同时,也横扫十七世纪流行的形形色色的"形而上学"。马克思指出:"十八世纪的法国启蒙运动,特别是法国唯物主义,不仅是反对现存政治制度的斗争,同时是反对现存宗教和神学的斗争,而且还是反对十七世纪的形而上学和反对一切形而上学,特别是反对笛卡尔、马勒伯朗士、斯宾诺莎和莱布尼茨的形而上学的公开而鲜明的斗争。"[①] 我们知道,十七世纪流行的"形而上学"是很保守的,但也还包含了某些积极的、世俗的内容。它在数学、物理学以及其他科学方面都曾有所建树。但是,到了十八世纪,自然科学逐渐摆脱"形而上学",形成各自独立的学科,这时"形而上学的全部财富只剩下想象的本质和神灵的事物了"。[②] 在十七世纪曾经遭到教会当局谴责的"形而上学",到了十八世纪反倒成为官方哲学,成了神学的理性支柱。因此,十八世纪启蒙思想家们为了彻底摧

---

① 马克思恩格斯:《神圣家族》,《马克思恩格斯全集》第2卷,第159页。
② 马克思恩格斯:《神圣家族》,《马克思恩格斯全集》第2卷,第162页。

毁神学就不能不同时批判"形而上学",铲除神学的理性支柱。不过,应当看到,这两种批判在性质上是不同的。批判天主教神学的斗争,实质上是资产阶级的反封建斗争在意识形态上的反映。对"形而上学"的批判则是资产阶级的自我批判,是十八世纪已经强大了并积极投身于革命的资产阶级为铲除过去自己身上的保守性、妥协性而作的努力。因此,批判"形而上学"的斗争始终是围绕着批判神学这个斗争中心进行的。

十八世纪法国启蒙运动是法国第三等级各阶级、阶层共同演奏的一首气势磅礴的反封建的交响曲。活跃于启蒙运动舞台上的不仅有资产阶级、小资产阶级思想家,而且还有反映农村贫苦农民利益和反映早期无产者要求的空想社会主义者如梅叶、摩莱里和马布利等。但是,正如资产阶级是第三等级的政治领袖一样,在启蒙运动中,占居主导地位的也是一批著名的资产阶级思想家。

法国启蒙运动是一场全面清算封建意识形态的思想运动。启蒙思想家们在哲学、历史、经济、法学、教育学以及文学艺术等各个领域都有新的建树。从哲学方面看,法国启蒙运动的主要贡献在于发展了唯物主义学说。恩格斯指出,在法国启蒙运动中,"唯物主义就以其两种形式中的这种或那种形式——公开的唯物主义或自然神论,成了法国一切有教养的青年的信条"。[①] 十八世纪法国唯物主义的发展大致经历了以伏尔泰为代表的自然神论和以狄德罗为代表的公开的唯物主义、战斗无神论两大阶段。

第一节 启蒙运动的兴起:自然神论

从十八世纪二十年代起,法国启蒙运动逐渐开展起来。早期

[①] 恩格斯:《〈社会主义从空想到科学的发展〉英文版导言》,《马克思恩格斯选集》第 3 卷,第 395 页。

启蒙运动的主要代表有伏尔泰、孟德斯鸠、孔狄亚克、卢梭和梅叶等。在哲学上，他们主要以自然神论为武器批判宗教唯心主义，鼓吹人本主义历史观，抨击封建专制主义。

法国启蒙运动的直接先驱是处于十七世纪和十八世纪之交的怀疑论哲学家培尔。

一、培尔

比埃尔·培尔（1647—1706）出生于科拉城的一位新教牧师的家庭，曾就学于土鲁斯大学和日内瓦大学。后来，他在色当的新教学院任教授。该校被路易十四封闭后，培尔被迫移居荷兰，任鹿特丹大学的教授。但是，由于他倡导新教神学，不久便被免职。培尔最初站在新教方面反对天主教神学，后来他进而主张对一切宗教采取冷淡、怀疑态度。这样，培尔最初同天主教徒的论战，后来就转变成同他早先的盟友——新教教徒的论战。在《历史批判辞典》（1695—1697）一书中，培尔颂扬"理性"，鼓吹宗教怀疑论，对十七世纪"形而上学"进行了批判。

培尔批判的锋芒主要是针对宗教神学。我们知道，经院哲学的任务就在于对宗教信条作理论证明。十七世纪的"形而上学"如笛卡尔和莱布尼茨的"形而上学"也企图利用理性证明上帝的存在。与此相反，培尔认为，理性和信仰是对立的，用理性的方法不能证明宗教信仰的真理性。信仰的对象，即神秘的东西本身就是不可理解的。如果能理解它们的话，它们也就不再是神秘的东西了。荒谬性是神秘的东西的本质成分。因此，哲学家们不应该用理性去减轻神秘的东西的荒谬性。

培尔谴责神学道德，主张把道德和宗教分开，认为一个笃信宗教的人可能是一个没有道德的伪君子，而无神论者则可能是具有崇高道德的人。培尔证明，污辱人的尊严的不是无神论，而是迷信和偶像崇拜，在道德方面，无神论者不亚于宗教信仰者。因此，他大胆设想，一个由无神论者组成的社会是可能存在的。只要这些人能保障公共福利，鼓励公平往来，那么，这个社会则可能是一个最文明的社会。1685年，路易十四废除了南特敕令，迫害新教徒，加强天主教的统治。针对宗教专制主义，培尔鼓吹宗教宽容，要求信仰自由，甚至应当允许不信神。他反对迫害异端，认为强迫人们信仰天主教是不道德的。应当指出，培尔本人并不是一个无神论者。但是，他热情颂扬理性，鼓吹宗教怀疑论，主张宗教宽容的思想，对传统宗教神学无疑是一个沉重的打击，为后来启蒙思想家们批判宗教神学开辟了道路。

基于这种宗教怀疑论，培尔还着重批判了十七世纪"形而上学"。培尔本人起初是一个笛卡尔派的"形而上学"者，但是，对宗教的怀疑引起了他对作为这种信仰的理论支柱的"形而上学"的怀疑。他着重批判了莱布尼茨的"神正论"和"预定和谐"学说。培尔认为，如果莱布尼茨关于这个世界是上帝选定的最好的世界的论断是正确的话，那么，这个世界里存在的种种罪恶是从何而来的呢？如果罪恶也是神所"预定"的，那么人们对罪恶进行惩罚的根据又是什么呢？培尔也反对斯宾诺莎的实体学说，认为斯宾诺莎把实体和神混为一谈，并且把实体看作是唯一的观点，都是错误的。在他看来，每一单个物体都可以看作是自身存在的实体，因此，世界乃是由无数的实体所组成，不存在什么唯一的实体。马克思恩格斯指出："使十七世纪的形而上学和一切形而上学在理论上威信扫地的人是比埃尔·培尔。"① 培尔不是一位唯物主义者，但是，他却为十八世纪启蒙思想家彻底摧毁十七世纪的"形而上学"开了先河。

培尔思想的一个显著特点，就是他并不想创立某种新的哲学体系或正面宣扬某种新的观点，而只是以怀疑论为武器去揭露宗教神学和"形而上学"中的种种不能自圆其说、自相矛盾的谬误，

---

① 马克思恩格斯：《神圣家族》，《马克思恩格斯全集》第2卷，第162页。

以使它们威信扫地。培尔的批判具有不彻底性,他在批判宗教的同时又要求保留宗教信仰,他崇尚理性,但又怀疑理性的力量。但是,培尔的批判在当时具有反封建的进步意义,并且为十八世纪启蒙运动的形成和发展扫清了道路,"为在法国掌握唯物主义和健全理智的哲学打下了基础"。[①]

二、伏尔泰

伏尔泰是十八世纪法国启蒙运动的开拓者和著名的领袖。

伏尔泰,本名弗朗索瓦·马利·阿鲁埃(1694—1778),出身于巴黎一个富裕的资产阶级家庭。早年就学于耶稣会办的大路易中学。毕业后,由于他宣扬反封建、反宗教的思想,冒犯宫廷和贵族,曾两次被关进巴士底狱,两次被放逐。1726 年,伏尔泰被专制政府驱逐出境,流亡英国三年。回国后,于 1734 年发表《哲学通讯》一书。在这本书中,伏尔泰通过介绍牛顿学说、洛克哲学和英国的君主立宪制度,揭露法国专制制度和宗教蒙昧主义,阐明他的哲学观点和政治见解。该书在法国出版后,立即被反动政府查禁,并下令逮捕他。这样,伏尔泰被迫逃亡到一个偏僻的小城镇,从事创作活动。在此期间,伏尔泰写了大量哲学、科学、文艺作品,如《牛顿的哲学》(1738)。1750 年,伏尔泰应普鲁士国王腓特烈二世的邀请到柏林居住。他原想劝说和辅佐腓特烈二世推行开明君主制度,但腓特烈二世只是想利用伏尔泰的声望来粉饰、点缀专制制度。1755 年,伏尔泰毅然逃离柏林。伏尔泰一生的最后二十年是在法国和瑞士交界的费尔那庄园度过的。在那里,他同欧洲各国的进步人士保持通信联系,关心和支持法国年轻一代启蒙思想家的活动,高度价评狄德罗和达朗贝主编的《百科全书》,并积极为它撰写辞条。伏尔泰读了梅叶的《遗书》手抄本吓得发抖,但他高度评价梅叶的这部著作。他说:

---

① 马克思恩格斯:《神圣家族》,《马克思恩格斯全集》第 2 卷,第 162 页。

> 这是一本很罕见的书，这真正是宝贝。①
> 这位副主教以巨大的智慧和雄辩痛骂基督教。②
> 梅叶的这本书应当人手一册。③

伏尔泰亲自整理并冒着危险秘密组织出版、销售梅叶的《遗书》。他为《遗书》的广为传播和产生的巨大社会影响而欢欣鼓舞。他说：

> 看来，让·梅叶的《遗书》产生了巨大的作用，它使一些读者深信不疑。④

1778年初，八十四岁高龄的伏尔泰凯旋回到巴黎，受到首都人民的热烈欢迎。同年五月，这位法国启蒙运动的泰斗与世长辞。

伏尔泰是一位才华横溢、充满活力的著作家。他不仅是一位哲学家、历史学家和政论家，而且是一位多产的小说家、剧作家和诗人。他的重要哲学著作还有：《形而上学论》（1734）和《哲学辞典》（1764）等。

伏尔泰的批判锋芒主要是针对封建专制制度，特别是它的精神支柱天主教教会。他反对无限的君主专制和封建贵族的专横暴虐。伏尔泰激烈抨击天主教教会的罪恶行径。尖锐地指出，教皇的势力是建立在"成见和无知"的基础上的。他把教士称作"文明的恶棍"，骂教皇是"两足禽兽"。在他看来，宗教裁判所的罪恶甚于拦路抢劫的强盗，强盗只要金钱，而宗教裁判所则要剥夺人们的一切，包括思想和生命。伏尔泰尖锐地指出，基督教的历

---

① 转引自梅叶《遗书》第3卷附录，商务印书馆1961年版，第237页。
②③④ 转引自梅叶《遗书》第3卷附录，第244、247页。

史就是一连串的抢劫、谋杀的历史,一部残暴的血腥史。针对天主教教会的黑暗统治,伏尔泰提出了"打倒卑鄙无耻的东西","消灭败类"的战斗口号,并且向教会僧侣们公开宣告:

> 你们曾经利用过无知、迷信、疯狂的时代,来剥夺我们的地产,把我们践踏在你们的脚下,用苦命人的脂膏把自己养得肥头胖耳。现在你们发抖吧,理性的日子来到了。①

伏尔泰并不一般地否定君主政体,他本人也不是一位无神论者。但是,他对封建专制主义和天主教统治所作的尖锐批判,反映了资产阶级反封建的革命要求,具有进步的历史意义。

伏尔泰的反封建思想的哲学基础是自然神论。

(一)自然神论:神是最初的推动者

伏尔泰在哲学上深受牛顿和洛克的影响,继承和发挥了英国自然神论的哲学观点。

伏尔泰《形而上学论》一书第四章的标题是"论实际有外界对象"。他认为,如果不是一些哲学家千方百计地怀疑外物的存在,人们不会讨论这个问题。怀疑论者否定外物的存在有两点理由:一是人们在梦中所感觉到的东西实际上并不存在,说不定人生就是一场连续的梦;二是人们只具有色、声、香、味等知觉,但根本无法证明物体或实体的存在。伏尔泰认为,怀疑论的这些论点是荒唐的。如果一切都是我们的想象力造成的,实际上并没有外界对象,那么,为什么我们在碰到火时会被烧痛?我们的感官的确常常受骗,但是可靠的触觉却使人深信不已,并使它感到坚硬的外界物体的存在,"这是因为物质的本质并不在于一个物体有颜色

---

① 伏尔泰:《哲学辞典》,《十八世纪法国哲学》第88页。

或发声音,而在于它是有广袤和不可入的"。① 伏尔泰指出:"不管我下多大功夫去怀疑,我还是深信物体的存在。"② 他还说:

> 不管怎样,既然我的主要目的在这里是考察可以交往的人,而如果没有一个社会,因而没有一些对象在我们以外,我就不能是可以交往的,那么,怀疑论者们是可以允许我从坚信有一些物体开始的,否则我就必须拒不承认这些先生们的存在了。③

伏尔泰的这种观点显然是唯物主义的,但他所作的论证具有机械论的性质。

伏尔泰十分赞赏牛顿勾划的宇宙图景。在他看来,物体的本性是广延性和不可入性,宇宙是一架巨大而协调运转的机器,一切都是按照数学力学规律运动的。然而,宇宙及其运动的根源是什么?是否存在一个神?神在宇宙中的地位及其属性如何?在这些问题上,伏尔泰既反对天主教神学的观点,也不同意无神论的观点。尽管他反对天主教神学关于上帝存在的种种证明,但他仍然认为,上帝的存在是完全可能的。和十七世纪的唯物主义者一样,伏尔泰认为物质是惰性的,自身没有运动的能力,因此,要理解物质的运动,就必须像牛顿那样,假定一个"第一推动者"的存在。他说:

> 运动并不是凭自身而存在的,因此必须求助于一个最初的推动者。……整个自然界,从最遥远的星辰直到

---

①② 伏尔泰:《形而上学论》,《十八世纪法国哲学》第78页。
③ 伏尔泰:《形而上学论》,《十八世纪法国哲学》第79页。

一根草芒，都应当服从一个最初的推动者。①

但是，应当指出，伏尔泰心目中的上帝，并不同于基督教宣扬的具有许多神秘性质并主宰一切的上帝。在他看来，上帝发一次命令，宇宙便永远服从，换句话说，上帝虽然创造了世界，但在他给世界以最初的推动之后，便不再干预世事，而听任自然规律去支配一切。伏尔泰的上帝俨然是一位高高在上但毫无实权的立宪君主。

针对基督教神学把上帝描绘为万能的精神，宣扬上帝具有"三位一体"之类的本质和属性的观点，伏尔泰宣称：

> 神的存在对于我来说是证明了的，至于他的各种属性和他的本质，我认为向我证明了的是：我是生成不能理解它们的。②
>
> 有一个神这一命题并不能给我们一个关于神是什么的观念。③

可以看出，伏尔泰对上帝所作的这种抽象的肯定，具体的否定，"不过是摆脱宗教的一种简便易行的方法罢了"。④

继培尔之后，伏尔泰从自然神论立场进一步批判十七世纪"形而上学"的唯心主义世界观。他讥讽"形而上学"是一种"听话的人不懂人家在说些什么，说话的人也不知道自己在说什么"的假学问。伏尔泰认为，莱布尼茨断言物体是无广袤的单子的结合，可是，和我们一样，他自己无法理解这一点。在伏尔泰看来，莱

---

① 伏尔泰：《形而上学论》，《十八世纪法国哲学》第71—72页。
②③ 伏尔泰：《形而上学论》，《十八世纪法国哲学》第71、75页。
④ 马克思恩格斯：《神圣家族》，《马克思恩格斯全集》第2卷，第165页。

布尼茨的"前定和谐"论也是荒唐的。他利用1775年葡萄牙首都里斯本发生地震这个事实驳斥莱布尼茨的"前定和谐"论,说既然一切都是上帝预先安排好了的,为什么善良的上帝要使这么多的人畜伤亡呢?如果说是为了惩罚,那么巴黎为什么没有受到惩罚呢?伏尔泰还批判了笛卡尔的二元论和灵魂不朽论。他认为灵魂和肉体并不是两个相互独立的实体,灵魂就是意识,是物质的头脑的属性,犹如物体具有引力属性一样。在动物和人身上,"他们的那种感觉和思想的能力与他们的器官一同成长,一同衰退,一同消灭"。① 因此,灵魂不朽论是荒谬的。伏尔泰迫使神学本身来宣扬唯物主义,认为既然上帝是万能的,那就得肯定"神使身体构造得可以思想,正如可以饮食,可以消化一样",② 否则就是否认上帝的万能了。

可以看出,伏尔泰的自然神论在反对基督教神学和"形而上学"的唯心主义世界观的斗争中发挥了积极的作用,体现了唯物主义的批判精神。但是,这种以自然神论的形式表现出来的唯物主义是不彻底的。事实上,在伏尔泰的论述中就包含了许多自相矛盾的观点。比如,他反复强调上帝的地位和作用只在于创造世界并使之运动,可是,他有时又认为上帝在人间具有赏善罚恶的能力。在伏尔泰看来,相信这一点乃是道德的基础,它可以使人去恶从善。又比如,伏尔泰一方面旗帜鲜明地批判基督教神学的灵魂不朽论;另一方面,他又说"一切人的共同福利要求我们相信灵魂永生",③ 否则人们便会无所畏惧地作恶。伏尔泰在理论上陷入这种自相矛盾,深刻地反映了资产阶级这个新兴的剥削阶级的两面性。

(二) 一切观念都通过感官而来

---

①② 伏尔泰:《形而上学论》,《十八世纪法国哲学》第80、83页。
③ 伏尔泰:《哲学通信》,第53页。

伏尔泰继承和发展了洛克的唯物主义经验论，认为认识开始于感觉，一切观念都来自感觉。他说：

> 我们的最初的观念乃是我们的感觉。[1]
> 我们的观念都是通过感官得来的。[2]

在伏尔泰看来，人类的认识犹如洛克所描述的那样，我们一点一点从刺激我的感官的东西得到一些观念，记忆力保存下这些观念，然后通过对这些观念的组合和整理产生出知识。

伏尔泰从这种唯物主义经验论的立场出发，批判了笛卡尔的天赋观念论。天赋观念论的基本点就是坚持每一个人生来就有关于神的知识。与此相反，伏尔泰明确断言，"没有一个人生来就有关于神的知识"。[3]理由是：

> 有一些民族并无任何关于一个创世神的知识。……在文明民族中，也没有一个小孩的脑子里有丝毫神的观念。……在人们中间，神的概念是和他们的宗教和法律一样分歧的。[4]

伏尔泰的结论是"人心里根本没有天赋观念"，[5]一切观念都是感官后天获得的。由此出发，他批判了"形而上学"的主观主义的认识论，指出：

> 我们是决不应当去作假设的；不应当说：我们从制造一些原理开始吧，用这些原理就可以力求解释一切。而应当说：我们来对事物作出精确的分析吧，然后我们可

---

[1][2][3][4][5] 伏尔泰：《形而上学论》，《十八世纪法国哲学》第 74、75、66、66、74 页。

以带着很大的疑虑去看看它们是否与某些原理有关。①

显然，在认识论上，伏尔泰坚持的是一条从客观到主观的鲜明的唯物主义路线。

作为一个经验论者，伏尔泰不理解理性认识在人类认识活动中的作用和地位。在他看来，人类知识决不会超出感官所提供的观念的范围，而感官是有局限的，因此，人的认识能力也是有限的。人们对事物的认识只能达到知其然，而不能达到知其所以然。就是说只能把握其现象，而不能把握其本质。比如，我们的眼睛只能看到一块黄金，但不能看到黄金的分子结构，因此，也就不能认识黄金的本质。又比如，人们只知道"我是形体，我在思想"，但是决不可能知道我们是怎样思想的，这是因为缺少一些器官把这些观念告诉我们。可以看出，经验主义的片面性导致伏尔泰的认识论思想带有某种不可知论的倾向。

（三）理性支配历史

当伏尔泰运用自然神论解释社会历史的时候，他便不再是一个唯物主义者了。他不是从社会物质生活条件的发展去理解人类历史的变迁，而是认为神所赐给人类的永恒的理性或人性，才是社会历史发展的支配力量。在他看来，人类的历史就是理性和迷信斗争的历史。在此以前，理性为宗教迷信所压抑；如今，理性抬头的日子到来了。

伏尔泰继承和发挥了十七世纪社会历史学说中的"自然法"学说，认为"每一个精神健全的人心里都有自然法的概念"。② 所谓自然法"就是那种使我们知道正义的本能"，③它的基本原则是"既

---

① 伏尔泰：《形而上学论》，《十八世纪法国哲学》第73—74页。
②③ 伏尔泰：《哲学辞典》，《十八世纪法国哲学》第100、98页。

不在于使别人痛苦,也不在于以别人的痛苦使自己快乐"。① 在伏尔泰看来,人们的风俗、习惯、法律是不断变化的,历史上也充满了谎言、诽谤、掠夺、谋杀以及忘恩负义等非正义的行为,但是,基于人性本质的东西是永远不变的,"正义的观念"是"始终继续存在"的。"自然法"是法律的基础,只有符合正义原则的法律才是合理的法律。按照伏尔泰观点,似乎只要启发人们的理性,发扬理性的权威,这种合理的法律就会建立起来。

伏尔泰倡导自由、平等,认为人生而平等,自由是人的天赋权利。关于天然平等,他写道:

> 一切享有各种天然能力的人,显然都是平等的;当他们发挥各种动物机能的时候,以及运用他们的理智的时候,他们是平等的。②

伏尔泰提出天然平等说,旨在反对封建等级制度和封建特权,论证人们在法律面前一律平等。从这种自然平等说出发,他利用各种形式,特别是诗歌、戏剧、小说,无情地揭露等级制度和封建特权的罪恶,极大地激励了第三等级群众反封建的革命热情。但是,这位天然平等说的热情倡导者,同时又是社会生活中存在的实际不平等现象的辩护士。在伏尔泰看来,在社会生活中,财产占有的不平等,社会地位的不平等乃是天经地义的。他说:

> 在我们这个不幸的星球上,生活在社会里面的人们不可能不分成两个阶级,一个是支配人的富人阶级;另一个是服侍人的穷人阶级。③

---

①② 伏尔泰:《哲学辞典》,《十八世纪法国哲学》第99、88页。
③ 伏尔泰:《哲学辞典》,《十八世纪法国哲学》第90页。

因此，伏尔泰不仅反对主张财产共有的空想共产主义学说，也反对卢梭的平均主义思想，认为这是"想要使穷人掠夺富人的穷光蛋哲学"。不难看出，伏尔泰的平等观带有鲜明的资产阶级的烙印。

伏尔泰认为，自由就是"试着去做你的意志绝对必然要求的事情的那种权力"，① 是人的神圣不可侵犯的天赋权利，包括人身自由、言论自由、出版自由、信仰自由，特别是拥有财产的自由。对于伏尔泰来说，自由首先意味着反对专制暴政和教会的专横。他痛斥专制暴君任意掠夺人民财产，践踏人民的天赋权利，强烈谴责天主教会煽动宗教狂热，疯狂进行宗教迫害的罪行。伏尔泰为争取自由而进行的呐喊，唤醒了广大群众的反封建的意识。但是，伏尔泰的自由学说，和他的平等学说一样，也具有鲜明的资产阶级的性质。在他看来，财产私有权是最根本的自由权利，但是，自由并不意味着人人都拥有财产，对于社会上绝大多数劳动群众来说，自由只在于"他们将自由地把自己的劳动出卖给出价最高的人"。伏尔泰竭力呼吁保障言论自由，但是他又认为，如果人民群众也开始议论政治，那么一切都乱了。

伏尔泰认为，最符合人类理性的政治制度就是英国式的君主立宪制度。在这种制度下，一切按照法律治理，君主的权力受到限制，贵族依然高贵但不敢骄横，人民能够参与国事。伏尔泰把这个"理性王国"的实现主要寄托于某个开明君主实行自上而下的改良。

总的说来，伏尔泰的历史观和政治学说反映了当时资产阶级反封建的进步要求，同时其中也包含了反人民的倾向。从理论上说，伏尔泰用抽象的"理性"、"人性"解释历史，并把它们看作衡量历史进步的尺度，本质上是一种唯心主义的人性史观。

---

① 伏尔泰：《哲学辞典》，《十八世纪法国哲学》第95页。

三、孟德斯鸠

查理·路易·孟德斯鸠,原名查理·路易·德·色贡达(1689—1755),是法国启蒙运动的开创者之一、法学家和自然神论者。他出生于法国波尔多城附近的一个贵族家庭,年青时在波尔多学习法律。1716年,继承伯父的男爵封号,并担任波尔多法院院长,历时长达十年,这使他更深刻地了解到法国封建制度的腐朽。1721年,孟德斯鸠在荷兰的阿姆斯特丹,匿名发表了《波斯人札记》一书,假托两个波斯人周游欧洲的通信,抨击了当时法国的社会政治制度,轰动了法国。不久人们发现了本书的作者是孟德斯鸠,他也就因此而成名。1726年,他辞掉了波尔多法院院长职位,埋头学术研究。他曾遍游欧洲,实地考察各国的政治法律制度、风土人情以及宗教信仰等社会情况。在英国考察期间,他被选为英国皇家学会会员,英国的政治法律制度对他有很大的影响。1734年,孟德斯鸠发表《罗马盛衰原因论》一书,初步研究了政治法律制度、风俗习惯等因素在社会发展中的作用。孟德斯鸠最重要、影响最大的著作,是1748年在日内瓦出版的《论法的精神》。在这部巨著中,他系统地阐述了自己的哲学和社会政治学说。

孟德斯鸠是专制制度和宗教神学的激烈的批判者。他指出,专制政体的本质就是摒弃任何法律,君主按照他个人反复无常的意志实行独裁统治。即便是君主在酒醉或精神失常时作出的决定,臣民也必须执行。他还说:"专制政体的原则是恐怖。"在专制的国家里,人们"战战兢兢,提心吊胆",没有"一刻清静,一天安心"。他指责法国国王路易十四是"独夫专制",在路易十四的统治下,"法国是一个百病丛生的身体"。孟德斯鸠尖锐地指出,丝毫不使人民生活幸福,反而加以蹂躏和摧残的专制制度,是必然要归于灭亡的。

孟德斯鸠在批判封建专制制度的同时也猛烈抨击它们的精神支柱——天主教。他指出天主教神学充满了自相矛盾的东西,混乱不堪,神学著作的"问题之多,几乎和书中的行数相同"。神学家们赖以为生的就是整日价地进行无聊的神学争论。诸如"三位一体"、"灵魂不朽"等教条不仅荒诞无稽,而且给人们带来巨大的危害。他还指责教会横征暴敛,大量搜括民财,造成田地荒芜,民不聊生。孟德斯鸠主张实行宗教宽容政策,反对宗教迫害,愤怒谴责路易十四对新教徒的镇压和残害。他不仅无情地揭露一般僧侣的虚伪、狡诈和贪婪,而且直接攻击教皇,讥讽他是强逼人们相信"三等于一"(按:指"三位一体")信条的"魔法师"。

孟德斯鸠并不一般地否定君主政体,也不一般地否定宗教,但是,他对封建专制制度和天主教的批判,在法国当时的历史条件下,具有反封建的进步意义。

孟德斯鸠批判专制制度和天主教的哲学武器是以自然神论为基础的法学世界观。

(一)自然神论:一切为"法"所支配

在哲学上,孟德斯鸠是一位自然神论者。和一般自然神论哲学不同,孟德斯鸠的特点在于把"法"当作他的哲学思想的中心范畴。

孟德斯鸠肯定物质世界及其运动规律的客观性,认为自然界是运动着的物质,是受自然界的固有的规律支配的。他说:

> 我们的世界是由物质的运动形成的,并且是没有理智的东西,但是它却永恒地生存着。所以它的运动必定有不变的规律。①

在孟德斯鸠看来,世界就是物质按自身的规律运动的过程。天体、地球、海洋和大陆等等都处于不断的生灭变化之中,没有永恒不

---

① 孟德斯鸠:《论法的精神》(上册),商务印书馆1961年版,第1页。

变、万古长存的事物。和神学唯心主义相反，孟德斯鸠认为地球不过是浩瀚无垠的宇宙中的"一粒原子"，人作为一个物理的存在物，和一切物体一样，也是自然界的组成部分。显然，这是一种鲜明的唯物主义观点。

和其他自然神论者一样，孟德斯鸠在肯定物质世界及其运动规律的客观性的同时，也肯定一个宇宙创造者即上帝的存在。不过，孟德斯鸠的上帝同天主教神学中的上帝都是绝然不同的。首先，孟德斯鸠一贯否定天主教的人格化的上帝，反对偶像崇拜。对于《圣经》的"创世纪"中所说的那一套也持批判的态度。至于上帝是一个什么样的东西，它是怎样创造世界的，对此，孟德斯鸠始终沉默不语。

其次，更为重要的是，孟德斯鸠否定上帝的万能，认为上帝也为"法"所制约。他所说的"法"，是泛指事物固有的法则、规律，有时也指人们制定的法律。在他看来，上帝和万物一样，都受自身固有的"法"所支配。他指出：

> 从最广泛的意义来说，法是由事物的性质产生出来的必然关系。在这个意义上，一切存在物都有它们的法。上帝有他的法；物质世界有它的法；高于人类的"智灵们"有他们的法；兽类有它们的法；人类有他们的法。[1]

不仅如此，孟德斯鸠还认为，上帝在创造了万物之后便"放弃了他支配造物，决定造物的权利"。[2] 让万物遵照自己的"法"行事。可以看出，孟德斯鸠的上帝俨然是一位立宪君主，一位高高在上，

---

[1] 孟德斯鸠：《论法的精神》（上册），第1页。
[2] 孟德斯鸠：《波斯人信札》，人民文学出版社1978年版，第124页。

但没有任何实际权力的"虚君"。从这种自然神论的观点出发,他始终强调自然界和人类生活对上帝的独立性。当孟德斯鸠探讨法律的发展的时候,他就只谈政体、风俗习惯以及地理环境等等同法律的关系,而根本不提上帝。换句话说,他把上帝完全逐出法学领域之外了。恩格斯指出:"到十七世纪时,宗教的旗帜最后一次在英国飘扬,过了不到五十年,新的世界观就不带任何掩饰地在法国出现了,这就是法学世界观。它应当成为资产阶级的经典的世界观。它是神学世界观的世俗化。代替教条和神权的是人权,代替教会的是国家。"[①] 在当时的历史条件下,孟德斯鸠以自然神论为基础的法学世界观是对天主教神学的公开叛逆,因而引起了教权派的激烈反对。

(二)"法"的历史观

在政治上,孟德斯鸠反对封建专制制度,向往英国式的资产阶级君主立宪制。在洛克之后,他提出了立法、司法和行政三权分立的学说,认为三权彼此独立,相互制约,可以防止滥用权力,以保障公民的自由。君主立宪制和三权分立的基本精神,就是坚持以法治国,一切以法律为准绳。孟德斯鸠也极力鼓吹自由、平等。但是,他认为自由并不是意味着可以任意行事,平等也不是意味着否定命令和服从,真正的自由只在于做一切法律所许可的事,真正的平等也只在于在法律面前人人平等。不难看出,孟德斯鸠的政治学说准确地反映了资产阶级反封建的政治要求。

孟德斯鸠的以法治为中心的政治观点的理论基础,便是他的"法"的历史观。孟德斯鸠研究社会历史问题的方法有自己的特色:反对唯神史观,用自然神论排除神在人类社会中的地位;不是从某种抽象的原则出发推演出社会历史理论体系,而是力图从世界古今各国社会政治法律制度变化的历史事实中概括人类历史演进

---

① 恩格斯:《法学家的社会主义》,《马克思恩格斯全集》第21卷,第546页。

的规律；突出强调法律在社会生活中的作用，着重研究历史上法律制度形成和演变的根据。所以，我们把他的历史观叫做"法"的历史观。不过，这种"法"的历史观从根本上说并没有超出十七、十八世纪流行的理性支配历史的唯心史观的范围。

孟德斯鸠认为，和自然界一样，人类社会也为自己固有的"法"所支配；支配一切民族的一般的法就是人类理性，每一个国家制定的法律应当只是应用这种人类理性的特例。作为理智的实体的人，并不像自然界那样始终不渝地遵守自己的法，他们往往凭自己的本性行动，常常犯错误，因而经常违犯法，甚至不遵守他们自己制定的法律，并且不断地改变它。

孟德斯鸠把人类历史描述为平等——不平等——平等的过程，即从自然的平等到社会的不平等，然后又借助于法律使平等得以恢复的过程。他指出，位于一切法之先的是自然法，它们是唯一从我们的存在的结构派生出来的。他认为，人类最初生活在自然状态中。处于这种状态中的人没有知识，为自然法所支配。自然法包括四条：一是和平；二是设法养活自己；三是对他人的爱慕感情；四是对社会生活的愿望。总之，在自然状态中，人们是和平、自由和平等的。但是，当人们从自然状态过渡到社会状态之后，人们之间原有的和平、自由和平等关系就此终止，战争状态就开始了，于是才有必要制定各种法律如政治法、民法和国际法等。在他看来，唯有法律才能使平等得以恢复。因此，孟德斯鸠突出强调法律在人类历史发展中的作用。他说：

在自然状态中，人们生下来是平等的；但是他也不能停留在这状态中。社会使他们失去了平等，他们只有靠法律才重新变成平等的。[①]

[①] 孟德斯鸠：《法的精神》，《十八世纪法国哲学》第36页。

从这种法律万能论出发,他考察了世界上古今各国的法律制度,探索法律制度的演变规律,寻求符合"人类理性"的法律制度。

孟德斯鸠认为,法律不是一种孤立的现象,它和一个民族所处的自然条件和各种社会现象都有密切的关系。他说:

> 法律应该和国家的自然状态有关系;和寒、热、温的气候有关系;和土地的质量、形势与面积有关系;和农、猎、牧各种人民的生活方式有关系。法律应该和政制所能容忍的自由程度有关系;和居民的宗教、性癖、财富、人口、贸易、风俗、习惯相适应。最后,法律和法律之间也有关系,法律和它们的渊源,和立法者的目的,以及和作为法律建立的基础的事物的秩序也有关系。应该从所有这些观点去考察法律。①

孟德斯鸠把所有这些关系的总合叫做"法的精神"。在当时的社会历史条件下,孟德斯鸠敢于冲破神学的迷雾,试图从多方面寻找影响立法的各种自然的和社会的因素,这应当说是历史学、法学研究中的一个进步。但是,他的法学观点始终是以理性支配世界的唯心主义原则为前提的。他的这种貌似全面的多元论,实际上无助于人们正确把握历史和法律的本质。诚然,影响立法的因素确实是多方面的。但是法律本质上是社会上层建筑的一个方面,归根到底,是由经济基础决定的。在阶级社会中,法律是统治阶级的意志的表现,而不是体现了什么抽象的"人类理性",它也不可能为整个社会服务。正如马克思指出的,孟德斯鸠"从法律幻想的观点出发,不是把法律看作是物质生产关系的产物,而是相反,

---

① 孟德斯鸠:《论法的精神》(上册),第7页。

把生产关系看作法律的产物"。① 这就深刻地揭示了孟德斯鸠法学观点的唯心主义实质。其实,孟德斯鸠在具体分析法律和与法律关系密切的各种因素之间的关系的时候,在理论上常常出现混乱,时而强调政体因素的影响,时而突出宗教、道德、心理等因素的影响,有时甚至把地理环境因素的影响说成是决定性的,因此,他所作出的结论就不免是片面的、错误的。

  在分析法律和政体的性质的关系时,孟德斯鸠抨击了专制制度,指出,"专制政体既无法律又无规章,由单独一个人按照一己的意志与反复无常的性情领导一切"。在他看来,在专制政体的统治下,人的命运和牲畜一样,就是本能、服从与惩罚,人就是一个生物服从另一个发出意志的生物。专制政体的原则是恐怖,恐怖的目的是为了平静,但是这种平静不是太平,只不过是敌人就要占领城市前的缄默而已。孟德斯鸠也贬抑共和政体,认为在共和国里,人民虽然掌握了最高权力,但是存在着滥用权力的危险,导致"极端民主",形成许多"小暴君"。在他看来,罗马共和国就是这样被推翻的。孟德斯鸠特别称颂当时英国实行的三权分立的君主立宪政体,认为这种政体坚持以法治国,可以确保公民的平等和自由。我们看到,孟德斯鸠醉心于对各种政体(政权构成的形式)的优劣的比较,而不谈国体问题,即社会各阶级在国家中的地位。其实,他所赞颂的英国式的君主立宪政体,不过是资产阶级同贵族的联合专政。按照孟德斯鸠提出的这套法学理论,要振兴法国,发展资本主义,最根本的就是实行变法,按照"法的精神"建立起符合"人类理性"的健全法制。而要做到这一点,首先就要从改革政体入手。不过,作为一个十八世纪上半叶法国资产阶级中的保守集团的思想家,他反对用革命的手段改造国家,幻想依靠一个开明的君主、立法者实行自上而下的温和的改革。

---

① 马克思:《资本论》(第1卷),《马克思恩格斯全集》第23卷,第676页注(73)。

孟德斯鸠是近代资产阶级社会学的"地理学派"的创始人,因为他特别重视地理环境在历史发展中的作用。他认为一个国家的气候、土壤、土地面积大小等地理因素对这个国家的人的性格、情感、风俗、法律以及政治制度都有着直接的影响,甚至有决定性的影响。比如,寒带地区民族骁勇骠悍,热带地区民族则心神萎靡。土壤贫瘠使人勤奋,土地肥沃则使人因生活宽裕而柔弱。他还认为,国家的土地面积大小和政体的性质有内在联系,说小国适宜于共和政体,中等国家适宜于君主政体,大国适宜于专制政体。孟德斯鸠试图以此论证开明君主政体对于具有中等土地的法国是适宜的。但是,他没有想到,俄国女皇叶卡捷琳娜二世也利用孟德斯鸠的这个观点证明在俄国实行专制政体的合理性。毛泽东指出:"社会的发展,主要地不是由于外因而是由于内因。许多国家在差不多一样的地理和气候的条件下,它们发展的差异性和不平衡性,非常之大。同一个国家吧,在地理和气候并没有变化的情形下,社会的变化却是很大的。"① 毫无疑问,地理环境是人类社会赖以生存和发展的必要条件,对社会发展能够起到加速或延缓的作用,但对人类社会历史来说,它终究是一种外部因素,社会的变化则主要地是由于社会内部的矛盾,生产力和生产关系、经济基础和上层建筑的矛盾的发展。尽管孟德斯鸠没有把地理环境看作决定社会历史发展的唯一的决定性的因素,但是他过分夸大地理环境在社会历史发展中的作用,也是错误的。

四、孔狄亚克

埃蒂耶纳·博诺·德·孔狄亚克(1715—1780)出生于格勒诺布尔城的一个贵族家庭,曾任天主教神甫和修道院院长。后来他放弃了神职,投身启蒙运动,与卢梭、狄德罗等人交往,并为《百科全书》撰稿。1767年任法兰西科学院院士。他的主要著作有:

---

① 毛泽东:《矛盾论》,《毛泽东选集》第1卷,第277页。

《人类知识起源论》（1746）、《体系论》（1749）和《感觉论》（1754）等。

在哲学上，孔狄亚克是一个自然神论者。他的主要贡献在于，他在法国传播了洛克的唯物主义经验论，批判了十七世纪的"形而上学"。关于孔狄亚克的哲学，马克思写道："曾经直接受教于洛克和在法国解释洛克的孔狄亚克立即用洛克的感觉论去反对17世纪的形而上学。他证明法国人完全有权把这种形而上学当做幻想和神学偏见的不成功的结果而予以抛弃。他公开驳斥了笛卡尔、斯宾诺莎、莱布尼茨和马勒伯朗士等人的体系。"①

孔狄亚克继承了洛克的唯物主义经验论路线，坚持认识起源于经验。但是，他不同意洛克关于观念有两个独立的来源，即感觉和反省的观点，要求把经验主义贯彻到底。在孔狄亚克看来，感觉是我们一切知识的原料，所谓反省就是使用这些原料，通过种种配合寻找它们所包含的的各种关系。洛克所说的反省提供的观念，如爱、憎、意志等等，实质上不过是"变相的感觉"。②所以，观念只有一个来源，一切观念都来自感觉，没有一个观念不是从外界获得的。他写道：

> 洛克分别了我们的观念的两个来源：感觉和反省。只承认一个来源，要更确切一些：这一方面是因为反省在原则上只不过是感觉本身，另一方面是因为它与其说是观念的来源，不如说是观念借以从感觉导出来的途径。③

孔狄亚克认为，洛克这种提法的不确切处虽然看起来很轻微，但

---

① 马克思恩格斯：《神圣家族》，《马克思恩格斯全集》第2卷，第165页。
②③ 孔狄亚克：《〈感觉论〉的理论节要》，《十八世纪法国哲学》第134、132页。

却在他的体系中布下了许多暧昧的暗影，使他不能把经验论原则贯彻到底，把反省观念看成是某种天赋的东西，就可能导致天赋观念论。可以看出，孔狄亚克对洛克的批评，对于在认识论中坚持唯物主义一元论，是具有重要意义的。

从唯物主义经验论出发，孔狄亚克批判了天赋观念论。他认为，一切观念都是后天获得的，所谓天赋的观念是根本不存在的。人们从不把特殊的观念，如具体事物的观念，看作是天赋的，这是因为人们很容易看出它们是通过哪种感官获得的。哲学家们所谓的天赋观念往往是一些抽象的观念。这是因为他们看不出这些抽象观念是怎样起源于感觉，于是便以为是天赋的。孔狄亚克指出，天赋观念论的后果十分恶劣。人们看到每一个想像出来的抽象名词，便以为发现了一个新的天赋观念，并且认为它们是清楚、明白、完全符合事物的本质的。囿于这种偏见，哲学家们便热衷于空洞的定义和抽象的原则，不是从感觉经验中，而是在一些远离感觉的观念中去寻找自然知识。孔狄亚克认为，从假定天赋观念出发，只能产生出荒唐可笑的意见，而不能得到真正的知识。

孔狄亚克驳斥了莱布尼茨的单子论。他认为，莱布尼茨单子论体系的弊病就在于用一些并不比有待说明的现象更明了的原则来说明现象。比如，莱布尼茨认为有广袤的事物是由无广袤的单子积聚而成的。可是，无广袤的实体并不比有广袤的实体更明了。莱布尼茨还认为精神性的实体具有力和知觉两种规定。但是，这种脱离了肉体的力和不依赖于感官的知觉，是我们体验不到的。总之，莱布尼茨的单子论体系并没有使人们认识万物的要素，可以说，它什么也没有说明。

孔狄亚克还批判了斯宾诺莎的实体学说的思辨性。他指出，尽管斯宾诺莎企图证明只有一个唯一的实体，但是，他并没有对实体一词提供一个确切的观念。孔狄亚克认为，人们在认识对象上觉察到的只是一些不同的性质,而不能发现那种作为这些性质的基础或基质的东西,也即所谓实体。斯宾诺莎把实体定义为在自身之内、并通过自身而被理解的东西,这就意味着它只是一个表示我们所不知道的东西的名词,而没有提供关于它的任何确切的观念。在孔狄亚克看来,斯宾诺莎关于实体的这种说明方式和笛卡尔、马勒伯朗士、莱布尼茨以及伏尔夫极为相似,并且保留有某种经院哲学的痕迹。

孔狄亚克对认识过程的描述,表现出明显的感觉主义倾向。他认为,认识起源于感觉观念。感觉观念是外物作用于感官的结果,但是,除了触觉,感觉观念"并不能使我们认识事物本身是什么"。① 触觉能使我们把握事物的形体、广袤,而通过嗅觉、听觉、视觉和味觉器官所获得的感觉观念只是我们自己的各种存在方式,而不是外物的性质的表象。只是由于和触觉结合,人们才习惯地把色、声、香、味等感觉观念看成是对外物的性质的表象。孔狄亚克因此而断言,"哲学家们企图探究事物的本性实在是多余的"。② 在这里,孔狄亚克过分夸大感觉的主观性方面,否定感觉观念所包含的客观内容,从而背离了反映论的立场。孔狄亚克认为,每一个感觉分别看来是一个单纯的观念,把若干感觉集合起来便形成为一个复合的观念。复合观念最初都是个别的、特殊的观念,通过考察个别的、特殊的观念之间的相似和区别关系,便形成一般的或抽象的观念。抽象观念是一类个别的、特殊的观念之间的共同点的概括,对于整理知识是必要的。但是,应当看到,任何抽象都是从个别的、特殊的观念中抽取出来的,因此,"我们决不应当把它们当作可以引导到新发现的原则"。③ 可以看出,孔狄亚克坚持感觉经验是抽象观念的基础,反对把抽象观念看成是天赋

---

①② 孔狄亚克:《〈感觉论〉的理论节要》,《十八世纪法国哲学》,第 142 页。
③ 孔狄亚克:《体系论》,《十八世纪法国哲学》,第 109 页。

的东西，反对把抽象原则看成是认识的出发点，这对于克服唯心主义的天赋观念论无疑是十分重要的。但是，孔狄亚克对抽象观念的理解，本质上是经验主义的，他还不懂得思维的科学抽象活动对于把握事物内在的本质的能动作用。因此，他就只能看到认识发展过程的一个方面：从个别到一般；而看不到认识发展过程的另一方面：从一般到个别。片面地肯定前者，绝对地否定后者，实质上是一种狭隘的经验主义，不可能真正克服唯心主义。

总的说来，孔狄亚克的哲学对于在法国传播洛克的唯物主义经验论，批判十七世纪"形而上学"，发挥了积极的历史作用。

五、卢梭

卢梭是和伏尔泰、孟德斯鸠同时代的著名的启蒙思想家，资产阶级激进派的思想代表，自然神论者，资产阶级民主主义政治理论家。

让·雅克·卢梭（1712—1778）出身于瑞士日内瓦一个钟表匠的家庭，幼年丧母，后又离开父亲外出到法国、意大利等地过着贫困流浪的生活，先后当过学徒、店员、仆役、家庭秘书以及乐谱抄写员等。这种出身和经历使他经常接近下层群众，体验到社会的压迫和不平等给下层群众带来的苦难。这对于他的激进的政治思想的形成有很大的影响。他没有受过正规学校教育，全靠自学掌握了丰富学识。1741年，卢梭经人推荐担任法国驻威尼斯大使的秘书。不久，他辞职回到巴黎。在巴黎，卢梭结识了当时的许多著名启蒙思想家，如伏尔泰、孟德斯鸠、霍尔巴赫等人，其中尤其和狄德罗交往甚密，为狄德罗主编的《百科全书》撰写过条目。他曾应休谟邀请去过英国。作为小资产阶级思想家，卢梭在政治思想上比其他任何启蒙思想家更激进，但在哲学上仍然是一个自然神论者，没有达到无神论的水平。因此，他和其他启蒙思想家之间既有友谊，也有争论。

卢梭的著作充满了反封建的战斗精神。在《论人类不平等的起源和基础》（1755）和《社会契约论》（1762）两本书中，卢梭系统地阐述了他的人本主义历史观和激进的民主主义政治学说。《爱弥儿》（1762）一书主要讨论儿童教育问题，同时也阐发他的自然神论哲学思想。由于他在著作中猛烈抨击专制制度和教会，因而不断受到攻击和迫害，使他不得不流亡国外。直到1770年才被赦免，定居巴黎。晚年，他完成了自传体小说《忏悔录》，驳斥了反对势力对他的诽谤、中伤。卢梭的晚年是在贫困中度过的。但是，他的思想却成了法国大革命的旗帜。法国革命爆发后，卢梭的遗体被移葬于巴黎名人公墓，罗伯斯庇尔在他的墓前敬献了橡树叶花冠。

和伏尔泰、孟德斯鸠一样，卢梭始终把批判的矛头集中指向专制制度和天主教神学。他尖锐指出，专制君主犹如妖魔吞噬了一切。在专制制度下，只有君主的个人意志，没有法律；只有暴力，没有道德。在卢梭看来，天主教和专制主义是一丘之貉，它"只宣扬奴役与服从。它的精神太有利于暴君制了，以致暴君制不能不是经常从中得到好处的。真正的基督徒被造就出来就是作奴隶的"。① 卢梭把对天主教的批判同对专制制度的批判紧密结合起来，表现出强烈的反封建的斗争精神。和伏尔泰、孟德斯鸠不同，卢梭通过对封建主义的批判作出了资产阶级民主主义的政治结论。

卢梭主要是一位社会政治理论家。他的社会政治学说的哲学基础是自然神论的世界观和人本主义的历史观。

（一）自然神论：神是运动的第一因

卢梭没有写过专门的哲学著作详细论证他的哲学思想。但是，从卢梭的许多著作，特别是《爱弥儿》中可以看出，他是进行过深入的哲学思考的。

---

① 卢梭：《社会契约论》，商务印书馆1980年版，第183页。

在哲学上，卢梭深受洛克、孔狄亚克的影响。他从唯物主义经验论出发，把感觉看作是沟通和区别主体和客体的枢纽。他首先指出：

> 我存在着，我有感官，我通过我的感官而有所感受。这就是打动我的心弦使我不能不接受的第一个真理。①

卢梭认为，通过对感觉的研究可以看出，感觉本身是主观的，产生感觉的原因是客观的，感觉不仅确知认识主体的存在，而且能使我们肯定在人身以外的客体的存在。他写道：

> 我的感觉既能使我感识我自己的存在，可见它们是在我的身内进行的；不过它们产生的原因是在我们的身外，因为不论我接受与否的它们都要影响我，而且，它们的产生或消灭都不由我作主。这样一来，我就清清楚楚地认识到我身内的感觉和它们产生的原因（即我身外的客体）并不是同一个东西。因此，不仅存在着我，而且存在着其他的实体，即我的感觉的对象。②

卢梭明确指出，这种不依赖于主体的感觉对象便是客观物质世界。他写道：

> 我把我感觉到在我们以外的、作用于我们的感官的一切称为物质，把我理会到结合成个体的一切物质部分称为形体。③

---

①② 卢梭：《爱弥儿》（下卷），商务印书馆1978年版，第383页。
③ 卢梭：《爱弥儿》，《十八世纪法国哲学》，第178页。

可以看出，卢梭在处理主体与客体的关系的问题上坚持的是一条鲜明的唯物主义路线。

在物质观上，卢梭接受了十七世纪机械唯物论的影响，把物质和运动割裂开来，认为物质本身是惰性的，没有运动的能力，只有靠外力的推动才能引起物质的运动。那么，物质世界是怎样运动起来的呢？卢梭采取类比法，从人体的各个部分为人的意志所支配这一点出发，推断出必然有一个最高的意志使宇宙运动起来，使自然具有了生命。他说：

> 运动的第一个原因并不在物质之内；物质接受和传递运动，但是并不产生运动。我越是观察各种自然力彼此之间起的作用和反作用，就越发现从一个结果到另一个结果，永远必须上溯到某种意志作为第一原因……因此我认为是一个意志推动着宇宙，鼓动着自然。这就是我的第一号教条或和第一号信条。[1]

卢梭认为，这个宇宙意志乃是一种最高智慧，它赋予散乱的、僵死的物质以运动规律，把宇宙组织得和谐协调，秩序井然。不难看出，卢梭的这个宇宙意志实际上还是牛顿的"第一推动力"，他所谓的第一号教条或信条也就是自然神论最根本的原理。

应该看到，卢梭心目中的上帝，完全不同于天主教神学中的上帝。他指责天主教把上帝人格化是"亵渎神的本质"，因此，他本人的上帝没有人格意义。和天主教的万能的上帝不同，卢梭认为上帝虽然是宇宙运动的始因，但它不能随意创造或消灭物质。卢梭还认为，我们只能通过认识自然的秩序来推想上帝的存在，至于上帝本身究竟是什么，却是不可知的。可见，卢梭的自然神论

---

[1] 卢梭：《爱弥儿》（下卷），第389页。

具有明显的反对神学的性质。

同时,也应当看到,卢梭在批判天主教神学的同时也批判无神论,指责无神论倡导"利己之心","败坏整个社会的真正基础"。在他看来,真正的宗教起着培养和传扬人道、博爱的社会感情的作用,任何民族、任何社会都少不了宗教。卢梭认为,在未来的共和国里,应当实行宗教宽容政策,人人应当信仰宗教,但允许信仰不同的宗教,只要这些宗教派别不违背法律。卢梭的这种宗教宽容主义在当时天主教专横统治的条件下具有一定的反封建的积极意义,同时,这种思想也表现了它的明显的不彻底性。

卢梭象洛克那样描述人类认识的发展过程。感觉是知识的最初的原料。先有各种感觉,然后把几种感觉组成简单观念,接着又把几个简单观念组成复杂观念,然后再进行思考。卢梭明确指出,先有感觉,后有思考。他说:

> 人的最初的理解是一种感性的理解,正是有了这种感性的理解做基础,理智的理解才得以形成。①

由此出发,卢梭反对天赋观念论,认为人的一切观念都是外面来的,"人对于善并无天赋的认识"。

卢梭在肯定感觉是理智的基础的同时,强调理智的能动性。在他看来,人并非是一个单纯被动的感觉实体,而且也是"一个主动的有智慧的生物"。② 感觉或不感觉,人是不能作主的,但对所感觉到的东西考虑得多些或少些,则是作得了主的。尽管如此,卢梭并不真正理解感性认识和理性认识之间的联系和区别,他所理解的理性思维活动仍然不过是感觉的组合、分离和比较,因此两

---

① 卢梭:《爱弥儿》(上卷),第149页。
② 卢梭:《爱弥儿》(下卷),第386页。

者之间只有量上的差别，而不是认识过程中从现象到本质的质的飞跃。

值得注意的是，卢梭在反对天赋观念论的同时，却主张天赋感情说。他认为，在人身上存在着某种不是从感觉、学习得来的"天然感情"，也即人性。虽说我们的一切观念都是从外面来的，但是，鉴定或评价这些观念则靠我们内心深处的天赋的感情，其基本的内容就是所谓"自爱心"和"良心"。这种以天赋感情说为基础的抽象人性论正是卢梭的人本主义历史观的出发点和基础。

（二）人本主义历史观："平等——不平等——平等"

卢梭的历史观是欧洲近代哲学史上的典型的人本主义历史观。他撇开神学，同时也撇开人的社会性、历史性，从抽象的人性出发，把人类历史归结为"平等——不平等——平等"三个发展阶段，以论证资产阶级民主主义政治要求的合理性。

【自然状态：天然平等】

和唯神史观相对立，卢梭坚持把人作为他的历史观的出发点和归宿。但是，卢梭不是着眼于处于现实社会历史关系中的人，而是力图撇开这种社会历史关系去研究某种超社会、超历史的纯粹的人，寻求某种抽象的人性，并把这种抽象的人性当作是历史发展的动力，看作是衡量历史进步的尺度，从而把人类历史描述为从抽象的完美的人性出发，进而到人性的变异，最后再向完美的人性回复的过程。这就是卢梭的历史哲学的基本观点和方法。

为了寻求抽象的人性，卢梭和当时的许多思想家一样，也设定人类在社会、国家出现之前曾经处于按照自己的"天然本性"生活的所谓"自然状态"。关于"自然状态"的状况，卢梭既不同意霍布斯所说的那时"人对人像狼一样"的"一切人对一切人的战争"状态，也不同意洛克所说的自然状态中已经出现私有财产。在他看来，在"自然状态"中，没有农业、工业，没有语言，没有住所，没有私有财产和私有观念，没有奴役和统治，没有法律，没有道德上的善恶观念，没有竞争和战争，人们之间也没有任何联系。显然，卢梭所设定的这个"自然状态"是不科学的，历史上实际上并不存在游离于社会关系之外的纯粹的自然人，纯粹的"自然状态"。但是，卢梭精心描述"自然状态"的用意是极为明显的，就是力图排除人的一切社会关系，寻求所谓人的纯粹的自然本性，同时也借以论证在人类社会中，特别是当时法国存在的奴役和统治，决不是什么永恒的自然规律，而是违背人类的自然本性的。

卢梭认为，生活在"自然状态"中的人具有两种天赋的感情，即自爱心和怜悯心。正是这两种感情调节着人们之间的关系。不仅如此，"自然人"还享有天赋的自然权利，这就是自由和平等。卢梭有句名言：

每个人都生而自由、平等。[①]

卢梭认为，在一无所有的人们之间不可能产生从属关系。奴役只是在人们之间发生了相互依赖、相互需求的关系后才形成的。如不先使一个人陷于不能脱离另一个人而生活的状态便不可能奴役这个人。这种情形在"自然状态"中是不存在的。因此，在"自然状态"中人们之间因年龄、体力的不同而存在着自然的不平等，但是决没有财产上和政治上的不平等。这就是著名的所谓天赋人权论。卢梭高举天赋人权论的旗帜，鼓吹自由和平等，揭露和批判封建制度，这在当时的历史条件下是具有进步意义的。但是，卢梭所讲的抽象的人权、天赋的自由和平等，实际上是没有的。马克思曾经指出："平等和自由需要一定的生产关系作前提，在古代世界里还没有出现这样的生产关系；在中世纪也没有出现这样的

---

① 卢梭：《社会契约论》，第9页。

生产关系。"① 事实上，近代自由和平等口号的提出，是以资本主义生产关系的产生和发展作为前提的。卢梭一贯强烈反对把人类社会状态所具有的现象，如私有制、战争等等附加到"自然状态"中去，但是，他本人恰恰犯了一个同样的错误，即把资本主义生产关系的产物——自由和平等的要求，附加于"自然状态"，甚至把它们说成是天赋的自然权利。可见，卢梭的天赋人权论实质上就是资产阶级人权论，在理论上是以历史唯心论为基础的。

卢梭认为，"自然人"不同于动物。自然支配着一切动物，禽兽总是服从，人虽然也受到同样的支配，却认为自己有服从或反抗的自由。这就是说，人在自然界面前具有"自由主动者的资格"。② 和动物不同，人还具有一种天赋的能力——"自我完善化的能力"。③ 这种能力，借助环境的影响，继续不断地促进所有其他能力的发展。卢梭不懂得人的才能是在劳动以及各种社会实践活动中形成和发展的，竟把某种天赋的、抽象的"自我完善化的能力"看作是推动社会发展和人类进步的原动力，这就倒果为因了。

卢梭认为，正是这种"自我完善化的能力"把人类从"自然状态"推进到了"社会状态"。但是，当人类进入"社会状态"后，纯朴的自然人便成了邪恶的生物，人们之间的天然的自由和平等关系便为奴役和统治所代替，以至造成今天专制统治的横行。因此，卢梭认为，人类优于动物之点——"自我完善化的能力"，也"正是人类一切不幸的源泉"。他说：

> 正是这种能力，借助于时间的作用使人类脱离了它曾在其中度过安宁而淳朴的原始状态；正是这种能力，在各个时代中，使人显示出他的智慧和谬误、邪恶和美德，

---

① 马克思：《政治经济学批判大纲》（第二分册），第11页。
②③ 卢梭：《论人类不平等的起源和基础》，商务印书馆1982年版，第83页。

终于使他成为人类自己的和自然界的暴君。①

卢梭把"自然状态"和"社会状态"绝然对立起来,美化前者,谴责后者,甚至鼓吹"回到自然去"。当然,他的本意并不是要真正回复到原始的"自然状态",而只是为了借此激起人们对现实的专制制度的憎恨,唤起人们对自由和平等的向往,以便动员人们为建立一个符合自由和平等原则的社会而斗争。但是,他把"自然状态"美化为体现了完美人性的人类黄金时代,并以此作为衡量历史进步或衰老的准绳,这就在理论上陷入了反历史主义的历史唯心论。

【"社会状态":社会不平等】

卢梭借助于人们"自我完善化的能力"来解释社会不平等的产生。在他看来,人的"自我完善化的能力"带来了工具的创造和使用,使生产和生产技术不断发展,出现了分工的协作,密切了人们之间的关系。特别是金属冶炼术和农业这两种技术的发明,引起了巨大的社会变革。值得注意的是,卢梭认为,生产和生产技术发展的一个重要的结果,就是导致私有制和社会不平等的产生。他说:

> 自从一个人需要另一个人的帮助的时候起,自从人们觉察到一个人据有两个人的食粮的好处的时候起,平等就消失了,私有制就出现了,劳动就成为必要的了,广大的森林就变成了须用人的血汗来灌溉的欣欣向荣的田野,不久便看到奴役和贫困伴随着农作物在田野中萌芽和滋长。②

---

① 卢梭:《论人类不平等的起源和基础》,第84页。
② 卢梭:《论人类不平等的起源和基础》,第121页。

卢梭指出，私有制的出现有许多偶然因素，但它的产生却是必然的。对此，卢梭有一段名言：

  谁第一个把一块土地圈起来并想到说：这是我的，而且找到一些头脑十分简单的人居然相信了他的话，谁就是文明社会的真正奠基者。假如有人拔掉木桩或者填平沟壕，并向他的同类大声疾呼："不要听信这个骗子的话，如果你们忘记土地的果实是大家所有的，土地是不属于任何人的，那你们就要遭殃了！"这个人该会使人类免去多少罪行、战争和杀害，免去多少苦难和恐怖啊！但是，很明显，那时一切事物已经发展到不能再像以前那样继续下去的地步了。①

应当肯定，卢梭关于私有制是历史上社会生产和技术发展的必然产物的思想，是深刻的、正确的，包含有历史唯物主义的因素。

  卢梭认为，人类社会的不平等的发展经历了三个阶段。私有制的产生，出现了穷人和富人的对立，这是社会不平等发展的最初阶段。随着私有制的产生，一些人巧取豪夺，占有大量财产，成为富人；另一些则一贫如洗，沦为穷人。富人尽力损害别人的利益来扩大自己的利益；穷人便不得不抢劫富人的财产来维持自己的生命。这样，社会便陷入可怕的混乱和冲突。富人为了保障自己的利益，打着"维护公正与和平"的幌子，诱骗穷人和他们一起制定法律，建立国家。国家和法律一经确立，富人变成了统治者，穷人变成了被统治者，出现了强者和弱者的对立，人们之间经济上的不平等发展为政治上的不平等。这是社会不平等发展的第二个阶段。卢梭还深刻地揭露了这种发展的经济和政治背景，指出：

---

① 卢梭：《论人类不平等的起源和基础》，第111—112页。

> 社会和法律就是这样或者应当是这样的起源的。它们给弱者以新的桎梏，给富者以新的力量；它们永远消灭了天赋的自由，使自由再也不能恢复；它把保障私有财产和承认不平等的法律永远确定下来，把巧取豪夺变成不可取消的权利；从此以后，便为少数野心家的利益，驱使整个人类忍受劳苦、奴役和贫困。①

卢梭认为，政府首领必定要制造种种事端，不断扩大自己的权力，政府权力逐渐腐化败坏，以至合法的权力变成了专制权力。在专制制度下，君主成为奴役人民的暴君，所有的人都沦为暴君的奴隶，形成了主人和奴隶的对立。这是人类社会不平等发展的第三个阶段，也是最后一个阶段。卢梭尖锐抨击专制制度，指出：

> 这里是不平等的顶点，这是封闭一个圆圈的终极点，它和我们所由之出发的起点相遇。在这里一切个人之所以是平等的，正是因为它们都等于零。臣民除了君主的意志之外没有别的法律；君主除了他自己的欲望以外，没有别的规则。②

在卢梭看来，按照自然的秩序，一切事物都必定向着自己的反面转化。专制主义既然把社会不平等推到了极端，那它也必定要走向自己的反面，过渡到平等。因此，用人民革命推翻专制统治是完全合理的。卢梭宣告：

> 以绞杀或废除暴君为结局的起义行动与暴君前一日

---

①② 卢梭：《论人类不平等的起源和基础》，第128—129、145—146页。

任意处理臣民生命财产的行为是同样合法。暴力支持他，暴力也推翻他。一切事物都是这样按照自然的顺序进行着，无论这些短促而频繁的革命的结果如何，任何人都不能抱怨别人的不公平，他只能怨恨自己的过错或不幸。①

卢梭的这段战斗檄文充分表现了他的反封建的革命精神，预示着一场伟大的革命风暴即将来临。

【社会契约：社会平等】

按照卢梭的观点，代替专制制度的将是通过社会契约建立起来的重新使人获得自由和平等的社会。

卢梭认为，国家应当是人民"自由协议"的产物。社会契约所要解决的根本问题是：

> 要寻找出一种结合形式，使它能以全部共同的力量来卫护和保障每一个结合者的人身和财富，并且由于这一结合而使每一个与全体相联合的个人又只不过是在服从自己本人，并已仍然像以往一样地自由。②

为了实现这个目标，卢梭认为，人们在订立契约时就必须把自己和自己的一切权利全部地、毫无保留地转让给整个集体。既然人们并没有把自己的权利奉献给任何个人，而只是交给了集体，那么，人们就可以从集体那里得到"自己所丧失的一切东西的等价物"。③

---

① 卢梭：《论人类不平等的起源和基础》，第146页。
② 卢梭：《社会契约论》，第23页。
③ 卢梭：《社会契约论》，第24页。

卢梭认为,按照上述原则建立的国家或主权就是全体成员的公意。"公意"不同于"众意"。"众意"着眼于私人的利益,只是个别意志的总和;"公意"则着眼于公共的利益,是个别意志之间相互抵消之后剩下的共同的意志。因此,"公意"应当是指导国家和全体人民行动的最高原则。卢梭反对党派斗争,因为党派斗争最终必然以党派集团的意志代替"公意"。他不懂得在存在阶级对立的社会中根本无法避免党派斗争,也不存在什么反映社会全体成员的"公共利益"的"公意",更不存在按照所谓"公意"进行统治的国家。

卢梭从他的"公意"学说出发,提出了人民主权的思想。"公益"的运用,如立法,建立政府、执行司法等,就是主权。主权属于人民。卢梭认为,主权是不可转让的、不可分割的、绝对的、神圣不可侵犯的。立法权只能属于人民,是国家的心脏。行政权是由立法权派生的,政府的职责只在于根据法律进行统治。因此,国家行政权力的委任者决不是人民的主人,而只是人民的官吏,人民可以委任他们,也可以撤换他们。卢梭坚决反对专制制度,也不主张君主立宪制度。在他看来,最好的政治制度莫过于把行政权与立法权结合在一起的民主共和制。在十八世纪法国启蒙思想家中,卢梭的政治观点是最激进的。

卢梭认为,通过社会契约建立起来的国家和法律足以保证人们享有早已丧失了的自由和平等的天赋权利。不过,这不是简单地回复到自然状态的那种天然的自由和平等,而是使人具有社会的自由和平等。在这里,自由意味着"服从人们自己为自己所规定的法律",[①] 平等就是"道德的与法律的平等"。[②]

卢梭的历史观和关于自由、平等的学说具有明显的资产阶级性质。卢梭曾经强烈谴责过私有制,认为私有制是造成社会不平

---

①② 卢梭:《社会契约论》,第30、34页。

等的根源。可是,在他看来,在通过社会契约建立起来的合理的社会中,私有制又是保证公民的自由、平等的基础。他认为,真正的自由意味着人们根据法律可以任意处置自己的财富,平等并不是指人们之间在占有财产方面绝对相等,而只是意味着"没有一个公民可以富得足以购买另一人,也没有一个公民穷得不得不出卖自身"。① 卢梭关于私有财产神圣不可侵犯的观点在当时具有反封建的积极意义,同时也带有明显的资产阶级的阶级印记。恩格斯指出:"卢梭的社会契约在实践中表现为而且也只能表现为资产阶级的民主共和国。"②

卢梭对人类历史发展所作的描述,包含有深刻的辩证法思想。按照他的理解,人类历史发展经历了两次否定,平等的自然状态首先为不平等的社会状态所否定,接着不平等的社会状态又为按社会契约建立起来的平等的社会状态所否定。这样,不平等又重新转变为平等,但不是转变为没有语言的原始人所拥有的旧的自发的平等,而是转变为更高级的社会契约的平等。这是否定之否定。卢梭还善于运用矛盾分析法观察历史现象。在他看来,社会不平等的产生是一种进步,使"人类进于文明",但同时它又是一种退步,毁灭了人类原来具有的自由和平等。可以看出,卢梭的方法论自发地体现了辩证法精神。因此,恩格斯称赞卢梭的《论人类不平等的起源和基础》一书是"辩证法的杰作"。③

卢梭的人本主义历史观从根本上说是一种唯心史观。它不是从社会物质生活中寻求历史发展的动因,不是用社会历史的发展去说明人性、人的权利的发展;而是把某种抽象的人性、天赋权利看作是历史发展的动力,权衡历史进步的准绳,因而不可能科

---

① 卢梭:《社会契约论》,第 69—70 页。
② 恩格斯:《反杜林论》,《马克思恩格斯选集》第 3 卷,第 57 页。
③ 恩格斯:《反杜林论》,《马克思恩格斯选集》第 3 卷,第 59 页。

学地阐明人类历史发展的客观规律。

卢梭的社会政治思想对法国革命的发生和发展起了巨大的推动作用。他的自由观对德国古典哲学也有很大的影响。

六、梅叶

在法国早期启蒙思想家中，梅叶是一个特殊的人物。这不仅是因为他的思想集中地反映了贫苦农民和早期无产者的要求，具有鲜明的唯物主义和无神论的倾向，而且因为他的巨著《遗书》虽然成书于十八世纪二十年代，但其社会影响却发生在十八世纪下半叶。

让·梅叶（约1664—1729）是十八世纪法国唯物主义和无神论的先驱。他出生于法国香槟省的马泽尔尼村的农村纺织工人家庭。早年在里姆的宗教学校学习。毕业后就任宗教职务，负责香槟省埃特列平低级教区的宗教事务。梅叶长期生活在农村，亲眼目睹农民遭受专制制度和教会的残酷压榨的悲惨处境。他所从事的宗教职业又使他对天主教会的黑暗腐朽和宗教神学的荒诞无稽有深切的了解。由于同情苦难的农民，反对封建压迫和剥削，梅叶先后和里姆教区的大主教、埃特列平的封建领主公开发生冲突，为此受到幽禁的处罚。

梅叶虽然长期居住在偏僻的乡间，但他还是读了古代和近代的许多著名作家的著作，具有比较渊博的知识。晚年，他写成了一部表达自己的哲学和社会政治观点的著作手稿，他把这一手稿标名为《遗书》，共三卷。在这部著作中，梅叶激烈抨击专制制度和天主教会，阐述了自己的唯物主义、无神论和空想社会主义学说。梅叶逝世后，《遗书》先以手抄本在一些人中秘密传播。1762年，伏尔泰首次把它摘要出版，深受欢迎，后又连续再版几次。十年后，唯物主义者霍尔巴赫又出版了《遗书》的另一个摘要本，也再版多次。直到1864年，《遗书》才在荷兰阿姆斯特丹第一次按照手抄本全部出版。梅叶的《遗书》对十八世纪法国启蒙运动的发展,特别是对法国唯物主义从自然神论过渡到公开的唯物主义和无神论有过重要的影响。

(一) 宗教是一切苦难的根源,是无知和欺骗的产物

在《遗书》中,梅叶始终把批判的矛头对准封建专制制度,并把揭露专制制度的精神支柱——天主教的反动性和虚伪性作为全书的主题。

梅叶无情地揭露宗教的反动社会作用。他把专制制度和天主教会比作两个情投意合的小偷,相互勾结,狼狈为奸。梅叶写道:

> 宗教和政治……像两个小偷一样。互相庇护和支持。宗教甚至支持最坏的政府,而政府也同样庇护最荒谬的最愚蠢的宗教。①

在梅叶看来,宗教是封建统治者套在穷人脖子上的精神枷锁,是"拴住牛鼻子的绳子"。暴政使成千上万的人陷入苦难,而外表堂皇、内容虚伪的宗教却令人可憎地为暴政打掩护。国王支配着人们的肉体和财产,宗教则统治着人们的心灵。如果说,国王是最大的盗贼,那末,僧侣就是最无耻的骗子手。梅叶甚至认为宗教是人们所有一切祸害、苦难的决定性的原因。

天主教的反动性和欺骗性,使从小受到宗教教育并且多年从事神职工作的梅叶,毅然冲破宗教思想牢笼走向了无神论。他根本否定上帝的存在,认为上帝是人们看不见、摸不着的,纯粹是一种虚构。由于社会历史条件的局限,梅叶还不了解宗教产生和发展的社会政治经济根源。在他看来,宗教产生的根源仅在于人们对自然的无知和统治者的欺骗。关于宗教的产生,他写道:

---

① 梅叶:《遗书》(第1卷),商务印书馆1960年版,第8页。

> 起初是由狡猾而巧妙的权术捏造出来,继而是由骗子手、无赖加以复述,后来是由人民中间一些愚昧无知的人盲目地加以相信,最后是由国王和有势力的人用权力加以支持……以期用这种手段钳制群众,强迫群众受自己的支配。①

和大多数早期启蒙思想家不同,梅叶通过批判宗教作出了彻底消灭宗教的结论。在他看来,既然宗教根源于无知和欺骗,那末,只要通过"最有智慧最有教养的人们"对广大群众进行唯物主义和无神论的宣传,揭露骗子手们的谎言,唤醒人们的理性,就可以消灭宗教了。显然,这是一种幼稚的想法,表明他不了解消灭宗教的根本途径。

梅叶的无神论思想对于十八世纪法国唯物主义者的战斗无神论的形成和发展有重大的影响。

(二)物体是始因,具有运动的能力

唯物主义的自然观和认识论是梅叶揭露神学的荒谬性的哲学基础。

在批判天主教神学唯心主义的同时,梅叶还着重批判了笛卡尔的"形而上学"。十七世纪末,笛卡尔"形而上学"中的落后保守方面逐渐为教会所利用。流行一时的所谓"笛卡尔主义"几乎成了新经院哲学,成了神学的理性支柱。因此,为了彻底批判天主教神学,梅叶就不能不把"笛卡尔主义"作为批判的靶子。

在批判天主教神学和笛卡尔主义的斗争中,梅叶继承和发展了古代原子唯物主义以及笛卡尔"物理学"中的唯物主义思想,论述了世界的物质性、物质自动以及意识依赖于物质等唯物主义的原理。

---

① 梅叶:《遗书》(第1卷),第9页。

【物质是始因】

梅叶明确肯定,物质是宇宙万物的本原,是永恒而独立的存在物。针对"上帝是万物的始因"的神学创世说,他鲜明地指出:

> 物质是始因,是永恒而独立的存在物。①

他还说:

> 物质的存在是存在于万物之中的,万物是由物质的存在物而来的,而万物最后可以归结为物质,也就是物质的存在物的。②

从这种唯物主义观点出发,梅叶认为用上帝的存在来解释万物的形成是"徒劳无益的"。世界上没有任何一种事物能够从无中产生,唯有永恒的物质才是万物的真正"始因"或"基质"。

梅叶的物质观深受笛卡尔"物理学"中的机械论的影响。在他看来,物质具有长、宽、高的特性以及不可入性。正因为如此,物质就和那种不可捉摸的上帝不同,它是人们可以看得见、摸得到的。因而,它的存在是任何人都不能怀疑的。

【物质具有运动的能力】

梅叶提出了"物质自动"的思想,以论证物质的永恒性,否定上帝的存在。我们知道,基督教神学一直把物质贬为僵死的东西,以便从万物的运动中引出上帝。十七世纪机械唯物论者虽然肯定物质的客观实在性,但也把物质说成是惰性的,认为物体的运动都是由外力作用所引起的,以致得出所谓"第一推动力"的唯心主义结论,为上帝留下了避难所。针对这些观点,梅叶明确

---

①② 梅叶:《遗书》(第2卷),第168、177页。

指出：

> 一切物质都有运动能力。①

他还指出：

> 物质不可能是被创造的,它能够运动是全靠自己；由此必然得出结论：在整个自然界中什么东西也不曾说明或证明存在着全能的和无限完善的上帝。②

和神学的创世说相对立，梅叶依据物质自行运动的观点力图描述宇宙的生成和发展。在他看来，最初，无限多的物质粒子沿着直线或者环形路线运动，有的按照一定的规则进行运动，有的则是不规则地进行运动，由于必然的和偶然的原因，物质粒子被混杂在一起，通过不同的排列和组合形成了我们现在所见到的各式各样的事物，大至星球，小至动植物和人。梅叶的这种宇宙生成论当然是很朴素的，其可贵之处在于根本排除了上帝在宇宙生成和发展中的地位。梅叶驳斥了当时甚为流行的一种关于论证上帝存在的设计论。他指出，设计论者从自然界的有条理和完善推论出一个超自然的设计者的必然存在，实在是荒谬的，因为这种推论完全混淆了人工产物和自然产物的区别。我们可以从人工产品的存在推论出它的制造者的存在，但对于自然的产物却不能作这样的推论。因为物质不是被创造的，万物都是由物质粒子按其固有的运动规律形成的。梅叶关于物质自动的思想，纠正了十七世纪唯物论的缺点，消除了它的神学不彻底性，后来为百科全书

---

① 梅叶：《遗书》（第2卷），第171页。
② 梅叶：《遗书》（第3卷），第108页。

派的唯物主义者所继承和发挥。

【精神是物质的"变形"】

梅叶进一步批判了笛卡尔的二元论，主张精神依赖于物质，从而否定了灵魂不朽的神学信条。针对笛卡尔的二元论，梅叶坚持唯物主义的一元论，认为物质是唯一的实体，思维和广延性、运动一样，都是物质的"变形"，不能因为思维不具有长、宽、深的广延性就断言它是独立于物质的实体。在梅叶看来，精神依赖于物质（肉体），大脑就是思维的器官。他说：

> 我们用头脑（更确切说是用大脑）在思维，在想望、在认识、在判断，正像我们用眼睛在观看，用耳朵在谛听，用嘴舌在辨味，用手在摸触，用脚在走路并通过全身各部分在感受快乐或痛苦一样。①

梅叶所谓精神是物质的"变形"，似乎是说精神如同广延、运动一样是物质的属性。为了强调精神依赖于物质，他有时又把精神本身就说成是物质，是人们身上"比较细致和比较活动的物质"。②这表明，梅叶深受古代原子论的影响，他对物质和精神的关系的理解还是很朴素的。

梅叶指出，笛卡尔主义者坚持精神实体的独立存在，旨在论证"灵魂不朽"的谬论。他认为，灵魂不朽是一种"虚伪的假设。"事实上，人的精神、灵魂紧密地依赖于肉体，随肉体的强健而强健，随肉体的衰弱而衰弱。身体有病时智力迟钝，身体健康时，思想则较为敏捷。而当肉体死亡时，灵魂也就像蒸气一样消散于空气之中。因此，灵魂决不是不死的。梅叶指出，统治者宣扬灵魂不死的谬论，其目的就在于用"天堂"和"地狱"之类的鬼话诱

---

①② 梅叶：《遗书》（第3卷），第159、160页。

骗和恐吓劳动人民，让他们安于现实的苦难生活，甘心忍受剥削和压迫，放弃争取现实生活幸福的斗争。

（三）人本主义历史观；空想共产主义的理想

梅叶站在贫苦农民的立场上愤怒控诉君主、贵族和僧侣的残酷压迫和剥削。在梅叶的笔下，封建社会的高贵者们全是一批嗜血成性的阴谋家和盗贼。他甚至点名批判法国专制君主路易十四的残暴凶横，写道：

> 任何国王也比不上最近的一个国王，即号称大王的路易十四那样，使人流这样多的血，杀这样多的人，使寡妇孤儿流这样多的眼泪，没有摧残和破坏过这样多的城市和省区。①

梅叶批判封建制度的独特之处在于，他从这种批判中得出了彻底否定私有制的结论。在他看来，私有制是贫富分化，贵贱对立，道德败坏以及仇恨和战争的根源。在批判私有制的基础上，梅叶提出了一幅理想社会的蓝图：

> ……土地资源和财富……是应当根据平等权利归全体人民公有的，应当根据平等的地位归他们共同享用的。我这里指的是住在同一地点或同一地区的人；同一城市、同一乡镇、同一教区的全体男女，应当构成一个家庭，彼此看作兄弟姐妹……共同享用同一种食物或相似的食物，有同样的衣服，同样好的住所……另一方面，人人应当同样做事情，即从事劳动或作其它某种正当的、有益的工作……这一切不应当在一心只想独断存在、横暴

---

① 梅叶：《遗书》（第 2 卷），第 127—128 页。

地统治别人的人的领导下进行,而只应当在最英明、最善良、极力想发展和维持人民的福利的人的领导下进行。①

显然,梅叶所描绘的共产主义理想是幼稚的、空想的,具有平均主义的倾向。它反映了贫苦农民和早期无产者要求彻底摆脱剥削和压迫制度的愿望。

梅叶上述政治观点的理论基础也是一种人本主义的历史观。他撇开神学,同时也撇开人的社会性、历史性,把抽象的人性、人的天赋权利当作人类历史发展的基础。梅叶历史观的出发点和归结点是:

> 人人天生都是平等的。他们同样有权在地上生活和立足,同样有权享受天赋的自由和他的一份世间福利,人人都应当从事有益的劳动,以便取得生活中必需的和有益的东西。②

按照梅叶的观点,人类最初生活在没有私有的财产,没有贫富差别,没有奴役和统治,人人平等相处的"自然状态"。后来,人类的贪欲破坏了公有制度,土地和财富私人占有制度的出现带来了贫富分化,剥削和奴役随之而来。这样,人类就告别了自己的"黄金时代"的自然状态,开始了社会不平等的苦难历程。贪欲带来了私有制,私有制又助长贪欲,这种恶性循环使得社会不平等现象越来越严重,一直发展到民不聊生、暗无天日的专制制度统治。梅叶认为,要消灭一切社会祸害,就必须铲除土地和财富的

---

① 梅叶:《遗书》(第2卷),第107页。
② 梅叶:《遗书》,《十八世纪法国哲学》第683页。

私有制度，实现共产主义。为此，首先必须大力宣传无神论，揭露宗教的虚伪性和反动性，使人民冲破宗教迷信的网罗，求得精神上的解放。不仅如此，人民群众还必须团结起来，用革命手段推翻暴政。梅叶向广大劳动群众大声疾呼：

> 你们要完全抛弃一切无意义的和迷信的宗教仪式，要从你我心里除尽对这种虚伪圣礼的盲目的和狂妄的信仰！……但这还不够，你们和与你们同样的人，不论有多少人，都要努力团结起来……推翻那一切不公道和无信仰的宝座，敲破那些戴王冠的人的头颅，要打垮你们那些暴君的骄傲自大，别让他们再统治你们。①

梅叶振臂高呼：

> 驱除世上所有国王，打倒一切压迫者，把自由还给人民。②

梅叶临终发出的这种革命呐喊，无疑是和十八世纪初法国接踵而起的农民暴动的烽火相呼应的，集中反映了劳动农民的反封建的战斗精神。但是，由于历史条件的局限，梅叶的历史观是唯心主义的。因此，他对专制制度和宗教的批判，也只是以抽象的人性、人权为准绳，进行一般道德上的谴责，而不能科学地揭示其发生、发展和灭亡的规律。

梅叶的哲学思想对于十八世纪法国哲学的发展和法国革命发生了重大的影响。十八世纪中叶，随着梅叶《遗书》的广泛传播，法国哲学也由自然神论过渡到公开的唯物主义和无神论，梅叶提

---

①② 梅叶：《遗书》（第3卷），第207—208、206页。

出的一系列唯物主义和无神论的基本观点在百科全书派唯物主义者那里得到了更深入的发挥。1793年,法国国民议会曾通过决议,决定为梅叶建立雕像,以纪念他的坚决反对宗教和封建制度的历史功绩。

第二节 启蒙运动的发展: 机械唯物主义和无神论

十八世纪中叶,随着封建专制制度的危机的日益加深和资产阶级反封建斗争的加强,法国启蒙运动进入高潮,法国哲学发展到一个新的阶段,即唯物主义哲学由自然神论过渡到公开的唯物主义和战斗的无神论。

法国启蒙运动进入高潮的重要标志,是著名的《百科全书》的编纂和出版。《百科全书》的主编是著名的启蒙思想家、伟大的唯物主义哲学家和无神论者狄德罗。为《百科全书》撰写条目的大都是当时哲学、自然科学、医学、工程技术、社会科学、文学艺术领域中最有威望的人物。伏尔泰、孟德斯鸠、卢梭、霍尔巴赫,以及著名的自然科学家达朗贝和毕丰、政治经济学家魁奈和杜尔阁等,都曾为《百科全书》撰写过条目。参与《百科全书》工作的人在政治和学术观点上不尽一致,但他们大多数是比较激进的资产阶级级思想家,具有一致的反封建、反神学的倾向。因此,《百科全书》内容就不仅概括了十八世纪哲学、科学技术、社会科学以及文学艺术等各个领域的最新成果,而且渗透着强烈的反封建的战斗精神。也正因为如此,《百科全书》的编纂出版经历了艰难曲折的道路。全书共三十五卷,编辑出版历时三十年(1751—1780)。在此期间,专制政府和教会不仅疯狂攻击《百科全书》,而且多次明令查禁。《百科全书》的撰稿人,特别是全书的主编狄德罗,不断遭到恶毒的诽谤和迫害。

以狄德罗为代表的唯物主义者是《百科全书》编纂工作中的核心和中坚人物。他们编纂《百科全书》的目的,就是力图把唯物主义和无神论的观点渗透到意识形态的各个领域,对封建主义的意识形态进行一次全面彻底的大扫荡。恩格斯指出:"法国唯物主义者没有把他们的批评局限于宗教信仰问题;他们把批评扩大到他们所遇到的每一个科学传统或政治设施;而为了证明他们的学说可以普遍应用,他们选择了最简便的道路:在他们因以得名的巨著《百科全书》中,他们大胆地把这一学说应用于所有的知识对象。"① 广义地说,凡是参与《百科全书》工作的人都是"百科全书派"。但是,由于唯物主义者和《百科全书》有上述的密切关系,人们就往往把与狄德罗关系密切以及哲学观点基本相同的同时代的唯物主义哲学家称之为"百科全书派",其中甚至包括实际上没有参与过《百科全书》工作的唯物主义者,如拉美特利、爱尔维修等。

十八世纪中叶,法国著名的唯物主义者、无神论者主要有狄德罗、拉美特利、爱尔维修和霍尔巴赫。这四位唯物主义的主要代表人物,在哲学基本观点上相近,但各有特色。狄德罗是"百科全书派"的领袖,他主要从事物质和运动、物质和意识的关系的研究,提出了物质具有感受性的著名论点。拉美特利哲学的特点主要在于继承和发展了笛尔卡物理学中的唯物主义,提出了"人是机器"的著名命题。爱尔维修着重把洛克的经验论运用于社会生活,发挥了以利己主义为中心的人性论和伦理思想,提出了"人是环境的产物"的著名论断。霍尔巴赫则力图把十八世纪唯物主义系统化,创立了一个完整的机械唯物主义体系,即他所谓的

---

① 恩格斯:《〈社会主义从空想到科学的发展〉英文版导言》,《马克思恩格斯选集》第 3 卷,第 394—395 页。

"自然的体系"。

列宁指出:"在欧洲全部近代史中,特别是十八世纪末叶,在进行了反对一切中世纪废物、反对农奴制和农奴制思想的决战的法国,唯物主义成为唯一彻底的哲学,它忠于一切自然科学学说,仇视迷信、伪善行为及其他等等。因此,民主的敌人便竭尽一切力量来'驳倒'、破坏和诋毁唯物主义,维护那些不管怎样总是维护或支持宗教的各种哲学唯心主义。"① 十八世纪法国唯物主义同宗教神学、形形色色的"形而上学"进行了坚决的斗争,充满了反封建的战斗精神。

十八世纪法国唯物主义是十七世纪机械唯物主义的发展和完成。它坚持唯物主义一元论,纠正了十七世纪唯物主义割裂物质和运动、物质和意识等关系缺点,消除了十七世纪唯物主义者的神学不彻底性。但是,十八世纪法国唯物论本质上仍然是机械的,在思维方法上是形而上学的,其认识论具有直观性,社会历史观点则仍然是唯心主义的。

一、狄德罗

狄德罗是百科全书派的领袖,十八世纪法国唯物主义和无神论的杰出代表。

德尼·狄德罗(1713—1784)出生于朗克里的手工业者家庭。早年在教会学校学习神学。毕业后,因对神学不感兴趣改学法律。不久,他对法学也失去兴趣,便离开学校,在巴黎过着贫困的生活,先做家庭教师,后从事写作。在巴黎,狄德罗结识了一批著名的启蒙思想家,特别是同卢梭、孔狄亚克过从甚密,深受启蒙运动新思潮的影响。

狄德罗的思想变化过程,是十八世纪法国启蒙思想发展过程的缩影。他从怀疑主义出发,经过自然神论阶段,最终成为唯物

---

① 列宁:《马克思主义的三个来源和三个组成部分》,《列宁选集》第2卷,第442页。

主义者和无神论者。1746年,狄德罗发表的《哲学思想录》,着重阐发了他的自然神论的观点,但由于具有反对传统宗教的强烈倾向而被教会和政府当局下令焚毁。狄德罗的思想更趋激进,从自然神论发展到公开的唯物主义和无神论。1749年,他发表了《供明眼人参考的给盲人的信》,从唯物主义和无神论立场出发,进一步批判了宗教神学。这就招来了反动当局对他的更疯狂的迫害,他们立即把他逮捕,投入监狱。出狱后,狄德罗斗志不减,着手组织编纂、出版《百科全书》。通过《百科全书》的编辑工作,狄德罗团结了一大批进步知识分子,极大地推进了反封建的启蒙运动。在《百科全书》的编辑和出版过程中,尽管面临教会和政府当局的攻击、诽谤和迫害,加之内部意见分歧,有的人动摇并退出了编辑部,而狄德罗却仍在极端困难的条件下,坚持工作达二十余年,终于全部完成了这一巨著的编辑和出版任务。狄德罗一生屡遭反动派的迫害,但始终坚持真理,顽强斗争,直到临终前,他严正拒绝神甫的劝告,坚持无神论。恩格斯十分赞赏狄德罗的这种顽强的斗争精神,说他是"为了'对真理和正义的热诚'(就这句话的正面意思说)而献出了整个生命"[1] 的人。

狄德罗的主要著作还有:《对自然的解释》(1754)、《拉摩的侄儿》(1762)、《达朗贝与狄德罗的谈话》(1769)、《达朗贝的梦》(1769)和《关于物质和运动的哲学原理》(1770)等。

狄德罗是一位战斗的无神论者。在他看来,宗教是理性的敌人,是愚昧无知的产物。他宣称:

> 上帝是没有的;上帝创造世界是一种妄想。[2]

---

[1] 恩格斯:《路德维希·费尔巴哈和德国古典哲学的终结》,《马克思恩格斯选集》第4卷,第228页。
[2] 狄德罗:《哲学思想录》,《狄德罗选集》,三联书店1956年版,第6页。

在批判宗教神学，论证无神论的过程中，狄德罗概括十八世纪自然科学和社会科学的成果，继承和发展了十七世纪的唯物主义哲学。

（一）物质是唯一的实体，具有感受性和运动的能力

在十七世纪的哲学发展中，曾出现了二元论和机械唯物主义，它们在当时的社会历史条件下对神学唯心主义进行了积极的斗争，具有不可泯灭的历史功绩。但是它们自身都拖着一条很长的尾巴，不能彻底否定灵魂不灭和上帝存在的神学唯心主义的谬论。狄德罗适应反封建斗争的需要，坚持唯物主义一元论，明确提出关于物质是唯一的实体的论断，同神学唯心主义进行了坚决的斗争。他写道：

> 在宇宙中，在人身上，在动物身上，只有一个实体。①

按照狄德罗的看法，手风琴是木头做的，人是肉做的，万物都有同一来源，同属于物质，根本不存在什么非物质的实体。在他看来，肯定非物质的实体的存在，在理论上势必陷入自相矛盾：它存在于某个地方，而不与空间上的任何一点相合；它跟在物质后面推动物质，而自身又不动。因此，他断言：

> 要假定任何一个处在物质宇宙之外的实体，都是不可能的。②

---

① 狄德罗：《达朗贝和狄德罗的谈话》，《狄德罗哲学选集》三联书店1956年版第129页。
② 狄德罗：《关于物质和运动的哲学原理》，《狄德罗哲学选集》第116页。

狄德罗关于物质是唯一的实体的唯物主义论断，从根本上否定了上帝存在论、上帝创世论以及灵魂不灭论等神学唯心主义观点。为了论证这个彻底的唯物主义一元论的观点，狄德罗提出了物质具有感受性和运动能力，以及物质的异质性学说，唯物地处理物质和意识、物质和运动，以及物质世界的统一性和多样性的关系，极大地丰富和发展了唯物主义学说。

【物质具有感受性】

我们知道，在十七世纪以前，唯物主义哲学家虽然坚持了物质第一性、意识第二性的唯物主义哲学路线，但是，对于意识如何依赖于物质这个关键问题，却未能作出正确的阐明。古代朴素唯物论者往往把精神现象归结为某种物质，比如，原子论者认为，人的灵魂是由精细、活跃的原子构成的。十七世纪机械唯物主义者也没有正确解决这个问题，有的陷入二元论，有的则无可奈何地求助于上帝赋予物质以思维的能力。在和宗教唯心主义的斗争中，以狄德罗为代表的法国唯物主义者，在欧洲哲学史上第一次明确提出，人脑是思维的器官，思维是人脑的机能。显然，这个观点对于反对神学唯心主义，克服二元论，坚持唯物主义一元论，是具有重大意义的。

那么，为什么人脑这种物质能够进行思维呢？为了论证人脑具有思维的机能，狄德罗提出了物质具有类似于感觉的感受性的假定，认为感受性是"物质的一种普遍的和基本的性质"。[①] 他把物质的感受性分为两种：一种是"迟钝的感受性"，为无机物所普遍具有；一种是"活跃的感受性"，为植物、特别是动物和人所具有。狄德罗深受毕丰等人的生物进化思想的影响，力图把自然界理解为一个不断发展的过程。在他看来，具有"迟钝的感受性"的无机物在一定条件下可以过渡到具有"活跃的感受性"的有机物。

[①] 狄德罗：《达朗贝和狄德罗的谈话》，《狄德罗哲学选集》第118页。

不仅如此，具有"活跃的感受性"的有机物本身也是不断由低级向高级发展的：首先是没有明显的感受能力的植物，其后是有感觉能力的动物，再就是具有思维能力的人。狄德罗坚持用物质的发展说明感觉、思想的形成和发展。他写道：

> 谁要想向科学院提供一个人或一个动物逐渐形成的情况，就只有用一些物质的因素来说明，这些物质因素逐步产生的结果便是一个迟钝的生物，一个有感觉的生物，一个有思想的生物。"①

按照这个观点，思维不是上帝给人的恩赐，也不是独立于物质的实体，而是物质长期发展的产物，即人脑这种特殊物质的机能。既然思维依赖于物质，那么，随着肉体的瓦解，思维活动也必然消失。因此，人们只应研究如何长寿，而不应追求长生不死，灵魂永生。狄德罗诙谐地对他的朋友达朗贝说：

> 请记着，你是尘土做的，你也是要复归尘土的。②

由于当时自然科学发展水平的限制，狄德罗不可能科学地阐明无机物到有机物的过渡，以及生物进化的过程。同时，狄德罗也只是从心理现象依赖于生物机体的角度探讨了意识依存于物质的问题。他还不理解意识与社会实践的关系，因而也就忽略了精神对物质的能动方面。但是，狄德罗关于思维是人脑的属性的论断，是对神学唯心主义的有力打击，丰富和发展了唯物主义学说。他所提出的物质具有感受性的假定也含有合理的成分，正如列宁

---

① 狄德罗：《达朗贝和狄德罗的谈话》，《狄德罗哲学选集》第 122 页。
② 狄德罗：《达朗贝和狄德罗的谈话》，《狄德罗哲学选集》第 133 页。

指出的,狄德罗猜测到了"明显的感觉只和物质的高级形式(有机物质)有联系,而'在物质大厦本身的基础中'只能假定有一种和感觉相似的能力"。[①] 狄德罗关于物质感受性的相互联系、相互过渡的思想,也包含了辩证发展观点的积极因素。

【物质元素是异质的】

狄德罗的物质观的另一个重要特点,就是认为组成自然事物的物质元素是异质的。

我们知道,十七世纪机械唯物主义者一般都认为物质唯一的特性就是广延性。从这种物质同质的观点出发,他们就只是从组成事物的原子的数量的多少或位置排列的不同去理解事物的变化或事物间的区别,因而不能很好地说明事物的质的多样性。针对十七世纪机械唯物论的这种单纯从量的观点考察事物的缺陷,唯心主义者莱布尼茨突出强调事物的质的差异,认为世界上事物的千差万别根源于构成事物的精神性的实体——单子的异质。显然,莱布尼茨的这种唯心主义单子异质说也不可能合理地说明事物的多样性。和莱布尼茨相反,狄德罗坚持唯物主义立场,认为万物都是由物质性的"元素"组成的。同时,狄德罗也不同意十七世纪机械唯物论的物质同质的观点。在他看来,物质元素不仅具有广延性而且具有自身运动、感受性等属性,各种元素在性质上也是不同的。自然界中事物的多样性,根源于物质"元素"的异质性。狄德罗写道:

> 在我看来,自然界的一切事物决不可能是由一种完全同质的物质产生出来的,正如决不可能单单用一种同样的颜色表现出一切事物一样。我甚至于臆测到现象的纷纭只能是物质的某种异质性所造成的结果。因此我将

---

① 列宁:《唯物主义和经验批判主义》,《列宁选集》第2卷,第40页。

把产生一切自然现象所必需的那些不同的异质物质称为元素,而把这些元素组合起来造成的那个现实的总结果或那些相继出现的总结果称为自然。各种元素应当有一些本质上的区别,否则一切事物就可以回返到同质的物质,就有可能是由同质的物质产生出来的了。①

可以看出,狄德罗的异质元素说试图用量与质相互结合的观点去理解世界的统一性和多样性,解释千差万别、丰富多彩的自然现象,较之十七世纪的机械唯物论的物质观前进了一步。

【运动是物质固有的属性】

以狄德罗为代表的法国唯物论对十七世纪唯物论的另一个重大发展,就是把物质和运动统一起来,肯定运动是物质固有的属性。

狄德罗从异质元素说引出物质自动论。我们知道,十七世纪的机械唯物论坚持广延性是物质的唯一特性,把物质和运动割裂开来,认为物质本质上是惰性的。针对十七世纪机械唯物论的这个缺点,莱布尼茨曾试图通过唯心主义方式阐明物质和运动的统一,设定精神性的实体——单子具有能动性。狄德罗深刻地揭露了莱布尼茨单子论的唯心主义实质,同时也尖锐地批判了十七世纪机械唯物论的物质惰性论。他指出,肯定物质本身没有活动的能力的观点"完全违反了全部正确的物理学,全部正确的化学",是一个"可怕的错误",②它势必导致外因论,肯定超自然的力量的存在。狄德罗认为,这种物质惰性论"都是根据那个认为物质同质的虚妄假设"。③在他看来,物质不仅具有广延性,而且具有运动的特性,物质惰性论是根本错误的。他说:

---

① 狄德罗:《论解释自然》,《十八世纪法国哲学》,第342页。
②③ 狄德罗:《关于物质和运动的哲学原理》,《狄德罗哲学选集》第112页。

> 绝对静止是一个抽象概念,根本不存在于自然中,而运动则是一种与长度、宽度和高度同样实在的性质。①

狄德罗指出,物理学和化学都向我们表明:

> 物体就其本身说来,就其固有性质的本身说来,不管就它的一些分子看,还是就它的全体看,都是充满着活动和力的。②

他举例说,在实验室中,当一个火星出现在由硝石、木炭和硫磺组成的火药的附近的时候,就必然引起爆炸。这种爆炸显然主要不是靠外力的推动,而是物体分子内部的力以及分子之间相互作用的结果,而这恰好表明运动是物质固有的属性。

狄德罗还力图从物质元素的异质性引出物质运动形式的多样性。他说:

> 我看见各种各类的升华、分解、化合,各种与物质的同质性不相容的现象;我由此得出结论:认为物质是异质的;认为自然中有无数不同的元素存在;认为其中的每一个元素都因其不同之点而有其天赋的、不变的、永恒的、不可毁灭的特殊的力。③

狄德罗认为,物质的运动形式和运动能力基本上都可以分为两类。物质运动有两种基本形式:一种是"移动",即物体、分子的位置改变,或物体、分子间的相互作用;一种是"激动",即物

---

① ② 狄德罗:《关于物质和运动的哲学原理》,《狄德罗哲学选集》第112页。
③ 狄德罗:《关于物质和运动的哲学原理》,《狄德罗哲学选集》第115页。

体、分子自身内部的活动。与此相应的，物质具有两种运动的能力：一是引起物质"移动"的"分子外部的力"或叫做"作用于分子的力"；一是引起物质"激动"的"分子内涵的、固有的、内部的力"。狄德罗认为，每一个分子本身都具有活动的力，这种分子内部的力引起一个分子从内向外的作用活动，引起其他分子作用于这个分子的活动。分子间相互作用产生的"移动"，归根到底是由分子内部的力所引起的，就是说，分子内部的力是更为根本的力。为了论证物质运动的永恒性，狄德罗强调指出：

>　　作用于分子的力是会消耗的；分子内部的力是决不会消耗的。这种力是不变的、永恒的。①

正因为如此，由外力作用而引起的"移动"是会停止的，而由分子内部的力引起的物质的"激动"则是永不停息的，换句话说，物质始终处于永恒的运动之中。可以看出，狄德罗关于"分子内部力"的学说从理论上克服了十七世纪机械唯物论的物质惰性说及其必然导致的外因论，有力地打击了宗教唯心论。但是，应当看到，狄德罗所说的"分子内部的力"主要是指一个分子吸引和排斥其他分子的力，或分子内部的作用力和反作用力。他甚至把生命理解为一连串的作用和反作用。可见，狄德罗的运动观并没有超出机械论的范畴。

在论述物质和运动统一的观点的过程中，狄德罗还研究了运动和静止的关系，认为运动是绝对的，静止是相对的。在他看来，既然物质是永恒存在的，而运动又是物质固有的属性，因此运动就必然是永恒的、绝对的。狄德罗写道：

---

① 狄德罗：《关于物质和运动的哲学原理》，《狄德罗哲学选集》，第113页。

> 宇宙中的一切都在移动或激动中，或者同时既在移动中又在激动中。①

他还说：

> 一切都在变，一切都在过渡，只有全体是不变的。世界生灭不已，每一刹那它都在生都在灭，从来没有过例外，也永远不会有例外。②

那么，如何理解静止这种现象呢？狄德罗认为世界上不存在绝对静止的东西，静止只能是相对的。比如在一艘被风浪袭击的船中，船上的各种物体相互间仍然保持着位置不动的静止状态。但是，这种静止状态是相对的。实际上，船里的一切物体没有一样是绝对静止的，从宏观方面看，船上的一切物体都随着整艘船在进行着剧烈的震荡，从微观方面说，组成表面上静止不动的物体的那些分子也在一刻不停地运动着。可见，静止是相对的，运动则是绝对的。

狄德罗从关于运动的绝对性思想中引出了发展的观点。在他看来，永恒运动、生灭不已的自然界不断地产生着新的东西。事物是通过最不易觉察的、逐渐变化产生着微细的差别，但是，随着时间的推移，过去的事物和现存的事物之间就会有明显的巨大的不同，导致新的东西的产生。在毕丰的进化论思想影响下，狄德罗批评了当时生物学中流行的物种不变论。人们常常在"先有蛋后有鸡，还是先有鸡后有蛋"这个问题上感到困惑不解。其实，问题的困难就在于这个问题的提法本身就预先"假定了动物原来

---

① 狄德罗：《关于物质和运动的哲学原理》，《狄德罗哲学选集》第111页。
② 狄德罗：《达朗贝的梦》，《狄德罗哲学选集》第143页。

就是它现在这样";反之,如果从物种进化论的观点理解这个问题,那么,问题就会迎刃而解。狄德罗认为,所谓"天下无新事"的观点是错误的,正确的格言应当是:"万象日新月异"。① 在十八世纪,当绝对不变的自然观还占居统治地位的时候,狄德罗提出这种普遍发展的观点,无疑是十分可贵的,包含有辩证法的成分。但是,狄德罗只看到了事物发展过程中的连续性的一面,而忽略了间断性的一面,这表明他还没有真正把握住辩证发展观点的实质。

(二)认识的主要方法:观察、思考和实验

在认识论方面,狄德罗继承和发展了英国唯物主义经验论,提出了认识自然的三种主要方法。他写道:

> 我们有三种主要的方法:对自然的观察、思考和实验。观察搜集事实;思考把它们组合起来;实验则来证实组合的结果。②

狄德罗认为,要达到正确的认识就必须把观察、思考和实验三种方法结合起来。

【观察的方法】

所谓观察的方法就是通过感官或借助于感官的辅助工具仪器以搜集各种事实材料。

在狄德罗看来,对自然的观察是认识的起点。这是因为,人们的认识起源于感觉经验。他明确指出:

> 感觉是我们一切知识的来源。③

---

① 狄德罗:《达朗贝的梦》,《狄德罗哲学选集》第143页。
②③ 狄德罗:《对自然的解释》,《狄德罗哲学选集》第61、96页。

狄德罗坚持"凡是存在于理智中的，没有不是先已存在于感性知觉中的"的经验主义原则，批判先验唯心主义。在他看来，纯粹思维不是存在的尺度，可以设想的命题不等于真理，唯有感觉经验才是知识的源泉，针对宗教神学、"形而上学"的天赋观念论，特别是关于上帝的先验观念，狄德罗尖锐地指出：

> 您如果想要我相信神的话，一定得让我摸得到他。①

可以看出，狄德罗的唯物主义经验论不仅是自然科学研究的方法论，而且也是他的无神论的重要哲学基础。

在批判唯心主义先验论的同时，狄德罗也反对贝克莱的主观唯心主义经验论。他认为，感觉不是主观自生的东西，而是外部事物作用于感官的结果。人好比是一架有感觉和记忆能力的钢琴，感官就是键盘，只有当外部自然界弹它时，它才发出声响，产生感觉。然而，主观唯心主义者贝克莱却公然否定外物的存在，断言事物不过是感觉的复合，似乎钢琴自己可以发出声音，感觉是主观自生的。狄德罗讥讽贝克莱是一架发疯的琴，写道：

> 在一个发疯的时刻，有感觉的钢琴曾以为自己是世界上存在的唯一的钢琴，宇宙的全部和谐都发生在它身上。②

狄德罗认为，对自然进行观察的目的就在于搜集事实。他十分重视事实材料在认识中的作用，说：

---

① 狄德罗：《供明眼人参考的给盲人的信》，《十八世纪法国哲学》第308页。
② 狄德罗：《达朗贝和狄德罗的谈话》，《狄德罗哲学选集》第130页。

> 事实，不管它们具有什么性质，总是哲学的真正财富。①

在狄德罗看来，只有建立在事实材料上的知识才是可靠的知识。反之，轻视事实材料，借助于抽象思辨建立起的哲学体系大厦，则是不稳固的，迟早会由于遭到事实材料的打击而倒塌。

【思考的方法】

狄德罗认为，认识的任务不仅在于搜集事实，而且要对事实进行联系、整理，也即对事实进行思考。这是因为，事实材料只告诉我们事物是怎样的，而要知道事物为什么是这样的即事物的原因，就需要进行思考。他说：

> "如何"是从事物中取出来的，而"为何"则是从我们的智力中取出来的。②

因此，人不仅是自然的观察者，而且还应当是自然的解释者，就是说应当借助于思考凭着现在是什么来猜测还应该是什么，从事物的秩序中得出抽象而一般的结果，把握事物秩序的本质。

狄德罗既反对轻视感觉、经验事实的"理性哲学"，也反对忽视理性思维的"实验哲学"。在他看来，"实验哲学"是蒙着眼睛的，永远在摸索前进，它辛苦耕耘，却不知道自己的工作会产生什么结果，因此，正确的认识方法应当是在认识过程中把观察和思考、感觉和思维结合起来。狄德罗强调指出：

> 一切都归结到从感觉回到思考，又从思考回到感

---

① 狄德罗：《对自然的解释》，《狄德罗哲学选集》第 63 页。
② 狄德罗：《对自然的解释》，《狄德罗哲学选集》第 100 页。

觉。①

可以看出，狄德罗对于感性和理性关系的认识较之十七世纪的经验主义者前进了一步，包含着合理的成分。但是，狄德罗对理性思维的理解仍然是经验主义的。他深受唯名论的影响，在否定思辨哲学的同时，也一般地否定了思维的抽象作用。狄德罗写道：

> 根本就没有什么抽象；只有一些习惯上的省略，一些略语，使命题一般化一些，使语言比较便捷一些。是一些语言的记号使抽象的科学产生。……所有的抽象都不过是一个没有观念的记号。②

由此看来，狄德罗所谓的"思考"的方法并非是对事实材料进行科学的抽象、概括，而只是停留于对事实材料进行排列和组合，因而也就不可能真正把握事物的"为何"了。

【实验的方法】

狄德罗的认识论的一个显著特点，就是把科学实验作为认识的一个重要环节引入认识论。

狄德罗认为，通过理性思维、推理获得的认识仍然"是我们的意见"，③ 具有主观性，它们可能是真的，也可能是假的。这种认识只有在和外界的东西联系起来，正确反映客体时，才是可靠的。在他看来，能够把主体和客体联系起来的桥梁就是科学实验活动，通过实验才能判明我们的认识的真伪，证明它是否与外界

---

① 狄德罗：《对自然的解释》，《狄德罗哲学选集》第 57 页。
② 狄德罗：《达朗贝的梦》，《狄德罗哲学选集》第 187 页。
③ 狄德罗：《对自然的解释》，《狄德罗哲学选集》第 57 页。

的东西相符合。

针对唯理论者片面夸大理性推理的作用的错误倾向，狄德罗突出强调科学实验活动在认识中的作用。他认为，要使一串以许多推理连成的不断的锁链坚实可靠，就必须"一端连着观察，而另一端连着实验"。[①]就是说，推理必须以观察为基础，它的结论的真假又必须靠实验来验证。同时，推理活动还必须和实验活动相结合。实验活动就像悬挂在推理活动的锁链上的一些重物，使推理活动不能任意驰骋。如果推理不以观察为基础，不受实验的制约，那末它必定是无本之木，只要一阵微风，一件细小的事实，就可以把它推倒。因此，狄德罗强调指出：

除了实验以外，没有别的办法可以识别错误。[②]

可以看出，狄德罗把实验看作是认识论的一个重要环节，强调认识的真伪必须靠实验来检验，表明他已初步认识到实践在认识中的作用。不过，由于历史条件的局限，狄德罗还没有达到科学实践观点，他所了解的实验仅仅是科学家在实验室内进行的科学实验活动。因此，尽管他强调观察、实验在认识中的作用，他的认识论仍然具有消极的、直观的性质。

二、拉美特利

拉·美特利（1709—1751）于《百科全书》第一卷出版的当年逝世，也没有参加过《百科全书》的工作。但是，由于他的哲学思想与狄德罗等人的哲学思想相近，所以人们仍然把他看作是百科全书派唯物主义哲学家的主要代表人物之一。

茹利安·奥弗雷·拉·美特利出生于法国西北部圣·马卢城的一个商人家庭，早年曾到巴黎学习神学，后在家乡学医和行医。

------

①② 《狄德罗哲学选集》，第57、182页。

1733年，他去荷兰拜著名医学家波尔·哈维（1668—1738）为师，继续研究医学，深受老师的机械唯物论哲学思想的影响。1742年，拉美特利到巴黎任国王卫队的军医，后因发表《心灵的自然史》（1745）一书受到迫害，书被焚毁，军医职务被撤，不得不逃亡荷兰。在荷兰，他又匿名发表了《人是机器》（1747）一书，又遭到当地僧侣和贵族的攻击，被迫移居普鲁士。在普鲁士国王腓特烈二世的庇护下，拉美特利继续从事著述和行医，先后发表《人是植物》（1748）、《各派体系的提要》（1750）等著作。1751年，因食物中毒而死。

拉美特利是一位战斗的无神论者，批判宗教神学的勇士。为了否定神学，拉美特利着重批判了当时流行的关于上帝存在的目的论证明，指出把宇宙万物说成是上帝的目的体现的观点，是荒谬的。一切自然现象往往是既有利也有弊，如下雨可能滋润禾苗的生长，但也可能淹死禾苗，其目的性何在呢？拉美特利尖锐地揭露了宗教的反动性。他认为，追求幸福乃是人的自然本性，可是教会却肆意宣扬禁欲主义来摧残人的自然本性。因此，宗教乃是一付"神圣的毒药"。他还指出，宗教给人类带来的不是幸福，而是连年不断、血流遍野的战争。拉美特利痛斥教会对无神论者的诽谤和攻击，指出美德可以在无神论者心中扎下最深的根子，历史上找不出一个由无神论者是辱没他人、背叛祖国、挑起战争的坏人，一个由无神论者组成的社会是可能存在的。拉美特利公开表明自己反宗教的决心和信心，他说：

> 任凭全宇宙的重量也动摇不了一个真正的无神论者，更不必说粉碎他了。[①]

[①] 拉美特利：《人是机器》，《十八世纪法国哲学》，第50页。

马克思曾经指出:"拉美特利的著作是笛卡儿唯物主义和英国唯物主义的结合。"① 拉美特利哲学的特点就在于继承和发展了笛卡尔物理学中的唯物主义和洛克的唯物主义经验论,着重从医学和生理学的角度阐述了机械唯物主义基本原理,论证无神论,批判宗教神学和各种唯心主义哲学观点。

(一) 物质是唯一的实体,具有运动能力

物质和精神的关系问题,是拉美特利哲学研究的中心课题。为了克服宗教神学,在这个哲学基本问题上,拉美特利旗帜鲜明地坚持唯物主义一元论的立场。

拉美特利清楚地看到了哲学史上关于物质和精神关系问题的争论中始终存在着两条根本对立的哲学路线。他指出:

> 我把哲学家们论述人的心灵的体系归结为两类,第一类,也是最古老的一类,是唯物论的体系;第二类是唯灵论的体系。②

拉美特利鲜明地站在唯物主义一边,反对形形色色的唯心论,特别是反对当时流行的莱布尼茨—伏尔夫和笛卡尔—马勒伯朗士"形而上学"体系。他指责莱布尼茨的单子论"把物质心灵化了",笛卡尔主义者的二元论也同样是错误的。他还指出,洛克虽然暗示过物质很可能具有思想能力,但是,洛克的态度是暧昧的,"含糊其辞"的。

针对唯心论和二元论,拉美特利坚持唯物主义一元论,明确指出:

---

① 马克思恩格斯:《神圣家族》,《马克思恩格斯全集》第 2 卷第 166 页。
② 拉美特利:《人是机器》,《十八世纪法国哲学》,第 13 页。

> 在整个宇宙里只存在着一个实体，只是它的形式有各种变化。①

在拉美特利看来，这个唯一的实体便是凭自身存在，既不是被创造，也不能被消灭的"永恒的物质"。② 宇宙万物，包括动物和人在内，都是物质的各种不同的存在形式。物质的形式变化万千，万物有生有灭，但物质本身则是永恒的、不灭的。他把物质比喻为"面粉团子"，认为宇宙万物都是自然用"一种同样的面粉团子"造成的，它们之间之所以存在差别，只是因为自然以不同的方式变化了这面粉团子的酵料而已。在他看来，人并不是用特别高贵的材料做成的，和万物一样，它也是用"面粉团子"按照一定的方式捏成的。不难看出，拉美特利力图用唯物主义一元论的观点说明宇宙万物的多样性和世界的物质统一性，排除所谓独立自存的"精神实体"的存在。

拉美特利意识到，要坚持唯物主义一元论就必须正确处理物质和运动的关系问题。不论是十七世纪的机械唯物论，还是笛卡尔的二元论，都把物质看成是惰性的，自身没有运动力的，这就会不可避免地导致肯定"精神实体"的存在。莱布尼茨虽然主张"单子"具有能动性，但他实质上是把"物质心灵化"了。拉美特利认为，物质惰性论的根本缺陷就在于把物质的属性仅仅归结为广延性，把运动力排除于物质的属性之外。毫无疑问，广延性是属于一切物质的，并且是只能属于物质的，因而也是与物质实体不可分的。但是，把物质的属性仅仅归结为广延性则是片面的。事实上，物质不仅具有广延性，而且具有运动力。拉美特利写道：

---

① 拉美特利：《人是机器》，《十八世纪法国哲学》，第73页。
② 拉美特利：《心灵的自然史》，《十八世纪法国哲学》第186页。

> 物质的两种本质属性,即广袤和运动力。①

他还说:

> 物质本身就包含着这种使它活动的推动力,这种推动力乃是一切运动规律的直接原因。②

拉美特利指出,笛卡尔是一位注定要开辟新的道路而又要误入迷途的天才,他提出二元论,把物质和运动分开,以致主张神是唯一的动力因,力图与宗教信仰相妥协。和笛卡尔不同,拉美特利坚持运动是物质的固有属性,这就从根本上排除了独立于物质的"精神实体"的存在、铲除了上帝的避难所,使上帝无容身之地。

由上述可见,拉美特利关于世界的物质统一性和物质的能动性的论证,克服了十七世纪机械唯物论、二元论以及自然神论的缺陷,有力地批判了神学唯心主义。不过,拉美特利还不能科学地说明物质自身运动的源泉是什么。他沿袭了古代朴素唯物论的观点,认为冷和热是使物质自身运动的两种普遍的能动力量。同时,拉美特利把物质的运动仅仅归结为机械运动,并且力图用力学规律来解释包括生命、精神在内的一切现象。可见,拉美特利的唯物主义观点仍然是机械论的。

(二)人是机器,思想是人脑的特性

为了彻底否定"精神实体",论证物质是唯一的实体,拉美特利着重研究了人的肉体和心灵的关系。我们知道,物质和精神的关系问题,不仅是一个世界上是否存在着一个超自然的精神实体的问题,而且是一个涉及到人的心灵是否独立于肉体的问题。按照宗教神学的观点,所谓精神实体包括上帝和人的灵魂。因此,对

---

①② 拉美特利:《心灵的自然史》,《十八世纪法国哲学》第 203 页。

于宗教神学来说,肯定精神实体的存在既是上帝存在论的基础,又是灵魂不朽论的前提;与此相反,对于唯物主义者和无神论者来说,否定精神实体,肯定物质是唯一实体的观点,也就不仅意味着对上帝存在的否定,而且意味着对灵魂不朽论的否定。在宗教神学看来,人的灵魂是上帝所赋予的,因而上帝的存在是灵魂不朽的前提。然而,实际上,上帝这个观念恰恰倒是从心灵独立于并且高于肉体的观点中引申出来的。因此,拉美特利对于肉体和心灵关系所作的唯物主义研究,对于克服宗教神学具有重要的意义。

按照神学唯心主义的观点,人是上帝的宠儿,人的高贵在于它本质上是一个精神实体。在人身上,灵魂独立于并且高于肉体,肉体不过是灵魂的驱壳,为灵魂所主宰、支配。针对这种神秘主义观点,拉美特利指出,人本质上是物质性的东西,和万物一样,人也是自然用"面粉团子"造出来的,人的心灵不过是肉体这种有机物质的属性而已。

为了论证人的物质性,拉美特利依据笛卡尔关于动物是机器的思想,把当时最成熟的科学——力学运用于对人的研究,提出了"人是机器"的著名命题。

按照"人是机器"的观点,人不是什么特别高贵神秘的东西。和动物相比,人只不过是"多几个齿轮,再多几条弹簧"。一位几何学家会做繁难的证明的演算,一只猴子也会脱下又带上它的小帽子。这就是说,人和动物并没有本质的差别。人也不是什么神秘的东西,人的身体只不过是一架"极其精细、极其巧妙的钟表",人的一切活动都是机械运动,都可以用力学规律加以解释。拉美特利写道:

现在我们再来详细地看看人体机器的这些机括。
……一棒打下来,眼皮不是机械地闭起来么?瞳孔不是机械地在日光下收缩以保护网膜，在黑暗里放大以观看事物么？……肺不是机械地不断操作，就像一架鼓风的机器一样么？……心脏不是机械地具有比一切其他肌肉更强大的伸缩力么？①

拉美特利的这种观点，是一种典型的机械唯物论的观点。破除宗教神秘主义，力图用机械论的观点解释人的生理现象，在当时历史条件下，无疑是一大进步，包含了合理的成分。事实上，在人的生理活动中，确实存在着大量的机械运动成分。但是，把人体的生理运动简单地归结为机械运动，则是片面的。

按照"人是机器"的观点，在人身上，思想、心灵不是独立的实体，而是肉体的属性。在拉美特利看来，物质不仅具有广延性、运动力，而且还具有第三种属性即"潜存于物质之中"的感觉能力，思想则是有机物质人脑的特性。他写道：

思想和有机物质决不是不可调和的，而且看来和电、运动的能力、不可入性、广袤等等一样，是有机物质的一种特性。②

为了论证精神现象是肉体的特性，拉美特利列举当时医学、生理学的大量材料，表明心灵的一切作用完全依赖于人脑和整个身体组织。比如，人们的体质的不同决定着人们性格上的差别。随着血液循环的一步步缓慢，心灵就逐步入睡；反之，血液循环快了，心灵就不能入睡。没有食料，心灵就渐渐瘫痪下去，甚至死去；而吃一顿饱饭，人们就马上精神大振。拉美特利还举出年龄、

---

① 拉美特利：《人是机器》，《十八世纪法国哲学》，第 56 页。
② 拉美特利：《人是机器》，《十八世纪法国哲学》第 272 页。

性别、食物以及气候环境等对心灵的影响。他的结论是：

> 各式各样的心灵状态，是和各种身体状态永远密切地关联着的。①

按照这个观点，心灵决不是什么独立的实体，灵魂决不是不灭的。人的心灵是与身体的各种器官"一同形成、长大和萎谢的"，② 人的机体一旦死亡，心灵也就随之消失了。

可以看出，拉美特利关于身心关系的学说，是以当时的自然科学成果为依据的，体现了唯物主义精神，从而有力地批判了当时流行的唯心主义和二元论，沉重地打击了宗教神学。但是，可以看出，拉美特利对物质和意识关系的理解，还是十分粗浅和狭隘的。应当指出，人的意识、思维不仅是人脑的属性，而且是社会实践的产物。正因为拉美特利不懂得意识的社会性，所以他就不能正确指出动物的感觉和人的意识之间的原则区别，看不到意识对物质的能动方面。

（三）感觉、经验是唯一可靠的向导

在认识论上，拉美特利继承和发展了洛克的经验主义，坚持唯物主义反映论。

拉美特利坚持认识开始于感觉经验，反对天赋观念论。他指出，笛卡尔、马勒伯朗士、莱布尼茨和伏尔夫等人研究问题的方法就是惯于从观念、定义出发，企图先天地、借助于精神的羽翼进行抽象的推论，其结果当然都是枉费心机的。马勒伯朗士的文章写得很漂亮，一环扣一环，好像无懈可击，可是文章的内容却是集各种胡思乱想之大成。同样的；伏尔夫的体系是一连串衔接

---

① 拉美特利：《人是机器》，《十八世纪法国哲学》第247页。
② 拉美特利：《心灵的自然史》，《十八世纪法国哲学》第239页。

得天衣无缝的天赋观构成的最精巧的体系,但是,可以说人类的精神从来没有像这样首尾一贯地陷入迷误。因此,拉美特利强调,正确的认识道路必须是后天的,以感觉经验为指路杖。他指出:

> 经验应当是我们唯一的向导。①

拉美特利用机械论说明感觉的形成,把感觉说成是外物刺激感官产生的机械反映。当感官受到外物的刺激的时候,感官中的神经便受到震动,这种震动通过中介物质的运动传到大脑,于是心灵便产生了对客观事物的感觉。这就像提琴的一根弦受到震动发出声响一样,被声浪打击的脑弦也被激动起来。

拉美特利认为,感觉是对客观事物的反映。他写道:

> 在眼睛里面,太阳、空气、水、物质的组织、形状,这一切构造得就像在一面镜子里一样……把反映在其中的对象忠实地提供给想象作用。②

值得注意的是,拉美特利在肯定感觉的客观性的同时也探讨了感觉的主观性和相对性。他认为,颜色、温度、痛苦、滋味等等感觉都具有主观性、相对性。比如,同一个物体对于同一个人显得有时是热的,有时是冷的,颜色也随着光的变易而发生变化。他还认为,感觉还随着感觉器官的变化而变化,比如在某些黄疸病患者看来,什么东西都是黄的。拉美特利指出,对于所谓物体的第一性质,即形状、运动、大小、硬度等的认识也同样具有主观性和相对性,比如,大小、硬软等观念,就往往受到感觉器官的

---

① 拉美特利:《心灵的自然史》,《十八世纪法国哲学》第208页。
② 拉美特利:《人是机器》,《十八世纪法国哲学》第260页。

影响。拉美特利还看到了感官的局限性，认为感官不能把握构成物体的元素。比如，我们虽然对火有热、红色或白色的感觉，但是，这些感觉并没有反映火的元素如何。因此，他认为，感觉器官并不能向心灵描绘出物体的全部属性和真实状况。可以看出，拉美特利对感觉的主观性、相对性的探索包含着合理的成分。但是，他却由此跳到了另一个极端，断言：

> 感觉根本不代表事物的本来面目，因为感觉完全依那些为之打开通道的肉体部件为转移。①

拉美特利的这个观点完全离开了反映论，显然是错误的。那么感觉是否因此就欺骗我们呢？拉美特利回答道，"当然不是如此"。在他看来，感官在不断地警戒着，并且永远在准备互相纠正错误，同时，心灵也可以估计感官会在什么地方失足。

拉美特利对认识过程的描述表现出明显的感觉主义倾向。他认为，人们通过感官获得感觉，传送到大脑而形成观念，借助于记忆把这些观念储存下来，然后心灵对这些观念进行比较，作出判断和推理，从而形成各种知识。拉美特利把全部认识过程归结为所谓"想象"作用，而想象作用又是一种"感性原则"。这实际上就是把理性认识活动归结为感性认识活动。拉美特利写道：

> 思想看来只是感觉的一种功能，而理性心灵也只是用来对观念进行思索和推理的感性心灵罢了。②

可见，拉美特利在反对先验论，坚持理性认识来源于感性认识的

---

① 拉美特利：《心灵的自然史》，《十八世纪法国哲学》第 212—213 页。
② 拉美特利：《人是机器》，《十八世纪法国哲学》，第 64 页。

时候，又忽略了感性认识和理性认识的质的区别，从而把理性认识归结为感性认识，陷入了狭隘的感觉主义。

三、爱尔维修

爱尔维修是十八世纪法国著名的唯物主义哲学家。他继承和发展了洛克的经验论，并把它运用于观察社会生活，提出了一套比较完整的以功利主义为核心的社会伦理学说。

克劳德·阿德里安·爱尔维修（1715—1771）出身于巴黎一个宫廷医生的家庭，少年时代就读于耶稣会的一个专科学校。他厌恶学校的神学课程，通过课外阅读，接触到洛克哲学以及其他进步思想家的思想。1728年，法国王室为奖赏他的父亲，任命爱尔维修为总包税官。这使他有机会进一步了解上层社会的黑暗腐败和下层群众的贫困的生活状况。后来，他毅然抛弃高官厚禄，加入启蒙者的行列，与孟德斯鸠、伏尔泰、狄德罗和霍尔巴赫等人结交，走上了反对封建主义的革命道路。1758年，爱尔维修发表《论精神》一书。由于这本书的唯物主义无神论的倾向和反封建的革命精神，他遭到反动势力的攻击。罗马教皇明令教徒禁止阅读这本渎神的著作，巴黎大主教告诫教徒要像防备瘟疫那样防备它。翌年，巴黎议会下令焚毁这部著作。1764年和1765年，爱尔维修先后访问了英国和普鲁士。晚年，他写了《论人的理智能力和教育》（简称《论人》），系统地论证了他的功利主义的社会伦理学说。他还写过一篇富有哲理性的长诗《幸福》。在他逝世后这两部著作分别在海牙和伦敦出版。

在政治上，爱尔维修反对专制主义，鼓吹民主主义。他指出，在专制制度下，财富被集中在少数家庭手里，君主昏庸而挥霍无度，道德风尚败坏。专制制度的特点就是扼杀人们精神中的思想，灵魂中的美德。他认为，要消灭一种结果，就必须取消其原因，就是说要消灭社会上的罪恶就必须起来反对专制制度。在他看来，只有在民主国家中，公民才是自由幸福的，因为他们只服从自己制定的法律。

爱尔维修是基督教和一切传统宗教的批判家。他指出,宗教维护的是无知,迫害的是科学。宗教史就是一部罪恶史。宗教给人类带来的就是尸横遍野,血流成渠,城市焚烧,帝国残破。宗教进行虚伪的道德说教不仅不能使人变好,反而使人变坏。总之,宗教是一切社会罪恶的祸根。

围绕批判专制制度和宗教神学这个中心,爱尔维修阐发了自己的唯物主义学说。关于爱尔维修的哲学思想,马克思、恩格斯指出:"爱尔维修也是以洛克的学说为出发点的,他的唯物主义具有真正法国的性质。爱尔维修也随即把他的唯物主义运用到社会生活方面(爱尔维修'论人')。感性印象和自私的欲望、享乐和正确理解的个人利益,是整个道德的基础。人类智力的天然平等、理性的进步和工业进步的一致、人的天性的善良和教育的万能,这就是他的体系中的几个主要因素。"[①] 爱尔维修哲学的基本概念是所谓"肉体感受性"。以"肉体感受性"为中心,爱尔维修发挥了感觉主义认识论、功利主义伦理学以及教育万能的社会哲学思想。

(一)肉体感受性是全部精神活动的基础

在认识论上,爱尔维修坚持唯物主义反映论的路线,认为人的认识是对客观对象及其相互关系的反映。他写道:

> 自然提供给我们的各种对象;这些对象与我们之间有一些关系,它们彼此之间也有一些关系;对于这些关系的认识,构成了所谓精神。[②]

那么,认识或精神的基础或出发点是什么呢?爱尔维修反对

[①] 马克思恩格斯:《神圣家族》,《马克思恩格斯全集》第 2 卷,第 165—166 页。
[②] 爱尔维修:《论精神》,《十八世纪法国哲学》第 435 页。

天赋观念论，认为一切观念都是通过感觉而得来的，认识开始于感觉。人们生而无知，婴儿只是通过视觉、听觉、味觉、触觉以及嗅觉等各种感觉器官，才获得关于对象的各种观念的。同时，他也反对把认识、精神看作是机体构造的结果，认为人的智力是天然平等的，一切构造得同样好的人都有同等的认识能力。"人生而无知，并非生而愚蠢"。① 人们之间知识水平的差异以及道德观念的不同，完全是在后天发生的，即由他们所处的环境和所受的教育的不同造成的。爱尔维修高度评价洛克的经验论。但是，他对于洛克的"内省经验"说表示异议。在他看来，一切观念都来自感觉，把所谓"内省经验"看作为一种独立的认识来源是错误的。爱尔维修的结论是：

> 我们的一切观念都是通过感官而来的。②

爱尔维修认为，人体具有接受客观对象作用的感觉能力，即所谓"肉体感受性"。在他看来，自然界的事物、物质不仅具有广延、运动以及不可入性等特性，而且具有感觉能力这种特性。感觉能力"为一切个体所共有"，但明显地"显示在动物的有机形体中。"③ 和动物不同，人的"肉体感受性"是和一定的外部组织特别是双手相结合，因此比动物能产生更多的观念。在这里，爱尔维修和狄德罗一样，借助于假定物质具有感觉能力以论证人的肉体具有感受性。同时，他还朦胧地意识到劳动（"双手"）对人的认识的积极影响。这些思想都包含了合理的成分。但是，他把人和动物的肉体感受性的区别仅仅理解为接受观念多少的差别，这

---

① 爱尔维修：《论人的理智能力和教育》，《十八世纪法国哲学》第 480 页。
② 爱尔维修：《论人的理智能力和教育》，《十八世纪法国哲学》第 491 页。
③ 爱尔维修：《论精神》，《十八世纪法国哲学》第 450 页。

显然是不正确的。

爱尔维修认为，感官从不欺骗我们，错误来源于感情和无知。在他看来，对象永远在身上造成它们应当造成的印象。比如，对于一座方塔，人们从远处看便会感到是圆形的，这是因为在这个距离上，塔所反射的光线使它向人们显出圆形。对象的真实形态可以由几种官能的一致肯定来证明。那末，人们又为什么会犯错误呢？爱尔维修认为，错误的来源首先是人们的感情。他说：

> 感情引导我们陷于错误，因为它们使我们把全部注意力固定在它们向我们提出的对象的一个方面上，不容许我们从各个方面来考察对象。①

他举例说，一个为骄傲感情所支配的人，就往往沉醉于成功的希望里，而忘记失败的可能。恐惧的感情往往创造出根本不存在的鬼怪。愚蠢的信仰感情可以使人否认千真万确的科学真理。总之，感情专注的盲目程度越大，人们就越容易陷入错误。爱尔维修认为，错误的另一个来源就是无知。我们的决定的正确性要以事实为依据。要对一个复杂的问题下判断，就必须掌握需要加以比较的一切事实，如果缺乏事实根据，把自己在一个对象上所看到的某一个方面想象成就是在这个对象上所能够看到的一切，或者从自己的原则出发推论出一种结论，那就要犯错误。应当说，爱尔维修对错误的认识论根源——主观性和片面性的揭露是深刻的。

爱尔维修的认识论具有感觉主义的性质。在他看来，不仅认识开始于感觉，而且认识的一切活动均可以归结为感觉。人们首先借助于肉体的感受性接受外界对象在我们身上造成各种感觉印象，继之，就靠记忆保存这些感觉印象。记忆不是别的，"无非是

---

① 爱尔维修：《论精神》，《十八世纪法国哲学》第439页。

一种延续的、然而减弱的感觉"。① 感受性和记忆是一切观念的来源。认识的全部活动就在于比较我们的各种感觉和观念,亦即观看它们彼此之间的相似之处和相异之处,相合之处和相违之处。这种观看本身就是判断。因此,可以说全部认识活动归结起来就是判断。然而,"一切判断都无非是一种感觉"。② 比如,当我判定一种颜色是红的,那就是说它对于我们的眼睛的作用是异于黄的颜色。总之,爱尔维修认为:

> 精神的全部活动……都归结到感觉。③

不难看出,爱尔维修把复杂的认识活动简单化了,陷入了片面的感觉主义。

(二) 肉体感受性是道德的基础

爱尔维修把感觉主义运用于社会生活,提出了他的功利主义伦理学说。在他看来,肉体感受性不仅是认识论的基础,而且也是伦理学的基石。他写道:

> 肉体的感受性乃是人的需要、感情、社会性、观念、判断、意志、行动的原则。④

爱尔维修反对那种把道德原则看成是先验的、永恒不变的天赋道德论,认为道德原则具有相对性、可变性。他列举大量事实说明不同国家、不同民族以及不同时代的道德原则差异很大,有的甚至完全相反。就是在同一个民族、同一个时代,穷人和富人、

---

① ② 爱尔维修:《论精神》,《十八世纪法国哲学》第434、437—438页。
③ 爱尔维修:《论精神》,《十八世纪法国哲学》第435页。
④ 爱尔维修:《论人的理智能力和教育》,《十八世纪法国哲学》第499页。

平民和贵族的道德观念也是不同的。爱尔维修认为,道德观念的相对性、可变性根源于力图增加快乐、避免痛苦的"肉体感受性",也即所谓"利益"。这是因为:

> 肉体的感受性乃是人的唯一动力。①
> 利益支配着我们的一切判断。②

在爱尔维修看来,人们的利益的不同和变化,决定了人们的道德观念的不同和变化,使人们之间在道德上往往发生惊人的分歧。他写道:

> 这种惊人的分歧,是完全系于人们的感情、观念、偏见、情绪的不同,因而完全系于他们的利益的差异上的。③

为了强调这一思想,爱尔维修把利益原则提高到客观规律的高度,认为正如自然界为运动规律所支配,人类社会生活则为利益原则所宰制。在他看来,利益是道德的基础,不讲利益,就没有美德可言。超功利主义只是一种虚伪的道德说教,祭司们要人们厌弃财富和权力,其目的就是利用人们的厌弃而把两者据为己有。爱尔维修所阐明的这种功利主义的伦理观是同当时的封建神学所宣扬的超功利主义的道德说教直接对立的。

爱尔维修认为,作为人类活动唯一推动力的利益,其根据就是肉体的感受性。人的肉体的感受性,归根到底就是快乐和痛苦

---

① 爱尔维修:《论人的理智能力和教育》,《十八世纪法国哲学》第 496 页。
② 爱尔维修:《论精神》,《十八世纪法国哲学》第 457 页。
③ 爱尔维修:《论精神》,《十八世纪法国哲学》第 458 页。

两种感觉。而人的本性就是追求快乐,避免痛苦。所谓"利益"指的就是人们关于衣食住行等生活方面的物质要求和对爱情、荣誉、权力等的精神追求,归根到底,也都是肉体上的快乐感受的追求。爱尔维修把人的趋乐避苦的本性叫做所谓"自爱",也即自私、利己,并且认为它是人人共有的、永恒不变的"人性"。他说:

> 自然从我们幼年起就铭刻在我们心里的唯一情感,是对我们自己的爱。这种以肉体的感受性为基础的爱,是人人共有的。不管人们的教育多么不同,这种情感在他们身上永远一样:在任何时代,任何国家,人们过去、现在和未来都是爱自己甚于爱别人的。①

可以看出,爱尔维修的伦理学中存在着一个明显的矛盾,这就是:一方面肯定道德原则的相对性、可变性;另一方面又认为作为道德的基础的人性是永恒不变的。其实,爱尔维修所谓的"自爱"也是历史的产物,无非是新兴资产阶级的利己主义本性的升华。正如马克思所说:"每一个企图代替旧统治阶级的地位的新阶级,就是为了达到自己的目的而不得不把自己的利益说成是社会全体成员的共同利益,抽象地讲,就是赋予自己的思想以普遍性的形式。"② 如果说,爱尔维修反对超功利主义,坚持道德和利益的统一的思想包含有某种唯物主义倾向,那么,他把利益归结为某种抽象的、永恒不变的人性的要求,就表明他的功利主义伦理学的哲学基础是唯心主义的。

爱尔维修进一步探讨了个人利益、公共利益同道德的关系。在他看来,每个人受自爱原则的支配,必然首先追求个人利益。人

---

① 爱尔维修:《论人的理智能力和教育》,《十八世纪法国哲学》第 501 页。
② 马克思恩格斯:《德意志意识形态》,《马克思恩格斯全集》第 3 卷,第 54 页。

们都是只把对自己有利的行为,称为正直。他写道:

> 个人利益是人们行为价值的唯一而且普遍的鉴定者;因此,与一个个人相联系的正直,按照我的定义来说,无非就是对这个人个人有利的行为的习惯。①

爱尔维修指出,只注意自己的利益,全神贯注于自己的幸福,处处燃烧起贪图巨富的欲火是不道德的。反之,如果追求个人利益的行为符合公共利益,或者不违背公共利益,那么,追求个人利益是合理的、正义的,符合道德的。

爱尔维修在反对超功利主义的同时也反对那种认为"唯有私意在制定人的行为善恶"的观点。在他看来,作为判定人的行为善恶的准绳的利益原则只能是公共利益原则,只有符合公共利益的行为,才是道德的行为。他说:

> 美德这个名词,我们只能理解为追求共同幸福的欲望;因此,公益乃是美德的目的。②

按照爱尔维修的观点,强调美德在于追求公共利益,并不是要否定个人利益,而是要求"把个人利益与公共利益很紧密地联系起来"。③如果国家的法律能让公民顺着他们要求个人幸福的倾向,把他们很自然地引导到公共幸福上去,那就是良好的法律。如果一个人能把个人利益和公共利益结合起来,那就是一个品德高尚的人。乍一看,爱尔维修提出的这个道德理想似乎是很合理的,但

---

① 爱尔维修:《论精神》,《十八世纪法国哲学》第460页。
② 爱尔维修:《论精神》,《十八世纪法国哲学》第465页。
③ 爱尔维修:《论人的理智能力和教育》,《十八世纪法国哲学》第537页。

实际上是不现实的。他不懂得，在阶级对立的社会里，所谓公共利益只能是一个莫须有的东西。至于说到个人利益和公共利益的结合，爱尔维修则认为，这实际上是根本不可能的。他写道：

> 利益是我们的唯一推动力。人们好像在牺牲，但是从来不为别人的幸福牺牲自己的幸福。河水是不向河源倒流的，人们也不会违抗他们的利益的激流。谁想这样做，就会是疯子。①

可见，爱尔维修的功利主义实质上是资产阶级个人主义。

应当指出，爱尔维修的功利主义伦理学同十九世纪边沁和穆勒的功利主义伦理学是有区别的，"前一种理论是同正在进行斗争而尚不发达的资产阶级相适应的。而后一种理论是同占统治地位的发达的资产阶级相适应的"。② 爱尔维修的功利主义是教会鼓吹的禁欲主义的对立物，它有力地论证了资产阶级政治经济要求的合理性，具有反封建的积极意义。但是，爱尔维修的功利主义的实质是资产阶级个人主义，其哲学基础则是历史唯心论。

爱尔维修把他的功利主义伦理学神化，提出了所谓世界宗教的学说。在爱尔维修的著作中，他始终把道德和宗教一并进行考察。他反复证明，传统宗教无助于培养美德，并且是同道德相对立的。同时，他又认为，在摧毁了旨在扼杀人的感情、理性和美德的基督教及一切传统宗教之后，还必须在道德的基础上建立一种新的真正的宗教，即世界宗教。新宗教只能建立在从人和事物的本性中抽取出来的一些永恒不变的原则上，其中最根本、最神

---

① 爱尔维修：《论人的理智能力和教育》，《十八世纪法国哲学》第 537 页。
② 马克思恩格斯：《德意志意识形态》，《马克思恩格斯全集》第 3 卷，第 482 页。

圣的原则就是"允许每一个人拥有财产、生命和自由"。① 新宗教教导人们通过理性的磨炼和经验的启发，学会耕种土地，改进劳动工具，掌握科学知识。新宗教的根本任务就在于培养美德，引导人们把个人利益和公共利益结合起来，建立良好的法律，使人们享受一切与公共利益相一致的幸福。在爱尔维修看来，只有这样的宗教才能与神相称，才盖着"神的印记和真理的印记"。

可以看出，爱尔维修的世界宗教理论是一种道德神学，渗透着人本主义精神。这个学说的立足点不是一切为了神，而是一切为了人，人的幸福。它排除了传统宗教中的超自然的神，代之以给人类谋幸福的"正真善良的神"，而这个"正真善良的神"无非就是人们合理地追求幸福的一种道德精神。因此，爱尔维修的这种以功利主义为基础的道德神学是对基督教以及一切传统宗教的批判，在当时历史条件下，具有一定的积极作用。但是，他把功利主义道德学说宗教化，把人对幸福的要求神化，并且要求人们对它加以崇拜，则是错误的，不免带有某种神秘的色彩。

（三）人是环境的产物，理性支配环境

爱尔维修从感觉主义和人的智力天然平等的原则出发，提出了人是环境的产物的著名命题。他认为，人身上有两类感情：一类是自然直接赋予我们的，如饥、渴、冷、热等；一类是由于建立社会而得到的，如妒忌、骄傲、贪婪、野心等。前者是人的机体结构的本能需要；后者则是人们在社会生活中后天获得的。人们的才能和美德，人们之间在才能和道德上的差异，决不是机体结构的结果，而是环境、教育的产物。爱尔维修写道：

> 一切构造得同样完善的人，都拥有获得最高观念想象力；我们在人与人之间所见到的精神上的差异，是由

---

① 爱尔维修：《论人的理智能力和教育》，《十八世纪法国哲学》第489页。

于他们所处的不同的环境、由于他们所受的不同的教育所致。①

爱尔维修所说的"环境"主要不是指自然环境，而是指社会环境。他所理解的社会环境不是指决定整个社会面貌的生产方式或经济基础，而是指政治法律制度，人们之间的相互交往、生活方式、学校和社会的教育以及所读的书籍等等。人们之间性格、才能和道德上的差异都是由于人们接受上述因素的影响的不同而造成的。爱尔维修认为，在上述因素中，具有决定意义的是政治制度和法律制度。经验证明，各个民族的性格和精神是随着它们的政治形势的变化而变化的。同一个民族由于政体的变更，它的性格也发生变化，有时高尚，有时卑下，有时英勇，有时怯懦。他借此颂扬自由制度，攻击专制统治：

> 人们在一种自由的统治之下，是坦率的，忠诚的，勤奋的，人道的；在一种专制的统治之下，则是卑鄙的，欺诈的，恶劣的，没有天才也没有勇气的，他们性格上的这种区别，乃是这两种统治下所受教育不同的结果。②

爱尔维修特别强调法律对人们的影响。他认为，法律决定着一个民族的风俗和道德。历史表明，各个民族的兴盛并不依靠它们的宗教纯洁，而是依靠它们的法律的高明。坏法律把人们引向邪恶，好法律则使人们善良。因此，他断言：

---

① 爱尔维修：《论精神》，《十八世纪法国哲学》第 467—468 页。
② 爱尔维修：《论人的理智能力和教育》，《十八世纪法国哲学》第 539 页。

　　　　法律造成一切。①

　　不难看出,爱尔维修在这里过分夸大了法律和政治的作用。他不懂得政治和法律制度只是社会的上层建筑,尽管它们能够给人们的精神面貌以巨大的影响,但其本身的性质归根到底是为经济基础所决定的。把政治和法律制度说成是社会历史发展的决定性的因素,显然是一种历史唯心主义观点。不过,爱尔维修的这个思想中也包含有唯物主义反映论的精神。人性本无善良与邪恶、聪明与愚蠢之分,一切都是后天获得的,都是一定的社会环境,特别是政治和法律制度的反映。按照这个思想,要消除社会上的邪恶和愚蠢就必须改变产生它们的不完善的政治、法律制度,代之以完善的政治、法律制度。爱尔维修正是从这一点出发攻击专制制度,颂扬资本主义法律制度的。他热烈地向往着这样一种法律制度:

　　　　公正的法律对人们是无所不能的。它支配人们的意志,使他们诚实、人道和幸福。英国人就是靠四五项法律获得他们的幸福、财产安全和自由的。②

　　这表明,爱尔维修心目中的完善的法律就是能够保证资产阶级"幸福"、"财产安全"和"自由"的法律,并且热切地期望以此来代替法国的封建法律。由此看来,在当时历史条件下,爱尔维修的上述观点蕴含着反封建的革命精神,具有很大的启蒙意义。

　　按照爱尔维修的观点,法律是决定一切的。如果是这样,那么法律又是由什么东西决定的呢?爱尔维修认为,法律是为人的

---

① 爱尔维修:《论人的理智能力和教育》,《十八世纪法国哲学》第538页。
② 爱尔维修:《论人的理智能力和教育》,《十八世纪法国哲学》第526页。

理性所决定的。法律的完善抑或不完善取决于立法者英明还是愚蠢，法律的改进依赖于人的理性进步。因此，要改变法律，首先就必须改善人的理性。而改善人的理性只有靠教育。爱尔维修突出强调教育在社会生活中的重大作用，具有反对宗教蒙昧主义的积极意义。但是，他过分夸大教育的作用，竟然提出了"教育万能"的错误口号，似乎只要改变现行的教育制度就可以改变一切了。

由上述可见，爱尔维修在人和环境的关系问题上的观点是混乱的，自相矛盾的。他一方面断定，人是环境的产物，按照这个观点，环境决定人的观念；另一方面，他又认为，人的理性决定法律，按照这个观点，观念决定环境。究竟是环境决定观念，还是观念决定环境呢，爱尔维修在这里陷入了不可解脱的矛盾之中。为了从这种恶性循环中摆脱出来，他抬出了"天才"，认为只有掌握丰富的知识、明晓理性的天才人物才能制定完善的法律，改变环境。爱尔维修断言：

> 必须有天才，才能用好法律代替坏法律。①

显然，这是一种唯心主义的英雄史观。针对这种观点，马克思曾经写道，"有一种唯物主义学说，认为人是环境和教育的产物，因而认为改变了的人是另一种环境和改变了的教育的产物，——这种学说忘记了：环境正是由人来改变的，而教育者本人一定是受教育的。因此，这种学说必然会把社会分成两部分，其中一部分高出于社会之上"。② 马克思的这段话深刻地剖析了形而上学唯物主义在社会历史观上是怎样陷入唯心主义的。

爱尔维修在人和环境的关系问题上陷入混乱，从理论上说，首

---

① 爱尔维修：《论人的理智能力和教育》，《十八世纪法国哲学》第549页。
② 马克思：《关于费尔巴哈的提纲》，《马克思恩格斯选集》第1卷，第17页。

先是由于他始终囿于上层建筑领域之内,只在人的观念和法律之间打转转,因而找不到解决问题的正确道路。其次,爱尔维修关于人是环境的产物这个命题,在本质上是一种消极反映论。由于他不懂得科学的社会实践观点,因此,他也就只能看到人被环境决定的一面,而看不到人能通过实践改造环境这个更重要的一面。针对这种消极的反映论,马克思深刻地指出,"环境的改变和人的活动的一致,只能被看作是并合理地理解为革命的实践"。[①] 这表明,只有以社会实践为基础,才能科学地解决人和环境、主体和客体的统一问题。

四、霍尔巴赫

霍尔巴赫是十八世纪法国杰出的唯物主义哲学家和无神论思想家,法国机械唯物主义世界观的系统化者。

保尔·亨利·霍尔巴赫,(原名保尔·亨利希·迪特利希 1723—1789)原籍德国,生于巴伐利亚的一个商人家庭,幼年丧母。十二岁时应伯父的邀请,随父亲移居法国,在巴黎求学。1744年,他到荷兰的来顿大学学习自然科学,毕业后回到巴黎。1749年,正式取得法国国籍。1753年,伯父去世,他继承了伯父的遗产和男爵称号。两年之后,霍尔巴赫同狄德罗相识,共同的反封建的思想和政治倾向,使他们迅速结成亲密的战友。贵族的社会地位和遗产,为他从事启蒙活动提供了良好的条件。他家的沙龙成为当时进步思想家们聚会和活动的中心。他积极参加并且全力支持《百科全书》的编撰工作,为《百科全书》亲自撰写了约400个条目,内容涉及物理学、化学、地质学、冶金学等科学技术。继伏尔泰之后,1772年霍尔巴赫编辑出版了梅叶《遗书》的另一个摘要本,为梅叶的唯物主义和无神论思想的传播作出了重要贡献。霍尔巴赫学识渊博,驰名国内外,曾被柏林科学院聘为国外会员,

---

① 马克思:《关于费尔巴哈的提纲》,《马克思恩格斯选集》第1卷,第17页。

后又被选为巴黎学士院和俄国科学院院士。他一生写了许多著作，其中多数是在荷兰匿名发表的。他的主要哲学著作有：《揭穿了的基督教》(1761)、《神圣的瘟疫》(1768)、《袖珍神学》(1768)、《自然的体系》(1770)、《健全的思想》(1772)和《社会的体系》(1773)等。

霍尔巴赫一生的最大成就是他把十八世纪法国唯物主义世界观系统化，建立了一个严整的机械唯物主义哲学体系。他的最主要的哲学代表作《自然的体系》被称为十八世纪的"唯物主义的圣经"。在这部巨著中，霍尔巴赫充分利用当时自然科学和社会科学的最新成果，系统地概括和发挥了十八世纪法国唯物主义世界观和无神论思想。

（一）物质是以任何一种方式刺激我们感官的东西，具有质的多样性

霍尔巴赫指出，人们之所以陷入谬误和不幸，只是因为对自然缺乏认识。人们藐视对自然的研究，而醉心于某种超自然的虚幻事物，并用这种虚幻的事物毒害自己，使自己陷于恐惧和不幸之中。因此，他认为，人们要获得幸福，必须首先认识自然，确立正确的自然观。

什么是自然？霍尔巴赫写道：

> 自然，从它最广泛的意义来讲，就是由不同的物质、不同的配合以及我们在宇宙中所看到的不同的运动的集合而产生的一个大的整体。自然，狭义地讲，或是在每个存在物内部加以观察的自然，乃是由于本质，就是说，由于有别于其他存在物的一些特性、配合、运动或活动方式所产生的整体。①

---

① 霍尔巴赫：《自然的体系》（上卷），商务印书馆1964年版，第17页。

这就是说，不论是从整个宇宙来看，还是从各个个别事物来看，自然就是物质和运动构成的一个整体。自然是包容一切的，在自然之外，什么也不存在，什么也不能有。作为整个宇宙的自然和个别事物的关系是整体和部分的关系。个别事物依赖于宇宙这个大整体，必然地与宇宙这个大整体联系着。总之，自然只是物质和运动的总汇。在霍尔巴赫看来，既然自然是唯一的存在物，那么，作为自然的产物的人，就只能存在于自然之中，服从自然的法则，而不能超越自然，就是在思维中也不能走出自然。如果人的精神想要冲到有形的世界范围之外去寻求超自然的东西，那只能是徒然的空想，最终还是要被迫回到这个世界里来的。不难看出，霍尔巴赫的这个观点乃是彻底的唯物主义一元论，从根本上否定了上帝这个超自然的神物的存在。

值得注意的是，霍尔巴赫在论述自然的物质统一性时，进一步探讨了物质定义。他不满意于十七世纪机械物主义者的物质观。在他看来，物质本质上是能动的，不仅具有广延性、不可入性等共同特性，而且还具有能在我们感官上产生颜色、冷热等感觉的性质。因此，要寻求物质的一般定义就不能局限于物质的某些具体特性，而应当着眼于感觉和物质的关系，即从主体和客体的关系这个角度去界说物质。由此出发，霍尔巴赫提出了自己的物质定义：

> 对于我们说，物质一般地就是以任何一种方式刺激我们感官的东西；我们归之于各种不同物质的那些特性，是以物质在我们内部造成的不同印象或变化为基础的。①

---

① 霍尔巴赫：《自然的体系》（上卷），第35页。

可以看出，霍尔巴赫的这个物质定义和霍布斯的物质定义有某种相似之处。他撇开物质的各种具体特性，从认识论高度，也即从物质和意识的关系入手，以揭示物质的最一般的、最根本的特性，从而明确肯定了物质是独立于我们的感觉的客观实在，感觉正是物质作用于我们感官的结果。显然，霍尔巴赫对物质的这种理解较之十七世纪唯物主义者的物质观深刻多了。但是，当霍尔巴赫具体分析物质的性质时，他又陷入了机械主义。他说：

> 一切物质共同特性是广延、可分性、不可入性、形状、可动性、或为某个物质的运动所引动的性质。①

可见，霍尔巴赫的物质观从总体上说还没有超出机械论。

霍尔巴赫在肯定世界的物质统一性的同时，也看到了物质的质的多样性。他在唯物主义的基础上继承和改造了莱布尼茨关于单子异质的学说，发挥了物质的质的多样性的思想。霍尔巴赫看到了十七世纪机械唯物主义只讲量、不讲质的缺点，指出那种以为物质是同一性质的物体，它的各部分之所以有区别只是因为它们形状有所不同的想法，是错误的。霍尔巴赫特别强调，构成物体的物质元素在性质上是不同的，由这些不同性质的物质元素以不同方式配合构成的事物，在性质上必然是多种多样的。他写道：

> 自然不能不使它的一切作品彼此有别；在本质上不同元素的物质，必然由于它们的配合与性质、它们的存在与活动方式而形成不同的事物。②

---

①② 霍尔巴赫：《自然的体系》（上卷），第 36、108 页。

在霍尔巴赫看来,在自然中,决没有也不可能有两个绝对一样的事物,即使两颗沙粒也决不是完完全全相同的。他指出,这个真理早已为莱布尼茨阐明了。霍尔巴赫肯定物理的质的多样性,表明在他的机械唯物主义的体系中包含了某些辩证法的成分。

(二) 运动是物质的属性

和拉美特利、狄德罗一样,霍尔巴赫也反对十七世纪唯物主义的物质惰性论,认为运动是物质固有的属性,万物都处于永恒运动过程之中。他说:

> 在自然里,一切都是处在不断的运动之中,自然的各个部分没有一个是真正静止着的;总之,自然就是一个活动着的整体,如果它不活动,或是在自然里没有运动,那么,便什么也不能产生,什么也不能存在,什么也不能活动,而自然也就不成其为自然了。所以,在自然的观念中必然包含着运动的观念。[①]

那么,这个自然又是从哪里获得它的运动的呢?霍尔巴赫答道:

> 既然自然是一个巨大的整体,在它之外什么也不能存在,因此自然只能从它本身得到运动。[②]

在霍尔巴赫看来,运动也和广延性、不可入性等一样,是物质固有的本质的属性。正如物质是一向存在的,运动也是无始无终的。从这种物质自动论出发,霍尔巴赫责难牛顿的"第一推动力"学说,批判外因论。他列举某些化学现象证明,无须外力的推动,事物本身便会彼此发生作用。他尖锐地指出,假如我们把自然理解

[①②] 霍尔巴赫:《自然的体系》(上卷),第26页。

为一堆僵死的、被动的物质，那么，毫无疑问，我们将不得不在自然之外寻找它运动的原则，乞灵于超自然的力量，肯定上帝的存在。反之，假如我们坚持物质本身就具有运动的能力，那么，上帝便毫无藏身之地了。因此，他反复强调：

> 运动在物质之内自行产生、自行增长、自行加速，并不需要任何外因的帮助。①

霍尔巴赫对外因论的批判，克服了自然神论者的神学不彻底性，堵塞了通向神学的道路，有力地维护了唯物主义和无神论。

霍尔巴赫认为，物质的性质的多样化，决定了运动形式的多样性。他首先把物质运动的形式分为两类：一是"质量的运动"，凭着这种运动，一个整个的物体从一个地方移到另外一个地方去，如石头下落、球在滚动等，这类运动是可以感觉到的；另一种是内在的和隐藏的运动，这种运动有赖于我们感觉不到的构成物体的各个物质分子的配合、作用和反作用，比如面粉的发酵、动植物的生长、人的情欲等，这类运动我们不能直接感觉到，而只能从它们产生的结果中认识它们。接着，霍尔巴赫又根据物体运动的原因是来自物体的外部，还是深藏在物体的内部，把运动分为"获得的运动"和"自发的运动"。前者如风吹动船帆；后者如人走路、说话和思维。不过，他又认为，严格地讲，绝没有什么自发的运动，因为任何运动都是物体间相互作用的结果，即使人的自发运动，归根到底，也是为一个原因所决定的。霍尔巴赫还根据运动的原因是单个的，还是多个的，把运动区分为"单纯的运动"和"复杂的运动"。在他看来，任何复杂的运动都只是简单运动配合的结果。由上述可见，尽管霍尔巴赫对物质运动的形式作

---

① 霍尔巴赫：《自然的体系》（上卷），第28页。

了各种分类，但是，实际上他所看到的仍然只是机械运动形式。正如他自己所说的：

> 运动就是一种努力，由于这种努力，一个物体改变或倾向于改变位置，就是说，继续不断地对应于空间的各个不同部分，或是说相对于其他物体地改变着距离。①

由此看来，霍尔巴赫的运动观本质上还是机械论的。从这种机械主义的运动观出发，当然不可能真正克服外因论，也不可能科学地说明运动形式的多样性。

为了论证运动是物质固有的属性，霍尔巴赫探讨了运动和静止的关系问题，认为运动是绝对的，静止是相对的。他指出：

> 在宇宙间，一切都在运动。自然的本质就是活动；而且，如果我们注意考察自然的各个部分，我们就会看到，没有一个是停在绝对静止状态的；那些看起来好像是没有运动的部分，事实上只不过是处在相对的或表面的静止当中。②

霍尔巴赫从两个方面阐述了运动的相对性。一方面，有时一个物体就其整体看来好像是静止的，但它的各个部分、内部的分子却处于不断的运动之中。比如，一块坚硬的石头由于和空气接触而渐渐风化。另一方面，有时一个物体相对于其他物体看来好像是静止的，但它和其他物体仍然处于作用和反作用的运动之中。比

---

① 霍尔巴赫：《自然的体系》（上卷），第19页。
② 霍尔巴赫：《自然的体系》（上卷），第23页。

如，一块五百斤重的石头，看来好像是在地上静止不动的，但是，如果我们把手插进石头和地面之间，那么，这块静止不动的石头就会把手压碎。这就是说，这块表面上看来静止不动的石头，实际上它和地面处于不停的作用和反作用的运动之中，只有由于双方的作用力和反作用力均衡，石头才保持着相对静止的状态。在这里，霍尔巴赫从机械力学角度，论证了运动的绝对性和相对性的统一。

霍尔巴赫从坚持物质和运动的永恒性的唯物主义观点出发，驳斥了笛卡尔、马勒伯朗士以及牛顿等人关于上帝存在的种种证明。他指出，"用来建立上帝之存在的一切证明，都是从这个错误的原则出发的：即物质并不是由于自身而存在，而且从它的本性看也是不能自己运动的"。[①] 因此，在霍尔巴赫看来，坚持物质和运动的永恒性，乃是无神论的基石。

（三）一切都处于必然的因果联锁之中

霍尔巴赫从上述唯物主义的物质观和运动观出发，阐述了物质运动的规律性的思想，批驳了神学唯心主义的"奇迹说"、"目的论"和"意志自由论"。

霍尔巴赫认为，自然界的一切运动和变化不是杂乱无章的，而是具有规律性的，遵循着不变的和必然的法则。他从机械论出发，把物质运动的规律性归结为因果法则，认为自然界中的一切事物均为因果法则所支配。他说：

> 在宇宙中一切事物都是互相关联的，宇宙本身不过是一条原因和结果的无穷的锁链，这些原因和结果，不断地使这一些从那一些中产生出来。[②]

---

① 霍尔巴赫：《自然的体系》（下卷），第142页。
② 霍尔巴赫：《自然的体系》（上卷），第51页。

按照霍尔巴赫的观点，世界上不存在没有原因的结果，也没有不产生结果的原因，原因和结果的联结是必然的。因此，人们所谓奇特、奥妙的东西，实际上都是按照因果规律产生的，只是由于人们对它们不熟悉，不了解它们产生的原因，从而感到惊奇，甚至归之于一些虚构的原因。至于神学所宣扬的所谓"奇迹"，则是完全违反自然的因果法则的，因而是根本不可能的。在他看来，人们应当努力认识自然界的一切原因，努力克服认识自然界的原因时碰到的困难，而不应当在碰到困难时就中止对自然界的原因的探讨，乞灵于想象，到自然界之外寻求超自然的原因。霍尔巴赫指出，人类的一切宗教错误，都应归咎于人类精神的这种状况。

霍尔巴赫揭露了"目的论"的认识论根源。人常常把自己看作是宇宙的中心，并把他在宇宙中看到的一切拿来和自己比较。由于人的活动是有目的的，于是他也想象浩大而繁复的自然界为一个有理智的原因所统治。这个凌驾于自然之上的理智的原因，统帅自然界的一切运动，造成了自然界的秩序与和谐。霍尔巴赫认为，人之所以假设这样一个超自然的理智的原因，就在于他对自然力和物质的性质缺乏认识。事实上，自然界的一切都是永恒的物质所固有的种种性质以及物质的不同混合、配合和形态的改变所产生的结果。人们所谓的"自然的秩序"，如日月的运转，四季的转换等，固然是为自然的因果必然法则决定的，而人们所谓的"自然的混乱"，如大地震撼、气候反常等等，也同样都是从一定的自然的原因产生的。总之，自然界的一切都是为自然的必然性所统治。因此，宗教神学宣扬"自然的秩序"乃是上帝有目的的精心安排，"自然的混乱"则是上帝对人类的惩罚，这显然是荒唐的。

然而，霍尔巴赫在坚持自然因果必然性，否定一切超自然的原因的同时，却把必然性绝对化了，以致否认偶然性的客观存在，陷入机械决定论。在他看来，既然自然界中的一切事物都是有原因的,那么,自然界中就只存在着必然性,而无所谓偶然性。当人们对某个事物的原因还不了解时,往往就说它是偶然的;而一旦知道了它的原因,就又说它是必然的了。因此,所谓偶然性,实际上不过是无知的代名词罢了。霍尔巴赫写道:

> 只要我们稍加思索,我们就会不得不承认,我们所见到的一切都是"必然的",或不能不是现在这个样子的。①

他还说:

> 事实上,我们是把我们看不出同原因相联系着的一切结果归之于偶然。所以,我们使用偶然这个字,不过是来掩盖我们对于产生所见的那些结果的自然原因的愚昧无知罢了。②

我们看到,霍尔巴赫在这里把原因与结果同必然与偶然这两对哲学范畴混为一谈了。肯定一切事物都有原因,这是正确的。但是不能从一切事物都有产生它的原因,就说一切都是必然的,不可改变的。因为决定和影响一个事物发展的原因,是多方面的。有的原因同事物的发展方向有着本质的联系,有的原因同事物的发展方向只是非本质的联系。对于一个具体事物来说,只有那些对事物的发展具有本质联系的原因,才表现为必然性;至于那些对事物的发展只起着加速或延缓的作用、决定事物的这种或那种特点的原因,对于这个事物来说,就只有偶然性。必然性和偶然性

---

① 霍尔巴赫:《自然的体系》(上卷),第 51 页。
② 霍尔巴赫:《自然的体系》(上卷),第 63 页。

两者既有区别，又有联系。必然性就存在于偶然性之中，并通过偶然性为自己开辟道路。可见，在客观世界中，既存在着必然性，也存在着偶然性，肯定一个，否定另一个，都是片面的、形而上学的。如果把必然性和偶然性两者绝对对立起来，片面地肯定必然性，否定偶然性，表面上看好像是抬高了必然性，实际上倒是把必然性降低到了偶然性的地步，或是说把偶然性抬高到了必然性的高度。比如，霍尔巴赫就认为：

> 没有什么微小的或遥远的原因不会在我们身上有时产生最大、最直接的结果的。说不定一阵暴风雨的一些最初因素就是在利比亚干燥的平原里聚集起来的，这场暴风雨，被风卷着，向我们奔驰而来，加重了我们的大气，影响到一个人的气质和情绪，而这个人由他自己的一些情况又能影响到许多其他的人，并且依照他的意志来决定许多民族的命运。①

按照霍尔巴赫的这种说法，在客观世界里实际上充满着偶然的神秘莫测的东西，哪里还有什么必然性呢？在这里，他完全走向了自己的反面。恩格斯深刻地指出，法国唯物主义"力图用根本否认偶然性的办法来对付偶然性。按照这种观点，在自然界中占统治地位的，只是简单的直接的必然性。……这样，偶然性在这里并没有从必然性得到说明，而倒是把必然性降低为纯粹偶然性的产物"。②

霍尔巴赫还力图运用机械决定论去解释人的行为的动机问题，批判唯心主义的自由意志论。按照自由意志论的观点，人的

---

① 霍尔巴赫：《自然的体系》（上卷），第52页。
② 恩格斯：《自然辩证法》，《马克思恩格斯选集》第3卷，第541—542页。

意志不受外界事物、人的机体的制约，具有独立的、自由决断的能力。与此相反，霍尔巴赫则认为，人是自然界的一部分，和自然界的一切事物一样，人的意志也是为外界事物、人的机体也即客观必然性所决定的，根本无所谓自由。他写道：

> 我们的思维方式必然被我们的存在方式所决定；所以，它有赖于我们的自然的机体，也有赖于我们的机制在不受意志支配的情况下所接受的种种改变。由此，我们不能不得到这样的结论：我们的思维、我们的反省、我们的观看、感觉、判断、配合观念等等的方式，既不能是自愿的，也不能是自由的。①

霍尔巴赫认为，他的这个非常简单的"机械观"可以说明一切。自由意志论者认为，人的意志具有自由选择的能力，比如，一个人看见一杯水，可以决定喝，也可以决定不喝。霍尔巴赫指出，意志的选择丝毫不证明人是自由的。假设一个口渴的人拿到一杯有毒的水，究竟他决定喝还是决定不喝呢？如果这个人在知道这水有毒之前，口渴这个动因决定他必然要喝这杯水，而当他知道这水有毒之后，怕死的动因就会压倒口渴这个动因决定他必然不喝这杯水。可见，不论在哪种情况下，喝这杯水或是不喝这杯水，这两种活动都是为各自的动因所决定的。它们都是那最强有力和最强烈地作用于意志的动因的结果，因此，同样是必然的。

可以看出，霍尔巴赫在这里全力坚持物质决定意识、客观决定主观的唯物主义路线，批驳自由意志论的唯心主义路线。但是，他把必然和自由绝对对立起来，只讲必然，不讲自由，否定意识的能动性，这显然是片面的。霍尔巴赫不懂得，在肯定客观必然

---

① 霍尔巴赫：《自然的体系》（上卷），第174页。

性的基础上，人们仍然能够取得认识必然性，并且按照必然性去有计划、有目的地改造客观世界的真正的自由。他甚至认为：

> 我们是好是坏、幸福或不幸福，明智或愚笨、有理性或没有理性，对于这些不同的情况，我们的意志丝毫无能为力。①

显然，这种观点是十分消极的。它表明，机械决定论势必会陷入宿命论。

（四）人是自然界的产物，是肉体和灵魂的统一体

霍尔巴赫依据机械唯物主义自然观，进一步阐述了人是自然界的产物、人是肉体和灵魂的统一等一系列唯物主义原理，批驳了神创说、二元论、灵魂不朽论等唯心主义观点。

针对神创造了人的神学唯心主义观点，霍尔巴赫明确指出：

> 像其他一切存在物一样，人乃是自然的一种产物。②

在霍尔巴赫看来人是自然界长期发展的产物，是由不同物质组织而成的有机体。宇宙不是为人造成的，恰恰相反，人的产生和存在依赖于宇宙，特别是地球。包括地球在内的整个宇宙处于永恒变化的历程之中，人和生活于地球上的一切生物种类同样也是处于不断的变易之中。人类是地球现有状况的一种产物，地球的状况一旦改变，人类也必定要随之改变，甚至归于灭亡。由于人的机体的特殊的复杂性，人和别的自然界事物不同而遵守某些特殊

---

① 霍尔巴赫：《自然的体系》（上卷），第164页。
② 霍尔巴赫：《自然的体系》（上卷），第75页。

的规律。但是，人决不是什么超自然的奇物，他和自然界的其他事物一样，也遵循自然界的一般法则，受自然必然性的制约。霍尔巴赫认为，尽管现有的经验还不能使我们对人类的起源问题作出完满的解答，但是，经验足以证明，关于人类起源的一切神学解释都是毫无根据的臆测，无助于补救人们对事物的无知。

在人的肉体和精神的关系上，霍尔巴赫坚持唯物主义一元论，反对二元论、唯心论。他认为，在人身上分别出"肉体"（物质）和"灵魂"（精神）两种实体，把人分别为所谓"物质的人"和"精神的人"，是毫无根据的，而由此而引出的所谓灵魂不朽论就更是荒唐的。在霍尔巴赫看来，人是一个由不同物质组成的有机的整体，肉体是唯一的实体，灵魂或精神只是肉体的一部分，肉体的作用或机能，而决不是什么独立于肉体的单纯的实体。不论是感觉、知觉，还是意志、思维，都不过是外界物体作用于人的外部感官所产生的印象而引起的人的内部器官、特别是脑子的变化，就是说，灵魂和精神的一切活动都依赖于肉体，特别是脑子。事实上，人的灵魂是随着肉体的变化而同步变化的。霍尔巴赫写道：

> 我们将要看到，这个灵魂和肉体一样，是不得不忍受同样的变化的，它和肉体一起降生、一起发展；像肉体一样，它也要经过一种稚幼的、孱弱的、无经验的状态，它和肉体以同样的进度生长起来、壮大起来……在某些时期，它还表现出麻痹、衰老和死亡的征象。①

显然，霍尔巴赫这里坚持的是一种鲜明的唯物主义观点。

由此出发，霍尔巴赫进一步批判了灵魂不朽论。他指出：

---

① 霍尔巴赫：《自然的体系》（上卷），第87—88页。

> 生命是整个肉体的各种运动的总和；而感觉和思维只是作为这些运动的一部分；因此在死人那里，感觉和思维也像所有其他运动一样，都是要停止的。……灵魂依赖于肉体各部分的安排、依赖于这些部分共同去协力完成它们的职能或运动所遵守的秩序，这不是很明显吗？这样，当器官的构造一旦毁灭，我们就不能再怀疑灵魂不是一样地也遭到毁灭。①

霍尔巴赫把人的肉体比作一座钟。他认为，说灵魂在肉体死后还会感觉和思维，这就等于说一座钟在裂成千百万个碎片之后还能继续鸣时，这简直是彻头彻尾的胡说。

霍尔巴赫进一步揭露了灵魂不朽论的反动性。他指出，宗教从灵魂不朽论出发，宣扬来世生活，用什么天堂和地狱之类的说教诱骗和恐吓信徒，其目的就是要人们放弃对现实生活的幸福的追求，阻止人们改善法律和政治制度，使人们甘心呻吟于宗教和专制政治的暴虐之下。历史证明，来世说的教义使很多民族变得麻木懒惰，萎靡不振，要不就是把他们投入狂热之中，为邀功于上天而自相残杀。

（五）感觉是思维的基础

霍尔巴赫把机械唯物论贯彻于认识论的研究，坚持唯物主义经验论路线，批判了贝克莱的主观唯心主义经验论和笛卡尔、马勒伯朗士的天赋观念论。

霍尔巴赫认为，认识起源于感觉。在他看来，感官是人与外界事物联系的通路，只有通过感官，事物才为我们所认识，在我们心中产生观念。我们称之为思维、反思、想象、意志等灵魂的

---

① 霍尔巴赫：《自然的体系》（上卷），第225页。

活动，都是以感觉为基础的。他指出：

> 在活着的人里面，我们看见的第一个能力——其他一切能力都是从它产生出来的——这就是感觉①

因此，霍尔巴赫认为，人的一切观念、概念都是后天获得的，根本不存在什么天赋的观念。那些被冒认为我们灵魂所固有的观念，实际上不过是"教育、范例、尤其是习惯的结果"。②他反复强调，灵魂并不是从自身中抽出观念的，一切观念都起源于感觉，都是对外物的反映。他指出：

> 我们所有的概念，都是作用于我们感官的对象的反映。③

霍尔巴赫还从唯物主义经验论立场批判了贝克莱的唯心主义经验论。他认为，感觉不是灵魂主观自生的东西，而是外物作用于感官的结果。如果没有客观事物对感官的刺激，就不可能产生感觉。但是，贝克莱却提出了一个"最荒唐的体系"，把感觉看作是主观自生的东西，断言"物是感觉的复合"，竭力证明现实世界上的一切不过是空虚的幻影，硬说无需外物的帮助人们就能获得万有的观念。针对贝克莱的主观唯心主义，霍尔巴赫写道：

> 为了对这样荒诞的一些见解加以辩护，人家对我们说，观念是思维的唯一的对象。可是分析到最后，这些观念之所以能达到我们，仍无非是由于影响我们感官而

---

①② 霍尔巴赫：《自然的体系》（上卷），第 95、147 页。
③ 霍尔巴赫：《健全的思想》，第 23 页。

改变了我们脑子的那些外在事物，或者是由于关闭在我们机体之内的那些物质的东西。①

霍尔巴赫对认识过程的描述带有明显的机械论和感觉主义倾向。外物作用于感觉器官，引起感觉器官的震动和运动，通过神经自行传达于脑，于是便产生了感觉。在人体里面，神经汇集于脑，脑是感觉的真正中心。感觉是人的第一种认识能力，是一切认识的基础。一切感觉只不过是给予我们器官的一个震动，知觉就是传达到脑子的这个震动，观念则是对于使感觉和知觉得以产生的那个对象的影像。想象是脑子按照由于外在事物影响感官而接受的知觉模型。自行改变或自己形成新的知觉的一种能力。判断则是比较观念，以便从中发现它们的关系的能力。概念就是把我们接受的关于一个事物的各种感觉、知觉、观念配合起来形成的一个整体的观念。所谓思维的能力，是指对知觉或观念加以配合与分割、扩展与约束、比较、革新等等。不难看出，霍尔巴赫的这种机械主义、感觉主义的认识论，对于克服认识论中的唯心主义、神秘主义，具有积极的历史意义。但是，这种学说所具有的消极的直观的缺点，也是十分明显的。

在真理问题上，霍尔巴赫主张唯物主义的符合说。他认为，一切科学都只能建立在真理之上，所谓真理就是"对于种种关系或事物的确切的认识"，②是认识对象和我们归之于它们的性质的认识之间的"符合性或相合性"。③从真理所借以表述的命题看，真理便是观念的正确的结合。反之，谬误就在于观念的错误的结合，由于这种结合，我们把事物并不具有的一些性质归之于事物。这就是说，观念的结合正确与否，决定于这种结合是否与外物的种种

---

① 霍尔巴赫：《自然的体系》（上卷），第140页。
②③ 霍尔巴赫：《自然的体系》（上卷），第193、117页。

关系相符合，符合者为真理，不符合者为谬误。那么如何判断观念的结合和外物的种种关系相符合呢，或者说如何确定观念的结合的正确性呢？霍尔巴赫认为，这只能求助于经验，只有经过多次的经验才能验证认识的真理性。霍尔巴赫把功利主义贯彻于真理学说，主张真理的效用论。他指出，真理对人有益，而决不能害人。真理正是把它的价值建立在它的功效上面。它有时在某些人看来是讨厌的，违背了他们的利益。但是，真理对于整个人类将是永远有益的。霍尔巴赫尖锐地抨击宗教蒙昧主义，指出只有靠谎言得利的人才惧怕真理，总是带着惊恐的心情注视人们揭示的真理。

霍尔巴赫对人类的认识能力，深信不疑。他认为，我们凭着感官能够认识自然界，发现它的奥秘。由于经验的帮助，我们现在发现了以前许多世纪所不知道的关于自然的一些新的性质和新的活动方式。在我们祖先看来是神奇的、超自然的现象，今天我们可以用自然的原因加以清楚的解释了。霍尔巴赫充满信心地写道：

> 也许有一天，人类联合起来的努力终于会深入到自然的殿堂，发现它直到现在似乎一直拒绝我们探求的许多秘密。[①]

（六）宗教是"神圣的瘟疫"

霍尔巴赫是一位战斗的无神论者。他写下了许多反宗教、提倡无神论的作品，如《神圣的瘟疫》、《袖珍神学》和《健全的思想》等等。在法国唯物主义者中，霍尔巴赫的无神论思想是具有代表性的。

---

① 霍尔巴赫：《自然的体系》（上卷），第215页。

霍尔巴赫根本否定上帝的存在。上述霍尔巴赫的机械唯物主义世界观是他的无神论思想的哲学基础。他站在机械唯物主义立场上,全面地深入地批判了种种宗教教条,特别是关于上帝存在这个最根本的宗教教条。按照霍尔巴赫的观点,超自然的上帝并没有客观实在性,只不过是"人的想象创造的虚构物"。因此,崇拜上帝无异于崇拜子虚乌有的东西。

霍尔巴赫批判君权神授论,揭露了教会和专制君主相互勾结、相互利用的罪恶行径。教会为了给专制君主的头上绕上一道神圣的灵光,声称君主的权力来自天上,君主是神的象征。专制君主也竟以神自居,并且以神的名义发号施令,蹂躏人民,实行残暴的统治。因此,宗教也同时得到了专制君主的保护和支持。霍尔巴赫尖锐地指出:

> 一方面宗教总是培养专横无道的暴君,另方面又总是培养俯首帖耳被迫服从这些暴君的奴隶。①

在霍尔巴赫看来,任何时代的僧侣都是专制政治的帮凶,人民自由的敌人,宗教的唯一目的就是使专制暴政永存。

霍尔巴赫坚决反对宗教道德,反复强调宗教和道德的对立。他认为,以宗教为基础的道德不能使人为善,反而使人为恶,使人变得贪婪、凶残、蠢愚和卑怯。宗教道德宣扬禁欲主义和来世说,目的就是要人们甘心忍受现实的苦难,放弃对现实人间幸福的追求。鼓吹禁欲主义的僧侣们恰恰正是唯利是图,作恶多端的人,他们甚至重利盘剥,榨取别人的劳动成果,过着腐化堕落的生活。基督教把耶稣基督树立为美德的典范。霍尔巴赫认为,这一典范是不足效法的。因为正是这个耶稣基督劝告人们追求贫困,戒除肉

---

① 霍尔巴赫:《健全的思想》,第147页。

欲，避免享受，寻求痛苦，敌视自己，甚至叫人遗弃父母、亲属和朋友，而去跟随他。因此，霍尔巴赫明确表示，宗教和道德是对立的，宗教不但对道德无益，反而有害。他认为真正的道德应该建立在行为有益于社会的现实的基础上，而不必以宗教、信仰为前提。使人成为善良的，是良好的教育、高尚的习惯、贤明的制度和公正的法律，而不是宗教信仰。

霍尔巴赫反对宗教蒙昧主义，谴责宗教抬高信仰，贬抑理性，阻碍科学的发展。他指出，神学的概念使人的理性误入歧途，使判断混淆不清，使各种科学中最明晰的观念黑白颠倒。为了维护神学，教会便千方百计地扼杀科学，疯狂迫害伟大的科学家。比如，伽利略就是由于主张太阳不是绕着地球转动而受到迫害的，笛卡尔也被迫死于异国。在物理学、博物学、解剖学上，人们只能按照神学的眼光去观察，其它的办法是不被许可的。一些最明显的事实，只要不把它们塞进宗教假说的框框里去，便会遭到禁止、迫害。教士们之所以执意跟科学为敌，就是因为知识的进步迟早要使迷信的观念归于消灭。霍尔巴赫尖锐地指出：

> 神学，生来就是经验之敌；……神学不断地阻碍着各民族的幸福、人类精神的进步、种种有益的探求和思维的自由。它把人束缚在愚昧无知之中，人类在它引导之下迈的每一步，都是一个错误。[①]

按照霍尔巴赫的观点，神学是科学的大敌，不打倒神学，科学就无法进步。

霍尔巴赫认为，宗教是无知和欺骗的产物。宗教起源于人们对自然现象的恐惧和无知。他说：

---

① 霍尔巴赫：《自然的体系》（下卷），第242页。

> 人之所以迷信，只是由于恐惧；人之所以恐惧，只是由于无知。①

按照霍尔巴赫的说法，恐惧永远是宗教的基础，它第一个在地上创造出神。人们缺乏对于自然力量的认识，于是设想自然受一些看不见的势力支配，认为自己的生存依靠这些势力。继之，人们把这些势力想象为和人一样，有时发怒，造成对人不利的结果，有时温存、慈悲，给人们带来福利。这就是人们关于神的最初的观念。可见，神是人创造的，是由于人们对自然现象的无知和恐惧并按照自己的形象想像出来的。霍尔巴赫进而指出，如果说人们的无知和恐惧是神的观念的最初来源，那么，神学家们的欺骗则加深了人们的恐惧。他们编造各种神学体系，使宗教迷信得到更加广泛的传播，在人心中生根。尤其是在各种公共灾难当中，人民最容易听信骗子手们的话，以为他们真能有办法消灾息祸。当骗子手们得到人民的信任之后，便把自己与神明等同起来，行使无上的绝对权力，实行恐怖统治。可以看出，霍尔巴赫对宗教的根源的分析，渗透着强烈的反封建的革命精神，看到无知和欺骗在宗教产生和发展过程中的作用，也不无合理之处。但是，他把宗教仅仅看成是无知和欺骗的产物，则是错误的，实质上是一种历史唯心主义观点。恩格斯指出，对于宗教，"简单地说它是骗子手凑集而成的无稽之谈，是不能解决问题的。要根据宗教借以产生和取得统治地位的历史条件，去说明它的起源和发展，才能解决问题"。② 宗教作为一种社会意识深深地植根于现实的社会物质生活之中。只有客观地分析宗教赖以产生和发展的社会历史条件，

---

① 霍尔巴赫：《神圣的瘟疫》，《十八世纪法国哲学》第 558 页。
② 恩格斯：《布鲁诺·鲍威尔和早期基督教》，《马克思恩格斯全集》第 19 卷，第 328 页。

才能真正揭示宗教的根源。

霍尔巴赫依据他对宗教根源的理解,寻求消灭宗教的途径。他指出:

> 如果对自然的无知使神得以诞生,那么对自然的认识,就会使神趋于毁灭。……受了教育的人就不再是迷信者了。①

按照霍尔巴赫的观点,消灭宗教的唯一途径就是提倡教育,发展科学,宣传无神论,以启发人的理性。他指出,无神论哲学的根本任务就是消灭宗教谬误,"我们不必害怕这种哲学会产生骚乱和革命"。② 霍尔巴赫坚持消灭宗教的坚强的决心和信心,集中地表现出法国无神论的战斗精神。但是,正如列宁指出的,"同宗教作斗争不应该限于抽象上的、思想上的宣传,不能把它归结为这样的宣传;而应该把这一斗争同消灭产生宗教的社会根源的阶级运动的具体实践联系起来"。③ 当然,霍尔巴赫不懂得,也不可能懂得这一点。

恩格斯高度评价法国无神论者的著作,指出这些文献"迄今为止不仅按形式,而且按内容来说都是法兰西精神的最高成就;如果考虑到当时的科学水平,那末就是在今天看来它们的内容仍有极高的价值,它们的形式仍然是不可企及的典范"。④ 包括霍尔巴赫在内的十八世纪法国无神论者的著作,在欧洲无神论发展史上占有重要的地位。它们不仅在当时起了反封建的巨大历史作用,对于我们今天反对宗教唯心主义还仍然具有积极的意义。

---

① 霍尔巴赫:《自然的体系》(下卷),第25页。
② 霍尔巴赫:《自然的体系》(下卷),第299页。
③ 列宁:《论工人政党对宗教的态度》,《列宁选集》第2卷,第378页。
④ 恩格斯:《流亡者文献》,《马克思恩格斯全集》第18卷,第583—584页。

第六章 德国古典哲学

引 言

以康德、费希特、谢林、黑格尔和费尔巴哈为代表的德国古典哲学,是十八世纪末至十九世纪初德国新兴资产阶级的哲学。

和十七、十八世纪英国、法国的资产阶级哲学一样,德国古典哲学也在德国实现了一场反封建的哲学革命,为1848年德国的资产阶级革命作了思想前导。

德国古典哲学是西方自古希腊以来两千多年哲学发展的总汇,是近代欧洲各国资产阶级反封建哲学发展的高峰。

德国古典哲学是马克思主义哲学创立的直接理论前提。

一、德国古典哲学的社会历史和自然科学背景

和十七、十八世纪英国哲学和法国哲学一样,德国古典哲学也是新兴资产阶级反封建的进步哲学。和英法哲学相比,德国古典哲学在形式上较为保守,但在内容上则较为丰富和深刻。

可以说,产生德国古典哲学的土壤不良带来了它的先天不足的弱点。这主要表现在:

第一,德国长期处于封建割据状态,资本主义发展缓慢。

我们知道,十六、十七世纪,英国和法国就先后克服了封建割据,形成了强有力的中央政权。可是,直到十九世纪初,德国仍然处于封建割据的状态,未能实现民族统一。

早在公元962年,德国就有了一个名为"德意志神圣罗马帝国"的中央政权,但实际上这个中央政权只是一个空名,德国一

直处于四分五裂的封建割据状态。十六世纪,德国市民发动了欧洲近代史上资产阶级反封建的第一次大起义,即路德领导的反对当时欧洲最大的封建主罗马天主教会的斗争。路德的宗教改革运动唤起了全国性的农民起义。由于德国市民的动摇和叛变,以闵采尔为领袖的德国农民战争很快遭到了失败。宗教改革运动和农民战争虽然给了封建制度,特别是罗马天主教教会的封建势力以有力的打击,但同时却又加强了各地封建诸侯的力量。十六世纪后,德国陷于连年不断的战争之中,特别是十七世纪前半期的"三十年战争"(1618—1648年),使生产力遭到了极大的破坏。"三十年战争"后,德国出现了三百多个各自为政的诸侯王国。直到十九世纪初,德国仍然分裂为三十六个诸侯统治区。

长期的封建割据局面,严重地阻碍了德国资本主义的发展。十八世纪下半叶,英国正在进行产业革命,各个工业部门先后被机器武装起来。英国已经成为对世界各国的经济和政治发展有重大影响的资本主义国家。此时,德国仍然是一个十分落后的封建国家,封建土地制度盛行于农村,封建行会制度束缚了城市工商业的发展。工业还处于以手工劳动为基础的个体手工业和工场手工业阶段。在国际市场上,德国商人除了一点手工业品外,拿不出什么像样的东西能和英、法、荷等先进资本主义国家的商品竞争,大批外国货充斥德国市场,德国工业一蹶不振。直到十九世纪30—40年代,德国工商业才得到了较迅速的发展。

第二,德国资产阶级形成较晚,资产阶级革命发生较迟。

恩格斯指出,"在英国从17世纪起,在法国从18世纪起富有的、强大的资产阶级就在形成,而在德国则只是从19世纪初才有所谓资产阶级"。[①] 由于长期的封建割据,资本主义发展缓慢,德国市民经济力量薄弱,人数少,加之又不集中,在政治上就表现

---

① 恩格斯:《德国的制宪问题》,《马克思恩格斯全集》第4卷,第52页。

得十分保守、怯弱。在法国革命的推动下，特别是在拿破仑入侵德国之后，德国市民才逐渐形成为一个阶级，提出了民族统一、实行资本主义改革的政治要求。十九世纪30—40年代，德国资产阶级开始强大起来，敢于同封建专制制度进行斗争了。可是当它敢于同专制制度直接对峙的时候，它又发现自己背后站着一个强大的敌人——正在觉醒的无产阶级。马克思写道，德国资产阶级"既脱离国王，又远离人民，对国王和人民双方都采取敌对态度，但是对于每一方的态度都犹豫不决，因为它总是在自己前面或后面看见这两个敌人；……它操纵革命的舵轮，并不是因为它有人民为其后盾，而是因为人民在后面推着它走；……它……对于保守派来说是革命的，对革命派来说却是保守的；不相信自己的口号，用空谈代替思想，害怕世界大风暴，同时又利用这个大风暴来谋私利"。[①] 1848年，德国资产阶级被劳动群众推上了革命的道路，但它很快便抛弃了劳动群众，和贵族妥协，造成了革命的失败。

德国古典哲学深深地打上了德国资产阶级既向往革命，而又不敢实行革命的两面性格的印记，具有强烈的保守性、妥协性。

然而，德国古典哲学也有十七、十八世纪英法哲学所没有的优越条件。

首先，德国古典哲学产生于英国革命之后和法国革命发生之际。这两次革命，特别是法国革命给予人们的思想以极大的震动：社会历史并不是僵硬不变的，一种新的社会制度代替一种已经腐朽了的旧制度是历史的必然。德国人虽然没有积极参加这种实际斗争，但他们却用抽象的思想活动伴随了近代各国的发展。德国哲学家们从德国软弱的资产阶级立场出发，汲取、消化英、法革命所提供的丰富的经验材料。可以说，德国古典哲学乃是英法革

---

① 马克思：《资产阶级和反革命》，《马克思恩格斯全集》第6卷，第126—127页。

命的德国理论。

其次,十八世纪末到十九世纪初,欧洲社会生产力和自然科学正在向着一个新的阶段发展。这就给德国古典哲学提供了新的丰富的营养。

十八世纪下半叶,英国发生的用机器生产代替手工劳动的工业革命,逐步影响到各个工业部门,扩展到欧洲各国。即使在当时资本主义发展较为缓慢的德国,十九世纪初,各个工业部门也逐渐为机器所武装。

在社会生产力发展的基础上,这个时期的自然科学也获得了很大的发展,取得了许多新的成就,开始由搜集材料的阶段过渡到整理材料的阶段,突破形而上学绝对不变的观点,揭示自然过程的联系和发展。

在这个时期,天文学方面的一个重大的进步,就是天体演化思想的产生和传播。1755年,康德发表了《宇宙发展史概论》。在这本书中,康德力图表明,地球和太阳系都不是亘古不变的,而是在时间上逐渐生成的。1794年,法国数学家和天文学家拉普拉斯(1749—1827年)在《宇宙系统论》一书中,独立提出了和康德类似的星云假说,并作了详细的数学论证。这种天体演化的思想打开了十七、十八世纪占统治地位的绝对不变的形而上学自然观的缺口,成为后来自然科学继续进步的起点。按照这种思想,地球本身就是一个逐渐生成的东西,那么,地球上的一切包括地质、气象、植物和动物等等,就不可能是一成不变的,也一定各有其形成和发展的历史。

在这个时期,地质学开始从矿物学中分化出来,形成为一门独立的科学。地质学通过对地壳岩层的顺序和生物化石的分析研究,逐步形成了关于地质的发展观点。德国地质学家魏纳(1749—1817年)和英国地质学家哈顿(1726—1797年)都从不同角度用历史发展的观点来说明地壳和生物的变迁。

在生物学方面,这个时期也出现了生物进化的思想。1759年,德国生物学家卡·弗·伏尔夫提出进化论思想,批驳了物种不变论。法国生物学家毕丰(1707—1788年)提出了关于生物变异性的猜测。法国生物学家拉马克(1744—1829年)发表了生物进化的学说,提出了外部环境引起有机体变异和获得性遗传的思想。

这个时期,自然科学家们对物质运动的非机械的形式,如物理的、化学的运动形式,进行了广泛的研究,同时还注意到这些不同运动形式之间的联系和转化。比如,卡诺(1769—1832年)所奠定的热力学揭示了热现象和机械现象之间的联系。戴维(1778—1829年)关于电流化学作用(电解现象)的发现,揭示了化学过程和电过程之间的联系。法国科学家拉瓦锡(1743—1794年)推翻了燃素说,奠定了关于燃烧和氧化过程的理论。英国科学家道尔顿(1766—1844年)在化学上发现的定比、倍比定律,表明了化学元素的质变对它的量的构成的依赖关系。物理学和化学的进步,有力地冲击着传统的机械论、形而上学的自然观。

但是,整个说来,在这个时期,形而上学自然观在自然科学中仍然占据着主导的地位。不过,正如恩格斯所指出的,认为事物是既成的东西的形而上学,是从那种把非生物和生物当做既成事物来研究的自然科学中产生的。而当这种研究已经进到可以向前迈出决定性的一步,即可以过渡到系统地研究这些事物在自然界本身中所发生变化的时候,在哲学领域内也就响起了旧形而上学的丧钟。自然科学这一系列新的进展,对于德国古典主义哲学中的辩证法思想的形成和费尔巴哈唯物论的创立是有很大影响的。

再次,英国和法国哲学也为德国古典哲学提供了丰富的思想资料。十七、十八世纪的哲学世界,是十分丰富多采的:在本体论方面,有机械唯物论、二元论、主观唯心论和客观唯心论;在认识论方面,有经验论、唯理论、独断论和怀疑论;在神学观点方面，有自然神论、道德神学论、泛神论和无神论；在社会政治、伦理观方面，有社会契约说、天赋人权论、人性论和功利主义等等。英、法资产阶级哲学是在批判宗教神学、经院哲学的斗争中形成和发展起来的，在资产阶级哲学中也存在着错综复杂的矛盾。这里有丰富的哲学斗争经验，也有深刻的教训，还留下了许多尚待进一步研究的问题。所有这些都使德国哲学家们必须、而且也有可能把哲学推向到一个新的高度。

由上述可见，尽管德国古典哲学有它的先天不足的弱点，但它后天的营养却是很充足的。因此，和欧洲哲学史上过去的所有哲学相比较，德国古典哲学在思想内容方面是最为丰富、最为深刻的，是近代资产阶级反封建哲学的高峰，在人类认识史上占有重要的地位。

二、德国古典哲学发展的一般线索

在德国古典哲学的发展过程中，始终交织着唯物主义和唯心主义、可知论和不可知论、辩证法和形而上学的矛盾和斗争。这里有四条线：第一条线是德国古典哲学同宗教神学的矛盾。第二条线是德国古典唯心主义（康德、费希特、谢林和黑格尔）同法国唯物论的矛盾。第三条线是德国古典唯心主义者之间的可知论和不可知论、辩证法和形而上学的矛盾。第四条线是德国古典哲学中的费尔巴哈的唯物主义同德国古典唯心主义的矛盾。在德国古典哲学的实际发展过程中，这些矛盾始终是纵横交错的。但是，如果对于这些矛盾不加分析地混为一谈，那就不可能正确理解德国古典哲学的本质。

和近代欧洲各国的资产阶级哲学一样，德国古典哲学也主要是在反神学、争自由的斗争中形成和发展起来的。十八世纪末至十九世纪初，德国还是一个封建国家，在意识形态领域内，宗教神学仍然占据统治地位。德国哲学家们继承英法哲学中的反对神本主义的人本主义精神，通过不断抬高"人"的地位去贬抑

"神"的地位,直到最后用"人"否定了"神",完成了近代德国资产阶级对封建神学的批判。德国古典哲学的人本主义思想的发展大致经历了两个阶段。首先是康德、费希特、谢林和黑格尔等唯心主义者高扬人类理性("自我意识")的旗帜,向神学进攻,表达争取自由的愿望。恩格斯指出:"1750年左右,德国所有的伟大思想家——诗人歌德和席勒、哲学家康德和费希特都诞生了;过了不到二十年,最近的一个伟大的德国形而上学家①黑格尔诞生了。这个时代的每一部杰作都渗透了反抗当时整个德国社会的叛逆精神。"② 但是,这些德国现实的叛逆者、代表德国美好未来的"先知",却都是一些极为复杂、十分矛盾的人物。这些资产阶级的思想代表竟被封建王朝尊奉为青年的导师(大学教授)和国家哲学家。他们一方面鼓吹唯心论,反对唯物主义和无神论,同封建神学搞妥协,为专制制度粉饰、祝福;另一方面,他们又在迂腐晦涩的言词中隐藏着反封建的革命要求,发挥辩证法思想,批判神学,争取自由。封建王朝的国家哲学家们又致力于推翻封建王朝的精神支柱——宗教神学;而在批判神学的同时又为神学留地盘,并且丝毫不敢触犯神所恩赐的国王,如此等等,这些矛盾都是正在形成过程中的德国资产阶级的二重性在意识形态上的反映。因此,在研究德国古典唯心主义哲学的时候,人们就不应当轻信哲学家们著作中的某些表面的词句,而要善于从他们的迂腐言词中揭露其中隐藏着的革命精神,既要看到这些唯心主义哲学的强烈的保守性,又要看到其中包含着的积极的批判成分。不能因为他们是唯心主义者,同神学、专制制度搞妥协,就把他们的哲学的社会作用仅仅归结为是为宗教神学作论证的,为专制制度服务的。德国古典哲学中的人本主义思想发展的第二个阶段便是

---

① 形而上学一词在这里是指研究经验以外的问题的哲学。
② 恩格斯:《德国状况》,《马克思恩格斯全集》第2卷,第634页。

费尔巴哈的"人本学"唯物主义。费尔巴哈继承了德国古典唯心主义的人本主义精神，用以自然为基础的感性物质的人代替德国古典唯心主义的"自我意识"的"人"，并在此基础上彻底否定了"神"，从而完成了近代德国资产阶级批判宗教的历史任务。

德国古典唯心主义者在批判神学的同时又公开抨击法国唯物论和无神论。德国哲学家们同情和肯定法国启蒙运动，特别欣赏卢梭关于自由和平等的学说，甚至还赞扬法国唯物论者批判传统神学的革命精神，但是，他们却把唯物论哲学说成是"肤浅思想、抽象思想"，[①]责难唯物论挖掉了道德和宗教的"柱石"。[②]这就突出地反映了德国资产阶级的软弱性和妥协精神。但是，那种认为德国古典唯心主义首先和主要是反对法国唯物论的，说它是对法国唯物论的反动，甚至说德国古典唯心主义是德国贵族对法国革命的反动的观点，则是不适当的。因为这种观点完全抹煞了德国古典唯心主义的反封建的本质。

德国古典唯心主义的发展过程，就是费希特批判康德、谢林批判费希特、黑格尔批判谢林的过程。康德摧毁了莱布尼茨—伏尔夫"形而上学"，开始了哲学革命。但是，康德在批判"形而上学"独断论的时候又走向了另一个极端，陷入了不可知论，导致思维和存在的分裂。费希特、谢林和黑格尔相继发挥辩证法思想，在唯心主义的基础上论证了思维和存在的同一性。德国古典唯心主义者之间的这种批判和斗争，实际上是德国资产阶级的自我批判，反映了正在形成过程中的德国资产阶级日益成熟和反封建情绪的逐步增长。

费尔巴哈对德国唯心主义的批判，同样也是德国资产阶级的自我批判。它反映了十九世纪30—40年代正在进行革命准备的德

---

① 参见黑格尔《哲学史讲演录》第4卷，商务印书馆1978年版，第225页。
② 参见康德《纯粹理性批判》，三联书店1957年版，第354页。

国资产阶级的反封建情绪的急剧高涨。费尔巴哈突破了黑格尔的唯心论体系,在唯物论的基础上论证了思维和存在的同一性,并且从以自然为基础的"人"出发,同基督教神学公开决裂。不过,费尔巴哈唯物主义是形而上学的。在社会历史领域内,费尔巴哈还是一个唯心主义者。

总的说来,德国古典哲学是在反神学、争自由的斗争中形成和发展起来的,经历了德国古典唯心主义和费尔巴哈的唯物主义两大阶段。从思维和存在有没有同一性这个方面说,德国古典哲学又可分为康德的不可知论阶段,费希特、谢林和黑格尔的辩证唯心主义的思维和存在同一论阶段,以及费尔巴哈的形而上学唯物主义思维和存在同一论阶段。这就是德国古典哲学发展的基本线索。

第一节 康德的批判哲学

伊曼努尔·康德(1724—1804年)是十八世纪末德国市民—资产阶级的思想代表。他在近代德国哲学发展史上的功绩,主要在于他推翻了十八世纪末流行于德国和欧洲各国的莱布尼茨——伏尔夫"形而上学"体系,发动了一场资产阶级的哲学革命,开德国古典哲学之先河。

【康德的生平和政治倾向】

康德出生于东普鲁士首府哥尼斯堡(即现今苏联的加里宁格勒)一个马鞍匠家庭。1740年,康德入哥尼斯堡大学哲学系学习,1745年毕业。大学毕业后,康德在贵族家庭中担任家庭教师数年。1755年,康德开始在哥尼斯堡大学任教。1770年,在他46岁时被提升为教授。1797年,辞去大学的教学工作。1804年逝世。

康德毕生从事教学和研究工作,一辈子没有离开过哥尼斯堡,终生独身，成年后没有进过教堂。

在政治上，康德较之莱布尼茨前进了一步。在十七世纪，专制君主为了巩固自己的统治,实行某些有利于工商业发展的政策,在客观上促进了资本主义的发展。因此，弱小的德国市民便安于这种专制统治，只是希望这种专制统治变得开明一些。作为十七世纪德国市民的思想代表的莱布尼茨大力鼓吹所谓"开明专制"论，认为开明专制制度是什么"最完善的君主统治之下的尽可能最完善的国家"。到了十八世纪，随着资本主义的发展，德国市民—资产阶级同封建专制制度的矛盾逐渐暴露出来了。作为十八世纪末德国市民—资产阶级的代言人的康德，开始对专制制度感到不满了，要求进行资本主义的改革。在法国启蒙思想家们的法学观点的影响下，康德开始鼓吹"立法权只能属于人民"、"法律面前人人平等"等资产阶级的政治思想，为市民—资产阶级争取权力。但是，和法国资产阶级不同，软弱的德国市民—资产阶级这时并不想联合劳动群众,通过革命的方式从根本上摧毁封建统治,而只是希望实行有利于资本主义发展的改良。康德认为，"一个有错误的国家，法国的改革有时会是必要的，但不能由人民群众通过革命的方式来实现"。在他看来，一个理想的政治制度应当是立法权和行政权分立，即由人民立法、国王管理的政治制度。他把这种法治国家称之为共和国。可是，康德又认为，这种共和国只是人们应当力求实现，但又永远不可能实现的理想。在这里，康德看到了德国的现实不合乎理想，力求在思想上树立一个同德国现实的封建专制制度相对立的资产阶级的理想国度，并且鼓动人们去努力追求。这表明德国市民—资产阶级现在快要长大成人了，开始形成自己的独立的政治见解了。但是，康德又说理想的东西不可能变为现实，这正反映了十八世纪末正在形成过程中的德国资产阶级还很软弱，对自己的力量缺乏信心。

马克思在论及康德哲学时指出，要"公正地把康德的哲学看成是法国革命的德国理论"。① 应当看到,十八世纪下半叶法国掀起的资产阶级启蒙运动,是康德哲学思想形成和发展的一个重要的政治、思想背景。尽管康德是十八世纪法国唯物论、无神论的反对者,但总的说来,他还是法国启蒙运动的政治上的同情者和友军。康德是法国启蒙思想家的人本主义思想的忠实信徒。据说康德在个人生活方面是一个很有规律的人,邻居们常常根据他每天出门散步经过各家门口的时间来对自己的表。可是,有几天康德的时间表被打乱了,原因是他被卢梭的《爱弥尔》迷住了。卢梭的著作给了康德以深刻的影响。他说他从卢梭的著作中得到的最大教益是:"我学会了尊敬人。"在康德的时代,莱茵河彼岸的法国资产阶级正在向封建专制制度和宗教神学发动猛烈的进攻,鼓吹要把一切都放到"人类理性"(实即资产阶级的意志、要求)这个审判台前来评断一下,顺乎理性者生,逆乎理性者亡。和法国启蒙思想家一样,康德把他的时代称之为"批判的时代",呼吁用"人类理性"去批判一切。他说:

> 现代尤为批判之时代,一切事物皆须受批判。宗教由于其神圣,法律由于其尊严,似能避免批判。但宗教法律亦正以此引致疑难而不能得诚实之尊敬,盖理性惟对于能经受自由及公开之检讨者,始能与以诚实之尊敬。②

然而,康德是从德国软弱的市民——资产阶级立场看待法国革命风暴的。他同情、欢呼法国启蒙运动,并从中汲取反神学、争自由的资产阶级反封建的革命精神;可是,当他把法国资产阶级的反

---

① 马克思:《法国的历史学派的哲学宣言》,《马克思恩格斯全集》第1卷,第100页。
② 康德:《纯粹理性批判》,三联书店1957年版,第3页。

封建的革命学说移植到德国来的时候,却又多方设法磨去其棱角,锉钝其锋芒,实行德国式的改造,以适应德国市民—资产阶级的改良主义路线的需要。因此,康德力图在反神学的同时为神学留地盘,在争自由的同时而不触犯现存制度。不过,应当看到,贯穿于康德哲学体系的一条主线,乃是法国启蒙思想家们所倡导的反对神本主义的人本主义精神。康德哲学的中心不是"神",而是"人"、人的自由。在康德哲学中,一切(包括"神"在内)都得围绕着"人"这个轴心而旋转。排斥、削弱"神"的权威,伸张人类理性的权威,确立"人"在自然界和人类社会生活的主宰地位,这就是康德哲学的基本精神,也是它的反封建的革命意义所在。因此,那种把康德哲学说成是对法国革命的反动的看法,把康德哲学的目的说成是为宗教神学作论证的观点,是不适当的。

【康德"前批判时期"的哲学思想】

康德哲学思想的发展,大致可以划分为两个阶段。在1770年前,也就是在康德提升为教授之前,他主要从事于自然科学的研究,此后,便转入研究哲学。人们一般以1770年为界限,把康德的思想的发展划分为"前批判时期"和"批判时期"两个阶段。

在"前批判时期",康德的重大研究成果就是他提出了与当时占统治地位的宇宙不变论相对立的宇宙发展论,从而打击了十七、十八世纪流行的形而上学的绝对不变的观点,为近代辩证自然观的形成开辟了道路。

康德在1754年发表的《对地球从生成的最初在自转中是否发生过某种变化的问题的研究》论文中,提出了地球自转速度因潮汐摩擦而延缓的假说。康德的这个假说为后来的自然科学所证实,其哲学意义就在于,它表明天体运动是一个变化发展的过程。康德的这个思想在他1755年发表的《宇宙发展史概论》一书中得到了系统的发挥。

十六世纪波兰天文学家哥白尼(1473—1543年)在天文学上

实现了一次伟大的革命。在《天体运行》一书中，哥白尼用"太阳中心说"取代了当时教会奉行的"地球中心说"，沉重地打击了封建神学，宣布了自然科学对神学的独立。十七世纪英国物理学家牛顿（1643—1727年）是一位才气横溢、富有创造性的伟大的科学家。他把十六、十七世纪数学、力学发展的成果概括为一个严整的科学体系。但是，牛顿的机械论思想使他自己陷入了形而上学的绝对不变的观点。在他看来，天体及其相互关系是亘古不变的。牛顿提出了著名的"万有引力"学说，可是这个学说也只能描述行星运动的现状，而不能解决天体运动的根源问题。因此，牛顿无可奈何地引出了"第一推动力"，即上帝，似乎行星及其卫星一旦被神秘的"第一推动力"推动之后，它们便按照预定的轨道一直运转下去。恩格斯写道，"哥白尼在这一时期的开端给神学写了挑战书；牛顿却以关于神的第一次推动的假设结束了这个时期。"①

和十七、十八世纪流行的关于自然界绝对不变性的见解相反，康德在《宇宙发展史概论》一书中，从自然界的历史发展的观点出发，提出了关于天体起源的"星云假说"。按照这个假说，宇宙原来是一团云雾状的、炽热的、旋转着的物质粒子——"原始星云"，由于引力和斥力的作用而发生旋涡运动，逐渐形成太阳、行星和卫星。在《宇宙发展史概论》中，康德重申笛卡尔的名言，宣称：

> 给我物质，我就用它造出一个宇宙来！这就是说，给我物质，我将给人们指出，宇宙是怎样由此形成的。②

---

① 恩格斯：《自然辩证法》，《马克思恩格斯选集》第3卷，第449页。
② 康德：《宇宙发展史概论》，上海人民出版社，1972年版，第17页。

恩格斯高度评价康德这个假说的巨大的哲学意义，指出"康德关于目前所有的天体都从旋转的星云团产生的学说，是从哥白尼以来天文学取得的最大进步。认为自然界在时间上没有任何历史的那种观念，第一次动摇了。……康德在这个完全适合于形而上学思维方式的观念上打开了第一个缺口，而且用的是很科学的方法"。①恩格斯还指出："在康德的发现中包含着一切继续进步的起点。如果地球是某种逐渐生成的东西，那么它现在的地质的、地理的、气候的状况，它的植物和动物，也一定是某种逐渐生成的东西，它一定不仅有在空间中互相邻近的历史，而且还有在时间上前后相继的历史。"②我们看到，十八世纪末和十九世纪，当发展的观点逐渐渗透进各门自然科学之后，自然科学就出现了许多重大的突破。

不难看出，康德的星云假说中包含了唯物论和辩证法的因素，在当时历史条件下是对宗教神学的有力冲击，具有反封建的进步意义。但是，在康德身上，始终带着德国市民的软弱性格。就是在这部匿名发表的著作中，康德也还是给上帝留了点地盘，说什么自然规律是上帝的"意旨"，只有上帝才是宇宙的"原始原因"，声称，"我的体系同宗教是一致的"③

后来，法国天文学家拉普拉斯（1749—1827年）独立地提出了类似康德的假说，并作出了数学结论（这个假说后来便以康德—拉普拉斯假说为名而载入科学史册）。和康德不同，拉普拉斯在他的天文学体系中矢口不谈上帝。据说，有一次拿破仑问拉普拉斯，为什么在他的天文学体系中不给上帝一个位置？拉普拉斯理直气壮地回答道，"我感到没有必要"。

---

① 恩格斯：《反杜林论》，《马克思恩格斯选集》第3卷，第96页。
② 恩格斯：《自然辩证法》，《马克思恩格斯选集》第3卷，第450页。
③ 康德：《宇宙发展史概论》，第5页。

应当指出,在"前批判时期",康德虽然在自然科学中提出了某些唯物论和辩证法思想,但总的说来,在这个时期中,康德在哲学上仍然是莱布尼茨—伏尔夫"形而上学"的信徒。

【康德批判哲学的基本特征】

大约从十八世纪七十年代起,康德转入研究哲学,着手批判莱布尼茨—伏尔夫"形而上学",先后发表了三部主要哲学著作:《纯粹理性批判》(1781年)、《实践理性批判》(1788年)和《判断力批判》(1790年)。康德在这三部著作中分别阐述了他的认识论思想、伦理学说和美学观点,构成了所谓"真"、"善"、"美"的批判哲学体系。另外,康德还在《任何一种能够作为科学出现的未来形而上学导言》(1783年)和《道德形而上学探本》(1785)这两本书中扼要地通俗地讲了他的认识论和道德思想。1795年,康德发表的《论永久和平》一书,阐述了他的社会政治观点。康德对后来哲学发展的影响,主要是他在"批判时期"所阐发的哲学思想。

在"批判时期",康德哲学的批判锋芒,主要是针对莱布尼茨—伏尔夫"形而上学"体系。在当时的历史条件下,康德对莱布尼茨—伏尔夫"形而上学"的批判,实质上就是对封建神学的批判。不过,与此同时康德也不断地批判唯物论、无神论,调和唯物论与唯心论的对立,使二者妥协。总的说来,康德哲学具有二元论的性质。

贯穿于康德整个哲学体系的有两个基本概念:"现象"和"自在之物"(亦译为"物自体"或"物自身")。康德一方面肯定在我们之外存在着刺激我们感官从而产生感觉的客体,即所谓"自在之物",另一方面,他又断言这个客体是不可认识的,认识所能达到的只是"自在之物"刺激我们感官而产生的感觉表象,即所谓"现象"。康德说:

作为我们感官对象而存在于我们之外的物是已有的，只是这些物本身可能是什么样子，我们一点也不知道，我们只知道它们的现象，也就是当它们作用于我们的感官时在我们之内所产生的表象。①

可以看出，康德在这里企图调和唯物主义同唯心主义的对立。他肯定在我们之外存在着某种客体——"自在之物"，这使他的哲学包含有唯物论的倾向；他排斥唯物主义反映论，否认感觉是对客体的反映，这就使他的哲学具有强烈的休谟式的不可知主义的性质。正如列宁指出的，"康德哲学的基本特性是调和唯物主义和唯心主义，使二者妥协，使各种相互对立的哲学派别结合在一个体系中。当康德承认在我们之外有某种东西，某种自在之物同我们表象相符合的时候，他是唯物主义者；当康德宣称这个自在之物是不可认识的、超验的、彼岸的时候，他是唯心主义者"。②

在康德哲学中，"现象"和"自在之物"是两个很含混、很复杂的概念。康德所说的"现象"，并不是指我们日常所说的客观事物的表面现象，而是指一种主观的感觉表象。在康德看来，"现象"，即感觉表象，虽然是由"自在之物"作用于我们的感官而引起的，但是，由于我们感官机能的影响，它并不反映"自在之物"的任何性质，而只是一种纯粹的主观心理状态。按照康德的观点，如果人们身上产生了热的感觉，那必定是"自在之物"作用于感官所引起的，但这种热的感觉只是主观的心理状态，并不反映"自在之物"的性质，"自在之物"是什么样子，我们一无所知。康德把我们日常感官所接触到的日月星辰、山川大地、树木鸟兽以及社会生活中的种种事物，统统称之为"现象世界"。这意

---

① 康德：《未来形而上学导论》，商务印书馆1978年版，第50页。
② 列宁：《唯物主义和经验批判主义》，《列宁选集》第2卷，第200页。

思说，这些东西都不是离开我们感官而独立自在的东西，统统都是由我们的感觉表象所构成的。康德明确指出：

> 我们是把自然界仅仅当作现象的总和，也就是当做在我们心中的表象的总和来认识的。①

显然，这是一种主观唯心主义的自然观。不过康德却极力要把他的哲学同贝克莱的"存在即被感知"主观唯心论划清界限，说他的哲学和贝克莱不同，他肯定在我们之外存在着"自在之物"，尽管人们不能认识它。康德说：

> 事实上，既然我们有理由把感官对象仅仅看作是现象，那么我们就也由之而承认了作为这些现象的基础的自在之物，虽然我们不知自在之物是怎么一回事，而只知道它的现象，也就是只知道我们的感官被这个不知道的什么东西所感染的方式。②

可见，康德是一位反对唯物主义反映论的不可知论者。按照康德的观点，感觉不是联系主体和客体之间的桥梁，反倒是隔离主体和客体的障壁。在康德哲学中，感觉不反映对象，现象不表现本质，主体和客体之间、本质和现象之间存在着一条不可逾越的鸿沟。

康德关于"自在之物"的概念就更为含混了。一般地说，康德所说的"自在之物"，是指存在于"现象世界"之外的某种东西，也即存在于我们的感觉表象之外、作用于我们的感官而产生感觉表象，但又不能被我们的感觉表象所把握的某种东西。但具体地

---

①② 康德：《未来形而上学导论》，第92、86页。

说，那就名目繁多，花样百出了。在康德的著作中，"自在之物"有时指的是作为一个整体的自然界的根源；有时指的是"形而上学"研究的对象："上帝"、"灵魂"（"自我意识"）和"意志"；有时又指的是社会伦理生活的理想目标（如"共和国"、"至善"）；如此等等。在康德看来，所有这些都是人的感觉表象所不能把握的，或者说是不会在"现象世界"中出现的东西。

这样一来，在康德面前就存在着两个世界：一个是可以认识的此岸的"现象世界"；一个是不可认识的或者说是在"现象世界"中不会出现的彼岸的"自在之物"世界。康德借助于这个二元论，在批判神学、肯定科学的同时，又保留神学；在论证资产阶级理想的合理性的同时，又证明其实现的不可能。在康德看来，在"现象世界"中，只有科学的地位，没有神学的地位。上帝这个东西属于彼岸世界，不出现在"现象世界"中，因此是不可认识的，无法从理论上证明其存在。但是，人们在道德生活中，为了维护道德，求得道德和幸福的统一，还必须假定上帝在彼岸世界的存在。同样的，在康德看来，资产阶级关于自由、平等的要求，共和国制度的要求，是完全合理的，人们应当努力追求；但是，这些东西也仅仅是一个理想目标，属于彼岸世界的事情，在"现象世界"里，也即现实生活里是不可能实现的。

"现象"和"自在之物"这两个概念，可以说是康德建筑他的整个体系的骨架。在《纯粹理性批判》中，他从认识论上力图证明，人们只能认识"现象"，不能认识"自在之物"。在《实践理性批判》中，他从伦理学上力图证明"自在之物"不可能在"现象世界"中实现。在《判断力批判》中，他又企图把被他自己横加割裂开的东西统一起来，说什么在艺术作品中"现象"和"自在之物"两者仿佛得到了统一。

整个说来，康德哲学就是围绕着"现象"和"自在之物"的关系，也即思维和存在是否具有同一性这个基本问题展开的。他的二元论、不可知论哲学的基本点,就是否认思维和存在具有同一性。

一、对理论理性的考察

恩格斯指出,"在法国发生政治革命的同时,德国发生了哲学革命。这个革命是由康德开始的,他推翻了前世纪末欧洲各大学所采用的陈旧的莱布尼茨的形而上学体系"。① 康德对莱布尼茨—伏尔夫"形而上学"体系的批判,是康德继提出天体演化假说之后作出的又一个贡献。在当时的历史条件下,这个批判是对现存宗教的间接批判,具有反封建的积极意义。

我们知道,莱布尼茨哲学是十七世纪德国市民的政治、经济要求在哲学上的反映。总的说来,它还没有摆脱神学,很保守,但其中也还包含了某些积极的批判成分。莱布尼茨哲学后来经过伏尔夫的整理和改造,被搞成了一个庞杂的毫无生气的"形而上学"体系,为宗教神学作理论上的系统论证,简直成了新经院哲学。和笛卡尔的"形而上学"一样,莱布尼茨—伏尔夫"形而上学"排斥感觉经验,坚持从概念出发进行抽象的推论,从而对它所研究的对象(上帝、灵魂和意志)作出片面规定,断言"上帝是存在的","灵魂是不灭的","意志是绝对自由的",并且认定这些片面的规定是绝对的永恒不变的真理。不难看出,这个"形而上学"体系是唯心主义的,其方法是孤立的、静止的和片面的。康德本人也曾经是这种教条主义的即独断论哲学的信徒。

然而,随着资本主义的发展,这个极其保守的体系已经不再适合十八世纪德国市民—资产阶级的胃口了。正当十八世纪法国启蒙思想家和英国的不可知论者休谟向着十七世纪的笛卡尔、马勒伯郎士以及莱布尼茨的"形而上学"发动进攻的时候,1781年,康德发表了《纯粹理性批判》一书,推翻了莱布尼茨—伏尔夫

---

① 恩格斯:《大陆上社会改革运动的进展》,《马克思恩格斯全集》第1卷,第588页。

"形而上学"。

康德思想的转变,深受休谟哲学思想的影响。他说:

> 我坦率地承认,就是休谟的提示在多年以前首先打破了我教条主义的迷梦,并且在我对思辨哲学的研究上给我指出来一个完全不同的方向。①

康德借着休谟的相对主义怀疑论走上了否定绝对主义的"形而上学"的道路。但是,他并不完全同意休谟的观点。在休谟看来,认识的对象就是知觉、印象,在感觉之外是否存在什么东西,这些东西是物质还是精神,都是不可知的。康德则认为,必须肯定作为感觉表象的基础的"自在之物",尽管我们对它一无所知。因此,康德在批判"形而上学"的独断论的同时,也反对休谟的怀疑论。

康德是从认识论着手批判莱布尼茨—伏尔夫"形而上学"的。他认为,"形而上学"的基本缺陷就是武断,就是说,它在没有对人类的认识能力进行仔细考查之前,便预先断定人们无需经验之助,单凭理性就能对宇宙中的一些根本问题作出理论上的绝对无误的证明。因此,康德把"形而上学"称之为"独断论"。在《纯粹理性批判》中,康德力图对人的认识能力作一番批判考查,看看人的认识能力究竟有多大。康德最后的结论是,人的认识能力是有限的,只限于经验范围,不能超出经验,只能认识"现象",不能认识"自在之物"。在康德看来,"形而上学"所研究的对象(上帝、灵魂、自由)都不是"现象世界"中的东西,是人的认识所不能达到的"自在之物"。因此,"形而上学"关于上帝、灵魂、自由所作的一切理论证明统统是毫无根据,站不住脚的。

在认识论方面,康德也是一位调和主义者。在十七、十八世

---

① 康德:《未来形而上学导论》,第9页。

纪的欧洲哲学中,认识论问题占据突出的地位,并且形成了经验论和唯理论两大认识论派别。经验论的原则是,认识开始于经验,从经验中获得的知识不具有普遍性、必然性。和经验论相反,唯理论的原则是,知识具有普遍性、必然性,这种普遍性、必然性不是来自经验而是源于理性。经验论和唯理论对人类认识的两个环节感性和理性,分别作了较为深入的探讨,促进了人类认识的发展,但两者均陷入了片面性,不能把感性和理性结合起来,因而在认识论的全体上都是错误的。当经验论和唯理论各执一端,打得不可开交的时候,康德开始意识到争论双方均有片面性,力图将二者结合起来,容纳于一个体系之中。康德的办法是,既肯定经验论的原则——认识开始于经验,又肯定唯理论的原则——具有普遍性、必然性的知识来自理性。他说:

> 虽然我们的一切知识都从经验开始,但是并不能就说一切知识都来自经验。①

他还说:

> 经验永远不会给与经验的判断以真正的或严格的普遍性……当严格的普遍性属于一个判断的本质方面时,这就指示出一种特殊的知识来源,即先天知识的能力。因此,必然性与严格普遍性是先天知识的可靠标准,彼此不可分。②

按照康德的这个观点,知识有两个来源:一个是感官提供的后天

---

① 康德:《纯粹理性批判》,《十八世纪末——十九世纪初德国哲学》第30页。
② 康德:《纯粹理性批判》,《十八世纪末——十九世纪初德国哲学》第31页。

的感觉经验,它是零散的东西;一个是头脑先天地固有的具有普遍性、必然性的认识能力。一个科学知识是由这两方面的因素构成的,两者缺一不可。在康德看来,人的认识活动就是用先天的认识能力("形式")去整理后天的感觉经验("质料"),形成具有普遍性和必然性的科学知识。应当肯定,康德看到唯理论和经验论的各自的片面性,并且认识到要获得科学知识就必须在认识中把感性和理性结合起来,这在西方认识论发展史上是一个巨大的跃进。不过,康德本人并没有很好地完成他自己提出的这个历史任务。他并没有真正克服经验论和唯理论二者各自的片面性,而是在保留了二者各自的片面性的基础上,把二者拚合在一个体系中。可见,康德所作的结合工作,实际上不过是调和。列宁在揭露康德哲学的调和性质时,深刻地指出,"在康德承认经验、感觉是我们知识的唯一泉源时,他是在把自己的哲学引向感觉论,并且在一定的条件下通过感觉论而引向唯物主义。在康德承认空间、时间、因果性等等的先验性时,他就把自己的哲学引向唯心主义"。①

　　康德断言,人心具有三种先天的认识能力:"感性"、"知性"(亦译为"理智"、"悟性")和"理性"。与此相应的,人们有三门学问:数学(算术、几何)、自然科学(物理学)和"形而上学"(关于宇宙本体的学说)。"感性"这种先天的认识能力和感觉经验相结合,形成具有普遍性和必然性的数学知识。"知性"这种先天的认识能力和感觉经验相结合,形成具有普遍性和必然性的自然科学知识。数学和自然科学这两门学问都是先天的认识能力和感觉经验的结合,都离不开感觉经验,都是关于"现象世界"的知识,作为科学知识是可以成立的。可是,"形而上学"的情况则大不一样。作为"形而上学"的根据的"理性",和"感性"、"知

---

① 列宁:《唯物主义和经验批判主义》,《列宁选集》第2卷,第200页。

性"不同。它决意要抛开感觉经验,超越"现象世界"去把握"自在之物"。康德要证明,"理性"的这种努力是徒劳的。因此,作为"理性"的学问的"形而上学"完全是假学问,根本不能成立。

(一)关于"感性"的学说

康德所谓的"感性",是指主体自我借助于感觉经验而形成感性直观知识的先天认识能力,也即感性直观形式。康德认为,一个具有普遍性和必然性的感性直观知识(如"2+3=5")是由两种因素构成的:一是后天的质料即感觉经验,一是先天的直观形式。在他看来,"自在之物"作用于感官而产生的感觉,只是一团混乱的心理状态,只有经过先天的直观形式的整理才能形成一定的感性对象,构成感性直观知识。康德断定,人心中存在着两种先天的感性直观形式:时间和空间。他说:

> 在这个研究过程里,我们将会发现感性直观有两个纯形式,它们是先天知识的原则,这两个纯形式就是空间和时间。①

康德在这里把空间和时间叫做"纯形式",意思就是说,空间和时间不是从经验中来的,不包含丝毫的经验成分。他力图证明,空间和时间这两个直观形式完全为人脑先天地所固有,不仅不是从经验中来的,而且是经验形成的前提条件。康德说:

> 空间不是一个从外部经验得来的经验概念。因为为着使某些感觉与在我以外的某种东西(也就是,与在不同于我所在的空间另一部位的空间里的某些东西)发生关系,以及同样地为着能把那些感觉表象为互相在外、互

---

① 康德:《纯粹理性批判》,《十八世纪末—十九世纪初德国哲学》第45页。

相靠近，从而不只是彼此不同，并且是彼此在不同的地方，这样就一定要以空间观念作为前提。所以，空间观念不能从外部现象的关系里根据经验获得。正相反，这外部经验本身只是通过我们所设想的空间观念才有可能。①

时间不是从任何经验得来的经验概念。因为如果时间观念不是作为一种前提先天地成为同时或继续的基础，那末同时或继续都不会进入我们的知觉里来。只有在时间这个前提之下，我们才能表象许多东西在同一时间存在（同时地）或在不同时间里存在（继续地）。②

康德这段话的意思是说，人们关于空间和时间观念不是从经验中来的，不是对于事物之间的空间和时间关系的反映。这是因为，人们要想确定事物之间上下、左右、前后的关系，首先头脑里就得有一个上、下、左、右、前、后的空间观念，否则就不能确定事物之间的上下、左右、前后的空间关系。同样，人们要想确定事物之间的同时、继续的关系，首先头脑里就得有一个同时、继续的时间观念，否则，也不能确定事物之间的同时、继续的时间关系。因此，康德得出的结论是，空间和时间观念为人脑先天地所固有，不仅不是从经验中来的，而且是经验（事物）之所以可能具有空间和时间秩序的前提条件。康德的这种观点，正如他自己所说的，乃是先验唯心主义。

康德用他的时空观来解释数学。在他看来，数学知识之所以具有普遍性和必然性，根源于人心中时间和空间观念的先天性。正因为时间观念是先天的，算术命题（如"7＋5＝12"）才具有普遍性和必然性。正因为空间观念是先天的，几何学公理（如"两点

---

①② 康德：《纯粹理性批判》，《十八世纪末—十九世纪初德国哲学》第 46、50—51 页。

之间直线最短")才具有普遍性和必然性。在康德看来，数学作为科学只涉及"现象世界"，不反映"自在之物"的任何规律。

不难看出，康德的时空观及其数学理论的认识论基础，是唯心主义先验论。辩证唯物论认为，时间和空间是物质的存在形式。人们头脑中的时间和空间观念，乃是客观事物中的时间和空间关系的反映，是人们在长期的反复的社会实践中逐渐形成和不断发展的。而一旦人们头脑中形成了时间和空间观念，人们便可以运用它们去观察、分析客观事物之间的时间和空间关系。从实践经验中形成时间和空间观念，与运用时间和空间观念去观察、分析客观事物中的时间和空间关系，这是一个完整的认识过程中的不可分割的两个阶段。人们正是在这两个阶段的反复交替中，不断加深对客观事物之间的时间和空间关系的理解，不断改变着时间和空间观念。然而，康德却片面地抓住了后一个阶段，完全抹煞了前一个阶段，把时间和空间观念说成是人脑主观自生的东西，以致陷入了唯心论。

十九世纪下半叶，杜林原封不动地搬出康德的唯心主义时空观和数学理论攻击马克思主义的唯物主义反映论。恩格斯在批判杜林的唯心主义先验论时，深刻地指出，"数和形的概念不是从其他任何地方，而是从现实世界中得来的。……为了计数，不仅要有可以计数的对象，而且还要有一种在考察对象时撇开对象的其他一切特性而仅仅顾到数目的能力，而这种能力是长期的以经验为依据的历史发展的结果。和数的概念一样，形的概念也完全是从外部世界得来的，而不是在头脑中由纯粹的思维产生出来的。必须先存在具有一定形状的物体，把这些形状加以比较，然后才能构成形的概念。……和其它一切科学一样，数学是从人的需要中产生的：是从丈量土地，测量容器，从计算时间和制造器皿产生的"。① 恩格斯的这些科学分析也是对康德的先验论的深刻批判。

康德认为,尽管时间和空间是独立于感觉经验的先天的直观形式,可是它们离开了经验却办不了事,没有感觉经验提供质料,它们就是空形式,形不成任何感性直观知识。同时,他还强调,时间和空间这两种直观形式也只适用于整理经验材料,只对"现象世界"有效,同"自在之物"无关,既不反映"自在之物"的任何性质",也不能用于规定"自在之物"。康德说:

> 它们(按:指时间和空间直观形式)应用于对象时只限于对象被当作现象,它们并不呈现物自身,这就是它们有效性的唯一的范围。②

康德的这个思想对于他最后否定"形而上学",无疑是十分重要的。

(二)关于"知性"的学说

康德所谓的"知性"是指主体自我对感性对象进行思维,把特殊的、没有联系的感性对象加以综合,并且联结成为有规律的自然科学知识的一种先天的认识能力。康德认为,"感性"管直观,"知性"管思维,二者结合起来形成具有普遍性和必然性的自然科学知识。他说:

> 我们直观永远只能是感性的;……使我们思维感性直观的对象的能力是知性。……如果没有感性,对象就不会给予我们,如没有知性,就不能思维对象。……只有当他们联合起来时才能产生知识。③

---

① 恩格斯:《反杜林论》,《马克思恩格斯选集》第3卷,第77—78页。
②③ 康德:《纯粹理性批判》,《十八世纪末—十九世纪初德国哲学》第56、58页。

那么，具体说来，"知性"是什么呢？康德认为，"知性"的综合统一能力的根源是所谓"自我意识"，又叫做"纯统觉"。它的具体表现形式就是范畴这种思维形式。康德提出了十二范畴，列了一张范畴表：①

量 { 1. 统一性 2. 多数性 3. 全体性 }　　关系 { 1. 依附性与存在性（个性与偶性） 2. 因果性与依存性（原因与结果） 3. 交互性（主动与被动之间的相互作用）}

质 { 1. 实在性 2. 否定性 3. 限制性 }　　样式 { 1. 可能性—不可能性 2. 存在性—不存在性 3. 必然性—偶然性 }

康德的范畴学说，渊源于亚里士多德。康德认为，亚里士多德提出范畴这一思维形式，堪称为锐敏的思想家。但他认为，亚里士多德的范畴学说存在着缺点，就是没有按照一定的原理引出范畴，好像十个范畴是俯首即拾，随意捡来的。同时，十范畴中，有些范畴并不是基本的思维形式，而有些基本的思维形式却反而被遗漏了。比如，在康德看来，"时间"和"地点"（即空间）并不能算是"范畴"（思维形式），而只是感性直观形式。

那么，应当按照什么原理去引出范畴呢？康德认为，"知性"这种先天的综合统一的能力，在逻辑中便表现为判断能力，即把主词和谓词联结起来的能力。在他看来，任何一种判断形式中必然隐含着一个联结主词和谓词的范畴。比如，在或然判断形式（"S可能是P"、"S可能不是P"）中就隐含着"可能性—不可能性"这对范畴。因此，有多少判断形式也就会有多少种范畴。康德便从形式逻辑的判断分类入手，矫揉造作地从四类十二种判断形式②中引出了四类十二种范畴，以作为"知性"对感性对象进行综合联结的基本思维形式。

---

① 康德：《纯粹理性批判》，《十八世纪末—十九世纪初德国哲学》第64—65页。
② 参看康德：《未来形而上学导论》第69页中"逻辑判断表"。

康德把范畴叫做"纯概念"。这就是说，范畴不是来自感性对象，不是对感性对象之间的内在联系的反映，不包含任何经验的成分，和时间、空间直观形式一样，也是为人脑所先天地具有的。康德说：

> 范畴唯源自悟性，而与感性无关。①

可见，康德引出范畴的原理，就是先验唯心主义。他不是在社会实践的基础上研究范畴的形成和发展，而是从人脑中、从自我意识中先验地引出范畴。当他把范畴归结为四类十二种的时候，他也就把人的认识能力看成是凝固不变的东西了。

康德把范畴看作是人心固有的、凝固不变的认识能力，这种观点较之具有朴素唯物论和自发辩证法倾向的亚里士多德的范畴观来说，是大为逊色的。但是，也应该看到，康德的范畴学说，基本上摆脱亚里士多德十范畴学说的原始性、直观性。康德自觉地把范畴规定为人类思维的基本形式。他所列举的十二范畴较之亚里士多德的十范畴，不仅在数量上有所增加，更重要的是在内容上更为丰富、更为深刻了。

康德觉察到了范畴之间的某些联系。他说：

> 每一类中所有范畴之数常同为三数之一事，实堪注意。其尤宜注意者，则每一类中之第三范畴，常由第二范围与第一范畴联结而生。②

比如，"交互性"范畴就是由"依附性与存在性"（即"偶性"与"实体"）范畴和"因果性"范畴联结而生。康德提出的这个关于

---

①② 康德：《纯粹理性批判》，第107、89页。

范畴排列的"三一式"思想，后来便为费希特、谢林特别是黑格尔所继承和发挥。但是，总的说来，康德没有致力于研究范畴之间的联系和转化。在他那里，十二范畴之间的关系基本上是平列的、各自孤立的、静止的。

范畴在认识中起着什么样的作用呢？康德认为，尽管范畴是先天的认识能力，不是来自经验，但它却能为感性对象（"自然"）确定规律。在康德看来，通过感性直观在人心中形成的感性对象是孤零零的，其间没有什么联系，只是由于人们运用心中先天具有的范畴去思维对象，才使感性对象之间有了联系，带上了规律性。拿"太阳晒，石头热"这个现象来说，康德认为，感性只告诉了我们两件孤立的事实：一是太阳晒在石头上，一是石头的温度升高了。感性并没有告诉我们这两件事实之间有什么联系。人们只有靠心中先天地具有的"因果性"范畴去思维对象，才能把这两件本来孤立的事实联系起来，说太阳晒是石头热的原因，石头热是太阳晒的结果。康德明确指出：

> 理智的（先天）法则不是理智从自然界得来的，而是理智给自然界规定的。①

他还说：

> 悟性……自身实为自然之立法者。②

按照康德的这种观点，人的认识过程不是在实践中反映客观事物的发展规律的过程，反倒是向客观事物强加规律的过程。显

---

① 康德：《未来形而上学导论》，第93页。
② 康德：《纯粹理性批判》，第136页。

然，这是一条从主观到客观的唯心主义的认识论路线。正如列宁指出的：“因果性问题上的主观主义路线，即不从外部客观世界中而从意识、理性、逻辑等等中引出自然界的秩序和必然性的主观主义路线，……就是哲学唯心主义。”① 康德提出的这条唯心主义认识论路线是同法国唯物论者的反映论路线根本对立的。

不过，也应该看到，康德的这个思想不仅确实触及到了法国唯物论者的反映论的消极直观的缺点，而且通过唯心主义的方式突出了人的主观能动性的作用。人在科学实验中所表现的能动作用，给了康德以深刻的启发。在康德看来，自然科学的实验方法表明，人在自然界面前，不是一个消极的直观者，而是一个能动的主体。人们通过科学实验受教于自然界，但是科学实验中人们在自然界面前不像学生在老师面前那样：老师讲什么就听什么；相反地，科学实验是理性预先依据一定的原理，经过周密的设计而进行的能动性的活动，在这里，人主动地提出问题，强迫自然界回答。康德说：

> 理性左执原理，右执实验，为欲受教于自然，故必接近自然。但理性之受教于自然，非如学生之受教于教师，一切唯垂听教师之所欲言者，乃如受任之法官，强迫证人答复彼自身所构成之问题。②

康德认为，正是科学实验这种能动的活动能够提供具有普遍性、必然性的科学知识。不难看出，康德的这个思想中包含着合理成分。正如恩格斯指出的，"单凭观察所得的经验，是决不能充分证明必然性的。……必然性的证明是在人类活动中，在实验中，在劳动

---

① 列宁：《唯物主义和经验批判主义》，《列宁选集》第2卷，第156页。
② 康德：《纯粹理性批判》，第1页。

中"。① 可是，康德却把科学实验活动能够提供普遍性和必然性的知识这一点，歪曲为人的理智先天地给自然立法，甚至要求在认识论上实行一次"哥白尼式的革命"，把认识必须符合于客体的反映原则倒转为客体必须符合于认识主体的先验论原则，这就陷入了谬误的泥坑。片面地夸张主体、精神的能动性，正是康德的唯心论的人本主义的一个显著特点，它深刻地反映了十八世纪末德国市民—资产阶级向往革命但又不敢革命的软弱性格。

在"知性"学说中，康德力图调和经验论与唯理论的对立，并企图将两者都容纳于自己的体系中。康德肯定经验论的原则：经验事实之间没有必然性的联系，但他又补充道，知性范畴可以使经验对象带上规律性。康德也肯定唯理论的原则：唯有理性认识才具有普遍性、必然性；但他也补充道，知性范畴如果不和经验材料相结合就只是空架子，形不成任何知识。他说：

> 此种悟性乃如是一种能力，即由其自身，绝不能认知事物，而仅联结，整理'知识之质料'。②

这就是说，范畴虽然不来自经验，但却缺少不了经验，它只是一种联结、整理感性对象的能力。

同时，康德还为范畴的应用，划定了界限。就是说，范畴只是对经验对象有效，只适用于"现象世界"，既不反映"自在之物"的性质，也不适用于规定"自在之物"。康德写道：

> 范畴之使用，绝不能推及经验之对象以外。③

---

① 恩格斯：《自然辩证法》，《马克思恩格斯选集》第3卷，第549—550页。
②③ 康德：《纯粹理性批判》，第107、216页。

他还说：

> 此等概念（按：指范畴）能用以说明感官世界中所有事物之可能性，但不能以之说明宇宙自身之可能性。①

康德认为，和数学一样，自然科学作为科学也是可以成立的。因为自然科学也是具有普遍性、必然性的先天认识能力和感觉经验结合的产物。自然科学和数学一样，也只是关于"现象世界"的学问，同"自在之物"无关。这样，康德就在唯心主义的基础上为科学争得了地位，同时也为神学留下了地盘。

可以看出，康德关于"知性"的学说同样具有调和的性质。当他肯定因果性等范畴是先天的时候，他是唯心论者。当他承认形成自然科学的原理缺少不了经验的时候，又包含着在一定条件下导向唯物主义的成分。康德强调不能超越经验使用范畴，这就再一次为他否定"形而上学"埋下了伏笔。

（三）关于"理性"的学说

康德说：

> 吾人一切知识始自感官进达悟性而终于理性。②

康德在这里所说的"理性"，是专指人心中具有的一种要求把握绝对的、无条件的知识，即超越"现象世界"去把握"自在之物"的先天的认识能力。在他看来，人们通过"感性"和"知性"所获得的知识，都是关于"现象世界"的知识，因而总是相对的、有条件的。比中，当"知性"运用因果性范畴于经验对象

---

① 康德：《纯粹理性批判》，第447页。
② 康德：《纯粹理性批判》，第242页。

时就会看到，经验对象之间的因果关系是一个无尽的系列：甲是乙的原因，乙是丙的原因，丙又是丁的原因，如此递推下去，没有尽头；反过来，甲也有自己的原因，而甲的原因本身又有原因，如此追溯上去，同样没有尽头。这就是说，在"现象世界"里，一切都是相对的，有条件的，没有什么绝对的"第一因"（没有原因的原因），也没有什么绝对的"最终结果"（没有结果的结果）。可是，在人心中却存在着一种要把相对的、有条件的知识综合成为绝对的、无条件的知识的自然倾向，这就是所谓"理性"。理性的概念——"理念"要求一种无条件的绝对完满的东西。就如同柏拉图的"理念"那样，它是经验事物的范型，但在经验中却没有任何事物能同它完全符合。康德举例说，"容许最大可能的人类自由"应是制定国家宪法的根本原则，也就是国家宪法的"理念"，但实际上古今一切国家的宪法都没有、也不可能完全符合这个"理念"。"现象世界"的事物可以日益接近"理念"，但"理念"不可能在"现象世界"实现。康德说：

> 理念乃超验的且超越一切经验的界限；无一适合于先验的理念之对象，能在经验中见及。①

康德认为，"理性"虽然给自己提出了追求绝对的无条件的知识的任务，可是它绝对完成不了这个任务。这是因为，"理性"所追求的绝对的、无条件的对象在"现象世界"中是没有的。"理性"要这样做，实际上意味着要离开经验，超越"现象世界"去把握"自在之物"。而"理性"要去把握"自在之物"，它本身又没有别的工具，只能请"知性"范畴来帮忙。可是，在"知性"学说中已经证明，"知性"范畴有它的局限性，就是只能应用于"现

---

① 康德：《纯粹理性批判》，第 260—261 页。

象世界",不能应用于"自在之物"。如果"理性"硬要"知性"范畴去担负它所不能担负的任务,超越"现象世界"去规定"自在之物",从相对的有条件的东西出发去追求绝对的无条件的东西,那就必然要陷入谬误推理或自相矛盾之中,结果还是完成不了"理性"所交给的任务。

如前所述,莱布尼茨—伏尔夫"形而上学"认为,人们不用考虑经验,只要从一些抽象概念或范畴出发,遵循正确的推理规则进行推理,就能够对"灵魂"、"世界"和"上帝"作出绝对无误的规定。在康德看来,莱布尼茨—伏尔夫"形而上学",乃是人心中"理性"追求绝对的、无条件的知识的要求的理论表现。"形而上学"所研究的三个东西也正是人的"理性"所追求的三个最高的"理念"。"灵魂"是一切精神现象的最高、最完整的统一体。"世界"是一切物理现象的最高、最完整的统一体。"上帝"则是以上两者的统一,是一切可能存在的最高统一体。康德竭力要证明的是:"理性"撇开经验,追求绝对的、无条件的知识的努力是徒劳的,莱布尼茨—伏尔夫"形而上学"关于"灵魂"、"世界"和"上帝"的一切表面上似乎头头是道的理论证明,都是毫无根据、自欺欺人的。

关于"灵魂"问题,"形而上学"的理性心理学的基本观点是灵魂不灭,而灵魂是一个独立的"实体"则是它的基本论据。康德认为,"实体"是一个"知性"范畴,只适用规定时间和空间中的感性对象。可是,"形而上学"所说的作为一切精神现象的主体的"灵魂"(或"纯我")并不出现在时间和空间之中。既然如此,那么就不能用"实体"范畴去规定它,说"灵魂"是什么"实体"了。如果说,"灵魂"连"实体"都称不上,那么坚持灵魂不灭的观点在理论上就毫无根据了。康德认为,"灵魂"不是"现象世界"的东西,而是"自在之物",因此,关于灵魂是什么,灵魂是灭还是不灭,这在理论上都是说不清楚的,是不可知的。不过,康德在否定了"灵魂"的可知性的同时,又一再表白,灵魂不灭这个论点虽然在理论上说不通,但在实践中,即在道德生活中还应当作为道德假设而存在。

关于"上帝"问题,康德驳斥了"形而上学"理性神学关于上帝存在的种种理论证明:本体论证明、宇宙论证明和目的论证明。所谓本体论的证明是说,上帝是一个绝对完满的概念,绝对完满的东西必然包含存在性,否则就不是绝对完满的,所以上帝是存在的。康德批驳说,"存在"这个知性范畴也只适用于规定"现象世界"中的事物,不能用它去规定根本不出现于时间和空间中的"上帝"。一个事物的存在和一个事物的概念是不同的两回事,不能从某个事物的概念中推出某个事物的存在,正像不能从一个人头脑中有一百元钱的概念,就推断他口袋中实际存在一百元钱。他认为,关于上帝存在的其他证明都可以归结为本体论的证明,因此,本体论的证明一经驳倒,其他证明也就不攻自破了。同"灵魂"问题一样,关于上帝是否存在的问题,康德的结论是:不可知。不过,他又认为,上帝也应当作为道德上的假设而存在。

关于"世界"问题,康德反驳"形而上学"的理性宇宙论的办法,同反驳"形而上学"的理性心理学、理性神学的办法有所不同。在这里,他抬出十七、十八世纪的机械唯物论同"形而上学"的理性宇宙论相对抗。他力图表明,凡是理性宇宙论用"知性"范畴对"世界"所作的看起来似乎十分有力的论证和规定,都遭到来自机械唯物论的看起来也同样十分有力的反驳。然而,这决不是说康德肯定机械唯物论对理性宇宙论的批判。按照康德的观点,这两种绝然对立的观点都能自圆其说,公说公有理,婆说婆有理,谁也驳不倒谁。在他看来,理性宇宙论同机械唯物论的对立,实际上反映了人的"理性"一旦运用"知性"范畴去规定"世界",便会陷入不可解决的矛盾("二律背反")之中。这说明人的认识能力是有限的,"理性"完成不了它自己提出的任务,

"世界"作为"自在之物"本身究竟怎样，在理性上同样是不可知的。

康德提出了四组"二律背反"：
（一）正题：世界在时间和空间上是有限的。
　　　反题：世界在时间和空间上是无限的。
（二）正题：世界上的一切都是由单纯的不可分的部分构成的。
　　　反题：世界上的一切都是由组合的可分的部分构成的。
（三）正题：世界上存在着绝对的自由。
　　　反题：世界上的一切都受因果必然性的制约，没有自由。
（四）正题：世界上存在着一个绝对的必然存在者。
　　　反题：世界上不存在一个绝对的必然存在者。

康德这里列举的"正题"的观点代表了"形而上学"理性宇宙论的观点，其目的还是为了论证灵魂不灭、意志自由和上帝存在。"反题"的观点大体上反映了机械唯物论的观点。康德认为，正反双方的观点针锋相对，力决雌雄，但结果是旗鼓相当，胜负不分。

试以第一组"二律背反"中关于世界在时间上是有限的还是无限的争执来说，双方的论点如下：

正题主张：世界在时间上是有限的，即有一个开端。理由是：世界在时间上如果没有开端，那么，在任何所与的时间的一点，我们必须说有一个永恒的无限的时间系列已经过去了。那就是说，在所与的时间一点，已经完成了无限的时间系列。可是，这是不可能的。因为，一个无限系列是不可能完成的。所以，世界在时间上是有开端的、有限的。

反题主张：世界在时间上是无限的，即没有开端。理由是：如果世界在时间上有开端，那末，就一定有一个时间，在那时世界还不存在。但是，任何事物不能在空的时间中开始存在，空的时间是空的，一物不能无中生有。并且一件事情相对于空的时间，由此来决定它的时间,是不可能的。一件事情的时间只能相对于在它以前的别的事情的时间而被决定。所以,世界在时间上没有开端,是无限的。

在康德看来,正反双方都能自圆其说,各有各的道理,谁也驳不倒谁,致使"理性"陷入不可解决的矛盾之中。问题在哪里呢?康德认为,问题在于双方的出发点都是错误的,混淆了"现象"和"自在之物"的界限,超越经验胡乱使用了"知性"范畴。在他看来,"世界"如果作为"现象",那末它完全以自我意识的活动的伸展度为转移,既说不上有限,也说不上无限;"世界"如果作为"自在之物",那末,它究竟是有限的还是无限的,则是不可知的。关于第三组"二律背反"的情况也是这样。"世界"作为"现象",一切都受因果必然性的制约,根本不存在自由;"世界"作为"自在之物",则可以假定自由的存在,即假定人的意志是不受因果必然性的制约的。康德认为,"理性"在关于"世界"的理念中陷入"二律背反",说明人的认识能力是有限的,只能认识"现象",不能超越"现象世界"去认识"自在之物",说明"形而上学"的理性宇宙论的观点是没有根据的。康德说:

> 纯粹理性所有一切辩证尝试的结果,……证明……吾人所有自以为能引吾人超出可能的经验限界之一切结论,皆欺人而无根据。①

康德的"二律背反"学说,也具有调和唯物论与唯心论的性质。在康德的时代,法国资产阶级思想家正高举唯物论和无神论的旗帜向着宗教神学和一切"形而上学"进攻。康德在"二律背反"中所列举的正反两方面的观点,正是法国思想战线上针锋相

---

① 康德:《纯粹理性批判》,第 456 页。

对的两派的基本观点的概括。在当时德国的历史条件下,康德敢于把法国唯物论拿出来同唯心主义的理性宇宙论相抗衡,论证双方斗争的必然性,并借此否定唯心主义的理性宇宙论,应该说,这是很大胆的。然而,在他否定了唯心主义的理性宇宙论的同时也否定了唯物论,并且小心翼翼地一再声称,唯物论的观点有害于道德,唯心论的观点有益于道德,以至在理论上否定了唯心主义的理性宇宙论的同时又力图在道德生活中复活它。这表明,康德身上的保守性是很强烈的。不过应当明确的是,尽管康德不时抨击唯物论,但是,他的"二律背反"学说的批判锋芒主要还是针对莱布尼茨—伏尔夫"形而上学"的。

康德的"二律背反"学说中包含了一定的辩证法成分。首先,它在客观上暴露了十七、十八世纪流行的孤立、静止和片面观点的缺陷。我们看到,莱布尼茨—伏尔夫"形而上学"的体系是唯心论的,方法是孤立、静止和片面的。机械唯物论同"形而上学"的理性宇宙论的对立,是唯物主义同唯心主义两种世界观的根本对立。从哲学的基本路线上看,机械唯物论是正确的,"形而上学"理性宇宙论是错误的。但是,机械唯物论并没有能彻底克服唯心论,一个重要的原因就在于它的发展观即方法论,也是孤立、静止、片面的,换句话说,它的方法论也是"形而上学"的。比如,在机械唯物论者看来,有限和无限、自由和必然、可分和不可分、必然与偶然等等都是彼此孤立的、绝对对立的。在"二律背反"学说中,康德把两派的观点尖锐地对立起来,让双方各执一个片面,并宣布两者皆不能成立。这一方面表明了他的调和立场,同时在客观上也集中地暴露了两派共有的一个缺陷,说明用孤立、静止和片面的观点即非辩证的形而上学发展观点看问题,就不能全面把握真理。

其次,康德的"二律背反"学说不自觉地揭露了这样一个事实,即当人们一旦要透过现象去把握事物的本质的时候,思想上就必然会出现矛盾。在康德看来,"理性"中出现"二律背反",并不是一般因违反形式逻辑的推理规则而造成的错误,也不是人们故意造作的诡辩,而是在认识过程中必然要发生的东西。他说:

> 纯粹理性之辩证论(按:指矛盾)必须与两端可通之一切伪辩的命题相区别。其有关之问题,非因特殊目的所任意设立之问题,乃人类理性在其进展中所必然遇及之问题。①

康德的这个思想,较之那种认为思想上发生矛盾只是由于违背形式逻辑推理规则才造成的观点,是一个进步,对后来的辩证法思想的发展有很大的影响。但是,康德不懂得人们思想中的矛盾,正是客观事物中的矛盾在主观上的反映。在他看来,客观事物("自在之物")中似乎是不应该有矛盾的,矛盾仅仅是主观的"幻想",思想上发生了矛盾只是说明人的认识能力有局限,无力把握"自在之物"。同时,在"二律背反"学说中,康德所看到的也仅仅是矛盾双方的对立,看不到矛盾双方的联系和转化,并且设法通过把矛盾双方分家的办法去解决矛盾,因而,他只讲"正题"与"反题",而不讲"合题"。这都说明,康德基本上还没有摆脱形而上学片面观点的狭隘眼界。

康德在谈到《纯粹理性批判》一书的主旨的时候写道:

> 凡粗知本著之大略者,自将见其效果仅为消极的,唯在警戒吾人决不可以思辨理性越出经验之限界耳。此实

---

① 康德:《纯粹理性批判》,第328页。

为批判之主要效用。①

　　我们看到，贯穿康德的"感性"、"知性"和"理性"学说的一条主脉就是只能认识"现象"、不能认识"自在之物"，借以证明莱布尼茨—伏尔夫"形而上学"作为科学知识不能成立。

　　综上所述，康德的认识论具有调和、折中的特征。在康德的认识论中包含着某些唯物论的和辩证法的因素，这表现在他承认在我们之外存在着刺激我们感官而引起感觉的客体（"自在之物"），主张认识开始于经验并且离不开经验，以及指出人们思想中发生矛盾的必然性，等等。康德借此推翻了莱布尼茨—伏尔夫"形而上学"，打击了封建神学，开始了一场资产阶级的哲学革命。

　　不过，康德的认识论总的倾向还是唯心主义先验论和不可知论。应当看到，康德通过先验论和不可知论突出了认识的能动方面和认识的相对性方面，这对于克服旧唯物主义认识论的消极、直观的缺点，克服"形而上学"的绝对主义独断论，具有一定的积极的历史意义。但是，先验论和不可知论作为一种哲学认识论观点，在理论上则是错误的。首先，康德的唯心主义先验论和不可知论是同唯物主义反映论根本对立的。列宁指出，唯物主义认为，"感觉给我们提供物的正确摹写，我们知道这些物本身，外部世界作用于我们的感觉器官"。② 按照唯物主义反映论的观点，感觉以及在感觉基础上形成的概念，都是对客观世界的反映，人们能够认识客观世界。康德虽然肯定感觉是"自在之物"作用于感官的产物，但是他否认感觉是对"自在之物"的反映。尽管康德肯定认识开始于经验，可是，他却否认范畴来自经验，否认范畴是对客观世界的反映，这就完全陷入了主观主义的泥坑。其次，康德

---

① 康德：《纯粹理性批判》，第16页。
② 列宁：《唯物主义和经验批判主义》，《列宁选集》第2卷，第105页。

孤立地静止地研究人的认识能力，把人的认识能力看成是先天的凝固不变的东西，武断地给人的认识能力划定界限，这就完全违背了认识发展的辩证法。列宁指出，"在认识论上和在科学的其它一切领域中一样，我们应该辩证地思考，也就是说，不要以为我们的认识是一成不变的，而要去分析怎样从不知到知，怎样从不完全的不确切的知识到比较完全比较确切的知识"。① 辩证唯物主义认识论认为，主观和客观的统一是具体的历史的统一。人们对客观世界的认识是随着社会实践的发展"一步又一步地由低级向高级发展，即由浅入深，由片面到更多的方面"② 的过程，一切事物都是可知的。康德完全割裂了感性和理性、相对和绝对、现象和本质的辩证关系，不懂得理性认识能够透过现象把握事物的本质，不懂得相对真理中包含着绝对真理的颗粒、成分，从而否认人的认识是一个随着社会实践的发展从感性到理性、从现象到本质、从相对到绝对的不断深化的过程，以致最终否定了人类把握客观真理的能力。最后，康德认识论的基本缺点在于，不理解科学的实践观点。他不懂得社会实践是认识的唯一泉源，不懂得认识是随着社会实践的发展而发展的，也不懂得只有社会实践才是检验认识真理性的客观标准。恩格斯指出，对康德的不可知论的"最令人信服的驳斥是实践，即实践和工业。既然我们自己能够制造出某一自然过程，使它按照它的条件产生出来，并使它为我们的目的服务，从而证明我们对这一过程的理解是正确的，那末康德的不可捉摸的'自在之物'就完结了"。③

正因为康德认识论的基本倾向是唯心论的和形而上学的，所以他对莱布尼茨—伏尔夫"形而上学"的批判，是很不彻底的。在

---

① 列宁：《唯物主义和经验批判主义》，《列宁选集》第 2 卷，第 100 页。
② 毛泽东：《实践论》，《毛泽东选集》合订本，第 206 页。
③ 恩格斯：《路德维希·费尔巴哈和德国古典哲学的终结》，《马克思恩格斯选集》第 4 卷，第 221 页。

他宣布"形而上学"是假学问，断言"上帝"不可知的同时，他又肯定"上帝"仍然可以是信仰的对象，可以作为道德上的假设而存在。正如列宁尖锐地指出的，"康德贬损知识，是为了给信仰留下地盘"。① 这就突出地表现了十八世纪末德国市民—资产阶级的软弱性。

不过，又应当看到，康德对莱布尼茨—伏尔夫"形而上学"所作的让步，带有被迫的和表面的性质，正如恩格斯客观地指出的，"康德由于他那个时代的德国哲学的状况，由于他和学究气十足的沃尔弗的莱布尼茨主义的对立，所以或多或少地被迫在形式方面对这种沃尔弗的玄想作一些表面的让步。"② 因此，对于康德认识论的局限性必须作历史的理解和考查，如果对康德的认识论作抽象的考察，只看到它的消极方面，忽略甚至否定它的积极方面，那就不适当了。

在《纯粹理性批判》发表三十年后，黑格尔写道：

> 在这段时期以前，那种被叫做形而上学的东西，可以说已经连根拔掉，从科学的行列里消失了。什么地方还在发出，或可以听到从前的本体论、理性心理学、宇宙论或者甚至从前的自然神学的声音呢？……对于旧形而上学，有的人是对内容，有的人是对形式，有的人是对两者都失掉了兴趣，这是事实。③

由此看来，康德对莱布尼茨—伏尔夫"形而上学"的批判的历史影响是很大的。

---

① 列宁：《黑格尔〈逻辑学〉一书摘要》，《列宁全集》第38卷，第181页。
② 恩格斯：《恩格斯致康·施米特（1895年3月12日）》，《马克思恩格斯选集》第4卷，第515页。
③ 黑格尔：《逻辑学》（上卷），商务印书馆1974年版，第1页。

二、对实践理性的考察

马克思恩格斯指出,"18世纪末德国的状况完全反映在康德的'实践理性批判'中。当时,法国资产阶级经过历史上最大的一次革命跃居统治地位,并且夺得了欧洲大陆;当时,政治上已经获得解放的英国资产阶级使工业发生了革命并在政治上控制了印度,在商业上控制了世界上所有其他地方;但软弱无力的德国市民只有'善良意志'。康德只谈'善良意志',哪怕这个善良意志毫无效果,他也心安理得,他把这个善良意志的实现以及它与个人的需要和欲望之间的协调都推到彼岸世界。康德的这个善良意志完全符合于德国市民的软弱、受压迫和贫乏的情况"。①

按照康德的哲学体系,《纯粹理性批判》是处理理性的理论应用问题,讲的是认识论;《实践理性批判》是处理理性的实践应用问题,讲的是伦理学。在《实践理性批判》中,康德以"善良意志"为中心表达了软弱贫乏的德国市民的伦理思想,为德国市民的改良主义政治路线提供了思想基础。

在道德问题上,康德也是一位调和派。正当强大的法国资产阶级力图通过政治革命来实现自己的意志的时候,软弱的德国市民利益的代表康德,却在那里温文尔雅地追求道德上的完善。在道德问题上,法国唯物论者公开抨击封建的禁欲主义,鼓吹幸福主义即资产阶级利己主义,主张道德即幸福。在德国,占统治地位的封建神学则坚持道德和幸福的对立,认为讲道德就不能计较物质利益,鼓吹超功利主义。康德则力图调和禁欲主义和幸福主义的对立,在道德和幸福之间徘徊,一面把道德和幸福绝然对立起来,断言道德排斥一切物质利益;一面又忸忸怩怩地要求道德和幸福的协调,但又把这种协调推到彼岸世界去,甚至求助于上帝来保证其实现。

---

① 马克思恩格斯:《德意志意识形态》,《马克思恩格斯全集》第3卷,第221—212页。

(一)"善良意志"：道德和幸福的对立

康德首先把道德和幸福绝对对立起来，认为一个好的道德动机即所谓"善良意志"，决不能掺杂着丝毫的情感上的好恶或趋利避害的因素，否则动机就是不纯的，意志就不是善良的，一句话，就是不道德的。康德写道：

> 把个人幸福原理作为意志的动机，那是直接违反道德原理的。①

他还说

> 道德的意义就在于这种行为应该出于义务心，而不是出于爱好。②

显然，康德的这些话是针对法国唯物论者讲的。法国唯物主义者爱尔维修、霍尔巴赫等人提出功利主义的道德观，反对封建禁欲主义的道德观，这在当时历史条件下是有一定的积极意义的。在这里，康德不讲、甚至排斥功利，恰好反映了德国市民的怯弱和贫乏。不过，也应当看到，康德在这里确实暴露了法国唯物论者的功利主义道德论的利己主义的片面性，看到了道德现象的超功利的特质。和动物不同，人是有自己的精神生活的，不是物质、功利的奴隶。康德的失足在于，他把道德现象的超功利特质加以绝对化，从而陷入了超功利主义。恩格斯指出，"人们自觉地或不自觉地，归根到底总是从他们阶级地位所依据的实际关系中——从

---

① 康德：《实践理性批判》，商务印书馆1961年版，第35页。
② 康德：《道德形而上学探本》，商务印书馆1957年版，第13页。

他们进行生产和交换的经济关系中，吸取自己的道德观念"。① 毛泽东也说，"世界上没有什么超功利主义，在阶级社会里，不是这一阶级的功利主义，就是那一阶级的功利主义"。② 十八世纪末，软弱的分散的德国市民还没有形成为一个统一的阶级，他们的小眼小孔的利益还没有发展成一个阶级的共同的利益。康德的超功利主义实际上就是这个时期德国市民的小眼小孔的狭隘私利的粉饰。

为了把道德和幸福对立起来，康德还宣扬唯心主义唯动机论。他说：

> 好意志（按：即善良意志）所以好，并不是因为它的工作或成就……纵然本人虽则极端努力，还是毫无成就……这个好意志也还是像宝珠似的，会自己发光。还是个自身具有全部价值的东西。它的有用或者无结果，对于这个价值既不能增加分毫，也不能减少分毫。③

按照康德的这个观点，一个人于事只要凭好心，而无须顾及后果。一个人尽管坏事做绝了，但只要他声明他是凭"良心"办的，那也是符合道德的了。显然，这是纯粹的主观主义。辩证唯物主义认为，动机和效果是对立的统一，社会实践及其效果是检验动机好坏的唯一客观标准。常常有这样的情况，好心人办了错事，这是动机和效果的矛盾。但是，真正的好心人必定是知错必改，力求达到效果和动机的统一。毛泽东同志在批评唯动机论时指出，"社会实践及其效果是检验主观愿望或动机的标准"，④ "一个人做

---

① 恩格斯：《反杜林论》，《马克思恩格斯选集》第3卷，第133页。
② 毛泽东：《在延安文艺座谈会上的讲话》，《毛泽东选集》合订本，第821页。
③ 康德：《道德形而上学探本》，第9页。
④ 毛泽东：《在延安文艺座谈会上的讲话》，《毛泽东选集》合订本，第825页。

事只凭动机，不问效果，等于一个医生只顾开药方，病人吃死了多少他是不管的。又如一个党，只顾发宣言，实行不实行是不管的。试问这种立场也是正确的么？这样的心，也是好的吗？"① 我们看到，当着法国资产阶级公开反对封建制度，积极追求现实的政治经济利益的时候，康德却在侈谈什么不计功利，不问效果的"善良意志"，这就表现了德国市民的怯弱和保守的精神状态。

如果说"善良意志"同物质利益、实际效果毫无关系，那么如何才能确定一个意志是善（好的）还是恶（坏的）呢？康德从唯心主义先验论出发，认为人们心中先天地存在着某种永恒不变、到处适用的道德规律。所谓"善良意志"就是人的意志彻底摆脱经验、感性欲望的干扰，完全服从理性先天规定的道德规律。康德认为，理性先天规定的基本道德规律是：

> 不论做什么，总应该作到使你的意志所遵循的准则永远同时能够成为一条普遍的立法原理。②

康德这句话的意思明白地说就是所谓"以身作则"或"推己及人"。比如，当一个人借了别人的钱不想还时，那就应问一问自己，"借钱不还"这条行为准则能不能成为一条普遍规律。在康德看来，只要这么一问，就会发现"借钱不还"不应成为普遍的规律，因而"借钱不还"的这种意志就不是善良的。康德把这种所谓先天的道德规律叫做理性的"绝对命令"。所谓"绝对"，就是说是无条件的，不受任何经验、感性欲望、利害关系等等条件的制约。所谓"命令"，是指"应当如此"。在康德看来，一个人如果不是从不计利害的先天道德规律出发，而是从"好借好还，再借不难"这

---

① 毛泽东：《在延安文艺座谈会上的讲话》，《毛泽东选集》合订本，第830页。
② 康德：《实践理性批判》，第30页。

点出发去还人家的钱,那末这种意志也算不得善良。因为,"好借好还,再借不难"的这个出发点,是建立在个人利害的基础上的,因而是有条件的。

不难看出,康德这里宣扬的这个先天道德规律,乃是超历史、超阶级的永恒不变的道德原则。其实,这样的道德原则在现实生活中是根本不存在的。就拿"借钱必还"、"不偷盗"等这些似乎是永恒的绝对的道德教条来说,实行上也都是历史范畴。在原始社会里,在还没有出现私有财产的时候,人们头脑里就根本没有这类道德观念。而当人类社会发展到实行"各取所需"的共产主义阶段,那末在私有制条件下形成的这些道德观念也必将消亡。恩格斯指出:"我们驳斥一切想把任何道德教条当做永恒的、终极的、从此不变的道德规律强加给我们的企图,这种企图的借口是,道德的世界也有凌驾于历史和民族差别之上的不变的原则。相反地,我们断定,一切已往的道德归根到底都是当时的社会经济状况的产物。而社会直到现在还是在阶级对立中运动的,所以道德始终是阶级的道德;它或者为统治阶级的统治和利益辩护,或者当被压迫阶级变得足够强大时,代表被压迫者对这个统治的反抗和他们的未来利益。"①

康德认为,理性的"绝对命令"也仅仅是一个"应当",实际上是得不到完全的执行的。这是因为,人不仅是一个有理性的存在者,而且是一个感性的存在者,因此要求彻底排除感性欲望对意志的影响,这对人来说,是不可能的。可以看出,康德所谓的"绝对命令",实际上是软弱无力的,"因为它要求不可能的东西,因而永远达不到任何现实的东西"。②

---

① 恩格斯:《反杜林论》,《马克思恩格斯选集》第 3 卷,第 133—134 页。
② 恩格斯:《路德维希·费尔巴哈和德国古典哲学的终结》,《马克思恩格斯选集》第 4 卷,第 227 页。

在康德看来，尽管"绝对命令"仅仅是一个"应当"，但仍然是存在于人们心中的。而道德规律的存在必须以"自由"为前提。康德所谓的"自由"，是指人的意志的一种能够排除一切外来势力的干扰，摆脱自然因果必然性、感性欲望的制约而进行独立自决、独立判断的能力。只有在意志有自由的情况下，人们才能服从道德规律。康德说：

> 只有自由者才会有道德。①

因此，康德认为，为了维护道德，必须假设人的意志是自由的。他说：

> 我们必须假设有一个摆脱感性世界而依理性世界法则决定自己意志的能力，即所谓自由。②

在康德看来，人作为感性的存在者，受自然必然性的制约，没有自由可言，人作为理性的存在者，则能摆脱自然必然性的制约，意志是自由的。意志自由显示了理性的存在者的人的独立、尊严和人格的伟大。

康德关于"自由意志"的学说，乃是典型的法国革命的德国理论。康德把法国资产阶级争取现实的政治经济利益的要求，看成"不过是一般'实践理性'的要求，而革命的法国资产阶级的意志的表现，在他们心目中就是纯粹意志、本来面目的意志、真正人的意志的规律"。③ 康德和法国启蒙思想家们一样在追求自

---

① 康德：《道德形而上学探本》，第 61 页。
② 康德：《实践理性批判》第 135 页。
③ 马克思恩格斯：《共产党宣言》，《马克思恩格斯选集》第 1 卷，第 277 页。

由，可是，他却把自由看成是道德上的假设，看成是排斥感性物质欲望的自由意志，看成是什么人类意志的要求。正如马克思和恩格斯指出的，康德"把法国资产阶级意志的有物质动机的规定变为'自由意志'自在和自为的意志、人类意志的纯粹自我规定，从而就把这种意志变成纯粹思想上的概念规定和道德假设"。① 康德的这种自由观，反映了十八世纪末德国市民的这种矛盾的精神状态：幻想自由但又不敢在实践上争取现实的自由。追求纯粹精神上的自由和解放，是康德哲学的一个显著特点。

(二)"至善"道德和幸福的统一

康德在大力宣扬道德和幸福对立的同时，又力图使二者协调起来，并把这种协调推到彼岸世界。康德的这个思想集中表现在他的伦理学的最高范畴——"至善"上。他说：

> 纯粹实践理性的无制约的对象的全体，那就是所谓"至善"。②

什么是"至善"呢？康德指出：

> 把德性和幸福结合起来以后，才算达到至善。③

可见，康德终究不是一个封建的道学先生。在他看来，讲道德虽然不是为了幸福，可是，有道德的人总不该老受苦，而应当"配享受幸福"。因此，道德和幸福的协调，应该是道德生活所追求的最高目标。

然而，"至善"这个概念必然地包含一个二律背反。因为要把

---

① 马克思恩格斯：《德意志意识形态》，《马克思恩格斯全集》第3卷，第214页。
②③ 康德：《实践理性批判》，第111、113页。

道德和幸福在现实生活中结合起来可能有两种情形：或是把谋求幸福的欲望作为道德行为的动机；或是认为道德行为可以带来幸福。康德认为，第一种情形是绝对不可能的，因为把谋求幸福的欲望作为意志的动机，完全是不道德的。第二种情形也是绝对不可能的。康德写道：

> 我们纵然极其严格地遵守道德法则，也不能因此就期望，幸福与德性能在尘世上必然地结合起来，合乎我们所谓至善。①

于是，康德便把"至善"的实现推到彼岸世界。他认为，要达到"至善"，首先就必须使人的意志同道德规律完全契合。可是，这对于具有感性欲望的人来说，只是一个"应当"。只有通过无止境的努力才能达到，光靠短短的一生的努力是不行的。怎么办？必须假定灵魂不死，今生不行，来世再努力。他说：

> 至善只有在灵魂不朽的这个假设之下，才在实践上是可能的。②

不仅如此，康德还认为，把道德和幸福这两种根本对立的东西协调起来，光靠人力是办不到的，只有假设一个超自然的最高存在者——上帝的存在，才有可能实现。他指出：

> 这个至善是只有在神的存在的条件下才能实现……假设神的存在，在道德上乃是必要的。③

---

①②③　康德：《实践理性批判》，第 116—117、125、128 页。

我们看到，被康德从《纯粹理性批判》中驱逐出科学范围的三个怪物（"上帝"、"灵魂"和"自由"），现在又在《实践理性批判》中被他请了回来。他推倒了理性神学的神殿，同时又修建起道德神学的庙宇。康德聘请上帝来保证"至善"的实现，深刻地反映了十八世纪末德国市民对封建专制制度的依附和屈从。

但是，不能由此就把康德的伦理学说成是"信仰主义的伦理学"，更不能由此把康德整个哲学的目的说成是为神学作论证的。应当看到，康德的道德神学同现存的基督教神学是有区别的。在康德这里，上帝的存在依靠道德规律来证明，而道德规律则是人的理性所制定的。康德的上帝在自然界中毫无地位，仅仅是道德上的一个假设，恩格斯指出，"康德把神的存在贬为实际理性的一种假定"。① 可见，康德的道德神学包含了对封建神学的批判成分。正因为如此，康德的道德神学曾受到封建当局的责难。

贯穿于康德伦理学中的一个重要思想——"应当"，为他的政治上的改良主义路线奠定了思想基础。和莱布尼茨不同，康德对德国现实的专制制度不满，竭力要想从思想上树立起一个同现实相对立的绝对无条件的"应当"，即资产阶级的理想王国；但是，他又认为，这个十全十美的"应当"，却是可望而不可及的，是人应当力求实现而又永远实现不了的。

康德憧憬着一个理想的国度：

> 每个人应该将他自己和别人总不只当做工具，始终认为也是目的——这是一切有理性者都服从的规律。这样由共同的客观规律的关系就产生由一切有理性者组成的

---

① 恩格斯：《恩格斯致康·施米特（1895年3月12日）》，《马克思恩格斯选集》第4卷，第515页。

系统。这个系统可以叫做目的国。①

在目的国度中，人就是目的本身，那就是说，没有人（甚至于神）可以把他单单用作手段，他自己总永远是一个目的。②

康德所向往的这个"目的国"，实际上就是法国启蒙思想家们所极力加以美化的所谓"自由、平等、博爱"的资产阶级理性王国的德国表述。法国资产阶级决心用革命的手段去实现这个理性王国，可见，德国市民的代言人康德却宣称：

当然，这个目的国只是一个理想。③

康德还说：

……完善国家……绝不能实现；……理念欲使人类之法律制度日近于最大可能的完成……盖人类所能到达之最高境域若何，理念与实现之间所有间隙之程度若何，乃无人能答——或应答——之问题。④

在康德那里，理念和现实之间，"应当如此"和"实际如此"之间，始终横隔着一条不可逾越的鸿沟。理想是美好的，人们应当努力追求，可惜的是它永远不能实现。正如马克思指出的："康德认为，共和国作为唯一合理的国家形式，是实际理性的基准，是

---

① 康德：《道德形而上学探本》，第48页。
② 康德：《实践理性批判》，第134页。
③ 康德：《道德形而上学探本》第48页。
④ 康德：《纯粹理性批判》，第255页。

一种永远不能实现但又是我们应该永远力求和企图实现的基准。"① 康德的这个"应当"哲学，为十八世纪末德国市民的改良主义的政治路线提供的思想基础，反映了这个时期的德国市民对自己的阶级要求开始有了初步的意识，但对于这种要求的实现又缺乏力量和信心。

三、对判断力的考察

康德继 1788 年发表《实践理性批判》之后，又于 1790 年发表了《判断力批判》一书，从而完成了他的批判哲学体系。

在《纯粹理性批判》和《实践理性批判》中，康德把认识和实践、知性和理性、必然和自由绝对对立起来。从而导致理想和现实、"自在之物"和"现象"的分裂。现在，康德企图在被他横加割开的东西之间搭起一座沟通双方的桥梁，这就是所谓判断力。《判断力批判》前半部分着重研究的是审美判断力问题，也即美学问题，后半部分着重研究有机生命界的目的论问题。下面我们对康德的美学思想作简要的述评。

康德处于欧洲近代美学发展过程中的经验主义思潮和理性主义思潮尖锐对立的时代。当时，理性主义美学代表人物是伏尔夫的弟子鲍谟伽敦（1714—1762 年）。鲍谟伽敦把美学看成是关于感性认识的科学，认为美就是凭感官认识到完满，美既是完满，也就是善。和理性主义美学不同，经验主义美学一般具有功利主义的倾向。十七、十八世纪英国经验主义美学集大成者布尔克（1729—1797 年）认为，美的生理心理基础是"社会生活的情欲"，美是指"物体中能引起爱或类似爱的情欲的某一性质或某些性质"。康德批评而又融会各派美学的观点，形成了一个极为复杂、充满矛盾的独特的美学体系，成了德国古典美学的开山祖。

---

① 马克思：《1848 年至 1850 年的法兰西的阶级斗争》，《马克思恩格斯选集》第 1 卷，第 465 页。

(一) 纯粹美和依存美

康德的美学首先涉及到美的形式和内容的关系问题,这就是所谓纯粹美("自由美")和依存美(亦译为"附庸美")的分析。

康德对纯粹美从四个方面作了分析。

第一,审美判断就其特质说,它和认识、道德以及利益无关,只是对象的形式给主体带来的某种自由的愉快感。

和理性主义美学不同,康德认为,审美判断不是认识判断,既不是模糊的感性认识,也不是清晰的理性认识,它只关涉对象的形式和主体的情感,而不关涉对象的内容以及主体对它的了解。比如,对同一座建筑物,人们可能会有不同的表象,既可以判定"这座建筑物是合乎建筑学法则的",也可以判定"这座建筑物是美的"。康德认为,这是两个在性质上绝然不同的判断。前者是认识判断,它涉及到对象的内容,联系到概念("建筑学法则"),是关于对象的知识。后者则是审美判断,它只是对象的形式引起的主体的情感上的快感,对事物的内容无所认识。康德说:

> 为了判别某一对象是美或不美,我们不是把〔它的〕表象凭借悟性连示于客体以求得知识,而是凭借想象力(或者想象力和悟性相结合)连系于主体和它的快感和不快感。鉴赏判断因此不是知识判断,从而不是逻辑的,而是审美的。[①]

康德在这里力求揭示知识判断和审美判断的区别,寻求审美判断的特质。包含了一定的合理成分。的确,一座建筑物尽管合乎建筑学的原理,但不一定就美,一篇理论文章即使包含了千真万确的真理,也并不一定就会给人以美的享受。但是,康德把这

---

① 康德:《判断力批判》(上卷),商务印书馆1964年版,第39页。

种区别绝对化了，断言美只涉及对象的形式，而不涉及对象的内容，甚至认为认识会破坏审美，而审美也"无助于认识"。① 这就陷入了形式主义，否定了审美活动的认识意义。

康德认为，美不是认识，而是一种快感，但这种审美愉快又不同于一般感性欲望方面的快感。和经验主义美学不同，康德力求把审美快感和由于利害关系而引起的感官上的快活舒适感区别开来，认为审美判断是纯粹的，不计利害的。在康德看来，当人们判定一座建筑物是美的时候，这种审美快感中丝毫不包含任何利害感在内，就是说这座建筑物的美同它是否可以居住，谁去占有等等毫无关系。反之，一个判断只要掺杂着任何利害感的成分，那末，它就不是一个纯粹的审美判断了。康德说：

> 如果问题是某一对象是否美，我们就不欲知道这对象的存在与否对于我们或任何人是否重要，或仅仅可能是重要的，而是只要知道我们在纯粹的观照（直观或反省）里面怎样地去判断它……每个人必须承认，一个关于美的判断，只要夹杂着极少的利害感在里面，就会有偏爱而不是纯粹的欣赏判断了。②

康德主张，在审美活动中，人们必须对于对象的存在持冷漠的态度，不存偏爱，才能在审美趣味中做裁判人。在这里，康德为了勾划出美的特殊的领域，又表现出了超功利主义的倾向。

不仅如此，康德还认为，美也不等于善。在他看来，履行道德义务而带来的愉快虽然和感官上的快适有区别，但双方在一点却是相一致的，那就是它们时时总是和一个对于它们的利害结合

---

① 康德：《判断力批判》（上卷），第40页。
② 康德：《判断力批判》（上卷），第40～41页。

着。去发现某一对象的善，我必须时时知道，这个对象应当是怎样一个东西，这就是说，从它获得一个概念。去发现它的美，我就不需要这么做。比如，花、自由的素描、无意义的花边图案等等，它们并不意味着什么，并不依据任何一定的概念，但却令人愉快。

康德对上述三种快感严格加以区别：

> 快适，美，善，这三者表示表象对于快感及不快感的三种不同的关系，在这些关系里我们可以看到其对象或表现都彼此不同。而且表示这三种愉快的各个适当名词也是各不相同的，快适，是使人快乐的；美，不过是使他满意；善，就是被他珍贵的，赞许的……在这三种愉快里只有对于美的欣赏的愉快是唯一无利害关系的和自由的愉快；因为既没有官能方面的利害感，也没理性方面的利害感来强迫我去赞许。①

康德把美同善、利害感加以区别，不无意义。事实上，能够满足感官享受的东西不一定就是美的，一项值得尊敬的善举也不一定就能给人带来美的快感。但是，把美和利害关系视同水火，把美和善绝然割裂开来，那就陷入了超功利主义，否定了审美的思想性和教育意义。

第二，康德认为，就量的方面说，审美判断具有普遍性。他说：

> 美是那不凭借概念而普遍地令人愉快的。②

---

① 康德：《判断力批判》（上卷），第46页。
② 康德：《判断力批判》（上卷），第57页。

在康德看来，审美判断都是单称判断（如"这朵玫瑰花是美的"），而不是普遍判断（如"所有的玫瑰花都是美的"）。可是，尽管如此，审美判断却具有普遍性，就是说任何人见到这朵玫瑰花都会判定它是美的。这是因为，审美判断的单凭对象的形式，而不计主体的利害得失。康德认为，感官上的快适感是主观的，不具有普遍性，一杯葡萄酒对我来说可能很合口味，对另外一个人来说，则可能感到淡而无味。可是，当我判定一个对象是美的时候，这决不是说它仅仅对我是美的，而是说它对一切人都是美的。康德写道：

> 鉴赏判断本身就带有审美的量的普遍性，那就是说，它对每个人都是有效的，而关于快适的判断却不能这样说。①

在这里，康德实际上提出来美学上的一个争论不休的问题——"共同美"的问题。

第三，康德还认为，审美判断是所谓没有目的的合目的性的判断。

在康德看来，目的有主观的和客观的分别。主观的目的是指主体对客体的利害上的要求，比如，我想把一块草地作郊外舞场。客观的目的是指对象本身各方面的和谐协调一致，比如，花是为了结果实的。康德认为，审美判断的特点是"既无客观的也无主观的目的"。②因为，审美判断既不是涉及利害关系的判断，也不是认识判断。

然而，康德又认为，审美判断虽然没有目的但又是合目的性的，是无任何目的的合目的性，换句话说，是无所为而有所为。所

---

①② 康德：《判断力批判》（上卷），第52、59页。

谓无目的，是说主体没有意识到一个明确的目的；所谓合目的性，是指对象的形式恰恰适合于主体的审美功能，从而引起审美的愉快，似乎是合乎某种目的的。

第四，康德认为，审美判断具有必然性。他说：

> 美是不依赖概念而被当作一种必然的愉快底对象。①

康德先验地假定人们之间存在着某种"共通感"。在他看来，正是这个"共通感"决定了：只要一个人判定一个事物是美的，那末人人也必然地要判定它是美的。

康德对纯粹美所作的分析可以概括为一句话：美在形式。如果康德真是到此止步，那末，康德的美学就像一些人所说的是"形式主义的美学"。然而，尽管康德在纯粹美的分析上花了很大的力量，但是他并没有停留在纯粹美上，而是在分析纯粹美的同时又提出了依存美这个范畴。在依存美问题上，康德又大谈起审美的内容来了。

关于纯粹美和依存美的区别，康德写道：

> 有两种美，即：自由美和附庸美（按：即指纯粹美和依存美）。第一种不以对象的概念为前提，说该对象应该是什么。第二种却以这样的一个概念并以按照这概念的对象底完满性为前提。②

可以看出，康德所谓的纯粹美是着眼于对象的单纯的形式；依存

---

① 康德：《判断力批判》（上卷），第79页。
② 康德：《判断力批判》（上卷），第67页。

美则依赖于对象的概念即对象的内容，或主体的特殊目的。康德区别纯粹美和依存美，似乎有两层意思。第一层意思是借以进行美的分类，这就是说，看看哪些对象是纯粹美，哪些对象是依存美。康德曾列举了一些纯粹美的事物，如花、鸟、海贝、自由的素描、无意义的花边图案、缺歌词或无标题的音乐等等。在他看来，这些东西只是以其单纯的形式给人带来美的愉快，而这种快感中丝毫不掺杂认识、道德或利害关系的因素在内。康德认为，像人体美、一座教堂的美、有标题的或有歌词的音乐等等，则不能算是纯粹美，而是依存美。因为，这些事物能给人以美的愉快，是以一个概念即这事物应该是什么为前提的。比如，说一个女子是美的，其中就包含了这样的意思，即大自然在她的形体上很美地体现了女子形体构造的目的。所以，人体美不是纯粹的，而是依存的。按照这种区分，康德所说的纯粹美的事物在数量上是极少的，仅仅包括极少量的自然美和艺术美，而大量的自然美和艺术美如诗歌、戏剧、小说等等都属于依存美范畴。因此，如果我们仅仅从这一方面去看待康德对纯粹美的分析以及它和依存美的区别。那么尽管康德把纯粹美抬得很高，其意义也是不大的。康德重视区别纯粹美和依存美，似乎更主要的是在第二层意思上，即对一个具体的美的现象进行分析：就它是事物的单纯的形式带来的审美愉快来说，是纯粹美；就它依赖于一个概念、目的方面说，则是依存美。依存美的特点就是依赖于一个概念，但是如果它不具有美的形式，即不具有纯粹美的方面，那它就说不上是美，也就只能是认识判断或道德判断了。从这个角度看，所谓纯粹美和依存美的区别，实际上就是一个具体的美的形式和内容的区别：就其单纯的形式而言，是纯粹美，是一个纯粹的鉴赏判断；就其涉及到内容来说，就是依存美，是一个应用的鉴赏判断。从这一层意思上看来，康德提出纯粹美和依存美的问题，就是企图解决美的形式和内容之间的关系问题。

在康德那里，有一种独特的思想方法，这就是首先通过抽象的分析把两个事物绝对地对立起来，然后再设法将两者在他分析纯粹美时，竭力把审美和认识、形式和内容分别开来，甚至认为认识会破坏审美。可是，当他分析依存美时又认为，只要两者结合得好，认识对审美也"有所增益"。他说：

> 本来完满性并不由于美而有所增益，美也不由于完满性而有所增益。但是如果我把一对象所赖以表示的表象和这客体通过一概念来比较（说它应成为什么），我们就不免要把它们同时跟主体的感觉一起予以考虑，那么，如果两方心意状态协调的话，想象力的全部能力就有所获益。①

按照这种理解，一个生物学家对一朵花的审美活动和认识活动就不是绝对对立的，而应当说是相互有所增益了。

那末，在审美活动中，形式和内容哪一个更重要呢？康德在这个问题上似乎是摇摆不定的。有时他强调形式，说美在于形式；有时他又强调内容，说"美是道德的象征"，② 理想美"在于表现道德"。③

在论及"壮美"（"崇高"）的时候，康德就特别强调"壮美"的道德意义。在他看来，巨大和威力无穷的事物所引起的壮美感（崇高感），其基础不在事物本身的形式，而在于人的心境。狂风暴雨，惊涛骇浪，悬崖峭壁，飞沙走石，火山爆发等等，其形象是可怖的。但是，只要我们自觉安全，它们的形象愈可怖，也就愈有吸引力。因为它们把我们的心灵提高到超越平常的境界，使

---

① 康德：《判断力批判》（上卷），第 69 页。
②③ 康德：《判断力批判》（上卷），第 201、74 页。

我们在心里发现一种能驾驭它们的威力。这样，可怖感就转化为崇高感了，称它们为壮美。在康德看来，这种壮美感不是基于事物本身的形式，而是一种"无形式"的美，是人对自己的尊严的尊敬，是人类的道德精神的表现。可以看出，康德的崇高说是主观唯心主义的。但是，也可以看出，康德对壮美的分析是着眼于内容的。

当康德分析艺术作品的形式和内容的关系时，有时又认为形式高于内容。在他看来，美的形式是评定一个艺术作品作为美的艺术作品的首要的、不可缺少的条件，就是说只因为它具有美的形式，它才有资格被称为美的艺术品。和审美形式相比，内容就显得不太重要。如果形式和内容发生矛盾时，那就宁可牺牲内容而不损害形式。

康德于内容和形式关系问题上的混乱，同这样两个问题有关：一个问题是，要求划清真、善、美的界限，寻求美的特质；另一个问题是，在一个具体艺术作品中内容和形式的关系。康德常常把这两个问题混在一起，有时为了强调美的特质，便片面强调形式，而有时为了解释复杂的审美现象又不得不重视内容。总的说来，康德没有正确处理好内容和形式的关系，没有真正达到内容和形式的统一。但是，把康德的美学归结为形式主义美学，则是不适当的。勿宁说，康德重视内容甚于形式。

（二）自然美和艺术美

康德在分析纯粹美和依存美的同时，还探讨了自然美和艺术美的问题，探讨了艺术创作问题。

什么是自然美和艺术美呢？康德写道：

——自然美是一美的物品；艺术美是物品的一个美的

表象。①

这就是说,艺术美是对于一个美的自然事物所作的形象的描绘。一朵玫瑰花是自然美,描绘这朵玫瑰花的画,则是艺术美。

康德认为,艺术美优于自然美。艺术作品不是自然事物的形象的简单的描绘和复制,而是美丽地描写自然事物,甚至能够把自然事物中本来是丑的事物描绘得很美。他说:

> 美的艺术正在那里面标示它的优越性,即它美丽地描写着自然的事物,不论它们是美还是丑。狂暴,疾病,战祸等等作为灾害都能很美地被描写出来,甚至于在绘画里被表现出来。②

按照康德的看法,自然美是纯粹美,而艺术美则属于依存美。这是因为:

> 评定一个自然美作为自然美,不需预先从对象获得一概念,知道它是什么物品,这就是说:我不需知道那物质的合目的性(这目的),而是那单纯的形式——不必知晓它的目的——在评判里自身令人愉快满意。但是如果那物品作为艺术的作品而呈现给我们,并且要作为这个来说明为美,那么,就必须首先有一概念,知道那物品应该是什么。……所以评判艺术美必须同时把物品的完满性包括在内,而在自然美作为自然美的评判里根本没有这问题。③

---

①② 康德:《判断力批判》(上卷),第157、158页。
③ 康德:《判断力批判》(上卷),第157页。

不过，我们看到，康德的这个思想并不一贯。如前所述，有些自然美，如人体美，在康德看来，并非纯粹美；而有些艺术作品，如无标题音乐，在康德看来，亦非依存美。然而，总的说来，康德倾向于把艺术美看作是具有内容的依存美。

康德认为，艺术美的特征是独创性。在他看来，艺术创造活动不同于科学活动。科学是可以学习的，即使像牛顿的数学力学知识，人们也是可以通过艰苦的学习而掌握的。但是，一个伟大的艺术作品，对我们来说，就只是一个典范。我们只能借鉴它，而不能摹仿它。如果以为人们可以从荷马的诗中学到作诗的公式，并且按照这个公式就可以作出好的诗来，或者以为只要摹仿荷马的诗便可以作出好诗来，这就大错而特错了。康德认为，艺术美的不可学习、不可摹仿性就在于艺术创造的独创性。康德的这种思想完全突破了新古典主义的仿古风，反映了浪漫主义精神。

那末，艺术创作的独创性的根源在哪里呢？康德在这里陷进了唯心主义的天才论。在他看来，在科学里，人们之间在智力上只有程度上的差别，但在艺术创作上，人们之间则有种类上的不同。康德认为，只有天才才有艺术上的独创性，只有天才才能创造出具有典范性的艺术作品。什么是天才呢？康德说：

> 天才就是那天赋的才能，它给艺术制定法规。既然天赋的才能作为艺术家天生的创造机能，它本身是属于自然的，那么，人们就可以这样说：天才是天生的心灵禀赋，通过它自然给艺术制定法规。①

康德认为，天才的作用不在艺术品的形式技巧方面，其任务主要是给作品灌注灵魂，表达审美理念（亦译为"意象"、"观

---

① 康德：《判断力批判》（上卷），第152页。

念")。人们常常看到，有某些艺术作品，虽然从纯粹鉴赏观点即单纯从艺术形式方面来看挑不出什么毛病，但总感到其中没有精神，没有灵魂。这精神或灵魂就是审美理念。继美在于形式、美是道德精神的表现之后，康德现在对美又重新下了一个定义：

> 人们能够一般地把美（不论它是自然美还是艺术美）称做审美诸观念的表现。①

康德认为，天才的艺术作品便是审美理念的感性形象的显现。天才的艺术作品，就其感性形象来说，它是个别的、具体的、有限的；就其显现出审美理念来说，它又是普遍的、概括的、无限的。人们从这种个别的、具体的、有限的感性形象上却领受到那种只可意会而不可言达的无限富饶的精神。

在康德看来，和理性理念不同，审美理念是只可领会而不可言说的，但就它力求摸索超出经验范围之外的这方面说，也就是力求接近理性理念的感性形象显现，使这些理性理念获得"客观现实性的外观"，② 仿佛变成了客观现实。

我们看到，贯穿于康德哲学的一个基本矛盾——"自在之物"和"现象世界"、理念和现实之间的对立，现在似乎通过天才，通过艺术得到了解决，思维和存在仿佛达到了同一。康德的这个思想，后来在谢林那里得到了充分的发挥。

康德开始了德国的资产阶级哲学革命，是德国古典哲学的奠基者。

在欧洲十八世纪末的历史条件下，康德哲学对于法国的唯物论和无神论来说，它是妥协的，保守的；对于德国的封建神学和

---

① 康德：《判断力批判》（上卷），第167页。
② 康德：《判断力批判》（上卷），第160页。

莱布尼茨—伏尔夫"形而上学"来说,则是革命的、激进的。康德哲学中包含着革命的批判的成分,是一个带有很大保守性的进步哲学。

在哲学上,康德是一位二元论者。认识论上的主导倾向是主观唯心论和不可知论。康德的思想是趋向辩证的,他力图把十七、十八世纪哲学中被认为是绝对不相容的东西统一起来,这个方向是正确的;但是,实际上他只是把对立面拼合或捏合在一起,而没有达到真正的辩证统一。因此,从方法论上看,尽管康德哲学中包含着某些深刻的、富有启发性的辩证法思想倾向,但康德思想的主导方面还是形而上学的。

第二节 费希特的"自我-非我同一"哲学和谢林的"绝对同一"哲学

就在康德发表《实践理性批判》一书的第二年,即一七八九年,莱茵河彼岸一声炮响,法国爆发了资产阶级革命。这场震撼全欧的大革命,把沉睡的德国惊醒了。正如恩格斯所说的,"法国革命像霹雳一样击中了这个叫做德国的混乱世界。……整个资产阶级和贵族中的优秀人物都为法国国民议会和法国人民齐声欢呼"。① 在莱茵省,资产阶级一度推翻了专制制度,建立了资产阶级民主制度。法国革命激动了德国资产阶级的反封建的革命情绪,促进了德国资产阶级的形成。

在法国革命的影响下,伴随着德国资产阶级的形成,德国哲学战线上出现了一场批判康德哲学的思想运动。法国革命实际上已把康德所树立的那个可望而不可即的理想王国——"目的国"变

---

① 恩格斯:《德国状况》,《马克思恩格斯全集》第2卷,第635页。

成了现实,资产阶级上了台。这样一来,康德的那个割裂思维和存在的关系的软弱无力的"应当"哲学,就被法国革命的实践所推翻了,因而它也就不再适合被法国革命激动起来的德国资产阶级的胃口了。法国革命开阔了人们的眼界,一场批判康德的二元论和不可知论、论证思维和存在同一的哲学运动随之在德国掀起。费希特开了个头,紧接着谢林,黑格尔作了总结。

然而,应当看到,尽管法国革命给了德国资产阶级以很大的激励,但这并不意味着德国资产阶级现在就决心以法国资产阶级为榜样,联合劳动群众,立即投入革命,大干一场,把自己的阶级理想也在德国变为现实。正在形成的德国资产阶级依然十分怯弱,极其保守。德国市民—资产阶级在它的漫长的襁褓生活中已经养成了依赖、屈从封建专制制度的庸俗习气。它既敬畏国王,又害怕人民。它被法国革命过程中劳动群众掀起的革命风暴,以及尔后在德国许多地方发生的城乡劳动群众的革命暴动吓破了胆。软弱的德国资产阶级极端害怕革命的群众运动,妄图通过改良主义的道路实现自己的理想。恩格斯指出,德国资产阶级"宁肯保持自己的那古老的安宁的神圣罗马粪堆,也不要人民那种勇敢地摆脱奴隶制锁链并向一切暴君、贵族和僧侣挑战的令人颤栗的行动了"。[①] 因此,当着法国革命发展到雅各宾党人专政的时候,德国资产阶级对法国革命的热情就一变而为对法国革命的憎恨了。可见德国资产阶级这个新兴的社会势力,在政治上仍然是很保守的,它向往革命,但又不敢实行革命。

然而,尽管如此,德国资产阶级还是从法国革命中得到了鼓舞,并从中看到了资产阶级理想可以变为现实的希望。因此,尽管它不敢公开造反,在行动上继续保持规规矩矩,但在思想上却掀起了一阵风浪。

[①] 恩格斯:《德国状况》,《马克思恩格斯全集》第 2 卷,第 635 页。

从费希特到黑格尔的批判康德哲学的思想运动,就鲜明地打着资产阶级的这种两面性的烙印。批判家们有一个共同的特点:他们一方面大力发挥辩证思想,力图克服康德割裂思维和存在关系上的形而上学,论证思维和存在的同一;另一方面,他们又竭力反对法国唯物论,抛弃康德哲学中包含的唯物论因素,走向更彻底的唯心论。这就是说,他们企图在思维里追求思维和存在的同一,在头脑里树立起理想可以变成现实的信念。正如马克思深刻地指出的,德国资产阶级"只是用抽象的思维活动伴随了现代各国的发展,而没有积极参加这种发展的实际斗争",①"它的思维的抽象和自大总是同它的现实的片面性和低下并列"。②

一、费希特的"自我—非我同一"哲学

在德国古典哲学中,费希特首先开始了对康德的二元论、不可知论的批判,企图在主观唯心主义的"自我"哲学的基础上解决思维和存在的同一。

约翰·哥特利勃·费希特(1762—1814年)是德国资产阶级的思想代表。他出身于一个贫穷的手工业者的家庭,先后在耶拿大学和莱比锡大学学习神学,毕业后,任家庭教师数年。而后,费希特到哥尼斯堡拜访他所敬仰的康德。在康德的帮助和影响下,从事哲学研究,并因阐述康德哲学而成名。1794年,费希特担任耶拿大学教授。不久因被指控宣传无神论而被迫离开耶拿大学。1779年,他去爱尔兰根大学任教。1809年后,费希特一直担任柏林大学教授。他在《知识学基础》(1794)和《知识学导言》(1797)这两部著作中,系统地阐述了他的"自我"哲学的基本观点。《论学者的使命》(1794)和《人的使命》(1800),这两部书主要讲的是社会政治、伦理问题。《对德意志民族的演说》(1808)是费希特在拿破仑入侵时期所作的反对拿破仑侵略的演说集。

---

①② 马克思:《〈黑格尔法哲学批判〉序言》,《马克思恩格斯选集》第1卷,第10、8页。

在法国革命的推动下,费希特最初在政治上是比较激进的。他欢呼法国革命,肯定法国革命反对封建制度的合理性。费希特反对封建的等级制度,鼓吹资产阶级自由、平等思想。他拥护卢梭的社会契约论,主张君主立宪制,实行法治。大约在1800年后费希特在政治上趋向保守。他开始抛弃他早期宣扬过的资产阶级民主主义思想,主张保留等级制度,和专制制度妥协。

在哲学上,费希特是直接从康德出发的。他认为康德哲学把人的精神放到高于一切的地位,具有重要的意义。但是,受到法国革命浪潮的剧烈震荡的费希特很快就由康德的信徒变成为康德哲学的批判者。在费希特看来,康德哲学的明显的缺陷就在于理论和实践、必然和自由、存在和思维的分裂造成这种分裂的关键,又在于康德肯定"自在之物"的存在。费希特认为,尽管康德批判了莱布尼茨—伏尔夫"形而上学"的独断论,但是康德仍然肯定一个不可知的"自在之物"的存在,这表明康德哲学仍然没有彻底摆脱"形而上学"的独断论。费希特为了论证思维和存在的同一,便把火力集中于批判康德的"自在之物"的学说。在他看来,康德肯定一个不可知的"自在之物"的存在,在理论上是根本说不通的。因为,康德既然承认"自在之物"是经验之外的东西,并且肯定人的认识又只能局限在经验之内,那么,他就没有任何理由去肯定"自在之物"的存在。因此,费希特断言:

> 物自身是一种纯粹的虚构,完全没有实在性。[1]

在费希特看来,"自在之物"既然是不可认识的,那么它就是不存在的。对于人的认识来说,"自在之物"只是一个不必要的赘物,应

---

[1] 费希特:《"知识学"引论第一篇》,《十八世纪末—十九世纪初德国哲学》,商务印书馆1960年版,第142页。

予彻底根除。

　　费希特对康德的"自在之物"学说的批判，具有二重性。我们知道，康德有时把"自在之物"了解为作用于我们的感官而使我们产生感觉的外部物质世界，有时他又把"自在之物"说成是什么上帝、灵魂和自由。可见，康德的"自在之物"本来就是一个混乱的不确定的东西，既包含有唯物主义的因素，也具有唯心主义的成分。费希特是站在彻底的主观唯心主义立场否定康德的"自在之物"的。他把一切承认在人们感觉经验之外存在着某种东西的学说，不论是承认外部物质世界独立自存的唯物论，还是肯定一个客观的精神实体存在的客观唯心论，统统斥之为独断论。就此而言，他的主张带有明显的休谟主义色彩。他宣称，"彻底的独断论者必然也是唯物论者"，① 同时他又认为，肯定在人们感觉之外还存在着一个上帝的贝克莱哲学也是"一个独断论的体系"。② 费希特对康德的"自在之物"的否定也包含了两方面意义：当他把批判的矛头指向康德关于作为感觉经验的源泉的意义上的"自在之物"的时候，他是企图取消康德哲学中的唯物主义因素，这是从右的方面对康德哲学的批判，表现了费希特哲学的反唯物主义的基本倾向和保守性质。当费希特把批判的矛头指向康德关于作为上帝、灵魂和自由等精神实体的意义上的"自在之物"的时候，他是企图从更彻底的主观唯心主义的立场上清算康德哲学中仍然存留的莱布尼茨—伏尔夫"形而上学"的余毒，表现了费希特哲学是一种近似于休谟哲学的非宗教的思想形式。

　　费希特对传统神学持批判的态度。他承袭了康德的道德神学的思想，认为上帝只是一种道德秩序，其它便什么也不是。他说：

---

①② 费希特：《"知识学"引论第一篇》，《十八世纪末—十九世纪初德国哲学》第144、151页。

>　……活生生的、作用着的道德秩序就是上帝，我们不需要任何其它上帝，也不能理解任何其它的上帝。离开那个道德秩序，并从有根有据得到论证的东西进行推论，假定还有一个特殊存在是这个有根有据得到论证的东西的原因，这在理性中是毫无根据的；原始的悟性肯定不会这样地做出这种推论，也不知道有这种特殊存在；只有那种误解了自己本身的哲学才会做出这样的推论。①

按照费希特的观点，存在只是一个适用于感性世界的范畴，而上帝则是超感性的，因此，上帝没有存在，也不可能存在。如此看来，关于上帝存在的种种理论证明都是毫无根据的。费希特的上述神学观点曾被指控为无神论，这显然是不公正的。他曾为此进行过辩护。但是，费希特的神学观点同当时占统治地位的神学观点的矛盾却是实实在在的，单单肯定上帝不存在这一点，对于传统神学来说就是大逆不道，不能容忍的。

费希特在批判康德的"自在之物"学说的同时，又竭力发挥康德的主观唯心主义，坚持知识不超出感觉经验的论断。他说：

>　注意你自己，把你的目光从你周围收回来，回到你的内心，这是哲学对它的学徒所做的第一个要求。哲学所要谈的不是在你外面的东西，而只是你自己。②

那么，经验的根据是什么呢？费希特认为，经验的根据不是"自在之物"，而是"自我"。在费希特看来，当人们说到"事物"、

---

① 转引自海涅《论德国宗教和哲学的历史》，商务印书馆1974年版，第130—131页。
② 费希特：《"知识学"引论第一篇》，《十八世纪末—十九世纪初德国哲学》，第137—138页。

"客体"（由感觉经验构成的）的存在的时候，首先就不言而喻地肯定了知觉它们的"意识"、"理智"也即"自我"的存在。他写道：

> 究竟谁知觉到它是那个物呢？凡是懂得这个问题的意义的人，就不会回答说：它自己知觉到；人们还必须把一个知觉到这个物的理智设想进去；相反地，理智必然自己知觉到它自己是什么，对于理智，就不用再设想什么东西进去。①

因此，费希特认为，"事物"、"客体"（感觉经验）依赖于知觉它们的"自我"，而"自我"则是独立存在的，它不依赖于"事物"、"客体"。一句话，"自我"是经验的根据。

由此，费希特提出了他的哲学的第一个命题：

自我设定自身。

所谓"自我设定自身"，就是说"自我"乃是一切知识的绝对在先的、无条件的根据，它是不依赖于他物而独立自存的东西。显然，费希特的这个命题是彻头彻尾的主观唯心主义的命题，是极其荒唐的。列宁指出："我们的感觉、我们的意识只是外部世界的映象；不言而喻，没有被反映者，就不能有反映，被反映者是不依赖于反映者而存在的。"② 费希特硬把自我意识这种第二性的东西说成是本原的东西，说成是不依赖于外部世界而独立自存的东西，这是十足的唯心主义臆说。费希特为了掩盖他的哲学的主观唯心主义性质，避免陷入唯我论，说什么他的"自我"并非指某个人的

---

① 费希特：《"知识学"引论第一篇》，《十八世纪末—十九世纪初德国哲学》，第149页。
② 列宁：《唯物主义和经验批判主义》，《列宁选集》，第2卷，第65页。

经验的"自我",而是指一切人所共有的普遍的纯粹的"自我"。但是,既然他把"自我"这种精神性的东西看作是最终的实在,他的这个哲学命题就不能超越主观唯心主义的窠臼。

费希特哲学的第二个命题是:

  自我设定非我。

费希特把认识主体同客观世界的对立,歪曲为主观意识范围内的自我意识同感觉经验的对立。他的所谓"自我"近乎康德所说的那个进行先验统一的"自我意识",所谓"非我"则近乎康德所谓的"现象世界"或"自然"。费希特的"自我设定非我"的命题,正是康德的"人给自然界立法"的主观唯心主义思想的发展。按照这个命题,"自我"是世界的创造主,而世界则是"自我"活动的产物。显然,这也是一个彻头彻尾的主观唯心主义的命题。

按照费希特的观点,当着"自我"创造了"非我"之后,就出现了"自我"和"非我"的对立和限制。"自我"是能动的,自由的;"非我"是被动的,受必然性制约的,两者彼此限制,相互排斥。

值得注意的是,费希特在研究"自我"和"非我"的相互关系的过程中,导出了实体和偶性、因果性和交互作用、有限和无限、实在和否定等范畴。和康德不同,费希特开始把范畴看作是相互联系和转化的东西,并对范畴进行抽象的逻辑推演。比如,"自我"和"非我"是相互限制、相互作用的,这样因果性范畴就转化为交互作用的范畴。

费希特从他的哲学的第二个命题进而引出了他的哲学的第三个命题:

  自我设定自身和非我。

费希特把他的哲学的第一个命题"自我设定自身"叫做"正题",把第二个命题"自我设定非我",叫做"反题";把第三个命题"自我设定自身和非我",叫做"合题"。所谓"合题",就是"自我"克服、扬弃自己的对立面"非我"而回复到自己,在"自我"内达到"自我"和"非我"的同一。费希特就是这样在"自我"的圈子里通过"自我"和"非我"的矛盾和斗争,实现了自由和必然、思维和存在的同一。在他看来,这就克服了康德的二元论、不可知论。可以看出,费希特是一位可知论者,但却是一位唯心主义的可知论者。

费希特哲学的一个明显的特点,就是通过唯心主义的方式着重突出了人的主观能动性的问题。在他看来,"自我"不仅是一个认识主体,而且也是一个实践主体。"自我"是一个能动的创造性的主体,它的本质就是行动,费希特指出:

> 理智是一行动,绝对不再是什么。①

在费希特那里,"自我"不仅能动地创造了自己的对立面"非我",而且用行动克服了自己的对立面"非我"对自己的限制。在他看来,就"非我"作用于"自我","自我"受"非我"的限制而言,这是"理论认识"活动;就"自我"以自己的行动克服"非我"的限制而言这是"实践活动"。而"自我"则是理论活动和实践活动的统一。

综上所述,费希特哲学有几点值得注意:他开始把人的认识看作一个矛盾发展过程来加以考察;主张理论和实践、自由和必

---

① 费希特:《"知识学"引论第一篇》,《十八世纪末—十九世纪初德国哲学》,第153页。

然、思维和存在的统一；突出地强调了人的主观能动性。费希特的这些思想较之康德哲学前进了一步，在一定程度上克服了十八世纪法国唯物论者的消极反映论、一次反映论的缺陷，对后来谢林、黑格尔哲学的形成和发展有着积极的影响。但是，费希特的这些思想是以他的主观唯心主义世界观为基础的。他的所谓"自我"，实际上不过是"形而上学地改装了的、脱离自然的精神"。① 费希特所说的能动作用、行动，始终是自我意识范围内的抽象的意识活动，而不是"真正现实的、感性的活动"。② 费希特在意识中抽象地发展人的主观能动性的思想，深刻地反映了德国资产阶级思想上向往革命而在实践上又不敢采取任何行动的软弱性格。

费希特指出：

> 什么时候还有某种对立面存在，什么时候就必须把它结合起来，一直到得出绝对的统一为止。当然，这种绝对的统一如到时候将指出的那样，只有凭借达到无限才能得到，而这种接近，本身是不可能达到的。③

他还说：

> 人应该无限地、永远不断地接近那个本来达不到的自由。④

按照费希特的观点，"自我"应当克服"自我"和"非我"的对立，

---

① 马克思恩格斯：《神圣家族》，《马克思恩格斯全集》第 2 卷，第 177 页。
② 马克思：《关于费尔巴哈的提纲》，《马克思恩格斯选集》第 1 卷，第 16 页。
③④ 费希特：《"知识学"基础》，《十八世纪末—十九世纪初德国哲学》，第 133、135 页。

达到绝对统一,获得"绝对自由",但实际上这是永远不会有结果的,而只能是一个无限地向着"绝对自由"接近的过程,永远地朝着理想的前进运动。由此看来,尽管费希特力图超出康德,但实际上并没有彻底摆脱掉康德。

二、谢林的"绝对同一"哲学

继费希特之后,谢林提出绝对同一哲学,企图在客观唯心主义的基础上进一步发挥辩证法,解决思维和存在的同一问题。

弗里德里希·威廉·约瑟夫·谢林(1775—1854年)是符登堡莱昂贝格的一个新教牧师的儿子。1790—1795年,谢林在图平根神学院学习,和黑格尔是同窗好友。大学毕业后,干了几年家庭教师。1798年,谢林到耶拿大学担任教授,同费希特共事。1803年到1806年,他在维尔茨堡大学任教。1806年到1820年期间,谢林任慕尼黑美术学院秘书长。1820年到1826年,在埃尔兰根大学任教。1827年,巴伐利亚君主路德维希任命谢林为国家科学中心总监,并担任科学院院长和慕尼黑大学教授等职务。1841年,应普鲁士国王的邀请,主持柏林大学哲学讲座,随后担任柏林科学院院士和普鲁士政府枢密顾问。1854年,死于赴瑞士的途中。

谢林的一生是由进步的青年时期和反动的晚年时期组成的。马克思曾经肯定了"谢林的真诚的青春思想",同时也深刻地揭露了谢林的晚期的哲学活动是"在哲学幌子下的普鲁士的政治"。[①]

谢林早期的激进的社会政治观点,是在法国革命的直接影响下形成的。他和同时代的许多德国进步分子如费希特、黑格尔等人一样,热情欢呼法国革命。为了激励德国人民的革命情绪,谢林曾把法国革命歌曲《马赛曲》译成了德文。传说他曾和黑格尔等人一起在图平根神学院的校园里种植自由树,以示对法国革命

[①] 马克思:《马克思致路·费尔巴哈(1843年10月3日)》,《马克思恩格斯全集》第27卷,第445页。

的向往。青年谢林热心于研究法国启蒙思想家们的著作,特别是卢梭的著作。他认为,人的本质就是自由,人类的历史就是自由发展的历史。他把资产阶级的法治制度描绘为人类的理性王国,认为只有实行普遍的法治,自由才可能得到保证。他写道:

> 普遍的法治状态是自由的条件,因为如果没有普遍的法治状态,自由便没有任何保证。①

青年谢林猛烈抨击封建专制制度,认为专制制度是反理性的,是和法治制度根本对立的,因而迟早会瓦解。在他看来,在专制制度下:

> ……不是法律占支配地位,而是法官的意志和专制主义占支配地位,专制主义把法律当作洞见玄机的天意,在不断干预法律的自然进程的情况下加以执行,这种制度的景象就是深信法律神圣性的感情所遇到的最可鄙的和最令人愤慨的景象。②

青年谢林无情地揭露正统教会和神学家们的虚伪和无知,指责他们带着"道德的面具","嘲弄历史","把无理性的东西说成是理性的"。他宣称,"对于我们说来,关于上帝的正统概念已不复存在了"。

青年谢林朝气蓬勃,他意识到自己正处于一个哲学革命的时代,决心要为摧毁旧的思想桎梏干出一番事业来。1796年1月,在他给黑格尔的一封信中写道:"我认为,只要那些天不怕地不怕的

---

① 谢林:《先验唯心论体系》,商务印书馆1977年版,第244页。
② 谢林:《先验唯心论体系》,第236页。

青年人团结一致,在各个方面协同动作,从不同角度为同一事业奋斗,沿着不同道路奔向同一目标,那就一定会取得胜利"。他还说,"如我一旦能自由地呼吸,我该多么高兴哪!"①

从哲学方面看,谢林的早期哲学活动是德国古典唯心主义发展过程中的一个重要阶段。谢林开始把康德和费希特的主观唯心主义转变为客观唯心主义,把康德和费希特的主观辩证法推广于自然界和人类历史,力图以此进一步解决思维和存在的同一问题,从而为黑格尔创立思维和存在同一的唯心辩证法的体系创造了条件。

谢林最初积极追随费希特,批判康德哲学。他肯定康德哲学的革命意义,但对康德肯定自在之物,割裂理论和实践、必然和自由、思维和存在的关系,则表示不满。当时,有一批康德主义者竭力制造出某种康德体系的肤浅杂拌用以喂养神学,一切可能的神学教条,都被贴上了实践理性公认的标签,把本来已经开始消瘦下去的神学又弄得强健起来。谢林对此感到十分愤慨。他站在费希特的"自我"哲学的立场上宣称,"上帝只不过是个绝对自我"。②

然而,正像康德哲学的信徒费希特很快就离开了康德哲学一样,费希特哲学的信徒谢林不久也离开了费希特,形成了自己的独立的体系。在谢林看来,费希特的"自我"既然是一个和"非我"相互对立、相互限制的东西,那么它就不可能是绝对的、无条件的,因而,"自我"和"非我"的同一仍然是无法保证的。谢林认为,要设想"自我"和"非我"即主体和客体、自由和必然、思维和存在的同一,就必定要有一个凌驾于二者之上、既非主体

---

① 《谢林致黑格尔(1796年1月)》,《黑格尔通信百封》,上海人民出版社1981年版,第54页。
② 《谢林致黑格尔(1795年2月4日)》,《黑格尔通信百封》第41页。

又非客体的东西，这就是所谓"绝对"或"绝对同一性"。他说：

> 客观事物（合乎规律的东西）和起决定作用的东西（自由的东西）的这样一种预定和谐唯有通过某种更高的东西才可以思议，而这种更高的东西凌驾于客观事物和起决定作用的东西之上……那么，这种更高的东西本身就既不能是主体，也不能是客体，更不能同时是这两者，而只能是绝对的**同一性**。①

谢林认为，"绝对同一性"是产生一切有限事物（物质的和精神的）的本原，并且是主体和客体、自由和必然同一的根据。他说：

> ……这种绝对是个人和整个类族自由行动中的客观事物和主观事物和谐一致的真正根据。②

谢林把"绝对同一性"神秘化。他认为，这种"绝对同一性"乃是一种无意识的、不可称谓的东西，因而不是知识的对象，而只能是行动中永远假定的，即信仰的对象。一句话，"绝对同一性"就是上帝。在谢林看来，正是这个无意识的、不可称谓的上帝主宰着自然和历史的进程，主宰着主体和客体、自由和必然、思维和存在的同一。

可以看出，谢林似乎是想把自己的哲学凌驾于唯物主义和唯心主义之上，妄想包罗和超越一切已往的哲学派别，但实际上是不可能的。尽管他把"绝对同一性"说成是什么无意识的、不自觉的东西，但仍然是一种精神实体。因此，谢林实际上并没有超脱唯物主义和唯心主义这两个哲学基本派别，他只是从费希特的

---

①② 谢林：《先验唯心论体系》，第250页。

主观唯心论转向了客观唯心主义。

谢林常把自己称作斯宾诺莎主义者。我们看到，谢林的"绝对同一性"貌似斯宾诺莎的"实体"，但从哲学路线上看，两者则是根本对立的。斯宾诺莎的泛神论是唯物主义的，谢林的泛神论则是唯心主义的。然而，应该看到，尽管谢林的泛神论是唯心的，他本人也不是一位无神论者，但在当时德国的历史条件下，这种唯心论的泛神论同正统神学显然是相抵触的，包含了积极的批判成分。

此外，谢林的"绝对同一性"和斯宾诺莎的"实体"还有一点不同，斯宾诺莎把"实体"看作静止、呆板的东西，谢林的"绝对同一性"则是一个能动的发展的过程。谢林认为，"绝对同一性"是主体和客体、精神和自然、思维和存在的来源和归宿，并且贯穿于双方的矛盾发展过程之中。在谢林那里，最初是无差别的"绝对同一性"，后来这个无差别的东西竟然发生了差别，出现了自然和精神这两个对立面，从而开始了自然和精神的矛盾发展史。在他看来，在这两个对立面的矛盾发展过程中，"绝对同一性"隐藏在背后、主宰着自然和精神的同一，自然是可见的精神，精神是不可见的自然。而自然和精神的矛盾发展最后又归结于无差别的"绝对同一性"。谢林认为，"绝对同一性"的发展过程就是"绝对同一性"从不自觉到自觉、从无意识到自我意识的发展过程。

以"绝对同一性"为核心的谢林哲学体系是由所谓自然哲学和先验哲学两个部分所组成的。他的《世界灵魂》(1798)、《自然哲学体系初稿》(1799)、《自然哲学体系初稿导言》(1799)等著作，讲的是自然哲学；而《先验唯心论系统》(1800)则是一部讲先验哲学的著作。按照谢林的体系，自然哲学以自然界为对象，其宗旨是要把一切自然现象归结为精神，或者说是从自然追溯到精神；先验哲学则以人类精神生活为对象，其宗旨是要表明精神——

定要把自己展示在自然之中，或者说是从精神引出自然。在谢林看来，不论是自然哲学，还是先验哲学，都是为了解决自然和精神的同一，都是以"绝对同一性"为基础的。

谢林的自然哲学是和当时德国文学艺术中流行的泛神论思潮相呼应的，它赋予自然界的事物以精神和生命。他认为，自然界是"绝对同一性"的客观化，是"绝对同一性"的不自觉或无意识的发展阶段。自然哲学的任务就是从自然中引出精神。"完善的自然理论应是整个自然借以把自己溶化为一种理智的理论，"① 物质完全消失，剩下的只是规律，如光学成了几何学。自然界和精神相对立，但其中又蕴含着精神。谢林所倡导的自然哲学不是从客观自然界的各种实际事物出发，不是借助于科学实验方法去揭示自然界的发展规律，而是企图从所谓"绝对同一性"中先验地演绎出自然界及其发展规律。这样，在谢林的自然哲学中就不可避免地充塞着许多荒唐的东西。比如，他把光说成是什么"绝对"的自我直观，说什么任何化学变化的最后结果都是水等等。不过，还应当看到，谢林的自然哲学也在一定程度上反映了当时自然科学的发展状况，包含了某些合理的辩证法猜测。比如，他力图运用矛盾的观点去观察自然界的各种现象，如引力和斥力、正电和负电，刺激和反应等等。在他看来，自然界是两种对立的自然力量的矛盾的不断解决又不断产生的发展过程。这个过程经历了质料、物质（磁、电和化学过程）和有机体（植物、动物和理性生物）三个阶段。低级阶段过渡到高级阶段，高级阶段包含着低级阶段，但又不等于低级阶段。可以看出，谢林借助于思辨方法描绘的这幅自然界的生成、发展的画面，实际上是以当时的自然科学知识为基础的，在一定程度上概括了十八世纪末到十九世纪初自然科学中正在形成的发展观点。恩格斯在论及谢林这一类

---

① 谢林：《先验唯心论系统》，第7页。

的自然哲学的时候,写道:"旧的自然哲学有许多谬见和幻想,可是并不比当时经验主义的自然科学家的非哲学理论包含得多,至于它还包含许多有见识的和合理的东西,那么这点自从进化论传布以来,已开始为人们所了解了。"①

谢林认为,当自然界发展到有机生命阶段的时候,就明显地表现了自然界是机械性和合目的性,必然和自由的统一。他说:

> 自然界在其机械过程中虽然本身无非是盲目机械过程,却是合乎目的的。②

他还说:

> 唯独有机自然界向我们提供了自由和必然的统一在外部世界的完整表现。③

在谢林看来,他的自然哲学就这样从自然中引出了精神,解决了自由和必然、思维和存在的同一。谢林这种硬把自然界精神化的作法,显然是彻头彻尾的唯心主义的。

谢林的先验哲学以研究精神生活的发展过程为对象。谢林认为,和无意识的必然的自然界不同,人类社会历史乃是一个有意识的自由的创造过程。但是,他又认为,正如无意识的必然的自然界中存在着有意识和自由一样,在有意识的自由的社会历史的创造活动中也存在着无意识的、必然的东西,尽管它和自然界的必然性不同。谢林写道:

---

① 恩格斯:《反杜林论》,《马克思恩格斯选集》第3卷,第52页注。
②③ 谢林:《先验唯心论体系》,第257、258页。

> 这种自然界（按：指人类历史）也受一种自然规律的支配，但这种规律完全不同于可见的自然界中的规律，就是说，是一种以自由为目的的自然规律。①

我们看到，谢林是一个历史唯心论者，但是，同先前那些把历史现象看成是人们的任性的产物或偶然事件的堆积的唯心史观不同，谢林的唯心史观力图从人们有意识地创造历史的过程中，寻求不依人们意志为转移的客观的历史发展规律，力图解决人类历史活动中的个人自由和历史发展的必然性之间的矛盾。

那么，如何解决历史活动中的自由和必然之间的矛盾呢？谢林的基本态度是：

> 历史的主要特点在于它表现了自由和必然的统一，并且只有这种统一才使历史成为可能。②

在谢林看来，人们总是有意识地自由进行历史行动的，可是，人们却往往在自己的行动中无意识地产生了人们从未料想过的结果。这种常见的、事与愿违的情况说明，人们虽然自由地行动，但结局却取决于一种不依个人意志为转移的必然性，而这种必然性又恰恰是通过各个人的自由的无规律的行动来实现的。谢林写道：

> 在一切行动中的客观的东西都是某种共同的东西，它把人们的一切行动都引导到唯一的共同目标上。因此，人们不管怎样做作，不管怎样任意放肆，都会不顾他们

---

① 谢林：《先验唯心论体系》，第235页。
② 谢林：《先验唯心论体系》，第243页。

的意志，甚至于违背着他们的意志，而为他们看不到的必然性所控制，这种必然性预先决定了人们必然会恰好通过无规律的行动，引起他们预想不到的表演过程，达到他们不打算达到的境地，而且这种行动越无规律，便越确实会有这样的结果。①

谢林认为，自由和必然的统一，根源于"绝对同一性"。在他看来，正是这个不可言说的、无法捉摸的"绝对同一性"主宰着自由和必然的统一。他说：

> 一切行动只有通过自由和必然的原始统一才能理解。②

因此，谢林神秘地认为：

> 整个历史都是绝对不断启示、逐渐表露的过程。③

我们看到，唯心论者谢林根本不懂得从社会物质生活中去寻找社会历史发展的客观规律，也不可能正确解决人的主观能动性和客观规律性的辩证关系，而是把历史中必然和自由的关系歪曲为无意识的东西和有意识的东西之间的关系，把自由和必然的统一归之于所谓"绝对同一性"。这显然是唯心主义的。但是，谢林在这里肯定历史发展有其不依个人意志为转移的规律性，肯定了人的自由，并且主张自由和必然的统一，从人类认识发展史上看，这种观点较之那种根本否认历史发展规律的唯意志论和根本否认个人自由的宿命论的历史观，是一个进步。谢林的这种唯心主义

---

①②③　谢林：《先验唯心论体系》，第 248、254、252 页。

的辩证历史观,后来在黑格尔的历史哲学中得到了系统的发挥。

艺术哲学在谢林的先验哲学中占有突出的地位。和康德相似,谢林把人的精神活动分为"理论活动"、"实践活动"和"艺术活动"三个方面。他认为,"绝对同一性"是不能言传和理解的,而只能加以直观。在他看来,在艺术作品中,精神和自然、主体和客体、思维和存在互相融为一体,而艺术的美感直观则是引导人们消除一切矛盾,达到"绝对同一性"的唯一途径。谢林写道:

> 艺术好像给哲学家打开了至圣所,在这里,在永恒的、原始的统一中,已经在自然和历史里分离的东西和必须永远在生命、行动和思维里躲避的东西仿佛都燃烧成了一道火焰。[①]

谢林的艺术理论完全是唯心论的,并带有神秘主义的性质。它为当时文学艺术中流行的浪漫主义思潮提供了哲学根据。谢林把艺术看作是理想世界和现实世界的统一,看作是最好、最高的救世药方,深刻地反映了德国资产阶级的软弱性。

我们从谢林哲学中可以看到,德国古典哲学中的辩证法思想又得到了进一步的发展。首先,和康德、费希特的哲学不同,贯穿于谢林哲学的一条思想线索就是发展的观点。他通过思辨的方法把自然界和人类历史描绘为一个由低级到高级的不断发展的过程。谢林的这种发展观较之十七、十七世纪流行的形而上学的绝对静止的观点,是一个很大的进步。

其次,谢林开始把矛盾理解为事物运动发展的源泉。和康德、费希特不同,谢林认为矛盾不仅是主观意识所固有的现象,而且是自然界和人类历史发展的动力。他说:

---

① 谢林:《先验唯心论体系》,第 276 页。

>对立在每一时刻都重新产生,又在每一时刻被消除。对立在每一时刻这样一再产生又一再消除,必定是一切运动的根据。①

谢林猜测到,事物的发展总是向着自己的反面转化过去。他说:

>在任何变化中都会发生从一种状态向矛盾对立的状态的转化,比如,一个物体从 A 方向的运动转化为向一A 方向的运动。②

谢林还试图运用矛盾观点来说明事物的更替代谢。他指出:

>人们要想更确切地规定创造的机制,我们就只能用下述方式来设想这种机制。一方面消除绝对对立的不可能,另一方面消除它又有必要,这就将出现一个产物,不过对立在这一产物内不能绝对被消除,而只能局部地被消除;在这一产物所消除的对立之外,还会有一种尚未消除的对立,在第二个产物里才能再次加以消除。因此,出现的每一产物都会由于只是局部地消除无限的对立而成为后一产物的条件,后一产物则又会由于只是局部地消除对立而成为第三个产物的条件。……每一在先的产物都留有对立,作为后来的产物的条件。③

---

①② 谢林:《先验唯心论体系》,第148、174页。
③ 谢林:《先验唯心论体系》,第140页。

谢林还从矛盾观点出发发展了康德的范畴学说，继费希特之后，进一步研究了范畴的推演问题。他发现了康德的范畴的排列方法包含着合理成分，指出：

> 如果我们考虑一下康德的范畴表，我们就会发现每类范畴的前两个范畴总是彼此对立的，而第三个范畴是这两个范畴的结合或统一。譬如，实体和偶性的关系只规定一个对象，因果关系规定许多对象，交互作用则又把这些对象结合成一个对象。在第一种关系里把某种东西设定为统一的，在第二种关系里又把它取消，在第三种关系里才又通过综合把它结合起来。此外，前两个范畴只是观念的因素，只有从两者产生的第三个范畴才是现实的东西。①

谢林在他的著作中正是依据这一原则对康德的四类十二范畴进行了推演。谢林所揭示的这个范畴推演原则后来为黑格尔所接受和发挥。

不过，谢林的发展观点和矛盾学说终究被他的"绝对同一性"的唯心主义体系所窒息了，因而是很不彻底的。按照谢林的哲学体系，无差别的"绝对同一性"先于一切差别和矛盾而存在，并且主宰着差别和矛盾的发展，而差别和矛盾又最终归之于无差别的"绝对同一性"。因此，"绝对同一性"乃是绝对的、无条件的；差别和矛盾则是相对的、有条件的。人们要问：那个无差别的"绝对同一性"是怎样过渡到差别和矛盾的呢？在这里，谢林除了用一些"原始对立"之类的含糊不清的晦涩语言加以搪塞之外，什么也说不出来。可见，谢林的所谓"绝对同一性"的体系

---

① 谢林：《先验唯心论体系》，第138页。

不仅是唯心主义，而且也是一个封闭的形而上学体系。这个唯心主义形而上学的体系同他的辩证发展观点和矛盾学说的基本精神是相矛盾的。正是在"绝对同一性"这个问题上，谢林最终同他的好友黑格尔分道扬镳了。

随着法国革命的发展和失败，随着十九世纪初欧洲各国封建复辟逆流的泛起，谢林在政治上便开始衰退了，并最后走向反动。这位当年的封建专制制度的激进的反对派、封建神学的批判家，晚年竟变成了专制制度的辩护士、基督教神学的吹鼓手。谢林晚年完全成了一个宗教神秘主义者，大肆宣扬所谓"天启哲学"。谢林的蒙昧主义遭到了当时许多先进分子的猛烈的抨击。1834年，海涅写道："现在这人（按：指谢林）背叛了自己的学说，离弃了他亲自奉献的祭坛，蹓回过去信仰的厩舍，现在他成了一个虔诚的天主教徒，并且宣传一个世外的、人格的上帝。"[①] 1842年，青年恩格斯在柏林听了谢林的讲演之后，也尖锐地揭露了谢林的说教的反动性，指出，谢林是一个"经院哲学家"，他用神学"满足普鲁士国王的需要"。

第三节　黑格尔的唯心主义辩证法

继费希特、谢林之后，黑格尔进一步批判康德的二元论、不可知论，在客观唯心主义的基础上系统地发挥辩证法思想，更加高扬人的主观能动性，论证思维和存在的同一性。

黑格尔是欧洲哲学史上最伟大的辩证法家。他"第一个全面地有意识地叙述了辩证法的一般运动形式"。[②] 黑格尔的辩证法思

---

① 海涅：《论德国宗教和哲学的历史》，商务印书馆，1974年版，第144页。
② 马克思：《〈资本论〉第一卷第二版跋》，《马克思恩格斯选集》第2卷第218页。

想是欧洲两千多年来辩证法思想发展的总汇,是德国古典唯心主义哲学的最积极的成果,为马克思主义唯物辩证法的创立提供了直接的理论前提。

【黑格尔的生平】

乔治·威廉·弗里德里希·黑格尔(1770—1831年)生活在德国和欧洲大陆社会急剧动荡的年代。1789年,法国爆发了资产阶级革命,推翻了波旁王朝的统治。法国革命遭到英国和欧洲大陆上的各国封建势力的围剿。拿破仑为了保卫法国革命的成果,实现法国大资产阶级的利益,进行了近20年的对外战争。英国和沙皇俄国勾结包括德国在内的欧洲封建势力击败了拿破仑,绞杀了法国革命。随之,法国和其它一些国家的封建势力相继复辟。在欧洲封建霸主俄国沙皇的策动下,各国封建势力结成所谓"神圣同盟",疯狂镇压各国的革命运动。

法国资产阶级革命激发了德国资产阶级的反封建的情绪,加速了德国资产阶级的形成。恩格斯指出:"突然,法国革命像霹雳一样击中了这个叫做德国的混乱世界。……整个资产阶级和贵族中的优秀人物都为法国国民议会和法国人民齐声欢呼。"[①] 恩格斯还指出,拿破仑的军队进入德国后,"到处宣传自由平等,他们赶走了成群的贵族、主教和修道院长,也赶走了在这样漫长的时期中在历史上只起了傀儡作用的小王公"。[②] 在法国革命、特别是拿破仑的推动下,德国资产阶级的反封建的情绪高涨起来,在邻近法国的一些城市曾一度建立起资产阶级共和国。大约在十九世纪二十年代左右,经过三百多年缓慢成长的弱小的、分散的德国市民等级,终于形成为一个统一的阶级——资产阶级。然则,这个时期的德国资产阶级仍然是十分怯弱的,它向往革命,但又不敢实行革命。黑格尔就是这个刚刚形成的德国资产阶级的思想代表。

---

①② 恩格斯:《德国状况》,《马克思恩格斯全集》第2卷,第635页。

黑格尔是在法国革命的直接影响下成长起来的。他出生于德国南部符腾堡公国斯图加特城的一个税务局书记官的家庭,1788年进入图平根大学学习。就在他入学的第二年,法国革命爆发了。和当时许多德国进步青年一样,大学生黑格尔为法国革命所激动,为卢梭的革命思想所吸引。他和他的同窗好友谢林等人一起积极参加各种政治活动,在政治俱乐部里发表演说,欢呼法国革命。1793年,黑格尔大学毕业后,便去瑞士的伯尔尼给住在那里的一个贵族当家庭教师。1797年,他返回祖国,在法兰克福一个商人家庭里当家庭教师。在此期间,黑格尔继续关注法国革命的进展,钻研康德和费希特哲学、斯图亚特的政治经济学以及政治和宗教问题。受到法国革命风暴激烈震荡的青年黑格尔,在政治上是一个专制制度的反对派,在宗教问题上,是现存基督教的批判家。和近代许多进步的资产阶级思想家相似,他把现存的封建专制制度同古代的民主制对立起来,颂古非今,鞭笞专制制度。与此相应的,在宗教问题上,他把现存的基督教同所谓古代的"人民宗教"对立起来,认为古代希腊、罗马的宗教是自由人民的宗教,而基督教则是专制政治的产物。在他看来,基督教否定人的理性,是一个不把人当人的体系。黑格尔尖锐地指出:

> 宗教和政治是一丘之貉,宗教所指导的就是专制主义所向往的。这就是,蔑视人类,不让人类改善自己的处境,不让它凭自己的力量完成其自身。①

与此同时,黑格尔敏锐地觉察到了康德、费希特哲学中所渗透的反传统神学的人本主义精神,即把人类的尊严和自由抬高到了无上的地位。关于康德和费希特的哲学,黑格尔写道:

---

① 黑格尔:《黑格尔通信百封》,第43页。

很多先生将对这样从自身必然产生的结论大吃一惊。人们仰望着把人抬举得这样高的，全部哲学的顶峰感到头晕目眩。为什么，到这样晚的时候，人的尊严才受到尊重？为什么，到这样晚的时候，人的自由禀赋才得到承认？这种禀赋把他和一切大人物置于同一行列中。我认为，人类自身像这样地被尊重就是时代的最好标志，它证明压迫者和人间上帝头上的灵光消失了。哲学家们论证了这种尊严，人们学会感到这种尊严，并且把他们被践踏的权利夺回来，不是去祈求，而是把它牢牢地夺到自己手里。①

黑格尔热切地期待着康德哲学在德意志大地上引出一场革命，由此可见，青年黑格尔是朝气蓬勃的，非常激进的。

1801年，黑格尔迁居耶拿。这时，黑格尔的老同学、耶拿大学的青年讲师谢林在哲学界开始显露头角，离开康德、费希特哲学形成了自己的独立体系，并且很快成了新思潮的领袖。当年的康德、费希特哲学的崇拜者黑格尔，现在成为谢林哲学的积极追随者。他和谢林一起创办哲学杂志，阐发谢林的"同一哲学"。然而，不久，黑格尔和谢林在哲学上也发生了原则分歧，逐渐形成了自己的独立的哲学见解。

在耶拿期间，黑格尔开始与著名德国诗人歌德结交。由于歌德的帮助，黑格尔由一个编外讲师晋升为耶拿大学的教授。在后来的二十多年里，这两位文化巨匠交往不断，除了书信往来，黑格尔还曾多次拜谒过歌德。1825年，黑格尔在给歌德的信中写道：

---

① 黑格尔：《黑格尔通信百封》，第43页。

> 在我纵观自己精神发展的整个进程的时候，无处不看到您的踪迹，我可以把自己称做是您的一个儿子。我的内在精神从您那里获得了恢复力量，获得了抵制抽象的营养品，并把您的形象看做是照耀自己道路的灯塔。①

黑格尔深受歌德的思想的影响。在黑格尔的著作中，不时出现歌德的富有辩证哲理的诗句。

在耶拿期间，黑格尔亲眼看到德国在对法战争中不断败北的情景。1801年缔结的留尼维尔和约使德国莱茵河左岸的一大片土地划入法国的版图。1803年，拿破仑废除了一百多个德意志小邦，把它们并入几个较大的邦。1806年，受法国保护的莱茵同盟成立。这样，所谓日耳曼民族的神圣罗马帝国便寿终正寝了。面对着这些关系到欧洲和德国的命运的重大历史事变，作为德国资产阶级思想家的黑格尔，他的心情是很复杂的。一方面，他深深地意识到，法国革命好似一次壮丽的日出，标志着"一个新时期的降生"。②和歌德一样，黑格尔也认为，拿破仑是法国革命的继承者，伟大的改革家，他将摧毁欧洲的旧秩序，促进德国封建割据局面的瓦解，为德国的发展开辟新的道路。正因为如此，当拿破仑于1806年10月30日占领耶拿的时候，黑格尔不顾个人的得失，不抱民族偏见，而是以十分敬慕的心情描绘这位征服者。就在这一天的晚上，黑格尔在给他的一位朋友的信中写道：

> 我见到皇帝——这位世界精神——骑着马出来在全城巡察。看到这样一个个体，他掌握着世界，主宰着世

---

① 黑格尔：《黑格尔通信百封》，第130页。
② 黑格尔：《精神现象学》（上册），商务印书馆，1979年版，第7页。

界,却在眼前集中于一点,踞于马上,令人有一种奇异的感觉。①

黑格尔把拿破仑神秘地称之为"世界精神"的代理人,实际上不过是说拿破仑是欧洲资本主义新潮流的象征。另一方面,作为一个德国人,黑格尔又为祖国的命运而忧心忡忡,苦心探索着复兴祖国的道路。他敢于面对现实,宣称"德国已不再是个国家"②,认定德国的沉沦衰败,山河破碎,应该完全归罪于德国的政治腐败。按照黑格尔的意见,如果德国不想灭亡,那就必须沿着近代代议制的原则重新组成一个能够保证公民自由的强有力的中央政权,完成国家的统一。他主张德国人应拜法国人为师,并深信学生定会胜过先生。

在居住耶拿的六年里,黑格尔主要从事哲学教学和研究。此外,他还讲授过数学,研究过天文学、光学和力学等自然科学。他在耶拿大学所取得的最重要的研究成果就是《精神现象学》。这是黑格尔的一本哲学独立宣言书,也是未来的黑格尔哲学体系的导言。在这部著作中,黑格尔不仅批判了康德的二元论、费希特的主观唯心论,而且和谢林的客观唯心主义的"绝对同一"说划清了界限。也把谢林的"绝对同一"比作"黑夜",在黑夜里一切色彩的差别皆消失了,一切都是黑的。在黑格尔看来,没有差别和矛盾的"绝对同一",只能是一个自身没有运动能力的"静止的点"。③ 他认为,谢林的理智直观说犹如手枪发射那样,突如其来的兴奋之情,一开始就直接和绝对打交道,不懂得认识绝对的道路是一个漫长而曲折的过程。黑格尔明确指出:

---

① 黑格尔:《黑格尔通信百封》,第204页。
② 黑格尔:《德国法制》,《黑格尔政治著作选》,商务印书馆1981年版,第19页。
③ 黑格尔:《精神现象学》(上卷),第14页。

> 照我看来，一切问题的关键在于：不仅把真实的东西或真理理解和表述为实体，而且同样理解和表述为主体。①

这就是说，"绝对理念"不仅是构成事物的本质的实体，而且是自身包含矛盾的、能动的、富有创造力的主体。整个世界无非就是"绝对理念"的产物，是"绝对理念"自我创造、自我运动、自我认识、自我实现的过程。从这个根本论断出发，黑格尔在《精神现象学》中力图把个人意识、社会意识诸形态描述为一个不断由低级阶段向高级阶段过渡的矛盾发展过程。显然，黑格尔的这个观点是客观唯心主义的，但其中包含着"作为推动原则和创造原则的否定的辩证法"②的合理成分。在《精神现象学》中，黑格尔从唯心主义辩证法角度，概括地反映了法国革命所体现的新的时代精神。

由于法军占领耶拿，大学停课了。黑格尔离开耶拿到班堡干了两年报纸编辑工作后，又去纽伦堡担任中学校长职务，直到1816年。在此期间，黑格尔又写了一部重要著作：《逻辑学》（后称"大逻辑"）。在这部著作中，黑格尔第一次系统地阐述了他的唯心主义辩证法思想。

在黑格尔生活在纽伦堡的时期，国内外形势有了新的变化。军事上的失败，劳动群众的反抗以及资产阶级的不满，迫使普鲁士政府不得不进行某些社会改革。普鲁士首相施太因和哈登堡先后于 1807 年和 1811 年采取了各种改革措施，比如，废除农民对地

---

① 黑格尔：《精神现象学》（上卷），第 10 页。
② 马克思：《对黑格尔辩证法和一般哲学的批判》，《1844 年经济学—哲学手稿》人民出版社 1979 年版，第 116 页。

主的人身依附，允许农民赎买封建义务，在城市中实行有限的自治等等。尽管这些改革很不彻底，但总的说来还是有利于资本主义的发展的。1814年，发生了一件在黑格尔看来是"天下最悲惨的事件"——拿破仑退位了。随着拿破仑帝国的崩溃和欧洲"神圣同盟"的建立，一股封建复辟浪潮席卷欧洲。在这种形势下，黑格尔的政治态度发生了明显的变化，日趋保守、妥协，把资产阶级理想的实现完全寄托于自上而下的改良主义道路。

1816年，黑格尔到海德堡大学任教。在就职演说中，黑格尔公然声称，"普鲁士国家就是建立在理性基础上的"。当年的专制政治的反对者黑格尔，现在开始为专制制度公开涂脂抹粉了。然而，黑格尔并非是封建复辟派，相反地，他对当时的复辟思潮是极为反感的。1815—1816年，符腾堡等级议会开展了宪法讨论，议员们要求恢复符腾堡的"美好的旧法制"。这就意味着要否定法国革命以及拿破仑战争这二十五年来符腾堡所取得的一切进步，重新倒退到中世纪的国家制度。1817年，针对符腾堡议会的议员们的复辟行为，黑格尔在一篇评论中尖锐地指出：

> 他们什么也不曾忘记，什么也不曾学到。最近这25年是世界史上确实内容丰富的25年，对我们来说是最有教益的25年，因为我们的世界和我们的观念就是属于这25年的，而符腾堡邦等级议员们却好像是在沉睡中度过25年似的。①

黑格尔的这段话不仅鲜明地表现了他的反对复辟的政治倾向，而且表明，他十分自觉地意识到自己的思想是和法国革命以来这25

---

① 黑格尔：《评1815年和1816年符腾堡王国邦等级议会的讨论（1817年）》，《黑格尔政治著作选》，第156—157页。

年的历史事变血肉相联的。这一点对于我们理解黑格尔哲学思想的形成和发展，是很重要的。

黑格尔在海德堡时期的主要著作，是1817年出版的《哲学全书》。这部著作由"逻辑学"（亦称"小逻辑"）、"自然哲学"和"精神哲学"三部分组成，是黑格尔哲学体系的第一次系统的表述。如果说黑格尔在此以前的著作都是为这个体系的建立所作的准备，那么，黑格尔自此以后的所有著述都不过是对这个体系的进一步的发挥。

黑格尔声名大振。1818年，普鲁士文教大臣邀请黑格尔到柏林大学任教，到柏林后，黑格尔公开美化普鲁士专制制度，粉饰现实，号召人们同现实妥协，表明自己的哲学和基督教的协调。因此，黑格尔得到普鲁士政府的赞助和支持。他在柏林形成了自己的学派，1830年升任柏林大学校长。1831年，因患霍乱逝世。

不过，应当看到，尽管黑格尔在柏林被推崇为普鲁士的国家哲学家，但是他和普鲁士政府的关系实际上并不是很协调的。普鲁士政府聘请黑格尔到柏林大学任教原本是想利用黑格尔来抑制知识分子和青年学生中的激进倾向。可是，黑格尔对他周围的思想上比较激进的青年大学生却深表同情和支持，甚至不惜承担风险为营救被当局逮捕的青年而四处奔走。因此，黑格尔本人也成了官方怀疑的对象。普鲁士的王太子甚至当面指责黑格尔，说黑格尔的学生甘斯在课堂上宣扬共和主义。

在柏林时期，黑格尔仍然忠于自己的哲学的根本原则，并竭力借助于迂腐晦涩的言词发挥他的哲学的根本原则。黑格尔终生肯定法国革命及其世界历史意义，并力图从哲学上论证由法国革命所掀起的历史新潮流的势不可挡。1821年出版的《法哲学原理》，可以说是黑格尔哲学著作中最为保守的一部。可是，恰恰就是在这部最为保守的著作中，黑格尔论证了资产阶级君主立宪制的合理性及其实现的必然性，从而"宣布了德国资产阶级取得政权的时刻即将到来。"①

黑格尔在柏林大学先后讲授过逻辑学、自然哲学、法哲学、历史哲学、心理学、美学、宗教哲学以及哲学史等课程。他的《哲学史讲演录》、《美学》、《历史哲学》、《宗教哲学》等著作,都是在他逝世后由他的学生们整理出版的。

【黑格尔哲学的特点】

黑格尔继承并进一步发挥了德国古典唯心主义哲学中的人本主义精神。和康德、费希特、谢林一样,黑格尔也把人看作是一个纯粹的精神性的实体,即所谓"自我意识",认为人的本质就是自由,并且竭力通过片面膨胀人的精神的能动性来抬高人的地位。黑格尔的唯心论的人本主义的特色在于,他把"自我意识"客观化为宇宙万物的实体,也即所谓"绝对理念",并且把"绝对理念"理解为能动地创造万物的主体。如果说,在康德那里,"至善"(人的幸福和道德的统一)还需要借助于一个超人的上帝才能实现,那么,在黑格尔这里,"绝对理念"本身就是一个能够自己实现自己的万能的上帝。康德把上帝贬为道德上的假设,黑格尔则把宗教、信仰贬为"绝对理念"发展过程中的一个环节。和传统神学相对立,黑格尔坚持哲学高于宗教,法律高于教条,国家高于教会的原则。他不是从宗教的立场来理解人,而是从"绝对理念"出发,实则从人的立场去解释宗教。黑格尔的这种思路就为后来青年黑格尔派和费尔巴哈进一步批判神学提示了一个方向。然而,黑格尔的人本主义是唯心论的,这就决定了他对神学的批判是不可能彻底的。他在批判神学的同时又为神学留下地盘,反复声称他的哲学和基督教(新教)精神的一致。他的那个脱离了人脑的"绝对理念"在理论上也为上帝留下了避难场所。

黑格尔从他的唯心论的人本主义出发,坚信人类理性的力量,

---

① 恩格斯:《德国的革命和反革命》,《马克思恩格斯全集》第8卷,第16页。

主张思维和存在的同一性。他在谈到自己的哲学的特点时,写道:

> 哲学要我们养成这种识见:就是知道所谓"现实世界须如它应该的那样",还有,所谓"真正的善"——"普遍神圣的理性",不是一个单纯的抽象观念,而是一个强有力的、能够实现它自己的原则。①

黑格尔这段话的意思是说,他的哲学不像康德哲学那样仅仅告诉人们这个世界"应当如何",而且要使人们知道"应当如何"即合理的东西必定能够实现,换句话说,思维和存在具有同一性。思维和存在的同一性是黑格尔哲学的基本观点,反映了刚刚形成的德国资产阶级对实现自己阶级的要求的信心的增强。黑格尔的整个哲学体系都是围绕着这一基本命题展开的,或者说黑格尔的所有哲学著作都是对这个基本命题的论证和发挥。

黑格尔是一个唯心主义的辩证的可知论者。他的思维和存在同一性学说的基础,是客观唯心主义的"绝对理念"论,其方法则是辩证法。他从唯心主义出发,深入发挥辩证思维方法,同时又运用辩证思维方式加强他的唯心主义,以论证思维和存在的同一性,即世界的可知性。黑格尔的辩证法是唯心主义的,他的唯心主义又是辩证的。然而,在黑格尔哲学中,唯心主义和辩证法之间也存在着矛盾,本质上革命的辩证思维方法往往为他的唯心主义体系所窒息。正如恩格斯所指出的,在黑格尔那里,"方法为了要迎合体系就不得不背叛自己"。② 深入揭示黑格尔哲学中的唯

---

① 黑格尔:《历史哲学》,三联书店 1956 年版,第 76 页。
② 恩格斯:《路德维希·费尔巴哈和德国古典哲学的终结》,《马克思恩格斯选集》第 4 卷,第 225 页。

心主义体系和辩证法之间的既统一，又对立的关系，对于正确理解黑格尔哲学，批判地继承黑格尔的辩证法，是十分重要的。

黑格尔哲学包含着深刻的革命精神和丰富的科学内容。但是，在这位哲学巨人的脑后始终拖着一根庸人的辫子。他往往借助于迂腐晦涩的言词来隐藏革命。他的哲学的科学内容也往往为他的唯心主义的强制结构所遮掩。恩格斯指出，黑格尔"不仅是一个富于创造性的天才，而且是一个学识渊博的人物，所以他在每一个领域中都起了划时代的作用。当然，由于'体系'的需要，他在这里常常不得不求救于强制性的结构，这些结构直到现在还引起他的渺小的敌人如此可怕的喊叫。但是这些结构仅仅是他的建筑物的骨架和脚手架。人们只要不是无谓地停留在它们面前，而是深入到大厦里面去，那就会发现无数的珍宝，这些珍宝就是在今天也还具有充分的价值"。[①] 可见，研究黑格尔哲学就必须善于从他的迂腐晦涩的言词中揭示其中隐藏着的革命成分，撇开他的哲学的唯心主义糟粕，拯救其中包含的科学内容。

一、"绝对理念"能够实现自己，思维和存在的同一性

黑格尔哲学的基本观点可以概括为一句话："绝对理念"能够实现自己，或思维和存在具有同一性。以"绝对理念"为基础的思维和存在的辩证同一，是黑格尔整个哲学体系的核心、出发点和归宿，集中地表现了德国古典唯心论哲学的人本主义精神。

（一）法国革命经验的德国式的概括：思想能够建筑现实

黑格尔关于思维和存在同一的学说，从理论上说，是从康德的"理念"学说出发的；从实践上看，是黑格尔站在德国资产阶级立场上对法国革命所作的新的哲学概括。

我们知道，在康德哲学中，"理念"所要求的东西（如"至

---

① 恩格斯：《路德维希·费尔巴哈和德国古典哲学的终结》，《马克思恩格斯选集》，第4卷，第215页。

善"、"自由"、"共和国"等）仅仅是一个"应当"，就是说"理念"是绝对合理的东西，人们应当力求实现它，但在现象世界即现实生活中则是人们永远达不到、实现不了的目标。现在，黑格尔同康德唱起了反调。他认为，法国革命的经验有力地证明了"理念"决不是一个不能实现的"应当"，"应当"也即合理的东西必定能够转化为现实。

黑格尔兴高采烈地谈论着法国革命。他写道：

> 当时法兰西的局面是乱七八糟的一大堆特殊权利，完全违反了"思想"和"理性"——这是一种完全不合理的局面，道德的腐败、"精神"的堕落已经达于极点——这一个"没有公理"的帝国，当它的实在情形被人认识了，它更变为无耻的"没有公理"。……"公理"这个概念、这个思想突然伸张它的权威，旧的不公平的制度无力抗拒它的进攻。所以就有一个同"公理"概念相调和的宪法成立了，一切未来的法律都要根据着这个基础。自从太阳站在天空，星辰围绕着它，大家从来没有看见，人类把自己放在他的头脑放在他的"思想"上面，而且依照思想，建筑现实。①

黑格尔还说：

> 精神的东西本身应该起决定性的作用，并且迄今的事物的进程就是如此。例如我们看到法国革命中占统治地位的应当是抽象思想，国家的宪法和法律应当根据这种抽象思想制定，人与人之间的联系应当由这种抽象思

---

① 黑格尔：《历史哲学》，第492—493页。

想来建立，并且人们应该意识到：他们认为具有决定意义的东西，就是抽象思想、自由和平等，等等。①

黑格尔这里所说的"思想"、"精神"、"理性"或"公理"等等，也就是他所谓的"绝对理念"。他从法国革命中得出的基本结论就是："依照思想，建筑现实"。换句话说，"绝对理念"是万能的，它有能力实现自己。

不难看出，黑格尔的这个结论是唯心主义的。我们知道，法国启蒙思想家们所鼓吹的"自由、平等、博爱"的口号，是为行将到来的法国资产阶级革命制造舆论的。确实，这种革命舆论对于革命的发生和发展曾经发生了巨大的能动作用，并且在一定的条件下转化成了现实，资产阶级上了台。但是，应当看到，资产阶级的"自由、平等、博爱"的口号并不是从天上掉下来的，也不是人们头脑里凭空想象出来的，而是当时法国的资本主义生产关系的发展在意识形态上的反映。同时，革命舆论也只有通过革命实践，特别是广大劳动群众的革命实践才能变成为巨大的物质力量，转化为现实。可是，黑格尔却在这里掐头去尾，既不谈这种革命舆论形成的政治经济根源，也不谈革命实践在革命舆论转化为现实的过程中的决定作用，而是把思想看做是好像凭空出现的东西，硬说单凭思想就可以建筑现实，说什么"法国革命是哲学的产物"。显然，这是彻头彻尾的历史唯心主义。

但是，也应当看到，黑格尔在这里力图克服康德的二元论和形而上学唯物主义的直观反映论，论证思维和存在能够转化，从这个方面看，黑格尔的这个唯心主义观点中又包含了辩证法的合理成分。正如列宁指出的，"观念的东西转化为实在的东西，这个思想是深刻的，对于历史是很重要的。并且从个人生活中也可看

---

① 转引马克思恩格斯《德意志意识形态》，《马克思恩格斯全集》第3卷，第188页。

到，那里有许多真理。反对庸俗唯物主义"。① 黑格尔借助于辩证法更加突出了人的主观能动的方面，但是，在黑格尔这里，主观能动性却"只是抽象地发展了"。②

从黑格尔关于法国革命的论述中可以看出，黑格尔所谓的"绝对理念"的具体内容，就是所谓"自由"、"平等"。他在很多地方反复说明"绝对理念"的本质，就是"自由"，并把"绝对理念"叫做所谓"自由意识"。③ 可见，黑格尔所谓的"绝对理念"实质上不过是资产阶级意志的哲学升华。

我们看到，历史上的资产阶级思想家们一般总是竭力膨胀资产阶级的意志，把它说成是某种超历史、超阶级的，并且是能够决定一切的东西。十八世纪法国启蒙思想家们把资产阶级的自由和平等的要求，普遍化为所谓永恒的人类理性的要求，鼓吹要用这个万能的人类理性去批判一切。黑格尔则更进了一步。他把资产阶级的意志客观化，把它说成是存在于人脑之外的某种客观理性即"绝对理念"，并且断言，正是这个"绝对理念"主宰着人类历史的发展。在黑格尔的眼里，世界历史无非就是"自由意识"不断实现自己的过程，法国大革命是"自由意识"发展链条上的一次大飞跃，拿破仑则是"自由意识"（"世界精神"）在当代的象征。黑格尔哲学要证明，"自由意识"也必将在德国得到实现。

不仅如此，黑格尔还要把资产阶级的意志加以神化。在他看来，"绝对理念"不仅是人类社会发展的主体和动力，而且是什么"宇宙精神"，创造宇宙万物的本原，一句话，"绝对理念"就是上帝。黑格尔责难康德关于上帝的不可知论，反复声明他的哲学就是关于上帝的知识。他甚至一再表白，他的哲学是同基督教的教

---

① 列宁：《黑格尔〈逻辑学〉一书摘要》，《列宁全集》第38卷，第117页。
② 马克思：《关于费尔巴哈的提纲》，《马克思恩格斯选集》第1卷，第16页。
③ 黑格尔：《历史哲学》，第55页。

义"相和谐的"。从这方面看，黑格尔关于"绝对理念"的学说，可以说是莱布尼茨—伏尔夫"形而上学"的"复辟"。

然而，应当看到，黑格尔所讲的"上帝"同基督教所讲的上帝，毕竟不是一回事。和基督教的那个高高在上的人格化的上帝不同，黑格尔的这个渗透于万物之中的"上帝"，具有基督教所厌恶的泛神论的色彩。其次，黑格尔明确指出，他的这个用概念来表达"上帝"的"绝对理念"哲学，较之用形象表达上帝的包括基督教在内的任何宗教都要高出一等，宗教里所讲的上帝不过是"绝对理念"发展链条上的一个环节。更重要的是，从内容上看，跟基督教崇拜的那个俨然是一个专制君主的上帝不同，黑格尔的"上帝"实际上是资产阶级的意志——"自由"的代名词。关于这一点，黑格尔写道：

> 上帝是最完善的"存在"……假如我们把宗教的概念在思想中来了解，它便是我们所谓的"自由"的概念。①

由此看来，黑格尔对"绝对理念"的崇拜，实质上乃是资产阶级对自己的阶级意志的崇拜。如果说，康德粉碎了一切关于上帝存在的理论证明之后又假设一个上帝来保证"自由"的实现的话，那么，现在黑格尔则干脆否定了在"自由"之外假设一个上帝的必要，宣布"自由"本身就是能够自己实现自己的万能的上帝。黑格尔嘲笑康德要在道德上假定上帝的存在，说：

> 这正如儿童任意制成一个稻草人，并且彼此相约地

---

① 黑格尔：《历史哲学》，第58页。

要装做对这个稻草人表示恐惧。①

黑格尔声称：

> 除了理性外更没有什么现实的东西，理性是绝对的力量。②

康德用人类理性去排挤上帝，把上帝贬为道德上的假设；黑格尔则用人类理性取代上帝，宣称人类理性本身便是万能的上帝。这表明德国资产阶级对封建神学的批判又前进了一步，为费尔巴哈用感性的、物质的人取代上帝开辟了道路。

不过，黑格尔对宗教的批判也是极不彻底的。马克思指出，黑格尔批判基督教的论点是被"留置在神秘的朦胧状态中的"。③ 实际上，黑格尔并不想同基督教公开决裂，而且常常用自己的哲学去附会基督教教义。他把资产阶级的意志对象化，说成是存在于人脑之外并能主宰一切的精神实体，甚至给这个精神实体（"绝对理念"）贴上"上帝"这个标签，这就为基督教神学留下了避难场所。

但是，决不能因为黑格尔为神学留下了避难场所，就完全否定黑格尔哲学中所包含的批判封建神学的积极成分。应当看到，黑格尔哲学乃是近代德国资产阶级批判封建神学发展史上的一个重要阶段，后来青年黑格尔派的反神学的斗争和费尔巴哈的无神论都是对黑格尔留置在神秘的朦胧状态中的反神学的论点的发挥。因此，那种认为黑格尔哲学的目的就是为宗教作论证的观点，是不恰当的。

---

①② 黑格尔：《哲学史讲演录》（第4卷），商务印书馆1978年版，第293、294页。
③ 马克思：《论蒲鲁东》，《马克思恩格斯选集》第2卷，第141页。

黑格尔深信"绝对理念"的力量，指出：

> 理念并不会软弱无力到永远只是应当如此，而不是真实如此的程度。①
> "普遍的神圣的理性"，不是一个单纯的抽象观念，而是一个强有力的、能够实现它自己的原则。②

由此看来，和康德的"应当"哲学不同，黑格尔坚信"绝对理念"能够自己实现自己，确信资产阶级的理想一定能够实现，资产阶级世界观能够改造世界。黑格尔的这个思想，深刻地反映了十九世纪初刚刚形成的德国资产阶级对实现自己阶级要求的信心显著增强。

（二）在"绝对理念"基础上的思维和存在的辩证同一

如果说法国革命证明了思想能够建筑现实，那么道理何在呢？黑格尔认为，思想之所以能够建筑现实，就在于思维和存在具有同一性。

应当指出，黑格尔所说的"思维"和"存在"，和我们日常所说的"思维"和"存在"的意思很不相同，他所说的"思维"，不仅指的是人们头脑中的思想，而且主要指的是存在于人们头脑之外的某种"客观思想"也即"绝对理念"。在黑格尔看来，人们头脑中的思想不过是"客观思想"发展的最高产物。至于黑格尔所说的"存在"，乍一看似乎也是指的我们日常所接触到的自然界和人类社会生活中的各种具体事物，但是，黑格尔明确否认这些事物的客观实在性，根本否认事物的存在。他说：

---

① 黑格尔：《小逻辑》，商务印书馆1980年版，第45页。
② 黑格尔：《历史哲学》第76页。

> 唯物论认为物质的本身是真实的客观的东西。但物质本身已经是一个抽象的东西。物质之为物质是无法知觉的。所以我们可以说，没有物质这个东西。①

在这里，黑格尔对唯物论的批判，不过是重复着主观唯心主义者贝克莱攻击唯物论的论点，没有什么新的东西。按照黑格尔的看法，一切事物（"存在"）都不过是"客观思想"（"思维"）的异化物，是"客观思想"的外壳或皮囊，而"客观思想"则是万物的内在根据和核心。

为什么说在人们的头脑之外还存在着一个所谓"客观思想"呢？关于这一点，黑格尔有他的一套道理。他说：

> 个体生灭无常，而类则是其中持续存在的东西，而且重现在每一个体中，类的存在只有反思才能认识。②
> 类作为类是不能被知觉的，星球运动的规律并不是写在天上的。所以普遍是人所不见不闻，而只是对精神而存在的。③
> 举凡一切事物，其自身的真相，必然是思维所思的那样，所以思维即在于揭示出对象的真理。④
> 思想的真正客观性应该是：思想不仅是我们的思想，同时又是事物的自身，或对象性的东西的本质。⑤
> 当我们把思维认为是一切自然和精神事物的真实共性时，思维便统摄这一切而成为这一切的基础了。⑥

---

① 黑格尔：《小逻辑》，第 115 页。
②③④⑤ 黑格尔：《小逻辑》，第 75、76、78、120 页。
⑥ 黑格尔：《小逻辑》第 81 页。

可以看出，这里黑格尔是在"个别"和"一般"（"类"、"共性"、"普遍"）的关系上作文章。在他看来，个别事物是易变的。事物的"一般"是稳定的，人们的感官只能接触个别事物，而事物的"一般"、规律或本质，只能靠思维去把握。黑格尔认为，既然事物的"一般"、本质或规律只能靠思维去把握，那么它就是思维所思的那个样子，或者说它本身就是思维了。这样，黑格尔就引出了一个脱离人脑而内蕴于事物之中的"思维"，也即所谓"客观思想"或"绝对理念"。

黑格尔的唯心主义的诡辩就在于，他把客观事物中的"一般"和人们反映这个"一般"的概念混为一谈，从而把人脑中的概念客观化，使客观事物中的"一般"变成和个别事物相对立的、但又决定个别事物的实在性的精神实体。马克思在揭露黑格尔的唯心主义的诡辩时深刻地指出，"如果我从现实的苹果、梨、草莓、扁桃中得出'果实'这个一般的观念，如果再进一步想象我从现实的果实中得到'果实'这个抽象观念就是存在于我身外的一种本质，而且是梨、苹果等等的真正的本质，那末我就宣布（用思辨的话说），'果实'是梨、苹果、扁桃等等的'实体'"。① 这样一来，黑格尔便把客观事物中的一般、共性、类、本质和规律等等精神化，看作是存在于人脑之外、内蕴于事物之中的"概念"、"思维"、"理性"、"理念"。

由此看来，黑格尔所谓的"客观思想"或"绝对理念"，就其思想渊源来说，是康德的"理念"的客观化；就其阶级根源来说，是资产阶级意志的客观化；而从认识论根源上看，则是人脑中的概念的客观化。黑格尔之所以这样绞尽脑汁地制造这样一个存在于人脑之外的"思维"、"概念"，无非就是要为他把资产阶级的意志客观化寻找一个认识论上的根据，无非是要证明资产阶级的自

---

① 马克思恩格斯：《神圣家族》，《马克思恩格斯全集》第2卷，第71—72页。

由、平等等要求并不是某个人或某一些人的主观愿望，而是客观事物的本质和规律。就像封建地主阶级把他们的阶级统治说成是"天命"一样，资产阶级思想家黑格尔也力图把资产阶级的政治、经济要求，说成是客观事物发展的必然要求，是绝对合理的。

那么，黑格尔所说的思维和存在具有同一性是什么意思呢？概括起来说，就是：思维是存在的本质，一个事物的存在只有符合思维才具有实在性；思维不断地在存在中实现自己，使存在同自己相符合。由于黑格尔的"思维"这个概念包含有前述的两重含义，因此，黑格尔的这个极其抽象晦涩的思维和存在的同一性学说，也包含有两层意思。黑格尔写道：

> 如果说真理在主观意义上是观念和对象的一致，那么在客观意义上真实的东西则意味着客体、事物同其自身的一致，意味着客体和事物的实在性符合于它们的概念。①

黑格尔的这句话的意思是说，真理在于观念（"思维"）和对象（"存在"）的一致、符合（"同一"），但这种一致、符合具有主观和客观两层意义。所谓"在主观意义上"，就是说从认识论意义上，即从人的认识发展过程方面说，思维和存在的同一性是指我们头脑中的思维能够把握事物的本质，并且凡是我们头脑中认为是合理的（即符合"客观思想"）思想，都必定能够实现，使存在和我们的思想相一致、符合。所谓"在客观意义上"，就是说从本体论的意义上，也即从事物本身的发展过程上说，思维和存在的同一性是指"客观思想"决定着事物的本质，一个事物只有符合其中蕴含着的"客观思想"即事物的"概念"，才具有实在性；而

---

① 黑格尔：《自然哲学》，商务印书馆1980年版，第19页。

"客观思想"（"概念"）则在事物中不断实现自己，使事物同自己相一致、符合。在黑格尔看来，我们头脑中的思想乃是"客观思想"，即"绝对理念"发展的最高产物，人认识世界不过是"绝对理念"自己认识自己的发展过程上的一个环节，因此，认识论和本体论两者实质上是一致的。这样，黑格尔在论述他的思维和存在的同一性学说的时候，就往往把人的认识的发展过程和事物本身的发展过程搅在一起，叫人摸不着头脑。

黑格尔的思维和存在同一性学说的基本出发点就是坚持思维是存在的本质、灵魂，存在是思维的外化、躯壳。我们知道，在康德那里，思维和存在是各不相干的，"理念"为人的理性所固有，事物以"理念"为范型，但又永远不能和"理念"相符合。和康德不同，黑格尔认为"理念"不仅存在于人的理性之中，而且蕴藏在一切事物之中，构成万物的本质。他说：

> 客观思想是世界的内在本质。[①]
> 概念乃是内蕴于事物本身之中的东西；事物之所以是事物，即由于其中包含概念。[②]
> 理性是世界的灵魂，理性居住在世界中，理性构成世界的内在的、固有的、深邃的本性，或者说，理性是世界的共性。[③]

按照黑格尔的观点，正因为思维是存在的本质，所以，事物决不能离开思维而独立自存，而且事物只有符合蕴藏于其中的思维才具有实在性。黑格尔写道：

> 一切现实的东西，唯有在它具有理念并表现理念的

[①②③] 黑格尔：《小逻辑》，第79、339、80页。

情况下才有（按："有"即"存在"）。①

他还说：

> 只有符合概念的实在才是真正的实在，因为在这种实在里，理念使它自己达到了存在。②

比如，在黑格尔看来，一个朋友只有符合"友谊"这个概念，才算得上是真朋友；一张画只有符合"艺术品"这个概念，才称得上是真正的艺术品。总之，黑格尔认为，实在事物乃是事物同它自身的概念的符合，也即思维和存在的同一。

可以看出，在思维和存在的关系问题上，黑格尔是一位坚持思维第一性，存在第二性，思维决定存在的客观唯心主义者。

黑格尔从思维是存在的本质这个客观唯心主义的观点出发，批判了康德的不可知论。他认为，康德所谓的"自在之物""只是一个极端抽象，完全空虚的东西"。③ 隐藏在事物背后的本质决不是康德所说的什么有别于思维、因而不能为思维所把握的"自在之物"，实际上，它本身就是思维、概念。因此，黑格尔认为：

> 把握一个对象，即是意识着这对象的概念。④

这就是说，所谓认识一个事物，把握一个对象，实际上不过是用我们的思想去把握蕴藏于事物中的思想、概念，而思想能够认识思想，这是不言而喻的。

---

① 黑格尔：《逻辑学》（下卷），商务印书馆1976年版，第449页。
② 黑格尔：《美学》（第1卷），人民出版社1979年版，第142页。
③④ 黑格尔：《小逻辑》，第125、339页。

恩格斯肯定了黑格尔对康德的不可知论的批判,指出黑格尔的思维和存在的同一性命题是和康德的不可知论相对立的可知论的观点;同时也深刻地揭露了黑格尔的这个命题的唯心主义实质。恩格斯指出,在黑格尔看来,"我们在现实世界中所认识的,正是这个世界的思想内容,也就是那种使世界成为绝对观念的逐渐实现的东西,这个绝对观念是从来就存在的,是不依赖于世界并且先于世界而在某处存在的;但是思维能够认识那一开始就已经是思想内容的内容,这是十分明显的。同样明显的是,在这里,要证明的东西已经默默地包含在前提里面了"。① 可见,黑格尔的思维和存在同一性的学说的基础是客观唯心主义,黑格尔是一个唯心主义的可知论者。

值得注意的是,黑格尔认为思维和存在的同一并不像谢林所说的是什么"绝对同一",而是一个矛盾发展、相互转化的过程,是思维在存在中不断实现自己,使存在不断符合自己的过程。黑格尔写道:

> 它(按:指世界)的是如此与它的应如此是相符合的。但这种存在与应当的符合,却并不是死板的、没有发展过程的。②

按照黑格尔的观点,既然思维是存在的本质,那么一个事物只有符合蕴藏在其中的思维才具有实在性。然而,由"绝对理念"派生出来的各个具体事物,都是受一定的条件限制的"有限事物",它们只是"绝对理念"发展过程中的各个环节或阶段。因此,对

---

① 恩格斯:《路德维希·费尔巴哈和德国古典哲学的终结》,《马克思恩格斯选集》第4卷,第221页。
② 黑格尔:《小逻辑》,第420—421页。

于任何一个具体事物来说,它们都不可能完全同它的概念相符合,就是说其中必定存在着既符合但又不完合符合的矛盾。拿一张画来说,肯定它是艺术品,这是说它同"艺术品"概念有符合的方面;可是,这张画同"艺术品"的概念并不是完全的符合,因为它不可能完美无缺。这样,任何一个具体事物都由于其内在的思维和存在的矛盾而运动、变化和发展,并最后归于灭亡,为另一个更符合于概念、理念发展要求的具体事物所代替。黑格尔写道:

> 一切有限事物,自在地都具有一种不真实性,因为凡物莫不有其概念,有其存在,而其存在总不能与概念相符合。因此,所有有限事物皆必不免于毁灭,而其概念与存在间的不符合,都由此表现出来。[①]

因此,在黑格尔看来,任何一个具体事物的存在总是暂时的、相对的;而"绝对理念"则在思维和存在的这种矛盾进展中,在事物的新陈代谢的发展中不断实现自己,使事物逐步同它的概念相符合,使思维和存在同一。

在黑格尔看来,人的认识同样也是在思维和存在的矛盾转化过程中向前发展的。只是人们能排除主观性,使自己的思想符合于事物的本质,成为合理的也即符合"绝对理念"的思想,那么这种思想就必定能够在存在中实现,使存在符合于人们的思想,达到思维和存在的同一。黑格尔强调指出,在人的认识过程中,思维和存在的同一不是呆板的、僵死的同一,而是一个矛盾发展的过程,是一个由相对走向绝对的过程。

不难看出,黑格尔上述的这番道理,实际上是把客观物质世界的发展,人的认识的发展统统归结为无人身的主体"绝对理

---

① 黑格尔:《小逻辑》,第 86 页。

念"的自行发展、自我实现,显然是彻头彻尾的唯心论,带有强烈的神秘主义色彩。然而,黑格尔在这里把思维和存在的同一看作是一个矛盾发展的过程这一点,较之康德的二元论、谢林的"绝对同一"说以及形而上学的一次反映论,无疑是一个进步,包含了辩证法的合理成分。按照黑格尔的这个辩证法思想,历史上依次更替的一切社会制度,都只是人类社会由低级到高级的无穷发展中的一些暂时阶段。每一个阶段都是必然的,因此,对它所由发生的时代和条件说来,都有它存在的理由;但是对它自己内部逐渐发展起来的新的、更高的条件来说,它就变成过时的和没有存在的理由了;它不得不让位于更高的阶段,而这个更高的阶段也同样是要走向衰落和灭亡的。正如恩格斯指出的,黑格尔辩证法的革命性质就在于,它宣布"在它面前,不存在任何最终的、绝对的、神圣的东西;它指出所有一切事物的暂时性;在它面前,除了发生和消灭、无止境地由低级上升到高级的不断的过程,什么都不存在"。①恩格斯还指出,按照黑格尔的辩证法,"一个事物的概念和它的现实,就像两条渐近线一样,一齐向前延伸,彼此不断接近,但是永远不会相交。两者的这种差别正好是这样一种差别,这种差别使得概念并不无条件地直接就是现实,而现实也不直接就是它自己的概念",②因此,"概念和现象的统一是一个本质上无止境的过程"。③然而,黑格尔这位辩证法家同时又是一位唯心主义者,为了体系的需要,他还得把自己的哲学宣布为"绝对真理",而所谓"绝对真理"就是指思维和存在的绝对同一。显然,这是同他的辩证方法背道而驰的。

黑格尔从这种唯心主义辩证法观点出发批判了康德的"应

---

① 恩格斯:《路德维希·费尔巴哈和德国古典哲学的终结》,《马克思恩格斯选集》第4卷,第213页。
②③ 恩格斯:《致康·施米特(1895年3月12日)》,《马克思恩格斯选集》第4卷,第515、517页。

当"哲学。他责难康德不懂得思维可以转化为存在的道理，说在康德那里：

> 绝对的善只是停留在"应该"里，没有客观性，那么它就只得老是停留在那里。①

黑格尔断言：

> 思维、概念必然地不会停留在主观性里，而是要扬弃它的主观性并表示自身为客观的东西。②

黑格尔充满信心地说：

> 理念深信它能实现这个客观世界和它自身之间的同一性。——理性出现在世界上，具有绝对信心去建立主观性和客观世界的同一，并能够提高这种确信使成为真理。③

在论及黑格尔哲学时，恩格斯指出，"没有一个人比恰恰是十足的唯心主义者黑格尔更尖锐地批评了康德的软弱无力的'绝对命令'（它之所以软弱无力，是因为它要求不可能的东西，因而永远达不到任何现实的东西），没有一个人比他更辛辣地嘲笑了席勒所传播的那种沉湎于不能实现的理想的庸人倾向"。④ 恩格斯还指出，在黑格尔看来，"凡在人们头脑中是合理的，都注定要成为现

---

① ② 黑格尔：《哲学史讲演录》（第4卷），第294、285页。
③ 黑格尔：《小逻辑》，第410页。
④ 恩格斯：《路德维希·费尔巴哈和德国古典哲学的终结》，《马克思恩格斯选集》第4卷，第227—228页。

实,不管它和现存的、表面的现实多么矛盾"。① 由此看来,在法国革命浪潮中形成的黑格尔哲学较之康德哲学是大大前进了一步,表明德国市民—资产阶级发展到了一个新的阶段,资产阶级作为一个阶级最终形成了。

然而,黑格尔的唯心主义的思维和存在同一性学说毕竟也是一种软弱无力的哲学。尽管黑格尔高喊思维可以转化为存在,理想能够变成现实,但他始终在"绝对理念"里,即在思想范围内兜圈子,从不超出思想一步。关于这一点,黑格尔本人说得很坦率。他写道:

> 法国人具有现实感、实践的意志、把事物办成的决心——在他们那里观念立刻就能转变成行动。……在德国,同一个自由原则占据了意识的兴趣;但只是在理论方面得到了发挥。我们在头脑里面和头脑上面发生了各式各样的骚动;但是德国人的头脑,却仍然可以很安静地戴着睡帽,坐在那里,让思维自由地在内部进行活动。②

这确是一幅既向往革命但又不敢实行革命的德国资产阶级的活灵活现的画像,同时也是政治庸人黑格尔教授的一帧维妙维肖的自我写照。法国革命引起了黑格尔的头脑的骚动,感到康德老是停留在"应当"上未免太软弱了,于是,他在他的头脑里发现了君主立宪制是最合乎理性的东西,并且坚信它必定能够实现。而当这位教授发现了这个绝对真理之后,他便安静地戴上他的睡帽

---

① 恩格斯:《路德维希·费尔巴哈和德国古典哲学的终结》,《马克思恩格斯选集》第4卷,第212页。
② 黑格尔:《哲学史讲演录》(第4卷),第256—257页。

躺到沙发上去了，让"绝对理念"去自行实现吧！正如恩格斯所说的，在黑格尔看来，"人类既然通过黑格尔想出了绝对观念，那末在实践中也一定达到了能够把这个绝对观念变成现实的地步。因此，绝对观念就不必向自己的同时代人提出太高的实践的政治要求"。① 恩格斯还指出，黑格尔"企图以思维和存在的同一性去证明任何思维产物的现实性"，这不过是"最荒唐的热昏的胡话"。② 这表明，刚刚形成的德国资产阶级仍然是很软弱的，很保守的。

思维和存在的同一性是整个黑格尔哲学的最基本的命题。黑格尔的三重品格（客观唯心主义者、辩证论者和可知论者）全部建立在这个命题之上。不过，应当明确的是，黑格尔的这个命题是针对康德的不可知论提出来的，本意在于论证思维和存在能够达到一致、符合，因而首先是一个可知论的命题。客观唯心论和辩证法则是黑格尔解决思维和存在能够达到一致、符合，论证可知论的基础和方法。因此，我们可以把黑格尔的思维和存在的同一性这个命题叫做客观唯心主义的辩证的可知论命题。由此看来，只看到黑格尔的这个命题的唯心主义基础（思维和存在的等同），从而把这个命题仅仅归结为唯心主义，或者只看到黑格尔的这个命题所包含的辩证方法（思维和存在的矛盾转化），便认为这个命题的实质就是坚持辩证法，都是欠全面的，不适当的。

（三）理性和现实是同一的

黑格尔关于思维和存在的同一性学说的两面性，突出地表现在黑格尔自己十分欣赏的下面这个命题上：

---

① 恩格斯：《路德维希·费尔巴哈和德国古典哲学的终结》，《马克思恩格斯选集》第4卷，第214页。
② 恩格斯：《反杜林论》，《马克思恩格斯选集》第3卷，第82页。

> 凡是合乎理性的东西都是现实的；凡是现实的东西都是合乎理性的。①

乍一看，黑格尔的这个命题，特别是其中"凡是现实的东西都是合乎理性的"这句话，显然是为现存秩序作辩护的，在当时，就是为普鲁士专制制度祝福的，因而是极端保守的。因此，黑格尔的这个命题在《法哲学原理》中一提出，便带来了一场风波。普鲁士政府对此表示无比的感激，文教大臣阿尔腾施太因写信给黑格尔，赞扬黑格尔"使哲学具备了对等现实的唯一正确的态度"，使人们不致染上对待现存事物特别是国家事务方面的"有害的狂妄心理"。反之，资产阶级自由派则对此表示无比的愤怒，攻击黑格尔哲学"不是长在科学花园里，而是长在阿谀奉承的粪堆上"的"哲学毒菌"。可是，这些人都是近视眼。他们谁也没有觉察到就在这样一个表面上看来是极端保守的命题中竟还隐藏着革命的成分。

恩格尔对此极为反感，不得不起来为自己申辩。他说：

> 在我的《法哲学》的序言里，我曾经说过这样一句话：凡是合乎理性的东西都是现实的，凡是现实的东西都是合乎理性的。这两句简单的话，曾经引起许多人的诧异和反对，甚至有些认为没有哲学，特别是没有宗教的修养为耻辱的人，也对此说持异议。②

黑格尔指出，说现实的东西是合理的，并不意味着现存的一切事物都是现实的，因而都是合理的。事实上，在现存的一切有限事

---

① 黑格尔：《法哲学原理》，商务印书馆1961年版，第11页。
② 黑格尔：《小逻辑》，第43页。

物中,一部分是现象,仅有一部分是现实的。他说:

> 在日常生活中,任何幻想、错误、罪恶以及一切坏东西,一切腐败幻灭的存在,尽管人们都随便把它们叫做现实,但是,甚至在平常的感觉里,也会觉得一个偶然的存在不配享受现实的美名。因为所谓偶然的存在,只是一个没有什么价值的、可能的存在,亦即可有可无的东西。①

那么,什么样的东西才配得上享受"现实"的美名呢,黑格尔指出:

> 真实的现实性就是必然性,凡是现实的东西,在其自身中是必然的。②
> 现实性在它的开展中表明它自己是必然性。③

因此,把黑格尔的这个思想应用于当时的普鲁士政府时,黑格尔的意思并不是要肯定政府的任何一个措施,肯定现存的一切,而只是说,这个国家在它的必然的这个限度内是合理的。

其次,按照黑格尔的观点,说现实的东西是合理的,并不意味着现实的东西就绝对地符合理性,都是好东西。黑格尔认为,实际上有些坏东西也多少符合理性,否则它们就不能存在。他说:

> 完全没有概念和实在性的同一的东西,就不可能有任何存在。甚至坏的和不真的东西之所以存在也还是因

---

① ③ 黑格尔:《小逻辑》,第44、300页。
② 黑格尔:《法哲学原理》,第280页。

为它们的某些方面多少符合于它们的概念。那彻底的坏东西或与概念相矛盾的东西，因此即是自己走向毁灭的东西。①

黑格尔甚至说：

> 即使最坏的国家，其实在与概念相应最少，只要它还存在，它就还是理念；个人还要服从一个有权力的概念。②

照此看来，即使肯定普鲁士的专制主义是现实的，因而是合理的，也并不意味着肯定它绝对符合理性，是一个好政府；相反的，它也很可能是一个和政府概念相应最少的最坏的政府。如果说，在我们看来，普鲁士政府是恶劣的，可是，尽管恶劣，它却依然继续存在着，可见其中也有它之所以能够存在的道理，换句话说，它的某些方面还多少符合于它的概念。恩格斯借黑格尔的这个思想，深刻地指出，"政府的恶劣，就可以用臣民的相应的恶劣来辩护和说明。当时的普鲁士人有他们所应该有的政府"。③恩格斯的这段话机智而又深刻地揭露了德国资产阶级的软弱无能。我们看到，黑格尔要求人们去服从一个最坏的政府的权力，恰恰就表现了德国资产阶级的这种软弱无能。

还有，按照黑格尔辩证法，说现实的东西是合理的，也不是意味着现实的东西就是僵死不变的。在黑格尔看来，世界上的各种具体事物都不过是"绝对理念"的"外壳"或"皮囊"，是"绝

---

① 黑格尔：《小逻辑》，第 399 页。
② 黑格尔：《逻辑学》（下卷），第 451 页。
③ 恩格斯：《路德维希·费尔巴哈和德国古典哲学的终结》，《马克思恩格斯选集》第 4 卷，第 211 页。

对理念"发展过程中的各个环节或阶段。当一个具体事物符合"绝对理念"发展的要求的时候，它具有必然性，因而是现实的。但是，随着时间的推移和条件的变化，它就要同"绝对理念"向前进一步发展的要求相矛盾，从而丧失其必然性，变成不现实的、趋于灭亡的东西。这样，"绝对理念"便会摔掉这个旧的"外壳"，投入到一个新的更符合"绝对理念"进一步发展的要求的"皮囊"中去继续向前发展。这就是说，一切曾经是现实的东西，都必定要转化为不现实的东西；而一切符合"绝对理念"发展要求的东西，不管它同现存的一切怎样抵触，也必将变成为现实的。唯有"绝对理念"是永恒的生命，一切有限事物则皆不免于毁灭。正如恩格斯指出的，"按照黑格尔的思维方法的一切规则，凡是现实的都是合理的这个命题，就变为另一个命题：凡是现存的，都是应当灭亡的"。① 用这个观点去观察普鲁士国家，诚然也有它的保守方面，即肯定这个国家在它的必然的限度内还是现实的，这就为已经腐朽了的东西作了辩护。但是，当这个国家一旦超出了必然的限度，它就要走向自己的反面，变成不现实的、归于灭亡的东西。当然，黑格尔本人是不会公开引出这个革命结论的。

　　黑格尔的这个命题所包含的两句话，本来是一个不可分割的整体。可是，人们则往往看重"凡是现实的东西都是合乎理性的"这一句，而忽略另一句："凡是合乎理性的东西都是现实的。"至于黑格尔本人，他似乎倒是更重视后者。据海涅说，有一次当他对他的老师黑格尔表示对"凡是现实的都是合理的"这句话感到不高兴时，黑格尔笑了笑，然后对海涅说，"也可以这么说：凡是合理的必然都是现实的"。黑格尔说了这句话之后惊惶地环顾左右，当他相信只有海涅和黑格尔的一个朋友听到了他的话，才又

---

① 恩格斯：《路德维希·费尔巴哈和德国古典哲学的终结》，《马克思恩格斯选集》第4卷，第212页。

平静下来。不难看出,黑格尔之所以显得如此紧张,就是因为他一语道破了他的这个命题中隐藏着革命。说凡是合理的必然都是现实的,这不仅宣判了现存的一切不合理的东西的死刑,而且表现了对理想、未来的坚强的乐观信念。

从理论上说,黑格尔的上述命题深刻地揭示了辩证法所包含的革命的和保守的两个方面。辩证法的革命性质就在于,它认为一切现实的东西随着时间的推移和条件的变化都会变成不现实的、归于灭亡的东西,而凡是合理的东西,即符合事物发展规律要求的东西,都注定要成为现实的,用黑格尔的话来说,就是"一切合乎理性的东西都是现实的"。同时,辩证法也有它的保守方面,即肯定任何一个具体事物相对于它所处的时间和条件来说,又都有其存在和发展的理由,具有必然性,因而是现实的,用黑格尔的话来说,就是"一切现实的东西都是合理的"。但是,正如恩格斯所指出的,"这种看法的保守性是相对的,它的革命性质是绝对的——这就是辩证哲学所承认的唯一绝对的东西"。[①] 辩证法就是绝对的革命性和相对的保守方面的对立统一,忽视或抹煞某一个方面,都是片面的,不是陷入刹那生灭的相对主义,就是陷入僵死不变的绝对主义。然而,我们看到,尽管黑格尔揭示了辩证法的这两个方面,但是,这位哲学上的唯心主义者、政治上的庸人却竭力隐藏或回避辩证法的革命方面的绝对性。因此,在黑格尔手中,辩证法"似乎使现存事物显得光彩",[②] 从这个"彻底革命的思维方法竟产生了极其温和的政治结论",[③] 表现出强烈的保守性。

黑格尔在论证思维和存在的同一性这个基本观点的过程中,

[①][③] 恩格斯:《路德维希·费尔巴哈和德国古典哲学的终结》,《马克思恩格斯选集》第 4 卷,第 213、214 页。
[②] 马克思:《〈资本论〉第一卷第二版跋》,《马克思恩格斯选集》第 2 卷,第 218 页。

构造了一个"绝对理念"自己认识自己、自己实现自己、不断走向思维和存在同一的哲学体系。这个体系由"逻辑学"、"自然哲学"和"精神哲学"三个部分组成。按照黑格尔的观点,"逻辑学"描述的是"绝对理念"自我发展过程,在这个阶段上,"绝对理念"表现为它的各个环节——范畴的推演。"自然哲学"描述的是"绝对理念"外化(或异化)为自然界后在自然界中的发展过程。"精神哲学"描述的是"绝对理念"摆脱了自然界进入人的意识并在人的意识中回复到了自己,认识了自己,达到了思维和存在的同一的过程。

不难看出,黑格尔的这个哲学体系是一个客观唯心主义的体系,自然界、人类社会以及人的认识的发展完全被归结为"绝对理念"神秘地自行实现、自己认识自己的过程。但是,黑格尔的哲学体系所体现的辩证发展观点,即把自然界、人类社会和人类认识看作是一个合理的发展过程的历史观点,当时的历史条件下还是别开生面的。我们知道,欧洲十七、十八世纪,形而上学的绝对静止的观点在人们的思想上占据统治地位。在那时的人们看来,自然界的一切都是从来如此的、永恒不变的。天上的日月星辰的运转,地上的大陆海洋的分布,以及动物、植物的种类等等,过去是这样,现在是这样,将来也还是这样。在当时的一些资产阶级思想家看来,过去的历史完全是一笔糊涂帐,不过是错误和荒唐的陈列馆,只是从他们突然发现了所谓永恒的"人性"、"理性"之日起,人类才开始了真正的历史。关于人类的认识活动,那时不论是唯物主义者,还是唯心主义者,几乎都是认识的一次完成论者。唯心主义唯理论认为,知识是天赋的。机械唯物主义者认为,认识通过一次反映即可完成。十八世纪中叶,康德提出的星云假说,给这种形而上学的绝对静止的观点打开了一个缺口。可是,康德本人在他的哲学中却没有进一步发挥这种发展观点。继谢林之后,黑格尔通过他的唯心主义辩证法体系系统地阐发了普遍发展的观点,从根本上动摇了十七、十八世纪的形而上学宇宙观。恩格斯指出:"黑格尔第一次——这是他的巨大功绩——把整个自然的、历史的和精神的世界描写为一个过程,即把它描写为处在不断的运动、变化、转变和发展中,并企图揭示这种运动和发展的内在联系。"① 列宁也指出:"'在一切自然界的、科学的和精神的发展中'——这就是黑格尔主义的神秘外壳中所包含的深刻真理的内核。"② 按照黑格尔的观点,世界不是现存事物的总和,而是一个发展过程。过程论是渗透于黑格尔唯心主义哲学体系中的一个基本的辩证思想,是黑格尔对人类认识发展史所作的重大贡献之一。

必须看到,尽管黑格尔的哲学体系是矫揉造作的,到处充斥着唯心主义的思辨的货色,但他"常常在思辨的叙述中作出把握住事物本身的、真实的叙述"。③ 在"逻辑学"、"自然哲学"和"精神哲学"中,黑格尔都程度不同地在唯心主义的晦涩词句里面把握住了人类认识、自然界和人类社会辩证发展的某些真实的联系。

二、逻辑学

"逻辑学"是黑格尔哲学体系的第一部分。

"逻辑学"是黑格尔的最重要的哲学著作。恩格斯曾经指出:"不读黑格尔的著作,当然不行,而且还需要时间来消化。先读《哲学全书》的《小逻辑》,是很好的办法。"④ 列宁曾仔细地研读过黑格尔的《逻辑学》和《小逻辑》,并作了详细的摘要,批判地分析了黑格尔的辩证法思想。列宁说:"在黑格尔的这部最唯心

---

① 恩格斯:《反杜林论》,《马克思恩格斯选集》第 3 卷,第 63 页。
② 列宁:《黑格尔〈逻辑学〉一书摘要》,《列宁全集》第 38 卷,第 163 页。
③ 马克思恩格斯:《神圣家族》,《马克思恩格斯全集》第 2 卷,第 76 页。
④ 恩格斯:《致康·施米特(1891 年 11 月 1 日)》,《马克思恩格斯选集》第 4 卷,第 492 页。

著作中，唯心主义最少，唯物主义最多，'矛盾'，然而是事实！"①当然，在黑格尔的这部唯心主义的著作中，存在着许多荒唐的牵强附会的东西。但是，正如恩格斯所指出的，在黑格尔的著作中寻找作为他建立体系的杠杆的那些谬误和牵强附会之处，"这纯粹是小学生做作业。更为重要的是：从不正确的形式和人为的联系中找出正确的和天才的东西"。②

打开黑格尔的"逻辑学"，就会明显地感到它和自亚里士多德以来的传统的形式逻辑的不同。黑格尔的"逻辑学"是一个哲学范畴推演的系统，其大致轮廓如下：

逻辑学
- 一、存在论
  - 1. 质（纯存在、定在、自为存在）
  - 2. 量（纯量、定量、程度）
  - 3. 度
- 二、本质论
  - 1. 本质（同一、差别、根据）
  - 2. 现象（内容和形式、全体与部分等）
  - 3. 现实（实体关系、因果关系、相互作用）
- 三、概念论
  - 1. 主观性（概念、判断、推理）
  - 2. 客观性（机械性、化学性、目的性）
  - 3. 理念（生命、认识、绝对理念）

黑格尔把这些逻辑范畴叫做"纯概念"，意即是不沾染任何感性的、物质的成分的纯粹的思维形式。在他看来，这些纯粹的思维形式并非是远在彼岸的不可捉摸的东西，相反地，它们倒是人们所最为熟知的。比如在"这片树叶是绿的"这个命题里就包含有"存在"和"个体性"的范畴于其中。然而，熟知并非真知，而且人们往往对自己熟知的东西最无所知。这是因为，人们总是惯于把这些纯粹的思维形式同感性材料混杂在一起。逻辑学的任务就在

---

① 列宁：《黑格尔〈逻辑学〉一书摘要》，《列宁全集》第38卷，第253页。
② 恩格斯：《致康·施米特（1891年11月1日）》，《马克思恩格斯选集》第4卷，第493页。

于撇开一切感性的成分对逻辑范畴作纯粹的考察。黑格尔在这里提出要把范畴及其相互关系当作一个对象加以专门的考察,建立一门以研究范畴及其相互关系为主要内容的逻辑科学,这是深刻的,正确的。但是,他认为研究范畴必须撇开一切感性经验成分的主张,则是不可取的,实际上也是不可能的。事实上,尽管黑格尔把逻辑范畴及其相互关系说得纯之又纯,但在"逻辑学"中,他还是不时地从自然界和人类历史中寻找最恰当的例子来验证他所作的逻辑范畴的推演的。

黑格尔认为,逻辑学是一切科学的灵魂。他说:

> 逻辑学是自然哲学和精神哲学中富有生气的灵魂。其余部门的哲学兴趣,都只在于认识在自然和精神形态中的逻辑形式,而自然或精神的形态只是纯粹思维形式的特殊的表现。①

黑格尔的意思是说,逻辑学所研究的范畴及其相互关系是最普遍的原则,自然哲学和精神哲学都不过是逻辑学的普遍原则在自然界和人类精神领域中的推广或具体应用。因此,黑格尔把自然哲学和精神哲学看作是"应用的逻辑学"。② 显然,黑格尔的这个思想具有先验主义的性质。正如恩格斯所指出的,黑格尔不是从自然界和人类历史中抽象出普遍的逻辑原则,而是企图先验地制定某种原则,把"从思想中、从世界形成之前就永恒地存在于某个地方的模式、方案或范畴中,来构造现实世界",这就"把事情完全头足倒置了"。③ 不过,也应当看到,黑格尔关于逻辑学是一切科学的灵魂的思想中包含了一个合理的猜测:辩证法是支配自然界、

---

①② 黑格尔:《小逻辑》,第83—84、83页。
③ 恩格斯:《反杜林论》,《马克思恩格斯选集》第3卷,第74页。

人类社会和人类思维运动的普遍规律。

可以看出,黑格尔的"逻辑学"和康德的"先验逻辑"有某些相似之处,即两者均以范畴、理念作为逻辑学的主要内容。不过,黑格尔的范畴论和康德的范畴论却有很大的差别。首先,黑格尔认为,范畴、理念是存在的本质。我们知道,在康德那里,范畴、理念只是主观的思维形式,和客体"自在之物"毫不相干。和康德不同,黑格尔则认为,范畴、理念不仅仅是存在于人们头脑中的主观的思维形式,而且是内蕴于客观事物之中决定事物的本质的"客观思想"。他说:

> 这些思维规定(按:指范畴)就是事物内在的核心。①

恩格斯深刻地揭露了黑格尔范畴学说的客观唯心主义的本质,指出,"范畴在他(按:指黑格尔)看来是先存在的东西,而现实世界的辩证法是它的单纯的反光。实际上刚好相反:头脑的辩证法只是现实世界(自然界和历史)的运动形式的反映"。②

其次,黑格尔认为,范畴是"绝对理念"的各个规定,是"绝对理念"发展过程中的各个环节或阶段。按照康德的观点,范畴只适用于"现象世界",是有条件的、相对的,而理念则要求超越现象世界去把握"自在之物",是无条件的、绝对的,两者之间存在着不可逾越的鸿沟。和康德不同,黑格尔则力图把有条件的、相对的范畴和无条件的、绝对的理念统一起来。在黑格尔看来,"绝对理念"本身只是一个由各种范畴构成的有机的系统,离开了各种范畴,它就是一个孤零零的、没有意义的"空名";同样,各

---

① 黑格尔:《小逻辑》,第 84 页。
② 恩格斯:《自然辩证法》,《马克思恩格斯选集》第 3 卷,第 531 页。

种范畴也只是"绝对理念"的一个方面的规定,是"绝对理念"发展过程中的一个环节或阶段,一个范畴离开了和其它范畴的联系,离开了"绝对理念",则是片面的、抽象的,因而是没有意义的。

和康德不同,黑格尔的范畴论是"带有流动范畴的辩证法派"。① 康德曾经觉察到了范畴之间的某些联系,比如,他看到了范畴排列上的"三一式"的现象,认为如果人们超越现象世界,用范畴去规定"自在之物",范畴本身就会发生矛盾——"二律背反"。但是,总的说来,康德没有致力于研究范畴之间的联系和转化。在康德那里,十二范畴之间的关系基本上是平列的、孤立的和静止的。继费希特、谢林之后,黑格尔进一步发挥了康德的"二律背反"、"三一式"的思想,把各种范畴结合在一起,构成了一个不断向前推演的生动活泼的有机统一的体系。黑格尔写道:

> 伟大的〔辩证法〕概念的本能使得康德说:第一个范畴是肯定的,第二个范畴是第一个范畴的否定,第三个范畴是前两者的综合。②

我们看到,黑格尔"逻辑学"的范畴基本上是按照这个"三一式"的模式排式起来的。比如,存在论——本质论——概念论,质——量——度,本质——现象——现实,主观性——客观性——理念等等。黑格尔继承和发挥了康德的"二律背反"学说,认为范畴的推演不是靠什么外在的力量,而是根源于范畴的内在否定性。他说:

> 引导概念自己向前的,就是前述的否定的东西,它是概念自身所具有的,这个否定的东西构成了真正辩证

---

① 恩格斯:《自然辩证法》,《马克思恩格斯选集》第 3 卷,第 531 页。
② 黑格尔:《哲学史讲演录》第 4 卷,第 269 页。

的东西。①

按照黑格尔的观点，范畴的内在的否定性是范畴自身运动的灵魂。

在这里，黑格尔继承和发展了康德的"三一式"和费希特的"正、反、合"的思想，提出了他的"整个体系构成的基本规律"，②即否定之否定规律。我们知道，按照形而上学的观点，"是"就是"是"，"否"就是"否"，换句话说，要么是肯定，要么是否定，肯定和否定是绝对对立，毫不相干的。和形而上学相反，黑格尔认为，肯定和否定两者既对立，又同一，肯定中包含着否定，否定中也包含着肯定。

在黑格尔看来，否定不是存在于肯定的东西之外的什么东西，它就内在于肯定之中。说一个东西有矛盾，就是说它不仅有它的正面（肯定），而且也包含着它的反面（否定）。比如，一个生物就不仅具有它的肯定的一面——生命，而且也包含着它的否定的一面——死亡。黑格尔十分重视事物的否定方面。在他看来，正因为事物自身包含着自己的否定方面，才引起了自身的运动，向着否定方面转化。黑格尔写道：

> 因为自在的肯定物本身就是否定性，所以它超出自身并引起自身的变化。③

黑格尔又认为，否定的东西中也包含着肯定的东西。在他看来，把否定看作是对肯定的东西（被否定的东西）的单纯的否定、

---

① 黑格尔：《逻辑学》上卷，第38页。
② 恩格斯：《自然辩证法》，《马克思恩格斯选集》第3卷，第484页。
③ 黑格尔：《逻辑学》下卷，第64页。

全盘抛弃,那是形而上学的空洞的否定。按照黑格尔的观点,否定乃是"绝对理念"自身发展的环节,一方面,否定是质变,否定的东西和被否定的东西,即肯定的东西在性质上是不同的;另一方面,否定的东西并不是对被否定的东西,即肯定东西的简单的抛弃,而是在舍弃肯定的东西的同时,又保留肯定的东西中的某些因素于自身之内。黑格尔把辩证法的这种否定叫做"扬弃"。他说:

> 扬弃一词有时含有取消或舍弃之意……又含有保持或保存之意。①

把否定理解为扬弃,那就是说,否定的东西也包含着肯定的东西。黑格尔还说:

> 这个他物(按:指否定的东西)本质上不是空虚的否定的东西,不是无……而是第一个(按:指肯定的东西)的他物,直接的东西的否定的东西;……一般说来,包含第一个的规定于自身之中。于是第一个本质上也就在他物中留藏并保持下来了。——把肯定的东西在它的否定的东西中……坚持下来,这是理性认识中最重要之点。②

列宁十分重视黑格尔的这个思想,指出,"辩证法的特征的和本质的东西并不是单纯的否定,并不是任意的否定,并不是怀疑的否定,动摇、疑惑,……而是作为联系环节、作为发展环节的

---

① 黑格尔:《小逻辑》,第 213 页。
② 黑格尔:《逻辑学》下卷,第 541 页。

否定,是保持肯定的东西的,即没有任何动摇、没有任何折衷的否定。"①

黑格尔还认为,辩证的否定即"扬弃"是一个过程,是一个从肯定到否定、到否定之否定的过程。黑格尔继承了康德关于范畴排列的"三一式"思想和费希特关于正、反、合的范畴推演方法,认为辩证的否定经历正、反、合三个阶段。"正"是单纯的肯定,"反"是单纯的否定,这表示肯定和否定的分化、对立;"合"则是对"反"即单纯的否定的再否定,或是说是否定之否定,这是肯定和否定的统一,即包含着肯定的东西的否定。在黑格尔看来,"合"既然包含了"正"(肯定的东西),因此它也就好似是对"正"的复归。但是,这个好似返回到"正"的"合",并不是对"正"的简单的复归,而是在提高了一步(经过了"反")的情况下的复归。因此,较之"正"来说,"合"的内容更为丰富、更为具体了。

可以看出,黑格尔关于否定之否定的思想也在一定程度上把握住了事物的某些真实的联系,多少猜测到了事物和认识的发展是一个螺旋式的上升、波浪式前进的过程。列宁在唯物主义的基础上改造了黑格尔的否定之否定的思想,指出事物的发展是"在高级阶段上重复低级阶段的某些特征、特性等等,并且仿佛是向旧东西的回复(否定的否定)"。②

不过,在黑格尔那里,否定之否定的思想具有强烈的形式主义的色彩。在他看来,"绝对理念"就是按照正、反、合的公式由抽象到具体向前发展的。因此,黑格尔的整个哲学体系就是由许多大大小小的正、反、合构造起来的。他不是从客观事物中引出辩证法,而是竭力把客观事物硬塞进他的正、反、合的先验模式。

---

① 列宁:《黑格尔〈逻辑学〉一书摘要》,《列宁全集》第38卷,第244页。
② 列宁:《黑格尔〈逻辑学〉一书摘要》,《列宁全集》第38卷,第239页。

因而，在很多地方，他就不得不牵强附会、生拉硬扯，借助于晦涩的词句敷衍搪塞。

黑格尔从否定之否定的思想出发，进一步分析了逻辑思维的三种形式："知性"、"否定的理性"和"肯定的理性"。

黑格尔认为，知性式的思维的定律是同一律（甲＝甲），其特点是坚持固定的规定性和各规定之间彼此的差别。从认识发展过程来看，逻辑思维起始于"知性"阶段。这一阶段的任务是借助于同一律区分事物的各种特性，使思想具有坚定性和确定性。比如：直线就是直线，它和曲线有区别。对此，黑格尔写道：

> 无论如何，我们必须首先承认理智（按：即知性）思维的权利和优点，大概讲来，无论在理论的或实践的范围内，没有理智，便不会有坚定性和规定性。[①]

同时，黑格尔又指出，人的知识不能老是停留在"知性"阶段上，不能认为具体事物只是这种"抽象的同一性"。在黑格尔看来，莱布尼茨—伏尔夫"形而上学"乃是"知性"思维形式的理论表现，其根本缺陷就在于把"知性"的同一律绝对化。

黑格尔认为，在"否定的理性"阶段，"知性"的有限规定扬弃自身而过渡到它的反面，"甲"过渡到了"非甲"，出现了"甲"和"非甲"的对立和矛盾。在黑格尔看来，康德的"二律背反"学说就是"否定的理性"这种思维方式的理论表现。

黑格尔高度评价康德的"二律背反"学说对"形而上学"的片面观点的揭露和关于理性发生矛盾的必然性思想。他说：

> 旧形而上学，我们已经看到，在考察对象以求得形

---

① 黑格尔：《小逻辑》，第173页。

而上学知识时，总是抽象地去应用一些片面的知性范畴，而排斥其反面。康德却与此相反，他尽力去证明，用这种抽象的方法所得来的结论，总是可以另外提出一些和它正相反对但具有同样的必然性的说法，去加以否定。①

黑格尔还指出：

> 康德这种思想认为知性的范畴所引起的理性世界的矛盾，乃是本质的，并且是必然的，这必须认为是近代哲学界的一个最重要的和最深刻的一种进步。②

然而，黑格尔又指出，康德从"二律背反"作出不可知论的结论，表明他并没有真正理解理性矛盾的积极意义。首先，康德把矛盾看作是仅仅存在于理性之中的主观幻相，而不懂得矛盾乃是对象的本质。其次，康德只看到了理性中的四种矛盾，而不理解一切事物都包含着矛盾，一切事物都是"二律背反"。更为重要的是，在康德的"二律背反"中，矛盾的双方始终处于绝对的僵硬的对立之中，而看不到它们的统一。这表明，康德虽然揭露了"形而上学"片面观点的弊病，但并没有从根本上克服"形而上学"的片面观点。

恩格斯指出，莱布尼茨—伏尔夫"形而上学"的思维方法"曾被康德特别是黑格尔在理论上摧毁"。③在黑格尔看来，为了彻底破除莱布尼茨—伏尔夫"形而上学"的思维方法和全面把握一

---

① 黑格尔：《小逻辑》，第133页。
② 黑格尔：《小逻辑》，第131页。
③ 恩格斯：《卡尔·马克思的〈政治经济学批判〉》，《马克思恩格斯选集》第2卷，第120页。

个具体事物的本质,就必须把认识从"否定的理性"阶段提高到"肯定理性"阶段上来。关于"肯定理性",黑格尔写道:

> 思辨的阶段或肯定理性的阶段在对立的规定中认识到它们的统一,或在对立对方的分解和过渡中,认识到它们所包含的肯定。①

这就是说,"知性"讲同一,"否定的理性"讲对立,而"肯定的理性"则坚持对立物的同一。黑格尔把这种包含了差别和对立于自身之内的同一,叫做"具体的同一",以区别于"知性"的抽象的同一。在他看来,只有把握住了"具体的同一",才能全面地把握一个具体事物。

黑格尔指出,逻辑思维的三种形式并不构成逻辑学的三个部分,而是每一逻辑范畴发展的各个环节。因此,把握住黑格尔的这一思想,对于理解黑格尔的逻辑学以至黑格尔的整个哲学体系,都是十分重要的。

(一)存在论

"存在论"是黑格尔"逻辑学"的第一部分,描述的是纯粹理念的潜在或自在阶段的发展状况。在这里,黑格尔系统地阐发了质量互变规律。

黑格尔"逻辑学"的第一个范畴叫做"纯存在"("纯有")。所谓"纯存在",按照黑格尔的看法,就是撇开事物的一切特性而仅仅指出它"存在",或者说仅仅指出"某物是……",至于是什么,则无可奉告。换句话说,"纯存在"就是没有任何特性、没有任何规定性的东西。黑格尔认为,这样的"纯存在"既然没有任何规定性,那末就可以说它是"非存在"("无")。拿人的认识来

---

① 黑格尔:《小逻辑》,第181页。

说，如果人们对一个事物的认识仅仅停留在"纯存在"这样抽象、贫乏的水平上，那就等于说对它毫无认识。这样，黑格尔便从"存在"（"有"）推出了"非存在"（"无"）。他说：

> 这种纯有是纯粹的抽象，因此是绝对的否定。这种否定，直接地说来，也就是无。①

按照黑格尔的推演，"存在"和"非存在"的统一便是"变易"。在"变易"中，既包含"存在"，也包含"非存在"，两者既相互区别，又相互依存。在"逻辑学"中，黑格尔在进行范畴推演的时候常常是生拉硬扯、东拼西凑，实在不行就用一些晦涩的言词来支吾搪塞。但是，黑格尔把范畴看成是彼此联系、相互转化这一点，却包含着辩证法的合理成分。列宁指出，"对通常看起来似乎是僵死的概念，黑格尔作了分析并指出：它们之中有着运动……一般存在？——就是说，是这样的非规定性，以致存在=非存在。概念的全面性、普遍的灵活性，达到了对立面同一的灵活性。——这就是问题的实质所在"。②

黑格尔从"变易"继续进行范畴的推演。他指出，"变易"由于自身的矛盾而过渡到"存在"和"非存在"皆被扬弃于其中的统一，其结果就是"定在"（"限有"）。和"纯存在"不同，"定在"乃是具有一定的规定性的存在，具有一定的性质的存在。这样，"定在"便是质。黑格尔指出：

> 定在或限有是具有一种规定性的存在，而这种规定

---

① 黑格尔：《小逻辑》，第192页。
② 列宁：《黑格尔〈逻辑学〉一书摘要》，《列宁全集》第38卷，第112页。

性，作为直接的或存在着的规定性就是质。①

按照黑格尔的观点，质是某物区别于其他事物并与某物的存在相同一的规定性。他说：

> 某物之所以是某物，乃由于其质，如失掉其质，便会停止其为某物。②

这就是说，事物的质和事物的存在是直接同一的。与质不同，量对于事物的存在则是一种外在的关系，就是说一个事物虽然在量的方面发生了变化，但该物仍能保持其存在。比如，一所房子不论大一点，还是小一点，仍然是一所房子；红色不论是深一点，还是浅一点，都还是红色。这就是说，在一定的条件下，事物的量的变化并不影响事物的存在和质。黑格尔说：

> 我们观察事物首先从质的观点去看，而质就是我们认为与事物的存在相同一的规定性。如果我们进一步去观察量，我们立刻就会得到一个中立的外在的规定性的观念。按照这个观念，一物虽然在量的方面有了变化，变成更大或更小，但此物却仍然保持其原有的存在。③

黑格尔在阐述质和量的辩证关系的时候，引出了"度"（"限度"）这个范畴，认为度是质和量的统一，是质的限量。一个事物在它的度的范围内，量的变化不致影响到它的质；但当量的变化一旦超过了它的度的时候，事物的质就会发生变化，由一种事物

---

①② 黑格尔：《小逻辑》，第202页。
③ 黑格尔：《小逻辑》，第217页。

转化成为另一种事物。黑格尔说：

> 一方面定在的量的规定可以改变，而不致影响它的质，但同时另一方面这种不影响质的量之增减也有其限度，一超出其限度，就会引起质的改变。例如：水的温度最初是不影响水的液体性的。但液体性的水的温度之增加或减少，就会达到这样的一个点，在这一点上，这水的聚合状态就会发生质的变化，这水一方面会变成蒸汽，另一方面会变成冰。当量的变化发生时，最初好像是完全无足重轻似的，但后面却潜藏着别的东西，这表面上无足重轻的量的变化，好像是一种机巧，凭借这种机巧去抓住质〔引起质的变化〕。①

黑格尔讲了一个寓言：有一位农人，当他看见他的毛驴拖着东西愉快地行走时，便继续不断地一两一两地给毛驴增加负担，而当他再增加某一两时，这毛驴便因担负不起这重量而倒下了。黑格尔认为，不能把这个寓言看作是一个玩笑，而应当看到其中包含的深刻的哲理：量的变化一旦突破度就必定引起质的变化。黑格尔引用自然界和社会生活中大量经验、事实来验证他所创立的这个原理。比如，就拿花钱来说，在某种范围内，多花少花，并不重要。但是，花钱也有一个度，一经超出这个度，花得太多或花得太少，都会引来质变，或变成奢侈，或变成吝啬。

黑格尔认为，质变和量变在形式上是不同的，量变是渐进性，质变则是渐进过程的中断，是飞跃。他说：

> 当水改变其温度时，不仅热因而少了，而且经历了

---

① 黑格尔：《小逻辑》，第 236 页。

固体，液体和气体的状态，这些不同的状态不是逐渐出现的；而正是在交错点上，温度改变的单纯渐进过程突然中断了，遏止了，另一状态的出现就是一个飞跃。一切生和死，不都是连续的渐进，倒是渐进的中断，是从量变到质变的飞跃。①

我们知道，欧洲十七、十八世纪流行的形而上学观点，往往是从机械论的观点出发，从量的方面考察事物，用事物的量的方面的差异去说明事物之间的质的区别。他们在描述事物的变化时，也往往只看到事物的量的变化（增加或减少），而看不到事物的性质的变化、一物向他物的转化。比如，十七世纪德国哲学家莱布尼茨就曾提出过一个著名的命题："自然界里没有飞跃"。这意思就是说，自然界里只有量变，没有质变。按照这种观点，世界上的各种事物，古今毕同，因为一种事物只能产生同样的事物，而不能变化为另一种事物。可见，形而上学把质和量绝对地对立起来，不懂得两者之间的联系和转化。

黑格尔批判了这种形而上学观点。他说：

> 为了寻求严密彻底的科学知识计，我们必须指出，像经常出现的那种仅在量的规定里去寻求事物的一切区别和一切性质的办法，乃是一个最有害的成见。无疑地，关于量的规定性，精神较多于自然，动物较多于植物，但是如果我们以求得这类较多或较少的量的知识为满足，不进而去掌握它们特有的规定性，这里首先是质的规定性，那么我们对于这些对象和其区别所在的了解，也就

---

① 黑格尔：《逻辑学》上卷，第403—404页。

异常之少。①

黑格尔还指出：

> 据说自然界中是没有飞跃的；普遍的观念，如果要想理解发生和消逝……以为只要把它们设想为逐渐出现或消失，那就是理解它们了。但在上面已经说过："有"的变化从来都不仅是从一个大小到另一个大小的过渡，而且是从质到量和从量到质的过渡，是变为他物，即渐进过程之中断以及与先前实有物有质的不同的他物。②

可以看出，黑格尔对只看到事物之间的量的区别，看不到事物之间的质的区别的机械论和只看到事物的量的变化，看不到事物的质的变化的庸俗进化论的批评，是正确的。

马克思主义经典作家十分重视黑格尔所阐述的质和量的辩证法思想。马克思指出，黑格尔所发现的量的变化转化为质的变化的规律，"在历史上和自然科学上都是同样有效的规律"。③恩格斯把黑格尔所指出的质量互变规律列为辩证法的三条基本规律之一。列宁特别注意黑格尔关于质变是渐进过程的中断、是飞跃的思想。

我们看到，从莱布尼茨的"自然界里没有飞跃"的观点发展到黑格尔的量变必然引起质变的辩证法，这在近代德国哲学发展史上是一个重大的突破。黑格尔这一思想的形成，除了受到了当时自然科学的新成就的影响外，更主要的是法国革命的冲击。在

---

① 黑格尔：《小逻辑》，第221页。
② 黑格尔：《逻辑学》上卷，第404页。
③ 马克思：《1867年6月22日致恩格斯的信》，《马克思恩格斯书信选集》人民出版社1962年版，第202页。

这位资产阶级历史唯心论者看来,他所处的时代正是推动历史前进的"自由意识"从量变进入质变的时代,而法国革命便是"自由意识"新飞跃的象征。早在1807年黑格尔哲学思想刚刚形成的时候,他就对法国革命作了如下的哲学概括:

> 我们这个时代是一个新时期的降生和过渡的时代。……事实上,精神从来没有停止不动,它永远是在前进运动着。但是,犹如在母亲长期怀胎之后,第一次呼吸才把过去仅仅是逐渐增长的那种渐变性打断——一个质的飞跃——从而生出一个小孩来那样,成长着的精神也是慢慢地静悄悄地向着它新的形态发展,一块一块地拆除了它旧有的世界结构。……可是这种逐渐的、并未改变整个面貌的颓毁败坏,突然为日出所中断,升起的太阳就如闪电般一下子建立起了新世界的形相。①

黑格尔的这段富有革命气息的话,反映了德国资产阶级对法国革命的热情向往,表现了他的量变引起质变这一辩证法思想形成的社会背景及其革命实质。

然而,黑格尔发出的这团革命怒火,事隔十多年之后,便被他本人亲手扑灭了。在1821年出版的《法哲学原理》中,黑格尔背叛了这一辩证法思想,公然鼓吹庸俗进化论。他说:

> 一种状态的不断发展从外表看来是一种平静的觉察不到的运动。久而久之国家制度就变得面目全非了。②

---

① 黑格尔:《精神现象学》上卷,第6—7页。
② 黑格尔:《法哲学原理》,第316页。

在这里，黑格尔过去经常挂在口边的"渐进过程的中断"、"飞跃"等等词句，统统不见了，剩下的只是"平静的觉察不到的运动"。这深刻地反映了在法国革命失败后，欧洲各国封建势力猖狂复辟的形势下，德国资产阶级的保守性的增强。同时它也表明，政治上的改良主义者黑格尔是不可能把量变必然引起质变的辩证法思想贯彻到底的。针对黑格尔的这种庸人迂腐之见，马克思尖锐地指出，"诚然，在许许多多国家里，制度改变的方式总是新的要求逐渐产生，旧的东西瓦解等等，但是要建立新的国家制度，总是要经过真正的革命"①。马克思对黑格尔的这个批判反映了无产阶级的革命路线对资产阶级改良主义路线的批判，表现了无产阶级的彻底的革命精神，表明只有无产阶级才能把辩证法贯彻到底。

黑格尔在研究质和量的问题的时候，还讨论了有限和无限的辩证关系。我们知道，有限和无限的关系问题从来是哲学史上争论不休的问题。康德曾在世界的时间和空间问题上提出了有限和无限的"二律背反"，把两者截然对立起来，导致了不可知论。康德和费希特把这种有限和无限绝对对立的观点应用于伦理学便造成了理想（"应当"）与实在的分裂，导致了不可实现论。和康德不同，黑格尔力图把有限和无限理解为辩证的统一。

在黑格尔看来，人们之所以不能正确处理有限和无限的关系，把有限和无限绝对对立起来，关键在于对无限性这个范畴缺乏正确的了解。通常人们所了解的无限性主要是指一种无穷的进展，如时间上的无限延续，空间上的无穷扩展。黑格尔认为，进行这种无穷地向前进展的思考实在是太单调无聊了，因为它不过是同一事物的单调的无穷的重演。因此，他把这种无穷进展意义下的无限性，叫做"单调的无限"（亦译为"坏的无限"或"恶的无限"）。在黑格尔看来，把无限理解为无穷进展势必造成有限和无限的分

---

① 马克思：《黑格尔法哲学批判》，《马克思恩格斯全集》第1卷，第315页。

裂，有限在这边，无限在那边，两者并列，各各独立，相互限制。无限一词本有不受限制之意，可是，无穷进展意义下的无限恰恰是一种与有限并列、为有限所限制了的无限，因而算不上是真正的无限。关于这种"单调的无限"，黑格尔写道：

> 像这样的无限，只是一特殊之物，与有限并立，而且以有限为其限制或限度，并不是应有的无限，并不是真正的无限，而只是有限。——在这样的关系中，有限在这边，无限在那边，前者属于现界，后者属于他界，于是有限就与无限一样都被赋予同等的永久性和独立性的尊严了。……二元论决不使无限有接触有限的机会，而认为两者之间有一深渊，有一无法渡越的鸿沟，无限坚持在那边，有限坚持在这边。①

黑格尔认为，有限和无限乃是"绝对理念"发展过程中的两个既对立又同一的环节。真正的无限应当理解为有限和无限的对立统一，有限中包含无限，无限也包含了有限。他说：

> 有限性只是对自身的超越；所以有限性中也包含无限性，包含自身的他物。同样，无限性也只是对有限性的超越；所以它本质上也包含它的他物。②

黑格尔还说：

> 并没有一个无限物，原先是无限，尔后又必须变成

---

① 黑格尔：《小逻辑》，第209页。
② 黑格尔：《逻辑学》上卷，第145页。

有限，超越到有限性；它乃是本身既有限，又无限。①

　　黑格尔从无限和有限相统一的观点出发，论证了理想和实在的统一。在他看来，具有无限性的理想并不是脱离有限的实在事物的空洞幻想，前者就蕴藏于后者之中，是后者的潜在性能的发挥。黑格尔写道：

> 实在性与理想性常被看成一对有同等独立性，彼此对立的范畴。因此常有人说，在实在性之外，还另有理想性。但真正讲来，理想性并不是在实在性之外或实在性之旁的某种东西，反之理想性的本质即显然在于作为实在性的真理。这就是说，若将实在性的潜在性加以显明发挥，便可证明实在性本身即是理想性。②

在黑格尔看来，康德和费希特所推崇的那个永远不能实现的"应当"，就是一种无穷进展的"单调的无限性"，就是一种在有限的实在事物之外的理想性。他认为，当人们仅仅承认实在性尚不能令人满足，于实在性之外尚须承认理想性时，我们切不可因此便相信这样就足以表示对于理想性有了适当尊崇。像这样的理想性，在实在性之旁，或在实在性之外，事实上就只能是一个空名。惟有当理想性和实在性相结合，这种理想性才有内容和意义。针对康德和费希特的"应当"哲学，黑格尔指出：

> 在这种"应该"里，总是包含有一种软弱性，即某种事情，虽然已被承认为正当的，但自己却又不能使它

---

① 黑格尔：《逻辑学》上卷，第154页。
② 黑格尔：《小逻辑》，第212页。

实现出来。①

由此看来，如果说康德和费希特是沉湎于不能实现的理想之中的理想主义者，那么，可以说黑格尔是一位立足于现实的理想和现实的统一论者。

黑格尔通过对有限和无限、理想和实在统一的阐发，进一步论证了思维和存在的同一性。

（二）本质论

"本质论"是黑格尔"逻辑学"的第二部分，描述的是纯粹理念由直接性进到间接性的深化运动。按照黑格尔的体系，"本质论"分为"本质自身"、"现象"和"现实"三个阶段。在"本质论"中，黑格尔考察了一系列成对的辩证法范畴，其中比较重要的有：同一和差别、本质和现象、形式和内容、原因和结果、可能性和现实性、必然性和偶然性以及自由和必然等。

【同一和差别】

按照黑格尔的推演方法，本质首先映现于自身之内，是纯反思的自身联系，亦即自身同一。这种同一，就其坚持同一，脱离差别来说，只是形式的或知性的同一，是凭借思想的抽象作用形成的。黑格尔说：

> 抽象作用就是建立这种形式的同一性并将一个本身具体的事物转变成这种简单性形式的作用。有两种方式足以导致这种情形：或是通过所谓分析作用丢掉具体事物所具有的一部分多样性而只举出其*一种*；或是抹煞多样性之间的差异性，把多种的规定性*混合为一种*。②

---

① 黑格尔：《小逻辑》，第 208 页。
② 黑格尔：《小逻辑》，第 247 页。

因之，黑格尔把这种同一性叫做"抽象的同一性"。

黑格尔认为，传统的形式逻辑所讲的同一律（"甲是甲"）就是这样一种抽象的同一性。如前所述，黑格尔肯定形成抽象的同一性是认识的一个必要阶段，它能使人的认识具有确定性。但是，他又认为，抽象的同一律只是"知性"的规律，而不是真正的思维规律。黑格尔写道：

> 照普遍经验看来，没有意识按照同一律思维或想象，没有人按照同一律说话，没有任何种存在按照同一律存在。如果人们说话都遵照这种自命为真理的规律（星球是星球，磁力是磁力，精神是精神），简直应说是笨拙可笑。①

黑格尔认为，这种抽象的同一作为本质的一个规定，实际上是无规定性，是抽象的空无，因而就包含了自己的否定方面即"差别"。他指出：

> 本质主要地包含有差别的规定。②

黑格尔进一步区别了两种差异：一种是外在的差异，比如一枝笔同一头骆驼的差异；另一种是内在的本质的差异即对立，如上和下、生和死、直和曲等等之间的差异。外在的差异的两个事物，一方可以离开另一方而存在，比如一枝笔的存在和一头骆驼的存在与否不相干。内在的本质的差异则表现为对立的双方之间一方离开了另一方便不能存在，比如没有上，也就无所谓下，反

---

① 黑格尔：《小逻辑》，第247页。
② 黑格尔：《小逻辑》，第250页。

之亦然。真正的"具体的同一性"所包含的差异,乃是这种内在的本质的差异。关于本质的差异,黑格尔写道:

> 本质的差别即是'对立'。在对立中,有差别之物并不是一般的他物,而是与它正相反对的他物;这就是说,每一方只有在它与另一方的联系中才能获得它自己的〔本质〕规定,此一方只有反映另一方,才能反映自己。另一方也是如此;所以,每一方都是它自己的对方的对方。①

因此,黑格尔指出:

> 无论什么可以说得上存在的东西,必定是具体的东西,因而包含有差别和对立于自己本身内的东西。②

他还说:

> 真理只有在同一与差异的统一中,才是完全的,所以真理唯在于这种统一。③

这样一来,那些在形而上学者看来是绝不相容的东西,如直线和曲线、磁石的南极和北极、生命和死亡等等,黑格尔都理解为对立的同一。他说:

> 在几何学里,我们必须假定一个圆周的圈线,是由

---

①② 黑格尔:《小逻辑》,第 254—255、258 页。
③ 黑格尔:《逻辑学》下卷,第 33 页。

无限多和无限小的直线形成的。在这里,知性认为绝对不相同的概念,直线与曲线,要假设为相同,〔这便是超越知性的看法了〕。①

肯定的东西与否定的东西本质上是彼此为条件的,并且只是存在于它们的相互联系中。北极的磁石没有南极便不存在,反之亦然。②

生命本身即具有死亡的种子。③

在黑格尔看来,莱布尼茨—伏尔夫"形而上学"的缺陷,是把认识囿于"知性"范围,坚持抽象的同一。康德的"二律背反"学说则是停留在"否定的理性"阶段,只看到矛盾双方的对立,看不到矛盾双方的统一。因此,康德消极地对待理性的矛盾,认为理性中发生矛盾是理性的缺陷,表明理性缺乏把握真理的能力。相反地,黑格尔认为:

> 理性矛盾的真正积极的意义,在于认识一切现实之物都包含有相反的规定于自身。因此认识甚或把握一个对象,正在于意识到这个对象作为相反的规定之具体的统一。④

黑格尔明确指出,区分"抽象的同一性"和"具体的同一性",是识别形而上学和辩证法的关键。他说:

> 对于同一的真正意义加以正确的了解,乃是异常重要之事。为达到这一目的,我们首先必须特别注意,不

---

① ② ③ 黑格尔:《小逻辑》,第123、257、177页。
④ 黑格尔:《小逻辑》,第133页。

要把同一单纯认作抽象的同一，认作排斥一切差别的同一。这是使得一切坏的哲学有别于那唯一值得称为哲学的哲学的关键。①

恩格斯十分重视黑格尔关于"具体的同一性"的思想，指出，"旧形而上学意义下的同一律是旧世界观的基本原则：a＝a。每一个事物和它自身同一。……但是最近自然科学从细节上证明了这样一件事实：真实的具体的同一性包含着差异和变化"。②

黑格尔关于矛盾的客观性的论述，是很有意义的。在他看来，康德的"二律背反"学说的另一个重大缺陷，就是把矛盾看作是主观的、仅仅存在于理性之中的东西，似乎事物本身是不应该有矛盾的。黑格尔指出：

这种先验唯心主义让矛盾保持着，只是认为事物本身并不是那样矛盾着的，而认为矛盾仅仅出现在我们心灵内。……康德未免对于事物太姑息了，认为事物有了矛盾是不幸之事。③

黑格尔把康德这种回避客观矛盾的态度讥讽为对待世界的温情主义。他写道：

康德的见解是如此的深远，而他的解答又是如此的琐碎；它只出于对世界事物的一种温情主义。他似乎认为世界的本质是不应具有矛盾的污点的，只好把矛盾归

---

① 黑格尔：《小逻辑》，第133页。
② 恩格斯：《自然辩证法》，《马克思恩格斯选集》第3卷，第538页。
③ 黑格尔：《哲学史讲演录》（第4卷），第282页。

于思维着的理性，或心灵的本质。①

黑格尔认为，康德的这种温情主义实际上是解决不了问题的。他说：

> 通常对事物的温情只担心事物不要自己矛盾……忘记了矛盾并不以此而解决，只是被推到别处，……②

关于黑格尔对康德的温情主义的批判，列宁写道，"这种讽刺真妙！(庸俗之辈)对自然界和历史'抱温情态度'，就是企图从自然界和历史中清除矛盾和斗争"。③

和康德不同，黑格尔主张矛盾不仅仅存在于我们的思想中，而且存在于对象本身之内，构成对象的本质。因此，认识的任务就在于把握事物的内在矛盾。黑格尔指出：

> 认识矛盾并且认识对象的这种矛盾特性就是哲学思考的本质。④

黑格尔坚持矛盾的客观性，坚持对象中有矛盾的思想，反映了新兴资产阶级的反封建情绪的增长。我们看到，在十七世纪，弱小的德国市民安于在封建专制制度下发展资本主义，因此力图掩盖并调和同封建专制制度的矛盾，这在哲学上便表现为莱布尼茨的"预定和谐说"。到了十八世纪，有了初步发展的德国市民在法国启蒙运动的影响下开始感到在封建专制制度的统治下生活不甚

---

① 黑格尔：《小逻辑》，第131页。
② 黑格尔：《小逻辑》（下卷），第45页。
③ 列宁：《黑格尔〈逻辑学〉一书摘要》，《列宁全集》第38卷，第141页。
④ 黑格尔：《小逻辑》，第132页。

舒服了，实际生活和德国市民的理想差了一大块。这就引起了康德的头脑的骚动，在思想上发生了不可解决的矛盾——"二律背反"。然而，康德却把矛盾看作是纯粹主观的东西。黑格尔对康德的温情主义的批判，反映了十九世纪初德国资本主义同封建制度的矛盾的新发展，反映了在法国革命影响下刚刚形成的德国资产阶级敢于正视客观现实矛盾的革命精神。

然而，黑格尔是一个唯心主义者，因而不可能把这种矛盾的客观性的思想贯彻到底。尽管他强烈反对康德的主观主义，坚持对象本身中有矛盾，但他本人从来就没有跳出过主观主义的圈子。他所说的对象，不过是他的那个"绝对理念"的派生物。他所说的对象中有矛盾，实际上也只是指理念发展过程中的矛盾。同时，我们还看到，黑格尔尽管在理论上大谈矛盾的客观性，讥讽康德的温情主义，可是，一旦真正接触到德国的现实的社会矛盾时，他这位理论上的温情主义的反对者转眼就成了一个实践上的十足的温情主义者了。在他的笔下，德国现实中的矛盾似乎已经调和了，到处充满着"安静"与"和谐"。唯心主义辩证法家黑格尔的头上始终摇晃着一条庸人的辫子。

在黑格尔看来，康德的"二律背反"学说还有一个缺点：只列举了四种"二律背反"。黑格尔在把康德的"理论"客观化并提升为世界的本原，同时也把康德的"理念"中所包含的"二律背反"客观化并提升为宇宙的根本法则，认为一切事物都是"二律背反"，皆为矛盾法则所支配。黑格尔写道：

> 康德对于理性的矛盾缺乏更深刻的研究，所以他只列举了四种矛盾。……主要之点，此处可以指出的，就是不仅可以在那四个特别从宇宙论中提出来的对象里发现矛盾，而且可以在一切种类的对象中，在一切的表象、概念和理念中发现矛盾。认识矛盾并且认识对象的这种

矛盾特性就是哲学思考的本质。①

可以看出，黑格尔突破康德的四组"二律背反"，把矛盾看作是一切事物的本质和规律的思想，是对康德的"二律背反"学说的一个重大发展。

黑格尔的矛盾学说中的最重要的思想，乃是矛盾是事物自己运动的泉源的思想。

我们知道，形而上学坚持抽象同一性，否认矛盾，从而把事物看成是缺乏运动能力的僵死的东西，如果有运动，那也是外力作用的结果。因此，在运动泉源问题上，形而上学势必陷入外因论。反之，黑格尔则坚持事物自己运动的原则，认为事物的内在矛盾是事物自己运动的泉源。

在黑格尔看来，矛盾决不是像形而上学者所说的是什么不可想象、不正常的现象，矛盾乃是一切事物自己运动的根据。他说：

> 矛盾不单纯被认为仅仅是在这里、那里出现的不正常现象，而且是在其本质规定中的否定物，是一切自己运动的根本，而自己运动不过就是矛盾的表现。②

黑格尔认为，抽象的同一性不能提供运动的根据，唯有矛盾的观点才能说明事物自己的运动。他说：

> 抽象的自身同一，还不是生命力。③

黑格尔还说：

---

① 黑格尔："小逻辑"，第132页。
②③ 黑格尔：《逻辑学》下卷，第66、67页。

> 同一和矛盾相比，不过是单纯直接物、僵死之有的规定，而矛盾则是一切运动和生命力的根源；事物只因为自身具有矛盾，它才会运动，才具有动力和活动。①

黑格尔明确指出：

> 当我们说，"一切事物（亦即指一切有限事物）都注定了免不掉矛盾这话"时，我们确见到了矛盾是一普遍而无法抵抗的力量，在这个大力之前，无论表面上如何稳定坚固的事物，没有一个能够持久不摇。②

黑格尔声称：

> 矛盾是推动整个世界的原则，说矛盾不可设想，那是可笑的。③

列宁十分重视黑格尔关于矛盾是事物自己运动的泉源的思想，指出"要认识世界上一切过程的'自己运动'，自生的发展和蓬勃的生活，就要把这些过程当做对立面的统一来认识"。④

由上述可见，黑格尔关于矛盾是一切事物的本质的思想是深刻的、合理的。然而，应当看到，黑格尔的唯心主义体系却使他的矛盾普遍性这个极其深刻的思想半途而废了。必须注意，黑格尔所说的"一切事物"仅仅指的是"绝对理念"发展过程中的"有限事物"，包括各种范畴以及自然界、人类社会生活中的各种

---

① 黑格尔：《逻辑学》下卷，第 66 页。
②③ 黑格尔：《小逻辑》，第 179、258 页。
④ 列宁：《谈谈辩证法问题》，《列宁全集》第 38 卷，第 408 页。

具体事物，而不是指作为发展过程的终结的那个具有无限性的"绝对理念"。在他看来，任何一个"有限事物"都依赖于另一个"有限事物"，包含着另一个"有限事物"，因而具有矛盾性，而这种矛盾的运动必然导致自身的毁灭，过渡到另一个"有限事物"。所以，一切"有限事物"都自身具有矛盾，因而都是相对的、暂时的。黑格尔说：

> 举凡环绕着我们的一切事物，都可以认作是辩证法的例证。我们知道，一切有限之物并不是坚定不移，究竟至极的，而毋宁是变化、消逝的。而有限事物的变化消逝不外是有限事物的辩证法。有限事物，本来以它物为其自身，由于内在的矛盾而被迫超出当下的存在，因而转化到它的反面。①

和"有限事物"不同，"绝对理念"则是无限的、永恒的、绝对的。它自己决定自己，以本身为对象，因而不包含矛盾，并且是一切矛盾的调解。关于"绝对理念"，黑格尔写道：

> 理念作为主观和客观的理念的统一，就是理念的概念。——这概念是以理念本身作为对象，……是绝对和全部的真理。②

可见，为唯心主义体系束缚了的黑格尔的矛盾学说是不彻底的。

【现象和本质】

黑格尔进而从"本质"推演出"现象"，认为"本质"必然要

---

① 黑格尔：《小逻辑》，第179页。
② 黑格尔：《小逻辑》，第421页。

表现出来，即表现为"现象"。

黑格尔从现象和本质的关系方面批判了康德的二元论、不可知论。在他看来，康德哲学的一个功绩，就是把通常人们认为是独立自存的东西看作仅仅是现象，就是说，我们日常所接触到的仅仅是事物的现象，而事物除了现象尚有其本质。然而，康德走到半路便停住了，他只理解到现象的主观意义，于现象之外坚执着一个抽象的本质，即认识所不能达到的"自在之物"。这样，在康德那里，现象和本质成了两个各不相关的独立王国，人们只能认识现象，不能认识本质。

和康德不同，黑格尔认为，现象和本质是对立的同一，现象是易变的，本质则具有内在的稳定性，但现象就是本质的表现，本质就存在于现象之中。黑格尔说：

> 凡现象所表现的，没有不在本质内的。凡在本质内没有的，也就不会表现于外。①

因此，黑格尔反对把本质看成是不表现于现象的单纯的内在的东西。因为，照这种理解，本质就成了一个抽象的、空洞的和不可捉摸的东西。黑格尔认为，本质就存在于现象之中，人们认识了现象也就可以进而把握住本质。他说：

> 当我们认识了现象时，我们因而同时即认识了本质，因为本质并不存留在现象之后或现象之外，而正由于把世界降低到仅仅的现象的地位，从而表现其为本质。②

---

① 黑格尔：《小逻辑》，第289页。
② 黑格尔：《小逻辑》，第276页。

因此，黑格尔认为，思维和存在是同一的，人的认识能够把握事物的本质。在这里，黑格尔猜测到了人的认识是一个从现象到本质的逐步深化的过程。

【必然和偶然】

十七、十八世纪形而上学不可解决的另一个矛盾就是必然性和偶然性的对立。一派认为，凡是能归入普遍规律中的东西都是必然的东西，此外都是偶然的东西。另一派则认为，一切都是必然的，偶然性只是无知的代名词，在客观上是不存在的。恩格斯指出："和这两种观点相对立，黑格尔提出了前所未闻的命题：偶然的东西正因为是偶然的，所以有某种根据，而且正因为是偶然的，所以也就没有根据；偶然的东西是必然的，必然性自己规定自己为偶然性，而另一方面，这种偶然性又宁可说是绝对的必然性。"①

在黑格尔看来，必然性和偶然性同样是"绝对理念"发展过程中的既有区别、又有联系的两个环节，两者都是客观的。首先，必然性和偶然性是有区别的，两者的根本不同，表现形式也不一样。关于偶然性，黑格尔写道：

> 偶然性一般讲来，是指一个事物存在的根据不在自己本身而在他物而言。……我们认为偶然的事物系指这一事物能存在或不存在，能这样存在或能那样存在，并指这一事物存在或不存在，这样存在或那样存在，均不取决于自己，而以他物为根据。②

这就是说，偶然性是没有根据的，即它的根据不在事物自身；偶

---

① 恩格斯：《自然辩证法》，《马克思恩格斯选集》第3卷，第543页。
② 黑格尔：《小逻辑》，第301页。

然性又是有根据的,即以他物为根据。正因为偶然性以他物为根据,因此,偶然性就是既可能这样又可能那样的单纯的可能性。

和偶然性不同,必然性根据于一事物自身的矛盾。黑格尔说:

> 我们所要达到的必然性,即一物之所以是一物乃是通过它自己本身。①

正因为如此,具有必然性的内容,如果一切条件齐备,就必定会实现。

黑格尔指出:

> 必然的规定在于:它在自身中具有其否定,即偶然。②

他又说:

> 偶然的东西就是必然的东西。③

这就是说,必然性和偶然性这两个有区别的东西又不是绝然对立的,而是相互关联的。必然性潜蕴于偶然性之中,通过偶然性表现自己;偶然性又为潜蕴于其中的必然性所支配。因此科学的任务不是排斥、撇开偶然性去寻求纯粹的必然性,而是在于透过偶然性去认识必然性。黑格尔写道:

> 科学、特别哲学的任务,……在于从偶然性的假象

---

① 黑格尔:《小逻辑》,第306页。
②③ 黑格尔:《逻辑学》下卷,第204、198页。

里去认识潜蕴着的必然性。①

【可能性和现实性】

黑格尔在《逻辑学》中是把必然性和偶然性这对范畴同可能性和现实性这对范畴放在一起进行研究的。

黑格尔认为,现实性首先只是可能性。可能性是现实性的内在、潜在的状态,现实性则是可能性的展开。

按照黑格尔的观点,可能性最初只是一种"抽象的"或"单纯的"可能性。通常人们总以为所谓可能的东西就是可以设想的东西。按照这种理解,任何事物,即使是最荒唐的东西,只要随便找个理由,就都可以看作是可能的。比如,可以说,月亮今晚落到地球上来是可能的,土耳其的皇帝成为天主教的教皇也是可能的。稍加考察就可以看出,这种抽象的可能性实际上就等于不可能性。因为每一个具体事物都包含着不同的、相反的规定,从事物的这一规定出发,可以说它是可能的,而从事物的另一规定出发,又可以说它是不可能的。在黑格尔看来,这种单纯的可能性也就是所谓偶然性。一个人愈是缺乏教育,对于客观事物的特定联系愈是缺乏认识,则在他观察事物时,便愈会驰骛于各式各样的空洞的、抽象的可能性之中。

黑格尔认为,除了上述的抽象的、形式的可能性,还有一种"实在的可能性"。所谓实在的可能性实际上也就是具有必然性的东西。他说:

> 实在的可能性,因为它在自身中具有另一环节,即现实,它本身便已经是必然。因此,什么是实在可能的,它便不再能够是任何别的东西;在这些条件下和环境之

---

① 黑格尔:《小逻辑》,第303页。

下，某物不能有其他结果。因此，实在可能性和必然性相区别，只是貌似的。①

黑格尔还指出：

> 一个事物是可能的还是不可能的，取决于内容，这就是说，取决于现实性的各个环节的全部总合，而现实性在它的开展中表明它自己是必然性。②

按照黑格尔的观点，实在的可能性构成了条件的整体，假如一件事情的一切条件完全具备了，那么，这件事情就进到现实了。

【自由和必然】

关于自由和必然的关系，在欧洲十七、十八世纪的资产阶级哲学家中有两种根本对立的看法。一派以笛卡尔为代表的唯心主义的自由意志论，认为人的意志是不受任何必然性制约的，是绝对自由的。另一派是十八世纪法国唯物主义的机械决定论，认为人的意志完全为机械因果必然性所决定，根本不存在什么自由。这两种形而上学的片面观点在康德哲学中就集中地表现为自由和必然的"二律背反"。康德解决这个"二律背反"的办法是：在现象世界中，一切都是必然的，无自由可言；在"自在之物"领域内，在道德生活中，应当假定人的意志是绝对自由的。可以看出，在康德这里，自由和必然依然是互不相干的两个东西。

和康德不同，黑格尔则力图把自由和必然统一起来。首先，他反对自由意志论，坚持自由必须以必然性为基础，认为一个对必然性毫无所知因而盲目地受必然性支配的人是不自由的。他写道：

---

① 黑格尔：《逻辑学》下卷，第203页。
② 黑格尔：《小逻辑》，第300页。

> 无疑地，必然作为必然还不是自由；但是自由以必然为前提，包含必然性在自身内，作为扬弃了的东西。①

黑格尔还说：

> 无知者是不自由的，因为和他对立的是一个陌生的世界，是他所要依靠的在上在外的东西，他还没有把这个陌生的世界变成为他自己使用的，他住在这个世界里不是像居住在自己家里那样。②

这就是说，自由不是主观的幻想，而是以必然性为基础的，是对必然性的把握。

黑格尔看到，人们常常把任性、随心所欲等等叫做自由。但是他认为，任性不是以必然性为基础的，而是依赖于某种偶然性的东西。因此，黑格尔把任性称之为"形式的自由"、"主观假想的自由"，而不是真正的自由。在他看来，一个人干事，如果不依照必然性去办，而是靠某种偶然因素决断行事，那末势必最终陷于被动，失去自由。

其次，黑格尔也反对机械决定论、宿命论，认为在承认必然性的同时仍然可以肯定自由。在他看来，在必然性未被认识之前，人的意志受必然性的盲目支配，确实没有自由。他说：

> 必然性只有在它尚未被理解时才是盲目的。③

---

① 黑格尔：《小逻辑》，第 323 页。
② 黑格尔：《美学》（第 1 卷），第 307 页。
③ 黑格尔：《小逻辑》，第 307 页。

但是，人们一旦认识了必然性，必然性便转化成为自由了。总之，黑格尔认为，自由和必然是对立物的统一，真正的自由在于对必然性的认识。

　　黑格尔关于自由和必然的学说，具有两面性。黑格尔把被康德推到彼岸世界的自由，拉回到现实生活中来，认为自由并不是不可捉摸的空洞的抽象的东西，而是在于对现实世界的必然性的认识。显然，这是具有积极意义的，其中包含了辩证法的合理成分。恩格斯指出，"黑格尔第一个正确地叙述了自由和必然之间的关系。在他看来，自由是对必然的认识"。① 另一方面，黑格尔的这个学说是唯心主义的，对于自由和必然的关系的理解也还有片面性。毛泽东指出，"自由是对必然的认识和对客观世界的改造"。② 马克思主义认为，自由不仅仅表现在对客观规律性的认识，而且更为重要的是表现在通过实践利用客观规律改造客观世界，获得现实的物质的自由。我们看到，黑格尔所讲的自由则只是停留在认识范围内的自由，只有一种纯粹的精神上的解放。这种自由观的最大缺点就是不引导人们积极地通过实践去改造客观世界。弄得不好，这种自由观就变成了"精神胜利法"，使人安于现状，诱导人们去同不合理的现实妥协。请看黑格尔的下面一段话：

> 假如一个人承认他所遭遇的横逆，只是由他自身演变出来的结果，只由他自己担负他自己的罪责，那么他便挺身作一自由的人，他并会相信，他所遭遇的一切并没有冤枉。……只要一个人能意识到他的自由性，则他所遭遇的不幸将不会扰乱他灵魂的谐和与心情的平

---

① 恩格斯：《反杜林论》，《马克思恩格斯选集》第3卷，第153页。
② 毛泽东：《在扩大的中央工作会议上的讲话》（1962年1月），人民出版社1978年版，第27页。

安。①

黑格尔甚至用他的自由观号召人们不分青红皂白地服从国家法律，而在当时的条件下，实际上就是号召人们去服从普鲁士的国家法律。他说：

> 国家"法律"是"精神"的客观性，乃是"精神"真正的意志，……当人类主观的意志服从法律的时候，——"自由"和"必然"间的矛盾便消失了。②

黑格尔的这些话充分表现了他的自由观的强烈的保守性。

（三）概念论

"概念论"是黑格尔"逻辑学"的最后的一部分。按照黑格尔的观点，"概念"是"存在"和"本质"的统一，包含了这两个范围的全部丰富的内容。在"概念"发展的第一个阶段，即所谓"主观性"阶段，黑格尔对概念、判断和推理等思维形式作了辩证的分析。"概念"发展的第二阶段，是所谓"客观性"。在这里，黑格尔主要论述了主观性的概念如何异化为客体，提出了"自然哲学"的研究纲要。"概念"发展的最后阶段就是"绝对理念"，它是概念的主观性和客观性的统一。在这里，黑格尔从唯心主义立场出发，把辩证法应用于认识论，把实践引入认识论，提出了不少有价值的思想。

【真理是具体的】

大凡看过黑格尔的著作的人，都会感到黑格尔的思想很抽象。殊不知，黑格尔恰恰是一位最厌恶抽象、最喜爱具体的哲学家。黑

---

① 黑格尔：《小逻辑》，第 310 页。
② 黑格尔：《历史哲学》，第 79 页。

格尔声言：

> 哲学是最敌视抽象的，它引导我们回复到具体。①

在日常生活中，人们所说的"具体"主要是指感官能够直接感触的东西，"抽象"则是指感官不能直接感触而靠思维把握的东西。与此不同，黑格尔这里所说的"抽象"和"具体"都是感官不能直接感触的、属于思维领域中的东西。简要地说，黑格尔所谓的"抽象"是指思想上的片面性，"具体"是指思想上的全面性。为了说清楚"具体"这个概念的含义，黑格尔举感性事物"花"为例，他说：

> 花虽说具有多样的性质，如香、味、形状、颜色等，但它都是一个整体。在这一朵花里，这些性质中的任何一种都不可缺少，这朵花的每一个别部分，都具有整个花所有的特性。②

可以看出，黑格尔所谓的"具体"的观点，也就是整体的观点、全面的观点，系统的观点。

黑格尔最反对抽象思维。在他看来，抽象思维就是把一个事物的某一方面或规定从事物的整体中抽象出来，孤立起来，并将这个片面认作事物的全体。黑格尔举例说，要具体地认识一个凶手，那就不仅要研究这个凶手的罪行，而且要研究这个凶手的生活经历、家庭和社会环境等等。反之，如果在凶手身上，除了看到他是个凶手这个抽象概念之外，再也看不到其它任何别的东西，

---

① 黑格尔：《哲学史讲演录》（第1卷），三联书店1956年版，第29页。
② 黑格尔：《哲学史讲演录》（第1卷），第30页。

那就是抽象思维，就不能正确认识和处理一个凶手。在黑格尔看来，抽象思维就是形而上学的片面的思维方法。

按照黑格尔的观点，任何一个具体事物都是由许多不同的规定性有机地组成的统一体，所谓具体地把握一个事物就是要求把握这些不同的规定性的统一。因此，黑格尔认为，没有抽象的真理，真理总是具体的，是多种规定性的统一。

在黑格尔的"逻辑学"中，真理就是"逻辑学"的最后一个范畴——"绝对理念"。"绝对理念"作为真理并不是一个抽象的概念，而是一个具体的共相。这就是说，"绝对理念"是"逻辑学"中的所有范畴组成的一个有机的系统，而每一个范畴则是"绝对理念"的一个规定、一个环节。在康德看来，范畴只能把握有条件的相对的知识，不能把握绝对真理。和康德不同，黑格尔则认为，范畴完全有能力把握绝对真理（"绝对理念"），否则它就不是真的。但是，一个范畴只有同其它范畴有机地联系在一起，才能表达真理。如果孤立地考察一个范畴，撇开它和其它范畴的联系，把它看成是独立自在的东西，那它就是抽象的，不能表达真理。黑格尔写道：

> 真正哲学的识见即在于见到：任何事物，一孤立起来看，便显得狭隘而有局限，其所取得的意义与价值即由于它是从属于全体的，并且是理念的一个有机的环节。①

黑格尔明确指出：

> 理念自身本质上是具体的，是不同的规定之统

---

① 黑格尔：《小逻辑》，第423页。

一。①

  作为自身具体、自身发展的理念，乃是一个有机的系统，一个全体，包含很多的阶段和环节在它自身内。②

  撇开黑格尔关于"绝对理念"的种种唯心主义的虚构，黑格尔关于真理的具体性的思想，本质上是一个深刻而正确的见解。马克思肯定了黑格尔的这个思想，指出，"具体之所以具体，因为它是许多规定的综合，因而是多样性的统一"。③列宁也指出，"抽象的真理是没有的，真理总是具体的"，④"真理就是由现象、现实的一切方面的总和以及它们的（相互）关系构成的"。⑤

  黑格尔的具体真理论是现代"系统论"科学的先驱。

【真理是过程】

黑格尔指出：

  理念本质上是一个过程。⑥

在黑格尔看来，具体真理不是一蹴而就的，而是一个由抽象到具体的发展过程。

  黑格尔并不完全否认抽象在认识真理过程中的作用。在知觉中，我们得到的是一个对象完整的具体的感性表象，只有借助于思维的抽象作用对这个具体的感性表象进行分析，才能得到关于对象的种种规定。这就是说，抽象是认识过程中的一个必经的重

---

① ② 黑格尔：《哲学史讲演录》（第一卷），第29、32页。
③ 马克思：《〈政治经济学批判〉导言》，《马克思恩格斯选集》第2卷，第103页。
④ 列宁：《立宪民主党人的胜利和工人政党的任务》，《列宁全集》第10卷，第201页。
⑤ 列宁：《黑格尔〈逻辑学〉一书摘要》，《列宁全集》第38卷，第210页。
⑥ 黑格尔：《小逻辑》，第403页。

要阶段。但是，不能像经验主义者那样把认识仅仅停留在抽象阶段上，而必须从抽象进到具体，把握不同的规定的统一。黑格尔写道：

> 在知觉里，我们具有一个多样性的具体的内容，对于它的种种规定，我们必须一层一层地加以分析，有如剥葱一般。这种分解过程的主旨，即在于分解并拆散那些集在一起的规定……不用说，要想把握对象，分别作用总是不可少的，而且精神自身本来就是一种分别作用。但分别仅是认识过程的一个方面，主要事情在于使分解开了的各分子复归于联合。①

关于黑格尔的这个思想，马克思概括道，"在第一条道路上，完整的表象蒸发为抽象的规定；在第二条道路上，抽象的规定在思维行程中导致具体的再现"。②

黑格尔的"逻辑学"中范畴顺序的排列，就体现了"绝对理念"从抽象上升到具体的过程。"逻辑学"的第一个范畴"纯存在"是一个最贫乏、最抽象的"理念"。如前所述，"纯存在"这个范畴只是标示"某物是"，没有任何规定性。显然，这种认识是极其贫乏、极其抽象的。从"纯存在"出发，随着范畴的向前推演，"理念"的内容便愈来愈丰富，愈来愈具体。比如，"质"的范畴标示事物有了一定的规定性，使一个事物和其它的事物区别了开来，较之"纯存在"来说，就丰富、具体了些。然后，由"质"进到"量"，又由"量"推演到"度"。"度"这个范畴较之"质"来说就更丰富、更具体了。因为，"度"已经不是一般的

---

① 黑格尔：《小逻辑》，第113—114页。
② 马克思：《〈政治经济学批判〉导言》，《马克思恩格斯选集》第2卷，第103页。

"质",而是有"限量"的"质"了。比如,当人们认识到水保持液态这个"质"的"度"是摄氏 0°—100°的时候,较之仅仅知道水和蒸汽、冰之间有区别("质")这一点就丰富得多、具体得多了。"逻辑学"的最后一个范畴"绝对理念"和"纯存在"比较,已是大不相同了,它包含了自"纯存在"以来的一切范畴及其相互关系的内容,因此是最丰富、最具体的理念。"绝对理念"可以比做一个老年人讲的一句格言,虽然这样的格言小孩子也会讲,但它的内容必定是很抽象的、很贫乏的,而对于老年人来说,这句格言则概括了他数十年的生活历程,其内容当然是丰富而具体的。

黑格尔写道:

> 认识是从内容到内容向前转动的。首先,这种前进是这样规定自身的,即:它从单纯的规定性开始,而后继的总是愈加丰富和愈加具体。因为结果包含它的开端,而开端的过程以新的规定性丰富了结果。……普遍的东西在以后规定的每一阶段,都提高了它以前的全部内容,它不仅没有因它的辩证的前进而丧失什么,丢下什么,而且还带着一切收获和自己一起,使自身更丰富、更密实。①

列宁指出,黑格尔的这段话"对于什么是辩证法这个问题,非常不坏地做了某种总结"。② 黑格尔所谓的贫乏和抽象,意即浅显和片面;所谓丰富和具体,意指深刻和全面。黑格尔关于由抽象上升到具体的思想,实际上是猜测到了人类认识是一个由浅入深,由片面到更多方面的辩证发展过程。把辩证法应用于对人类认识的

---

① 黑格尔:《逻辑学》下卷,第 549 页。
② 列宁:《黑格尔〈逻辑学〉一书摘要》,《列宁全集》第 38 卷,第 250 页。

研究,是黑格尔的认识论的一个显著特点。

应当注意的是,黑格尔在"逻辑学"中讲的是"绝对理念"自己实现自己、自己认识自己的过程。因此,在这位唯心主义者看来,范畴从抽象上升到具体的过程,不仅标志着人类认识发展的过程,而且也标志着事物的发展过程。比如,黑格尔认为,不仅在人们的认识中存在着从概念向判断的发展情况,而且自然界也经历着从概念向判断的发展过程。他说:

> 植物的种子诚然业已包含有根、枝、叶等等特殊部分,但这些特殊的成分最初只是潜在的,直至种子展开其自身时,才得到实现。这种自身的展开也可以看成是植物的判断。①

在这里,黑格尔把种子发育成长为植物的过程说成是从概念到判断的发展,从抽象到具体的推演,显然是牵强的。黑格尔在"逻辑学"中对事物发展所作的思辨的描述,在不少地方确实把握住了事物发展的某些真实的联系,但是,他常常把事物的发展过程和人的认识发展过程搅混在一起,认为具体事物的发展为"绝对理念"所主宰,因而也是什么从抽象到具体的过程,这是完全错误的。马克思深刻地指出,"黑格尔陷入幻觉,把实在理解为自我综合、自我深化和自我运动的思维的结果,其实,从抽象上升到具体的方法,只是思维用来掌握具体并把它当做一个精神上的具体再现出来的方式。但决不是具体本身的产生过程"。②

【真理是理论的和实践的理念的统一】

黑格尔的认识论的另一个显著特点就是,把实践引入认识论,

---

① 黑格尔:《小逻辑》,第339页。
② 马克思:《〈政治经济学批判〉导言》,《马克思恩格斯选集》第2卷,第103页。

把真理看作是理论和实践的统一。

在黑格尔看来,一个完整的认识过程包括理论和实践两个方面。关于这一点黑格尔在《小逻辑》中有一段精辟的论述:

> 认识过程的本身……分裂成理性冲力的两重运动,被设定为两个不同的运动。认识的过程一方面由于接受了存在着的世界,使进入自身内,进入主观的表象和思想内,从而扬弃了理念的片面的主观性,并把这种真实有效的客观性当作它的内容,借以充实它自身的抽象确定性。另一方面,认识过程扬弃了客观世界的片面性,反过来,它又将客观世界仅当作一假象,仅当作一堆偶然的事实、虚幻的形态的聚集。它并且凭借主观的内在本性,(这本性现在被当作真实存在着的客观性)以规定并改造这聚集体。前者就是认知真理的冲力,亦即认识活动本身——理念的理论活动。后者就是实现善的冲力,亦即意志或理念的实践活动。①

对于黑格尔的这段话,列宁赞许道:"《哲学全书》第225节非常好,在那里'认识'('理论的')和'意志','实践活动'被描述为既消灭主观性的'片面性',又消灭'客观性'的'片面性'的两个方面、两个方法、两个手段。"② 理论活动的特点是从客体到主体,接受客观世界的内容于主体之内,以消除主体的片面性、抽象性,认知这世界"是如何"。和理论活动不同,实践活动的特点是从主体到客体,把客观世界当作不符合"应当"的一堆偶然的、虚幻的事实的聚集,当作有待改造的东西,凭借主体的内在本性

---

① 黑格尔:《小逻辑》,第410—411页。
② 列宁:《黑格尔〈逻辑学〉一书摘要》,《列宁全集》第38卷,第224页。

以改造客体，把世界做成"应如何"，黑格尔指出：

> 理智的工作仅在于认识世界是如此，反之，意志的努力即在于使得这世界成为应如此。①

和康德不同，黑格尔强调理论和实践的统一。在黑格尔看来，不论是理论活动，还是实践活动，"两者每一个就其自身说，都还是片面的"。② 理智停留在世界"是如此"上，意志停留在世界"应如此"上。事实上，世界为"绝对理念"所主宰，"它的是如此与它的应如此是相符合的"。③因此，必须把认识和实践结合起来，真理乃是"理论的和实践的理念的统一"。④

黑格尔把实践引入认识论，突出了主体的能动方面，克服了消极反映论。十八世纪法国唯物论者有一个著名的命题：人是环境的产物。这个命题坚持了唯物主义反映论的路线。但是，这种反映论具有消极的直观的性质，不懂得人不仅是环境的产物，而且也是环境的改造者。与此不同，黑格尔则认为，认识活动不只是接受客观世界于自身的过程，而且也是能动地改造客观世界的过程。人在环境面前不是一个消极的直观者，而是要通过实践活动使环境"人化"，即在环境中实现自己，使环境满足人的需要。黑格尔说：

> 人把他的环境人化了，他显出那环境可以使他得到满足，对他不能保持任何独立自在的力量。⑤

---

①③④　黑格尔：《小逻辑》，第 420、420—421、421 页。
②　黑格尔：《逻辑学》下卷，第 529 页。
⑤　黑格尔：《美学》（第 1 卷），第 326 页。

黑格尔关于"人把他的环境人化了"的思想是深刻的。一方面，人通过实践把自己的能力、理想、意志实现于外在世界，在外在世界上刻下他自己内心生活的烙印，而且发现他自己的性格在外在世界中复现了。这就是说，人在自己的实践活动中实现着自己，认识着自己，创造着自己，人就是自己的实践活动的产物。同时，人又通过实践活动改变外在世界，使其满足于人的需要。列宁指出，按照黑格尔的这种思想，"这就是说，世界不会满足人，人决心以自己的行动来改变世界"。①列宁还说，"人的意识不仅反映客观世界，并且创造客观世界"②。

黑格尔把实践引入认识论，克服了康德的不可实现论，论证了思维和存在的同一性。在黑格尔看来，康德哲学老是停留在"应当"上，未免太软弱了，理念必然不会停留在主观性里面，而是要扬弃它的主观性并表现自身为客观的东西。那么，理念怎样才能够在客观世界中实现自己呢，或者说，理念怎样才能使客观世界同自己相符合、相一致呢？这里需要一个中介。这个中介不是别的，就是实践。黑格尔指出：

    活动和劳动，这是主观性和客观性的中介。③

在黑格尔看来，实践是沟通主体和客体的桥梁，是使思维转化为存在，使存在符合于思维，实现思维和存在同一的一个环节。

康德在批判莱布尼茨—伏尔夫"形而上学"关于上帝存在的本体论的证明的时候说过，我们不能从关于上帝的概念中推断出上帝的存在，正像不能从愿意有一百元钱的观念中推断出口袋里

---

① 列宁：《黑格尔〈逻辑学〉一书摘要》，《列宁全集》第38卷，第229页。
② 列宁：《黑格尔〈逻辑学〉一书摘要》，《列宁全集》第38卷，第228页。
③ 黑格尔：《法哲学原理》，第204页。

实际上就有一百元钱一样。黑格尔认为，说想象或愿望一百元可能的钱不同于一百元真实的钱，这是对的。但是，一个老是在这种想象或愿望中兜圈子的人，必定是一个无用的人。同时，他的这种想象和愿望也必定是不真的。如果一个人真想获得一百元钱，那末他就不会停留在想象和愿望上，而必须超出想象或愿望，采取行动，动手去工作，以便把想象或愿望变成客观实在，真正挣得一百元钱。没有一个人会愚蠢到像康德哲学那样，当他饥饿时，只是想象食物，而不使自己吃饱。针对康德的"应当"哲学，黑格尔写道：

> 每一个行为都要扬弃一个观念（主观的东西）而把它转变成为客观的东西。①

在黑格尔看来，思维和存在是能够相互转化的，实践、行动则是这种转化的必要环节。

黑格尔把实践引入认识论，也就为检验认识的真理性提供了一个客观标准。人给自己构成世界的客观图画；人的活动改变外部的现实，去掉它的假象和虚幻性特点，使它成为客观真实的现实，即符合理念的客观存在。关于实践的结果，黑格尔写道：

> 自在自为地被规定的概念的理念建立起来了，它不再仅仅在活动的主体中，而且也同样作为直接的现实，并且反过来，这种现实，正如它在认识中那样，作为真有的客观。②

---

① 黑格尔：《哲学史讲演录》（第 4 卷），第 284 页。
② 黑格尔：《逻辑学》下卷，第 528 页。

对于黑格尔的这个思想，列宁写道，"行动的结果是对主观认识的检验和真实存在着的客观性的标准"。①

黑格尔从他的这种实践观点出发，批判了唯动机论，论证动机和效果的统一。黑格尔看到了日常生活中常常出现的动机和效果不一致的情况，比如良好的动机可能得不到好的效果，而恶劣的动机也可能被外表上好的行为伪装起来。但是，他认为动机和效果本质上是统一的。黑格尔写道：

> 生活里的确常有个别情形，由于恶劣的外在环境使得良好的动机成为泡影，使得有良好目的的计划在实行的时候受了阻碍。但一般讲来，即在这里内与外本质上的统一性仍然是有效准的。因此我们必须说：人的行为〔外〕形成他的人格〔内〕。②

他还说：

> 人诚然在个别事情上可以伪装，对许多东西可以隐藏，但却无法遮掩他全部的内心活动。在整个生活进程里任何人的内心也不可避免地必然要流露出来。所以即在这里，我们仍然必须说，人不外是他的一系列行为所构成的。③

可以看出，在黑格尔这里，行为、实践是动机和效果统一的基础，是检验动机的唯一标准。黑格尔的这个思想无疑是深刻的，正确的。

---

① 列宁：《黑格尔〈逻辑学〉一书摘要》，《列宁全集》第38卷，第235页。
②③ 黑格尔：《小逻辑》，第292、293页。

黑格尔还进一步发挥了康德关于实践理性高于理论理性的思想。关于实践理念，黑格尔写道：

> 这个理念比以前考察过的认识的理念更高，因为它不仅具有普遍的资格，而且具有绝对现实的资格。①

按照黑格尔的观点，理论理念提供关于外部世界的具有普遍性、必然性的知识，实践理念提供主体对外部世界的具有普遍性的要求——"应当"。然而，实践理念不仅是具有普遍性的"应当"，而且是直接改造外部世界的行动。黑格尔指出：

> 实践的理念，即行动。②
> 善趋向于决定当前的世界，使其符合于自己的目的。③

显然，行动、实践是要引出结果的，这结果完全不是行动着的主体中的东西，而是外部的现实性。这就是说，实践具有直接的现实性，比理论的理念更高。黑格尔的这个思想，实际上是猜测到了改造世界较之认识世界的意义更加伟大。列宁充分肯定了黑格尔这个思想中所包含的合理成分，指出，"实践高于（理论的）认识，因为实践不仅有普遍性的优点，并且有直接的现实性的优点"。④

由此看来，黑格尔克服康德分裂理论和实践的缺点，把实践引入认识论，把真理看作是理论和实践的统一，包含着合理成分，

---

①② 黑格尔：《逻辑学》下卷，第523、522页。
③ 黑格尔：《小逻辑》，第419页。
④ 列宁：《黑格尔〈逻辑学〉一书摘要》，《列宁全集》第38卷，第230页。

是西方认识论发展史上的一次重大的飞跃。但是，应当记住，黑格尔所谓的实践理念，仍然不过是他的那个"绝对理念"发展过程中的一个环节，是一种精神性的劳作，而不是真正的感性物质活动。

黑格尔的"逻辑学"以"绝对理念"告终，完成了纯粹理念的自我漫游。下一步便是"绝对理念"外化为自然界，以"逻辑学"为模式考察自然界，或者说考察理念在自然界中的发展。这就是"自然哲学"的任务。

三、自然哲学

"自然哲学"是黑格尔哲学体系的第二部分，是研究绝对理念的异化的学问。

黑格尔"自然哲学"的基本命题是：

> 自然界是自我异化的精神。①

这就是欧洲哲学史上著名的黑格尔的"异化"学说。在黑格尔哲学中，"异化"、"外化"和"对象化"三个词的含意是相近的。黑格尔所谓的"异化"，大致包含了三层意思：自然是理念的派生物；自然为隐藏于其中的理念所主宰；自然是不符合于理念的本性的异己力量。

首先，黑格尔认为，理念是自然界的本原，自然界是理念的产物。他说：

> 自然是作为他在形式中的理念产生出来的。②

---

① 黑格尔：《自然哲学》，第21页。
② 黑格尔：《自然哲学》，第19页。

在黑格尔看来，理念在逻辑阶段是纯粹的、抽象的，而抽象的理念是不实在的。因此，理念为了实现自己就必定要扬弃自身的抽象性而异化为自己的对立面——自然界。黑格尔把理念比喻为上帝，说：

> 上帝作为一种抽象物，并不是真正的上帝，相反地，只有作为设定自己的他方、设定世界的活生生的过程，他才是真正的上帝。①

那么，理念是怎样创造出自然界来的呢？在这个关键问题上，黑格尔除了提出"异化"、"外化"、"设定"等等晦涩言词加以搪塞外，没有、实际上也不可能作出任何具体的合理的解答。

黑格尔把主张自然界第一性、意识第二性的唯物主义观点贬抑为所谓"感性的意识"，旗帜鲜明地坚持理念先于自然界的唯心主义立场。值得注意的是，黑格尔对"先于"一词作了独特的解释。他把"先于"分为所谓"时间上在先"和"绝对在先"。在他看来，"时间"范畴是理念发展过程中的一个环节，只适用于有限事物，而理念本身则是超时间的"永恒性"，无所谓时间上的先后。和理念不同，自然界的事物都是有限的，因而都处于时间之中，存在着时间上的先后。关于理念和自然界两者的先后问题，黑格尔写道：

> 自然在时间上是最先的东西，但绝对在先的东西却是理念；这种绝对在先的东西是终极的东西，真正的开端。②

---

①② 黑格尔：《自然哲学》，第18、28页。

黑格尔的所谓"绝对在先"也就是所谓"逻辑上在先"。在他看来，理念是自然的逻辑前提，事物之所以为事物，决定于它的概念。黑格尔论证唯心主义的这种"逻辑在先论"，对后来欧洲资产阶级唯心主义哲学的发展有很大的影响。

其次，黑格尔认为，理念异化为自然，同时又潜蕴于自然之中，主宰着自然界的事物的发展。他说：

> 在自然界里隐藏着概念的统一性。①

比如，有机体的各个器官并不是各自独立的，它们之间具有内在的统一性，这个统一性便是理念。在黑格尔看来，"自然哲学"的任务就在于从自然界引出精神，揭示蕴藏在自然界中的理念的发展。

黑格尔还认为：

> 自然仅仅自在地是理念。②

在黑格尔看来，自然界的事物均是理念的表现，但是，理念在自然界阶段还是自在的，与理念的自在自为的本性不相符合。这种不符合特别表现在自然界的事物都依赖于一个他物，因而受必然性和偶然性的支配；而理念则是自己决定自己，本性是自由。黑格尔说：

> 自然在其定在中没有表现出任何自由，而是表现出*必然性和偶然性*。③

---

①②③ 黑格尔：《自然哲学》，第 21、21、24 页。

因此，黑格尔认为，对于理念来说，自然界还是一个和自己的本性不相符合的异己势力。这样，理念就不会停留在自然界的发展阶段上，它必定要摆脱、克服自己的异化物——自然的牵制、束缚而复归到自己，由自在进到自为。关于理念的异化和复归，黑格尔写道：

> 神圣的理念恰恰在于自己决然将这种他物从自身置于自身之外，又使之回到自身之内，以便自己作为主观性和精神而存在。[①]

这就是说，自然界只是理念发展过程中的一个阶段，理念自己树立自己的对立面（自然），进而又扬弃这个对立面（自然）而复归于自己。因此，在黑格尔看来，研究"自然哲学"就不仅要看到理念的异化，而且要看到理念必定要从"异化"导向"复归"，从自然引出精神，从"自然哲学"过渡到"精神哲学"。

由此可见，黑格尔关于理念的异化和复归的学说本质上是客观唯心主义的，但其中也包含有辩证处理主体和客体的关系的合理成分。黑格尔的异化学说是费尔巴哈的"宗教异化论"和马克思早期的"劳动异化论"的直接的理论来源，对现代存在主义哲学也有很大的影响。

黑格尔在"自然哲学"中把自然界划分为"力学"、"物理学"和"有机物理学"三个领域，以作为理念在自然界中发展的三个阶段。

(一) 力学

按照黑格尔的观点，力学领域是理念在自然界发展的最初阶段。在力学领域中，对象是彼此外在的、漠不相干的，相互之间

---

① 黑格尔：《自然哲学》，第20页。

仅仅具有量的区别，一切为机械性所统治。在这里，黑格尔讨论了空间、时间、运动、物质以及天体运动等问题。

黑格尔把空间和时间看作是理念异化为自然的两种最初的、直接的形式。他从客观唯心论出发反对把空间和时间看作是主观的直观形式的康德的时空观，也反对把空间和时间看作是可以同事物分离的独立实体的牛顿的绝对时空观，主张空间和时间的客观性，空间、时间和事物的统一。关于空间，黑格尔写道：

> 人们决不能指出任何空间是独立不依地存在的空间，相反地，空间总是充实的空间，决不能和充实于其中的东西分离开。……自然事物存在于空间中，自然界必须服从外在性的束缚，因此空间就总是自然事物的基础。①

黑格尔认为，和空间一样，时间也是不能同事物分离的，正是现实事物本身的历程构成时间。他说：

> 据说一切事物都在时间中产生和消逝；如果人们抽去一切事物，就是说，抽去充实空间和时间的内容，那么剩下的就是空洞的空间和时间，就是说，外在性的这些抽象被设定和被想象为似乎是独立存在的。但是，一切事物并不是在时间中产生和消逝的，反之，时间本身就是这种变易，即产生和消逝……实在的东西虽然与时间有区别，但同样在本质是与时间同一的。②

可以看出，黑格尔对康德、牛顿时空观的批评，坚持时间和事物

---

①② 黑格尔：《自然哲学》，第42、48页。

统一的思想，包含着合理的成分。然而，应当看到，黑格尔的时空观本质上是唯心主义的。在他看来，空间和时间只是理念异化物即自然界的各种事物的存在形式，自然事物和空间、时间的统一恰恰表现出它们的有限性；而具有无限性的理念则是凌驾于时空之上的超时空的东西。

黑格尔从时间和空间进一步推演出运动范畴，认为时间和空间统一于运动，从属于运动，并且只有在运动中才得到现实性。他说：

> 运动的本质是成为空间与时间的直接统一；运动是通过空间而现实存在的时间，或者说，是通过时间才被真正区分的空间。因此，我们认识到空间与时间从属于运动。……空间与时间在运动中才得到现实性。①

从这个观点出发，黑格尔第一次辩证地解答了古希腊哲学家芝诺提出的否认运动的悖论。按照芝诺的观点，运动中的事物在每一刹那均处于每一位置上，因此，所谓运动实际上不过是静止的总和。黑格尔指出：

> 芝诺的悖论否定了运动，如果把地点弄成孤立的空间点，把瞬刻弄成孤立的时间点，这个悖论就不可能解决；这个悖论的解决，即运动，只能理解为这样：空间和时间在自身都是连续的，自己运动着的物体同时在同一个地点又不在同一个地点，即同时在另一个地点，同样，同一个时间和同时存在又不存在，即同时是另一个

---

① 黑格尔：《自然哲学》，第58页。

时间点。①

按照黑格尔的观点,把运动理解为事物在一个时间在一个地点,在另一个时间在另一个地点,这只是描述了运动的结果,而没有说明运动本身。时间、空间既是间断的,又是连续的,运动的本质就是时间、空间的连续性和间断性的统一。可以看出,黑格尔的运动观是辩证的。恩格斯指出:"运动本身就是矛盾;甚至简单的机械的位移之所以能够实现,也只是因为物体在同一瞬间既在一个地方又在另一个地方,既在同一个地方又不在同一个地方。这种矛盾的连续产生和同时解决正好就是运动。"②列宁也指出:"运动是(时间和空间的)不间断性与(时间和空间)间断性的统一。运动是矛盾,是矛盾的统一。"③

黑格尔还认为运动和物质是不可分割的。在他看来,没有无物质的运动,既然有运动,那就是某物在运动;同样的,物质是运动的,没有不运动的物质。在他看来,那种把力仅仅看作是从物质外部"移植到物质中"的观点,是一种形而上学的观点。黑格尔深刻地指出:

就像没有无物质的运动一样,也没有无运动的物质。④

然而,黑格尔的这个深刻的辩证法思想是建立在客观唯心主义基础之上的。在他看来,物质和运动的真正关系是:运动是主语,物质是谓语。因为,在唯心主义者黑格尔看来,物质不过是理念的

---

① 黑格尔:《自然哲学》,第183页。
② 恩格斯:《反杜林论》,《马克思恩格斯选集》第3卷,第160页。
③ 列宁:《黑格尔〈哲学史讲演录〉一书摘要》,《列宁全集》第38卷,第283页。
④ 黑格尔:《自然哲学》,第60页。

异化物，而运动则是"真正的世界灵魂的概念。"① 显然，这又把物质和运动割裂了。恩格斯在批判机械论时，批判地继承了黑格尔关于物质与运动统一的辩证法思想，指出："运动是物质的存在方式。无论何时何地，都没有也不可能有没有运动的物质。……没有运动的物质和没有物质的运动是同样不可想象的。"② 列宁在批判唯能论时写道，"想象没有物质的运动的这种意图偷运着和物质分离的思想，而这就是哲学唯心主义"。③

黑格尔进一步从物质和运动推演出"重力"概念。在他看来，彼此分散的物质都趋向于追求一个在它们之外的重力中心，这表现了理念的统一力量，但是，重力的外在性也表明在力学领域内理念还是内有的、抽象的。

(二) 物理学

黑格尔认为，在物理学领域，自然界的各种物体表现出质，服从于个体性的力量，具有物理的或化学的特性。在这里，黑格尔考察了光、热、声、电、磁等物理现象以及化学过程。黑格尔自然哲学的矫揉造作的弱点在"物理学"中表现得更为突出。比如，他为了强调物质的质的特性，便顽固地坚持已经被当时自然科学否定了的四元素说，认为万物都是由火、气、水、土四种元素构成的。为了把客观的物理现象纳入他的理念异化原则，黑格尔臆造了许多荒唐可笑的谬论，说什么光是"普遍的自我"，④ 声音是"个体性的自我"，⑤ 电是"物体的愤怒的自我"⑥ 等等。但是，在黑格尔的思辨叙述中也包含了不少深刻的具有启发性的辩证法思想。

黑格尔把连续性和间断性的辩证统一思想运用于光学的研

---

① 黑格尔：《自然哲学》，第59页。
② 恩格斯：《反杜林论》，《马克思恩格斯选集》第3卷，第98—99页。
③ 列宁：《唯物主义和经验批判主义》，《列宁选集》第2卷，第274页。
④⑤⑥ 黑格尔：《自然哲学》，第116、183、311页。

究，认为光的传播是连续性和间断性的统一。十七、十八世纪，在光学中存在着微粒说（牛顿）和波动说（惠更斯）的对立。在黑格尔看来，强调光的间断性的微粒说和强调光的连续性的波动说都是片面的，"它们对于认识光毫无裨益"。[①] 他认为：

> 光是作为物质、作为发光的物体，而与另一个物体发生关系的，因此就存在着一种分离，这种分离在任何情况下都是光的连续性的一种间断。[②]

黑格尔对光的传播的这种辩证猜测，类似于后来物理学提出的光的波粒二象性概念。

黑格尔顺应当时物理学发展的潮流，反对热质说，主张热的唯动说。他反复强调：

> 热并不是物质。[③]
> 热并不像有重物质那样，是独立存在的。[④]

在黑格尔看来，热受着物质存在的制约，"起源于内聚性的变化"，[⑤]但不存在独立自存的热质。

在考察磁的时候，黑格尔的辩证思维更为活跃了。他指出，在磁中：

> 两极是两个生动的终端，每一端都是这样设定的：只有与它的另一端相关联，它才存在；如果没有另一端，它就没有任何意义。……例如，我们就不能割掉北极。把

---

① 黑格尔：《自然哲学》，第126页。
②③④⑤ 黑格尔：《自然哲学》，第127、206、208、207页。

> 磁体砍成两截，每一截都又是一个完整的磁体；北极又会在被砍断的一截上直接产生出来。每一极都是设定另一极，并从自身排斥另一极的东西；推论的各项不能单独存在，而只存在于结合中。①

黑格尔利用磁所具有的时显的对立统一倾向，驳斥坚持同一和差别绝对对立的形而上学观点。他说：

> 知性认为，同一的东西就是同一的，有差别的东西就是有差别的……但在磁里却有这样的事情：同一的东西恰恰就其为同一的而言，把自己设定为有差别的；有差别的东西恰恰就其为有差别而言，把自己设定为同一的。②

然而，唯心主义者黑格尔却由此推断说，这表明在磁里就有"思想"，③蕴含着"清晰的、能动的概念"。④

黑格尔认为，化学过程是物理过程到生命过程的过渡阶段。在他看来，化学过程高于磁和电，包含磁和电，是磁和电的统一。同时，化学过程又是生命过程的直接起源。他说：

> 化学过程假如能自动地继续进行下去，那就会成为生命；因此，显然应该从化学方面理解生命。⑤

应当说，黑格尔的这个猜测，包含着合理的成分。

（三）有机物理学

按照黑格尔的观点，在有机性领域，对象作为有生命的个体

---

①②③④⑤　黑格尔：《自然哲学》，第 225、238、225、238、325—326 页。

出现。

有机性的第一个环节是地质有机体。所谓地质有机体主要是指地球的地质构造和变化。地质有机体本身还不是生命,而是生命产生和存在的基地。他引证当时地质学提供的大量材料说明"地球曾经有一段历史,即它的性状是连续变化的结果"。[①] 黑格尔力图从地质有机体引出生命,认为海洋和陆地均有孕育生命的能力。黑格尔关于生命起源的具体描述是十分幼稚的,但是他肯定无机物和有机物的联系和过渡则是积极的。

黑格尔认为,真正的有机生命开始于植物。植物作为主体能够自己形成自己,创造新的个体,并能在与他物的关系中保持自己,即具有营养过程。但植物作为主体还没有自我感觉,缺乏"主观性原则"。

在黑格尔看来,动物是趋于完善的生命,是理念异在的最高阶段。动物把自己展现为各个部分,同时这些部分又与整体相对立,构成一个真正的有机系统。主宰这个有机系统的就是动物的主观性——"灵魂"。黑格尔说:

> 动物中存在着真正主观的统一,存在着一种单纯的灵魂,即自身无限的形式,这种形式展现在躯体的外表,而躯体的外表又与无机自然界、与外部世界联系起来。[②]

黑格尔认为,灵魂不是一个物质的点,它渗透于躯体的各个部分,但又不是躯体的一个部分。灵魂不是别的,就是概念、理念。在他看来,尽管动物有机体是理念在自然界中的最高实存方式,但

[①] 黑格尔:《自然哲学》,第385页。
[②] 黑格尔:《自然哲学》,第480页。

在这里，理念也还是潜在的，这表现在：

> 它不思考自己，只是感觉自己，直观自己。①

因此，黑格尔认为，理念必须突破动物有机体范围。扬弃了动物有机体，便是不仅能感觉自己，而且能思考自己，即具有自我意识的"人"。"人"的出现标志理念突破自然界的范围进入了自己发展的第三阶段——"精神哲学"阶段。

由上述可见，黑格尔力图把发展观点运用于自然哲学的研究。然而，在自然哲学中，黑格尔的发展观有一个特点：牺牲自然事物之间的联系和发展，以维护理念的变化、发展。在黑格尔看来，自然界的三个领域（力学、物理学和有机物理学）都是各各独立自存的自然领域。三个领域只是自然界在空间上展开的多样性，它们之间并没有时间上的自然发展的联系。然而，从本质上看，由各个互不相干的领域组成的自然又是一个有着内在联系的体系，构成自然界的这种内在统一性的东西便是蕴含于自然界中的理念。如同躯体的各器官为灵魂所主宰那样，自然界的一切事物均统一于理念。从这方面说，自然界的各个互不相干的领域又都是理念发展过程中的不同阶段，表现着理念由抽象到具体发展的进程。在黑格尔那里，自然界的各个领域好似一条公路上的各个路程碑，这些路程碑之间虽然没有自然的联系，但它们却各自标示着旅行者的行程。因此，尽管自然界的各个领域没有自然的联系、发展，但是，还必须把它们看成是一个阶段必然地向另一个阶段的过渡的系统。黑格尔说：

> 自然必须看作是一种由各个阶段组成的体系，其中

---

① 黑格尔：《自然哲学》，第 490 页。

一个阶段是从另一阶段必然产生，是得出它的另一阶段的最切近的真理，但并非这一阶段好像会从另一阶段自然地产生出来，相应地，它是在内在的、构成自然根据的理念里产生出来的。形态的变化只属于概念本身，因为唯有概念的变化才是发展。①

因此，黑格尔认为，必须放弃那种认为动植物产生于水、较发达的动物组织产生于较低级的动物组织的进化论观念，真正引导各阶段向前发展的只是潜蕴于各个阶段中的理念。

由此可见，黑格尔通过唯心主义方式力图把自然界看作是一个合乎规律的发展过程，这对于十七、十八世纪流行的绝对静止的自然观显然是一个巨大的进步。但是，黑格尔为了维护自己的唯心主义理念论，竟然把当时自然科学中刚刚萌芽的进化论思想当作经验主义一笔抹煞，否定自然界在时间上的发展，这显然是反科学的，表现出黑格尔哲学中的体系和方法的矛盾。正如恩格斯指出的，"黑格尔把发展是在空间以内、但在时间（这是一切发展的基本条件）以外发生的这种谬论强加于自然界，恰恰是在地质学、胚胎学、植物和动物生理学以及有机化学都已经建立起来，并且在这些新科学的基础上到处都产生了预示后来的进化论的天才猜测（例如歌德和拉马克）的时候。但是，体系要求这样，因此，方法为了要迎合体系就不得不背叛自己"。②

四、精神哲学

"精神哲学"是黑格尔哲学体系的最后的一个部分，也是黑格尔本人最为关注的一部分，因为"精神哲学"讨论的是"人"。

---

① 黑格尔：《自然哲学》，第28页。
② 恩格斯：《路德维希·费尔巴哈和德国古典哲学的终结》，《马克思恩格斯选集》第4卷，第225页。

如果说,"自然哲学"的对象是自然界。那末,活跃于"精神哲学"舞台的主角便是人。在唯心主义者黑格尔看来,人高于自然界、动物之处就在于,人本质上是一个能够"思考自己"即具有自我意识的精神实体,是一个能够摆脱物质、必然性的束缚而实行独立自决的自由的精神实体。人即精神,精神即人。"精神哲学"的任务就是描述"绝对理念"通过自己的最高产物——人回复到自己、自己认识自己,实现思维和存在同一的过程。

在黑格尔看来,人这个精神实体本身也是一个发展过程。按照正、反、合的架式,"精神哲学"被划分为三个阶段:"主观精神"、"客观精神"和"绝对精神"。"主观精神"着重讨论的是个人意识的成长。黑格尔在他的早期著作《精神现象学》中较为系统地论述了这个方面的问题。"客观精神"讲的是法、道德、国家以及世界历史的发展。黑格尔的《法哲学原理》、《历史哲学》两本著作就是对他这一方面的思想的具体发挥。"绝对精神"研究的是艺术、宗教和哲学的发展。关于"绝对精神"的这三个环节,黑格尔都分别写了专著:《美学》、《宗教哲学》和《哲学史讲演录》。由此看来,尽管黑格尔把人看作是一个纯粹的精神实体,但它的内容还是比较丰富的、现实的。黑格尔所讲的人不是生活在天国里的天使,也不是超社会、超历史的生物,而是生活在社会—历史运动中的人。恩格斯在比较黑格尔和费尔巴哈关于人的学说的时候写道:"在这里,形式是唯心的,内容是现实的。法律、经济、政治的全部领域连同道德都包括在这里。在费尔巴哈那里情况恰恰相反。就形式讲,他是现实的,他把人作为出发点;但是,关于这个人生活其中的世界却根本没有讲到,因而这个人始终是宗教哲学中所说的那种抽象的人。"[①] 可见,尽管黑格尔对人,对人

---

① 恩格斯:《路德维希·费尔巴哈和德国古典哲学的终结》,《马克思恩格斯选集》第4卷,第232页。

的社会、历史生活作了唯心主义的分析,尽管他通过唯心主义方式却也表露了这样一个深刻的思想:人的本质是它生活于其中的社会的一切关系(法律的、经济的、政治的和思想的)的总和。

(一) 主观精神

黑格尔在"主观精神"中描述了个人意识从"意识"到"自我意识"、到"理性"的成长过程。

黑格尔对精神现象成长的描述渗透了"否定的辩证法"[①]的精神。比如,他在分析"意识"时,就把意识看作是由"感性确定性"到"知觉"、到"知性"的矛盾发展过程,而一切矛盾又都来源于意识的最初的和直接的形式——"感性确定性"。所谓"感性确定性"就是对于当前的个别对象("这一个")的知识,比如,我亲身感受到:"这时是白天"、"这里是一棵树"等等。乍一看,这种关于"这一个"的知识是最具体、最丰富、最真实的知识,因为这种知识似乎是让对象完整地呈现在面前,没有省略掉对象的任何东西。然而,稍加分析就可以看出,"感性确定性"的具体内容只能"意谓",而不可言达。如果一旦用语言表达出来,那末它便成了普遍的东西。比如,我说"这时是白天",可是过了一段时间之后,我又说"这时不是白天,而是夜晚"。同样的,我说"这里是一棵树",可是,一转身,我又说"这里不是一棵树,而是一所房屋。"可见,关于"这一个"("这时"或"这里")并非是绝对个别的、具体的东西,反倒是普遍、抽象的东西,是适用于任何地点、任何时候的"这里"或"这时"。黑格尔说:

> 凡是被称为不可言说的东西,不是别的,只不过是不真实的、无理性的、仅仅意谓着的东西。——如果对

---

① 马克思:《对黑格尔辩证法和一般哲学的批判》,《1844年经济学—哲学手稿》人民出版社1979年版,第116页。

于某种东西我们除了说它是一个现实的东西、一个外界的对象外,什么也说不出来,那么我们只不过说出它是一个最一般的东西,因而也就只说出它和一切东西的相同性,而没有说出相异性。[①]

因此,在黑格尔看来,"感性确定性"好像是最真实的知识,而实际上倒可以说是最抽象、最贫乏的知识。这样,"感性确定性"所包含的具体和抽象、个别和一般的矛盾必然导致它扬弃自身而过渡到"知觉"中所包含的单一(事物)和杂多(特质)的矛盾也会促使"知觉"扬弃自身而过渡到"知性",如此等等。在黑格尔看来,正是意识中所包含的否定性推动着意识自身的成长。

值得注意的是,黑格尔把个人意识的成长同人类精神的发展统一起来加以考察。他说:

> 各个个体,如就内容而言,也都必须走过普遍精神所走过的那些发展阶段,但这些阶段是作为精神所已蜕掉的外壳,是作为一条已经开辟和铺平了的道路上的段落而被个体走过的。[②]

这就是说,个人意识发展的各个阶段是人类精神发展的各个阶段的缩影。比如,古代人所努力追求的知识现在已经成为儿童的知识,由浅入深的教育过程大致反映了世界文化发展史的粗略轮廓。关于黑格尔的"精神现象学",恩格斯写道,它"也可以叫做同精神胚胎学和精神古生物学类似的学问,是对个人意识各个发展阶

---

① 黑格尔:《精神现象学》(上卷),商务印书馆1979年版,第72—73页。
② 黑格尔:《精神现象学》(上卷),第18页。

段的阐述,这些阶段可以看做人的意识在历史上所经过的各个阶段的缩影"。① 黑格尔提供的这个方法对于研究人类认识史具有重要的意义。

(二) 客观精神

按照黑格尔的体系,在"主观精神"阶段,作为个人意识发展的顶点的"自由精神"仍然是主观的、抽象的,因此,"主观精神"就必定要异化为"客观精神",以便在人类社会——历史生活中得到实现。

在唯心主义者黑格尔看来,"客观精神"主宰着人类社会——历史的发展,而人类社会——历史的运动不过是"客观精神"的表现。在"客观精神"中,黑格尔系统地发挥了他的辩证唯心主义的社会——历史观点。

黑格尔所谓的"客观精神"便是"法"。他把"法"看作是"自由意志的定在"。② 这意思是说,"法"是自由的实现。为所欲为的任性的自由,是主观的、偶然的、抽象的。真正的自由是受客观的、具有普遍性的东西即"法"的限制的自由。所以,自由只有在"法"中才是现实的。黑格尔把"法"的发展分为"抽象法"、"道德法"和"伦理法"三个阶段。把"道德"和"伦理"加以区别是黑格尔哲学的一个特点,前者着重于讲人的内心生活,后者着重于研究人的社会关系,如家庭、市民社会和国家。

【抽象法】

黑格尔的"抽象法"学说的核心是论证私有制的合理性。

黑格尔论证私有制的合理性的方法是独特的。在他看来,私有制不是社会历史发展的产物,人们占有财产也不是为了满足个

---

① 恩格斯:《路德维希·费尔巴哈和德国古典哲学的终结》,《马克思恩格斯选集》第4卷,第215页。
② 黑格尔:《法哲学原理》,第36页。

人主观的需要，而是客观精神规定的权利，是"自由意志"的最初的实现。黑格尔说：

> 所有权所以合乎理性不在于满足需要，而在于扬弃人格的纯粹主观性。人唯有在所有权中才是作为理性而存在的。①

他还说：

> 如果把需要当作首要的东西，那末从需要方面看来，拥有财产就好像满足需要的一种手段。但真正的观点在于，从自由的角度看，财产是自由最初的定在，它本身是本质的目的。②

在这里，黑格尔把自由、理性同财产权联系起来，认为只有占有财产的人才是自由的、有理性的人。在他看来，否定私有制就是"侵犯人格的权利"，不懂得"精神自由的本性和法的本性"。③这就充分地表现了黑格尔这个思想的资产阶级本质。资产阶级的阶级局限性使得黑格尔在这里忘记了自己的辩证法，不懂得私有制也是一个有限物，它是在一定的历史阶段上产生的，也必定要在一定的历史阶段上扬弃自身，转化到自己的反面。

黑格尔认为，所有权还仅仅是有关单个人的自由。它的进一步的发展便是具有所有权的双方在保持双方各自权利的条件下实现所有权的转让，这就是所谓"契约"。在黑格尔看来，不仅物品

---

① 黑格尔：《法哲学原理》，第50页。
②③ 黑格尔：《法哲学原理》，第54、55页。

可以转让,而且个人的"身体和精神的特殊技能以及活动能力"①也可以转让。他把资本主义的雇佣劳动制度和商品交换关系神秘化,说成是什么"一种客观精神的关系"。②

黑格尔又从"契约"推演出"不法和犯罪"。所谓"不法和犯罪"就是对所有权的侵犯或违背"契约"。因此,"不法和犯罪"就必定导致自己的否定方面——"刑罚"。"刑罚"扬弃了"不法和犯罪"便是"法和正义"的恢复,从而过渡到了"道德"。

【道德法】

黑格尔把"道德法"叫做"主观意志的法",就是说道德是自由意志在内心中的实现。

在"道德法"中,黑格尔先后批判了康德的唯动机论和超功利主义,力图论证动机的效果、道德和幸福的辩证统一。最后,黑格尔还批判了康德的主观主义的"善良意志"学说。在黑格尔看来,康德提出善和良心固然突出了人的尊严和伟大,但是康德却把善看作是"应当",把个人内心的良心看作是绝对真实的东西。问题在于,良心所确认为善的东西是否就是客观的善?这个问题实际上是不可能在人的内心生活中得到解决的。良心要成为真实的,那就必定要突破主观性,进到客观性,在伦理生活中即在现实的社会关系中实现。

【伦理法】

黑格尔认为,"伦理法"包含"家庭"、"市民社会"和"国家"三个环节。

按照黑格尔的观点,"家庭"是直接的伦理精神。家庭的基础是婚姻。婚姻即不仅仅是两性的自然属性方面的关系,也不是相互利用的契约关系,更不应当是以一时冲动的爱的感觉为基础的

---

①② 黑格尔:《法哲学原理》,第75、80页。

关系，而是一种"具有法的意义的伦理性的爱。"① 这就是说，婚姻的出发点是当事人双方自愿同意组成为一个人即家庭，使双方的人格同一化，这种同一化便是伦理精神。黑格尔认为，一夫一妻制是伦理生活的绝对原则之一。

黑格尔所谓的"市民社会"是指"在现代世界中形成的"社会，实即资本主义社会。在这里，黑格尔汲取了英国古典政治经济学的成果，对资本主义的经济关系进行了辩证唯心主义的分析。

黑格尔十分重视劳动在社会发展中的作用。在他看来，和动物不同，人主要地不是靠自然界直接提供的东西，而是靠自己的劳动去加工自然的物品来满足自己的需要，就是说，"人通过流汗和劳动而获得满足需要的手段"。②

黑格尔揭示了资本主义劳动分工的二重性。他说：

> 个人的劳动通过分工而变得更加简单，结果他在其抽象的劳动中的技能提高了，他的生产量也增加了。同时，技能和手段的这种抽象化使人们之间在满足其他需要上的依赖性和相互关系得以完成，并使之成为一种完全必然性。此外，生产的抽象化使劳动越来越机械化，到了最后人就可以走开，而让机器来代替他。③

这就是说，分工一方面能促进技术和生产的进步；另一方面，它又使劳动成为呆板的、乏味的。在黑格尔看来，资本主义条件下的劳动压抑了人的独创精神。

黑格尔从劳动、分工、财富分配方式等方面论证等级存在的必然性。他把从事农业活动的人划入所谓"实体性的等级"，把从

---

① ② 黑格尔：《法哲学原理》，第 177、209 页。
③ 黑格尔：《法哲学原理》，第 210 页。

事工商业活动的人叫做"产业等级",此外,官吏军队等则是所谓维护"普遍利益"的普遍等级。黑格尔认为社会划分为等级是永恒的。

黑格尔一方面沿用封建社会的等级划分来掩盖资本主义社会的阶级对立;另一方面,他也敢于揭示资本主义社会的矛盾。在他看来,资本主义社会有一个奇特的现象:财富与贫困并行增长。他说:

> 一方面财富的积累增长了……另一方面,特殊劳动的细分和局限性,从而束缚于这种劳动阶级的依赖性和匮乏,也愈益增长。与此相联系的是:这一阶级就没有能力感受和享受更广泛的自由,特别是市民社会的精神利益。①

在黑格尔看来,贫困必然产生反抗富人、政府的"贱民"。黑格尔敏锐地觉察到,资本主义社会无力解决这个矛盾。他说:

> 怎样解决贫困,是推动现代社会并使它感到苦恼的一个重要问题。②

资产阶级思想家黑格尔并不想通过否定资本主义制度来解决这个矛盾,而是想把"市民社会的这种辩证法"③推出去,企图通过建立和扩展殖民地来输出矛盾。他说:

---

① 黑格尔:《法哲学原理》,第 244 页。
②③ 黑格尔:《法哲学原理》,第 245、246 页。

> 市民社会被驱使建立殖民地。①

实践证明,黑格尔提供的这个药方仅仅是一个治标的药方,资本主义的不断对外扩展不过表明它朝着自己的死亡的前夜——帝国主义走去。

在殖民地问题上,黑格尔的观点是独特的,一方面他是殖民主义的鼓吹者;另一方面,他又是殖民地人民解放运动的同情者和支持者。在他看来,宗主国对殖民地的压迫,必然会带来殖民地人民的反抗,而结局便是殖民地人民的解放。他还指出:

> 殖民地的解放本身经证明对本国有莫大的利益,这正同奴隶的解放对主人有莫大的利益一样。②

按照黑格尔的观点,在市民社会中,抽象法被制定成法律,财产所有权和人格得到了法律的确认,具有法律的效力。这样,犯罪就不再是对某个个人利益的侵犯,而是破坏了社会的共有原则,触犯了法律,因而具有社会的危险性。在市民社会中,出现了警察,其任务是保障个人及其财产的安全。人们还按照自己的特殊技能组成各种同业公会以维护自身的利益,而监督同业公会的任务便由"国家"来负担。这样,黑格尔便矫揉造作地从市民社会推演出了"国家"。

黑格尔把"国家"看作是家庭和市民社会的统一,是伦理法的实现。在他看来,国家既不是社会发展到一定阶段上的产物,也不是人们相互契约的产物,而是理念在人类社会生活中的实现。黑格尔说:

---

①② 黑格尔:《法哲学原理》,第247、247—248页。

> 神自身在地上的行进，这就是国家。①

从这种客观唯心主义的国家观出发，黑格尔不分青红皂白地为一切国家的合理性作辩护。在他看来，人们可以随便找出一个国家的这样或那样的缺陷，因为"找岔子要比理解肯定的东西容易"。②即使一个最丑恶的人，如罪犯、病人、残废人，也毕竟是一个活人，同样，一个国家不管它如何恶劣，终究还有它的肯定方面。这就充分地表现出黑格尔国家学说的强烈的保守性。

在这位唯心主义者看来，国家不是一个阶级压迫另一个阶级的工具，而是一种什么"客观普遍性"、"普遍目的"。国家高于个人，它的使命不在于保护所有权和个人自由，相反地，个人从属于国家，只有成为国家的成员，一个人才是真正自由的。黑格尔说：

> 个人本身只有成为国家成员才具有客观性、真理性和伦理性。结合本身是真实的内容和目的，而人是被规定着过普遍生活的：他们进一步的特殊满足、活动和行动方式，都是以这个实体性的和普遍有效的东西为其出发点和结果。③

黑格尔鼓吹这种抽象的国家至上主义，一方面表现了苦于长期封建割据状态的德国资产阶级对一个统一的中央权力的向往，另一方面也反映了软弱的德国资产阶级对现实的专制制度的依附和屈从态度。

不过，黑格尔也并不否定对个人利益的追求，并且强调国家

---

① ② 黑格尔：《法哲学原理》，第259页。
③ 黑格尔：《法哲学原理》，第254页。

必须关心个人的福利。他说：

> 个人目的与普遍目的这双方面的同一则构成国家的稳定性。人们常说，国家的目的在谋公民的幸福。这当然是正确的。如果一切对他们说来不妙，他们的主观目的得不到满足，又如果他们看不到国家本身是这种满足的中介，那末国家就会站不住脚的。①

黑格尔把国家理念的发展又分为"国家制度"、"国际法"和"世界历史"三个环节。

显然，"国家制度"是一个极为敏感的问题。在欧洲封建复辟势力横行，德国专制主义统治加强的形势下，黑格尔只得借助于思辨手法，通过最保守的言词来表达资产阶级的要求，在为现存的专制制度涂脂抹粉的同时，又为未来的资产阶级国家设计蓝图。在他看来，国家制度是随着时代精神也即绝对理念的发展而不断变更的。他指出：

> 国家成长为君主立宪制乃是现代的成就。②

针对黑格尔这个思想，恩格斯写道，"当黑格尔在他的'法哲学'一书中宣称君主立宪是最高的、最完善的政体时，德国哲学这个表明德国思想发展的最复杂但也最准确的指标，也站到资产阶级方面去了。换句话说，黑格尔宣布了德国资产阶级取得政权的时刻即将到来"。③

在讨论了"国家制度"之后，黑格尔便接着考察"国际法"。

---

①② 黑格尔：《法哲学原理》，第266、287页。
③ 恩格斯：《德国的革命和反革命》，《马克思恩格斯全集》第8卷，第16页。

在他看来，每个国家都是一个独立自主的个体，这就发生了国与国之间的关系，从而产生了国际法。国际法的基本原则在于，"条约作为国家彼此间义务的根据，应予遵守"。① 不过，国家之间没有裁判官，因为，国际法只停留在"应然"上。实际上，遵守条约和背弃条约的情况往往相互更替。如果订约双方的争论不能达成协议，"国际争端只有通过战争来解决"。②康德曾经提出要成立一种国际联盟，调停每一争端，以维持永久和平。康德的这种想法是以道德理由为依据的。在黑格尔看来，支配各国处理国际关系的原则并不是"一种博爱的思想"，而是"实际受到侵害或威胁的福利"。他说：

> 福利是国家在对别国关系中的最高法律。③

因此，当一个国家的福利受到侵害而又和对方达不成协议的时候，战争就必然会发生。黑格尔的这个思想孕育着军事家克劳塞维茨后来所提出的一个著名的论断：战争无非是政治通过另一种手段的继续。当人们鼓吹"神圣同盟"会带来永久和平的时候，黑格尔则认为这只不过是"饶舌空谈"，指出：

> 当事物的本性要求时，战争还是会发生的。④

在当时的历史条件下，黑格尔的战争观不可避免地深刻地反映了当时封建国家以及资本主义国家之间的尔虞我诈、争霸夺利的关系，较之康德的永久和平论是更现实、更有远见的。不过，黑格尔把战争说成是什么"伦理精神"，看作是人的社会生活中的一个

---

①②③ 黑格尔：《法哲学原理》，第348、348、349页。
④ 黑格尔：《法哲学原理》，第234页。

永恒的范畴则是错误的。

按照黑格尔的看法,在国际法阶段,国与国之间没有最高裁判官,因此相互之间的关系是摇摆不定的。这样,国际法就必定要过渡到"世界历史"。世界历史是世界法庭,是最高裁判官——"世界精神"的活动舞台。

黑格尔"历史哲学"的基本命题是:

> "理性"是世界的主宰,世界历史因此是一种合理的过程。①

在黑格尔看来,在世界历史中,国家、民族和个人只不过是"理性"即世界精神的外壳或皮囊,只不过是世界精神自己实现自己的工具。他们的兴衰成败均取决于世界精神这个最高裁判官的裁决,即决定于他们是否符合世界精神发展的要求。这就是说,世界历史是一个合理的,也即合乎世界精神发展的过程。不难看出,黑格尔的历史观是十足的客观唯心主义的历史观。

然而,黑格尔关于理性主宰历史的唯心史观中,却包含了这样一种合理的猜测:人所创造的社会历史遵循着不依人的意志为转移的客观规律。我们知道,旧唯物主义在历史领域里总是自己背叛自己。它按照行为的动机来判断一切,把历史人物分为君子和小人,并且照例认为君子受骗,小人得胜,因此,人们不会从历史研究中得到教益。在黑格尔的时代,还流行着一种所谓心理历史学派。这一派人热中于研究历史人物的个人性格,企图从中寻找到重大历史事变的动因。比如,在这一派人看来,拿破仑毕生的事业就可以归之于他个人的性格——"功名心"、"征服欲"等等。按照这种观点,历史发展没有什么规律,完全是偶然的。与

---

① 黑格尔:《历史哲学》,第47页。

此相反,黑格尔坚持认为,历史是按照一定的规律向前发展的。不过,他不是从客观历史发展中引出历史本身的发展规律性,而是从他的唯心主义体系出发,给历史灌输某种规律,也即所谓"世界精神"、"自由意识"。

黑格尔并不否认历史中的偶然性的存在及其对历史发展的影响,但是,在他看来,历史决不是偶然事件的堆积,而是一个合乎规律的发展过程。关于历史活动中的偶然性和必然性的关系,黑格尔写道:

> "精神"在本性上不是给偶然事故任意摆布的,它却是万物的绝对的决定者;它全然不被偶然事故所动摇,而且它还利用它们、支配它们。①

从这个观点出发,黑格尔认为,法国革命决不是一次偶然的历史事变,而是历史发展的必然产物,是"自由意识"也即"世界精神"发展过程中的一次新飞跃。

在黑格尔看来,人们总是带着特定的个人主观目的去从事历史活动的,但是,人们的行动除掉产生他们所企图得到的结果外,通常又产生一种"附加的结果"。黑格尔写道:

> 他们满足了他们自己的利益;但是还有潜伏在这些行动中的某种东西,虽然它们没有呈现在他们的意识中,而且也并不包括在他们的企图中,却也一起完成了。②

这就是说,人们的活动虽然直接地为主观目的所引发,但归根到

---

① 黑格尔:《历史哲学》,第95页。
② 黑格尔:《历史哲学》,第66页。

底人们是在实现着他们所没有意识到的"世界精神"的要求,换句话说,人们的行动归根到底是为"世界精神"所支配的。对此,恩格斯指出,"历史哲学,特别是黑格尔所代表的历史哲学,认为历史人物的表面动机和真实动机都决不是历史事变的最终原因,认为这些动机后面还有应当加以探究的别的动力;但是它不在历史本身中寻找这种动力,反而从外面,从哲学的意识形态把这种动力输入历史"。① 黑格尔从他的唯心主义的历史发展规律性的观点出发,认为世界历史就是"自由意识"的进展。按照这个框子,他把世界历史分为三大阶段:古代东方阶段,只意识到一个人(专制君主)的自由;古希腊罗马阶段,意识到了一部分人(奴隶主)的自由;近代阶段,意识到所有的人都是自由的。黑格尔对世界历史的分期所作的这种规定,以及他对许多历史事件、细节的分析,是主观的、牵强附会的,不足为训。但是,在形而上学历史观盛行的时代,黑格尔力图把历史看作是一个有规律的发展过程,还是别开生面的。

黑格尔在肯定历史发展的规律性的同时,又强调人的能动作用。在他看来,人类的活动为"世界精神"所主宰;但"世界精神"恰恰又是借助于人类的活动而实现自己的。个人的主观目的、需要、兴趣、私利等等,也即所谓"热情",往往被人们看作是不道德的东西,似乎人们不应该有"热情"。与此相反,黑格尔则认为,"热情"乃是人类活动的"原动力",正是"热情"和"世界精神"的结合构成了世界历史。他说:

> 我们简直可以断然声称,假如没有热情,世界上一切伟大的事业都不会成功。因此有两个因素就成为我们

---

① 恩格斯:《路德维希·费尔巴哈和德国古典哲学的终结》,《马克思恩格斯选集》第 4 卷,第 244 页。

考察的对象:第一是那个"观念",第二是人类的热情,这两者交织成为世界历史的经纬线。①

然而,黑格尔实际上无力正确解决人的能动性和客观规律的关系,只得把两者的统一归之为所谓"理性的狡计"。就是说,"世界精神"采取"坐山观虎斗"的策略,在人们之间为各自的私利而进行的相互倾轧中实现自己。

黑格尔是一位英雄史观的鼓吹者。他极端蔑视人民群众,认为在群众身上理性是内在的、不自觉的,而英雄人物则是一个时代的"眼光犀利的人物",正是他们把群众从不自觉"带到自觉"。然而,在黑格尔看来,英雄人物之所以为英雄人物,他们的行动之所以能带来巨大的历史事变,其根据主要不在于他们个人的性格、兴趣,而在于他们的意志与"世界精神"相关联。他说:

> 他们之所以为**伟大**的人物,正因为他们主持了和完成了某种伟大的东西;不仅仅是一个单纯的幻想、一种单纯的意向,而是对症下药适应了时代需要的东西。②

按照黑格尔的观点,英雄人物也不过是"世界精神"的工具,当他完成了"世界精神"赋予他的历史使命之后,便会被抛出历史舞台,"凋谢零落"。由此看来,黑格尔的客观唯心主义的英雄史观,有别于那种鼓吹个人意志决定一切的主观唯心主义的英雄史观。

黑格尔力图把他的否定性的辩证法运用于历史的研究。在他看来,世界历史本质上是"世界精神"实现自己的过程。历史发展的每一个阶段,当其符合"世界精神"的发展要求的时候,是

---

①② 黑格尔:《历史哲学》第 62、70 页。

现实的。但是,每一个阶段又都包含有"它自己否定的东西",正是这种否定的东西引导着历史从一个阶段到另一个阶段的过渡。世界历史的变迁本质上不是简单的循环,而是一个表现"世界精神"实现自己的过程,是一个新陈代谢、由低级到高级的发展过程。

关于黑格尔的历史观,恩格斯写道:"黑格尔把历史观从形而上学中解放了出来,使它成为辩证的,可是他的历史观本质上是唯心主义的。"[①]

(三) 绝对精神

按照黑格尔的思辨推演方法,"绝对精神"是主观精神和客观精神的统一。在这里,黑格尔着重研究了艺术、宗教和哲学三种意识形态。他认为,艺术、宗教和哲学均以"绝对理念"为对象,艺术以感性形象把握理念,宗教以表象把握理念,哲学则以概念把握理念。"绝对理念"在哲学中最终认识了自己,达到了主观和客观、思维和存在的绝对统一。

黑格尔对艺术、宗教和哲学的论述同样渗透着辩证发展的观点。

在艺术哲学即美学中,黑格尔提出了一个著名的命题:

美就是理念的感性显现。[②]

从这个基本观点出发,黑格尔从理论上论证了艺术中的形式和内容、感性和理性的矛盾统一。然而,在他看来,艺术中的形式和内容、感性和理性的统一并非是一蹴而就的,而是在长期的艺术

---

① 恩格斯:《社会主义从空想到科学的发展》,《马克思恩格斯选集》第3卷,第423页。
② 黑格尔:《美学》(第1卷),第142页。

发展的历史中逐步实现的。按照这个想法,黑格尔把艺术发展史分为象征型、古典型和浪漫型三个阶段。在象征型阶段,人类心灵力求把它所朦胧意识到的理念通过某种符号表现出来。比如,基督教以三角形符号来象征神的三位一体概念。显然,符号只是一种图解,并不是适合于理念的感性形象。古典艺术型则体现了理念和感性形象的统一。比如,古希腊雕刻所表现的神,不像埃及、印度的神那样抽象,而是非常具体的,神总是作为一个具体的人表现出来的。但是,古典艺术也只是达到了自在的统一,它所描绘的人体形状毕竟是有限的,还不足以表达无限的理念。在浪漫型的艺术里,无限的精神便从有限的外在世界回到它自身,退回到内心世界。这样,它又把理念和感性形象的统一破坏了,在较高的阶段上回到象征型艺术所没有克服的理念与现实的差异、对立。黑格尔认为,浪漫型艺术所不能解决的矛盾将由哲学来解决。黑格尔对艺术发展史的描述完全是从他的唯心主义体系的框子出发的,但是,他把艺术的发展看作是一种合理的过程,则是很有见地的。

　　黑格尔认为,宗教高于艺术,是"绝对理念"认识自己的更高的形式。他说:

　　如果艺术作品以感性方式使真实,即心灵,成为对象,把绝对的这种形式作为适合它的形式,那么,宗教就在这上面加上虔诚态度,即内心生活所特有的对绝对对象的态度。[①]

这就是说,宗教的特点在于以信仰、虔诚的态度,用表象的形式去显现"绝对理念"。比如,宗教里所讲的那个具有人格的"上帝",就是"绝对理念"的表象式的显现。

---

① 黑格尔:《美学》(第1卷),第132页。

黑格尔也把宗教理解为一个合理的发展过程，认为宗教经历了"自然宗教"（如佛教）、"自由宗教"（希腊宗教）和"绝对宗教"（基督教）三个阶段。在黑格尔看来，基督教是宗教发展的高峰，表现出人性和神性的统一。

黑格尔又认为，哲学高于艺术和宗教。不论是艺术的感性形象，还是宗教的表象形式，均不是表现"绝对理念"的最完善的形象。这是因为，"绝对理念"本身是超感性的、普遍的、无限的精神。哲学的特点就是用唯一适合于"绝对理念"的方式，即概念形式把握"绝对理念"。

在黑格尔看来，哲学也是一个合乎规律的发展过程。在黑格尔的时代，人们通常把哲学史看作是各个哲学家的个人见解的罗列，看作是历史上各种分歧意见的偶然堆积，甚至把哲学史认作是荒唐、谬误观点的陈列馆。与此相反，黑格尔则认为：

全部哲学史是一有必然性的、有次序的进程。①

按照黑格尔的观点，哲学史乃是"思想自己发现自己的历史。"②这意思是说，哲学史是"绝对理念"通过人的理性、概念而认识自己的过程，换句话说，也就是人类认识真理（"绝对理念"）的过程。黑格尔完全撇开社会物质生活的发展去探讨哲学自身的发展，把哲学史看作是纯粹精神的发展过程，显然，这是唯心主义的哲学史观。但是，在黑格尔的这个思想中也包含有一种合理的猜测：哲学史就是"整个认识的历史"。③

和他的真理观一样，黑格尔也把哲学史看作是一个由抽象到

---

①② 黑格尔：《哲学史讲演录》（第1卷），第40、10页。
③ 列宁：《拉萨尔〈爱非斯的晦涩哲人赫拉克利特的哲学〉一书摘要》，《列宁全集》第38卷，第399页。

具体、由贫乏到丰富的过程。在他看来,在哲学史上最初出现的哲学系统,其内容总是比较抽象、比较贫乏的。后起的哲学系统一方面是对它以前的哲学系统的否定,同时也是对以往哲学思想的继承和提高,包括了以前一切哲学系统的根本原则,因此,在内容上必定是更为具体,更为丰富的。黑格尔指出:

> 那在时间上最晚出的哲学体系,乃是前此一切体系的成果,因而必定包括前此各体系的原则在内;所以一个真正名副其实的哲学体系,必定是最渊博、最丰富和最具体的哲学体系。①

在哲学史的研究中,黑格尔还提出了历史的东西和逻辑的东西统一的原则。他说:

> 我认为:历史上的那些哲学系统的次序,与理念里的那些概念规定的逻辑推演的次序是相同的。②

在黑格尔看来,这是因为哲学发展的过程和逻辑理念的推演过程都是同一个"绝对理念"的自身发展过程,因此,两者必然是同一的。历史上最初的哲学系统巴曼尼德的存在论相应于逻辑学的开端范畴"存在",赫拉克里特的哲学原则相应于逻辑学中的"变易"范畴,斯宾诺莎的哲学相应于逻辑学中的"实体"范畴,如此等等。不过,黑格尔也指出历史的东西和逻辑的东西仍然是有区别的,不可能在次序上完全一致。撇开它的唯心主义形式,黑格尔提出的逻辑的东西和历史的东西统一的原则,实质上是一种科学的研究方法。

---

① 黑格尔:《小逻辑》,第55页。
② 黑格尔:《哲学史讲演录》(第1卷),第34页。

在黑格尔看来,"绝对理念"从逻辑学出发,经过自然哲学,达到精神哲学,并最后在哲学中回到了老家,自己认识了自己,认识到自己的对方原来不过是自己,实现了思维和存在的绝对同一。问题在于哲学是一个发展过程。"绝对理念"究竟在哪一个哲学体系中认识了自己的呢?那个最渊博、最丰富、最具体的哲学系统,究竟是谁的哲学系统呢?黑格尔本人没有提出,更没有明确回答这个问题。不过,这是不言而喻的。这个哲学系统不是别的,就是黑格尔的哲学体系。这样,辩证法家黑格尔为了维护自己的体系就不得不背离他的辩证法,陷入了形而上学的顶峰论。

关于黑格尔的哲学体系,恩格斯写道,"精神现象学、逻辑学、自然哲学、精神哲学,而精神哲学又分成各个历史部门来研究,如历史哲学、法哲学、宗教哲学、哲学史,美学等等,——在所有这些不同的历史领域中,黑格尔都力求找出并指出贯穿这些领域的发展线索;同时,因为他不仅是一个富于创造性的天才,而且是一个学识渊博的人物,所以他在每一个领域中都起了划时代的作用"。① 恩格斯还指出,"黑格尔的思维方式不同于所有其他哲学家的地方,就是他的思维方式有巨大的历史感作基础。……在《现象学》、《美学》、《哲学史》中,到处贯穿着这种宏伟的历史观,到处是历史地、在同历史的一定的(虽然是抽象地歪曲了的)联系中来处理的材料的"。② 由此看来,研究黑格尔的哲学体系,应当着重理解其中所渗透的辩证发展观点。

然而,黑格尔的辩证发展观点又是不彻底的。这是因为黑格尔哲学体系包含着不可救药的内在矛盾:"一方面,它以历史的观点作为基本前提,即把人类的历史看做一个发展过程,这个过程

---

① 恩格斯:《路德维希·费尔巴哈和德国古典哲学的终结》,《马克思恩格斯选集》第4卷,第215页。
② 恩格斯:《卡尔·马克思〈政治经济学批判〉》,《马克思恩格斯选集》第2卷,第121页。

按其本性来说是不能通过发现所谓绝对真理来达到其智慧的顶峰的；但是另一方面，它又硬说自己是这个绝对真理的全部内容。"① 显然，包罗万象的、最终完成的关于自然和历史的认识的体系，是和辩证思维的基本规律相矛盾的。因此，可以说黑格尔的体系作为体系来说，是一次巨大的流产。

在哲学史的研究中，人们对黑格尔哲学中的唯心主义体系和辩证法的关系有不同的理解，一种观点强调两者的对立，另一种观点则坚持认为两者是一致的。我们则认为，在黑格尔哲学中唯心主义体系和辩证方法是既对立，又统一的。应当承认，黑格尔的"绝对理念"的唯心主义体系是借助于辩证法建立起来的，而他的辩证法也是在论证"绝对理念"的发展过程中得到发挥的。这就是说，黑格尔的唯心主义是辩证的，而他的辩证法又是唯心主义的。因此，把黑格尔的唯心主义和辩证法看成是水火不相容的两个东西是不适当的。但是，也应当看到，在黑格尔那里，辩证法和唯心主义又是矛盾的。事实上，辩证法在黑格尔手中神秘化了，它的革命精神往往被黑格尔的唯心主义所窒息。因此，把黑格尔哲学中唯心主义和辩证法看成是完全一致的观点，同样是不适当的。

第四节　费尔巴哈的"人本学"唯物主义

路德维希·费尔巴哈是十九世纪上半叶德国的伟大的唯物主义哲学家。在德国近代哲学发展史上，他的最大功绩是恢复了唯物主义的权威，并在此基础上完成了德国资产阶级对封建神学的

---

① 恩格斯：《社会主义从空想到科学的发展》，《马克思恩格斯选集》第3卷，第421页。

批判,从而为1848年的资产阶级革命作了思想准备。1841年,费尔巴哈发表的《基督教的本质》一书,对当时的反封建斗争起了积极作用,并对马克思、恩格斯实现由唯心论者到唯物论者的转变,创立辩证唯物论和历史唯物论哲学有过积极的影响。

【黑格尔学派的解体】

十九世纪三十—四十年代,德国资本主义得到了迅速的发展。从三十年代起,各个工业部门争先恐后地用机器武装起来,蒸汽机被广泛使用,修筑了铁路,工业产值迅速增长,国内外贸易空前活跃,出现了许多工商业中心。随着资本主义的发展和资产阶级力量的增强,资产阶级反封建的情绪更加高涨。1832年,在汉巴哈召开的"全德人民大会"上,资产阶级激进派公开提出了建立民主共和国的政治要求。在新的经济、政治形势下,德国资产阶级哲学得到了进一步的发展,这主要表现在黑格尔学派的解体和向唯物主义的转变。

从三十年代起,在哲学上一度独占统治地位的黑格尔学派开始解体。一部分人抓住黑格尔哲学的保守方面,为宗教和专制制度作辩护,这一派人被称为老年黑格尔派,其主要代表人物是辛里克斯(1794—1861年)。另一派人则继承黑格尔哲学的革命方面,站在资产阶级自由派的立场上,批判封建制度特别是它的精神支柱——基督教,要求实行资本主义改革。但是,他们把实行资产阶级改革的希望寄托在现存的专制国家身上,他们的思想体系也仍然局限在黑格尔唯心主义的框框之内。这一派人被称为青年黑格尔派,其主要代表人物有布鲁诺·鲍威尔(1809—1882年)、大卫·施特劳斯(1808—1874年)和麦·施蒂纳(1806—1856年)。

青年黑格尔派的主要工作是从事批判基督教的斗争。当时,封建统治者十分专横,拒绝作任何改革,禁止言论出版自由,疯狂镇压革命反对派。青年黑格尔派对基督教的批判首先从基督教的圣经特别是从其中的福音书开刀，力图从中引出无神论的结论。

施特劳斯打了头一炮。他在1835年发表的《耶稣传》中明确指出，福音书中记载的许多故事，如耶稣能使瞎子复明、聋子能听、口吃者畅所欲言等等，并不像教会人士所说的是什么真正的历史事实，而是神话故事。施特劳斯从客观唯心主义出发，认为这些神话表达了当时人们的普遍信念，但"不是由某一个人有意识的产物"①，换句话说，福音故事是一种无意识的精神性的"实体"发展的结果。布鲁诺·鲍威尔也否认福音故事的历史真实性。但是，和施特劳斯不同，他认为，福音故事是历史上某些人为了某种宗教目的而有意地编造出来的，换句话说，是"自我意识"的产物。

青年黑格尔派对圣经的批判，打击了基督教的权威，在当时的历史条件下具有反封建的积极意义。但是，他们批判基督教的理论基础，仍然是黑格尔的唯心论。施特劳斯同鲍威尔关于福音故事是无意识地形成的，还是有意识地编造出来的争论，继而关于历史发展的动力是"实体"，还是"自我意识"的争论，都不过是各自抓住了黑格尔唯心论体系的一个方面，去反对黑格尔唯心论体系的另一个方面。正因为如此，尽管他们都以"批判"或"批判的批判"的英雄自居，满口讲的是"震撼世界"的词句，但始终不能从根本上否定基督教，也不敢触动封建专制制度的一根毫毛，实际上依旧是一群保守分子。他们鄙视革命实践，鼓吹纯粹的精神解放。施特劳斯认为，批判宗教是"解决政治问题的最安全、最有效的办法"。他还说：

> 我们德国人在政治上的自由，只能随着我们在精神

---

① 施特劳斯：《耶稣传》（第一卷），商务印书馆1981年版，第215页。

上、道德上和宗教上的自我解放而增长。①

和施特劳斯一样，鲍威尔也鼓吹黑格尔式的"精神胜利法"，说什么：

> 犹太人现在在理论领域内有什么程度的进展，他们就真正获得什么程度的解放；他们有什么程度的自由愿望，他们就获得什么程度的自由。②

按照这种观点，一个奴隶只要思想上有了自由的愿望就不再是奴隶了，尽管他脖子上照旧套着沉重的枷锁。马克思尖锐地批判了这种唯心主义观点，指出："世俗社会主义的第一个原理就否认纯理论领域内的解放，认为这是幻想，为了真正的自由，它除了要求唯心的'意志'外，还要求完全能感触得到的物质的条件。'群众'认为，甚至为了争得一些只是用来从事'理论'研究的时间和经费，也必须进行物质的、实际的变革；这样的'群众'在神圣的批判面前显得多么低下呵！"③ 同时，鲍威尔等人还极力宣扬黑格尔式的英雄史观，污蔑群众和群众运动。他们把英雄人物说成是什么有理智的"能批判地思维的个人"或"精神"，把群众污蔑为没有理智的、只知道利欲的"物质"。在他们看来，英雄人物乃是历史发展的动力，而群众一旦起来为自己的切身利益而战斗便会把历史引入歧路。鲍威尔写道：

> 到现在为止，历史上的一切伟大的活动之所以一开

---

① 施特劳斯：《耶稣传》（第1卷），商务印书馆1981年版，第14页。
② 转引自马克思恩格斯：《神圣家族》，《马克思恩格斯全集》第2卷，第120页。
③ 马克思恩格斯：《神圣家族》，《马克思恩格斯全集》第2卷，第121页。

始就是不成功的和没有实际成效的,正是因为它们引起了群众的关怀和唤起了群众的热情。①

他还说:

现在精神已经知道它应该到哪里去寻找自己的唯一的对头——就是要到群众的自我欺骗和萎靡不振中去寻找。②

马克思指出,"德国资产阶级发展得如此萎靡、畏缩、缓慢,以致当它同封建制度和专制制度对峙的时候,它本身已经是同无产阶级以及城市居民中所有那些在利益和思想上跟无产阶级相近的阶层相对峙的了。……它降到了一种等级的水平,既脱离国王又远离人民,对国王和人民双方都采取敌对态度,但是对于每一方的态度都犹豫不决,因为它总是在自己前面或后面看见这两个敌人"。③鲍威尔的上述言论典型地反映了德国资产阶级不相信人民、敌视人民的一面。针对鲍威尔的英雄史观,马克思深刻地指出,"历史活动是群众的事业,随着历史活动的深入,必将是群众队伍的扩大"。④

青年黑格尔派的另一个代表人物施蒂纳是一个极端的主观唯心主义者。在他看来,在社会历史发展中起决定作用的,既不是施特劳斯的"实体",也不是鲍威尔的"自我意识",而是所谓"唯一者","唯一的我",也即个人。施蒂纳鼓吹唯我主义,认为"唯一的我"高于一切,主宰一切。因此为了个人自由,必须反对

---

① ② 转引自马克思恩格斯:《神圣家族》,《马克思恩格斯全集》第2卷,第102、105页。
③ 马克思:《资产阶级和反革命》,《马克思恩格斯全集》第6卷,第126页。
④ 马克思恩格斯:《神圣家族》,《马克思恩格斯全集》第2卷,第104页。

一切约束，包括国家和法律的约束。他宣称，为了个人自由，要向"任何国家、甚至最民主的国家宣战"。施蒂纳是无政府主义的创始人之一，后来的俄国无政府主义者巴枯宁从他那里抄袭了很多东西。

马克思和恩格斯在他们合著的《神圣家族》、《德意志意识形态》两部巨著中，对青年黑格尔派的唯心主义哲学和政治上的保守倾向进行了全面的系统的揭露和批判。

由于对现存宗教进行斗争的实际需要，到四十年代初，大批最坚决的青年黑格尔分子开始突破黑格尔的唯心论，返回到英国和法国的唯物论。而最先站在唯物论的立场上批判黑格尔的唯心论和基督教的，便是费尔巴哈。恩格斯说，"这时，费尔巴哈的《基督教的本质》出版了。它一下子就消除了这个矛盾，它直截了当地使唯物主义重新登上王座"。① 费尔巴哈唯物论的出现，标志着近代德国资产阶级哲学发展史上的一个根本性的转变，即从唯心论到唯物论的转变。

【费尔巴哈的生平和政治倾向】

费尔巴哈出生于巴伐利亚的兰得休特城，其父是一位刑法学家。1823年，费尔巴哈进入海德堡大学学习神学。这是费尔巴哈思想发展的第一个阶级，即信仰上帝的阶段。

然而，大学的神学课程使费尔巴哈感到"令人难以忍受"。次年，即1824年，他便决意放弃神学，转到柏林大学去听当时享有盛名的黑格尔哲学讲座。费尔巴哈很快就被黑格尔哲学吸引住了，这时，他写道：

> 本来在我身上仅仅像火线一般微微燃烧着的东西，

---

① 恩格斯：《路德维希·费尔巴哈和德国古典哲学的终结》，《马克思恩格斯选集》第4卷，第218页。

现在却觉得很快就要燃起熊熊的火焰。①

在黑格尔的影响下，费尔巴哈在思想上发生了急剧的转变，从一个上帝的崇拜者变成为一个理性的崇拜者。这就开始了费尔巴哈思想发展的第二个阶段，即崇尚理性的阶段。

不过，费尔巴哈并非是黑格尔哲学的坚定信徒。1828年，费尔巴哈到爱尔兰根大学任讲师。在这前后，他便开始对黑格尔哲学的根本原则发生了怀疑：

> 思维对存在的关系怎么样？是不是如同逻辑对自然的关系呢？凭什么理由可以从逻辑的范围转到自然的范围呢？这相互转化的不可避免性和原理又何在呢？②

在一个相当长的时期内，费尔巴哈对于黑格尔哲学一直处于既怀疑但又无法摆脱的境地。他力图在黑格尔哲学体系范围内寻求新的道路，展开对基督教的批判。1830年，费尔巴哈匿名发表《论死与不死》一书。在这部著作中，他从黑格尔的理性不朽的唯心主义原则出发，论证只有"类"意识（理性）是不朽的，而个人的灵魂必死。关于这部著作的主题，费尔巴哈写道：

> 现在的主要问题是如何消除人类由来已久的关于彼岸和此岸的矛盾心理，以使人类能全心全意地把注意力集中于自己、现世和现在；因为只有这样专心致志于现实世界才能产生新生活，伟人，产生伟大的思想和事业。"新宗教"应该规定，它所要求的不是不灭的个性，而是

---

① 《费尔巴哈哲学著作选集》（上卷），三联书店1959年版，第222页。
② 《费尔巴哈哲学著作选集》（上卷），第224页。

能干的身心健康的人。对新宗教说来健康比永生更有价值。①

显然，费尔巴哈的这个否定来世生活、肯定现世生活的思想，是和基督教教义相对立的。当局明令查禁这部著作，作者的名字很快被揭露，费尔巴哈被逐出大学讲坛。1836年，费尔巴哈离开城市，移居到布鲁克堡乡村，依靠他的妻子开设的一所工场维持生活，从事著述活动。

1839年，费尔巴哈发表了哲学独立宣言书——《黑格尔哲学批判》。经过十多年的怀疑、思考和探索，费尔巴哈终于宣告同黑格尔哲学决裂，走上了唯物主义的道路。他尖锐地指出，黑格尔哲学过时了，它已经成了新时代的"一种压力、一种负担"。黑格尔从根本上颠倒了思维和存在的关系，把思维、理念当作哲学的起点和终点，一辈子在思维、理念中兜圈子。黑格尔所讲的思维和存在的同一，实际上不过是思维和自身的同一。黑格尔哲学是"理性神秘论"，和基督教的精神是一致的。在《黑格尔哲学批判》的结尾部分，费尔巴哈明确宣布了他的新哲学的纲领：

> 哲学是关于真实的、整个的现实世界的科学；而现实的总和就是自然（普遍意义的自然）。②
> 哲学上最高的东西是人的本质。③
> 一切要想超出自然和人类的思辨都是浮夸。④

这样，费尔巴哈就进到了他的思想发展的第三个，也是最后的一个阶段：崇拜以自然为基础的人的阶段。《黑格尔哲学批判》奠定了费尔巴哈关于以自然和人为核心的人本学唯物主义的基础。

---

①②③④ 《费尔巴哈哲学著作选集》（上卷），第227—228、84、83、83页。

1841年，费尔巴哈发表了他的主要代表作《基督教的本质》。在这部近代德国思想史上具有划时代意义的名著中，费尔巴哈在唯物主义的基础上系统地阐发了他的无神论思想，提出了"神是人的本质的异化"的著名命题，从而完成了近代德国资产阶级批判宗教的历史任务。马克思恩格斯指出，"费尔巴哈把形而上学的绝对精神归结为'以自然为基础的现实的人'，从而完成了对宗教的批判"。①《基督教的本质》的出版，震动了整个德国的思想界。恩格斯写道："这部书的解放作用只有亲身体验过的人才能想象得到。那时大家都很兴奋：我们一时都成为费尔巴哈派了。"②

　　在这之后，费尔巴哈相继发表了《关于哲学改造的临时纲要》(1841年)、《未来哲学原理》(1843年)、《宗教的本质》(1845年)和《宗教本质讲演录》(1851年)等著作，对他的唯物主义和无神论思想进行了更系统的论证和发挥。

　　应当说，费尔巴哈的唯物论和无神论思想为1848年的资产阶级革命作了直接的舆论准备。但是，当革命风暴实际到来的时候，他却强调革命时机不成熟而拒绝参加。正如列宁指出的，"费尔巴哈不懂得1848年的革命"。③费尔巴哈的一个致命弱点就是"他过多地强调自然而过少地强调政治"。④

　　此后，费尔巴哈侧重于伦理学的研究，主要著作有：《论唯灵主义和唯物主义，特别是从意志自由方面着眼》(1863－1866年)和《幸福论》(1867－1869年)等。不过，这些著作的影响已经不很大了。

---

① 马克思恩格斯：《神圣家族》，《马克思恩格斯全集》第2卷，第177页。
② 恩格斯：《路德维希·费尔巴哈和德国古典哲学的终结》，《马克思恩格斯选集》第4卷，第218页。
③ 列宁：《费尔巴哈〈宗教本质讲演录〉一书摘要》，《列宁全集》第38卷，第53页。
④ 马克思：《马克思致呵·卢格(1843年3月13日)》，《马克思恩格斯全集》第1卷，第510页。

晚年，费尔巴哈对社会主义文献发生兴趣。他读了德国工人魏特林的空想社会主义著作《自由与和谐的保证》感到欣慰。他还研读过马克思的《资本论》。1870年，费尔巴哈参加了德国社会民主党。不过，费尔巴哈在哲学上依然是踏步不前，在他看来，共产主义不过是他的人本主义思想的必然结果。

1872年，费尔巴哈在贫困中结束了晚年生活。德国社会民主党的代表，以马克思、倍倍尔和李卜克内西等人的名义在费尔巴哈墓前敬献花圈，数以千计的德国工人聚集在墓地上向伟大的哲学家告别。

费尔巴哈在概括自己的思想发展过程时写道：

> 我的第一个思想是上帝，第二个是理性，第三个也是最后一个是人。神的主体是理性，而理性的主体是人。①

应当说，费尔巴哈的思想的发展过程乃是近代德国资产阶级世界观发展的缩影，费尔巴哈的人本主义就是近代德国哲学中的人本主义精神发展的产物和总结。在近代，资产阶级和封建贵族的矛盾在意识形态上便表现为"人"和"神"的对立。随着资本主义的发展和资产阶级力量的增强，资产阶级在哲学上就不断抬高"人"的地位，贬低"神"的地位，以致最后将神人化，用"人"代替"神"。如前所述，路德摧毁了天主教教会的权威，搞宗教个人主义，强调个人信仰的权威，就是说在神学的圈子里抬高人的地位。莱布尼茨用"预定和谐说"架空上帝，排斥上帝对人世现实生活的干预，强调个人自由活动发展的地位。康德呼吁用人类理性判批一切，摧毁了所有关于上帝存在的理论证明，把上帝贬

---

① 《费尔巴哈哲学著作选集》（上卷），第247页。

为道德上的假设。黑格尔则把人的理性推到君临一切的地位，并以此代替神学中的上帝。费尔巴哈的以"人"为中心的无神论思想，正是路德以来近代德国哲学中的人本主义思想发展的完成。不过，应当看到，不论是路德、莱布尼茨，还是康德和黑格尔，他们的人本主义思想都是唯心主义的，在他们看来，人只是一个"信仰"、"自我意识"等精神性的实体，因此，他们在批判神学的同时，也总是要为神学留下地盘。唯有费尔巴哈第一次站在唯物主义的立场上，把上帝、绝对理念归结为以自然为基础的人，达到了无神论。

费尔巴哈之所以能够实现近代德国哲学史上的这个根本转变，关键在于他处在德国历史发展的一个新时代，处在已经强大起来的德国资产阶级正在准备革命的时代。作为站在这个时代前列的激进民主派思想家费尔巴哈，在政治观点上，较之黑格尔是大大前进了。如果说黑格尔只是在公开粉饰专制制度的同时隐藏着对专制制度的批判的话，费尔巴哈则是专制制度的公开的反对派。他写道：

> 在一个一切以专制君主的慈悲和专横为转移的国家中，每一个规章都会变为朝令夕改的，关于"永恒的道德律条"的观念、关于德行的必要性的信念会从灵魂里连根拔掉；关于对任何人都一视同仁的严格公正的必要性的信念连根拔掉；自主感、勇气和对于德行的憧憬将连根拔掉。无限制的君主国乃是无道德的国家。

我们还记得，黑格尔曾把君主立宪制认作是合理的国家形式。对此，费尔巴哈则不以为然。在他看来，君主立宪制的合理性是有条件的、相对的，唯一合乎人性的国家制度应当是民主共和国。费尔巴哈说：

> 如果有人撇开了空间与时间……而来向我证明君主制（按：指君主立宪制）是唯一合理的或绝对合理的国家形式，那我就要加以反对，并且还主张，倒不如说共和制——当然是指民主共和制——是直接被理性了解为与人性本质相适应的、从而真正的国家形式。①

然而，费尔巴哈终究还是一位理论家。在他看来，只要打倒了天上王国——基督教，那么，地上的王国——专制制度就会自行倒塌。他说：

> 在思维领域中把神学转变为人本学——这等于在实践和生活领域中把君主政体转变为共和国。②

从这方面看，费尔巴哈并没有超脱青年黑格尔派施特劳斯、鲍威尔等人的观点。

【费尔巴哈哲学的基本特点】

在哲学上，费尔巴哈是一位唯物论者和无神论者。费尔巴哈哲学的基本范畴是以自然为基础的"人"。他说：

> 新哲学将人连同作为人的基础的自然当作哲学唯一的，普遍的，最高的对象。③

费尔巴哈用以自然为基础的"人"否定黑格尔的绝对理念，坚持唯物主义；用以自然为基础的"人"否定基督教的上帝，坚持无神论；从以自然为基础的"人"出发，去阐发他的社会伦理思想，

---

① 《费尔巴哈哲学著作选集》（下卷），三联书店1962年版，第846页。
②③ 《费尔巴哈哲学著作选集》（上卷），第598、184页。

最后陷入了唯心主义。因此费尔巴哈把他的哲学体系叫做"人本学"或"人类学"。可以说,费尔巴哈哲学的积极意义和消极方面,都集中地表现在"人"的问题上。那种把费尔巴哈的自然观和他的"人"的学说分开,肯定前者,完全否定后者的观点;是不适当的。

和十七、十八世纪英国和法国唯物主义相比较,费尔巴哈的唯物主义有自己的特色。第一,十七、十八世纪唯物主义哲学的自然科学基础主要是数学、力学,因而,英国和法国唯物主义哲学大都具有明显的机械论的倾向。与此不同,费尔巴哈的唯物主义哲学的自然科学基础则主要是十八世纪末和十九世纪初发展起来的地质学、生物学、生理学、医学等等。如果说,英法唯物主义者惯于从机械论角度去理解人,把人看作一部自动机器的话,那么,费尔巴哈则力图从生物学角度去解释人,把人归结为一种高级生物。这样,费尔巴哈对唯物主义根本原则的论证就比英法唯物主义者深入了一步。第二,和英法唯物主义一样,费尔巴哈的唯物主义体系总的来说也是形而上学。不过,应当看到,费尔巴哈是在黑格尔唯心主义辩证法的熏陶下成长起来的。尽管他未能自觉地汲取黑格尔的辩证法思想的营养,但是,我们从他的唯物论哲学中仍然可以看到黑格尔辩证法的深刻影响。在费尔巴哈的眼里,自然界、社会以及人类认识不再是绝对不变的了,而是一个发展的过程。他在批判宗教的时候,也应用了黑格尔的异化理论。这就是说,和英法唯物主义者不同,在费尔巴哈的形而上学唯物主义体系中包含着一定的辩证法思想。第三,费尔巴哈提出的以人本主义为基础的无神论思想,也把十七、十八世纪唯物主义者的无神论学说向前推进了一步。因此,可以说费尔巴哈的人本学唯物主义是对十七、十八世纪英法唯物主义的发展,是西方旧唯物主义发展的高峰。

一、人是思维和存在统一的基础和主体

如前所述,和其他青年黑格尔主义者一样,费尔巴哈曾在一

个相当长的时期内,在黑格尔体系范围内展开对基督教的批判。他的高明之处在于,随着反宗教斗争的深入,他首先觉察到了宗教和唯心主义之间存在着内在的联系,觉察到批判唯心主义乃是彻底否定宗教的前提。他说:

> 假如你们否定唯心主义,那么你们也就同时否定上帝! ……唯心主义不是别的,就是理性的或理性化了的有神论。①

因此,为了彻底否定神学,费尔巴哈便着手清算康德以来的德国唯心主义,特别是黑格尔的唯心主义,创立人本学唯物主义哲学。

但是,切不可把费尔巴哈对黑格尔唯心主义的批判和他对宗教的批判混为一谈。费尔巴哈对基督教的批判,反映了德国资产阶级和封建专制制度的矛盾,而费尔巴哈对黑格尔哲学的批判则是德国资产阶级的自我批判。应当说,这两种批判在性质上是有区别的。

和康德批判莱布尼茨、黑格尔批判康德一样,费尔巴哈对黑格尔的批判也是德国资产阶级随着自己的成长、壮大而不断割除自己身上的过长的保守尾巴的努力。不过,这两种批判在性质上也是不同的。前一种批判主要是在唯心主义哲学圈子内部进行的,反映了从莱布尼茨到黑格尔这段历史时期中,德国资产阶级的革命要求虽然在逐渐增强,但是,保守、妥协的倾向仍然是主要的。费尔巴哈对黑格尔的批判则不同,这是一场唯物主义哲学路线反对唯心主义哲学路线的斗争,它反映了十九世纪三十年代和四十年代迅速强大起来的德国资产阶级的革命情绪的急剧增长,反映了德国资产阶级内部的激进民主派同保守集团的矛盾。有的人看

---

① 《费尔巴哈哲学著作选集》(上卷),第144页。

到费尔巴哈把黑格尔哲学同神学联系起来，对黑格尔哲学采取势不两立的激烈的否定态度，便自觉或不自觉地把黑格尔哲学看作是封建贵族的哲学，似乎费尔巴哈批判黑格尔就是资产阶级哲学批判封建贵族哲学的斗争。应当说，这是一种错觉或误解。

事实上，费尔巴哈本人也没有把德国古典唯心主义和神学完全等同起来。尽管他竭力揭露唯心主义和神学的联系，指出唯心主义必然导致神学，但他并不否认德国古典唯心主义中包含有批判神学的成分。在费尔巴哈看来，德国古典唯心主义对待神学的态度是矛盾的。这就是说，它们在批判神学的同时又为神学留下地盘。他指出：

> 康德在道德学中实现了而且又否定了神学，在意志中实现了而且又否定了上帝的本质。①
>
> 黑格尔辩证法的秘密，最后只归结到一点，就是：他用哲学否定了神学，然后又用神学否定了哲学。②

费尔巴哈认为，唯心主义必定要给上帝留地盘，而只要给上帝保留地盘，那势必就会倒退到神学。在他看来，黑格尔哲学是德国唯心主义的完成，是"神学的最后的避难所和最后的理性支柱"。因此，费尔巴哈尖锐地指出：

> 谁不扬弃黑格尔哲学，谁就不扬弃神学。③

在费尔巴哈看来，作为黑格尔哲学的基本命题的思维和存在的同一性，从两个方面来说，都是不彻底的。从和神学的关系方

---

①② 《费尔巴哈哲学著作选集》（上卷），第145、149页。
③ 《费尔巴哈哲学著作选集》（上卷），第114页。

面说，黑格尔的思维和存在同一学说的基础是绝对理念。尽管黑格尔强调哲学高于宗教，但是他的绝对理念恰恰就是给神学留下的一个避难所。从另一方面看，黑格尔力图通过他的思维和存在同一说论证所谓"具体的现实和自由"，鼓吹理想必定能够变成现实。可是，他所谓的"现实"仍然不过是停留在理念、思维范围内的东西，不懂得真正的现实并不是单纯的思想、愿望，而是超出思想的感性事物，真正具体现实的自由决不是纯粹精神上的自由，而是我们实际感觉到的自由，追求幸福的自由。费尔巴哈写道：

> 我们要问：什么东西是现实的呢？只有思想中的东西是现实的吗？只有思维、理智的对象是现实的吗？可是，这样我们就并没有越出抽象的理念范围一步。……思想实在化，正是思想否定自身，不再是单纯的思想，那么这个非思维，这个有别于思维的东西到底是什么？就是感性事物。由此可见，思想实在化，就是使自身成为感觉的对象。①

费尔巴哈还说：

> 黑格尔说："没有自由的意志，乃是无内容的空谈"。但是，没有幸福的自由……这是德国人思辨式的自由……这样的自由完全是毫无意义的空谈。②

因此，在费尔巴哈看来，尽管黑格尔哲学"从严格的科学性、普

---

① 《费尔巴哈哲学著作选集》（上卷），第161—165页。
② 《费尔巴哈哲学著作选集》（上卷），第537页。

遍性、无可争辩的思想丰富性来说，要超过以前的一切哲学"，①但对于批判宗教，对于争取现实自由来说，它已经远远不适应新时代的需要了。

针对黑格尔的以绝对理念为主体和基础的思维和存在同一性学说，费尔巴哈指出：

> 思维与存在的统一，只有在将人理解为这个统一的基础和主体的时候，才有意义，才是真理。②

有一种观点认为，黑格尔主张思维和存在的同一，费尔巴哈主张思维和存在的统一，并由此得出结论说，"唯物主义承认主体和客体的统一，而不承认两者的同一。"其实，费尔巴哈从来也没有把他自己同黑格尔的原则分歧归结为"思维和存在的统一"与"思维和存在的同一"的对立。相反地，在费尔巴哈的著作中，"对立的统一"和"对立的同一"往往是同义语③。他有时也把黑格尔的"思维和存在的同一"称做"思维和存在的统一"，说在黑格尔那里，思维和存在的统一仅仅意味着思维……与其自身、即思维的统一"④。在德国古典哲学中，"同一"（Identität）和"统一"（Einheit）这两个概念往往是相互通用的。在黑格尔的著作中是这样，在费尔巴哈的著作中也是这样。马克思主义经典作家在论及黑格尔的思维和存在的同一性学说的时候，也有时称之为"思维和存在的同一"⑤，有时称之为"思维和存在的统一"⑥。因此，我们把黑格尔的思维和存在的同一学说称之为思维和存在的统一

---

①② 《费尔巴哈哲学著作选集》（上卷），第50、181页。
③④ 《费尔巴哈哲学著作选集》（上卷），第177、499页。
⑤ 恩格斯：《恩格斯致康·施米特（1895年3月12日）》，《马克思恩格斯选集》第4卷，第515页。
⑥ 恩格斯：《自然辩证法》，《马克思恩格斯选集》第3卷，第564页。

学说并无不可，把费尔巴哈的思维和存在统一学说称之为思维和存在的同一学说也无可指责。应当明确的是，费尔巴哈的唯物主义同黑格尔的唯心主义的根本分歧，既不在于"思维和存在的统一"与"思维和存在的同一"的对立，也不在于思维和存在能否统一或同一，而是在于思维和存在的同一或统一，也即思维和存在之间的一致、符合的基础和主体是什么？是"人"，还是思维（"绝对理念"）？换句话说，费尔巴哈和黑格尔之间的分歧是可知论者之间的分歧，是唯物主义可知论者和唯心主义可知论者之间的分歧。

人是思维和存在统一的基础和主体，这是费尔巴哈人本学唯物主义的基本命题。

费尔巴哈所讲的人是以自然界为基础的人。关于人和自然的关系，费尔巴哈写道：

> 从我的观点看来，自然界这个无意识的实体，是非发生的永恒的实体，是第一性的实体，……有意识的、属人的实体，则在其发生的时间上是第二性的，但在地位上说来则是第一性的。①

由此看来，费尔巴哈哲学的核心是人，而它的基础和出发点则是自然界。

（一）自然界：第一性的永恒的实体

费尔巴哈继承十七、十八世纪英国和法国唯物论的传统，在批判形形色色的唯心主义自然观的斗争中，形成了自己的唯物主义自然观。

费尔巴哈认为，自然界是不依赖于任何精神实体而独立自存

---

① 《费尔巴哈哲学著作选集》（下卷），第523页。

的客观物质世界。我们记得,在康德那里,自然界就是我们感觉表象的总和。费希特更进一步,认为自然界是"自我"活动的产物。在费尔巴哈看来,康德、费希特的主观唯心主义的错误就在于只是从理论角度提出世界的现实性或非现实性的问题。事实上,实际生活已经向我们确证了物质世界的客观性,怀疑这一点,人们就不能满足自己的欲望,不能维持自己的生存。就拿猫来说,如果它看见的老鼠只在它的眼睛里存在,只是它的神经感受,那么为什么猫不去抓自己的眼睛,而去抓在它之外的老鼠呢?费尔巴哈讥讽唯心主义者说,"因为猫不想因为爱戴这些唯心主义者而去死于吾饿"。① 和主观唯心主义者不同,黑格尔认为,自然界是理念的异化物。针对黑格尔的客观唯心主义自然观,费尔巴哈尖锐地指出:

> 黑格尔关于自然、实在为理念所建立的学说,只是用理性的说法来表达自然为上帝所创造、物质实体为非物质的、亦即抽象的实体所创造的神学学说。②

和唯心主义相反,费尔巴哈认为自然界是第一性的实体,是非发生的永恒的实体。他继承了斯宾诺莎关于实体是自因的思想,论证自然界的原因不在他物,而在自然界本身。费尔巴哈写道:

> 自然界绝不是一个与它不同的实体的一种效果,而是像哲学家所说的以自己的原因;自然界绝不是什么被造物,绝不是被制作的或简直无中创有的事物,而是一个独立的、只由自己可以说明的、只从自己派生出来的

---

①② 《费尔巴哈哲学著作选集》(上卷),第526、114页。

东西。①

他还说：

> 自然界从何而来呢？它是来自自身，它没有始端和终端。②

费尔巴哈坚持从自然界本身说明自然界，反对对自然现象作超自然的解释，这对唯心主义和宗教神学无疑是一个致命的打击。

费尔巴哈在坚持自然界的客观性的同时，明确肯定自然规律的客观性。他说：

> 在自然界里也没有什么神来统治，有的只是自然的力量，自然的法则。③

费尔巴哈既反对康德关于人给自然界立法的主观唯心主义，也反对黑格尔把"逻辑的必然性"强加于自然界的客观唯心主义。在他看来，自然界的规律是客观的，不依人们的意志为转移的。理性的任务不是主观地、独断地去编造自然事物的联系，去给自然界灌输什么规律；相反地，理性只能按照事物实际上所表现的那样去思考事物，反映自然界本身的规律性。他说：

> 我们只区分自然所区分的东西，联系自然所联系的东西，使自然的现象和事物在理由和结果、原因和作用的关系上互相隶属，因为事物在事实上、实际上、现实

---

①② 《费尔巴哈哲学著作选集》（下卷），第 677、641 页。
③ 《费尔巴哈哲学著作选集》（上卷），第 355 页。

上彼此正处在这样的关系中。①

费尔巴哈还坚持反对对自然现象作"目的论"的解释。他用畸形胎这个实例反驳"目的论"。畸形胎的存在表明，自然的化育物并不是有意识、有目的的产物。他指出，目的论的前提就是否认自然界规律的客观性，把自然界的原动力归诸于某种超自然的精神力量。列宁指出："费尔巴哈承认自然界的客观规律性，同他承认我们意识所反映的外部世界、对象、物体、物的客观实在性是分不开的。费尔巴哈的观点是彻底的唯物主义观点。"②

费尔巴哈唯物主义自然观的另一个重要内容，就是认为时间和空间是物质存在的形式，任何事物都处于一定的时间和空间之中。他说：

> 空间和时间是一切实体的存在形式。只有在空间和时间内的存在才是存在。③

按照费尔巴哈的观点，空间和时间决不是像康德所说的那样是什么先天的直观形式，空间乃是现实实体的第一个标志，就是说任何一个现实的事物总是处于一定位置的有形的东西，而时间则意味着现实事物的变化、发展。我们记得，黑格尔为了把绝对理念神秘化，说什么绝对理念的发展不是在时间中进行的。针对黑格尔的这种神秘主义观点，费尔巴哈写道：

> 没有时间的发展，也就等于不发展的发展。"绝对实

---

①③ 《费尔巴哈哲学著作选集》（上卷），第253、109页。
② 列宁：《唯物主义和经验批判主义》，《列宁选集》第2卷，第156页。

体自行发展"这个命题，只有颠倒过来，才是一个真实的、合理的命题。所以应当说：只有一种发展的、在时间中展开的实体，才是一种绝对的、亦即真正的、实际的实体。①

值得注意的是，费尔巴哈概括了当时地质学、生物学发展的成果，把自然界看作一个发展过程，论证人是自然界长期发展的产物。他说：

> 地球并不是一直就像现在这个样子，它只是经过一系列的发展和变革以后，才达到现在这个状况。地质学已经考查出来，在这些不同的发展阶段里，还曾经存在过许多现在或早已不复存在的动植物。②

可以看出，费尔巴哈的这个思想已经完全突破了十七、十八世纪机械唯物论的绝对不变的自然观了。费尔巴哈力图从这个发展观点出发去解决生命的起源问题。他明确声明，关于生命起源这个重大问题的直接证明还有待自然科学的发展，但是，已有的进展足以使我们相信生命起源于自然界。关于生命起源问题的证明，费尔巴哈写道：

> 说到直接的自然科学的证明，我们虽然离达到目标还很远，不过比起过去的各个时代来，特别是通过最近所证明的无机现象与有机现象的同一，我们已经有了充分的进展，至少已经进展到足以使我们信服生命起源于

---

① 《费尔巴哈哲学著作选集》（上卷），第110页。
② 《费尔巴哈哲学著作选集》（下卷），第449—450页。

自然了,虽说这种起源的方式我们还是不知道,甚至还会继续不知道。①

显然,费尔巴哈所作的这个唯物主义的哲学预测,无疑给生命科学提供了一个正确方向。

　　费尔巴哈从他的唯物主义自然观中得出一个重要结论就是:人是自然界的产物。在他看来,只有在自然界提供了一个生命产生的条件的时候,一个生命才会产生,而如果自然界在某个时候提供了人产生的条件,那么自然界就会创造出人来。他说:

　　　如果地球凭着自身的本性,在时间的历程中逐渐发展,逐渐发育,因而取得一种与人的存在相容的、与人的本质适合的、可以说就是人的品性,那么它也就能由它自身的力量而产生出人来了。②

把人看作是自然界的产物,是费尔巴哈"人本学"的基础和出发点。

　　总的说来,费尔巴哈关于生命起源、生物进化和人类起源的观点还是很抽象的,但是,在当时生命科学、生物学和人类学还很不成熟的条件下,费尔巴哈能够突破神学的樊篱,顶住教会势力的压力,提出这样旗帜鲜明的唯物主义观点,应当说是非常杰出的。

　　(二)人:思维和存在同一的基础和主体

　　费尔巴哈从他的唯物主义自然观出发,力图用以自然为基础的人去解决近代德国哲学中长期争论不休的思维和存在的关系问题。

---

①②　《费尔巴哈哲学著作选集》(下卷),第451、450页。

如果说,黑格尔同康德在思维和存在的关系问题上的争执,主要集中在思维和存在有没有同一性,即认识世界的可能性方面,那么,费尔巴哈同黑格尔在思维和存在关系问题上的争论,则主要集中在思维和存在何者为第一性上。换句话说,康德是一位不可知论者,黑格尔是一位唯心主义的可知论者,费尔巴哈则力图把可知论置放到唯物主义的基础上来。

在费尔巴哈看来,正确处理思维和存在何者为第一性的问题,这是真正解决思维和存在同一性的前提。因此,费尔巴哈全力揭露黑格尔的思维和存在同一性学说的唯心主义基础。他认为,黑格尔的思维和存在同一性学说,是对康德的不可知论的"扬弃",可是,黑格尔所讲的思维和存在的同一,实际上不过是形式的、虚假的同一。在黑格尔那里,存在是思维的异化,思维进而扬弃自己的异化物而回复到自身,从而实现了思维和存在的同一。这表明,黑格尔始终在思维里面兜圈子,不论是思维和存在的对立,还是思维和存在的统一,实质上都还是思维同自己的对立和统一。关于黑格尔的思维和存在同一学说,费尔巴哈写道:

> 思维与存在同一,只是表示思维与自身同一。……思维与存在相对立,但是这种对立是在思维本身之内,因此思维直接毫无困难地将思维与存在的对立扬弃了;因为在思维之中作为存在的对立物的存在,并不是别的东西,就是思维自身。①

在费尔巴哈看来,黑格尔所讲的这种思维和存在的同一,实际上不过是上帝概念的发挥,因为按照神学、经院哲学,上帝就是在它的概念中包含着存在的实体。正因为黑格尔在思维自身之内讲

---

① 《费尔巴哈哲学著作选集》(上卷),第154页。

思维和存在的对立与同一，因此，现实的客观物质世界、真正的感性存在，对于黑格尔说来，就仍然"永远是一个彼岸的东西"。①可见，黑格尔并没有真正解决康德所造成思维和存在的分裂问题，其要害就在于，把绝对理念当作思维和存在同一的基础和主体。

费尔巴哈是黑格尔的思维和存在同一性学说的最坚决、最激烈的批判者，同时又是黑格尔这个学说的继承者和改造者。和黑格尔一样，费尔巴哈也是康德的不可知论的反对派，坚持思维和存在是能够同一的。他和黑格尔的分歧不在于思维和存在有没有同一性，而在于在什么基础上才能够真正实现思维和存在的同一。在费尔巴哈看来，要真正实现思维和存在的同一，就必须抛弃黑格尔的唯心论，站到人本主义的立场上来，不是把绝对理念，而是把人作为思维和存在的同一的基础和主体。

那么，费尔巴哈是怎样理解人的呢，为什么说以"人"为基础和主体才能真正解决思维和存在的同一呢？

首先，费尔巴哈认为，人是自然的产物，因此，人能够认识自然。

在他看来，人决不是基督教的创世说或某种哲学上的构思的产物，不是什么超自然的奇物，而是自然界发展的产物，是"自然界最高级的生物"。②不仅如此，作为自然界的产物的人，仍然是自然界的一部分，和自然界处于不可分离的联系之中，离开了自然界提供的东西（如空气、水、动植物等），人就无法生存。针对极端鄙视自然界的宗教和唯心主义观点，费尔巴哈写道：

> 我憎恶那种把人同自然界分割开来的唯心主义；我并不以我依赖于自然界为可耻。③

---

① ② 《费尔巴哈哲学著作选集》（上卷），第154、248页。
③ 《费尔巴哈哲学著作选集》（下卷），第537页。

费尔巴哈认为，不仅人的肉体是自然界的产物，而且人的认识器官和认识能力也是自然界的产物。他说：

> 自然不仅建立了平凡的肠胃工场，也建立了头脑的庙堂。①

在费尔巴哈看来，既然我们的认识器官是自然界给予的，那么，它就一定能够认识自然界。换句话说，作为自然界的产物的人去认识自然界，实际上不过是自然界自己认识自己，因而是完全可能的。费尔巴哈机敏地写道：

> 有机物和无机物成立一种必然的联系。所以我们也没有理由可以设想，倘若人有更多的感官，人就会认识自然界的更多的属性或事物。……人的感官不多不少，恰合在世界的全体中认识世界之用。②

费尔巴哈认为，自然界的事物或属性，即使有些现在尚未被我们知觉到，将来也要通过相应的器官为我们知觉的。列宁认为费尔巴哈的这个思想"对于反对不可知论是重要的"。③

其次，费尔巴哈认为，人是一个以肉体为基础的肉体和精神统一的实体。只有以这样一个统一的实体为基础和主体，才谈得上思维和存在的同一。

我们知道，康德、黑格尔也讲"人"，但在他们看来，人本质上是一个独立于肉体、人脑的纯粹的精神性的实体（"自我意

---

① 《费尔巴哈哲学著作选集》（上卷），第84页。
② 《费尔巴哈哲学著作选集》（下卷），第630页。
③ 列宁：《费尔巴哈〈宗教本质讲演录〉一书摘要》，《列宁全集》第38卷，第64页。

识")。与此相反，费尔巴哈则认为，人首先是一个处于一定时间和空间中的现实的、活生生的物质实体。他说：

> 旧哲学的出发点是这样一个命题："我是一个抽象的实体，一个仅仅思维的实体，肉体是不属于我的本质的"；新哲学则以另一个命题为出发点："我是一个实在的感觉的本质，肉体总体就是我的自我，我的实体本身"。①

那么，精神、思维是什么东西呢？费尔巴哈认为，精神、思维依存于肉体，是人脑的属性。他质问唯心主义者道：

> 你没有头脑可以思维吗？②

费尔巴哈明确指出：

> 没有脑的活动，我便不能思维，不能分辨……脑的活动是我们自我的基础或制约我们的自我的最高活动。③

按照费尔巴哈的看法，黑格尔所讲的绝对理念恰恰就是这样一个独立于人脑的思维，"在人以外的人的思维"。然而，黑格尔却硬要把这种莫须有的"在人以外的人的思维"看作是一个主体，看作是世界万物、存在的创造主。这样，在黑格尔那里，思维是第一性的，是主词，存在倒成了第二性的，成了宾词。针对黑格尔颠倒思维和存在的关系的观点，费尔巴哈旗帜鲜明地指出：

---

①②③ 《费尔巴哈哲学著作选集》（上卷），第169、197、182页。

> 思维与存在的真正关系只是这样的:存在是主体,思维是宾词。思维是从存在而来的,然而存在并不来自思维。①

恩格斯指出,费尔巴哈主张"物质不是精神的产物,而精神却只是物质的最高产物,这自然是纯粹的唯物主义"。②

在费尔巴哈看来,把思维不看作是独立于肉体的实体,而看作是人脑的属性,换句话说,正确处理思维和存在何者为第一性的问题,乃是正确解决思维和存在同一的前提。这是因为:

> 只有实在的实体才能认识实在事物,只有当思维不是自为的主体,而是一个现实实体的属性的时候,思想才不脱离存在。③

费尔巴哈还说:

> 作为一个现实实体的活动的思维,怎样能不去掌握现实的实体和事物呢?只有将思维与人分离开来,固定为其自身,才会产生出这个困难的,无结果的,为这个观点所不能解决的问题:思维是怎样达到客体,达到存在的?因为思维既然固定为其自身,亦即置身于人以外,那就脱离与世界的一切结合和联系了。④

---

① 《费尔巴哈哲学著作选集》(上卷),第115页。
② 恩格斯:《路德维希·费尔巴哈和德国古典哲学的终结》,《马克思恩格斯选集》第4卷,第223页。
③④ 《费尔巴哈哲学著作选集》(上卷),第181页。

在费尔巴哈看来，康德之所以陷入不可知论，黑格尔之所以不能正确解决思维和存在的同一，关键就在于他们把人看作是独立于肉体的"自我意识"，并把自己始终封闭在"自我意识"的圈子里，不懂得思维只有与肉体相结合，只有通过肉体同客体打交道，才能认识、掌握客体。

再次，费尔巴哈还认为，人是以感性为基础的感性和理性的统一体，只有以这个统一体为基础和主体，理性才能找到通向客体的道路，思维的真理性才能得到证实。

我们知道，康德、黑格尔一贯抬高理性，贬低感性，认为人的本质是什么超感性的理性、思维。费尔巴哈恢复了长期被唯心主义所压抑的感性权威，公然宣称自己的哲学是"光明正大的感性哲学"，认为：

> 人的本质是感性，而不是虚幻的抽象、"精神"。①

费尔巴哈这里所说的感性，既是指感觉、直观、经验等感性认识，也是指情感、欲望等等。他把自己的哲学称作感性哲学，意味着他要在伦理学中突出感性欲望的地位，在认识论中强调感性认识的作用。

费尔巴哈认为，感性是认识的起点，是理性的基础，是沟通主体和客体的桥梁。在他看来，认识开始于感觉经验，"感性先于理性"，理性以感性为基础。费尔巴哈说：

> 思维从现象中分解、寻找、抽出统一的、同一的、一般的规律；但为了找到它，思维必须首先感知感性的现象。②

---

①② 《费尔巴哈哲学著作选集》（上卷），第213、253页。

在费尔巴哈看来,既然理性以感性为前提,那么理性、思维就不能封闭于自身之内,它只有通过感官才能找到通向客体的道路。针对唯心主义者贬低、否定感性的观点,费尔巴哈指出:

> 世界只对于开放的头脑才是开放的,而头脑的门户只是感官。但是那个孤立的、封闭在自身之内的思维,那个没有感觉,没有人的,在人以外的思维……它无论怎样努力也永远不能找到一条走向客体,走向存在的道路。①

那么,感性为什么能够成为沟通主体和客体的桥梁呢?这是因为,感觉是对客观事物的特性的反映,包含了客观的内容。主观唯心主义者和不可知论者往往是通过夸大感觉的主观性,把感觉看作是纯粹的主观心理状态,以否认外物的客观实在性或认识世界的可能性。在费尔巴哈看来,感觉确有其主观性的方面,但它是由客观对象引起的,因此就包含了客观的内容,是对外物的反映。比如,渴的感觉是主观的,但是,渴的感觉正是体内水分不足的反映。盐所引起咸味感觉是主观的,它并不直接就是"盐的自在的特性",但是,咸味感觉却正是盐的自在特性的"主观表现"。费尔巴哈断言:

> 我的感觉是主观的,但它的基础或原因是客观的。②

他还说:

---

①② 《费尔巴哈哲学著作选集》(上卷),第 182、530 页。

> 感觉是客观救世主的福音、通告，否认这一点是多么庸俗！①

列宁指出，费尔巴哈把感觉说成是客观救世主的福音和通告，这是稀奇古怪的术语，"然而却是一条十分鲜明的哲学路线：感觉给人们揭示客观真理"。②

按照费尔巴哈的看法，感性不仅是理性的基础，不仅是理性通向客体的可靠的门户，而且是检验理性的真理性的标准。他认为，黑格尔在自我意识的圈子里寻找真理的标准是错误的。这种标准只能是形式的、主观的，不能决定思维的真理性，而能够决定这一点的唯一标准，乃是直观。费尔巴哈写道：

> 只有那通过感性直观而确定自身，而修正自身的思维，才是真实的，反映客观的思维——具有客观真理性的思维。③

为什么说感性直观能够成为检验真理的标准呢？这是因为，感性直观具有直接性和绝对的明确性。费尔巴哈说：

> 只有那种不需要任何证明的东西，只有那种直接通过自身而确证的，直接为自己作辩护的，直接根据自己而肯定自己，绝对无可怀疑，绝对明确的东西，才是真实的和神圣的。但是只有感性的事物才是绝对明确的；只有在感性开始的地方，一切怀疑和争论才停止。④

---

①③④ 《费尔巴哈哲学著作选集》（上卷），第530、178、170页。
② 列宁：《唯物主义和经验批判主义》，《列宁选集》第2卷，第129页。

按照费尔巴哈的观点，作为真理标准的感性直观并非指个别人的感性直观，而是指人类共同的感性直观。个别人的感性直观具有主观性，只有人人一致的感性直观才是具有客观性的，才是真理的尺度。他说：

> 我一个人所见到的东西，我是怀疑的，别人也见到的东西，才是确实的。①

他还说：

> 只有别人跟我相一致的地方，才是真的；一致是真理之第一象征，而这却只是因为类是真理之最终尺度。②

显然，费尔巴哈提出把感性直观作为检验真理的尺度，目的是为了克服康德、黑格尔从理性自身中寻找真理标准的主观主义。应该说，这在当时的历史条件下还是有一定积极意义的。可是，费尔巴哈不懂得，不论是感性直观，还是理性思维，不论是个人的感性直观，还是人类共同一致的感性直观，都同属于主体认识范围内的东西。因此，用感性直观，即使是人类共同一致的感性直观去检验理性、思维，实际上还不过是用一种主观的东西去检验另一种主观的东西，仍然不可能达到客观性。可见，费尔巴哈把感性直观看作真理的标准，并没有摆脱得了主观主义，表明他不懂得只有社会实践才是检验真理的客观标准。

费尔巴哈在强调感性作用的同时，也十分重视理性在认识中

---

① 《费尔巴哈哲学著作选集》（上卷），第 173 页。
② 《费尔巴哈哲学著作选集》（下卷），第 194 页。

的作用，主张感性和理性的统一。在他看来，理性没有感性等于零；同样，感性没有理性也等于零，因为即使是纯粹的视觉也需要思想。我们用感觉读"自然之书"，但理解"自然之书"则需要理性、思维。费尔巴哈力图克服十八世纪唯物主义者的感觉主义的片面性，强调认识虽然开始于感觉经验，但不能停留在感觉经验上。他说：

> 如果一切都被归结为客体的印象，像冷酷的唯物主义和经验主义所假定的那样，那么畜类也可以成为物理学家，甚至必须成为物理学家了。①

在费尔巴哈看来，科学知识是关于事物的规律性的知识，而单凭感性是不能把握事物的规律性的。感性所提供的只是个别的、分散的材料，而对这些材料进行整理即分别和联结，则是理性的任务。只有靠理性思维的活动才能"从现象中分解、寻找、抽出统一的、同一的、一般的规律"。②这就是说，要把握科学知识就必须由感性进到理性。费尔巴哈指出，和感性一样，理性也有自己的局限性，这就是：

> 实际事物并不能全部反映在思维中，而只能片断地部分地反映在思维中。③

因此，费尔巴哈认为，理性思维不仅必须从感性材料出发，而且在它的进行中还必须借助感性直观不断确定自身、修正自身。这表明费尔巴哈力图把感性和理性、直观和思维结合起来，以克服十八世纪唯物主义感觉论者夸大感觉认识作用的片面性和康德、

---

①②③ 《费尔巴哈哲学著作选集》（上卷），第89、253、178页。

黑格尔夸大抽象思维作用的片面性。

然而，费尔巴哈并没有真正完成这个任务。实际上，费尔巴哈并不懂得感性和理性之间的质的区别，不懂得理性思维的特殊本质。和当年的培根一样，为了防止理性离开感性而任意飞翔，费尔巴哈也时时刻刻要在理性的翅膀上挂上感性这个重物，并且竭力把理性圈在感性的围墙之内。在他看来，理性虽然不是感性活动，但也不是超感性的，实际上只是感性的总和。

费尔巴哈说：

> 精神是感觉的综合、统一，一切实在的总和……是诸感官之作用的总和……精神之所以不是某种感性的东西，即不是特定的感性的东西，只是为了能包括一切感性的东西。①

他还说：

> 思维、精神、理性，按其内容，除了说明感觉所说明的东西而外，并未说明什么其他的东西。②

这样一来，费尔巴哈实际上是把理性降低为或归结为感性的东西了。可见，费尔巴哈并不懂得感性和理性是认识过程中的两个既相联系又相区别的阶段，不懂得认识由感性到理性是一个能动的飞跃。

费尔巴哈指出：

---

①② 《费尔巴哈哲学著作选集》（上卷），第216、252页。

> 理论所不能解决的那些疑难,实践会给你解决。①

费尔巴哈处处强调生活、实践的观点,经常列举科学上的,特别是人们日常生活中的大量经验事实驳斥唯心主义和不可知论,表现了他的哲学的鲜明的唯物主义倾向。费尔巴哈所讲的实践,有时是指感性直观,有时是指经验事实,而更多的是指人们满足个人生理需要而进行的活动,即所谓"利己主义"活动。比如,他说:

> 直到今天,犹太人还不变其特性。他们的原则,他们的上帝,乃是最实践的处世原则,是利己主义。②

针对费尔巴哈的这种实践观,马克思指出,费尔巴哈"仅仅把理论的活动看作是真正人的活动,而对于实践则只是从它的卑污的犹太人活动的表现形式去理解和确定。所以,他不了解'革命的'、'实践批判的'活动的意义"。③

正因为如此,费尔巴哈不仅不能正确解决检验真理的标准问题,也不能正确解决认识过程中主体的能动性问题。在认识论上,费尔巴哈是一位唯物主义反映论者,认为,"人的知识是事物的反映"。④ 因此,他特别强调认识的客观性,强调按照事物的本来面目去认识事物。他说:

> 事物和本质是怎样的,就必须怎样来思想、来认识它们。这是哲学的最高规律、最高任务。⑤

---

① 《费尔巴哈哲学著作选集》(上卷),第248页。
② 《费尔巴哈哲学著作选集》(下卷),第146页。
③ 马克思:《关于费尔巴哈的提纲》,《马克思恩格斯选集》第1卷,第16页。
④⑤ 《费尔巴哈哲学著作选集》(上卷),第132、108页。

然而，费尔巴哈的反映论具有消极的、直观的性质。在他看来，人的认识活动如同照相那样，客体作用于主体，主体对客体产生反映。在这里，客体是能动的，主体则是静止的、被动的。他说：

> 自我的受动的状态是客体的能动方面。正是因为客体是能动的，我们的自我才是受动的——不过，自我不必耻于这种受动性，因为客体本身也构成我们的自我的内在本质的属性。①

不难看出，费尔巴哈在批判唯心主义的主观能动性学说的时候又跳向了另一个极端，否定人的主观能动性。他只讲存在转化为思维，而不讲思维转化为存在。在他看来，所谓思维转化为存在，无非就是黑格尔的唯心主义，就是宗教创世说。费尔巴哈不懂得，人在客体面前不仅是一个认识主体，而且首先是一个实践的主体。人们正是在自己的实践活动中，即在改造客观世界的活动中认识客观世界的，而认识世界的目的又是为了改造客观世界。应当说，思维和存在的同一，并不是静止的、僵死的同一，而是两者相互转化的过程。而推动思维和存在两者相互转化的，便是实践。在实践中，一方面，存在不断地转化为思维（认识世界），另一方面，思维也不断地转化为存在（改造世界），从而，思维和存在两者不断地趋向同一。如果说，黑格尔的思维和存在同一性学说是唯心主义的，同时又是辩证的话，那么，费尔巴哈的思维和存在同一性学说是唯物主义的，同时又是形而上学的。针对费尔巴哈唯物主义反映论的直观性，马克思指出，费尔巴哈哲学的主要缺点在于"对事物、现实、感性，只是从客体的或者直观的形式去理解，

---

① 《费尔巴哈哲学著作选集》（上卷），第91页。

而不是把它们当作人的感性活动，当作实践去理解，不是从主观方面去理解。所以，结果竟是这样，和唯物主义相反，唯心主义却发展了能动的方面，但只是抽象地发展了，因为唯心主义当然是不知道真正存在的、感性的活动本身的"。① 康德、黑格尔颠倒思维和存在的关系，不懂得现实的、感性的实践活动，抽象地发展了人的主观能动方面，最终导致主体和客体、思维和存在的分裂；费尔巴哈始终坚持唯物主义反映论的立场，但是由于他不是从社会实践的观点考察人的认识问题，忽视了人的主观能动方面，所以，他没有能够正确解决思维和存在的同一性问题。

第四，费尔巴哈还认为，人不是一个孤独的"自我"或"主体"，任何一个人只有作为人类的一分子才能存在，只有依靠人类才能认识世界。

费尔巴哈常常把人说成是"你"和"我"的统一。所谓"你"就是在"我"之外的、能为"我"所感知的感性对象，也即他人或人类。所谓"我"也同样是能为"你"所感知的感性对象。真实的"自我"并非像康德、黑格尔所说的什么孤独的精神实体，而是以他人、人类的存在为前提的实在的感性事物。费尔巴哈写道：

> 孤立的，个别的人，不管是作为道德实体或作为思维实体，都未具备人的本质。人的本质只是包含在团体之中，包含在人与人的统一之中，但是这个统一只是建立在"自我"和"你"的区别的实在性上面的。②

这就是说，人是一种"社会动物"，每一个人只有作为人类的一分子才能存在。

---

① 马克思：《关于费尔巴哈的提纲》，《马克思恩格斯选集》第1卷，第16页。
② 《费尔巴哈哲学著作选集》（上卷），第185页。

费尔巴哈认为，人的认识活动也不是孤立的"自我"的活动，人的感觉、思维实际上都是在与他人的实际交往中产生的，一个人的认识的真理性，也需要借助于他人才能得到证明。他说：

  观念只是通过传达，通过人与人的谈话而产生的。人们获得概念和一般理性并不是单独做到的，而只是靠你我相互做到的。……人与人的交往，乃是真理性和普遍性最基本的原则和标准。①

可以看出，费尔巴哈不仅是从人是自然界的产物这个角度，而且力图从人和人之间的感性关系中去探讨人的本质、人的认识的形成和发展。这种观点不仅是同康德、黑格尔的"自我意识"学说根本对立的，而且也在一定程度上克服了十七、十八世纪唯物主义者关于人的本质和人的认识形成问题上的机械论的缺点。

  不过，费尔巴哈对人与人之间的感性关系的理解，却是十分抽象的。他所看到的人与人之间的感性关系或社会联系也仅仅是"你"和"我"、男人和女人之间的差别和联系。费尔巴哈有句名言：

  皇宫中的人所想的，与茅屋中的人所想的不同。②

乍一听这句话，似乎费尔巴哈的思想是很深刻的。可是，为什么会有这种不同呢？费尔巴哈解释道：

  茅屋的低矮的天棚好像在压迫着我们的脑。我们在户外和在室内判若两人；狭窄的地方压迫着心和头，宽

---

①② 《费尔巴哈哲学著作选集》（上卷），第173、205页。

阔的地方舒展它们。①

可见，费尔巴哈一旦真正接触到现实社会关系中的具体的人的时候，他的思想是多么贫乏。

在费尔巴哈看来，只有正确处理个人和人类之间的关系才能解决思维和存在有没有同一性、世界是否可知的问题。不可知论的一个重要缺陷，就是孤立地、静止地考察个人的认识能力，从个人知识和才能的有限性出发，否定认识世界的可能性。费尔巴哈则对人的认识能力充满信心。在他看来，自然界就好似一本不隐藏自己的大书，只要我们去读它，我们就可以认识它。然而，这并不是说任何一个个别的人就能穷尽对世界的认识。因为，任何一个个别的人总是要受他所处的时间和空间条件的限制，因而他的知识和才能总是有限的。但是，个别的人的知识和才能的界限，并不是人类的知识和才能的界限。从历史观点来看，人类的知识和才能是绝对的、无限的，我没有认识到的东西，别人会认识到，我们这一代人还没有认识到的东西，将为我们的后人所认识。费尔巴哈写道：

> 我的知识、我的意志是有限的；但是，我的界限却并不就是别人的界限，更不是人类的界限；我感到困难的事，却有别人感到轻而易举；对某一个时代来说不可能的、不可思议的事，对下一个时代来说，却就是可思议的和可能的事了。我的生活被束缚于一个有限的时代，人类的生活则不然。人类之历史，正不外在于继续不断地克服在某一个特定时代里被认为是人类之界限、从而

---

① 《费尔巴哈哲学著作选集》（上卷），第205页。

被认为是绝对而不可逾越的界限的那些界限。①

费尔巴哈的这一段精辟的文字从历史发展的观点正确地概括了人类认识的发展规律,解决了人类认识能力的无限性和它在个体中实现的有限性的矛盾,体现了唯物论和辩证法的精神,从而有力地批判了不可知论,论证了思维和存在的同一性,丰富和发展了唯物主义可知论。

费尔巴哈不仅运用这种发展观点批判了相对主义、不可知论,而且也批判了黑格尔的绝对主义、独断论。黑格尔哲学本身包含有发展的无限性和体系的封闭性的矛盾,黑格尔的正统门徒们完全抛弃了黑格尔的辩证发展观点,竟把黑格尔哲学奉为到了顶的"绝对哲学"。针对这种绝对主义,费尔巴哈指出,尽管黑格尔哲学从科学性和思想丰富来说,超过已往的任何哲学,但它决不是穷尽了一切真理的"绝对哲学"。这是因为,处于一定时间和空间条件下的个体的认识能力总是有限的,人类的无限的认识能力决不可能在有限的个别的人身上得到完满的实现。费尔巴哈深刻地指出:

> 类在一个个体中得到完满无遗的体现,乃是一件绝对的奇迹,乃是现实世界一切规律和原则的勉强取消——实际上也就是世界的毁灭。②

因此,费尔巴哈认为,黑格尔哲学也只是一定时代的哲学,对于我们所处的时代来说,它已是与我们疏远了的哲学,已经成为一种精神负担,用新哲学代替黑格尔哲学正是新时代提出的必然要

---

① 《费尔巴哈哲学著作选集》(下卷),第 187 页。
② 《费尔巴哈哲学著作选集》(上卷),第 48 页。

求。

恩格斯指出，人的认识能力"按它的本性、使命、可能和历史的终极目的来说，是至上的和无限的；按它的个别实现和每次的现实来说，又是不至上的和有限的"，而"这个矛盾只有在无限的前进过程中，在至少对我们来说实际上是无止境的人类世代更迭中才能得到解决"。[①] 恩格斯的这个思想和费尔巴哈的上述观点是十分接近的。这表明，在费尔巴哈的形而上学唯物主义体系中也包含着某些深刻的辩证法思想。

综上所述，费尔巴哈的思维和存在同一性学说是围绕着"人"这个中心展开的。他从"人"出发，否定了康德的不可知论，批驳了黑格尔的可知论的唯心主义基础，在唯物论的基础上论证了思维和存在的同一性，从而丰富和发展了唯物主义可知论。费尔巴哈关于人是思维和存在同一的基础和主体的命题，可以说是对近代德国哲学中关于思维和存在关系问题的争论所作的形而上学唯物主义的总结。

不过，费尔巴哈的人本主义的思维和存在同一性学说，也有它的历史局限性。首先，费尔巴哈离开了人的社会性、历史性观察人，观察人的认识活动。从表面上看，费尔巴哈对"人"的理解很丰富、很具体：人是人和自然的统一、肉体和精神的统一、感性和理性的统一以及个体与"类"的统一等等。但进一步看，费尔巴哈关于"人"的观念则是相当贫乏和抽象的。他所说的"人"，实际上是撇开了一切社会关系、历史联系的生物学意义上的人。其次，按照费尔巴哈的理解，人在客体面前就只能够是一个消极的直观的主体，而不可能是一个能动的实践的主体。而离开了社会实践，也就不可能真正实现思维和存在的同一。第三，从总体上看，费尔巴哈唯物主义体系仍然是形而上学的，它不善于

[①] 恩格斯：《反杜林论》，《马克思恩格斯选集》第3卷，第126页。

运用辩证法去观察自然和社会,不懂得把辩证法运用于认识论。

(三)辩证法:寂寞思想家的思辨独白

费尔巴哈的巨大历史功绩就在于,坚决地摒弃了黑格尔的唯心主义,恢复了唯物主义的权威。但是,他在批判黑格尔哲学时却未能正确对待黑格尔的辩证法。费法巴哈只看到黑格尔用辩证法论证唯心主义,即辩证法和唯心主义统一的一面,而没有看到黑格尔的概念辩证法把握了事物的某些真实的联系,而和唯心主义相矛盾的一面。因此,在费尔巴哈的心目中,黑格尔的辩证法不过是"寂寞思想家的独白",是为了论证唯心主义而玩弄的思辨把戏。这样,在同黑格尔的唯心主义决裂的时候,他也一并抛弃了黑格尔的辩证法。

费尔巴哈始终不理解黑格尔关于矛盾的客观性的思想。在他看来,客观事物本身是没有矛盾的,无所谓对立统一。所谓矛盾、对立统一,只是思维抽象的产物。比如,他认为对立物是通过一个中间概念而联系起来的,这个中间概念就是对象,就是对立物的主体。如果我们将对立属性所依存的对象或主体抽象掉,对立属性之间的界限便消灭了,达到了统一。又比如,我如果将存在只看成存在本身,将它的一切特性都抽出去,那么所得到的自然只有那等于一无所有的存在,存在便与非存在(无有)统一了。因此,费尔巴哈说:

> 对立范畴的直接统一,只有在抽象之中才是可能的和有效用的。①

费尔巴哈也不能理解黑格尔关于矛盾双方相互反映的思想,即肯定中包含着否定,否定中包含着肯定的思想。他说:

---

① 《费尔巴哈哲学著作选集》(上卷),第 177 页。

>将对立的或矛盾的特性以一种适合实际的方式统一于同一实体中的中介，只是时间。①

按照费尔巴哈的理解，一个事物可能有不同的、甚至是相反的属性，但是这些不同的或相反的属性之间并没有内在的联系，而是在各不相同的时间里出现的。比如，一个人是一个音乐家，又是一个著作家，并且还是一个医生，这是可能的。但是，这个人绝不可能在同一时间内既演奏，又写书，又治病。因此，费尔巴哈说：

>在同一个本质中统一对立面、矛盾的手段，不是黑格尔的辩证法，而是时间。②

按照费尔巴哈这种矛盾观，矛盾双方的关系不是内在的相互包含的关系，而只是时间上先后出现的外在关系。可见，他对事物的矛盾性的理解是形而上学的，很肤浅的。因此，尽管他不自觉地接受了黑格尔辩证法思想的某些影响，但他对黑格尔的辩证法采取的却是自觉的绝对否定的态度。

恩格斯指出，"费尔巴哈突破了黑格乐的体系，并且干脆把它抛在一旁。但是仅仅宣布一种哲学是错误的，还制服不了这种哲学。像对民族的精神发展有过如此巨大影响的黑格尔哲学这样的伟大创作，是不能用干脆置之不理的办法加以消除的。必须从它的本来意义上'扬弃'它，就是说，要批判地消灭它的形式，但

---

① 《费尔巴哈哲学著作选集》（上卷），第 177 页。
② 《费尔巴哈哲学著作选集》（下卷），第 49 页。

是要救出通过这个形式获得的新内容"。① 正因为费尔巴哈不能正确对待黑格尔的辩证法,不能自觉地把唯物论和辩证法结合起来,所以他的人本学唯物主义就具有明显的形而上学性质。如上所述,费尔巴哈力图通过唯物地解决自然和人、物质和精神、感性和理性等关系以实现思维和存在的同一,但是由于他不能辩证地处理这些矛盾,因而未能真正解决思维和存在的同一问题。费尔巴哈对"人"所作的超社会、超历史的形而上学规定,虽然使他否定了黑格尔的绝对理念,并在此基础上作出了无神论的结论,但这也同时使他不能把唯物主义贯彻到底,在社会历史问题上陷入唯心主义。

二、人是上帝的创造者

批判宗教始终是费尔巴哈哲学的主题。他说:

> 我在我的一切著作里面从来没有放过宗教问题和神学问题;它们一直是我的思想和我的生命的主要对象。②

费尔巴哈批判黑格尔的唯心论始终是围绕着这个主题进行的。他把黑格尔的绝对理念归结为以自然为基础的人,也就为他的无神论的思想奠定了巩固的唯物主义基础。

费尔巴哈是近代德国哲学史上的第一个自觉地公开地同基督教决裂的思想家。他认为,很久以来,基督教在人们的精神上和实际生活中已经遭到了批判,但以往对基督教的否定是不自觉的、隐蔽的。他意识到,基督教现在已经同资本主义的进一步发展发

---

① 恩格斯:《路德维希·费尔巴哈和德国古典哲学的终结》,《马克思恩格斯选集》第4卷,第219页。
② 《费尔巴哈哲学著作选集》(下卷),第508页。

生了尖锐的矛盾,已经成了资产阶级争取政治自由的障碍,因此,同基督教实行公开的彻底的决裂的时代已经到来。费尔巴哈写道:

> 基督教……这种固定观念,是跟我们的火灾和人寿保险机构、我们的铁路、我们的蒸汽机车、我们的绘画陈列馆和雕刻陈列馆、我们的军官学校和实业学校、我们的剧场和博物标本室处于最最尖锐的矛盾之中的。①

他还说:

> 至此以前,否定是不自觉的,只是到现在,这种否定才被理解,才开始希望这种否定,开始力求这种否定,特别是,基督教开始成为政治自由这种现代人的迫切需要的障碍。对基督教的自觉的否定打开了新的时代,引起了产生新的、坦率的哲学,非基督教的而且激烈地反基督教的哲学的必要性。②

费尔巴哈的反基督教的斗争,是紧密地为他的发展资本主义,实现资产阶级的政治解放的政治路线服务的。他的这种同基督教实行彻底决裂的要求,深刻地反映了十九世纪四十年代初德国资产阶级和专制制度的矛盾的激化,预示着一场反封建的革命风暴行将到来。

和青年黑格尔派不同,费尔巴哈对宗教的批判不拘泥于基督教圣经的历史起源问题,而是以唯物主义为基础,从理论上向神学发动正面的进攻。针对基督教关于"神创造了人"这一基本信

―――――――――
① 《费尔巴哈哲学著作选集》(下卷),第23页。
② 《费尔巴哈哲学著作选集》(上卷),第96页。

条，费尔巴哈鲜明地指出：

> 并非神按照他的形象造人，……而是人按照他的形象造神。①

人创造了神这个思想的提出，在近代德国思想史上是破天荒的。费尔巴哈的整个无神论都是对这个基本命题的发挥。

（一）上帝：人的本质的异化

费尔巴哈的无神论思想的一个显著特色是，从唯物主义出发，运用黑格尔的异化学说去揭示宗教的本质，指出上帝乃是人的本质的异化。他说：

> 上帝的人格性，本身不外乎就是人之被异化了的、被对象化了的人格性。②

和黑格尔的异化学说相似，费尔巴哈关于神是人的本质的异化思想也大致包含了两层意思：一是指人把自己的本质客观化为一个在人之外的、成了人的对象的精神性实体，换句话说，人创造了神；二是指人的异化物成了人的异己的力量，换句话说，人被自己的创造物上帝所束缚、所宰治。

费尔巴哈明确断言：

> 从我的学说推出这样一种结论，认为没有什么神，亦即没有同自然界和人有别的、能随意决定世界和人类命运的抽象的非感性本质。③

---

① 《费尔巴哈哲学著作选集》（下卷），第691页。
②③ 《费尔巴哈哲学著作选集》（下卷），第267、525页。

那么，宗教里所讲的神是一个什么东西呢？神是人们幻想的产物，是人对自身的本质的虚幻的反映。自然宗教中的神，如太阳神、雷神等等，并非自然物本身，而是一种人格化了的、具有和人一样的情感、了解人类事务的某种超自然的精神实体。这种超自然的精神实体的本质，不是别的，正是人的本质的对象化。同样，基督教中的上帝也是人的本质的对象化，所不同的是，自然宗教是把自由物神化，基督教则把人本身神化。费尔巴哈全力证明，凡是基督教赋予上帝的一切品格均是人的本质的对象化，上帝存在，因为人生存着，上帝是智慧的，因为人有智慧，上帝有爱的品德，因为人也在爱，如此等等。费尔巴哈写道：

> 属神的本质之一切规定，都是属人的本质之规定。[①]

因此，人对上帝的崇拜，实际上是人对自己的本质的崇拜。

费尔巴哈认为，宗教把人的本质对象化，也就是把人同自己的本质分裂。这种被分裂出去的独立的精神本质完全和人相对立，并且成为压抑人、宰治人的异己力量。这便表现为人和上帝的对立。人肯定上帝，便是否定自己，人把上帝抬得越高，便把自己贬得愈低。费尔巴哈写道：

> 宗教是人跟自己的分裂：他放一个上帝在自己的对面，当作与自己相对立的存在者。……上帝是无限的存在者，而人是有限的存在者；上帝是完善的，而人是非完善的；上帝是永恒的，而人是暂时的；上帝是全能的，而人是无能的；上帝是神圣的，而人是罪恶的。上帝与

---

① 《费尔巴哈哲学著作选集》（下卷），第39页。

> 人是两个极端：上帝是完全的积极者，是一切实在性之总和；而人是完全的消极者，是一切虚无性之总和。①

费尔巴哈的这段话深刻揭露了宗教鄙视人、践踏人的罪恶。在宗教中，人成了自己的异化物的奴隶，成了一文不值的贱物，人把自己的一切，幸福、命运甚至生命全都交给自己的异化物，俯伏在自己的异化物面前，向它祈祷、忏悔，听任自己的异化物的摆布。可见，宗教就是为了维护一个纯粹幻想的东西而牺牲人类，而为了恢复人的权威，就必须揭露宗教异化。费尔巴哈把宗教和无神论作了鲜明的对比：

> 有神论是为了一个纯粹思想上和幻想上的东西而牺牲了人和事物的实在生命和本质的。反之，无神论则为了实在生命和本质而牺牲了思想上和幻想上的东西。所以，无神论是积极的、肯定的，它将有神论所夺去的那种重要性和尊贵性交还给自然界和人类，它使得自然界和人类苏生过来。②

这就是费尔巴哈批判宗教、揭露宗教异化的目的。

（二）上帝："类"概念的客观化

在无神论发展史上，费尔巴哈的一个重要贡献，就是较为深刻地揭露了宗教的认识论根源。

费尔巴哈认为，把观念、思想看作不是从对象抽象而来的，反而看作是独立于对象、创造对象的原因，这是康德、黑格尔唯心主义哲学的核心，也是基督教神学的核心。人以抽象力从感性事

---

① 《费尔巴哈哲学著作选集》（下卷），第60页。
② 《费尔巴哈哲学著作选集》（下卷），第784页。

物中抽取寻求类似的、相同的、共通的东西，形成"类"概念。然而，神学却将人们从个别感性事物中抽出的"类"概念说成是脱离感性事物的独立的精神本质。比如，个别的人的知识和才能总是有限的，而人类的知识和才能则是无限的。基督教便把人类的无限的知识和才能归之于一个脱离了一切个别的人而独立存在的"人"，即所谓全知全能的上帝，从而造成了人和上帝的虚幻的对立。上帝的本质，就是人的本质，但是这个本质不是某个个别人的本质，而是突破了现实的个别人的局限的人的"类"本质，是被对象化为不同于任何个别的人并独立于任何个别人的绝对本质，并作为这样的本质而受到人的仰望和敬拜。因此，宗教的认识论根源就在于"类"概念的客观化。费尔巴哈指出：

> 上帝一般地就是类概念，并且，乃是作为类概念而被个体化和人格化的；上帝是被思想成为跟个体区别开来而生存着的类的类。①

费尔巴哈还认为，从哲学上解决"一般"和"个别"的关系问题乃是解决有神和无神的前提。他说：

> 神是否创造世界，即神对世界的关系如何，这个问题其实就是关于精神对感性、一般或抽象对实在、类对个体的关系如何的问题；没有解决后一问题，前一问题也是不能解决的；因为神不是别的，正是类概念的总和。②

---

① 《费尔巴哈哲学著作选集》（下卷），第330页。
② 《费尔巴哈哲学著作选集》（下卷），第621页。

我们看到，费尔巴哈对康德、黑格尔唯心主义所作的批判，其目的就在于要唯物地解决"个别"和"一般"的关系问题，为他否定宗教扫清道路。

费尔巴哈特别强调想象力在宗教异化过程中的作用。多神教将人的感性的、实在的和个别的本质作为模型借助于想象力来人化和神化自然事物。一神教则借助于想象力直接地将人的精神和幻想神化。费尔巴哈说：

> 想象力乃是宗教的主要工具；神乃是幻想的、寓意的东西，而且是人的一种影像；自然对象，倘若宗教地看起来，也是人类的东西，因之也是人的影像，甚至基督教徒的精神的神，也只是一个人性影像，为人的想象力所造成又被移置于人以外而成为一个独立的实在的东西的。①

费尔巴哈强调想象力为宗教的工具，无非是要揭露神的虚幻性。

（三）上帝：依赖感的产物

可是，人为什么要借助于想象力把"类"概念、把自己的本质客观化、对象化呢？对于这个问题，费尔巴哈不是从社会实践中，从现实的经济、政治关系中去寻找答案，而是进行抽象的心理分析。在他看来，宗教的心理根源是依赖感。他说：

> 宗教的想象力是植根于依赖感之中。②

按照费尔巴哈的观点，人的依赖感是宗教的基础。人有这样一种感觉或意识：认为要是没有另外一个与自己不同的东西，自己就

---

①② 《费尔巴哈哲学著作选集》（下卷），第697、699页。

不能生存。这就是一种依赖感。它包括对于对象热爱、敬畏、感激等等感情。这样，人们就往往把他们所依赖的对象作为崇拜的对象。人是依赖于自然而生活的，因此，自然界的种种事物和现象便成为人们最初崇拜的对象，这就是所谓自然宗教。有的农业民族崇拜牛，就是因为人依赖牛来耕地，有的游牧民族崇拜狗，就是因为人依赖狗来保护羊群。在基督教一神教统治的民族中，人们敬拜上帝，则因为人对人的依赖。费尔巴哈写道：

> 人知道或相信他的生活依赖于什么东西，他就把这个东西尊奉为神。①

费尔巴哈进一步指出，依赖感的根源，或者说是宗教的"最终极的主观根源"②，就是人的利己主义本性。他说：

> 没有利己主义，也就没有依赖感。③

人们为什么要敬畏、依赖雷电之神呢？只是因为它操有一般人的生死之权。人们只是为了维护、珍惜自己的生命，才敬畏、依赖、崇拜它。费尔巴哈认为，从依赖感方面说，我觉得我所依赖的对象是强大的，而我自己则是渺小的，因为我的生存依赖着它；而从利己主义方面说，我觉得自己是重要的、了不起的，因为一个对象能否构成我依赖、崇拜的对象，完全取决于它能否给我带来福利，是否符合我的需要。这就是说，一个对象只有在它对人有用，为人所需要时，适合于人时，即给人以福利时，它才被人当作神。为什么自然宗教里会出现各色各样的神呢？为什么希腊人

---

① 《费尔巴哈哲学著作选集》（下卷），第500页。
②③ 《费尔巴哈哲学著作选集》（下卷），第556、580页。

嘲笑埃及人的神灵呢？为什么基督教排斥异教的神灵呢？费尔巴哈回答道：

> 人崇拜的神灵所以有种种不同，只因为他们给予人的福利有种种不同。①

在这里，费尔巴哈把宗教和人们的物质利益联系起来，这无疑是对宗教的神圣性的极大亵渎。在他看来，人们只是为了自身的利益才崇拜神的。可是，宗教却极力抬高神的地位，贬低人的地位，鼓吹禁欲主义，排斥人对物质利益的追求，这就完全违背了人的本性。

但是，应当看到，费尔巴哈的这个观点是极其肤浅的。如前所述，费尔巴哈心目中的"人"，只是超社会、超历史的人类。因此，当他去寻找宗教的根源的时候，也就只是对这种抽象的人进行抽象的心理分析，在人的生理本能需要上大做文章，以致把宗教感情即所谓利己主义、依赖感等等，说成是人心固有的东西。正如马克思指出的，"费尔巴哈没有看到，'宗教感情'本身是社会的产物，而他所分析的抽象的个人，实际上是属于一定的社会形式的"。② 如果说，人真正具有某种所谓超历史、超社会的利己主义本性、依赖感、宗教感情，那么，宗教也就是不可消灭的永恒的东西。费尔巴哈确实是这么想的，也是这么干的。这位宗教批判家并没有给自己提出消灭宗教的任务，而是企图在摧毁现存的非人的宗教之后建立一个符合"人性"的新宗教，即所谓"爱"的宗教。

（四）变对上帝的爱为对人的爱

---

① 《费尔巴哈哲学著作选集》（下卷），第553页。
② 马克思：《关于费尔巴哈的提纲》《马克思恩格斯选集》第1卷，第18页。

怎样才能克服宗教的异化现象呢？费尔巴哈认为，克服宗教的异化现象的主要途径就是，宣传无神论，揭露宗教的虚伪性，抬高人的权威，使人们在思想上来一个根本的转变：变对神的爱为对人的爱。费尔巴哈宣称：

> 我的著作以及我的讲演的目的，都在于使人从神学家变为人学家，从爱神者变为爱人者，从彼世的候补者变为现世的研究者，从天上和地上的君主和贵族的宗教的和政治的奴仆，变为地上的自由和自觉的公民。①

他还说：

> 谁只要爱上了上帝，谁就不再能够爱人；他对人间一切失去了兴趣。可是，反之亦然。谁只要爱上了人，真正从心里爱上了人，那他就不能够爱上帝。②

费尔巴哈提出的这个克服宗教异化的道路，突出地暴露了他的无神论思想的非政治倾向的缺点。

马克思曾经指出，在当时德国的历史条件下，"对宗教的批判是其他一切批判的前提"。③要把专制制度送上断头台，就必须首先剥去笼罩在它的头上的灵光。费尔巴哈完成了这一伟大的历史任务。他对宗教的批判在客观上为对政治的批判开辟了道路。但是，费尔巴哈批判宗教的一个重大缺陷，就是并没有把对宗教的批判引向对政治的批判。费尔巴哈之所以不能做到这一点，关键

---

① 《费尔巴哈哲学著作选集》（下卷），第525页。
② 《费尔巴哈哲学著作选集》（下卷），第800页。
③ 马克思：《〈黑格尔法哲学批判〉导言》，《马克思恩格斯选集》第1卷，第1页。

在于他对宗教的根源缺乏正确的了解。在谈到费尔巴哈批判宗教的局限性时,马克思深刻地指出,"他致力于把宗教世界归结于它的世俗基础。他没有注意到,在做完这一工作之后,主要的事情还没有做哪。因为,世俗的基础使自己和自己本身分离,并使自己转入云霄,成为一个独立王国,这一事实,只能用这个世俗基础的自我分裂和自我矛盾来说明。因此,对于世俗基础本身首先应当从它的矛盾中去理解,然后用排除这种矛盾的方法在实践中使之革命化。"① 在这里,马克思运用历史唯物主义观点深刻地揭示了宗教异化的社会阶级根源,指出了宗教批判必须同政治批判、革命实践相结合的正确方向。

费尔巴哈结束了德国资产阶级对宗教的批判。但是,"彼岸世界的真理消逝以后,历史的任务就是确立此岸世界的真理。人的自我异化的神圣形象被揭穿以后,揭露非神圣形象中的自我异化,就成了为历史服务的哲学的迫切任务。于是,对天国的批判就变成对尘世的批判,对宗教的批判就变成对法的批判,对神学的批判就变成对政治的批判"。② 把对神学的批判变成对政治的批判的历史任务,将由无产阶级来完成。

三、人是道德的主体

费尔巴哈的伦理学说是他的人本主义哲学体系的一个重要组成部分。大约从五十年代起,费尔巴哈便转入研究社会问题。然而,现实的社会经济政治问题始终落在他的视野之外,他所关注的主要是道德问题,似乎单凭他的伦理学说以及从他的伦理学说中引出的"爱"的宗教,便足以拯救世界。

在伦理学中,费尔巴哈从人本主义出发,继承了十八世纪法国唯物主义者的功利主义传统,激烈批判神学和唯心主义的道德

---

① 马克思:《关于费尔巴哈的提纲》,《马克思恩格斯选集》第1卷,第17页。
② 马克思:《〈黑格尔法哲学批判〉导言》,《马克思恩格斯选集》第1卷,第2页。

学说，系统地阐述了他的幸福主义伦理思想。

马克思、恩格斯指出："当费尔巴哈是一个唯物主义者的时候，历史在他的视野之外；当他去探讨历史的时候，他决不是一个唯物主义者。"① 费尔巴哈力图把他的唯物主义自然观运用于伦理学的研究，但是，恰恰就在伦理学上突出地暴露了他的人本学唯物主义体系的不彻底性，在社会历史观上陷入了唯心主义。

（一）道德的主体：人

在伦理学上，费尔巴哈把批判的锋芒直接指向宗教和唯心主义的道德学说，明确提出，道德的主体既不是神，也不是什么"纯粹理性"，而是感性的物质的人。

按照宗教伦理学神是道德的主体，道德基于宗教，伦理学从属于神学，道德律令就是神的诫命。神就是善的象征，是衡量善与恶的标准，一切行为是否合乎道德，完全取决于它是否符合神的意志或诫命。费尔巴哈认为，宗教道德正是道德的没落，因为它为了神而牺牲了人。有的宗教把杀死活人作为祭神的牺牲品，看作是最高的善。基督教虽然不再向它的上帝奉献流血的祭品，但它却要求人放弃自己的幸福，把灵魂奉献给上帝。费尔巴哈指出，一切宗教道德的共同点是：

> 人在宗教里面为了一种宗教上的义务而牺牲对人的义务，为了对上帝的关系而牺牲对人的关系。②

在费尔巴哈看来，道德的主体是人，道德就是按照人的本性去处理人和人之间的关系，合乎道德的生活也就是合乎人的本性的生活。

---

① 马克思恩格斯：《德意志意识形态》，《马克思恩格斯选集》第1卷，第50页。
② 《费尔巴哈哲学著作选集》（下卷），第317页。

如前所述，康德曾在反对神学道德学说的过程中把人看作是道德的主体。但是，他把人机械地分为理性的存在者和感性的存在者两个方面。在康德看来，作为道德主体的人只能是作为理性存在者的人，而作为感性存在者的人总是为感性欲望所支配，因而是不可能按照道德律令行动的。对于康德的这种唯心论的人本主义道德观，费尔巴哈讥讽道：

> 康德著述自己的道德学不是为人们，而是为一切有理性的生物。最好他不是为哲学教授们而写自己的道德学，因为正是他们是人之外的有理性的生物，最好他为零工和樵夫，为农民和手工艺者而写！这样，他将在怎样完全不同的原则上来论证他的道德学！要把生命贯输给这些人是如何地困难呀！因为他们的全部活动只在于如何养活自己，如果他们和他们的亲人们能够有穿有吃，他们是怎样的幸福呀！①

在费尔巴哈看来，康德所讲的那个超感性的"绝对命令"，看起来好像很庄严、严肃，但实际上是虚幻的，是违背人的本性的。人作为人，首先是一个有血有肉，要吃要喝的感性存在者。人的本性就是追求幸福的利己主义，离开利己主义的所谓道德，必定是虚伪的。

(二) 道德的基础：利己主义和爱

费尔巴哈的伦理学是从他的人的本质学说出发的。费尔巴哈有时也强调人和自然界的生物之间的区别，说人是具有社会性的，是文化、历史的产物。可是，实际上他总是撇开人的历史性、社会性去观察人，力图从他的自然观中直接推演出人的本质。在他

---

① 《费尔巴哈哲学著作选集》(上卷)，第592页。

看来，人是自然界里的最高级的生物，同自然界的其它动物一样具有饮食、性爱、趋利避害的本能，人的行为的出发点就是努力满足这种生理本能的需要，追求幸福。费尔巴哈把这种力图满足生理需要、追求幸福的欲望叫做利己主义，并把它看作是人固有的永恒不变的本性。他说：

> 同其它一切有感觉的生物一样，人的任何一种追求也都是对于幸福的追求。①

费尔巴哈还说：

> 人类一切意向、努力和行为的根本意义，正是人性本质的满足，正是人类利己主义的满足。②

乍一看，人和动物相差无几，都需要呼吸吃喝，传种接代等等，好像这是最明白不过的。可是，如果这样来看待人的本质，那是很抽象的。正像不能因为动物也遵循一般力学规律，就把动物归结为一部机器一样，也不能因为人也受动物生理一般规律的支配，就把人归结为动物。倘若如此，一部完善的动物生理学便可以代替全部社会科学了。的确，人是要吃要喝的，可是为什么古代人和现代人在吃、喝的需要以及满足这类需要的方式上很不一样呢？为什么在同一个社会中有的人吃得饱、穿得暖，有的人却饥寒交迫呢？显然，这是用某种永恒不变的人的本质所解释不了的。费尔巴哈不懂得，任何一个具体的人总是处在一定历史发展阶段上，生活于一定的经济、政治、思想的社会关系之中。人不仅受一般生物学规律的支配，更主要的是受社会发展的客观规律所支配。因

---

① 《费尔巴哈哲学著作选集》（上卷），第592页。
② 《费尔巴哈哲学著作选集》（下卷），第579页。

此，人的本质乃是"一切社会关系的总和"。① 正由于费尔巴哈离开人的历史性、社会性考察人的本质，所以，"他只能把人的本质理解为'类'，理解为一种内在的、无声的、把许多个人纯粹自然地联系起来的共同性"。② 如前所述，费尔巴哈从生物学意义上考察人的本质，是同当时的宗教神学、唯心主义者关于人的学说根本对立的，较之十七、十八世纪唯物主义者把人看作一部机器的机械论观点也大大前进了一步。但是，当费尔巴哈用这种观点去解释人的现实的社会历史行动的时候，他势必要陷入唯心主义，即把某种精神的东西看作是历史发展的动力。这一点集中地表现在他的所谓"爱"的学说上。

费尔巴哈认为，利己主义是道德的基础，没有幸福就无所谓道德。他引用了马克思《资本论》中所提供的关于英国工人生活极端贫困的"使人战栗的不可争辩的"材料，揭露那种把道德和幸福割裂开来的虚伪的道德说教，并且指出：

> 如果没有条件取得幸福，那就缺乏条件维持德行。德行和身体一样，需要饮食、衣服、阳光、空气和住居。……如果缺乏生活上的必需品，那么也就缺乏道德上的必要性。生活的基础也就是道德的基础。如果由于饥饿由于贫穷你腹内空空，那么不问在你的头脑中、在你的心中或在你的感觉中就不会有道德的基础和资料。③

在这里，费尔巴哈力图把道德和功利结合起来，强调道德依存于功利，应当说，这包含了一定的合理成分，尽管他的这个观点是从抽象的人的本质学说出发的。

---

①② 马克思：《关于费尔巴哈的提纲》，《马克思恩格斯选集》第1卷，第18、18页。
③ 《费尔巴哈哲学著作选集》（上卷），第569页。

在费尔巴哈看来，利己主义只是道德的基础，而不是道德本身。道德涉及到人与人之间的关系。一个人如果只想到实现自己的利己主义，那势必会遭到别人的利己主义的反抗，以致妨碍自己的利己主义的实现。因此，一个人要想真正实现自己的利己主义，那就必须尊重别人的利己主义。费尔巴哈说：

> 对于幸福的追求就本身说来是不能得到满足的，如果不同时地甚至非本意地满足其他个人对于幸福的追求。①

在费尔巴哈看来，不应当把利己主义仅仅理解为个人的利己主义，真正的积极的利己主义乃是我的利己主义和你的利己主义的统一，换句话说，乃是普遍的"类"的利己主义，费尔巴哈把这种在我得到幸福的同时也让别人得到幸福的利己主义叫做"爱"。他说：

> 爱便是希望别人幸福，使别人幸福，从而也就是承认别人的利己主义是合法的东西。②

因此，费尔巴哈认为，"爱"是人们一切感情中最根本的感情，是维持人的整个族类的脉络，是人类的本性。只有"爱"才能使人上升到"类"，使人意识到自己是人类的一分子。道德的作用就在于引导人们去认清人类的这种"爱"的本性，按照"爱"的本性去生活。

费尔巴哈从这种所谓人类的本性中引出了他的道德学说的基本原则：合理地节制自己和对人以爱。他引用中国道德学家孔丘

---

① 《费尔巴哈哲学著作选集》（上卷），第573页。
② 《费尔巴哈哲学著作选集》（上卷），第249页。

的话说：

> 己所不欲，勿施于人。①

他还说：

> 道德也只在于我毫无犹豫地认为对于我自己可以允许的事，我也承认和允许适用于其他的人。②

费尔巴哈从他的这个原则出发，反对损人利己，反对阶级压迫和剥削。他说：

> 善不外乎就是与一切人的利己主义相适应的东西，恶不外乎就是只适应于和只适合于仅仅某一个阶级的人的利己主义，从而需要以损害别个阶级的人的利己主义为代价的东西。③

费尔巴哈的这一段话无疑是对现实的阶级压迫和剥削的抗议。但是，他却站在所谓"类"的立场上，一概反对讲阶级的利益，似乎任何阶级的阶级利益都是和人类的普遍利益相对立的。这表明，费尔巴哈哲学并不是要帮助被压迫、被剥削阶级提高自己的阶级意识，而是要给一切人提供一种认清人类的"类"意识的规范。

由此看来，费尔巴哈的伦理思想是十分肤浅的。我们知道，道

---

① 《费尔巴哈哲学著作选集》（上卷），第249页。
② 《费尔巴哈哲学著作选集》（上卷），第578、577页。
③ 《费尔巴哈哲学著作选集》（下卷），第810页。

德作为一种意识形态是社会的上层建筑,是随着社会经济基础的变化而变化的。在阶级社会中,不同的阶级有不同的道德标准。哪有什么超历史、超阶级的永恒不变的统一的道德原则。正如恩格斯指出的,费尔巴哈的那个道德原则"适用于一切时代、一切民族、一切情况;正因为如此,它在任何时候和任何地方都是不适用的,而在现实世界面前,是和康德的绝对命令一样软弱无力的"。①

(三) 道德神学:"爱"的宗教

我们看到,当着一场激烈的阶级斗争的风暴即将到来的时候,费尔巴哈却坐在书房里谱写着一曲曲关于"爱"的颂歌。他写道:

> 生命之生命便是爱。②
> 只有爱,才是人的心。③
> 只有爱给你解开不死之谜。④
> 你的信念应该是:人类也要有真正的爱,人的心也能无限地、饶恕一切地爱着,而且相信人类的爱也可以赋有神爱的性质。⑤
> 爱同样也是什么奇迹也干得出来的!……爱还非常幽默地把我们的高贵的贵族同布衣小民同一起来。⑥
> 爱吧!但是要真正地爱。⑦

显然,这是一套彻头彻尾的阶级调和论。它深刻地反映了德国资产阶级对封建贵族的妥协精神。在阶级社会中,哪有什么联

---

① 恩格斯:《路德维希·费尔巴哈和德国古典哲学的终结》,《马克思恩格斯选集》第 4 卷,第 236 页。
②③④ 《费尔巴哈哲学著作选集》(上卷),第 232、233、233 页。
⑤ 《费尔巴哈哲学著作选集》(下卷),第 86 页。
⑥ 《费尔巴哈哲学著作选集》(下卷),第 76 页。
⑦ 《费尔巴哈哲学著作选集》(上卷),第 233 页。

合一切人的爱！毛泽东指出，"至于所谓'人类之爱'，自从人类分化成为阶级以后，就没有过这种统一的爱"。① 我们看到，费尔巴哈声讨专制制度以及它的精神支柱——基督教的一篇篇战斗檄文，最后却竟以浪漫主义的爱的颂歌收尾了。正如恩格斯指出的，"可是爱呵！——真的，在费尔巴哈那里，爱随时随地都是一个创造奇迹的神，可以帮助他克服实际生活中的一切困难——而且这是在一个分成利益直接对立的阶级的社会里。这样一来，他的哲学中的最后一点革命性也消失了，留下的只是一个老调子：彼此相爱吧！不分性别、不分等级地互相拥抱吧，——大家一团和气地痛饮吧！"②

不仅如此，费尔巴哈还要把"爱"加以神化，说什么"爱"是联系人们相互之间各种关系的永恒的宗教感情。基督教的上帝就是人心中的"爱"这种宗教感情的异化。因此，费尔巴哈认为，人们在打倒了基督教之后，还必须重建起"爱"的宗教。他说：

> 孩子对父母的关系，夫妻之间的关系，兄弟之间的关系，朋友之间的关系，一般地，人与人之间的关系，总之道德上的各种关系，本来就是的的确确的宗教上的关系。一般说来，生活，在它的各种本质重要的关系中，乃具有完全属神的性质。③

费尔巴哈宣称：

> 我们就必须拿对人的爱当作唯一的真正的宗教，来

---

① 毛泽东：《在延安文艺座谈会上的讲话》，《毛泽东选集》合订本，第827页。
② 恩格斯：《路德维希·费尔巴哈和德国古典哲学的终结》，《马克思恩格斯选集》第4卷，第236页。
③ 《费尔巴哈哲学著作选集》（下卷），第316页。

代替对神的爱。①

如果说基督教把上帝看作绝对,黑格尔把理念看作绝对,那么,费尔巴哈的绝对便是"爱"。在费尔巴哈的心目中,作为他的伦理学说的核心的"爱"就是拯救世界的万能的上帝。

　　我们看到,费尔巴哈特别对男女之间的性爱加以神化,说什么:

　　　　性爱是爱的最玄妙、最完善的形式;但是在这里,不同时使另一个人幸福,就决不能使自己幸福。②

正如恩格斯指出的:"归根到底,在费尔巴哈那里,性爱即使不是他的新宗教借以实现的最高形式,也是最高形式之一。"③可见,费尔巴哈虽然大力批判宗教,但他并不想消灭宗教。他所反对的只是那种同资产阶级利益相对立的封建神学,但作为新兴的剥削阶级的思想代表,他还要求保留蒙蔽劳动群众的宗教。因此,他是不可能把无神论贯彻到底的。

　　费尔巴哈这位唯物主义者和宗教批判家竟然要把所谓人心固有的永恒的宗教感情,说成是人类社会历史发展的动力。他写道:

　　　　人类的各个时期的彼此不同,仅仅是由于宗教上的变迁。某一历史运动,仅在它深入人心的时候,才会达到自己的深远。心不是宗教的某种形式,因而说宗教也

---

① 《费尔巴哈哲学著作选集》(下卷),第786页。
② 《费尔巴哈哲学著作选集》(上卷),第434页。
③ 恩格斯:《路德维希·费尔巴哈和德国古典哲学的终结》,《马克思恩格斯选集》第4卷,第229页。

应当在心中；心乃是宗教的本质。①

正如恩格斯所指出的,费尔巴哈的这个论断"是绝对错误的"。②马克思主义认为,"社会的变化,主要地是由于社会内部矛盾的发展,即生产力和生产关系的矛盾,阶级之间的矛盾,新旧之间的矛盾,由于这些矛盾的发展,推动了社会的前进,推动了新旧社会的代谢"。③宗教作为一种意识,作为社会的上层建筑,尽管它对历史的发展有影响,有时甚至起着巨大的作用,但归根到底,它是为社会的经济基础所决定的。不是宗教的变迁决定社会经济、政治的发展,而是社会经济、政治的发展决定着宗教的变迁。事实上,历史上许多重大的历史事变也并不是在宗教的旗帜下发生的。宗教作为一种社会意识形态,是在历史发展的一定阶段上产生的,也必将在历史发展的一定阶段上消灭。费尔巴哈把所谓宗教感情看作是历史发展的动力,用宗教的变迁说明历史的发展,这正是头足倒置的历史唯心主义。

总的说来,费尔巴哈是一位伟大的唯物主义者和无神论者。正是他冲破了黑格尔唯心主义体系,恢复了唯物主义的权威,并在此基础上完成了德国资产阶级批判宗教的历史任务,为1848年的资产阶级革命作了思想准备。

但是,费尔巴哈终究是一位资产阶级思想家,他的唯物主义和无神论都是很不彻底的。恩格斯指出,费尔巴哈"作为一个哲学家,也停留在半路上,他下半截是唯物主义者,上半截是唯心主义者；他没有批判地克服黑格尔,而是简单地把黑格尔当做无用的东西抛在一边,同时,他本人除了矫揉造作的爱的宗教和贫

---

① 《费尔巴哈哲学著作选集》（上卷），第95页。
② 恩格斯：《路德维希·费尔巴哈和德国古典哲学的终结》,《马克思恩格斯选集》第4卷，第231页。
③ 毛泽东：《矛盾论》,《毛泽东选集》合订本，第277页。

乏无力的道德，拿不出什么积极的东西来和黑格尔体系的百科全书式的丰富内容相抗衡"。①

十九世纪40年代，德国的阶级斗争形势迅速向前发展。可是，费尔巴哈却脱离实践，在哲学上踏步不前。1848年的革命风暴把一切旧哲学包括费尔巴哈哲学撇在一旁，"这样一来，费尔巴哈本人也被挤到后台去了"。②当时德国有一个反动的社会主义流派叫做所谓"真正的社会主义"。这一派人利用费尔巴哈的"爱"的说教腐蚀无产阶级的革命意识，鼓吹"用爱把一切人团结起来"。马克思和恩格斯对"真正的社会主义"的反动的阶级调和论进行了无情的揭露和批判。

费尔巴哈唯物主义哲学宣告了德国古典哲学的终结。只有无产阶级才是德国古典哲学优秀遗产的真正继承者。

---

①② 恩格斯：《路德维希·费尔巴哈和德国古典哲学的终结》，《马克思恩格斯选集》第4卷，第237、219页。

第七章 十九世纪俄国哲学

引　言

十九世纪俄国哲学，是指十九世纪30—70年代，在俄国出现的一批革命民主主义哲学家赫尔岑、别林斯基、车尔尼雪夫斯基、杜勃罗留波夫等人的哲学理论。在政治上，他们反映了农民和资产阶级反对农奴制、反对封建专制的进步要求。在哲学上，他们力求把哲学理论和农民运动结合起来，力求在唯物主义的基础上运用辩证法。

十九世纪的俄国哲学产生于沙皇农奴制陷入深刻的危机以及农民运动不断高涨的年代。十八世纪上半叶，沙俄的农奴制度开始繁荣，大约经过一个世纪左右，它就衰败下来。十九世纪初，俄国的资本主义关系有了显著的发展，商品经济不仅在城市里发展起来，而且也渗透到了广大的农村，严重地破坏了农奴制经济，有力地促进了农奴制的解体。沙皇俄国已经进入由农奴制过渡到资本主义的历史时期。列宁指出："地主为出卖而生产粮食（这种生产在农奴制最后期特别发达），这是旧制度崩溃的先声。"① 在商品经济的冲击下，农奴主不断加重对农奴的剥削，因而使得农奴主同农奴之间的矛盾异常尖锐起来，导致农奴斗争的日益高涨。在农奴斗争的推动下，在西欧一些先进国家的革命运动的影响下，俄国有一批出身于贵族的青年军官开始建立起革命组织，提出了推

---

① 列宁：《俄国资本主义的发展》，《列宁选集》第3卷，第158页。

翻农奴制沙皇政府的纲领和计划。1825年12月，他们首先在彼得堡、乌克兰等地区发动了起义，这就是称著历史的"十二月党人起义"。这次起义虽然在沙皇专制政府的残酷镇压下失败了，它的领袖彼斯节里被送上了绞刑架，但是，它却揭开了反农奴制斗争的序幕，给予俄国的历史以重大的影响，表明农奴制度已陷入了深刻的危机。

　　十九世纪30年代后，俄国的资本主义得到了更快的发展，特别是十九世纪中叶以后，它更是以迅猛的速度向前发展。1815年，俄国还只有工厂四千个左右，工人的数目还不足十八万人。到了1850年，俄国的工厂数目已激增到一万二千多个，工人数目已经达到五十五万人左右。工业中普遍采用了蒸汽机和其它机器，与此同时，铁路交通、内河航运、内外贸易也都得到了发展。资本主义的经济关系不仅在城市，而且在农村也迅速发展起来。一部分地主开始采用资本主义的经营方式，实行雇佣劳动，对农业进行资本主义改造，采用先进的农业机器和耕作制度，促进了农村资本主义经济关系的迅速成长。应该指出的是，俄国资本主义虽然发展得很快，但是同西欧一些先进的国家相比较还是很落后的。它的生铁产量只及法国的三分之一，英国的十五分之一。俄国的资产阶级还相当软弱，工人阶级也还没有作为一支独立的政治力量登上历史的舞台。

　　十九世纪的俄国，是欧洲封建制度的反动堡垒，是"神圣同盟"的主角，是镇压各国民族独立运动的国际宪兵。它曾残酷地镇压过波兰、匈牙利等国的人民革命运动。50年代以后，由于内外矛盾的不断加剧，这个反动堡垒变得外强中干了。在1853—1856年的克里米亚战争中，俄国败于英法等国，彻底暴露了沙皇农奴制度的腐朽性和软弱性。战争的失败激起了国内人民的不满情绪，纷纷要求改革，废除农奴制度，革命大有一触即发之势。在人民革命运动的强大压力下，沙皇亚历山大二世不得不承认："现行的农奴领有制，不能照旧不改了。"为了缓和日益激化的阶级矛盾，沙皇于1961年颁布了"改革"法令，实行自上而下的废除农奴制的改革。但是，在这次改革中，农民没得到他们所期望的东西，他们只有在支付了大量的赎金以后才能获得原来耕种的土地，农村中仍然保留着大量的封建残余。这次改革是很不彻底的。

　　沙皇为了维护农奴制度，除了武力镇压革命之外，还伴之以反动的思想统治。1832年教育大臣乌瓦罗夫抛出了"官方民族性"的理论，要求把"政教、专制制度和民族性的不变原则"作为教育的基础。按照这一理论，沙皇君主专制制度被说成是天经地义的，神圣不可改变的；俄国的东正教也被说成是保持着最完整的、最纯粹的基督教精神；认为俄国只能走自己的所谓特殊的道路，而不能学习、效仿西欧先进国家。十九世纪30年代末至40年代初，又出现了代表反动农奴主利益的"斯拉夫派"。这一派人表面批判沙皇的官僚机构，实际上仍然暗中维护封建专制制度。他们主张废除农奴对地主的人身依附关系，但又认为土地必须归地主所有。这实际上是用农民对地主的经济依附关系来代替法律和人身的依附关系。他们也像"官方民族性"的主张一样，强调俄国的特殊性，反对在俄国进行反封建的民主革命。此外，统治阶级的思想家们还竭力宣扬基督教神学唯心论，利用黑格尔的唯心论为农奴制和沙皇统治作辩护。

　　十九世纪的俄国哲学就是在上述背景下形成和发展起来的，它的主要代表有赫尔岑、别林斯基、车尔尼雪夫斯基、杜勃罗留波夫等。他们是"俄国资产阶级民主派"[①]，或称"俄国的资产阶级农民民主派"[②]。他们的活动同农民的革命运动紧密地联系在一

---

① 列宁：《中国的民主主义和民粹主义》，《列宁选集》第2卷，第423页。
② 列宁：《纪念赫尔岑》，《列宁选集》第2卷，第418页。

起，反映了农民和资产阶级反封建的进步要求。

十九世纪的俄国哲学，一方面继承了十八世纪的罗蒙诺索夫的自然科学的唯物主义思想，拉吉舍夫的反对农奴制度、反对专制的革命思想，以及十二月党人的革命思想等；另一方面，也继承了十八世纪法国的启蒙思想、唯物主义思想，以及德国的费尔巴哈的唯物主义和黑格尔的辩证法思想。此外，俄国的革命民主主义者还接受了欧文、傅利叶、圣西门等人的空想社会主义的思想影响。

在政治上，俄国的革命民主主义者像十八世纪法国启蒙思想家一样，无情地批判农奴制度和专制制度。但是，和十八世纪的法国启蒙思想家不同，他们看到了十九世纪英法等国已经确立的资本主义制度存在着弊端，看到了生活在资本主义制度下的工人和农民的苦难，因而憎恨资本主义，揭露和批判资本主义。他们不懂得在当时的历史条件下，推翻农奴制度在客观上只能为发展资本主义开辟道路，而坚持主张俄国的社会发展应该绕过资本主义，在农村村社的基础上直接建立社会主义。

在哲学上，他们同十八世纪的百科全书派一样，主张唯物主义，反对神学唯心主义。但是，和百科全书派的唯物主义不同，他们看到了机械唯物主义的缺点，因此，在接受费尔巴哈唯物主义的同时，又吸取了黑格尔的辩证法，力图把唯物主义和辩证法结合起来，把哲学思想提到了一个新的高度。不过，在社会历史问题上，他们坚持从抽象的人性论出发，用合理的利己主义说明一切社会现象，陷入了历史唯心主义。列宁在评价赫尔岑时指出，他们"已经走到辩证唯物主义的跟前，可是在历史唯物主义面前停住了"。[①]

十九世纪俄国哲学的发展，大致可以划分为两个阶段：第一

[①] 列宁：《纪念赫尔岑》，《列宁选集》第2卷，第417页。

个阶段，30—40年代，是俄国农民运动发展的初期阶段，主要代表人物是赫尔岑、别林斯基。第二个阶段，50—70年代，是农民革命运动发展的较高阶段，主要代表人物是车尔尼雪夫斯基、杜勃罗留波夫。十九世纪的俄国哲学家，不仅是革命民主主义者，而且是多才多艺的人物，他们是哲学家，又是政治家、文学家、艺术家。他们的哲学和政治思想主要是以文学和文艺批评的形式表达出来的。

第一节 赫 尔 岑

赫尔岑是十九世纪俄国哲学的开创者。他尖锐地抨击流行于俄国的黑格尔唯心主义，力图把辩证法和唯物主义结合起来，提出了"辩证法是革命的代数学"的著名命题。

亚里山大·伊万诺维奇·赫尔岑（1812—1870），出身于莫斯科的一个贵族家庭。他童年时，正值俄国战败拿破仑，取得了卫国战争的伟大胜利。卫国战争中的爱国英雄们的事迹，对他的革命思想的形成产生了深刻影响。1825年12月党人的起义以及沙皇对他们的残酷镇压，加速了赫尔岑的革命思想的成熟。1829年，赫尔岑考入莫斯科大学数学物理系。1833年大学毕业时，取得了硕士学位。在大学期间，他和他的同学及战友奥格辽夫（1812—1877）一起组织了学习小组，研究法国空想社会主义者圣西门和其他进步学者的著作，讨论社会上各种政治问题，揭露和批判沙皇农奴制。1834年，赫尔岑和奥格辽夫因从事革命活动而被逮捕，被判流放五年。1840年，他回到莫斯科。在长达五年的流放生活中，他看到了农民的苦难，看到了俄国专制制度的腐败，更加憎恨农奴制度，坚定了推翻农奴制度的决心。他积极参加反对农奴制的革命活动，40年代赫尔岑成为俄国革命民主主义者的早期领导者。

1841年,沙皇政府第二次逮捕了赫尔岑,并将他流放到诺夫哥罗得城。这期间,他深入地研究了十七世纪和十八世纪的英法哲学,特别是深入地研究了黑格尔哲学,批判地改造了黑格尔的辩证法,提出了辩证法是"革命的代数学"的著名命题。1842年5月底,他又着手研究费尔巴哈的《基督教的本质》一书,对费尔巴哈推崇备至。1845—1846年,他写了《自然研究通信》,这本书标志着他从唯心主义转变到唯物主义,从贵族革命家转变为革命民主主义者。

1847年,赫尔岑为了摆脱沙皇的书报检查机关的检查,能够自由地表达自己的思想,而移居到巴黎。在那里,他目睹了欧洲1848年革命,希望这次革命能给人民带来普遍的幸福和自由。但是,革命的结果使他极度失望。人民遭到镇压,受到更加野蛮的剥削和压迫。这一切打破了赫尔岑对资本主义制度的幻想,使他"陷入了精神破产的状态",从此,他不仅反对农奴制度,而且十分憎恨资本主义制度,成了资本主义的批判家。

1850年,赫尔岑在伦敦创办了一个"自由俄罗斯的印刷所"。1855年至1869年,先后出版了《北极星》杂志和《钟声》杂志。他在这些刊物上发表了许多革命的主张。这些杂志秘密运入俄国,传播革命思想,启发了人民的心灵。列宁认为:"赫尔岑在国外创办了自由的俄文刊物,这是他的伟大功绩。《北极星》发扬了十二月党人的传统。《钟声》(1857—1867)极力鼓吹农民的解放,奴隶般的沉默被打破了。"① 但是,由于他长期离开俄国,对俄国人民革命运动的实际情况缺乏具体的深刻的理解,对工人阶级缺乏正确认识,不相信革命的人民,因此,在那些刊物上也发表了不少乌托邦式的意见,例如,把农民理想化,认为俄国在农村村社

---

① 列宁:《纪念赫尔岑》,《列宁选集》第2卷,第419页。

的基础上可以直接建立农民社会主义,主张劝说沙皇和地主废除农奴制度等等。这些说明赫尔岑在五十年代还不是一个彻底的革命民主主义者,表现了他在革命民主主义和自由主义之间的动摇。然而,正如列宁所说:"平心而论,尽管赫尔岑在民主主义和自由主义之间动摇不定,民主主义毕竟还是在他身上占了上风。"①

1859年,车尔尼雪夫斯基亲赴伦敦,说服了赫尔岑,使他在理论上放弃了自由主义的观点。1861年,沙皇惨无人道地镇压了别兹得纳村的农民起义,在事实的教育下,他终于彻底摆脱了贵族革命家的动摇性,成为坚定的革命民主主义者1869年,赫尔岑认清了巴枯宁的真面目,同他公开决裂,转向马克思所领导的工人"国际"。1870年1月21日,赫尔岑与世长辞。

列宁在《纪念赫尔岑》一文中,对他的一生作了总的评价:他在十九世纪四十年代的俄国,竟能达到当时最伟大的思想家的水平。他领会了黑格尔的辩证法。他懂得辩证法是"革命的代数学"。他超过了黑格尔,跟着费尔巴哈走向了唯物主义。赫尔岑是通过向群众发表自由的俄罗斯言论,举起伟大的斗争旗帜来反对沙皇君主制度的第一个人。②

赫尔岑的主要著作有:《科学中华而不实的作风》(1842-1843)、《自然研究通信》(1845-1846)、《谁之罪》(1845)等。

一、物质是永恒的,万物统一于物质

赫尔岑的唯物主义哲学,是在反对农奴制度和唯心主义的斗争中产生和发展起来的。早年,他曾经受到神秘主义者维特堡和宗教情绪强烈的查哈林娜(后来成为赫尔岑的妻子)的影响,后来他在反对农奴制的斗争中,在费尔巴哈唯物主义的影响下,终于成为唯物主义者。

赫尔岑首先把自己的哲学同唯心主义哲学对立起来。他在

---

①② 参阅列宁:《纪念赫尔岑》,《列宁选集》第2卷,第419、416-422页。

《科学中华而不实的作风》中指出，唯心主义的要害是理论脱离实际，唯心主义者夸夸其谈，不懂科学，不研究实际问题，只满足于抽象的普遍性，是科学中的华而不实者。他说：

> 华而不实作风和形式主义是浮在抽象的普遍性之中的，因此它们并不具有真实的知识，所具有的只是影子。①

在他看来，华而不实者，对于书本以外的一切皆漠然置之，终日沉溺于幻想世界中，他们像僧房里的和尚一样，"认为在无限之中的寂灭便是自由和目的，他们越是离开地面上的一切生物，在抽象思想的凛冽的境域里升得越高，就越是使自己觉得安心"。② 赫尔岑把唯心主义称为"科学中的佛教徒"，认为他们除了会念书诵经之外，毫无真知灼见。

在反对唯心主义的斗争中，赫尔岑着重批判了当时在俄国流传广、影响深的黑格尔唯心主义。他指出，黑格尔把绝对理念看作是一切存在的基础，把自然界和人类社会看做是绝对理念的体现，乃是本末倒置的神秘主义的唯心主义观点。赫尔岑断言，自然界是不以意识、观念为转移的，它在意识之外永远独立存在。绝对观念或世界理性不是自然界的根源，相反，自然界则是观念、意识的根源。观念、意识不能在自然界之外独立存在，它们都是自然界发展到高级阶段上的产物。他无情地嘲笑那些主张从"纯粹的存在"里推出物质世界，从"绝对理性"里推出自然界的黑格尔主义者，说"难道现在生存着的个人是从种族的概念里发生的

---

① 赫尔岑：《科学中华而不实的作风》，商务印书馆1926年版，第65页。
② 《赫尔岑哲学著作选集》，第1卷，1946年俄文版，第81页。

吗?"①在赫尔岑看来,黑格尔把自然和历史看作对逻辑的应用,而不把逻辑看作是对自然和历史的抽象概括,显然,这是因果倒置的唯心主义观点。实际上,不是逻辑创造自然和历史,相反地,自然和历史才是逻辑的基础。他深刻地指出:

> 思想的逻辑发展,是用自然发展与历史发展的章句来进行的。②

赫尔岑认为,黑格尔唯心主义的根本错误就在于他颠倒了物质和意识、存在和思维的真实关系。与黑格尔相反,赫尔岑则坚持世界物质性的基本原理,承认物质、自然界是第一性的。他说:

> 有一个强迫我们承认的事实:这就是有某种不可入的东西在空间存在——物质。我们只能从它开始,它在那里,他在这里,它这样,它那样,不论怎样,不能否认它。③

赫尔岑认为,自然界是客观存在的,无限的,不以任何东西为存在的前提。他说,自然界中的事物,"本身具有不依赖于人的自存性;当(世界上)还没有人的时候,它们就存在了;当人出现之后,它们跟人没有关系;它们没有终结,没有边际;它们到处不停息地产生,出现,衰亡"。④ 在他看来,自然界对人来说是必然的先行者,是前提;人对自然来说,是后继者,是结论。也就是说,人是自然界的产物,而不是相反。赫尔岑还认为,物质是永

---

① 《赫尔岑全集》第4卷,第54页。
② 《赫尔岑哲学著作选集》俄文版,第1卷,第126页。
③ 《赫尔岑文集》(九卷续)俄文版,第7卷,第139页。
④ 《赫尔岑文集》(三十卷集)俄文版,第3卷,第130页。

恒存在的，它不能被创造，也不能被消灭，只能改变自己存在的形式。他说：

　　……任何存在着的东西决不会消灭，而只会发生变化……也就是说物质是永恒存在的，只会在不同的情况下转变成为不同的状态。①

赫尔岑认为，物质同空间是不可分离的，"没有物质的空间"和"不占有空间的物质"② 都是同样不可想象的。

赫尔岑还认为，物体不仅是存在于空间的唯一实体，而且它是运动和发展的，它有自己的固有的客观规律，我们的任务就在于认识和发现它的规律。他写道：

　　自然界把事实提供给我们，我们的任务就是要研究它，理解它，揭露它的规律。③

赫尔岑认为，自然界、物质是不依赖于意识的客观存在，而意识则是自然界发展的产物，依赖于物质自然界。他进一步指出，阐明人类意识发生和发展的问题是艰巨而困难的，但是，人类的意识、思维决不是从来就有的，也不是上帝或绝对观念的体现，而是从自然里产生出来的，依赖于人的头脑。他说：

　　如果没有自然界，没有肉体，那么人的意识，就成为那样的思想，就是它既没有用以思想的头脑，又没有

---

① 《赫尔岑全集》俄文版，第9卷，第162页。
② 《赫尔岑全集》，俄文版第9卷，第163页。
③ 《赫尔岑全集》，第9卷，第163页。

引起思想的物象。①

在他看来，思维和自然，精神和物质是有严格区别的，但二者的对立犹如植物的花和茎的对立一样，是统一中的对立。

赫尔岑认为，世界统一于物质。外部世界看上去千姿百态，五彩缤纷，其实它们都是物质存在不同的状态。他写道：

> 人们在自然界中寻找万物的根源，即统一性，万物从这根源产生，又回到这根源，它是一种包括一切部分的一般的东西。②

在赫尔岑看来，哲学上所讲的物质是指"一般的东西"，它包括一切个别的东西，它具有高度的概括性和抽象性。他认为，一切事物统一于物质，凡是承认世界统一于物质的，就是唯物论，反之，就是唯心论。

赫尔岑依据意识依存于物质，世界统一于物质的原理，深刻地揭露和批判了二元论的世界观，认为二元论哲学和基督教神学没有本质区别，是唯心主义的一种羞羞答答的形式。在他看来，精神依赖于物质，把二者看成绝对对立互不相干的二元论观点是站不住脚的。

赫尔岑坚持物质第一性、客观性、永恒性的观点，坚持世界统一于物质的基本原理，有力地批驳了形形色色的唯心主义，捍卫了唯物主义的哲学路线及其基本原则。

二、辩证法是革命的代数学

"辩证法是革命的代数学"③ 这句名言，集中表现了赫尔岑的

---

① 《赫尔岑全集》，第4卷，第170页。
② 《赫尔岑全集》，第5卷，第49页。
③ 参见《赫尔岑哲学著作选集》第2卷，俄文版，第185页。

辩证法思想及其革命精神。

赫尔岑是通过费尔巴哈走向唯心主义的,但是,他对黑格尔哲学的态度不同于费尔巴哈。他批判和反对黑格尔的唯心主义体系,同时又批判地吸取了其中的辩证方法,力求把唯物主义和辩证法结合起来,把辩证法同农民革命斗争的实践结合起来,表现了辩证法的革命性和实践性。

赫尔岑的辩证法不是黑格尔式的概念的辩证法,而是自觉地为消灭封建农奴制度服务的实际的辩证法。他认为,辩证法不是纯理性或纯观念的自我运动和自我发展,而是研究外部的真实事物,及其现实的发展过程。它的范畴不是虚构的,不是外在于世界而独立存在的绝对或本质,而是客观事物本质发展的表现。因此,他认为,辩证法是事物本质自身所固有的,而不是外在于事物的东西。赫尔岑通常把他的辩证法称为"物质世界的辩证法"。[①] 他正确地揭示了概念的辩证法同物质世界辩证法的关系,认为概念的辩证法是从"物质世界的辩证法"派生出来的,因而是一切科学和哲学的起点。

赫尔岑认为,物质运动和发展的原理,是辩证法的基本原理。一切事物都处在不断的运动之中,处在发生和消灭的过程中。他写道:

> 存在就是活生生的运动;从一方面来看,生活不是别的,而是不间断的、不停止的运动,是积极的斗争;……这种斗争永远是在结束,也永远是在开始。[②]

在赫尔岑看来,从自然界到人类社会和人类思维,都服从于不停

[①] 《赫尔岑全集》第13卷,第15页。
[②] 《赫尔岑全集》第4卷,第56页。

息的发展规律，物质实体根本不会绝对安息和停顿，自然界是一个无止境的发展过程，任何力量都无法阻止它的发展。他嘲笑形而上学时写道，形而上学者在研究自然界时说："站住！当我分析你的时候，你就得变成一个死僵的实体。"对此，赫尔岑深刻地指出：

> 如果你们能够在一瞬间里把自然界停住了，就好像一种死僵的东西那样，那么你们不但不可能去了解思维，而且也不可能去了解原生动物……但是自然界是在运动着的；要给自然界广阔的活动范围，要注意自然界的形成过程，要注意它的发展历史。①

他认为，形而上学把物质的特性只归结为广延性，否定物质的能动性是不对的，物质自身是运动和发展的，只有运动和发展才是物质的根本特性。他写道：

> 如果物质性只是一种无声的、不活动的、被动的充满空间的现象，那么运动就不可能出现；可是，这种情况完全是虚构的；物质的本身就具有拒绝呆滞的、空虚的和被动的静止状态的特性；物质会自行腐蚀。②

他举例说，当物质发酵时，它就从一种形态过渡到另一种形态，否定了原来的体积获得一种新的体积。由此，可以看到，"物质的概念不仅限于体积，体积是不活动的，不因为自己的相互作用而运

---

① 《赫尔岑全集》，第4卷，第34页。
② 《赫尔岑全集》，第4卷，第140页。

动"。① 在赫尔岑看来,那种把体积或广延看成是物质唯一特性的观点,是不能成立的。

赫尔岑坚持对立面统一的辩证法思想。他指出,对立的两个方面彼此不是孤立的,而是相互联系的、相互斗争和相互转化的。在他看来,时间的本质就是既存在又不存在,自然界中的有限和无限、永恒和暂时、新和旧、生物的新陈代谢、统一性和多样性彼此间没有一个是永远割裂开的,它们是相互联系、相互转化的。他断言,只有从它们的结合中,它们的统一中,才能认识它们的对立。形而上学只看到它们的对立,看不到彼此间的联系和转化,从而把对立面理解为是僵化的、不变的,这是毫无道理的。

赫尔岑论述了辩证法的否定原则。他断言,事物内部具有自我否定性,这种否定性是推动事物发展的原则,是事物的不停息的运动的内在渊源。在赫尔岑看来,否定就是扬弃,是发展的环节。他写道:

> 否定,从他所否定的东西,从过去的东西里,取得了自己的全部力量;否定决不会因为感恩而宽恕它,也不会因为憎恨而消灭它。②

赫尔岑研究了事物发展的量变和质变、质变和飞跃的问题。他认为,事物的发展不仅是量的增加和减少,而且是从量变到质变的过程。他断言,单纯的量不能说明事物发展的无限丰富的质,当然,也不能把无限丰富的质只归结为单纯的量。量和质是有区别的,同时,两者又是分不开的。离开质的抽象的量,和离开量的抽象的质,都是不存在的。人们是通过量来认识质的。形而上学

---

① 《赫尔岑全集》,第 4 卷,第 509 页。
② 《赫尔岑全集》,第 5 卷,第 230 页。

只看到量和质的对立，看不到它们的联系和转化。

赫尔岑认为，量是一个非常重要的范畴或规定。不同的量能构成不同的物体或事物。同样的量，按照不同的比例，也可以构成不同的有机和无机物体。但是，研究事物时如果仅仅着眼于量的方面，忽略质的方面，就会像笛卡尔那样，把动物也看成水力火力两用机；反之，如果仅仅着眼于质，忽略事物量的方面，同样也是错误的。赫尔岑主张从事物的质和量的关系上认识事物，研究事物的发展。他指出，事物量的变化积累到一定程度时，会引起质的变化。形而上学只承认量变，否认量变引起质变和飞跃，必然会抹煞事物间的质的差别。

赫尔岑十分注意对新生事物的研究。他认为，发展是新事物的产生，旧事物的灭亡，这是不依人们的意志为转移的客观规律，是由事物内部的矛盾和斗争规定的。因此，他寄希望于新事物。但是，他深深地懂得，新事物的产生绝不是平安顺当的，这是因为一切陈旧的垂死的东西，都具有经久性和顽固性，它们是不会自动跳进坟墓的。因此，新事物必须同它进行不懈的斗争，才能争得自身存在的权利和地位。他写道：

>……我们的使命，就是要去推翻旧制度，破除宗教信仰，消灭对旧事物的希望，打破一切成见；要毫不让步，毫不留情地去对待一切以前的神圣的东西；要去向任何一个正在发生着的东西、任何一次的黎明发出微笑和致敬。[①]

赫尔岑的这些精辟的论述充分地表现了他反对旧事物，欢迎新事物的革命精神。

---

① 《赫尔岑全集》，第5卷，第450页。

赫尔岑反对理论脱离实际的空谈,特别强调辩证法的理论要为反对农奴制的斗争服务。他认为,黑格尔没有把辩证法的革命精神贯彻到底,因为黑格尔认为人类社会的发展必须有个终点,并且把普鲁士的君主专制政体美化为人类历史发展的花冠。赫尔岑把德国唯心主义这种妥协的政治态度称为"暧昧的德国二元论"。同黑格尔相反,赫尔岑特别注意辩证法的革命性。他断言,辩证法绝不像形式逻辑一样,既不能给人以新的知识;又不能给人提供新的方法,除了抽象的同一之外,不知道还有别的。辩证法必须像代数学一样,发现事物的矛盾,通过矛盾的解决给人们提供认识事物的新知识和新方法,指导人们建立新世界,消灭旧世界。他说:

> 黑格尔哲学(按:指黑格尔辩证法)是革命的代数学。它不同寻常地使人得到解放,并且彻底摧毁基督教世界,摧毁过时了的故事的世界。①

赫尔岑不把辩证法当成是简单的证明工具,脱离实际的单纯的理论,而是把辩证法和实际斗争结合起来。这样,辩证法就成了赫尔岑批判俄国的各种唯心主义、基督教神秘主义和怀疑主义的锐利武器,反对农奴制的理论基础。赫尔岑的这一思想得到列宁的高度评价。

应该指出,赫尔岑的辩证法是不完善的,也是不彻底的。例如,他主张对立面的"生动的调和",认为对立面的斗争愈顽强、愈凶恶,对立面就愈互相接近,愈调和。他还主张唯物主义和唯心主义可以结成一个统一的真理观等等。尽管赫尔岑的辩证法思想有种种缺陷,但从整体说来,其主导方面还是积极的。

---

① 《赫尔岑哲学著作选集》第2卷,第185页。

三、经验和思辨是知识的两个阶段

赫尔岑在唯物主义的基础上，提出了以经验和思辨的结合为主要内容的认识论理论。

赫尔岑认为，客观存在的自然界是我们认识的真正对象。人类首先通过感官和自然界发生关系，认识开始于感觉经验，他批驳了天赋观念论，认为一切知识都是后天的，从经验中获得的。赫尔岑指出：

> 没有经验就没有科学，就好像在片面的经验论里没有科学一样。①

赫尔岑认为，虽然认识开始于经验，但认识不能停留在经验上。为了得到科学和真理，必须使经验即感性认识上升为理性认识，"以理性来达到真理"。因此，赫尔岑反对囿于感觉经验的狭隘的经验主义，因为"在片面的经验里没有科学"。

赫尔岑认为，感性和理性，即经验和思辨，不是毫无关系的、绝然分开的，它们是同一个认识过程中的两个不同阶段。他写道：

> 经验和思辨，是同一知识的两个必需的真实的实际阶段……。②

他认为，感觉经验是认识的第一阶段，它为我们提供关于外部世界的丰富的感性资料、感性认识。因此，认识不能离开感觉经验，只有通过感觉经验才能达到思辨。他说：

---

① 《赫尔岑全集》，第4卷，第7页。
② 《赫尔岑全集》，第4卷，第7页。

>哲学如果不善于去承认和理解经验,更加糟糕的是去认为即使没有经验也行的说法,那么就会冷酷得像冰块一样,森严得不近人情……①

在赫尔岑看来,思辨是认识的第二个阶段,它能为我们提供真理,因此,经验必须转化为思辨,经验材料必须经过合理加工,上升为思辨认识。如果割裂经验和思辨的关系,使二者彼此孤立起来,那么,彼此都会失掉真理性。赫尔岑把感性和理性、经验和思辨的密切关系比喻为两个马德堡半球的关系,二者相辅相成,缺一不可。显然,赫尔岑关于感性和理性相结合的观点是合理的。

赫尔岑主张思维和存在具有同一性。他认为,人及其思维是自然界发展的最高阶段的产物,它们之间存在着历史的联系,人和自然、思维和存在是同一的,"思维的历史是自然历史的继续","思维的规律即是被意识到的存在规律"②,世界是可知的。由此出发,他批判了不可知论和怀疑论。他指出,不可知论限制人类理性的认识能力,给人类的理性划定认识范围,好像人类的理性永远不会超出这个范围似的。怀疑论则无根据地怀疑理性的认识能力,怀疑对真理的认识,以为真理都是主观臆造或虚构的。针对这种谬论,赫尔岑指出,人类的理性完全具有揭露和认识自然规律的能力,真理是时间的女儿,她准备在勇敢的人面前倾吐一切,听从那想要占有她的人的支配。人类的理性从来不会满足已有的成绩,也从来不会在探索真理的道路上住脚或半途而废,它要一直找到真理。

应该指出,赫尔岑的认识论也是有不少缺陷的。首先,他尽管主张感性和理性、思维和存在是同一的,但他不理解二者同一

---

① 《赫尔岑全集》,第 4 卷,第 19 页。
② 《赫尔岑文集》(三十卷)俄文版,第 3 卷,第 125 页。

的基础，不理解社会实践在认识中的地位和作用。其次，在真理问题上，他虽然承认真理是认识与客观事物及其规律的符合，但他却把理性作为评判认识真假的最后法庭。他写道：

> 凡是合理的，人们就承认。人不寻求另外的标准。理性的证明——这就是终审法庭。①

这样，他的认识论就具有了某种程度的唯理论的片面性。

第二节 别林斯基

别林斯基是俄国革命民主主义哲学的开创者之一，卓越的文艺批评家。

维萨里昂·格里戈里耶维奇·别林斯基（1811——1848）是一个平民出身的革命知识分子。他出生在斯威阿堡，父亲是一个海军医生，参加过1812年的卫国战争。他的幼年时代是在平兹省的谦巴城里度过的。他亲眼目睹了农民生活的悲惨情景，地主、警察的专横，在幼小的别林斯基的心灵里播下了仇恨农奴制的火种。1825年，别林斯基毕业于谦巴县立小学，进入平兹文科中学。在中学时代，他以极大的热情和兴趣研究了一些文艺作品和一些科学家的著作，崇拜普希金、十二月党人和其他爱国主义者的诗作及文学作品。1829年，他进入莫斯科大学语文系。在大学期间，他和同学们一起在公费生宿舍第十一号房间建立了文学社，取名为"十一号房间文学社"。不久，他在文学社中宣读了自己创作的剧本《德米特利·卡里宁》，第一次表达了他对农奴制的憎恨和保护

---

① 《赫尔岑文集》（三十卷）俄文版，第3卷，第128页。

被压迫劳动人民的决心。为此，学校当局以健康不佳为名开除了他。1833年春天，他到《望远镜》杂志工作。翌年，发表了有名的论文《文学的幻想》。1836年，《望远镜》因刊登恰达也夫的《哲学通信》而被封闭。1838—1839年，他任《观察家》的主编。1839—1846年，他在《祖国纪事》杂志工作，由于工作繁忙，过度劳累，损害了他的健康。1846年，别林斯基到由涅克拉索夫任主编的《现代人》杂志工作。1847年春，他出国养病，在国外写了有名的《致果戈里的信》。1848年3月，沙皇政府的特务机关开始对他进行侦察和传讯，但未过数月，肺病就夺去了他的生命。

别林斯基的一生是探索真理、追求革命的一生，他通过坎坷崎岖的道路，从一个启蒙主义者转变为一个民主主义的革命家，从一个唯心主义者转变为一个唯物主义者。

别林斯基的思想发展过程大致分为30年代和40年代两个时期。在30年代里，别林斯基在政治上还是一个启蒙主义者。他认为农奴制度是不合理的吃人制度，必须消灭，否则人们便不能忍受难言的痛苦。用什么方法去消灭农奴制呢？别林斯基认为，沙皇政权是强大的，谁不向它低头，它就采用暴力把谁吃掉。同时，他又受到黑格尔关于"凡是现实的都是合理的"这一思想的影响，认为现存的一切都是合理的。基于上述观点，他力图寻找一条既能改变农奴制度，又不使自己的祖国遭受重大损失的道路。在他看来，启蒙运动便是达到这个目的主要方法。他说：

> 假使俄国的每一个人都通过爱而达到完善，那末，即使没有任何的政治，俄国也将会成为世界上最幸福的国家。启蒙，这就是它走向幸福的道路。……俄国的全部希望在启蒙，而不在变革，不在革命，也不在宪法。①

---

① 《别林斯基哲学著作选集》第1卷，俄文版，第521—522页。

作为一个启蒙主义者,别林斯基坚决相信农奴制度一定会灭亡,相信我们的下一代将会看到农奴制不过是一去不复返的历史现象罢了。

在30年代,别林斯基在哲学上是一个唯心主义者。他认为,世界的本原和本质是客观存在的"理念",自然和社会中的万事万物则是"理念"的体现;"理念"不是静止不动的,而是处在不断的产生和消灭、运动和变化的过程中;"理念"自身包含着矛盾,矛盾双方进行着斗争,推动着"理念"的变化和运动。这种斗争,在自然中表现为伸力和缩力的斗争,在社会生活中,则表现为善和恶的斗争。但是,别林斯基又把运动和变化仅仅归结为矛盾的调和。显然,别林斯基在30年代的哲学思想,是受了黑格尔唯心主义的哲学思想影响的。

40年代初,由于俄国国内阶级斗争的激化,西欧革命形势的发展,以及赫尔岑和费尔巴哈唯物主义哲学思想的影响,别林斯基在政治上从一个启蒙主义者转变为一个革命民主主义者,在哲学上摆脱了黑格尔唯心主义的影响,从唯心主义者转变为唯物主义者。

一、精神的东西是物理的东西的活动

40年代,别林斯基逐渐摆脱了唯心主义的束缚,转变到了唯物主义的立场上来。他的唯物主义思想散见于他的许多的书信和评论中,如《给波特金的信》(1847年2月17日)、《用直观方法讲授自然地理时的地球图景》(1847)、《1846年俄国文学概观》(1847)、《1848年俄国文学概观》(1848)等。

别林斯基在从唯心主义向唯物主义转变的过程中,首先受到了罗蒙诺索夫和拉吉舍夫等人的唯物主义思想的影响。赫尔岑的《科学中华而不实的作风》、《自然研究通信》,费尔巴哈的《基督教的本质》,马克思和恩格斯的早期著作,如《黑格尔法哲学批判导言》、《论犹太人问题》、《政治经济学批判大纲》等,在别林斯基从唯心主义到唯物主义转变的过程中也起了重大的作用。费尔巴哈的《基督教的本质》使他对宗教的本质有了深刻的认识,特别是马克思和恩格斯的著作解决了实际生活中迫切需要解决的问题,他读后顿时开朗,心情无比喜悦。他在给赫尔岑的信中写道:

> 我自己已经抓取到真理了,在"上帝"和"宗教"这两个词里,我看到"黑暗"、"愚昧"、"锁链"和"鞭子",我现在爱上帝和宗教这两个名词是像爱它们后面的那四个名词一样。①

在他看来,上帝、宗教和黑暗、愚昧、锁链、鞭子是同义语,都是必须否定的。

对黑格尔绝对唯心主义的批判,是别林斯基从唯心主义转变为唯物主义的重要标志。他深刻地指出,精神、观念并非像黑格尔所理解的那样,是人和自然界的创造主,是脱离开人脑老早就已经独立存在的东西。与此相反,人类和自然界不是绝对观念的创造物,观念或思维倒是自然界长期发展的产物,是自然界发展的高级形式——人脑的属性和机能。按照别林斯基的观点,没有自然界,就没有人类,就没有观念和思维。因此,自然界在先,观念在后,物质在先,精神在后,这种顺序是不能颠倒的。他认为,黑格尔的错误是颠倒了物质和观念的关系,使观念成了脱离开物质和生活的神秘主义的东西。他说:

> 在黑格尔那里,哲学达到了自己最高的发展,同时也作为神秘的、与生活格格不入的知识而告终结了。哲

---

① 《别林斯基书信集》,俄文版,第3卷,第87页。

学成熟了、坚强了,从今以后要回到生活中去。①

哲学必须抛弃超自然的东西,回到实际生活中去,这是他得出的重要结论。

别林斯基在批判黑格尔唯心主义的同时,按照费尔巴哈人本学的基本原则,把灵魂与肉体的关系作为哲学中头等重要的问题加以研究。他认为,人的精神方面和物质方面,人的灵魂和人的肉体二者是有机的统一体。精神、灵魂以肉体为基础,以肉体为转移,精神绝不能脱离开物质,灵魂绝不能脱离人的肉体而单独存在。因此,基督教所宣扬的脱离开肉体而存在的灵魂,黑格尔所宣扬的脱离开人脑的纯粹思维,都是不存在的。在别林斯基看来,在人的身体之外,在人体的生理过程之外,感觉和智力是不存在的。

别林斯基从唯物主义观点出发,既反对把物质和精神相割裂的唯心主义观点,也反对庸俗唯物主义把精神和物质、把人的意识同人的生理过程混为一谈的错误观点,他写道:

> 不可把人的精神本性同人的物理本性分离开,从而把它看作是不依赖人的物理本性的某种特殊的东西。但是,必须把它和物理本性区别开来……精神的东西不外是物理东西的活动。②

在别林斯基看来,人的意识或思维,不能脱离开人体或人脑,人的心理过程不能脱离生理过程,二者既互相联系,又有严格的区别,既不能把二者关系颠倒,又不能将二者混淆和等同起来。在

---

① 《别林斯基哲学著作选集》,俄文版,第1卷,第501页。
② 《别林斯基哲学著作选集》,俄文版,第2卷,第528页。

意识和物质、心理过程和生理过程的问题上,别林斯基坚持了物质第一性、意识第二性的观点。

二、"生活的辩证法"

别林斯基在批判黑格尔唯心主义哲学时,也吸取了黑格尔的辩证法,力图在唯物主义基础上对辩证法加以解释,提出了"生活的辩证法"这一重要概念。

别林斯基明确指出,和黑格尔把辩证法看作是绝对理念发展的科学不同,我所理解的辩证法是关于客观事物运动发展的科学,它支配着世界上的一切事物。自然界和社会生活的一切方面,都在按照辩证法的法则运动和发展。这就是说,辩证法不是在生活和事物之外,而是存在于生活和事物之中,不是什么绝对理念的辩证法,而是生活和事物的辩证法。

别林斯基反对把事物看成是一成不变的形而上学的观点,认为无论是自然界的事物,还是人类社会生活都是发展的。他写道:

> ……正是在这种生活里,它不断地更新,不断地变化;这就是我的关于生活的基本原则。[①]

在别林斯基看来,在自然界的长期发展的过程中,出现了植物和动物,接着又出现了高级的动物——人类。从生产的发展来看,原始的人类使用的是木棍和石块,经过长期的发展,进入利用蒸汽机的文明社会。

别林斯基主张发展是无限的。他指出,无论在自然界还是在人类社会里,前一个阶段总是制约着后一阶段,而现在的阶段又包含着否定自身的东西,并且为下一个阶段准备了条件。因此,在发展的过程中,新东西的出现是不可避免的,发展永远不会停止,

---

① 《别林斯基书信集》,俄文版,第2卷,第339页。

永远也不会有个终点。他特别反对黑格尔关于发展有顶点的思想，反对黑格尔把普鲁士的君主立宪制说成是人类历史发展的顶点的思想。他说：

> 人类的发展是没有止境的，人类永远不会对自己说：站着，够了，再也没有地方可以向前走了！①

别林斯基认为，发展是由低级到高级的运动过程，新东西的出现和旧东西的灭亡，是发展的普遍规律。他断言，在运动中才有生命，在静止里只有死亡。别林斯基用这种观点观察社会，论证新的生活方式代替旧的生活方式是合理的。

在事物发展的源泉问题上，别林斯基主张一切事物的发展变化都由于事物自身包含着矛盾，认为矛盾双方的斗争推动着事物的运动和变化。他写道：

> 一切活的东西之所以区别于僵死的东西，就是因为它本身本质中包含着矛盾的本原。②

在他看来，在任何事物中都包含着新与旧的矛盾和斗争，正是这种新与旧的斗争推动着事物的发展，旧东西被新东西所战胜，把事物从一个阶段推到另一个更高的阶段，这就是新事物的胜利，旧事物的灭亡。

别林斯基十分重视否定的思想，把它摆在十分重要的地位，强调否定的革命性和重要性。他写道：

---

① 《别林斯基全集》，俄文版，第12卷，第460页。
② 《别林斯基哲学著作选集》，俄文版，第1卷，第468页。

> 没有否定，人类历史就会变成停滞不动的臭水坑。①

他又写道：

> 否定——这就是我的上帝。我（所崇拜）的历史上的英雄——旧事物的破坏者——路德、伏尔泰、百科全书派、恐怖党人、拜伦……②

别林斯基用否定的辩证法思想，对俄国的农奴制进行革命的否定，批判了为农奴制辩护的各种错误的观点，为推翻俄国的农奴制度做了理论上的准备。

三、抽象的真理是不存在的

别林斯基从唯物主义的基本观点出发，阐述了认识论的基本理论。他指出，认识的任务不是用心灵去观察永恒的理念，而是通过感官和理性去认识现实的自然界和社会生活。认识开始于感觉，感觉是认识的源泉。

别林斯基认为，为了认识真理，必须对那些陈旧的结论加以批判和分析，对一切不合时宜的东西要坚决抛弃。它要求人们大胆地探索真理，不要胆怯和软弱。他相信人们的理性能力，对认识真理充满了信心，反对各种形式的不可知论和怀疑论，指责它们贬低科学，维护宗教，妄图用信仰代替科学。

在感性认识和理性认识的关系上，别林斯基既反对唯理论，也反对经验论。他指责唯理论轻视经验，企图不根据经验而得到规律的认识。他认为，实际上，任何一个概念都不是随意产生的，而是客观存在的事物直接作用于感觉器官的结果。别林斯基认为，经

---

①② 《别林斯基哲学著作选集》，俄文版，第1卷，第564、590页。

验主义者轻视理性，否定或贬低人们的理性能力，也是错误的。无论是唯理论还是经验论，都是把感性认识和理性认识割裂开来，二者都是片面的，都是和真理不相容的。他断言，只有当经验与思维（即理性）统一起来的时候，才能认识现象，认识真理，这是认识的唯一正确的道路。

特别应该值得提出的是，别林斯基反对把真理看做是永恒的、僵死的、不变的、抽象的教条，主张真理是具体的，没有抽象的真理。他写道：

> 世界上一切东西的重要和不重要、大和小、旧的和新的，都只是相对的……真理的和善的思想是在一切时代里被所有的民族承认的；但是对一个民族、对一个时代说来是善的、是确定不移的真理，对另一个民族、对另一个时代说来就往往是虚伪的和丑恶的。①

因此，他要求人们在处理任何问题时都要以时间、地点、条件作为出发点，都要具体地观察每一个现象，具体地历史地处理每一个问题。世界在发展，人们的认识也应该发展，真理也应该发展。不难看出，别林斯基的这个观点是符合人类认识运动的实际情况的。

四、历史是按照自身的必然性向前发展的

别林斯基在同斯拉夫派和沙皇的官方思想家的斗争中，力求用唯物主义和辩证法来理解人类的社会生活。

别林斯基反对斯拉夫派和沙皇的反动思想家们把人类历史的发展，归结为个别人的意志活动的唯心主义观点，他认为人类社会是按照一定的必然规律而前进的运动过程。任何一种社会形式

---

① 《别林斯基全集》，俄文版，第10卷，第403页。

被另一种社会形式所代替，都不是偶然的，而是合乎规律的必然地产生出来的。他说：

> 伟大的历史事件，并不是偶然地或者突然地从自身或者（反正一样）从不存在的东西里产生出来的，却永远是已经发生过的事件的必然结果。[①]

别林斯基认为，人类历史前进的道路不是"直线形的"，而是沿着由低级向高级，按照"螺旋形"式前进的，尽管有时有暂时的后退或倒转的情形，然而人类的历史仍然不会停止不动，而是不断前进的，在他看来，历史学家绝不应该停留在把握个别的历史事实上，而是应该通过研究众多的历史事件，从中发现人类历史发展的规律。

别林斯基反对用任何的单纯的外部原因去说明历史的发展和进步。他认为，历史的前进运动和发展，是由历史内部充满着的矛盾性和否定性决定的。他以此为俄国的农民革命进行论证，把农民反对农奴制的斗争，看成是俄国历史前进的重要力量。

别林斯基十分注意人民群众和个人在历史上的作用。他认为，社会历史首先是人民群众活动的历史，没有人民群众，就不会有历史，任何重大的历史事件都同人民群众的活动分不开。因此，别林斯基谴责封建贵族和资产阶级自由主义者轻视人民、鄙视人民的态度。他写道：

> 有些人们轻视人民，把人民看成是需要经常被束缚在工作和饥饿上的无知识的和粗笨的人群；对这样的人们，现在不值得去反驳：他们或者是愚蠢的人，或者是

[①] 《别林斯基全集》，俄文版，第11卷，第105页。

卑鄙的人，或者是两种情况都有。①

但是，别林斯基并不否认伟大人物在历史上的重要作用，他认为，杰出的历史人物是"时代精神"的代表，他们是历史运动真正的领导人。他写道：

> 每一个伟大的人物都在实现自己这个时代的事件，解决这个时代的问题，用他自己的活动来表达出他自己所出生和成长起来的这个时代的精神。②

别林斯基认为，伟大人物和人民群众不是对立的，人民是储存一切发展的生命液汁的土壤，个人则是这种土壤上所产生的花朵和果实，人民同领袖的关系，犹如土壤同植物的关系。

别林斯基依据自己的观点，为俄国的革命进行了论证。他认为，被剥削阶级和剥削阶级之间的斗争是阶级社会的主要内容。在俄国，阶级斗争、社会集团之间的斗争、不同等级之间的斗争，同样是俄国封建社会的基本内容。他特别强调，依据社会不断发展的规律，俄国的农奴制度已经过时，成了腐朽不堪的东西；成了俄国继续前进的巨大障碍。因此，必须推翻农奴制，为俄国的进步开辟道路。但是，斯拉夫派和自由主义者硬把俄国民族说成是"统一的"，没有内部斗争的民族，把"仁慈"和"温顺"说成是俄国人民民族性的固有特征，断言俄国没有必要进行革命，极力美化和颂扬俄国的农奴制度。别林斯基针锋相对地指出，斯拉夫派和自由主义者的理论毫无根据，事实上，俄罗斯民族正是一个富于斗争光荣传统的民族。

---

① 《别林斯基全集》，俄文版，第11卷，第162页。
② 《别林斯基全集》，俄文版，第6卷，第505页。

别林斯基还批判和揭露了资本主义压迫剥削的实质。他指出,在资本主义社会里,劳动人民过着非人的生活,他们一辈子替资本家工作,却只能维持最低的生活。国家政权被控制在资本家手里,是不合适的,资本家既没有爱国主义,也没有崇高的感情。在资本家看来,战争或者和平,不过意味着股票的上涨和跌落。不过,别林斯基也认为,资本主义的生产比农奴制的生产进步,工业既是"巨大祸害的根源",同时也是"社会的巨大幸福的源泉"[①]。因此,他相信,俄国也不得不经过资本主义发展的道路,资本主义发展的愈迅速,就愈会加速农奴制的灭亡。

但是,别林斯基指出,资本主义既是人类社会中必然发生的现象,也是人类社会的暂时过渡阶段。资本主义制度不是我们的理想,只有社会主义才是我们的理想。他指出,理想的社会主义是一个自由平等、富足康乐、文明合理的社会。在这里,没有国王和暴君,永远结束了压迫和剥削;没有乞丐,没有娼妓,结束了贫困和犯罪;文化教育大普及,人们的智力和体力都得到高度的发展和发挥;人们都按照理性和良心而合理地生活,大家互相尊重,和睦共处,没有战争,没有暴力;在这里,妇女不再是男子的奴隶,他们同男子一样,从事着政治、生产、科学和艺术的活动,以社会一员的资格平等地出现在社会上,妇女获得了真正的解放。他认为,实现社会主义的理想必然通过暴力,没有暴力和流血,革命是不会成功的。

别林斯基相信,社会主义不论在俄国,还是在西欧,都将会获得最后的胜利。他断言,俄国在这方面可能做出榜样,创造出振奋人心的成就。他预言道:

> 我们羡慕我们的孙子和曾孙们;他们一定能看到一

[①] 《别林斯基书信集》,俄文版,第2卷,第376页。

九四〇年的俄国——它将领导着文明世界,给科学和艺术提供各种规律,并且受到全体文明人类的真诚的尊敬。……①

当然,别林斯基的社会主义学说具有空想的性质。因为当时的俄国无产阶级还没有成长起来,十九世纪的俄国还不具备实现社会主义的革命条件,他没有也不可能明确指出无产阶级是实现社会主义的基本力量。

总之,别林斯基的历史观的确有不少合理的因素,但是由于俄国历史的局限,他始终没能达到历史唯物主义的水平。

第三节 车尔尼雪夫斯基

十九世纪60年代,是俄国农民运动进一步发展和高涨的新时期。1861年至1865年的四年间,农民起义达二千次以上。农民运动的高涨,把俄国革命民主主义的发展推向了高峰。一大批革命知识分子团结在《现代人》杂志的周围,形成了革命力量的中心,而这一中心的领导者就是俄国伟大的革命家、思想家、杰出的革命民主主义者车尔尼雪夫斯基。

尼古拉·加夫里洛维奇·车尔尼雪夫斯基(1828—1889)出生于萨拉托夫的一个神甫家庭。少年时期就开始学习拉丁文和希腊文。16岁时进萨拉托夫一所教会中学。他自幼喜爱文学,较早地接触到赫尔岑和别林斯基的作品,受到深刻的影响。18岁进彼得堡大学文史系,时值彼得堡大学围绕农奴制问题进行激烈的辩论,别林斯基在《现代人》杂志上以火一般的语言发表了大量的

---

① 《别林斯基全集》,俄文版,第31卷,第488页。

文章，号召青年为消灭农奴制而斗争。这一切都深深地打动了车尔尼雪夫斯基的心弦，激发了他的正义感和革命热情。他迅速投入战斗，成为革命的积极分子，成为由革命青年所组成的小组的主要成员。1848年欧洲革命，进一步把车尔尼雪夫斯基推向了革命道路。在国内外革命思想和革命运动的推动下，在赫尔岑和别林斯基的影响下，车尔尼雪夫斯基很快地成长为一个坚强的革命民主主义者和空想社会主义者。

车尔尼雪夫斯基认为，指望剥削者和压迫者给农民谋福利是纯粹的妄想。人们只有通过斗争甚至暴力才能打碎剥削者的国家机器，实现理想的社会制度。他深信俄国革命爆发的时机已经到来，并准备为它献身。

1853年，他来到彼得堡，出任涅克拉索夫主编的《现代人》杂志的编辑。1856年，因涅克拉索夫出国，车尔尼雪夫斯基实际上成了《现代人》杂志的主编。在他的主持下，《现代人》成了革命民主主义者的喉舌，成了团结大批进步知识分子的革命组织。他还亲自到伦敦说服赫尔岑，帮助他克服摇摆性，并把以《钟声》为中心的国外革命力量和以《现代人》为中心的国内革命力量，联合成为革命的统一战线。

1861年"改革法"颁布前后，车尔尼雪夫斯基做了大量的工作。针对农奴主和自由主义者为农奴制改良大唱赞歌的情形，他揭露了改革的实质，愤怒地斥责改革是骗局和脏事。1862年，他写了著名的《没有地址的信》，谴责农奴制改革，认为这一改革没有给农民带来任何实际利益，没有触动农奴制的要害，只是变更了一下剥削形式。他说，改革不过是农奴主的政权接受了资产阶级剥削的方案。在马克思的帮助下，这封信于1874年在瑞士出版。列宁指出，这封信表明车尔尼雪夫斯基清楚地懂得这个改革的基本的资产阶级性质。

1862年，沙皇政府查封了《现代人》杂志，逮捕了车尔尼雪夫斯基，判处他服苦役十四年，流放到西伯利亚。实际上，他被流放长达 25 年之久。在长期监禁和流放中他受尽了折磨和摧残，但他始终保持革命的乐观主义精神，不屈服于沙皇的压力，也不请求沙皇的赦免。1889 年，刑满以后他重新回到了家乡，不久便逝世了。

车尔尼雪夫斯基为根除农奴制，实现俄国社会进步而战斗了一生。他认为，农奴制是沙皇统治的社会基础，是俄国社会进步的最大障碍，只有彻底消灭农奴制度，而不是改良农奴制度，才能实现社会的进步。然而，俄国社会的进步，决不是要建立一个资本主义制度。尽管资本主义制度比农奴制度进步，但它仍然是一个人吃人的制度。在这个制度下，富者愈富，穷者愈穷，两极分化。他认为，只有在农村村社的基础上建立的社会主义，才是理想的社会。当然，车尔尼雪夫斯基的这种观点只能是一种空想社会主义思想。列宁在概述车尔尼雪夫斯基的思想时指出："继赫尔岑之后发展了民粹主义观点的车尔尼雪夫斯基，比赫尔岑更前进了一大步。车尔尼雪夫斯基是彻底得多的、更有战斗性的民主主义者。……尽管他有空想社会主义思想，但是他还是一个资本主义的异常深刻的批评家。"[①]

车尔尼雪夫斯基在哲学上继承了费尔巴哈的人本学唯物主义，批判地吸收了黑格尔的辩证法，在同当时俄国流行的各种唯心主义的斗争中，把十九世纪的俄国革命民主主义的哲学系统化了。他的主要著作有：《艺术与现实的美学关系》（1855 年）、《果戈里时期文学概观》（1855—1856）、《对反公社所有制的哲学偏见的批判》（1858）、《哲学中的人本主义原理》（1860）、《没有地址的信》（1862）等。

---

① 列宁：《俄国工人报刊的历史》，《列宁全集》第 20 卷，第 241 页。

一、人本学唯物主义世界观

车尔尼雪夫斯基公开承认费尔巴哈是自己信奉的宗师。他追随费尔巴哈之后,把自己的哲学也称为人本主义或人本学。所谓人本主义,就是把人作为哲学研究和注意的中心,把哲学基本问题,即精神和物质、思维和存在的关系问题,归结为人的精神活动和人的肉体活动的关系问题。他在《哲学中的人本主义原理》一书中这样说:

> 人本学是这样一门科学,它无论谈到人的生命过程的哪一部分,都永远记得:整个这一过程以及它的每一部分都是发生在人的机体中;这个机体就是产生它所研究的现象的材料;现象的性质是由材料的性质所决定的,至于现象发生的规律只是自然界规律发生作用的特殊的个别的情况。①

按照这个解释,人本学的基本原理,主要包括下面两个方面的内容,第一,关于人的机体的统一性原理;第二,关于自然界统一性原理。

车尔尼雪夫斯基依据人的机体统一性的原理,批判了二元论和唯心主义,论证了人本主义的一元论。在他看来,人是最重要的,因此,关于人的科学就是最重要最根本的科学。哲学必须把人作为研究的对象。他认为,人的一切活动分为两大类:一类是人的生活活动,如衣、食、住、行;另一类是人的心理活动,如思想、感情、愿望等精神活动。这两类活动的关系可以归结为物质和精神的关系,它们是相互联系的、统一的。生活活动、物质活动是心理活动或精神活动的基础,而心理活动或精神活动则是

---

① 《车尔尼雪夫斯基选集》下卷,三联书店1959年版,第295页。

由生活活动、物质活动决定。

从物质决定精神这个唯物主义观点出发,车尔尼雪夫斯基批判了二元论。他说:

> 自然科学所制定的关于人类机体统一性的思想,是哲学对于人类生命及其全部现象的观点的原则;生理学家、动物学家和医学家的观察消除了一切关于人的二元论的思想。①

按照他的这个理论,只有人本主义的观点,才是彻底的一元论的观点。

车尔尼雪夫斯基依据自然统一性的原理,批判了超自然的神秘主义,论述了物质世界的统一性原理以及物质世界发展的规律性。在他看来,人不是超自然的怪物,而是自然界的产物,是自然界的一个有机组成部分。人只有依赖于自然界才能生存和发展。人和自然界都服从于同一的物质运动的规律,人的机体活动不过是自然规律发生作用的特殊表现,都遵循自然界的一般规律。人不仅是同自然界对立的,而且又是同自然界统一的。世界上除了人和自然界以外,绝对没有一个超自然界的彼岸世界——神灵世界的存在。宗教神学以及神秘主义鼓吹的天国是根本不存在的,完全是骗人的。

车尔尼雪夫斯基还论证了无机界和有机界的统一,植物和动物的统一,动物和人的统一。不过,他把这种统一理解为无差别的统一,表现了他的形而上学的局限性。

车尔尼雪夫斯基从自然界的统一性观点出发,进一步论证了世界的物质统一性原理。他指出,世界上的事物五光十色,纷繁

---

① 《车尔尼雪夫斯基选集》,下卷,第233页。

复杂。每个事物又有多种多样的性质，比如，一块冰有硬的性质，又有发亮的性质；一颗树有生长的性质，又有可以燃烧的性质。由此可以得出结论：在一个对象内结合着一些在种类上完全不同的性质是事物的普遍规律。然而，尽管事物种类繁杂多样，性质各异，但是他认为，"凡存在的东西都是物质"，①都统一于物质。

车尔尼雪夫斯基认为，物质不是僵死不动的，"自然永远照它自己的规律继续运行着"。② 他还认为，自然规律是不依人的意志为转移的，人们只有遵循自然规律行动，才能避免它的危害作用。他说：

> 自然规律可能而且确实常常对人和他的事业起危害作用；但人类的一切行动却正要以自然规律为依据。③

车尔尼雪夫斯基由此得出一个重要结论：人应该以规律作为行动的依据，力求避免规律的惩罚，争取有利的结果。

二、人本学唯物主义认识论

车尔尼雪夫斯基的认识论是建立在人本学唯物主义基础上的。他首先批判了康德的不可知论和唯心主义。依照康德的观点，我们的思维规律是主观的，感性知觉的形式跟现实存在的形式毫无相似之处，因此，现实存在的对象，以及它们的相互关系都是不可认识的。他认为，康德的观点是"形而上学的胡说"。他主张感性知觉的形式和现实存在的形式是相似的，思维规律反映着现实存在的形式，它不仅有主观的意义，而且有同客观对象相似的意义。因此，客观对象即康德所说的自在之物，是完全可以认识的，康德的不可知论是反科学的。他说：

---

① 《车尔尼雪夫斯基选集》下卷，第 466 页
②③ 《车尔尼雪夫斯基选集》上卷，第 26—27、27 页。

> 任何数学家，任何一般的自然科学家都不能容许"和康德一同"去"考察"任何东西。康德否认一切自然科学，也否认纯粹数学的现实性。①

列宁高度评价车尔尼雪夫斯基对康德的批判，认为这是马克思主义出现以前从左的方面批判康德的范例，称之为"非凡的议论"。

与康德的不可知论的观点相反，车尔尼雪夫斯基主张一切事物都是可以认识的。他说：

> 我们能够认识事物。我们能够确切地认识事物的本来样子。②

车尔尼雪夫斯基强调感觉在认识过程中的地位和作用，提出了唯物主义感觉论的基本观点。他指出，感觉是认识的开端，感觉不是隔离认识和事物的屏障，而是连接认识和对象的桥梁和通道。我们关于外界事物的知识都是通过感官得到的，感觉和事物是一致的。"我们所看到的物体是它们实际存在的那个样子。"③他举例说，我们看到了一棵树，另外一个人也看到了同样的树，只要我们仔细瞧那个人的眼珠，不难看到，那个人眼珠上出现的树，完全是我们所看到的那棵树。这两幅图景完全相同：一个是我们直接看到的，另一个是在那个人眼珠上看到的，"第二种图景是第一种图景的真实副本"。④在他看来，人的感觉是由客观事物引起的，感觉的内容同客观事物是一致的。因此，他说：

---

①② 《车尔尼雪夫斯基选集》下卷，第550、519页。
③ 《车尔尼雪夫斯基选集》下卷，第580页。
④ 《车尔尼雪夫斯基选集》下卷，第579页。

我们关于感觉的知识,是与我们关于事物的知识是一样的。①

车尔尼雪夫斯基不仅反对康德的不可知论,而且把自己的唯物主义感觉论同贝克莱的唯心主义感觉论对立起来。贝克莱认为,感觉纯粹是主观自生的东西,是心灵的产物。车尔尼雪夫斯基则认为,没有外界事物对感官的作用,不会产生感觉。他断言,感觉按其本性来说一定要有两个因素:"第一是引起感觉的外部物体,第二是感觉到本身发生感觉的生物。"② 这就是说,一个主体,一个客体,对认识论来说,二者缺一不可。离开外界事物对感官的作用,感觉就成了主观自生的东西,是唯心主义的。离开了人这一感觉的主体,感觉就变成了神秘莫测的、不可捉摸的东西。

车尔尼雪夫斯基毫不怀疑感觉能为我们提供关于事物的确切知识。他认为,当感觉者感觉到机体内部的一定状态时,同时也就感觉到了外部物体的存在及其特性。他举例说,当我感觉到左臂发痛时,同时我也就感觉到有一只左臂;同时我也感觉到我存在着,而这只左臂就是我的一个组成部分。可见,感觉是外界事物作用于我们的感觉器官,引起了机体内部状态的改变而产生的。车尔尼雪夫斯基把外界事物的作用,感觉者机体内部状态的改变,以及感觉的出现看成是一个有机的统一过程,从而大大地丰富了唯物主义的感觉论。

车尔尼雪夫斯基重视感性认识,但是不主张认识停留在感性认识上。他认为,只有理性思维才能最完整、最深刻、最全面地反映现实,认识客观真理。因此,感性认识必须要深化,上升为理性认识。他说:

---

① 《车尔尼雪夫斯基选集》下卷,第579页。
② 《车尔尼雪夫斯基选集》下卷,第279页。

> 如果科学只叙述事实，而不提出原则，思想将会发生何等的朽味啊！①

但是，他不懂得认识深化的辩证过程，把感觉深化的过程，思维的过程，只看成是组合感觉材料的过程。正因为他看不到感觉和思维之间的质的区别，所以，就把人和动物混为一谈。在他看来，动物和人一样，有感觉、有记忆、有思想、会判断，有意识、有议论。他甚至认为，狗和人一样也能进行三段论的推理活动，这就完全否认了人和动物的本质区别。

车尔尼雪夫斯基在认识论上的重要贡献，是对真理问题的研究和探索。他认为，真理是认识和对象的符合。他提出了"真理是具体的"著名论断。他说：

> 抽象的真理是没有的；真理总是具体的。②

车尔尼雪夫斯基认为，真理之所以是具体的，是因为一切事物都是在一定的时间、空间和条件下存在的。人们"只有在观察某一特定的事实所从而产生的一切情势之后，才能对这一事实发出一定的判断"。③ 他举例说，如若问"下雨"是有益的，还是有害的？对于这个问题不能作笼统简单的回答，应该做具体分析。久逢干旱，下雨就是有益的；麦收时下一个礼拜的倾盆大雨，就是有害的。

车尔尼雪夫斯基认为，真理所以是具体的，还因为我们对真理的认识是一个不断深入的过程。他指出，在认识发展的一个阶段上，人们对事物的真理性的认识，都是真理这棵大树上的一个

---

①② 《车尔尼雪夫斯基选集》下卷，第 302、276 页。
③ 《车尔尼雪夫斯基选集》上卷，第 421 页。

细胞。每一个真理只是真理长河中的一个浪花,只具有相对的意义。例如,人们对水的认识,原始时代的野蛮人,只认识到水有一种状态,即液体状态。以后人们又认识到,在水烧到沸腾之后,它能变化成气体,即认识到水有气体状态。在很冷的天气里,水又能变成冰,即认识到水还有固体状态。他指出,人们对水的认识不限于此,化学的发展又告诉人们,水是由氢和氧化合而成的。这表明,人们对水的认识是不断加深的。在这里,车尔尼雪夫斯基实质上说明了人的认识的相对性,以及相对真理和绝对真理的关系问题。

提出实践是真理的标准,是车尔尼雪夫斯基对真理问题的另一个重要贡献。在他看来,人的认识是否为真理,一切理论争论的是非,只能由实践来解决。他说:

> "实践"是一切理论的无可争论的试金石,在这个场合也应该让它做我们的指导者。①

他又说:

> 实践,是个伟大的揭发者,它暴露一切欺人和自欺,不但在实践的事情上,甚至在感情和思想的事情上也是如此。因此,今日在科学上,实践是判断一切争端的主要标准。"凡在理论上必须争论的一切,那就干脆用现实生活的实践来解决"。②

在费尔巴哈之后,车尔尼雪夫斯基又一次提出了实践是检验真理

---

① 《车尔尼雪夫斯基选集》上卷,第113页。
② 《车尔尼雪夫斯基选集》上卷,第114页。

的标准，这是他对认识论的重要贡献。但是，他对实践的理解也是狭隘的、片面的。首先，和费尔巴哈一样，他没有把实践理解为能动的改造客观世界的物质活动，而仅仅把实践看成是日常的"实际生活"，是我们面前的"现实"。其次，他把"实践"和"现实"这两个概念混同起来，以致把思想也看成是现实的重要组成部分或重要内容，这样，就把思想也作为检验思想的标准，以致陷入到主观主义。

三、人本学唯物主义中的辩证法

车尔尼雪夫斯基在创立自己的哲学理论时，非常重视对黑格尔哲学的研究。和费尔巴哈不同，车尔尼雪夫斯基在批判黑格尔唯心主义的同时，十分重视对黑格尔辩证法的改造，努力把辩证法和人本学唯物主义结合起来。因此，他的人本学唯物主义包含着丰富的辩证法。

车尔尼雪夫斯基认为，黑格尔哲学的根本错误在于颠倒了思维和存在的真实关系。他指出，黑格尔把思维或观念看成是脱离开人脑而独立存在的东西，把本来是客观事物不具有的，而只为人的主观所具有的东西，强加给客观事物。他把思维或观念当作外部事物的本质，当作真理的原则和行为的准则，而把一切客观存在的东西都当作是思想的体现，这就歪曲了思想和事物的真正关系。正因为这样，车尔尼雪夫斯基又指出，按照黑格尔的观点，思维可以不要头脑，离开人的头脑可以进行"辩证的思维"，这种无头脑的思维是神秘的，荒谬的。他认为，生气勃勃的真理只能存在于有血有肉的人脑中，绝不会存在于无头脑的空洞的唯心的思辨中。

车尔尼雪夫斯基指出，黑格尔哲学充满了矛盾，而政治上的巨大保守性，是黑格尔哲学的原则和结论之间发生矛盾的社会原因。黑格尔之所以不能把那博大而有力的辩证法原则贯彻到底，是因为他在政治上有巨大的保守性，同普鲁士王国的丑恶落后的现实相妥协。为了这一点，他不能不牺牲自己的方法，甘做崇拜现状的奴隶。

车尔尼雪夫斯基对黑格尔的批判是严厉的。但是，这不意味着他要简单地抛弃黑格尔。相反地，他力图从黑格尔哲学中找到新的理论武器，吸取黑格尔的辩证法思想，以形成自己的辩证法观点。

车尔尼雪夫斯基认为，自然界是各种事物相互联系的统一整体，其中没有绝对对立、永远不变的东西。形而上学者把事物看成僵死不变的，石头永远是石头，植物永远是植物，事物间永不过渡，永不转变，这是不符合自然界的实际情形的。在车尔尼雪夫斯基看来，自然界是统一的，事物是发展的、相互联系的，不能说石头和植物，无机界和有机界，彼此绝对无缘。一切物体都是由相同的物质元素构成的，因此它们都具有统一性，差别只在于构成事物时，物质元素的比例不同。石头和植物，无机界和有机界的区别，就像大草和小草的差别一样，仅仅是数量上的差别。自然界的各个领域之间，根本不存在绝对的严格的界限和不可逾越的鸿沟。

不仅如此，车尔尼雪夫斯基还认为，同一领域内的各个具体事物之间也没有非此即彼的绝对界限，例如，植物和动物同属于有机界，但两者间没有不能逾越的界限。人和动物同属于动物界，但两者间也没有严格的界限。人和动物都有记忆、想象和思维的能力，两者没有本质的区别。他举例说，牛顿在发现万有引力定律时神经系统内所发生的过程，同鸡在垃圾堆中寻找谷粒时神经系统内所发生的过程，完全是一样的。车尔尼雪夫斯基强调自然界的整体性和统一性，自然界中各种事物的相互联系和相互过渡，这是合理的。但是，他由此走上另一极端，完全否认了无机界和有机界、人和动物的本质差别，则是完全错误的。

车尔尼雪夫斯基认为，否定之否定是黑格尔辩证法的"主要结果，是物质世界和精神发展的普遍规律"。事物就是在这种不断

的否定中变化,由低级到高级向前发展的。他说:

> 发展的高级阶段在形式上看来似乎回到了最初的始源状态。不言而喻,形式虽相似,但结尾的内容却要比开头的要丰富、高级得多……①

车尔尼雪夫斯基根据当时化学科学的成就,还论述了事物的发展是由量变到质变的过程,认为这也是一个普遍的原则。他指出,化学以其丰富的材料证明,事物性质的不同,是由构成它的元素的数量不同决定的。在化学中,化学元素按照一定量的比例化合之后,能产生出这些元素原来所没有的新的性质。他举例说,氢和氧按一定的比例化合成水,水有很多的质,是在氢和氧中间所没有的。水本身也会随着温度的变化发生形态和性质上的变化。当温度极低时,水变成了固体——冰;当温度很高时,它又变成了气体。这表明,"量的差别转变为质的差别"。② 车尔尼雪夫斯基完全是立足于化学领域来论证量变过渡到质变规律的。他把化学当作这一规律的王国,认为"化学差不多是我们这一世纪至尊无上的光荣"。③

车尔尼雪夫斯基的又一个最重要的辩证法思想,是他研究了对立面的统一和斗争的问题。他指出,对立面的统一和斗争是黑格尔的辩证思维方法。这个方法的实质是:一个思想家不能满足于随便哪个肯定的结论,而要研究、探索思考的对象,发现它的对立的方面,从各方面来考察对象,从而在各种对立意见的斗争中找到真理。车尔尼雪夫斯基继承了这一思想,并运用它去研究

---

① 《车尔尼雪夫斯基全集》,俄文版,第4卷,第313页。
② 《车尔尼雪夫斯基全集》,俄文版,第6卷,第196页。
③ 《车尔尼雪夫斯基全集》,俄文版,第6卷,第201页。

自然界，从而得出自然界的一切事物和力量之间都存在着斗争和统一的结论。他在《阿尔裴也夫》中说，一切生活都是两极化，在电、磁、牛顿定律中——无论在哪里，都可以看见力量的一分为二，奔向对立的两个方面，再由对立的两个方面结合为一个现象。显然，车尔尼雪夫斯基看到了对立统一规律的普遍性和客观性。

车尔尼雪夫斯基对辩证法的研究没有停留在理论上，而是把它运用于反对农奴制的斗争，把它作为俄国农民革命的思想武器。他指出，依据辩证法的原则，俄国现存的农奴制度是一定要灭亡的，一定要被新的社会制度——社会主义制度所代替。

车尔尼雪夫斯基也像赫尔岑、别林斯基一样，没有完全摆脱时代的局限性，没有摆脱形而上学的束缚。例如，他对物质概念的理解就具有形而上学的性质。他指出，哲学上的物质概念所包含的内涵要比自然科学的物质概念更为广泛，而自然科学的物质概念是狭窄的，这无疑是对的。但是，他仍然认为，具有一定的质量、占有一定的空间是物质概念的主要内涵，否认了这一点，便不是唯物主义的。这说明车尔尼雪夫斯基对物质的理解还是狭隘的。列宁指出："承认某些不变的要素、'物的不变的实质'等等，并不是唯物主义，而是形而上学的即反辩证法的唯物主义。"①

车尔尼雪夫斯基用辩证法丰富了人本学唯物主义，使他的理论达到了很高的水平，但是，终究没有达到辩证唯物主义的水平，这主要是由于俄国落后的社会状态所决定的。

四、社会、伦理、美学思想

车尔尼雪夫斯基用辩证法观察社会历史，指出人类历史是一个前进的发展过程，过时的陈旧的社会一定要被新的更高级的社会所代替，而旧社会向新社会的转变，只有通过不调和的斗争才

---

① 列宁：《唯物主义和经验批判主义》，《列宁选集》第2卷，第267页。

能实现。依据这个理论，他认为十九世纪的俄国农奴制度，残酷地统治农民，使得整个社会民不聊生，怨声载道，说明农奴制已经成了过时的腐朽的制度，必须让位给新制度，即让位给以农民地权为基础的民主共和国。而要完成这个转变，必须发动群众，让农民拿起武器，以暴力手段推翻沙皇政府。他指出，自由派反对暴力革命，以平静的方式进行改良，决不可能达到这一目的。

车尔尼雪夫斯基认为，西欧资本主义制度，比俄国农奴制度进步得多，但它不是理想的社会制度，而是一种新的奴隶制度。在资本主义制度下，人民并没有得到真正的自由和平等，广大的雇佣工人出卖劳动力，但不能占有自己的劳动产品，因此，工人仍然和奴隶一样。车尔尼雪夫斯基认为，适合俄国情况的理想社会是社会主义。只有社会主义才能改变对劳动产品的占有关系，使所有权和劳动权合而为一，使所有者和工作者统一起来，即每个人既是劳动产品的占有者，又是劳动产品的生产者。只有在这样的制度下，才能促进劳动者对劳动的兴趣，才能生产出更多的产品满足各种需要。车尔尼雪夫斯基在这里看到了只有把少数人占有的生产资料改变成劳动者所有，把劳动产品的生产同劳动者的个人利益结合起来，才能充分调动劳动者的生产积极性。这显然是合理的，包含着唯物主义的成分。但是，他又认为，只有以农民地权为基础的农业社会主义才能做到这一点，这就又陷入了空想。

车尔尼雪夫斯基是一个伟大的革命家，他站在革命民主主义立场上，公开揭露和批判沙皇政府的"改革农奴制"的骗局，强调在阶级存在和对立的情况下，只有通过阶级斗争才能建立理想制度。列宁认为，"他的著作散发着阶级斗争的气息。"①

车尔尼雪夫斯基认为，在存在着阶级斗争和阶级对立的时代里，哲学家和政治家都是一定政党的代表，他们的哲学和政治理

---

① 列宁：《俄国工人报刊的历史》，《列宁全集》第20卷，第241页。

论总是同他们的阶级利益联系在一起的。他说：

> 政治理论，还有各派的哲学学说，总是在它们所属的那个社会地位的强烈影响之下创立起来的；每个哲学家都是为了在他所属的那个社会上夺得优势而斗争的政治党派的代表人。①

他指出，从哲学史上看，有些哲学家专门从事政治理论著述，他们的政治倾向是显而易见的。例如，霍布斯是君主专制主义者，洛克是辉格党人，孟德斯鸠是英国式的自由主义者，卢梭是革命民主主义者。就是所谓真正的纯粹的哲学家，实际上也是属于一定党派的。康德是那个想革命又害怕革命的资产阶级代表，费希特、谢林、黑格尔的"哲学体系却渗透着体系的创立者所属的那些政党的精神"。车尔尼雪夫斯基承认哲学党性原则，是他对哲学理论的重大贡献，是对当时标榜超阶级、超党派的俄国自由派的一个沉重打击。

对社会发展动力的看法，集中表现了车尔尼雪夫斯基历史观的唯心主义本质。他不是从人类社会的物质生活中寻求社会发展的动力，而是认为人类的历史就是理性进步的历史，理性是推动历史前进的主要力量。不过，车尔尼雪基夫斯基也合理地看到了科学在历史发展中的作用。他说：

> 进步的基本力量是科学；进步的成绩是与知识臻进的程度及传播的程度相适合的。所以要问进步是什么，那就可以说：进步是知识的成果。②

---

① 《车尔尼雪夫斯基哲学论文选集》，1938年俄文版，第44页。
② 《车尔尼雪夫斯基选集》下卷，第388页。

当然，离开生产力和生产关系、基础和上层建筑的矛盾发展，孤立地探讨科学知识的历史作用是不深刻的、片面的。

车尔尼雪夫斯基以人本主义为理论基础，从反对农奴制的政治斗争需要出发，提出了"合理的利己主义"的道德原则。

车尔尼雪夫斯基离开人的社会性、历史性考察人，"把人看作只具有一种本性的生物"①，并且断言人的本性是自私的。他说：

> 总而言之，每个人都看到，所有的人都是利己主义者。②

他还说：

> 利己主义是支配他们与之发生关系的每一个人的行为的唯一动机。③

在他看来，不仅一般人的行为动机是利己主义的，就是那些英雄们的大公无私的行为和情感，其"基础依然是那种关于个人利益、个人快乐、个人福利的思想，即依然是称作利己主义的情感。"④妻子对丈夫的死感到沉痛的悲哀，是因为妻子不能从丈夫那里再得到什么了，是以"我"为着重点。同样，母亲对孩子死亡的悲哀和苦诉，依然是"我"、"我的"。可见"在最真挚和最温柔的友情中同样很容易发现利己主义的基础。"⑤因此，车尔尼雪夫斯基认为，个人利益是判断一切事物善和恶的标准，"我"就是一切道德判断的主词。

---

① 《车尔尼雪夫斯基选集》下卷，第294页。
②③ 《车尔尼雪夫斯基选集》下卷，第281、282页。
④⑤ 《车尔尼雪夫斯基选集》下卷，第283页。

车尔尼雪夫斯基指出，对个人利益的追求应当是合理的，但是，一个人不能因为追求个人利益而去危害社会利益和他人利益。因此，他把他提出的利己主义称为"合理的利己主义"。应该看到，首先，车尔尼雪夫斯基的"合理的利己主义"是针对当时极力宣扬的顺从、忍受、禁欲等虚伪的封建的道德说教提出来的。它主张人的本性在于追求幸福，当人们的本性得不到满足时，人们有为了追求幸福生活而斗争的权利，这在当时的历史条件下具有反封建的进步意义。

其次，车尔尼雪夫斯基所谓的"合理的利己主义"同那种鼓吹损人利己的极端的利己主义有所不同。他强调必须把个人利益同社会利益，把民族利益同全人类的利益结合起来，不能靠牺牲社会利益和全人类的利益，而保护个人和民族的利益。这是因为个人和社会、民族和人类是一个不可分割的整体，牺牲社会或全体人类的利益，而保护个人的或民族的利益实践上是不可能的，在理论上是错误的。所以，他强调：

> 全人类的利益高于个别民族的利益，全民族的利益高于个别等级的利益，多数等级的利益高于少数等级的利益。[①]

按照车尔尼雪夫斯基的观点，只有把社会利益当做自己的利益，这种利益才是合理的。只有为社会的利益奋不顾身，甚至英勇牺牲，这个人的行为才是正当的。车尔尼雪夫斯基用自己的思想和行动哺育了一代革命青年。不过，车尔尼雪夫斯基离开人的社会性、历史性去寻求所谓普遍的永恒的人性，并由此引出了超阶级超社会的道德原则，这在理论上是完全错误的。同时，既然他把个人利

---

① 《车尔尼雪夫斯基选集》下卷，第287页。

益看作人们一切活动的基础,把"我"作为一切道德判断的主词,那么,他所讲的个人利益与整体利益、民族利益与全人类利益的一致性,在现实中是不可能的,至多也只能是理论上的空谈。

美学是车尔尼雪夫斯基哲学思想的重要组成部分。他以人本学唯物主义为基础,批判了唯心主义美学理论,建立了革命民主主义的美学观点。

对唯心主义美学理论进行批判,是他批判唯心主义的一个重要战场。别林斯基逝世之后,美学领域中的唯心主义观点又嚣张起来,唯心主义者到处贩卖黑格尔的唯心主义美学观点,认为美并不存在于现实中,不存在于生活中,而是"理念在个别的有限事物中的显现"。

针对唯心主义的美学观,车尔尼雪夫斯基提出"美是生活"的定义。他说:

> 世界上最可爱的,就是生活……所以……"美是生活"。①

他又说:

> 任何事物,凡是我们在那里面看得见依照我们的理解应当如此的生活,那就是美的;任何东西,凡是显示出生活或使我们想起生活的,那就是美的。②

车尔尼雪夫斯基认为,从"美是生活"这个定义中可以合理地推论出:真正的最高的美正是人在现实世界中所遇到的美,而不是艺术所创造的美,因为艺术的源泉不是像黑格尔所说的是在理念

---

①② 《车尔尼雪夫斯基选集》上卷,第6页。

中，而是在现实的生活中。不难看出，按照车尔尼雪夫斯基对美的理解，美是属于现实生活的，现实中的美是第一性的，而艺术美则是第二性的。美就其产生和来源讲是客观的，然而，审美能力则又是主观的。因此，又可以把美理解为客观美的对象与主观审美能力的统一。既不能单纯强调前者，否定后者；也不能单纯强调后者，否定前者。

车尔尼雪夫斯基认为，不同社会地位的人有不同的审美观点。在农民看来，"美好的生活"这一概念同时包括劳动的概念在内，生活而不劳动不仅是不可能的，而且会使人感到烦闷。按照农民的审美观点，美女的必要条件是体格强壮结实、面色红润。与农民相反，农奴主和贵族则认为，"美好的生活"这一概念是不能包含劳动这一概念的，只有不劳动，剥削他人，过花天酒地的生活，才是美好的生活；弱不禁风、面色苍白则是美女的必要条件。他指出，在诗歌中关于美人的描写，没有一个美的特征不是表现着旺盛的健康和均衡的体格。上流社会的美人就完全不同了，由于她的历代祖先都是不靠双手劳动而生活过来的，手足的筋一代弱似一代，骨髓也愈来愈小，而其必然的结果是纤细的手足。

车尔尼雪夫斯基看到了由于人们的社会地位不同，生活条件不同，形成了人们不同的审美观点和标准。显然，这是合理的。特别值得提出的是，他站在革命民主主义的立场上，在"应当如此生活"这一概念中，极力歌颂劳动人民的审美观，反对和揭露了农奴主们不劳而食，惴惴终日的生活，号召艺术家文学家们深入生活，深入实际，抨击农奴制的黑暗腐朽，揭穿沙皇政府的内幕，鼓舞劳动人民为推翻农奴制度，打倒沙皇，建立理想的共和国而奋斗。

第四节 杜勃罗留波夫

尼古拉·亚历山大洛维奇·杜勃罗留波夫（1836—1861）是车尔尼雪夫斯基的战友和学生，杰出的青年文艺批评家，伟大的民主主义和唯物主义的坚强战士。他出生于尼日尼·诺夫奇罗德（即现在的高尔基城）的一个牧师家庭。早在中学时代，他就阅读了赫尔岑和别林斯基的著作，受到他们思想的影响。1853年，他中学没有毕业，违背父亲要他进神学院的愿望，进入了彼得堡第一师范学院。在校学习期间，父母双亡，家庭负担过重，损害了他的身体健康，但他仍然坚持学习，阅读和研究了赫尔岑、别林斯基、车尔尼雪夫斯基、西欧空想社会主义者、德国古典哲学家等作品。在这些著作的培育和影响下，在农民反对农奴制斗争的推动下，他在大学期间就形成了革命民主主义立场和唯物主义的世界观。杜勃罗留波夫于1856年与车尔尼雪夫斯基相识。1857年他大学毕业，参加《现代人》杂志的编辑工作，与车尔尼雪夫斯基并肩战斗，成为他的亲密的战友，结下深厚的友谊。杜勃罗留波夫以极大的热情从事写作，在短短的五年时间里，他写了大量的作品，猛烈抨击农奴制，批判唯心主义，产生了不可磨灭的影响。他的论文大都是文艺评论。主要著作有：《俄国文学发展中人民性渗透的程度》(1858)、《从莫斯科到莱比锡》(1859)、《什么是奥勃洛莫夫性格》(1859)、《黑暗的王国》(1859)、《真正的白天什么时候到来》(1860)、《黑暗王国中的一线光明》(1860)等。

杜勃罗留波夫在同农奴制的斗争中，批判和揭露了宗教神秘主义和唯心主义，继承了费尔巴哈、赫尔岑、车尔尼雪夫斯基等人的唯物主义，建立起了自己的唯物主义世界观。

杜勃罗留波夫认为，宗教唯心主义是俄国农奴制度赖以存在的思想支柱，因此，不揭露和不批判宗教唯心主义，人类的理性就不能得到解放，就不可能建立起合乎人类本性的理想社会。他指出，农奴主的思想代表，宗教神学家，资产阶级自由派分子，为了挽救濒于崩溃的农奴制度，极力宣扬神学教条和唯心主义哲学谬论，妄图瓦解人民的革命意志，扑灭人民反对农奴制的革命火焰。按照神学教条的说教，社会中的人们虽然具有不同的社会政治地位，贫富程度有巨大的差别，然而在上帝面前大家都是平等和幸福的；每个人都应该认识自己的地位是合理的，公正的，谁都不应该有改变自己的地位的想法和做法。就是这样，宗教同农奴制结合起来，束缚人们的理性，使人完全失去了自己应有的本性，失去了自己的思想和意志。杜勃罗留波夫认为，这样的人已不是真正的活人，而是装在棺材（农奴制）中的死人。他相信人的自由的本性是消灭不了的。宗教神秘主义不可能永远蒙住人们的眼睛。

　　杜勃罗留波夫认为，中世纪以来的宗教神学，同古代以来的唯心主义是一脉相承的。为了剥夺人们享受现实生活中的权利，宗教神学从柏拉图的理念论出发，把世界划分为"思维的世界和现象的世界"，断言只有纯粹的观念才有真正的现实性，妄图否认现实世界和现实生活。对此，杜勃罗留波夫写道：

> 我们已经到了使生活摆脱观念论者所加在它身上的沉重桎梏的时候了。……已经是时候了，抛却这些柏拉图的幻想，了解面包不是简单记号，不是生活力这个伟大而抽象的观念的反映，而纯粹只是面包——这个可以充饥的东西。①

---

① 《杜勃罗留波夫选集》第2卷，上海文艺出版社，第129页。

在他看来，真正现实存在的东西，不是那些虚无缥渺的理念，而是人们能够看得见的有形的世界。人们应当抛弃对彼岸世界的幻想，为追求现实生活的幸福而斗争。

杜勃罗留波夫认为，宗教的本质是神秘主义，宗教产生的根源是人们的愚昧无知。因此，只要善于启发人们的理性，人们就能够拨开宗教蒙昧主义的迷雾，让人们的理性重放光芒。杜勃罗留波夫不理解宗教产生、存在的社会根源，因此，他只能以人性论的观点，从认识论上揭露宗教的本质和根源。

杜勃罗留波夫在反对宗教唯心主义的同时，继承了费尔巴哈和车尔尼雪夫斯基人本学的观点，阐明了自己的唯物主义的世界观。首先，他通过灵魂依赖于肉体的观点，驳斥了灵魂可以脱离开肉体，思维可以脱离开物质而独立存在的唯心主义观点。他说：

> 人本学清楚地向我们证明了：首先，脱离了物质特性而去想象抽象精神或者对它的本质作肯定规定的全部努力，过去始终是，将来也永远是毫无结果的。同时，科学也说明了，人的任何活动，只有当它表现于肉体的、外部的现象之中时，才能被我们所觉察，因此，对于灵魂的活动，我们只能根据它在肉体中的表现，才能下判断。①

按照他的观点，灵魂不能脱离肉体，思维不能脱离物质而存在；与此相反，灵魂必须依赖于肉体，思维必须依赖于物质才能存在。这是鲜明的哲学唯物主义观点。

杜勃罗留波夫从灵魂与肉体、思维与物质的关系中，得出了物质同一性的重要结论。他指出，真正存在的不是观念，而是有

---

① 《杜勃罗留波夫哲学著作选集》第1卷，俄文版，第236页。

形的物质世界。物质既不能被创造,也不能被消灭。它不断地改变自己存在的形式,但自然界到处是同一的物质。他说:

> 在自然界中,一切都是从简单到较为复杂,从不完善到较为完美,逐步前进的;但到处都是同一的物质,只是发展的阶段不同而已。①

杜勃罗留波夫反对割裂物质与运动的观点,认为物质自身是能动的。他说:

> 在物质世界中,我们不知道有哪种事物不表现出自己所固有的某些力量。同样我们也不可能想象有不依赖于物质的力量。力量是物质的不可分离的根本属性,它不能单独存在。不能赋予物质以力量,而只能使物质中的力量活跃起来。②

在他看来,力是物质的根本特性,因此,自然界的一切事物都是依据自身固有的力,按照自身固有的规律而运动,一切超自然的存在和力量,都是神学目的论的虚构和臆造。

在认识论上,杜勃罗留波夫在反对宗教和唯心主义的斗争中,坚持反映论,反对先验论。他指出,认识的对象存在于我们之外,这是无可怀疑的。对象作用于我们的感官,产生了认识。因此,人们的最初认识都开始于感觉,来源于感觉,感觉材料是构成思想的最基本的内容。他又指出,人的感觉只是对个别现象的认识,而认识不应该停留在个别的现象上,应该从关于个别现象的知识上

---

① 《杜勃罗留波夫哲学著作选集》第1卷,俄文版,第495页。
② 《杜勃罗留波夫哲学著作选集》第1卷,俄文版,第492—493页。

升为一般的知识。不过，杜勃罗留波夫由于不理解社会实践在认识中的作用，由于不能把辩证法应用于认识的过程和发展，因此，他不能正确地把从个别上升为一般，从感性上升为理性的认识理解为飞跃和质变。这就使他不能正确地说明理性认识的特点和意义。在认识的方法上，他片面强调经验归纳法在认识中的作用，认为单靠经验归纳就能认识事物的本质。这表明，杜勃罗留波夫还没能跳出经验论的狭隘圈子。

杜勃罗留波夫是著名的文艺批评家，在实践中他进一步充实和阐明了由车尔尼雪夫斯基所奠定的美学基本原则，即"美是生活"的原则。他指出，艺术必须反映现实，必须具有人民性和真实性，这是艺术创作不可动摇的原则。一个好的艺术作品，必须是真实的内容和美的艺术形式相结合的艺术作品。他特别强调艺术和现实生活的关系，他认为，判定一部艺术品的好坏，就要看它在什么深度和广度上抓住了生活。任何一个艺术典型，都是现实生活的产物，同时，现实生活又是产生艺术典型的原因和母体。现实生活是理解一切艺术作品的钥匙，艺术作品又加深了人们对现实生活的理解。现实生活随着时代的改变而不断改变，美的概念和标准也在不断地改变。

杜勃罗留波夫像车尔尼雪夫斯基一样，反对脱离实际的纯艺术理论，反对自然主义，强调艺术必须为现实服务，强调艺术的思想性。在他看来，艺术家并不是一块简单的感光板，只把客观存在的一切摄照下来就算了事，而是社会的教育者，因此，他们必须深入实际生活，站在人民的立场上，大胆地暴露农奴制度的黑暗和腐朽，广泛传播进步的思想和真理，启发人民的理性，为美好的未来而斗争。

杜勃罗留波夫从人本主义的原则出发，认为社会也是不断发展和进步的。但是，社会生活中的一切矛盾都是由人类天性所固有的永恒矛盾产生的，社会上的一切事物都表现为进步和保守两个永恒的派别的矛盾。这两个永恒的派别是与人类天性的两个方面即习惯力和改善欲相适应的。这样一来，杜勃罗留波夫由于迷信于人的天性，离开人的物质生活条件去解释社会问题，就不可避免地陷入了历史唯心主义。

结　束　语

十九世纪 40 年代,现代无产阶级的宇宙观——马克思主义哲学的诞生,宣告了欧洲古典哲学发展的终结。马克思主义哲学是欧洲两千多年哲学发展的优秀成果的汇合,也是哲学史上的一次伟大变革。

一、欧洲古典哲学发展的基本线索

欧洲哲学史从世界观上反映了欧洲奴隶占有制社会、封建主义社会和近代资本主义社会的产生和发展,反映了欧洲各民族两千多年来社会斗争和自然斗争的发展,是人类对于思维和存在的关系、宇宙发展的一般规律的认识发展史上的一个重要阶段。

两千多年的欧洲古典哲学的发展,始终贯穿着唯物主义和唯心主义两大哲学派别的矛盾和斗争。欧洲哲学史上,唯物主义哲学大致经历了古代的朴素唯物主义和近代的形而上学唯物主义两个发展阶段。古代唯物主义者坚持从世界本身说明世界,力图寻找宇宙万物统一的物质本原,用某种具体的感性物质(如水、火、气、土等)或某种不可见的物质微粒说明万物的生成。这对于冲破远古的神话世界观和克服古代的原始唯心主义,起了积极的历史作用。古代唯物主义者都是天生的辩证法家,他们惯于从总体上去把握世界,把世界看成是一个彼此联系、相互转化的变化发展的过程。但是,古代唯物主义是建立在古代社会所能提供的零散的社会知识和自然知识的基础上的,因此,哲学家们所提出的各种物质本原论和某些辩证法思想,都是十分朴素的和自发的,带有很大的幻想和猜测的成分。古代唯物主义者对于思维和存在的关系问题的认识和理解，还处于非常模糊和幼稚的阶段，比如，早期自然哲学家主张所谓"万物有灵论"，原子唯物主义者认为灵魂是由某种精细圆滑的原子所构成的。古代唯物主义者自身固有的这种朴素性、自发性的缺陷，决定了它不可能抵御唯心主义的进攻，最终为中世纪的宗教唯心主义所代替。

随着近代资本主义关系和实验自然科学的形成，欧洲唯物主义哲学进入了自己发展的第二个阶段——形而上学唯物主义阶段。十七、十八世纪的形而上学唯物主义以近代实验自然科学为基础，克服了古代唯物主义的朴素性，较为深入地、明确地论证了物质第一性、意识第二性的唯物主义原则，从而有力地打击了宗教神学和各派唯心主义哲学。但它也有自己的历史局限性，这就是：机械性、形而上学性和历史观上的唯心主义。欧洲近代的形而上学唯物主义，是马克思主义辩证唯物主义哲学的直接的理论渊源。

辩证法是欧洲古典哲学发展的优秀成果。在两千多年的欧洲古典哲学发展过程中，在发展观上，大致经历了三个阶段：古代的自发的辩证思维方法、十七、十八世纪的形而上学思维方式和黑格尔阐发的自觉的唯心主义辩证法。如前所述，古代哲学家惯于从总体上把握世界，这样做虽然比较正确地把握了现象的总画面的一般的辩证性质，但对于构成这幅总画面的个别部分却缺乏深入的认识。然而，人们要是不了解个别的部分，也就不可能真正把握整幅的画面。因此，随着人类对客观世界认识的发展，这种自发的辩证思维方式必然要让位给那种把个别部分从总的联系中抽取出来，孤立地、静止地对它们加以研究的形而上学的思维方式。这是因为，人们必须先深入地研究个别事物，而后才能确切地知道这个事物在事物总体中的地位和作用。必须先知道一个事物是什么，而后才能觉察这个事物中所发生的变化。形而上学思维方法在十七、十八世纪对于人们对自然界进行分门别类的深入研究起了一定的积极作用。但是，和古代的自发辩证法一样，形而上学思维方法也只是人类思维方式发展过程中的一个环节。十八世纪末，随着欧洲自然科学的发展，由搜集材料向整理材料的过渡，这种坚持用孤立、静止和片面的观点看问题的形而上学思维方法便成了人类认识进一步深入发展的障碍，人类认识又要求在新的基础上重新回到辩证法。十九世纪初，德国哲学家黑格尔概括了自然科学的成果，批判了形而上学思维方法，自觉地把世界描述为一个不断变化和发展的过程，系统地、深入地阐发了辩证法的基本原理，把人类的思维方式提高到了一个新的阶段——自觉的辩证思维方式阶段。诚然，他的辩证法是唯心主义的、不彻底的，但是毕竟为马克思主义唯物辩证法的创立提供了理论前提，马克思主义奠基人历来强调这一点，应予充分注意。

在欧洲哲学史上，哲学范畴的数量和内容是随着哲学的发展而不断增加和深化的。拿质和量这两个范畴来说，古代哲学家已经提出了这两个范畴，但是，他们对这两个范畴及其相互关系的理解，还局限于感性直观范围之内，是很朴素的。在中世纪的经院哲学中，量的范畴被忽略了，以为只要把握住了事物的质（所谓"隐藏的质"）就算把握了一切。和这种唯质主义相对立，十七、十八世纪机械唯物论是唯量主义。机械唯物论者把事物间的一切质的差别都归结为量上的差别，以为把握住了事物的量就算把握住了一切。针对机械论的这种片面性，黑格尔提出了质量辩证统一观，认为质和量是事物的两个既有区别又有联系的规定，在事物的发展过程中，质和量是可以相互转化的。哲学范畴的这种发展，反映了人类认识的丰富和深化。

在欧洲哲学史上，关于认识的学说也大致经历了三个发展阶段：从客体入手研究认识论的阶段；从主体入手研究认识论的阶段；从主客体统一入手研究认识论的阶段。古代哲学着重于本体论的研究，哲学家们关心的主要是认识世界，而不是怎样才能正确认识世界。中世纪的神学谬误和近代实验自然科学的兴起，从正、反两个方面促使近代哲学家领悟到：必须对人类的认识能力、道路和方法进行独立的探讨，只有这样才能达到正确认识世界的目的。于是，认识论就由古代从客体入手转为从主体入手去探索主体和客体的关系。认识论问题成为十七世纪哲学研究的中心课题。这个时期，认识论研究中的经验论和唯理论两大派别对于认识过程中的两个基本环节——感性认识和理性认识及其相互关系，分别作了较之古代、中古哲学更为深入的探索。但是，两派最终都走向了极端，唯理论者陷入绝对主义、独断论，经验论者陷入相对主义、怀疑论。针对经验论和唯理论的缺陷，德国古典哲学力图从主客体统一入手探讨认识论。黑格尔系统地论证了思维和存在的辩证同一，但是，他的认识论本质上是唯心主义的。继黑格尔之后，费尔巴哈力图在唯物主义的基础上论证思维和存在的同一性，然而，他又不懂得社会实践在实现主客体同一过程中的基础作用，忽略了主体的能动方面。正是在批判地继承黑格尔和费尔巴哈的认识论的基础上，马克思和恩格斯创立了革命的能动的反映论。

历史观是欧洲哲学史的一个重要方面。在两千多年欧洲古典哲学的发展过程中，历史观也有一个发展过程。古代的历史观是朴素的。中世纪的历史观是以神为中心的唯神史观，其基本公式是：神—人—神，即把神看作是历史的出发点和归宿。在反对中世纪的唯神史观的斗争中形成的近代资产阶级历史观，主要是以人为中心的人本主义历史观。人本主义历史观的理论基础是抽象的人性论，其典型的公式是：人—非人—人，即把历史看作是从抽象的、永恒的、完美的人性出发，进到人性的变异，最后复归于完美的人性的过程。人本主义历史观在批判中世纪的唯神史观的斗争中起了积极的历史作用，其中也包含了某些历史唯物主义的因素，但是，和唯神史观一样，它本质上也是一种唯心史观。

总的说来，欧洲哲学史的内容是十分丰富，极为深刻的。它全面地记录了两千多年来欧洲各民族思维方式的不断的变革和过渡，凝结了世世代代人们理论思维发展的经验和教训，体现了人类认识发展的一般规律。欧洲哲学史，从时间上说，早已成为过去，但就它对人类认识发展的影响来说，则是深远的，是人类知识宝库中的一份珍贵的文化遗产。

然而，欧洲哲学史终究是人类认识发展的一个阶段。随着社会实践和自然科学的发展，人类的哲学思维必将跃进到一个崭新的阶段。

二、马克思主义哲学的产生

十九世纪中叶，欧洲哲学的发展出现了一次历史性的巨大飞跃。无产阶级革命导师马克思和恩格斯依据工人运动的实际经验，概括了十九世纪上半叶自然科学的最新成果，批判地继承了欧洲两千多年哲学发展的成果，特别是德国古典哲学的优秀遗产，创立了无产阶级的革命的、科学的宇宙观——辩证唯物主义和历史唯物主义。

马克思主义哲学产生于"资产阶级和现存国家同工人阶级处于公开敌对地位的时代"。[①] 它是近代无产阶级反对资产阶级的斗争的必然产物，是成熟和觉醒了的无产阶级利益的理论表现。随着西欧各国的资本主义生产方式的逐渐成熟，十九世纪30—40年代，资本主义生产方式的基本矛盾——生产的社会化同生产资料私人占有之间的矛盾便明显地暴露出来。它的突出表现就是周期性的经济危机的频繁发生。1825年，英国爆发了资本主义社会的

---

① 恩格斯：《路德维希·费尔巴哈和德国古典哲学的终结》，《马克思恩格斯选集》第4卷，第254页。

第一次经济危机。1836年和1847年,又先后发生了两次波及整个资本主义世界的经济危机。危机期间,商品"过剩"、银行和企业倒闭,生产下降,失业增加,工人实际收入下降,社会生产力遭到巨大破坏。它表明,资本主义生产关系实质上容纳不了社会化的生产力发展的要求。恩格斯指出:"社会化生产和资本主义占有之间的矛盾表现为无产阶级和资产阶级的对立。"① 随着资本主义制度的确立和它的基本矛盾的暴露,无产阶级同资产阶级的矛盾上升为社会的主要矛盾,无产阶级反对资产阶级的斗争进入了一个新的阶段。1831年11月和1834年4月,法国里昂工人为了反对资产阶级的压迫和剥削,两次举行武装起义,提出了争取建立民主共和国的口号。在英国,从1836年起,开展了争取普选权的群众运动——"宪章运动",先后掀起三次高潮,参加的工人达三百多万。在德国,1844年6月,西里西亚的纺织工人发动了武装起义,同政府军进行英勇格斗。尽管这些斗争都先后失败了,但它们表明,无产阶级已经作为一支独立的政治力量登上了历史舞台,历史提出了这样的任务:无产阶级的斗争经验需要概括,无产阶级的革命斗争需要理论指导。这样,作为无产阶级革命理论的基础的马克思主义哲学也就应运而生了。

与此同时,十九世纪上半叶自然科学的迅速发展,也为马克思主义哲学的创立提供了条件。这个时期自然科学的重要成果主要表现在三大发现上。一是细胞学说的创立。德国植物学家施莱登(1804—1881年)和动物学家施旺(1810—1882年)分别于1838年和1839年发现了植物和动物机体都是由最小的单位——细胞的繁殖和分化发育起来的。这个发现表明,动物和植物有机体都是按着一个共同规律发育和生长的。二是能量转化和守恒定律的

---

① 恩格斯:《社会主义从空想到科学的发展》,《马克思恩格斯选集》第3卷,第429页。

发现。1842年，德国科学家迈尔、英国科学家焦耳和丹麦的物理学家格罗夫几乎同时发现自然界中各种物质运动形态，如机械运动、热、光、磁以及化学运动等均可以相互转化，并且在转化过程中，其能量是守恒的。这表明，自然界根本不存在什么孤立的力，没有什么东西能够从虚无中产生出来，自然界中的一切运动都可归结为一种形式转化为另一种形式的不断过程。三是生物进化论的创立。1859年，英国生物学家达尔文（1809—1882年）发表了《物种起源》一书，推翻了物种不变的形而上学观点，证明现有的物种是在长期的发展过程中不断演变的产物。自然科学的最新成果所体现的自然界的普遍联系、普遍发展的观点，是对十七、十八世纪占统治地位的孤立、静止和片面的形而上学观点的有力冲击，为马克思主义唯物辩证法的创立提供了科学依据。

马克思和恩格斯在创立马克思主义哲学的过程中，全面地、系统地考察了欧洲哲学发展的全部历史，批判地继承了欧洲两千多年来哲学发展的积极成果。马克思早在大学时代对古希腊哲学就怀有浓厚的兴趣。马克思认为，希腊晚期的伊壁鸠鲁派、斯多葛派和怀疑派三派哲学在古希腊哲学的发展中占有重要的地位，是打开希腊哲学历史大门的钥匙。他试图通过对这三派哲学的综述，来说明晚期希腊哲学的特点，指明晚期希腊哲学所反映的晚期希腊世界的衰败的本质，并通过考察晚期希腊哲学在整个希腊精神发展中的重要作用，来说明希腊哲学发展的一般过程。马克思认为，为要完成这个任务，首先必然从研究伊壁鸠鲁学派开始。为此，他写了比较德谟克利特的自然哲学与伊壁鸠鲁的自然哲学之间的差别的《博士论文》。

马克思对希腊哲学的研究表现了一种可贵的独创精神。在马克思主义哲学产生以前，长期以来，在希腊哲学的研究中有一种偏见，即对自然哲学（特别是唯物主义哲学）抱有一种诋毁的态度，而在德谟克利特哲学和伊壁鸠鲁哲学之间，认为伊壁鸠鲁对德谟克利特没有什么发展，只是重复甚至剽窃了德谟克利特原子论的基本思想。马克思选择了伊壁鸠鲁与德谟克利特的自然哲学比较研究这个题目，这本身就说明马克思看到了自然哲学对希腊哲学发展的重大意义，说明马克思是把古希腊自然哲学当作古希腊哲学发展中的一个基本线索和不断发展的理论体系加以研究的。马克思的这种独创的研究，使他取得了可喜的研究成果。

首先，马克思高度评价伊壁鸠鲁的无神论思想。伊壁鸠鲁把反宗教作为他研究原子论的一个重要目的和原子论哲学的一个重要内容。他认为，人们的无知和对神灵的恐惧是宗教存在的主要支柱，主张人们应该从对神的恐惧中挣脱出来，从而实现自由。但是古希腊学者普鲁塔克诋毁伊壁鸠鲁的无神论思想，主张只有在对神灵的恐惧中，才能使人不敢干坏事。马克思十分赞同伊壁鸠鲁阐发的无神论主张，称他为"最伟大的希腊启蒙思想家"。[1] 马克思在《博士论文》中驳斥了普鲁塔克的观点，捍卫了伊壁鸠鲁的无神论。他指出，宗教意识在人的自身之外寻找神的存在，实际上这种神的存在不过就是伊壁鸠鲁所说的人的自身的不可动摇性和自由。也就是说，宗教本性与人的本质、本性有关。可以看到，马克思在对伊壁鸠鲁的研究中，已经触及到费尔巴哈关于神的本质就是人的本质的结论了。马克思在《博士论文》中接着说："一切对于上帝存在的证明都是证明上帝的不存在，都是对一切关于上帝的观念的驳斥。真正的证明必须颠倒过来这样说：'因为自然安排得很坏，所以上帝存在'。'因为无理性的世界存在，所以上帝存在'。'因为思想不存在，所以上帝存在'。"[2] 马克思在这里还是从世界上的恶，无理性的观点出发来了解无神论思想的，这说明他在当时还是把世界看成为理性的表现，显然这是黑格尔哲

---

[1] 马克思：《博士论文》，人民出版社1962年版，第48页。
[2] 马克思：《博士论文》，第95页。

学的影响。但是，马克思对宗教的批判已经超过了黑格尔和青年黑格尔派。黑格尔企图用理性来证明上帝的存在。青年黑格尔派也批判宗教，然而他们认为只凭单纯的理性批判就能奏效。马克思则主张，宗教的存在不仅有主观的原因，而且还有主观之外的原因，那就是世界的邪恶性，即存在于人的周围环境中的原因。马克思在他以后的著作中，很快就得出了唯物主义的结论，即宗教的废除以消灭这个不合理的世界为前提。这就是说，马克思已经用社会现实决定宗教意识的观点来说明宗教的产生和消灭宗教的途径了。马克思的这些主张，加速了他的无神论思想的形成，促进了他在当时的反宗教的理论研究和斗争。当他在《博士论文》的序言中喊出"反对一切天上的和地下的神灵"的口号时，说明他已经把他的无神论指向封建制度，显示出他的彻底的民主主义的立场。

其次，马克思通过发挥伊壁鸠鲁的能动性原则和批判伊壁鸠鲁对自由的抽象的理解，预示了新世界观的萌芽。马克思《博士论文》的论题是论述伊壁鸠鲁的自然哲学和德谟克利特的自然哲学的差别。在马克思看来，德谟克利特的原子论注重原子直线下落的运动方式，把运动归结为一种绝对的必然性，从而忽视了偶然性的存在和意义。伊壁鸠鲁的学说则注意原子运动的偶然性原理，认为原子具有一种离开直线的偏斜运动的性质。马克思在这里强调了伊壁鸠鲁偏斜运动学说中所表现出的能动性原则，把它与德谟克利特的机械决定论观点相对立，并且指出，这个学说是伊壁鸠鲁所论证和寻求的自由观念的哲学基础。

马克思深刻地认识到伊壁鸠鲁是结合当时的社会现实和社会伦理观念来研究自然哲学，并从中提出了原子运动的能动性原理的。这表明马克思研究伊壁鸠鲁的哲学抓住了要害。但是，他并不同意伊壁鸠鲁关于自由的具体主张。在伊壁鸠鲁看来，偏斜学说所论证的个人自由，是与外界相对立的，只有离开现实世界，才能使自己从受压迫之中解放出来。正如马克思在《博士论文》中所描述的伊壁鸠鲁的主张那样:"因而行为的目的就是从痛苦和慌乱中抽象出来、脱离出来——不动心。"① 在马克思看来,这种自由只是个人在自我意识的圈子里寻求幸福,对外在的世界无所作为,这就把自由看成一种纯意志的活动了。而真正的自由则与此不同,是精神与周围世界联系起来,思维与存在结合,思维能动地作用于外部的环境,即变哲学为行动哲学。马克思在这里所讲的思维和存在的关系,还不是从唯物主义的意义上讲的,残存着黑格尔的绝对精神能动性的影响。但是,他已经超过了黑格尔。马克思反对把存在、周围环境等同于绝对精神,而主张精神与周围环境、意识与存在的相互作用。马克思在这里也超过了青年黑格尔派,他反对把意识看成纯粹的意志的活动,认为精神、自由不是绝对的,它一方面同现实环境相结合,另一方面又使自己受到不断的批判和改造。马克思在这里对精神能动性、自由的理解,已经预示了一种新世界观的萌芽,即开始从唯物主义角度来考虑思维与存在、人与周围环境的问题了。

1844年马克思在巴黎期间,结合对青年黑格尔派的批判,深入地研究了英法唯物主义哲学。马克思恩格斯在《神圣家族》里肯定英法哲学的唯物主义传统和积极成果,并且结合工人运动的实践经验,提出了一些重要的哲学问题和其他理论问题。这不但有力地批判了鲍威尔的唯心主义,而且对马克思主义的辩证唯物主义和历史唯物主义世界观的形成发生了重要的作用。

马克思恩格斯研究哲学史是同当时的理论斗争的需要密切结合的。1844年,以鲍威尔为首的青年黑格尔派完全堕落为思想上保守,政治上反动的小集团。在哲学上,他们片面发展了黑格尔的哲学,以自我意识作为哲学的中心,由黑格尔的客观唯心论发

---

① 马克思:《博士论文》,第21页。

展为主观唯心论。在他们看来，应放弃物质利益的原则，停止现实的斗争，转向纯粹的理论批判。他们提出所谓"精神创造众生，肉体则软弱无能"的判断，鼓吹在理论领域内有什么程度的进展，在实践上就能获得什么程度的解放。鲍威尔等人的这些观点在哲学上完全陷入了唯灵论。鲍威尔对法国唯物主义也极力加以歪曲。他重复黑格尔的论调，说法国唯物主义是斯宾诺莎的实体学说在法国的理论显现，说法国唯物主义在法国革命中完全淹没在浪漫主义之中，"命运就注定这种启蒙运动要灭亡"。

马克思对鲍威尔的唯心主义进行了尖锐的批判。他指出这是一种荒谬而有害的理论，"没有比唯灵论即思辨唯心主义更危险的敌人了"。① 马克思在批判鲍威尔时，深入浅出地阐明了哲学基本问题。他说，工人们"非常痛苦地感觉到存在和思维、意识和生活之间的差别"，② 他们懂得，"要想站起来，仅仅在思想中站起来，而现实的、感性的、用任何观念都不能解脱的那种枷锁依然套在现实的、感性的头上，那是不行的"。③ 针对鲍威尔对十八世纪法国唯物主义的歪曲，马克思对近代英法哲学进行了系统的卓有成效的研究。他指出，十八世纪的法国启蒙运动，特别是法国唯物主义，同英国经验论一道，都是反对十七世纪"形而上学"和一切"形而上学"的，这正像清醒的费尔巴哈的唯物主义哲学反对醉熏熏的黑格尔思辨唯心主义一样。他还指出，英法唯物主义的发展，总是与自然科学的发展和社会的进步相联系。以此为线索，也极其精炼地勾划出英法唯物主义的发展过程。法国唯物主义有两个来源，一是笛卡尔的机械唯物主义，这是真正的自然科学财产，它经过机械唯物主义者勒卢阿、拉美特里和卡巴尼斯，在18世纪完成了笛卡尔的唯物主义。二是英国唯物主义，培根、霍布斯，特别是洛克的经验论受到十八世纪法国人的欢迎。英国唯物主义首

---

① ② ③ 马克思恩格斯：《神圣家族》，《马克思恩格斯全集》第2卷，第7、66、105页。

先由孔狄亚克介绍到法国,这个学说一旦同法国社会的进步要求相结合,很快就成了法国反神学、反现存政治制度,反一切"形而上学"的唯物主义理论。爱尔维修和霍尔巴赫是这个学派的重要代表。这一学派的唯物主义直接成为社会主义和共产主义学说的财产。马克思在这里对近代唯物主义发展过程进行了精辟的概括,是运用唯物史观分析研究哲学史的光辉典范。马克思在对英法唯物主义的研究中,进一步划清了唯物主义同黑格尔、鲍威尔的唯心主义的界限,为反对黑格尔和鲍威尔的唯心论提供了有力的武器。同时也用哲学史事实证明了马克思恩格斯所提出的哲学根本原理,巩固了在《神圣家族》中确立的马克思主义的唯物主义世界观。

马克思在《神圣家族》中还提出了用生活实践的观点看待哲学斗争的实质的问题。他说:"17世纪的形而上学的衰败可以说是由18世纪唯物主义理论的影响造成的,这正如同这种理论运动本身是由当时法国生活的实践性质所促成的一样。这种生活趋向于直接的现实,趋向于尘世的享乐和尘世的利益,趋向于尘世的世界。和它那反神学、反形而上学的唯物主义实践相适应的,必然是反神学、反形而上学的唯物主义理论。"① 这就是说,法国唯物主义哲学的出现,与当时法国的社会现实紧密相连。法国资产阶级的利益,反封建的要求和反封建的政治斗争,是法国唯物主义哲学产生和发展的社会原因。正是在这种社会条件下,才使法国唯物主义哲学具有了彻底的反神学、反十七世纪"形而上学"和一切"形而上学"的性质,并且从理论上建立了与自然科学相一致的完备的机械唯物主义体系。这个理论还促进了空想社会主义理论的形成。"生活的实践"的观点,是马克思提出的一个重要思想,它不仅是进行哲学史评价的重要依据,更是一个基本的哲学

---

① 马克思恩格斯:《神圣家族》,《马克思恩格斯全集》第2卷,第161页。

理论问题。马克思恩格斯在此之前曾多次提及这个思想。例如,马克思在《〈黑格尔法哲学批判〉导言》中就提出了这样的著名论断:"批判的武器当然不能代替武器的批判,物质的力量只能用物质的力量来摧毁。"① 恩格斯也说,英国的党派斗争,只是"物质利益的冲突"。② 他预言,如果英国发生革命,"将是为了利益,而不是为了原则"。③ 在《神圣家族》里,马克思进一步强调:"思想根本不能实现什么东西。为了实现思想,就要有使用实践力量的人。"④ 由此可以看出,马克思在这里已经表露出关于实践观点的萌芽,而这个问题的提出,从理论上说是他创造性地研究法国唯物主义哲学的结果。

马克思主义哲学的直接理论来源是德国古典哲学,特别是黑格尔和费尔巴哈的哲学。马克思和恩格斯正是在批判和继承黑格尔与费尔巴哈的哲学中,完成了对欧洲哲学史的根本变革,创立了辩证唯物主义和历史唯物主义世界观。

马克思和恩格斯在学生时代就开始钻研德国古典哲学,特别是黑格尔的哲学著作。但是他们并不满意德国古典哲学和黑格尔著作中的学究气息和思辨性质。马克思和恩格斯结合他们的早期革命实践活动,特别强烈地感受到旧哲学脱离实际的致命弱点,认为这不符合哲学的真正本质,哲学必须走出纯粹思辨的圈子,投身到时代的洪流中去。马克思说:"哲学家的成长并不像雨后的春笋,他们是自己的时代、自己的人民的产物,人民最精致、最珍贵和看不见的精髓都集中在哲学思想里。""任何真正的哲学都是自己时代精神的精华"。⑤ 虽然这时的马克思和恩格斯还没有彻底

---

① 马克思:《〈黑格尔法哲学批判〉导言》,《马克思恩格斯选集》第1卷,第9页。
②③ 恩格斯:《国内危机》,《马克思恩格斯全集》第1卷,第547、551页。
④ 马克思恩格斯:《神圣家族》,《马克思恩格斯全集》第2卷,第152页。
⑤ 马克思:《第179号"科伦日报"社论》,《马克思恩格斯全集》第1卷,第120、121页。

摆脱黑格尔的唯心主义,但是他们主张哲学应当服务于反封建的政治斗争,这在政治上表现了他们的鲜明的民主主义立场,在哲学上奠定了批判和改造黑格尔哲学的根本方向。1841年费尔巴哈《基督教的本质》一书出版,马克思恩格斯为之欣喜若狂,欢呼它带来的解放作用。从此,马克思恩格斯站在唯物主义的立场上来批判黑格尔,清算黑格尔唯心主义的影响,创立新的世界观。

马克思批判黑格尔的唯心主义是从批判他的法哲学思想开始的。黑格尔在《法哲学原理》中认为,国家是客观精神的最高表现,家庭、市民社会是从国家的理念中分化出来的,是被国家支配的,国家还对私有财产有支配和决定的权力。马克思结合反对德国社会的种种封建特权的斗争,分析和批判了黑格尔在国家、市民社会和财产的关系问题上的唯心主义观点。他指出,不是国家决定市民社会,而是市民社会决定国家;不是国家支配自由财产,而是财产对政治国家具有支配作用。对于黑格尔的法的理论,马克思说:"法的关系正像国家的形式一样,既不能从它们本身来理解,也不能从所谓人类精神的一般发展来理解,相反,它们根源于物质的生活关系。"① 马克思对黑格尔法哲学的批判,是他转向唯物主义世界观的一个重要标志。恩格斯在这时也通过不同的途径认识到财产等经济关系对市民社会、国家、宪法的支配地位。马克思恩格斯的这种转向,为进一步清算黑格尔的唯心主义打开了一个重要缺口。

如果说马克思对黑格尔法哲学的批判还只是从国家、法权理论上批判黑格尔的唯心主义世界观,那么,马克思恩格斯在《1844年经济学—哲学手稿》、《神圣家族》等著作中就彻底批判了黑格尔哲学的唯心主义基础,提出了辩证唯物主义和历史唯物主义的一些重要原理。马克思在《1844年经济学—哲学手稿》中批判

---

① 马克思:《〈政治经济学批判〉序言》,《马克思恩格斯选集》第2卷,第82页。

了作为黑格尔唯心主义基础的主体客体统一的理论。他指出:"整整一部《哲学全书》不过是哲学精神的展开的本质,是哲学精神的自我对象化;而哲学精神不过是在它的自我异化内部通过思考理解即抽象地理解自身的、异化的世界精神。"① 因此,黑格尔的主体与客观的对立,就是抽象思维与感性现实在思想本身范围内的对立,无非是意识的自我创造而已,这是十分露骨的唯心论。马克思恩格斯在《神圣家族》中进一步分析了黑格尔唯心主义的认识论根源,指出,黑格尔的唯心主义的秘密在于,把从个别事物中抽象出来的一般当作独立存在的东西,并把它作为个别事物的实体、本质,当成个别事物存在的基础和来源。马克思说:"把实体了解为主体,了解为内部的过程,了解为绝对的人格。这种了解方式就是黑格尔方法的基本特征。"② 这是马克思对黑格尔的唯心主义实质的彻底揭露。

马克思恩格斯在对黑格尔,包括青年黑格尔派的唯心主义世界观的清算中,提出了辩证唯物主义的原则。马克思恩格斯证明,在人的自我意识之外,存在着有别于思维的存在,有别于精神的自然,有别于主体的客体,有别于理论的实践,在这里,存在于思维、主体之外的客观存在的外部世界是第一性的,一般的概念是从具体事物中抽象出来的,是第二性的。这样,马克思和恩格斯就在批判黑格尔的唯心主义的过程中,阐明了思维与存在、理论与实践的正确关系,奠定了科学世界观的理论基础。

马克思恩格斯对黑格尔哲学当然不只是进行批判,他们还十分珍视黑格尔哲学中的优秀成果,即深刻的辩证法思想。马克思恩格斯对黑格尔的辩证法进行了根本的改造,使之成为马克思主义的唯物辩证法。马克思指出:"辩证法在黑格尔手中神秘化了,

---

① 马克思:《1844年经济学—哲学手稿》,《马克思恩格斯全集》第42卷,第160页。
② 马克思恩格斯:《神圣家族》,《马克思恩格斯全集》第2卷,第75页。

但这决不妨碍他第一个全面地有意识地叙述了辩证法的一般运动形式。在他那里，辩证法是倒立着的。必须把它倒过来，以便发现神秘外壳中的合理内核。"①

马克思恩格斯对黑格尔辩证法思想的吸收和改造的工作是多方面的。首先，马克思恩格斯十分重视黑格尔在自然、社会和人类思维领域探求万物发展的辩证本性的思想。恩格斯说："黑格尔第一次——这是他的巨大功绩——把整个自然的、历史的和精神的世界描写为一个过程，即把它描写为处在不断的运动、变化、转变和发展中，并企图揭示这种运动和发展的内在联系。"②但是，黑格尔的辩证法是头脚倒置的，他认为一切事物的发展，只不过是绝对精神发展的表现，就是说，他的辩证法是建立在唯心主义的基础上的。马克思恩格斯对黑格尔辩证法的改造首先表现在，把黑格尔所颠倒了的存在和思维的关系，再颠倒过来，即把存在看作本原，把思维看作是存在的反映。马克思说："我的辩证方法，从根本上来说，不仅和黑格尔的辩证方法不同，而且和它截然相反。在黑格尔看来，思维过程，即他称为观念而甚至把它变成独立主体的思维过程，是现实事物的创造主，而现实事物只是思维过程的外部表现。我的看法则相反，观念的东西不外是移入人的头脑并在人的头脑中改造过的物质的东西而已。"③

其次，马克思恩格斯注意吸收了黑格尔关于辩证法的三个规律的思想，即质量互变规律，对立统一规律，否定之否定规律。恩格斯指明，黑格尔关于第一个规律表述在《逻辑学》的存在论中，第二个规律表述在《逻辑学》的本质论中，第三个规律是他的整个哲学体系构成的根本规律。黑格尔的这三个规律是对辩证法的

---

① 马克思：《资本论》第 1 卷，人民出版社 1957 年版，第 24 页。
② 恩格斯：《社会主义从空想到科学的发展》，《马克思恩格斯选集》第 3 卷，第 420 页。
③ 马克思：《资本论》第 1 卷，第 24 页。

一般形式有意识的、全面的叙述。但是黑格尔关于事物发展规律的表述,不但是唯心主义的,而且往往也是一种牵强附会的。恩格斯指出:"这些规律是作为思维规律强加于自然界和历史的,而不是从它们当中抽引出来的。从这里就产生出整个牵强的并且常常是可怕的虚构世界,不管它愿意与否,必须符合于一种思想体系,这种思想体系自身又只是人类思维某一特定发展阶段的产物。如果我们把事情顺过来,那末一切都会变得很简单,在唯心主义哲学中显得极端神秘的辩证法规律也立即就会变成简单而明白的了。"①

还有,马克思恩格斯肯定了黑格尔关于历史和逻辑的统一的思想。恩格斯说:"黑格尔的思维方式不同于所有其他哲学家的地方,就是他的思维方式有巨大的历史感作基础。形式尽管是那么抽象和唯心,他的思想发展却总是与世界历史的发展紧紧地平行着,而后者按他的本意只是前者的验证。真正的关系因此颠倒了,头脚倒置了,可是实在的内容却到处渗透在哲学中。"② 马克思恩格斯在唯物主义的基础上,建立了历史和逻辑一致的原则。关于矛盾的问题,马克思恩格斯肯定了黑格尔关于矛盾的合理思想,批判了他对矛盾的调和态度,反对他用"中介"来融合矛盾的主张。同时,批判了黑格尔企图用绝对真理来结束矛盾的辩证法的不彻底性,论证了事物在矛盾中辩证发展的无限过程。在实践问题上,马克思恩格斯注意到黑格尔关于实践的作用的观点,但反对他把实践了解为精神的活动。马克思恩格斯在唯物主义的基础上,把实践了解为人的社会的活动,了解为认识的基础和真理的标准。

费尔巴哈的哲学在马克思主义哲学的形成过程中具有突出的

---

① 恩格斯:《自然辩证法》,《马克思恩格斯选集》第 3 卷,第 484 页。
② 恩格斯:《卡尔·马克思〈政治经济学批判〉》,《马克思恩格斯选集》第 2 卷,第 121 页。

作用。恩格斯把费尔巴哈称之为"黑格尔哲学和我们的观点之间的中间环节"。① 马克思恩格斯哲学思想发展的道路正是从黑格尔哲学出发走向费尔巴哈,又进一步从费尔巴哈走向辩证唯物主义和历史唯物主义。

费尔巴哈在马克思主义哲学形成中的贡献,在于他通过批判宗教和黑格尔的唯心主义恢复了唯物主义的权威。这种贡献得到马克思和恩格斯的肯定。恩格斯在晚年回顾他们的思想转变过程时说,费尔巴哈的《基督教的本质》"这部书的解放作用,只有亲身体验过的人才能想象得到。那时大家都很兴奋:我们一时都成为费尔巴哈派了"。② 马克思和恩格斯正是接受了费尔巴哈的唯物主义的影响,才促使他们对黑格尔唯心主义进行彻底的清算,并且转向唯物主义的世界观。

马克思恩格斯对费尔巴哈的哲学也不是原封不动地接受,而是经过一番深入彻底的批判和改造的。首先,马克思恩格斯把费尔巴哈对宗教的批判,发展为对现实社会的政治批判。费尔巴哈从宗教的二重化的理论出发,把宗教世界归结为它的世俗基础,把宗教的本质归结为人的本质,对此马克思做了充分的肯定。他说:"德国唯一实际可能的解放是从宣布人本身是人的最高本质这个理论出发的解放。"③ 但是,费尔巴哈批判宗教仅此而已。费尔巴哈批判宗教的终点,成为马克思反对宗教理论的起点。马克思指出,费尔巴哈"致力于把宗教世界归结于它的世俗基础。他没有注意到,在做完这一工作之后,主要的事情还没有做呢。因为,世俗的基础使自己和自己本身分离,并使自己转入云霄,成为一个

---

① 恩格斯:《路德维希·费尔巴哈和德国古典哲学的终结》,《马克思恩格斯选集》第4卷,第207—208页。
② 恩格斯:《路德维希·费尔巴哈和德国古典哲学的终结》,《马克思恩格斯选集》第4卷,第218页。
③ 马克思:《〈黑格尔法哲学批判〉导言》,《马克思恩格斯选集》第1卷,第15页。

独立王国,这一事实,只能用这个世俗基础的自我分裂和自我矛盾来说明。因此,对于世俗基础本身首先应当从它的矛盾中去理解,然后用排除这种矛盾的方法在实践中使之革命化"。① 可见,马克思从费尔巴哈对宗教的批判中进一步引出了革命的结论。

其次,马克思恩格斯批判了费尔巴哈唯物主义的直观性,把实践引入了认识论和社会历史观。马克思在《关于费尔巴哈的提纲》中说:"从前的一切唯物主义——包括费尔巴哈的唯物主义——的主要缺点是:对事物、现实、感性,只是从客体的或者直观的形式去理解,而不是把它们当作人的感性活动,当作实践去理解,不是从主观方面去理解。"② 这就是说,马克思看到了费尔巴哈和从前的其他唯物主义者的主要缺点在于他们的直观性。他们离开社会实践去了解社会存在,把客观事物仅仅看作是认识的对象而不是改造的对象。他们不了解社会在本质上是实践的,也就不能了解认识的本质,只看到认识是对外界的消极反映,而不懂人在认识中对客观外界的反作用。直观性是旧唯物主义者陷入形而上学和唯心史观的根本原因。马克思在批判旧唯物主义的过程中,强调了实践在认识和社会生活中的重要作用。他说:"社会生活在本质上是实践的。"③ "人的思维是否具有客观的真理性,这并不是一个理论的问题,而是一个实践的问题。人应该在实践中证明自己思维的真理性,即自己思维的现实性和力量,亦即自己思维的此岸性。关于离开实践的思维是否具有现实性的争论,是一个纯粹经院哲学的问题。"④ 马克思把实践引入认识论并用来观察社会生活,这就使新的唯物主义世界观同旧唯物主义与唯心史观从本质上区别开来,从而导致马克思主义哲学的诞生。

---

① 马克思:《关于费尔巴哈的提纲》,《马克思恩格斯选集》第 1 卷,第 17 页。
②③ 马克思:《关于费尔巴哈的提纲》,《马克思恩格斯选集》第 1 卷,第 16、18 页。
④ 马克思:《关于费尔巴哈的提纲》,《马克思恩格斯选集》第 1 卷,第 16 页。

马克思还批判了费尔巴哈的抽象人性论,提出了人是社会关系的总和的科学论断。马克思深刻地揭露了费尔巴哈抽象人性论的本质,指出费尔巴哈"只能把人的本质理解为'类',理解为一种内在的、无声的、把许多个人纯粹自然地联系起来的共同性"。[①]与此相反,马克思着重从人与人之间的关系方面来了解人的本质,指出人在本质上"是属于一定的社会形式的"[②]。马克思关于人的本质是社会关系的总和的理论,是历史唯物主义的一个基本思想。

综上所述,马克思主义哲学不是天才人物的头脑玄想的产物,更不是凭空问世的书斋清谈,而是十九世纪上半叶无产阶级革命斗争经验和自然科学新成果的科学总结和最高概括。同时,马克思主义哲学的诞生,也是欧洲哲学发展的合乎规律的产物,是它在两千多年的漫长演进过程中最终得出的逻辑结论。从认识发展史上看,欧洲哲学史是一个必然的发展过程,它的每一阶段、每一哲学流派作为组成这一过程的必要环节,都以各自提供的正面或反面的经验浇灌了认识之树,使之保持常青不败。可以说,离开欧洲哲学的漫长演进而侈谈马克思主义哲学的产生,结果只能是陷入偏颇,背离客观真理。正因为这样,深刻地理解欧洲哲学发展的基本线索和规律性,必然会有助于正确认识马克思主义哲学产生的重要意义。

三、马克思主义哲学的产生是人类认识史上的空前的大革命

马克思主义哲学的产生是两千多年欧洲哲学发展的必然结果,同时也是欧洲哲学史的一场伟大深刻的革命变革。

和历史上所有的哲学体系不同,马克思主义哲学是无产阶级的宇宙观,公然申明辩证唯物论是为无产阶级服务的。马克思主义以前占统治地位的哲学体系,几乎都是由剥削阶级思想家创立的。但是,历史上一切剥削阶级的哲学家几乎都矢口否认哲学的

[①②] 马克思:《关于费尔巴哈的提纲》,《马克思恩格斯选集》第1卷,第18页。

阶级性质，而赋予自己的思想以普遍性的形式，把他们描绘成唯一合理的、有普遍意义的思想，以掩盖其为剥削阶级服务的真实面目。只有马克思主义哲学才第一次科学地揭露了哲学的阶级性，公然申明辩证唯物论和历史唯物论是无产阶级的哲学，是为无产阶级正确认识世界和改造世界服务的。

和以往的哲学不同，马克思主义哲学是完备的彻底的唯物论。马克思和恩格斯继承了欧洲哲学史上的优秀的唯物主义传统，在总结无产阶级革命斗争的经验和概括自然科学最新成果的基础上，把唯物论哲学推向了一个崭新的阶段。一方面，马克思和恩格斯把辩证法和唯物论结合起来，创立了辩证唯物论哲学体系，克服了旧唯物论的形而上学性，从而唯物地、辩证地解决了思维和存在的关系问题。另一方面，马克思和恩格斯把辩证唯物论运用于社会历史领域，创立了历史唯物主义科学，克服了旧唯物主义在社会历史领域中坚持唯心史观的缺陷，从而科学地揭示了人类社会发展的基本矛盾，为科学社会主义奠定了坚实的哲学基础。辩证唯物主义和历史唯物主义是马克思主义哲学的两个不可分割的组成部分，是唯物论发展的最高形态。

和历史上所有的哲学认识论不同，马克思主义革命的能动的反映论坚持从人的社会性、人的历史发展去观察人类认识的发展，把实践引入认识论，把辩证法应用于反映论，从而科学地阐明主体和客体的具体的历史的统一，实现了人类认识史上的革命性的变革。

马克思和恩格斯坚决地批判了历史上种种"绝对真理"、"永恒真理"的哲学体系，创立了真正科学的、严整的马克思主义哲学体系。然而，马克思主义哲学体系不是一个封闭的体系，而是一个开放的体系，马克思主义哲学并没有结束真理，而是为人类认识真理开辟了更为广阔的道路。马克思主义哲学将随着历史的发展而不断得到丰富和发展。

后 记

《欧洲哲学通史》（上、下卷）是在我们 1977 年编写的欧洲哲学史讲义（油印本）的基础上修改而成的。这次修改在材料方面作了适当的补充，论述上有所加强，在观点和体例安排上也作了某些修正和变动。

全书各章的执笔者是：冒从虎（导言、第五、六章）、王勤田（第一、二、三章和结束语）、张庆荣（第四、七章）。

冒从虎负责全书的统稿工作。

车铭洲同志曾参加欧洲哲学史讲义（油印本）的编写工作，撰写了"中世纪"和"文艺复兴"部分，并负责讲义上册的统稿工作。但因忙于其他工作，他未能参加本书的修改工作。他所做的工作，对我们这次修改是有帮助的，特致谢意。

应当特别提到的是，冯贵贤同志在百忙中抽出时间，认真仔细地通读了本书的全稿，提出了许多很好的意见。我们表示衷心的感谢。

在成书过程中，毛怡红、巴发中、杜蒲、汪弥、董云虎、金仲、张光和杨凤岗等研究生同志，帮助我们做了不少工作。

在这次修改过程中，除了概括和总结我们自己近几年的教学和研究的体会外，还参考了各兄弟院校的有关教材，并努力汲取了近年来学术界的有关研究成果，在此，特作说明。

这次修改，变动较大，花了近两年的时间。但限于水平，本书肯定还存在缺点和错误，敬希读者和专家们指正。

在使用本书时，可参考冒从虎编写的《欧洲哲学史教学提纲》（南开大学出版社1985年版）。

作　者
1984年12月